Otto Altendorfer · Ludwig Hilmer (Hrsg.)

Medienmanagement

Otto Altendorfer
Ludwig Hilmer (Hrsg.)

Medien-
management

Band 3: Medienbetriebs-
wirtschaftslehre – Marketing

VS VERLAG FÜR SOZIALWISSENSCHAFTEN

Bibliografische Information Der Deutschen Bibliothek
Die Deutsche Bibliothek verzeichnet diese Publikation in der Deutschen Nationalbibliografie;
detaillierte bibliografische Daten sind im Internet über <http://dnb.ddb.de> abrufbar.

1. Auflage Juli 2006

Alle Rechte vorbehalten
© VS Verlag für Sozialwissenschaften | GWV Fachverlage GmbH, Wiesbaden 2006

Der VS Verlag für Sozialwissenschaften ist ein Unternehmen von Springer Science+Business Media.
www.vs-verlag.de

Das Werk einschließlich aller seiner Teile ist urheberrechtlich geschützt. Jede Verwertung außerhalb der engen Grenzen des Urheberrechtsgesetzes ist ohne Zustimmung des Verlags unzulässig und strafbar. Das gilt insbesondere für Vervielfältigungen, Übersetzungen, Mikroverfilmungen und die Einspeicherung und Verarbeitung in elektronischen Systemen.

Die Wiedergabe von Gebrauchsnamen, Handelsnamen, Warenbezeichnungen usw. in diesem Werk berechtigt auch ohne besondere Kennzeichnung nicht zu der Annahme, dass solche Namen im Sinne der Warenzeichen- und Markenschutz-Gesetzgebung als frei zu betrachten wären und daher von jedermann benutzt werden dürften.

Umschlaggestaltung: KünkelLopka Medienentwicklung, Heidelberg
Satz: Michaela Wied, Mittweida
Druck und buchbinderische Verarbeitung: Krips b.v., Meppel
Gedruckt auf säurefreiem und chlorfrei gebleichtem Papier
Printed in the Netherlands

ISBN-10 3-531-13992-4
ISBN-13 978-3-531-13992-0

Inhalt

Vorwort 17

1 Medienbetriebswirtschaftslehre

Grundlagen der Betriebswirtschaftslehre 21
Marc Sander

- 1 Unternehmen und ihre Umwelt 21
  - 1.1 Grundelemente der Wirtschaft 21
    - 1.1.1 Bedürfnisse, Bedarf, Wirtschaft 21
    - 1.1.2 Wirtschaftsgüter 22
    - 1.1.3 Wirtschaftseinheiten 24
  - 1.2 Unternehmen in der Wirtschaft 26
    - 1.2.1 Merkmale des Unternehmens 26
    - 1.2.2 Betrieblicher Umsatzprozess 27
    - 1.2.3 Umwelt des Unternehmens 27
- 2 Marketing 29
  - 2.1 Marketing als Aufgabe des Unternehmers 29
  - 2.2 Überblick über die wichtigsten Marketinginstrumente 30
    - 2.2.1 Produktpolitik 30
    - 2.2.2 Distributionspolitik: 31
    - 2.2.3 Konditionenpolitik: 31
    - 2.2.4 Kommunikationspolitik: 32
- 3 Materialwirtschaft 33
  - 3.1 Abgrenzung der Materialwirtschaft 33
  - 3.2 Ziele der Materialwirtschaft 34
- 4 Produktion 36
  - 4.1 Grundbegriffe der Produktion 36
  - 4.2 Produktionsprogramm 36
  - 4.3 Fertigungstyp 38
  - 4.4 Fertigungsverfahren 40
- 5 Finanzierung und Investition 41
  - 5.1 Finanzwirtschaftliche Märkte 41
  - 5.2 Kapital und Vermögen 42
  - 5.3 Systematisierung der Finanzierung 43
  - 5.4 Begriff und Arten von Investitionen 44
- 6 Personal 45
  - 6.1 Der Mensch als Teil des Unternehmen 45
  - 6.2 Unterschiedliche Menschenbilder 46
  - 6.3 Personalpolitik und Personalmanagement im Unternehmen: 48

Grundlagen Volkswirtschaftslehre 51
Marc Sander

1 Grundbegriffe der Volkswirtschaft 51
  1.1 Ökonomisches Prinzip 51
  1.2 Einzelwirtschaften und Gesamtwirtschaft 51
  1.3 Wirtschaftskreislauf 52

2 Güterproduktion in einer Periode 53
  2.1 Gesamtwirtschaftliche Produktionsfunktion 53
    2.1.1 Input und Output 53
    2.1.2 Produktionsfaktoren 54
  2.2 Möglichkeiten und Grenzen gesamtwirtschaftlichen Wachstums 56
    2.2.1 Produktionsfaktoren als Wachstumsdeterminanten 57
    2.2.2 Einfluss von technischem Fortschritt 58
  2.3 Wirtschaftssysteme als Organisationsform von Wirtschaften 59
    2.3.1 Zentralverwaltungswirtschaft und Marktwirtschaft 59
    2.3.2 Mögliche Abweichungen von den reinen Wirtschaftssystemen 60

3 Eigensteuerung in der Marktwirtschaft 62
  3.1 Preisbildung auf Märkten 62
  3.2 Güternachfrage 62
  3.3 Güterangebot 64
  3.4 Marktpreisbildung bei statischen Marktbedingungen 65
  3.5 Marktgleichgewicht bei dynamischen Marktbedingungen 67
  3.6 Nutzenbetrachtung und Nachfragefunktionen 67

4 Einkommensverteilung in der Marktwirtschaft 69
  4.1 Zu verteilendes Einkommen 69
  4.2 Funktionale und personale Einkommensverteilung 70
  4.3 Primäre und sekundäre Einkommensverteilung 71

5 Gesamtwirtschaftliches Gleichgewicht in der Marktwirtschaft 72
  5.1 Konjunkturschwankungen 72
  5.2 Konjunkturpolitik 74
    5.2.1 Preisniveaustabilität 74
    5.2.2 Vollbeschäftigung 75

Wirtschaftsmathematik 79
Regina Fischer

1 Einleitung 79

2 Finanzmathematik 79
  2.1 Zins- und Zinsesrechnung 79
    2.1.1 Zinsrechnung ohne Zinseszins (einfache Verzinsung) 79
    2.1.2 Zinsrechnung mit Zinseszins 80
    2.1.3 Barwertberechnung (Diskontierung) 81

2.2	Rentenrechnung	83
2.2.1	Jährliche Rentenzahlung bei jährlicher Verzinsung	83
2.2.2	Unterjährige Rentenzahlung bei jährlicher Verzinsung	84
2.3	Tilgungsrechnung	85
2.3.1	Tilgungsarten	85
2.3.2	Annuitätentilgung	86

3 Lineare Algebra ... 87
- 3.1 Matrizen ... 87
  - 3.1.1 Definitionen und Bezeichnungen ... 87
  - 3.1.2 Operationen mit Matrizen ... 88
  - 3.1.3 Wirtschaftliche Anwendung der Matrizenrechnung ... 89
- 3.2 Lineare Gleichungssysteme ... 91
  - 3.2.1 Definitionen und Bezeichnungen ... 91
  - 3.2.2 Gaußscher Lösungsalgorithmus ... 92
  - 3.2.3 Lösbarkeit ... 94

4 Analysis ... 95
- 4.1 Funktionen der Wirtschaftstheorie ... 95
- 4.2 Differentialrechnung für Funktionen einer Variablen ... 96
  - 4.2.1 Die 1. Ableitung einer Funktion und ihre ökonomische Interpretation ... 96
  - 4.2.2 Elastizität ... 98
  - 4.2.3 Extremwerte ... 99
- 4.3 Differentialrechnung für Funktionen von zwei Variablen ... 100
  - 4.3.1 Funktionen von zwei Variablen ... 100
  - 4.3.2 Partielle Grenzfunktionen, partielle Elastizitäten, totales Differential ... 101
  - 4.3.3 Extremwerte ... 103
  - 4.3.4 Integralrechnung ... 104

Buchführung und Bilanzierung ... 107
Leonard Zintl

1 Handelsrechtliche Vorschriften zur Buchführung ... 107

2 Grundsätze ordnungsgemäßer Buchführung (GoB) ... 108
- 2.1 Charakterisierung der GoB ... 108
- 2.2 Kodifizierte GoB ... 109
- 2.3 Nicht kodifizierte GoB ... 112

3 Buchführungstechniken und -systeme ... 112
- 3.1 Allgemein ... 112
- 3.2 Buchführungstechniken ... 113
- 3.3 Buchführungssysteme ... 114

4 Kontenrahmen und Kontenpläne ... 114

5 Buchung besonderer Geschäftsvorfälle ... 116

6 Vorbereitung und Durchführung des Jahresabschlusses 116
    6.1   Definition Jahresabschluss und zeitliche Systematik zu dessen Erstellung 116
    6.2   Die Aufstellung 116
    6.3   Die Prüfung, Festlegung und Offenlegung 117

Investitions- und Finanzwirtschaft 121
Renè-Claude Urbatsch

Unternehmensführung und Organisation 143
Marc Sander

1 Unternehmensführung 143
    1.1   Grundlagen der Führung 143
    1.2   Unternehmens- und Führungsgrundsätze 143
    1.3   Führungstechniken 144
        1.3.1   Management by Objectives (MbO) 144
        1.3.2   Management by Exception (MbE) 145
        1.3.3   Management by Delegation (MbD) 146
        1.3.4   Management by System (MbS) 147
    1.4   Führungskonzepte 147
        1.4.1   St. Galler Management-Konzept 148
        1.4.2   Modell des Lean Management 150
    1.5   Führungsstile 151
        1.5.1   Grundlagen zum Führungsstil 151
        1.5.2   Autoritärer (patriarchalischer) Führungsstil 151
        1.5.3   Charismatischer Führungsstil 152
        1.5.4   Bürokratischer Führungsstil 152
        1.5.5   Partizipativer (kooperativer) Führungsstil 152

2 Organisation 153
    2.1   Organisation als Managementaufgabe 153
    2.2   Der Begriff Organisation 154
    2.3   Formale Grundlagen in der Organisation 155
        2.3.1   Aufgabe 155
        2.3.2   Stelle 156
        2.3.3   Stelle und Arbeitsplatz 156
        2.3.4   Stelle und Abteilung 157
        2.3.5   Aufgaben, Kompetenzen, Verantwortung 157
    2.4   Problemlösungsprozess der Organisation 157
    2.5   Aufbauorganisation 158
        2.5.1   Gestaltung der Aufbauorganisation 158
        2.5.2   Kontrollspanne und Leistungsgliederung 159
    2.6   Ablauforganisation 160
        2.6.1   Arbeitsanalyse und Arbeitssynthese 160
        2.6.2   Ziele der Ablauforganisation und das Dilemma der Ablaufplanung 161

    2.7   Organisationsinstrumente 162
        2.7.1   Hilfsmittel der Organisation 162
        2.7.2   Instrumente der Aufbauorganisation 162

Personalführung und Personalmanagement 165
Helmut Hopp

1 Einleitung **165**

2 Historische Entwicklung der Personallehre **166**

3 Aufgaben und Organisation des Personalmanagements **170**

4 Personalführung **172**
    4.1   Führungsaufgaben 173
    4.2   Führungsforschung und Führungsstilmodelle 176
        4.2.1   Managerial Grid (Blake/Mouton) 177
        4.2.2   3-D-Modell (Reddin) 178
        4.2.3   Situative Führungstheorie von Hersey/Blanchard 179
    4.3   Information und Kommunikation: Die praktischen Führungsinstrumente 180
        4.3.1   Mitarbeiter- bzw. Jahresgespräch 181
        4.3.2   Mitarbeiterbesprechung 182
        4.3.3   Coaching 182

5 Organisationsentwicklung und Personalentwicklung **183**
    5.1   Qualitative Personalplanung: Stellenbildung und Anforderungsprofil 184
    5.2   Personalentwicklung 1: Externe Personalbeschaffung und Personalauswahl 185
        5.2.1   Analyse und Bewertung der Bewerbungsunterlagen 187
        5.2.2   Vorstellungs- bzw. Auswahlgespräche 187
        5.2.3   Psychologische Testverfahren 188
        5.2.4   Assessment Center 188
    5.3   Personalentwicklung 2: Bildung und Förderung 188
    5.4   Berufliche Bildung: Anforderungsprofil für Ausbilder 190

6 Arbeitsorganisation: Arbeitsgruppen und Teams **192**
    6.1   Arbeitsgruppe als spezielle Art des Gremiums 193
    6.2   Teambildung 194
    6.3   Das Teams als Basis für mehr Effektivität 195

Kosten- und Leistungsrechnung 199
Johannes Stelling

1 Aufgaben der Kosten- und Leistungsrechnung **199**

2 Kosten und Leistungen **200**

3 Kostenrechnungssysteme **201**

4 Kostenartenrechnung **204**
  4.1   Kalkulatorische Abschreibungen 205
  4.2   Kalkulatorische Zinsen 206
  4.3   Kalkulatorischer Unternehmerlohn 207
  4.4   Kalkulatorische Miete 207
  4.5   Kalkulatorische Wagniskosten 207

5 Kostenstellenrechnung **208**

6 Kalkulation **211**

7 Kurzfristige Erfolgsrechnung **214**

8 Direct Costing **216**

9 Plankostenrechnung **217**

10 Prozesskostenrechnung **218**

11 Projektkostenrechnung **219**

Besteuerung 223
Bernhard Riedl

1 Einführung **223**

2 Aufgaben der betrieblichen Steuerlehre **224**

3 Grundlagen und Grundbegriffe **225**
  3.1   Überblick über das bundesdeutsche Steuersystem 225
  3.2   Systematisierung der Steuerarten 226
  3.3   Rechtsquellen der Besteuerung 227

4 Einkommensteuer **229**
  4.1   Arten der persönlichen Steuerpflicht 229
  4.2   Sachliche Steuerpflicht 231
  4.3   Überblick über die einzelnen Einkunftsarten 232
  4.4   Summe der Einkünfte, Gesamtbetrag der Einkünfte, Einkommen, zu versteuerndes Einkommen, tarifliche und festzusetzende Einkommensteuer 234
  4.5   Methoden der Gewinnermittlung 235
    4.5.1   Einnahmenüberschussrechnung 236
    4.5.2   Betriebsvermögensvergleich 237

5 Körperschaftsteuer **238**
  5.1   Steuerpflicht 238
  5.2   Die Ermittlung des zu versteuernden Einkommens 239

6 Gewerbesteuer **240**
  6.1   Steuerobjekt, Steuerschuldner, Entstehung 240
  6.2   Bemessungsgrundlage der Gewerbesteuer 241

7 Umsatzsteuer 242
- 7.1 System der Umsatzbesteuerung 242
- 7.2 Steuerbare Umsätze 243
  - 7.2.1 Einfuhr von Gegenständen aus dem Drittlandsgebiet in das Inland (§ 1 Abs. 1 Nr. 4 UStG) 243
  - 7.2.2 Innergemeinschaftlicher Erwerb im Inland gegen Entgelt (§ 1 Abs. 1 Nr. 5 i.V.m. § 1a UStG) 243
  - 7.2.3 Lieferungen bzw. alternativ sonstige Leistungen, die ein Unternehmer im Inland gegen Entgelt im Rahmen seines Unternehmens ausführt (§ 1 Abs. 1 Nr. 1 UStG) 243
- 7.3 Steuerbefreiungen und Verzicht auf die Steuerbefreiung 245
- 7.4 Steuersätze 246
- 7.5 Bemessungsgrundlagen und Änderung der Bemessungsgrundlagen ...246
- 7.6 Vorsteuerabzug 247
- 7.7 Besteuerungsverfahren 247
- 7.8 Besteuerung der Kleinunternehmer 248

Unternehmensgründung 251
Marc Sander

1 Ausgangssituation 251
- 1.1 Aus Sicht der Hochschule 251
- 1.2 Aus Sicht der Studenten 251

2 Gründung eines Unternehmens 252
- 2.1 Grundlagen einer Unternehmensgründung 252
  - 2.1.1 Anforderungen an Existenzgründer 252
  - 2.1.2 Scheitern von Existenzgründern 253
- 2.2 Der Businessplan als Instrument der Unternehmensgründung 254
  - 2.2.1 Executive Summary 254
  - 2.2.2 Geschäftsidee (Produkt- oder Dienstleistungsidee) 255
  - 2.2.3 Unternehmerteam 257
  - 2.2.4 Marketing 258
  - 2.2.5 Geschäftssystem und Organisation 260
  - 2.2.6 Realisierungsplan 261
  - 2.2.7 Risiken 262
  - 2.2.8 Finanzierung 263

3 Betrieb eines Unternehmens 264
- 3.1 Gründungsmanagement 264
- 3.2 Problemkreise im Gründungsprozess 265
- 3.3 Steuerungsinstrumente für die Praxis 266
  - 3.3.1 Produktplanung 266
  - 3.3.2 Marketingplanung 266
  - 3.3.3 Vertriebsplanung 268
  - 3.3.4 Personalplanung 268
  - 3.3.5 Finanzplanung 269

3.4   Einstiegshilfen für Unternehmensgründer 270
   3.4.1   Internetadressen zum Thema Gründung 271
   3.4.2   Weiterführende Literatur zum Thema Gründung 271

Die Existenzgründung – von der GbR zur Aktiengesellschaft 273
Herbert Graus

1 Persönliches Anforderungsprofil 273
   1.1   Fantasie und visionäres Denken 273
   1.2   Zielorientierung 274
   1.3   Strategisches Denken 274
   1.4   Führungswille und Delegationsfähigkeit 274
   1.5   Beharrlichkeit und Ausdauer 275
   1.6   Durchsetzungsvermögen, Überzeugungskraft, Konfliktfähigkeit ... 275
   1.7   Kompromissbereitschaft 276
   1.8   Kritikfähigkeit 276
   1.9   Organisationsfähigkeit 277
   1.10 Neugier 277
   1.11 Ehrgeiz und Fleiß 277
   1.12 Flexibilität, Mobilität 278
   1.13 Mut, Zivilcourage 278
   1.14 Zuverlässigkeit 278
   1.15 Toleranz 279
   1.16 Selbstverantwortung 279
   1.17 Selbstvertrauen, Selbstmotivation, Selbstdisziplin 279
   1.18 Kommunikationsfähigkeit, Medienkompetenz 280
   1.19 Lernbereitschaft und Weiterbildung 280
   1.20 Sozialkompetenz 281
   1.21 Gemeinwohlorientierung und unternehmerisches Ethos 281
   1.22 Vorbildfunktion 281

2 Zehn Fehler, die Sie unbedingt vermeiden sollten 282
   2.1   Kein marktfähiges Produkt 282
   2.2   Zu hohe Privatentnahmen 283
   2.3   Zu viele Mitarbeiter 283
   2.4   Forderungsausfälle 284
   2.5   Hohe Schulden 284
   2.6   Bequemlichkeit und hoher Komfort 285
   2.7   Fehleinschätzung von Anfangsverlusten 285
   2.8   Fixierung auf Umsatzdenken 285
   2.9   Fehlende Reservenbildung 286
   2.10 Vertrauen auf andere 286

3 Fünf Leitlinien für Existenzgründer 287
   3.1   Machen – das Gesetz des Handelns 287
      3.1.1   Machen heißt: Abschied vom Lamentieren 288
      3.1.2   Machen heißt: Nur die entscheidenden Dinge in Angriff nehmen 288

3.2	Nur der Kunde zählt	288
3.3	Abhängigkeit? Nein danke!	290
3.4	Auf das Wesentliche konzentrieren	290
3.5	Den Blick nur noch nach vorne richten	291

4 Fünf Schritte zur Existenzgründung 292
- 4.1 Schritt 1: Die Geschäftsidee entwickeln und darstellen 292
- 4.2 Schritt 2: Die Marktanalyse 293
- 4.3 Schritt 3: Die Vision als Zukunftskonzept 293
- 4.4 Schritt 4: Wissen und Handeln 294
  - 4.4.1 Welche Rechtsform wählen? 294
  - 4.4.2 Alles über Steuern 296
  - 4.4.3 Alles über Versicherungen und Vorsorge 296
  - 4.4.4 Alles, war rechtens ist 296
  - 4.4.5 Finanzen planen und kontrollieren 297
  - 4.4.6 Finanzmanagement 297
- 4.5 Schritt 5: Die Gründung 298

Unternehmensführung 299
Alfred-Joachim Hermanni

1 Medienmanagement 299

2 Controlling/cash flow 302

3 Internationale Medienwirtschaft 304
- 3.1 Historie 304
- 3.2 Internationalisierung 304
- 3.3 Europäische Union 305
- 3.4 Die Wirtschaftskrise und ihre Folgen für die Medienunternehmen 307

4 Programming 308

5 Preisfindung 310
- 5.1 Wirtschaftlichkeitsprinzip 311
- 5.2 Neugeschäft und Preisfindung 312

6 Produktzyklen 313

7 Leitfaden „Medienwirtschaft" 316
- 7.1 Prä-Produktionsphase 316
- 7.2 Produktionsphase 317
- 7.3 Post-Produktionsphase 318

2 Marketing

Marketing – ein integrierter Ansatz 323
Klaus Vollert

1 Grundlagen des Marketing 323
1.1 Einordnung des Marketing in die Wirtschaftswissenschaften 323
1.2 Entwicklung und Interpretation des Marketing 324
1.3 Marketing als Management komparativer Konkurrenzvorteile 325

2 Dimensionen des Marketing 327
2.1 Marketing als Philosophie 327
2.2 Marketing als Methode 329
2.3 Marketing als Mittel 332
2.4 Umfassende Marketingdefinition 333

3 Kundenzufriedenheit und Kundenbindung als Konsequenzen des Marketing .. 334

4 Kritik am Marketing 334

Medienmarketing – Markenbildung am Beispiel des MDR 341
Eric Markuse

1 Warum macht ein öffentlich-rechtlicher Sender überhaupt Marketing? 341
1.1 Das duale Rundfunksystem in Deutschland als Wettbewerb 341
1.2 Was ist uns das öffentlich-rechtliche Programmangebot wert? 342

2 Der MDR als Medienmarke in Mitteldeutschland 344
2.1 Was ist überhaupt eine „Marke"? 345
2.2 Das regionale Vollprogramm MDR Fernsehen 348
2.3 Die MDR 1-Hörfunkprogramme 350
2.4 Das Hörfunkprogramm MDR INFO – Hören, was passiert 356

3 Schlussbemerkung 358

Crossmedia 359
Daniel Vogelsberg

1 Begriffsdefinition 359
1.1 Was ist „Crossmedialität" im Journalismus? 359
1.2 Varianten von Crossmedia-Strategien 360
    1.2.1 Entwicklung von Crossmedia-Strategien in Deutschland 361
1.3 Crossmedia-Redaktionen in der Praxis 362
    1.3.1 One Brand – All Media: die Financial Times Deutschland (FTD) .. 362
    1.3.2 Das WDR-Studio in Bielefeld: bimedial und publikumsnah 363
1.4 Ökonomische Aspekte von Crossmedia-Konzepten 365
    1.4.1 Kostenersparnis durch Multimedia 365
    1.4.2 Crossmedia als Erfolgsgarant 368

1.5   Publizistische Aspekte von Crossmedia-Konzepten 372
    1.5.1   Ein Berufsbild im Wandel: Journalisten im Crossmedia-Zeitalter 372
    1.5.2   Redaktionsmanagement unter crossmedialen Bedingungen................376
1.6   Wann Crossmedia funktioniert – ein Kriterienkatalog...................378

Crosspromotion 383
Werner Dieste

1 ORF-Gesetz – Verbot der Crosspromotion..383

2 Deutschland – Crosspromotion in allen Programmen 383

3 Übernahmestreit – Springer opfert Crosspromotion 384

4 Promotion auf zweierlei Wegen 384

5 Einer für alle – oder alle für einen? 385

6 Wettbewerb um Leser, Hörer, Zuschauer und User..385

7 Vorteile der Crosspromotion 386

8 Crosspromotion braucht Koordination 387

9 Crosspromotion als Chance für Produzenten und Nutzer.......................................387

Integrierte Kommunikation 389
Bettina Schuster

1 Was ist Integrierte Kommunikation? 389
    1.1   Verankerung der Kommunikation im Unternehmen 390
    1.2   Voraussetzungen 390
    1.3   Anforderungen 391

2 Ziele Integrierter Kommunikation 393
    2.1   Strategische Ziele 394
    2.2   Kommunikationsziele..394

3 Zielgruppenorientierte Kommunikation 395

4 Inhalte und Instrumente 396

5 Organisation der Integrierten Kommunikation 399

6 Erarbeitung eines Kommunikationskonzeptes 400

7 Steuerung und Kontrolle 401

8 Stärken-/Schwächenanalyse 402

Herausgeber/Autoren 405

Vorwort

Nach einer mehrjährigen Vorbereitungsphase und etlichen zeitlichen Verzögerungen, bedingt durch Krankheiten und akademische Neukonzeptionszeiten im Rahmen des Bologna-Prozesses, kann nunmehr der dritte Band des insgesamt vierbändigen Werkes vorgelegt werden.

Band drei konzentriert sich ganz auf Medienbetriebswirtschaftslehre und Marketing. Die betriebswirtschaftlichen Abhandlungen befassen sich mit den Grundlagen von Betriebs- und Volkswirtschaftslehre, Einführungen in Wirtschafts- und Finanzmathematik, Buchführung und Bilanzierung, Investitions- und Finanzwirtschaft, Kosten- und Leistungsrechnung sowie Steuerlehre; daneben werden Fragen der Personalwirtschaft, des Medienmanagements sowie der Gründung von Unternehmen und der Existenzgründung abgehandelt. Der Marketingteil gibt einen Überblick über die Grundlagen des Marketings sowie über Medienmarketing und Crossmedia. Abgerundet wird der Band mit einem Basiswissen zur Öffentlichkeitsarbeit.

Bei den Autoren handelt es sich ausschließlich um anerkannte Experten, die mit viel Mühe und großer Bereitschaft mithalfen, das Buchprojekt zu verwirklichen.

Die Lehrbuchreihe *Medienmanagement* ist für Studierende in den Feldern Medien, Multiplikatoren, Lehrern, Dozenten sowie medial Interessierten konzipiert.

Die Entstehung der Reihe hätte nicht erfolgen können ohne die Mitwirkung einer Reihe von Mitarbeitern. Ein großer Dank gilt Michaela Wied, ohne deren Engagement und Nachbohren der Band nicht hätte erscheinen können. Sie wurde intensiv unterstützt von Silke Knauer und Sabine Kilger, die den täglichen Kommunikationsverkehr zu bewältigen hatten. Last not least gilt unser Dank dem Verlag, der viel Geduld mit unserem Vorhaben bewiesen hat.

Mittweida, März 2006

Die Herausgeber

1 Medienbetriebswirtschaftslehre

Grundlagen der Betriebswirtschaftslehre

Marc Sander

1 Unternehmen und ihre Umwelt

1.1 Grundelemente der Wirtschaft

1.1.1 Bedürfnisse, Bedarf, Wirtschaft

Wirtschaft stellt einen wichtigen Teil unseres gesamten gesellschaftlichen Lebens dar. Jeder ist mit der Wirtschaft in vielfältiger Art und Weise verbunden. Mit dem Begriff Wirtschaft umschreibt man eine große Anzahl von Institutionen und Prozessen, die sehr vielschichtig miteinander verknüpft sind und die letztlich der Bereitstellung von materiellen und immateriellen Gütern dienen.

Motor dieser Wirtschaft sind die Bedürfnisse des Menschen. Als Bedürfnis eines Menschen bezeichnet man das Empfinden eines Mangels, gleichgültig, ob dieser objektiv vorhanden oder nur subjektiv empfunden wird. Man spricht auch von einem unerfüllten Wunsch.

Aus der Vielzahl menschlicher Bedürfnisse interessieren in der Betriebswirtschaftslehre vor allem jene, die durch die Wirtschaft als Anbieter von Gütern und Dienstleistungen befriedigt werden können. Grundsätzlich können drei Arten von Bedürfnissen unterschieden werden[1]:

- Existenzbedürfnisse, auch primäre Bedürfnisse genannt, dienen der Selbsterhaltung und müssen deshalb zuerst und lebensnotwendig befriedigt werden. Es handelt sich beispielsweise um Bedürfnisse nach Nahrung, Kleidung und Unterkunft.
- Grundbedürfnisse, die zwar nicht existenznotwendig sind, die sich aber aus dem kulturellen und sozialen Leben sowie dem allgemeinen Lebensstandard einer bestimmten Gesellschaft ergeben. Als Beispiele gelten die Bedürfnisse nach Kultur (Theater, Oper, Kino etc.), Weiterbildung (Seminare, Bücher etc.), Sport, Reisen oder Haushaltsgegenständen (Radio, Kühlschrank etc.).
- Luxusbedürfnisse, die den Wunsch nach luxuriösen Gütern und Dienstleistungen erfüllen. Sie können in der Regel nur von Personen mit hohen Einkommen befriedigt werden. Als Beispiele lassen sich Schmuck, Zweitwohnungen und Luxusautos aufführen.

Da die dem Menschen zur Verfügung stehenden Mittel in der Regel beschränkt sind, kann er niemals oder zumindest nicht gleichzeitig alle Grund- oder gar Luxusbedürfnisse befriedigen. Er hat deshalb eine Wahl zu treffen, welche Bedürfnisse er vor allem oder zuerst

---

[1] Thommen/Achleitner 1998, 31 f.

befriedigen will. Darum fast man die Grund- und Luxusbedürfnisse unter dem Begriff der Wahlbedürfnisse zusammen.

Der Übergang von den Existenz- über die Grund- zu den Luxusbedürfnissen ist fließend. Was der eine als Grundbedürfnis empfindet, stuft der andere als Luxusbedürfnis ein. Die Einordnung eines Bedürfnisses hängt in starkem Maße von den Normen einer Gesellschaft sowie von den persönlichen Wertvorstellungen des Individuums ab. Diese können sich über die Zeit stark wandeln. Diese gesellschaftlichen Entwicklungen führen dazu, dass viele Bedürfnisse, die früher den Luxusbedürfnissen zugeordnet wurden, heute als selbstverständlich und somit als Grundbedürfnisse betrachtet werden. Außerdem ist zu beobachten, dass die Befriedigung einzelner Bedürfnisse neue Bedürfnisse hervorruft. Man spricht in diesem Zusammenhang auch von komplementären Bedürfnissen. Beispielsweise hat das Bedürfnis nach mehr Wohnraum oft zur Folge, dass das Bedürfnis nach neuen Einrichtungsgegenständen wie z.B. nach Teppichen, Möbeln und Bildern entsteht.

Bedürfnisse, die der einzelne aufgrund seiner alleinigen Entscheidungen befriedigen kann (z.B. Kauf eines Fahrzeuges), werden Individualbedürfnisse genannt. Sie sind von den Kollektivbedürfnissen zu unterscheiden. Diese zeichnen sich dadurch aus, dass deren Befriedigung vom Interesse und von den Entscheidungen einer ganzen Gemeinschaft, z.B. Staat, oder einer Mehrheit davon abhängt, z.B. beim Ausbau des Straßennetzes oder Schulen.

Sind Bedürfnisse mit Kaufkraft untersetzt, so spricht man von einem Bedarf. Die Summe aller individuellen Bedarfe bezeichnet man als gesamtwirtschaftliche Nachfrage nach einem bestimmten Gut oder Dienst. Aufgabe der Wirtschaft ist es, bestimmte Bedürfnisse des Menschen zu befriedigen und dem Bedarf nach Gütern und Dienstleistungen (= Nachfrage) ein entsprechendes Angebot gegenüberzustellen. Dabei besteht das Problem, dass niemals alle Bedürfnisse befriedigt werden können. Die dazu notwendigen Güter sind folglich im Vergleich zum Bedarf relativ knapp, d.h. sie stehen in der Regel nicht in der erforderlichen Qualität und Menge sowie am erforderlichen Ort oder zur erforderlichen Zeit zur Verfügung.

1.1.2 Wirtschaftsgüter

Die Wirtschaftsgüter oder knappen Güter, die Gegenstand unseres wirtschaftlichen Handelns sind, können von den freien Gütern unterschieden werden.

Freie Güter werden im Gegensatz zu den knappen von der Natur in ausreichender Menge zur Verfügung gestellt, z.B. Luft oder Wasser, so dass sie nicht bewirtschaftet werden müssen. Allerdings ist heute durch das Bevölkerungswachstum und die zunehmende Industrialisierung die Tendenz festzustellen, dass auch bisher freie Güter immer mehr verknappen und es somit immer weniger freie Güter gibt bzw. geben wird.

Die knappen Wirtschaftsgüter lassen sich nach verschiedenen Kriterien in folgende Kategorien unterteilen[1]:

---

[1] Schierenbeck 2003, 2 ff.

Inputgüter und Outputgüter:

Diese Unterscheidung knüpft an der unterschiedlichen Stellung von Wirtschaftsgütern in wirtschaftlichen Produktionsprozessen an. Input- oder Einsatzgüter wie z.B. Rohstoffe, Maschinen, Gebäude werden benötigt, um andere Güter wie z.B. Nahrungsmittel oder Haushaltsgeräte zu produzieren, die als Output- bzw. Ausbringungsgüter das Ergebnis dieser Produktionsprozesse darstellen.

Produktionsgüter und Konsumgüter:

Diese Unterscheidung beruht darauf, dass Wirtschaftsgüter menschliche Bedürfnisse entweder indirekt oder direkt befriedigen. Güter der direkten Kategorie wie z.B. Schuhe, Genussmittel oder Ferienreisen sind stets Outputgüter und dienen als solche unmittelbar dem Konsum, während Produktionsgüter wie z.B. Werkzeuge und Maschinen nicht nur Outputgüter, sondern zugleich auch Inputgüter für nachgelagerte Produktionsprozesse darstellen, an deren Ende schließlich wieder Konsumgüter stehen können.

Verbrauchsgüter und Gebrauchsgüter:

Hier werden die Wirtschaftsgüter nach ihrer Beschaffenheit in solche unterteilt, die bei einem einzelnen (produktiven oder konsumtiven) Einsatz verbraucht werden, d.h. wirtschaftlich gesehen dabei untergehen wie z.B. Energie oder in das Produkt eingehen wie z.B. Material. Weiterhin unterteilt man in solche Güter, die einen wiederholten Gebrauch bzw. eine längerfristige Nutzung erlauben wie z.B. Kleidungsstücke oder Lastwagen. Das Begriffspaar Verbrauchs- und Gebrauchsgüter wird in der Praxis vor allem für Konsumgüter verwendet.

Halbfabrikate (Teile, Baugruppen) und Fertigfabrikate:

Teile oder Baugruppen werden als Halb- oder Zwischenfabrikate bezeichnet. Teile sind die einzelnen Elemente eines Produktes wie z.B. Uhrzeiger und Autoscheibe, Baugruppen die zu einem Zwischenprodukt zusammengefügten Teile wie z.B. Automotor und Schuhoberteil.

Endprodukte werden als Fertigfabrikate bezeichnet. Allerdings ist zu beachten, dass das gleiche Produkt, z.B. Autoreifen, für ein Unternehmen (Reifenhersteller) ein Endprodukt, für ein anderes (Autohersteller) ein Zwischenprodukt darstellen kann.

Materielle Güter und immaterielle Güter:

Immaterielle Güter haben im Gegensatz zu den Erstgenannten keine materielle Substanz. Sie kommen vor allem in zwei Ausprägungen vor, nämlich als Dienstleistungen wie z.B. Schulung oder als Rechte wie z.B. Lizenzen.

Realgüter und Nominalgüter

Diese Unterscheidung erlangt nur in einer Geldwirtschaft Bedeutung, da es sich bei den Nominalgütern um Geld und Rechte auf Geld handelt. Sie sind stets immaterieller Natur. In einer reinen Tauschwirtschaft beinhalten Wirtschaftsgüter dagegen ausschließlich materielle und immaterielle Realgüter.

Betriebswirtschaftliche Produktionsfaktoren

Wie in der Volkswirtschaftslehre spricht man auch in der Betriebswirtschaftslehre von Produktionsfaktoren. Als Produktionsfaktoren bezeichnet man in der Betriebswirtschaftslehre alle Elemente, die im betrieblichen Leistungserstellungs- und Leistungsverwertungsprozess miteinander kombiniert werden.

Für den Bereich produktiver Inputgüter verwendet man einerseits oft den Begriff Repetierfaktor, was auf den Verbrauchscharakter hinweist, weil diese Güter entweder ins Produkt eingehen oder endgültig verbraucht werden und somit deren Beschaffung dauernd wiederholt werden muss. Die Repetierfaktoren werden auch als Werkstoffe bezeichnet und lassen sich weiter in Roh-, Hilfs- und Betriebsstoffe unterteilen. Rohstoffe bilden die Grundmaterialien für das Produkt wie z.B. Holz, Metall oder Kleiderstoffe. Sie gehen ebenso in das Produkt ein wie die Hilfsstoffe, doch bilden diese keinen wesentlichen Bestandteil des Produktes wie z.B. Leim bei Möbeln, Faden bei Kleidern oder Grundierungsmittel. Die Betriebsstoffe dagegen gehen nicht in das Produkt ein, sondern werden lediglich bei der Fertigung verbraucht so z.B. Benzin, Schmiermittel oder elektrische Energie.

Andererseits wird der Begriff Potenzialfaktor oder Betriebsmittel verwandt, womit auf die spezielle Eigenschaft hingedeutet wird, ein bestimmtes Leistungspotenzial zu verkörpern. Die Potenzialfaktoren oder Betriebsmittel werden auch als Investitionsgüter bezeichnet.

Neben den Potenzial- und Repetierfaktoren kommt als drittes Element die menschliche Arbeitsleistung dazu. Diese erfüllt die vielfältigsten Aufgaben im Unternehmen, wobei zwischen ausführenden und leitenden Tätigkeiten unterschieden werden kann. Letztere beinhalten verschiedene Managementfunktionen.

Ein immer wichtiger werdender Produktionsfaktor ist schließlich die Information. Sie ist notwendig, um die bisher erwähnten Produktionsfaktoren (Potenzial- und Repetierfaktoren, menschliche Arbeit) zielgerecht und erfolgsversprechend miteinander zu kombinieren.

1.1.3 Wirtschaftseinheiten

Haushalt

Haushalte sind primär dadurch charakterisiert, dass sie konsumorientiert sind, d.h. vor allem Konsumgüter verbrauchen. Der Konsum von Gütern und Dienstleistungen, egal ob selbstgeschaffene oder fremdbezogene, dient stets der Deckung des eigenen Bedarfs. Man spricht deshalb auch von Konsumtionswirtschaften, die auf die Eigenbedarfsdeckung ausgerichtet sind.

Die Haushalte lassen sich in private und öffentliche unterteilen. Diese beiden Kategorien unterscheiden sich dadurch, dass die privaten Haushalte (Einzel- oder Mehrpersonenhaushalte) aufgrund von Individualbedürfnissen ihren Eigenbedarf decken, während die öffentlichen Haushalte (Bund, Länder, Gemeinden) ihren Bedarf aus den Bedürfnissen der privaten Haushalte, also von Kollektivbedürfnissen, ableiten. Sowohl die privaten als auch die öffentlichen Haushalte sind als Konsumtionswirtschaften in der Regel nicht primärer Gegenstand der Betriebswirtschaftslehre. Sie werden aber selbstverständlich in die Betrachtung betriebswirtschaftlicher Prozesse einbezogen, da sie letztlich die Nachfrage nach Gütern und Dienstleistungen auslösen. Sie bilden damit zum Beispiel eine wesentliche Entscheidungsgrundlage im Marketing wie z.B. Entscheidungen über die Absatzmenge oder die Art der abzusetzenden Güter.

Private und öffentliche Unternehmen, Verwaltung

Unternehmen lassen sich im Gegensatz zu Haushalten als produktionsorientierte Wirtschaftseinheiten umschreiben, die primär der Fremdbedarfsdeckung dienen und deshalb auch Produktionswirtschaften genannt werden. Unternehmen können in private und öffentliche unterteilt werden, doch ist die Abgrenzung in der Praxis oft schwierig[2]:

Private Unternehmen werden durch das Privat- und Gesellschaftsrecht erfasst, also Bürgerliches Gesetzbuch (BGB), Handelsgesetzbuch (HGB), Aktiengesetz (AktG), GmbH-Gesetz (GmbHG) und Genossenschafts-Gesetz (GenG).

Öffentliche Unternehmen werden dagegen in der Regel dem öffentlichen Recht zugeordnet, also Bundeshaushaltsordnung (BHO), Deutsche Gemeindeordnung, Eigenbetriebsverordnung, Bundesbahngesetz und Gesetz über das Postwesen.

Allerdings besteht generell auch die Möglichkeit, öffentliche Unternehmen in privatrechtlicher Form zu führen, z.B. als Kapitalgesellschaft (AG, GmbH) oder als Genossenschaft mbH. Es ist auch möglich durch eine Kapitalbeteiligung, d.h. falls die öffentliche Hand mehr als 50% des Kapitals besitzt oder die Hauptaktionärin stellt, ist auf ein öffentliches Unternehmen zu schließen.

Auch kann über den Grad der Selbstbestimmung abgegrenzt werden, ob das Unternehmen (bzw. diejenigen, welche das Unternehmen führen) alle wichtigen Entscheidungen wie z.B. über die Unternehmensziele selber treffen kann oder ob es in seiner Entscheidungsfreiheit durch die öffentliche Hand eingeschränkt wird.

In der Praxis gibt es viele Mischformen zwischen rein öffentlichen und privaten Unternehmen. Sobald eine Kapitalbeteiligung der öffentlichen Hand an einem privaten Unternehmen besteht, spricht man von einem gemischtwirtschaftlichen Unternehmen. Als Beispiel sei die Deutsche Telekom AG erwähnt.

Als wichtigste Bereiche, in denen öffentliche Unternehmen tätig sind, können angeführt werden:

- Ver- und Entsorgungswirtschaft (Elektrizität, Gas, Wasser, Abfall),
- Verkehrswirtschaft (Bahn, Schifffahrt, Straße),
- Kreditwirtschaft (auf Bundes-, Länder- und Gemeindeebene),
- Versicherungswirtschaft (gesetzliche Sozialversicherung),

---

[2] Thommen/Achleitner 1998, 36 f.

- Informationswirtschaft (Radio, Fernsehen),
- Kommunikationswirtschaft (Post, Telefon).

Daneben finden sich viele Institutionen der öffentlichen Hand aus den verschiedensten Bereichen wie Kultur (Theater, Museen), Bildung (Schulen, Hochschulen), Erholung und Freizeit (Sportanlagen, Schwimmbäder), Gesundheit und Pflege (Krankenhäuser, Heime) sowie Schutz und Sicherheit (Armee, Gefängnisse). Diese zeichnen sich in der Regel dadurch aus, dass die Kosten nicht oder nur teilweise durch selbsterwirtschaftete Erträge gedeckt werden können und somit durch Steuergelder mitfinanziert werden müssen.

Schließlich ist neben den privaten und öffentlichen Unternehmen die öffentliche Verwaltung zu erwähnen. Die öffentliche Verwaltung besteht aus der Gesamtheit der ausführenden Einheiten eines Staates, die im Rahmen gegebener Gesetze, Verordnungen und Richtlinien tätig werden. Die öffentliche Verwaltung umfasst im Sinne der Gewaltenteilung die nicht zur Legislative (Gesetzgebung) und Judikative (Rechtssprechung) gehörenden Institutionen. Üblicherweise wird die Regierung selbst nicht zur Verwaltung gezählt. Die öffentliche Verwaltung stellt somit nur einen Teil der Exekutive dar. Ihre Aufgabe besteht im Vollzug der Anordnungen der Regierung, d.h. des anderen Teils der Exekutive.

1.2 Unternehmen in der Wirtschaft

1.2.1 Merkmale des Unternehmens

Aus der Sicht der Betriebswirtschaftslehre interessieren vor allem jene Merkmale des Unternehmens, welche als wesentliche Eigenschaften bei der Führung von Unternehmen von Bedeutung sind. In diesem Sinn kann das Unternehmen als ein offenes, dynamisches, komplexes, autonomes, marktorientiertes und produktives soziales System charakterisiert werden. Dies bringt zum Ausdruck, dass das Unternehmen[3]:

- ein soziales System ist, in welchem Menschen als Individuen oder in Gruppen tätig sind und das Verhalten des Unternehmens wesentlich beeinflussen,
- durch die Kombination der Produktionsfaktoren produktive Leistungen erstellt,
- als offenes System mit seiner Umwelt dauernd Austauschprozesse durchführt und durch vielfältige Beziehungen mit seiner Umwelt verbunden ist,
- sich laufend ändern muss, um sich neuen Entwicklungen anzupassen oder diese selber zu beeinflussen (dynamisches System),
- aus vielen einzelnen Elementen besteht, deren Kombination zu einem Ganzen ein sehr komplexes System von Strukturen und Abläufen ergibt,
- autonom seine Ziele bestimmen kann, auch wenn dabei, gerade in der Sozialen Marktwirtschaft, gewisse Einschränkungen durch den Staat (Gesetze) als Rahmenbedingungen zu beachten sind,
- sämtliche Anstrengungen letztlich auf die Bedürfnisse des Marktes ausrichten muss (auf den Markt gerichtetes System).

---

[3] Thommen/Achleitner 1998, 37 f.

1.2.2 Betrieblicher Umsatzprozess

Der betriebliche Umsatzprozess eines Industrieunternehmens kann in einen güterwirtschaftlichen und in einen finanzwirtschaftlichen Umsatzprozess unterteilt werden. Aufgrund der engen Verknüpfung beider Prozesse wird hier auf eine gedankliche Trennung verzichtet. Werden die verschiedenen Phasen des gesamten betrieblichen Umsatzprozesses aufgrund seines logischen Ablaufs geordnet, so ergibt sich folgende Reihenfolge[4]:

Phase 1: Beschaffung von finanziellen Mitteln auf dem Finanzmarkt.

Phase 2: Beschaffung der Produktionsfaktoren:
- Arbeitsleistungen, d.h. die von Menschen im Unternehmen zu erbringenden Leistungen,
- Potenzialfaktoren, d.h. Betriebsmittel, die im Umsatzprozess genutzt werden, ohne mit ihrer Substanz Eingang in die hergestellten Erzeugnisse zu finden, beispielsweise Maschinen, EDV-Anlagen oder Gebäude,
- Repetierfaktoren, d.h. Werkstoffe wie Roh-, Hilfs- und Betriebsstoffe, Halb- und Fertigfabrikate, die als Bestandteil in die hergestellten Erzeugnisse eingehen oder zum Betrieb und Unterhalt der Betriebsmittel erforderlich sind.
- Informationen, die für ein zielgerichtetes wirtschaftliches Handeln notwendig sind, wie z.B. Daten über die wirtschaftliche Entwicklung oder über die Bedürfnisse der Konsumenten.

Phase 3: Transformationsprozess durch Kombination der Produktionsfaktoren zu Halb- und Fertigfabrikaten.

Phase 4: Absatz der erstellten Erzeugnisse an die Kunden durch das Marketing.

Phase 5: Rückzahlung finanzieller Mittel und die Beschaffung von neuen Produktionsfaktoren, womit wieder in Phase 2 eingetreten wird und der Kreislauf sich schließt.

In der betrieblichen Wirklichkeit findet man diese Reihenfolge höchstens bei der Gründung, später laufen die einzelnen Phasen nebeneinander ab.

1.2.3 Umwelt des Unternehmens

Die Umwelt des Unternehmens ist einmal dadurch gekennzeichnet, dass sie sich aus verschiedenen Gruppen zusammensetzt, mit deren Ansprüchen und Erwartungen sich das Unternehmen auseinander zu setzen hat. Diese werden deshalb oft als Anspruchsgruppen[5] bezeichnet. Eingeschlossen werden alle Gruppen und Organisationen, die mit dem Unternehmen direkt oder auch nur indirekt, gegenwärtig oder zukünftig in irgendeiner Beziehung stehen. Zu nennen sind in erster Linie Arbeitnehmer und Arbeitnehmerorganisationen (Gewerkschaften), Kunden und Konsumentenorganisationen, Kapitalgeber (Eigentümer, Banken), Lieferanten, Konkurrenten, Staat. Daneben gibt es eine Vielzahl staatlicher und nicht-

---

[4] Thommen/Achleitner 1998, 39 f.
[5] Ulrich/Fluri 1995, 79

staatlicher Organisationen, mit denen ein Unternehmen mit unterschiedlicher Intensität in Beziehung steht und die deshalb für das Unternehmen mehr oder weniger bedeutsam sind.

Die Umwelt kann gemäß dem St. Galler Management-Modell[6] auch in verschiedene Bereiche unterteilt werden, in denen jeweils ein spezieller Aspekt bzw. ein spezielles Problem im Vordergrund steht:

Der ökologische Bereich schließt die Natur im weitesten Sinne in die Betrachtung mit ein. Die Natur mit ihren knappen Ressourcen und die Eingriffe des Menschen in die Natur stehen hier im Vordergrund. Durch die starke Beanspruchung der Ressourcen und die ständige Abgabe von Schadstoffen an die Umwelt hat dieser Aspekt für die Erhaltung der Natur und damit unseres Lebensraumes eine große Bedeutung. Je nach Branche, Standort oder anderen Gegebenheiten muss sich ein Unternehmen stärker oder schwächer mit solchen Problemen auseinandersetzen, die mit den Schlagworten „Umweltschutz" und „Umweltbelastung" überschrieben werden können.

Der technologische Bereich umfasst die Technik und somit die Beobachtung des technischen Fortschritts. Natur- und Ingenieurwissenschaften an den Hochschulen, vor allem aber auch die Forschung und Entwicklung der Konkurrenz bilden einen wichtigen Teil der technologischen Umwelt des Unternehmens. Die große Bedeutung dieses Bereichs zeigt sich in der Entwicklung, dass der technologische Wandel sich beschleunigt, Produktlebenszyklen sich verkürzen, vermehrt finanzielle Mittel erforderlich sind, schwindende Sicherheit in Bezug auf Forschung und Entwicklung besteht sowie der Schutz der eigenen Technologie nur unzureichend gewährleistet werden kann.

Der ökonomische Bereich beruht darauf, dass das Unternehmen in einen gesamtwirtschaftlichen Prozess eingebettet und Teil einer Volkswirtschaft ist. Das Unternehmen ist deshalb in starkem Maße von der volkswirtschaftlichen Entwicklung eines Landes oder sogar der Weltwirtschaft abhängig. Je nach Branche, Beschaffungs- oder Absatzmarkt interessieren das Unternehmen zum Beispiel Daten bezüglich der Entwicklung der Bevölkerungszahlen, des Bruttosozialproduktes, des Konsums der privaten Haushalte, der Investitionen, der Inflation oder der Beschäftigung.

Der soziale oder gesellschaftliche Bereich betrifft den Menschen als Individuum und in der Gemeinschaft. Dieser Bereich ist sehr vielschichtig und kann beispielsweise in die Unterbereiche Familie, Kultur, Recht, Politik und Kirche eingeteilt werden. Er hat in den letzten Jahrzehnten stark an Bedeutung gewonnen, da einerseits durch speziell zu diesem Zweck gegründete Organisationen immer mehr versucht wird, gesellschaftliche Normen und Werte zu verfechten und durchzusetzen, und andererseits das Unternehmen zunehmend als ein soziales Gebilde mit einer eigenen sozialen Verantwortung betrachtet wird.

---

[6] Ulrich 1987, 82 ff.

2 Marketing

2.1 Marketing als Aufgabe des Unternehmers

Betrachtet man das Marketing als eine unternehmerische Funktion neben anderen wie z.B. Produktion, Finanzierung, Personal, so muss es sich mit verschiedenen Problemen und Aufgaben auseinandersetzen. Diese können aus dem Problemlösungsprozess des Marketing abgeleitet werden[7]:

1. Analyse der Ausgangslage:
   In einer ersten Phase müssen die notwendigen Informationen über die gegenwärtige und zukünftige Entwicklung gewonnen werden. Wichtig sind in diesem Zusammenhang die Unternehmensziele, die allgemeinen Umweltbedingungen und die Beziehungen zwischen dem Unternehmen und seiner Umwelt sowie die Bedürfnisse tatsächlicher oder potentieller Kunden (d.h. die für das Unternehmen relevanten Märkte), die mit Hilfe der Marktforschung abgeklärt werden müssen.

2. Bestimmung von Marketing-Zielen:
   Die Marketing-Ziele werden aus den unternehmensinternen Wertvorstellungen, Unternehmenszielen oder vorhandenem Leistungspotenzial und unternehmensexternen Gegebenheiten wie der Umwelt abgeleitet. Typische Marketingziele beziehen sich auf den Umsatz, den Marktanteil, die (geografischen) Märkte, die Produkte oder die Kunden. Die Marketingziele sind ihrerseits wieder aus den Unternehmenszielen abgeleitet.

3. Bestimmung der Marketing-Instrumente:
   Sind die Marketing-Ziele festgelegt können aus diesen die Ziele für verschiedene Aufgabenbereiche des Marketing abgeleitet sowie die Maßnahmen und Mittel bestimmt werden, mit denen Bereichsziele erreicht werden sollen. Die einzelnen Aufgabenbereiche werden als Marketinginstrumente bezeichnet, womit der instrumentelle Charakter der Unterstützung und Erreichung der übergeordneten Marketingziele zum Ausdruck kommt.
   Häufig angewandt wird das Konzept von McCarthy[8], das als „4 P's-Model" bezeichnet wird. Die vier P stehen für die Begriffe Product, Place, Price und Promotion. Entsprechend liegt den Ausführungen folgende Gliederung zugrunde:

   - Produktpolitik,
   - Distributionspolitik,
   - Konditionenpolitik,
   - Kommunikationspolitik.

   Die Marktforschung als vorgeschaltetes Instrument liefert dazu jene Informationen, die für die Gestaltung der einzelnen Marketinginstrumente bekannt sein müssen.

---

[7] Thommen/Achleitner 1998, 145 ff.
[8] McCarthy 1981, 5 ff.

4. Erstellen eines Marketing-Mix:
Schließlich sind die verschiedenen Marketinginstrumente miteinander zu kombinieren und in einem sogenannten Marketing-Mix zu einer optimalen Einheit zusammenzufassen. Jedes Teilziel sowie alle Maßnahmen eines bestimmten Instrumentes müssen sowohl mit den übergeordneten Marketingzielen in Einklang stehen als auch auf die anderen Marketingziele und -maßnahmen abgestimmt werden.

5. Marketing-Durchführung:
Die noch auf dem Papier stehenden Marketingziele und -maßnahmen müssen mit konkreten Aktionen realisiert werden. Zu denken ist beispielsweise an die Durchführung einer Werbekampagne oder den Aufbau eines neuen Vertriebsnetzes.

6. Evaluierung der Marketing-Resultate:
Schließlich ergeben sich aus dem Marketing-Problemlösungsprozess konkrete Ergebnisse, die über die Erfüllung der Marketingaufgaben Auskunft geben.

Im Mittelpunkt dieses Problemlösungsprozesses stehen die Formulierung der Marketing-Ziele und die Ausgestaltung des Marketing-Mix. Die angestrebten Marketing-Ziele und die Ausgestaltung der Marketinginstrumente bezeichnet man als Marketing-Konzept.

2.2 Überblick über die wichtigsten Marketinginstrumente

2.2.1 Produktpolitik

Die Produktpolitik gliedert sich in verschiedene Ebenen[9]. Man unterscheidet im wesentlichen die drei Ebenen Kernprodukt, formales Produkt und erweitertes Produkt.

Das Kernprodukt bildet dabei das Zentrum des Gesamtproduktes. Es umschreibt die zentrale Funktion des Produktes ohne Berücksichtigung von Spielarten, Produktvarianten oder um das Produkt gelagerte Dienstleistungen. Betrachtet wird die Basisfunktionalität auch als Grundlage für die Zwecke der Produktentwicklung.

Das formale Produkt ist eine Stufe höher gelagert und beschreibt eine Reihe von Merkmalen des Produktes: die Eigenschaften, den Namen, die Verpackung, die Qualität oder das Styling (Design).

Das erweiterte Produkt ist die dritte Ebene und stellt auf das Konsumsystem des Käufers ab. Dabei werden Merkmale wie Serviceleistungen, Garantie und Installation betrachtet.

Ausgehend von den Wünschen und Problemen des Käufers hat die Produktpolitik die Aufgabe, in einem ständigen Prozess aus Produktinnovation, Produktvariation und Produkteliminierung den sich verändernden Marktbedürfnissen Rechnung zu tragen.

---

[9] Pispers/Riehl 1997, 21 ff.

2.2.2 Distributionspolitik

Die Distributionspolitik umfasst alle jene Planungs- und Entscheidungsfelder, die den Weg eines Produktes bzw. einer Leistung vom Produzenten zum Verbraucher bzw. Verwender beschreiben[10]. Dabei sind tätigkeitsorientierte Entscheidungen, die die Wahl der Vertriebs- und Absatzwege betreffen, von prozessorientierten (logistischen) Entscheidungen über Transportwege und Lieferservice zu unterscheiden.

Die prozessorientierten Entscheidungen beziehen sich auf die Wahl von Transportwegen (via Wasser, Land oder Luft) und den damit verbundenem Service, d.h. beispielsweise Lieferung frei Schiff, frei Haus oder frei Flughafen des Bestimmungsortes oder -landes.

Die tätigkeitsorientierten Entscheidungen beschreiben die verschiedenen Absatzmethoden. Drei unterschiedliche Vertriebssysteme sind dabei zu unterscheiden:

- Werkseigener Vertrieb heißt, dass der Verkauf nur über eigene Verkaufsstellen erfolgt.
- Werksgebundener Vertrieb bedeutet, dass der Verkauf über rechtlich selbständige, wirtschaftlich jedoch durch Kapitalbeteiligung oder vertragliche Bindung abhängige Unternehmen erfolgt.
- Werksungebundener Vertrieb meint, dass der Verkauf der eigenen Produkte komplett, d.h. rechtlich und wirtschaftlich aus dem Unternehmen ausgegliedert wird.

Hinsichtlich der Absatzwege ergeben sich ebenfalls drei Optionen:

- beim direkten Vertrieb werden die Produkte eines Unternehmens dem potentiellen Käufer über eigene Filialen, Handelsvertreter, Franchisenehmer oder z.B. Internet angeboten.
- beim indirekten Absatz werden die Produkte über am Markt verfügbare Groß- bzw. Einzelhandelssysteme an den Endabnehmer verkauft.
- die Kombination von direktem und indirektem Vertrieb bedeutet, dass der Vertrieb über die eigene Verkaufsorganisation an den Großhandel und schließlich von dort weiter an den Einzelhandel erfolgt.

2.2.3 Konditionenpolitik

Wie der Name signalisiert, werden in Rahmen der Konditionenpolitik die vertraglichen Bedingungen festgelegt, die Einfluss auf die Preis- und Zahlungsgestaltung beim Abschluss eines Kaufvertrages haben. Hierzu zählen die Preispolitik, die Rabattpolitik, die Lieferungs- und Zahlungsbedingungen sowie die Kreditpolitik[11].

Die Preispolitik legt alle Entscheidungen fest, die Einfluss auf die Preise nehmen. Dazu zählen die Festlegung des Preises, die Änderung von Preisen für Produkte oder Produktgruppen, die Differenzierung des Preises für verschiedene Märkte sowie die Absicherung der eigenen Preispolitik durch Preisvergleiche mit dem Wettbewerb.

---

[10] Pispers/Riehl 1997, 41 ff.
[11] Pispers/Riehl 1997, 25 ff.

Die Rabattpolitik stellt einen Preisnachlass dar, der für bestimmte Leistungen des Abnehmers, etwa Abnahme einer Mindestmenge, gewährt wird. Daher kann die Rabattpolitik auch als Mittel zur preispolitischen Feinsteuerung betrachtet werden.

Die Lieferungs- und Zahlungsbedingungen regeln die Inhalte und die Abgeltung der angebotenen bzw. erbrachten Leistung. Lieferungsbedingungen bestimmen den Umfang der Verpflichtungen des Lieferanten, etwa wann und wohin geliefert werden muss. Zahlungsbedingungen spezifizieren die Zahlungsverpflichtung des Käufers und ihre Erfüllung, also beispielsweise den Zeitpunkt der Zahlungsverpflichtung.

Die Kreditpolitik legt fest wie lange ein Kunde Zeit hat seiner Zahlungsverpflichtung zur vertraglich vereinbarten Zahlung nachzukommen. Dadurch sollen Kunden, die zum Kaufzeitpunkt nicht über genügend große liquide Mittel verfügen zum Kauf bewegt werden, um z.B. durch den Weiterverkauf des Produktes der Zahlungsverpflichtung nachkommen zu können.

2.2.4 Kommunikationspolitik

Die Kommunikationspolitik verfügt über eine Reihe von Instrumenten um potentiellen Käufern Botschaften (Informationen) über ein Produkt zu übermitteln. Die Instrumente sind die Werbung, die Verkaufsförderung, die Public Relations sowie der persönliche Verkauf[12].

Unter der Werbung versteht man alle bezahlten Maßnahmen der unpersönlichen Präsentation und Förderung von Ideen, Waren und Dienstleistungen durch einen identifizierbaren Auftraggeber. Sie ist in der Praxis das bedeutendste Instrument der Kommunikationspolitik.

Die Verkaufsförderung beinhaltet generell all jene kommunikativen Maßnahmen, die zur punktuellen Aktivierung von Zielpersonen im Sinne einer erhöhten Informationsaufnahme- sowie Handlungsbereitschaft bzw. -fähigkeit führen. Sie hat überwiegend kurzfristigen bzw. taktischen Charakter und soll zusätzliche Kaufanreize erzeugen, die zur vorübergehenden Absatzsteigerung führen. Die Verkaufsförderung ist als ergänzende Maßnahme zu den anderen Kommunikationsinstrumenten zu verstehen.

Public Relations umfasst alle Bemühungen eines Unternehmens, die Öffentlichkeit über das Unternehmen an sich und die Vorgänge allgemeiner Art im Unternehmen zu informieren und zu interessieren. Ihre Aufgabe ist, für das Unternehmen Vertrauen, Verständnis und Sympathie zu schaffen. Public Relations dient nicht der direkten Absatzsteigerung, sondern vielmehr der Schaffung einer wohlwollenden Atmosphäre für das Unternehmen im Markt.

Unter persönlichem Verkauf werden die Gesprächskontakte des Verkaufspersonals eines Unternehmens mit potentiellen Käufern verstanden. Typisch ist der direkte, persönliche Kontakt (Gespräch und Besuch vor Ort) mit dem potentiellen Kunden. Ziel dieses Instruments ist der Vertragsabschluss.

Im Rahmen des Marketingkonzeptes werden mit Hilfe der Marketinginstrumente die unterschiedlichen Marketingziele und Marketingmaßnahmen unternehmensspezifisch erarbeitet und umgesetzt.

---

[12] Pispers/Riehl 1997, 29 ff.

3 Materialwirtschaft

3.1 Abgrenzung der Materialwirtschaft

Sind die Produkte festgelegt, die ein Unternehmen absetzen will, so geht es in einer nächsten Phase darum, die zur Erstellung dieser Produkte notwendigen Güter und Dienstleistungen zu beschaffen. Es handelt sich um die Beschaffung von Arbeitskräften, Kapital, Informationen, Rechten, Dienstleistungen, Handelswaren, Betriebsmitteln oder Werkstoffen.

Im Rahmen der Materialwirtschaft steht die Beschaffung des für die Leistungserstellung notwendigen Materials im Vordergrund, das direkt in den Produktionsprozess eingeht oder für den Absatz bereitgestellt wird. Dies sind vor allem[13]:

- Rohstoffe, die als Grundmaterial unmittelbar in das Produkt eingehen wie z.B. Mehl bei der Brotherstellung oder Gold und Edelsteine bei Schmuck.
- Hilfsstoffe, die ebenfalls in das Produkt eingehen, aber nur ergänzenden Charakter haben wie z.B. Schrauben und Lack bei der Möbelherstellung.
- Betriebsstoffe, die keinen Bestandteil des Fertigproduktes bilden, sondern mit dem Produktionsprozess verbraucht werden wie z.B. Energie und Kühlwasser.
- Halbfabrikate, die als Teile oder Baugruppen in das Endprodukt eingehen und die sich von den Hilfsstoffen durch einen höheren Reifegrad unterscheiden.
- Handelswaren, die als Ergänzung des Produktionsprogramms nicht in den Produktionsprozess eingehen, sondern unverarbeitet weiterverkauft werden.

Betrachtet man den Materialfluss im Industriebetrieb, so ergeben sich drei verschiedene Lagerstufen:

- Eingangslager, welche den Güterzufluss aus der Umwelt auffangen, wenn der momentane Bedarf der Fertigung kleiner ist als der Güterzufluss oder der zukünftige Bedarf größer ist als der zukünftige Güterzufluss.
- Zwischenlager, die während des Produktionsprozesses entstehen und Puffer zwischen den verschiedenen Fertigungsstufen darstellen. Die Höhe der Zwischenlager hängt sehr stark von der Lösung des Dilemmas der Ablaufplanung ab, d.h. der Minimierung der Durchlaufzeiten des zu bearbeitenden Materials bei gleichzeitiger Minimierung der Leerzeiten der Potenzialfaktoren. Je stärker das Prinzip der maximalen Kapazitätsauslastung verfolgt wird, um so eher entstehen Zwischenlager.
- Fertigwarenlager fallen zeitlich nach Beendigung des Produktionsprozesses an. Diese Lager dienen dazu, die Abweichungen zwischen Produktions- und Absatzmenge auszugleichen, wie sie zum Beispiel aufgrund konjunktureller oder saisonaler Schwankungen auftreten.

Da die verschiedenen Lager unterschiedliche Funktionen und somit unterschiedliche Probleme aufweisen, ist es sinnvoll, diese jenen Funktionsbereichen zuzuordnen, in denen sie auftreten. Somit sind Fertigwarenlager primär dem Marketing (logistische Distribution) und Zwischenlager dem Produktionsbereich zuzuordnen, während Eingangslager als Teilprob-

---

[13] Thommen/Achleitner 1998, 303 ff.

lem der Materialwirtschaft bei Bereitstellung der Güter für den Produktionsprozess gesehen werden müssen.

Neben den zentralen Funktionen Beschaffung und Lagerhaltung ist als dritte Funktion der Materialwirtschaft die Bewegung des Materials zum betrieblichen Verwendungsort zu erwähnen. Die mit der Materialbereitstellung verbundenen Transportvorgänge können in außerbetriebliche und innerbetriebliche unterteilt werden:

- Außerbetriebliche Transportvorgänge dienen der Überbrückung des Raums zwischen Lieferant und beschaffendem Unternehmen.
- Innerbetriebliche Transportvorgänge treten zwischen dem Ort der Materialannahme bzw. -einlagerung und dem betrieblichen Verwendungsort der Weiterverarbeitung auf.

Zusammenfassend kann man sagen, dass unter Materialwirtschaft jener Funktionsbereich des Unternehmens verstanden wird, der die Beschaffung, die Lagerhaltung und die Verteilung des zur Produktion notwendigen Materials umfasst. Die wesentliche Aufgabe im Rahmen der Materialwirtschaft kommt der Steuerung des Materialflusses zu. Sie kann in die Steuerungselemente Planung, Entscheidung, Aufgabenübertragung und Kontrolle zerlegt werden, die grundsätzlich in allen Herstellungsphasen auftreten.

3.2 Ziele der Materialwirtschaft

Bei der Erfüllung der materialwirtschaftlichen Aufgaben stehen die eigentlichen Sachziele, also die Bereitstellung der für die Produktion notwendigen Güter im Vordergrund. Daneben sind aber die allgemeinen Unternehmensziele zu beachten, aus denen sich die Formalziele der Materialwirtschaft ableiten lassen. Diese können den materialwirtschaftlichen Handlungsspielraum stark einschränken oder ihn sogar bestimmen.

Ein solches Formalziel ist das Streben nach einer hohen Wirtschaftlichkeit im materialwirtschaftlichen Bereich. Eine hohe Wirtschaftlichkeit wird erreicht, wenn die Gesamtkosten, die sich im wesentlichen aus den Beschaffungskosten, den Lagerhaltungskosten, den innerbetrieblichen Transportkosten sowie den Fehlmengenkosten zusammensetzen, minimiert werden. Dieser Hauptzielsetzung stehen jedoch eine Reihe von Nebenzielen entgegen, die bei einer langfristigen Betrachtung der Wirtschaftlichkeit eine ebenso große Bedeutung haben können. Es sind dies vor allem[14]:

- das Sicherheitsstreben, das sich in einem hohen Lieferbereitschaftsgrad der Materialwirtschaft äußert,
- das Liquiditäts- und Rentabilitätsstreben, das sich in einem niedrigen gebundenen Kapital zeigt,
- das Streben nach einer hohen Flexibilität, das sich in einer hohen Anpassungsfähigkeit an neue Verhältnisse ausdrückt,
- das Streben nach dauernden guten Lieferantenbeziehungen, das sich in einem geringen Wechsel der Lieferanten zeigt.

---

[14] Thommen/Achleitner 1998, 309 ff.

Die gemeinsame Betrachtung dieser Ziele macht deutlich, dass verschiedenartige Zielbeziehungen vorliegen, die im Einzelfall zu beachten sind. So ist das Unternehmen häufig gezwungen, große Lagerbestände aufzubauen, wenn die eigenen Bedarfsmengen nur schlecht oder überhaupt nicht prognostiziert werden können, die Lieferzeiten stark schwanken oder die Beschaffungsmärkte selber unsicher sind. Solche Sicherheitskäufe widersprechen dem Streben nach minimalen Kosten. Allerdings müssen mögliche Fehlmengen, die sich aus einem nicht zu deckenden Materialbedarf ergeben, und die daraus entstehenden Fehlmengenkosten in die Überlegungen einbezogen werden. Durch hohe Lagerbestände können unter Umständen Fehlmengenkosten vermieden werden, die höher ausfallen würden als die zusätzlichen Lagerkosten für die Sicherheitskäufe.

Werden die Sicherheitsbestände aber so groß gehalten, dass mit sehr großer Wahrscheinlichkeit Fehlmengenkosten ausgeschlossen werden können, so werden die Kosten für diese Sicherheitsbestände die möglichen Fehlmengenkosten bei weitem übersteigen.

Für den Unternehmer geht es somit darum, jenen Punkt oder Bereich zu finden, in welchem die Sicherheitskosten und die Fehlmengenkosten ein Minimum bilden. In der Praxis ist dieser Punkt nur schwer zu bestimmen, da die Fehlmengenkosten nur mit einer bestimmten Wahrscheinlichkeit eintreffen werden. Zudem wird es von der Risikoneigung des Unternehmers abhängen, wie groß bzw. klein sein Sicherheitsbestand sein wird.

Um eine optimale Lösung anzustreben, werden häufig Erfahrungswerte herangezogen. Zudem können unvorhergesehene Ereignisse, die hohe Fehlmengenkosten verursachen, durch eine entsprechende Versicherung abgedeckt werden.

Die Pflege guter Lieferantenbeziehungen ist ebenfalls eine wichtige Zielsetzung, die sowohl zum Sicherheitsstreben als auch zum Ziel der Kostenminimierung beitragen kann. Gute Lieferantenbeziehungen bedeuten einerseits Termintreue, Flexibilität, hohe Qualität und Interesse an Weiterentwicklung (Konkurrenzfähigkeit), andererseits aber auch höhere Preise. Diese können jedoch durch die vermiedenen Fehlmengenkosten, geringeren Ausschuss und gute Konkurrenzfähigkeit mehr als kompensiert werden.

Schließlich sind aus finanzwirtschaftlicher Sicht auch die Liquidität und die Rentabilität zu berücksichtigen, da Lagerbestände sowohl liquiditäts- als auch erfolgswirksam sind. Hohe Lagerbestände führen einerseits zu einer hohen Kapitalbindung und damit zu einer Einschränkung der Liquidität, andererseits zu hohen Kosten und damit zu einer Verminderung der Rentabilität. Gerade in Zeiten hoher Zinssätze und/oder bei teuren Gütern führt das gebundene Kapital zu einer wesentlichen Erhöhung der Kosten. Solange das (ohnehin vorhandene) gebundene Kapital allerdings nicht anderweitig besser eingesetzt werden kann, ist dieses Problem von untergeordneter Bedeutung (Opportunitätsprinzip).

Die Flexibilität äußert sich darin, dass auf Änderungen des Unternehmensumfeldes wie beispielsweise Preisvariationen, unvorhergesehene Nachfrage oder neue Produktentwicklungen sofort reagiert werden kann und für das Unternehmen dadurch keine Wettbewerbsnachteile entstehen.

4 Produktion

4.1 Grundbegriffe der Produktion

Unter dem Begriff Produktion können grundsätzlich zwei verschiedene Begriffsinhalte verstanden werden[15]:

Produktion als Fertigung

Unter der Produktion als Fertigung (Produktion im engern Sinne) versteht man die eigentliche Be- und Verarbeitung von Rohstoffen zu Halb- und Fertigfabrikaten. Bei dieser Betrachtung der Produktion als Umwandlung und Herstellung von Gütern steht der technische Aspekt gegenüber dem wirtschaftlichen im Vordergrund.

Produktion als Leistungserstellungsprozess

Eine Erweiterung des Produktionsbegriffs ergibt sich durch die Betrachtung des Produktionsbereichs als betrieblichen Leistungsprozess (Produktion im weiteren Sinne). Im Vordergrund stehen die betriebswirtschaftlichen Entscheidungstatbestände, die im Rahmen des Leistungserstellungsprozesses gefällt werden müssen. Produktion in diesem Sinne stellt genauso eine unternehmerische Funktion wie Marketing, Materialwirtschaft, Finanzierung usw. dar. Im Vordergrund stehen dabei die Festlegung

- des Produktionsprogramms,
- der Produktionsmenge,
- des Fertigungsverfahrens und
- des gesamten produktionswirtschaftlichen Ablaufs im Unternehmen, d.h. welche Fertigungsphasen werden unterschieden und welche Entscheidungen sind in Phase jeder zu treffen.

Je nach Branche beinhaltet die betriebliche Leistungserstellung eine andere Tätigkeit, so zum Beispiel die Gewinnung von Rohstoffen in Gewinnungsbetrieben, die Herstellung von Halb- und Fertigfabrikaten in Fabrikationsbetrieben oder die Ausführung von Dienstleistungen durch Dienstleistungsbetriebe.

4.2 Produktionsprogramm

Unter einem Produktionsprogramm versteht man die Gesamtheit aller von einem Unternehmen zu erstellenden Leistungen. Die Festlegung des Produktionsprogramms umfasst somit die Entscheidung über die herzustellenden Produkte. Demgegenüber steht das Absatzprogramm, das die Gesamtheit aller von einem Unternehmen angebotenen Leistungen umfasst.

---

[15] Thommen/Achleitner 1998, 347 ff.

Bei einer Gegenüberstellung des Produktionsprogramms und des Absatzprogramms eines Unternehmens kann man grundsätzlich drei Fälle unterscheiden:

1. Produktionsprogramm = Absatzprogramm:
   Produktionsprogramm und Absatzprogramm sind identisch, wobei diese Übereinstimmung in der Praxis selten anzutreffen ist.
2. Produktionsprogramm > Absatzprogramm:
   Das Produktionsprogramm ist größer als das Absatzprogramm, wenn das Unternehmen einen Teil seines Produktionsprogramms für seinen Eigenverbrauch herstellt.
3. Produktionsprogramm < Absatzprogramm:
   Das Absatzprogramm ist größer als das Produktionsprogramm, wenn das Unternehmen einen Teil seines Absatzprogramms nicht selber herstellt (Eigenfertigung), sondern an Dritte in Auftrag gibt (Fremdfertigung) oder als Handelsware einkauft.

Die Festlegung des Produktionsprogramms ist eine Entscheidung mit langfristigen Auswirkungen. Als Haupteinflussfaktor dieser Entscheidung ist das Absatzprogramm eines Unternehmens zu nennen. In einem marktorientierten Unternehmen sind dies die von den Kunden nachgefragten Erzeugnisse. Die Lösung dieser Problematik ist die Aufgabe des Marketing. Geht man von einem gegebenen Absatzprogramm aus, so stellt sich als weitere Frage, welche Produkte das Unternehmen selbst herstellen und welche es von Zulieferern beziehen will. Man spricht in diesem Fall von einer Make-or-buy-Entscheidung, die ein Unternehmen zu treffen hat. Dies kann nach folgenden Kriterien geschehen:

- Kosten:
  Die Kosten eines Fremdbezugs und diejenigen der Eigenfertigung sind einander gegenüberzustellen. So ist es unter Umständen nicht wirtschaftlich, einen Massenartikel, den ein Unternehmen in kleinen Mengen benötigt, in Eigenfertigung herzustellen.
- Produkt:
  Als Voraussetzung für den Fremdbezug muss ein entsprechendes Produkt in artmäßiger, quantitativer und qualitativer Hinsicht auf dem Beschaffungsmarkt angeboten werden.
- Produktionskapazität:
  Stehen ungenutzte oder nicht voll ausgelastete Maschinen zur Verfügung, so erscheint eine Eigenfertigung zur Minimierung der Kosten sinnvoll.
- Finanzielle Mittel:
  Sind neue Produktionsanlagen zu kaufen, so ist abzuklären, ob das dafür notwendige Kapital überhaupt vorhanden ist oder beschafft werden kann.
- Lieferant:
  An die Lieferanten werden bestimmte Anforderungen gestellt. Insbesondere sollten sie sich durch die Eigenschaften Zuverlässigkeit (insbesondere Termintreue), bestimmtes Qualitätsniveau, Flexibilität (z.B. bei Absatzschwankungen) sowie Interesse an Forschung und Weiterentwicklung auszeichnen.
- Unabhängigkeit:
  Je größer die Aufträge sind und je weniger Lieferanten in Frage kommen, desto größer wird die Abhängigkeit des Unternehmens. Eine solche Abhängigkeit kann von den Lieferanten durch die Forderung nach er- bzw. überhöhten Preisen ausgenutzt werden.

- Mitarbeiter:
  Aus sozialpolitischen Überlegungen kann das Unternehmen eine Vollbeschäftigung zur Auslastung seiner bestehenden Kapazitäten einem (temporären) Personalabbau vorziehen, obwohl eine Fremdfertigung aus wirtschaftlichen Gründen gerechtfertigt wäre.
- Marktentwicklung:
  Oft stehen nicht kurzfristige, sondern langfristige wirtschaftliche Überlegungen im Vordergrund. So könnte sich zum Beispiel nicht kostendeckende Eigenfertigung langfristig lohnen, wenn die Marktpreise für die zu beschaffenden oder abzusetzenden Produkte steigen werden.
- Know-how:
  Dem Unternehmen geht Know-how verloren, das dafür der Lieferant erwirbt. Unter Umständen ergeben sich in diesem Zusammenhang Probleme mit der Geheimhaltung, wenn der Lieferant ein gleiches oder ähnliches Produkt auch anderen, eventuell sogar konkurrierenden, Unternehmen verkauft.

4.3 Fertigungstyp

Bei der Festlegung des Fertigungstyps geht es um die Bestimmung der Fertigungseinheiten, d.h. die Aufteilung der gesamten Produktionsmenge in einzelne Mengeneinheiten, die in einem nicht unterbrochenen Produktionsprozess gefertigt werden.

Abgrenzungskriterium ist die Häufigkeit der Wiederholung eines bestimmten Fertigungsvorganges. Es wird grundlegend die Einzelfertigung von der Mehrfachfertigung unterschieden[16].

Bei der Einzelfertigung wird von einem Produkt nur eine einzige Einheit angefertigt. Ein Unternehmen mit Einzelfertigung arbeitet in der Regel auftragsbezogen und kann auf diese Weise auf die Kundenwünsche eingehen. Die Einzelfertigung beruht nicht auf einem festen Produktionsprogramm, sondern es werden jene Güte produziert, die sich mit den vorhandenen Produktionsanlagen und Arbeitskräften sowie dem vorhandenen Know-how herstellen lassen. Als Beispiele für diesen Fertigungstyp können die Baubranche (Wohnungs-, Brückenbau), der Anlagenbau (Turbinen), der Schiffsbau oder verschiedene Handwerksbetriebe (Maßschneiderei etc.) genannt werden.

Die Mehrfachfertigung zeichnet sich dadurch aus, dass von einem Produkt mehrere Einheiten hergestellt werden. Nach dem Umfang der Mehrfachfertigung und unter Berücksichtigung produktionstechnischer Einflussfaktoren werden folgende Arten unterschieden:

- Massenfertigung
  Bei der Massenfertigung werden von einem einzigen (= einfache Massenfertigung) oder von mehreren Produkten (= mehrfache Massenfertigung) über eine längere Zeit sehr große Stückzahlen hergestellt. Ein und derselbe Fertigungsprozess wird ununterbrochen wiederholt, ein Ende ist nicht absehbar. Beispiele für Produkte der Massenfertigung sind Zigaretten, Papiertaschentücher oder Zement. Da eine Veränderung der Fertigungsanlagen wegen Produktionsumstellungen wegfällt, können Spezialmaschinen angeschafft oder hergestellt werden, die nur für einen einzigen Produktionsprozess

---

[16] Thommen/Achleitner 1998, 358 ff.

eingesetzt werden können. Diese müssen nur einmal zu Beginn des Produktionsprozesses eingerichtet werden. Umstellungen sind lediglich aus produktionstechnischen Gründen (z.B. Rationalisierung durch technischen Fortschritt, höhere Arbeitssicherheit) oder bei Veränderungen in der Nachfrageanforderungen notwendig. Die Massenfertigung eignet sich besonders gut für eine weitgehende Automatisierung.

- Serienfertigung
  Die reine Serienfertigung zeichnet sich dadurch aus, dass meistens mehrere Produkte hintereinander in einer begrenzten Stückzahl auf den gleichen oder verschiedenen Produktionsanlagen hergestellt werden. Die Serienfertigung liegt zwischen den beiden Extremen Einzel- und Massenfertigung. Zusätzlich können deshalb die Kleinserie, d.h. nur einige wenige Stücke wie zum Beispiel Einfamilienhäuser, Möbel und die Großserie, d.h. eine Serie, die über eine längere Zeit läuft und sehr hohe Stückzahlen aufweist, wie zum Beispiel Elektrogeräte und Autos, unterschieden werden.

- Sortenfertigung
  Eine besondere Form der Serienfertigung ist die Sortenfertigung. Bei dieser wird ebenfalls eine begrenzte Stückzahl eines Produktes hergestellt. Der Unterschied liegt aber darin, dass bei der Sortenfertigung ein einheitliches Ausgangsmaterial zugrunde liegt und die Endprodukte einen hohen Verwandtschaftsgrad aufweisen. Die verschiedenen Sorten können auf den gleichen Produktionsanlagen mit minimalen produktionstechnischen Umstellungen hergestellt werden. Im Gegensatz zur Sortenfertigung erfordert die Serienfertigung bei der Verwendung der gleichen Produktionsanlagen größere Umstellungen. Der Übergang zwischen der reinen Serienfertigung und der Sortenfertigung ist allerdings fließend, weil nicht eindeutig angegeben werden kann, bis zu welchem Verwandtschaftsgrad eine Sortenfertigung vorliegt. Beispiel für die Sortenfertigung ist die Bekleidungsindustrie, in der Herrenanzüge in unterschiedlicher Größe oder Stoffqualität hergestellt werden.

- Chargen- oder Partiefertigung
  Die Chargen- oder Partiefertigung ist dadurch charakterisiert, dass die Ausgangsbedingungen und der Produktionsprozess selbst nicht konstant gehalten werden können und somit das Ergebnis verschiedener Chargen unterschiedlich ausfällt. Ursache sind Unterschiede in den verwendeten Rohmaterialien oder nur teilweise beeinflussbare Produktionsprozesse (z.B. chemische Prozesse). Als Charge oder Partie bezeichnet man daher jene Menge, die in einem einzelnen Produktionsvorgang hergestellt wird. Innerhalb einer Charge sind keine oder nur geringe Produktunterschiede feststellbar, hingegen können zwischen den einzelnen Chargen größere Abweichungen auftreten. Eine einzelne Charge wird in ihrer Menge begrenzt durch die vorhandenen Rohstoffe oder durch die Kapazitäten der Produktionsmittel. Typische Beispiele für die Chargenfertigung sind das Färben von Textilien und die Bier- oder Weinherstellung.

4.4 Fertigungsverfahren

Bei der Festlegung des Fertigungsverfahrens geht es um die innerbetriebliche Standortwahl. Es handelt sich um die organisatorische Gestaltung der Bearbeitungsreihenfolge der Erzeugnisse und die Zuordnung der Aufgaben zu den Arbeitsplätzen. Werden die Maschinen und Arbeitsplätze zu fertigungstechnischen Einheiten zusammengefasst, so lassen sich die Fertigungsverfahren unterscheiden[17]:

Werkstattprinzip

Die handwerkliche Fertigung zeichnet sich dadurch aus, dass ein Produkt vollständig an einem einzigen Arbeitsplatz von einer Person hergestellt wird.

Der Arbeitsplatz ist mit allen dazu notwendigen Maschinen und Werkzeugen ausgerüstet, wobei allerdings oft einzelne größere Anlagen von mehreren Arbeitsplätzen (Personen) genutzt werden können.

Die handwerkliche Fertigung ist weitgehend von anderen Fertigungsverfahren verdrängt worden. Sie ist vor allem noch in Kleinbetrieben (Ein-Mann-Betrieben) vorzufinden, die sich der Einzelfertigung widmen. Ihr Vorteil liegt in der hohen Flexibilität und Individualität sowie der hohen Qualifikation der Arbeitskräfte, die durch die vielseitig verwendbaren Maschinen und Werkzeuge erreicht wird. Dies hat allerdings auch zur Folge, dass die Kosten der handwerklichen Fertigung höher liegen als bei anderen Fertigungsverfahren.

Fließfertigung

Die Fließfertigung ist dadurch gekennzeichnet, dass die Anordnung der Arbeitsplätze und Anlagen der Reihenfolge der am Produkt durchzuführenden Tätigkeiten entspricht.

Ausschlaggebend für die Anordnung der Arbeitsplätze und Maschinen ist die Bearbeitungsreihenfolge des Produktes vom Rohstoff zum Halb- oder Fertigfabrikat. Dabei ist es möglich, dass gleiche Verrichtungen mehrmals ausgeführt werden müssen.

Voraussetzung für die Anwendung des Fließprinzips ist die Massen- oder Grosserienfertigung. Es muss eine große Sicherheit geben, dass die hergestellten Produkte für längere Zeit ohne größere Veränderungen produziert werden können.

Es werden drei Arten der Fließfertigung nach dem Fertigungsrhythmus unterschieden:

- Straßenfertigung
  Bei der Straßenfertigung sind die Arbeitsplätze und Produktionsanlagen nach der Bearbeitungsreihenfolge geordnet, aber es besteht kein Zeitzwang für die Ausübung der einzelnen Verrichtungen, und somit fehlt eine vollkommene zeitliche Abstimmung zwischen den verschiedenen Verrichtungen. Dies hat zur Folge, dass es bei Leistungsschwankungen oder bei einem Ausfall von Personal und Maschinen zu Stauungen und Wartezeiten im Fertigungsprozess kommen kann. Es müssen Zwischenlager errichtet werden, die entsprechende Zins- und Lagerkosten verursachen.

---

[17] Thommen/Achleitner 1998, 363 ff.

- Taktfertigung
Mit der Taktfertigung werden die Vorteile des Fließprinzips weitgehend ausgenutzt. Im Gegensatz zur Straßenfertigung erfolgt eine vollständige zeitliche Abstimmung zwischen den einzelnen Verrichtungen des Produktionsprozesses. Der gesamte Produktionsprozess wird in zeitlich gleiche Arbeitstakte (= Taktzeit) aufgeteilt. Die Dauer eines Arbeitsgangs an einer Maschine oder an einem Arbeitsplatz entspricht dann genau der Taktzeit oder einem Vielfachen davon. Spezifischer Vorteil der Taktfertigung ist der Wegfall der Zwischenlager. Da zudem die Ausbringungsmenge und somit auch der Materialverbrauch aufgrund der fest vorgegebenen Produktionsgeschwindigkeit genau berechenbar ist, können die erforderlichen Lager an Roh-, Hilfs- und Betriebsstoffen sehr klein gehalten werden. Nach dem Grad der Automation kann ferner zwischen Fließbandfertigung und vollautomatischer Fertigung unterschieden werden. Bei der Fließbandfertigung bewegt sich das Werkstück kontinuierlich oder intervallartig auf einem Fördersystem (Fließband) vorwärts. Die Mitarbeiter müssen sich der Taktzeit anpassen, um einen gleichmäßigen Produktionsablauf zu gewährleisten.
Bei der vollautomatischen Fertigung werden die Werkstücke dagegen mit Hilfe computergesteuerter Maschinen automatisch weitertransportiert, in die Lage gebracht, die zu ihrer Bearbeitung notwendig ist und verarbeitet. Selbst die Arbeitskontrolle (z.B. Ausscheiden von Ausschussmaterial) kann von entsprechenden Spezialmaschinen vorgenommen werden. Die menschliche Arbeitskraft programmiert in erster Linie die computergesteuerten Maschinen und übt nur noch eine Überwachungsfunktion über den gesamten Produktionsprozess aus.
- Gruppenfertigung
Die Gruppenfertigung ist eine Kombination der Werkstatt- und Fließfertigung. Die gesamte Produktion wird in fertigungstechnische Einheiten aufgeteilt, die eine Funktionsgruppe bilden. Innerhalb einer solchen Funktionsgruppe wird dann das Fließprinzip angewandt, d.h. die Arbeitsplätze und Maschinen richten sich nach der Bearbeitungsreihenfolge.
Solche Funktionsgruppen mit Fliessfertigung können für die Produktion von Einzelteilen eingesetzt werden, die einen großen Anteil des gesamten Produktionsprogramms bilden, während die übrigen Einzelteile in Werkstattfertigung produziert werden. Die Fertigungsstruktur kann sogar so zusammengesetzt sein, dass sämtliche Halb- und Fertigfabrikate fast ausschließlich aus solchen Teilen zusammengesetzt sind, die in einzelnen Funktionsgruppen gefertigt werden. Man spricht in diesem Fall dann vom Baukastenprinzip.

5 Finanzierung und Investition

5.1 Finanzwirtschaftliche Märkte

Der Wertschöpfungsprozess eines Unternehmens kann in einen güter- und einen finanzwirtschaftlichen Prozess unterteilt werden. Beide sind stark miteinander verknüpft. Der finanzwirtschaftliche Prozess ist dabei die Voraussetzung für den güterwirtschaftlichen.

In einer ersten Phase müssen die finanziellen Mittel zur Verfügung gestellt werden, um die für den Produktionsprozess notwendigen Güter und Dienstleistungen beschaffen zu können. Das Unternehmen beschafft sich diese finanziellen Mittel auf dem Geld- und Kapitalmarkt.

Unter finanziellen Mitteln versteht man in der Regel alle Zahlungsmittel (Münzen, Banknoten) und sämtliches Buch- bzw. Giralgeld (Sichtguthaben bei Post und Banken) sowie in einer weiteren Begriffsfassung zusätzlich die übrigen Bankguthaben und leicht veräußerbaren Wertpapiere. Die Märkte, auf denen die finanziellen Mittel beschafft werden können, sind wie folgt zu charakterisieren:

Geldmarkt

Der Geldmarkt umfasst die kurzfristige Geldanlage und -aufnahme. Der Geldmarkt zerfällt in einen Markt für Geldmarktpapiere, auf dem Wertpapiere öffentlicher Schuldner (unverzinsliche Schatzanweisungen, Schatzwechsel etc.) und Wertpapiere privater Schuldner (Wechsel, Depositenzertifikate etc.) gehandelt werden sowie einen Markt für Zentralbankguthaben. Hier handeln Banken untereinander Tagesgeld (24 Stunden Fälligkeit), tägliches Geld und Termingeld (ein bis zwölf Monate Fälligkeit).

Kapitalmarkt

Unter Kapitalmarkt versteht man den Markt für längerfristige Kapitalanlage und Kapitalaufnahme. Der Kapitalmarkt lässt sich nach Primärmarkt (= Emissionsmarkt) und Sekundärmarkt (= Zirkulationsmarkt) unterscheiden.

Der Primärmarkt stellt den Markt für Neuemissionen von Wertpapieren dar. Hier stehen sich die Emittenten von Beteiligungs- und Schuldtiteln als Verkäufer (Unternehmen und Staat) und Investoren als Käufer (Unternehmen, institutionelle und private Anleger), meist unter Zwischenschaltung von Banken, gegenüber.

Auf dem Sekundärmarkt vollzieht sich der Handel bereits emittierter Wertpapiere zwischen den Anlegern. Für die jederzeitige Veräußerung (Liquidität) der Finanztitel wird der Handel über die Wertpapierbörsen vollzogen.

5.2 Kapital und Vermögen

Kapital

Im Rahmen der Finanzierung bzw. in der Betriebswirtschaft bezeichnet man als Kapital eine Geldwertsumme, die bei der Unternehmensgründung den zugeführten finanziellen Mitteln entspricht. Sobald diese finanziellen Mittel investiert sind, verkörpert das Kapital den in Geldeinheiten ausgedrückten Wert der im Unternehmen insgesamt vorhandenen materiellen und (bilanzierten) immateriellen Güter.

Das Kapital zeigt primär die Herkunft der investierten finanziellen Mittel bzw. aus rechtlicher Sicht die Ansprüche der Kapitalgeber. Entsprechend der Art dieser rechtlichen Ansprüche wird das Kapital in Eigen- und Fremdkapital unterteilt.

Das Eigenkapital wird entweder von den Unternehmern zur Verfügung gestellt oder ist vom Unternehmen verdient und einbehalten (= einbehaltene Gewinne, Gewinnrücklagen). Es steht dem Unternehmen in der Regel auf unbegrenzte Zeit zur Verfügung.

Im Gegensatz dazu steht das Fremdkapital, das von Dritten, in der Regel Kreditinstituten, für eine bestimmte Zeitdauer zur Nutzung überlassen wird (= Gläubigerkapital).

Eine genaue Grenze zwischen Eigen- und Fremdkapital kann rechtlich meistens gezogen werden, da der Fremdkapitalgeber ein Gläubiger des Unternehmens ist. Die wichtigsten Unterscheidungskriterien sind Rückzahlung des Kapitals und Entlohnung des Kapitalgebers. Betriebswirtschaftlich ist diese Grenzziehung aber nicht immer so einfach möglich. Gewährt beispielsweise ein Aktionär einer Familienaktiengesellschaft dem Unternehmen ein Darlehen, so stellt dies rechtlich zwar Fremdkapital dar, betriebswirtschaftlich kommt es jedoch der Funktion von Eigenkapital nahe.

Vermögen

Das Vermögen des Unternehmens besteht aus der Gesamtheit der materiellen und bilanzierten immateriellen Güter, in die das Kapital eines Unternehmens umgewandelt wurde.

Kapital und Vermögen sind deshalb in Geldeinheiten ausgedrückt immer gleich groß. Das Vermögen eines Unternehmens wird meistens nach der Dauer der Bindung der in den verschiedenen Vermögensteilen gebundenen finanziellen Mittel gegliedert.

Grundsätzlich wird dabei zwischen Umlauf- und Anlagevermögen unterschieden:

- Das Umlaufvermögen umfasst neben den liquiden Mitteln in erster Linie die zur Leistungserstellung notwendigen Repetierfaktoren und die sich aus dem betrieblichen Transformationsprozess ergebenden Güter sowie die aus der Leistungsverwertung entstehenden Forderungen gegenüber Kunden. Dazu kommen die nicht eingesetzten finanziellen Mittel.
- Das Anlagevermögen umfasst dagegen primär die Potenzialfaktoren, die dem Unternehmen während einer bestimmten Zeitspanne zur Nutzung zur Verfügung stehen, sowie die Beteiligungen an anderen Unternehmen. Diesem materiellen Anlagevermögen steht das immaterielle gegenüber, das beispielsweise gewisse Rechte in Form von Patenten oder Lizenzen umfasst.

5.3 Systematisierung der Finanzierung

Finanzierungsvorgänge können nach verschiedenen Merkmalen kategorisiert werden. Betrachtet man beispielsweise die Möglichkeiten zur Kapitalbeschaffung, so kann zwischen der Außen- und der Innenfinanzierung differenziert werden.

Bei der Außenfinanzierung erhält das Unternehmen das Kapital direkt von Einzelpersonen bzw. von den Banken oder über den Geld- oder Kapitalmarkt. Wird das Kapital nur für eine bestimmte Dauer überlassen (Lieferanten-, Bankkredite, Darlehen, Hypothekardarlehen, Schuldverschreibungen), so liegt eine Kreditfinanzierung vor.

Wird das Kapital durch die Eigentümer als Beteiligungskapital zur Verfügung gestellt, so handelt es sich um eine Beteiligungsfinanzierung.

Bei der Innenfinanzierung kann zwischen der Selbstfinanzierung, der Finanzierung aus Rückstellungen, der Finanzierung aus Abschreibungsrückflüssen und der Finanzierung aus freigesetztem Kapital (Vermögensumschichtung) unterschieden werden.

Bei der Selbstfinanzierung findet eine Finanzierung über die Einbehaltung von erzielten Gewinnen statt.

Der Finanzierung aus Rückstellungen liegt die Bildung von Rückstellungen zugrunde. Rückstellungen stellen Verpflichtungen gegenüber Dritten dar, von denen man noch nicht weiß, in welcher Höhe und zu welchem Zeitpunkt sie anfallen. Dies können z.B. Pensionsrückstellungen, Steuerrückstellungen oder Rückstellungen für Verpflichtungen aus Garantieleistungen sein.

Die Finanzierung aus Abschreibungsrückflüssen beinhaltet die Bereitstellung von finanziellen Mitteln durch Umschichtung der in den abzusetzenden Gütern gebundenen Abschreibungsgegenwerte.

Die Finanzierung aus Vermögensumschichtung umfasst alle Maßnahmen, die darauf gerichtet sind, einen ursprünglich gegebenen Kapitalbedarf zu senken. Ansatzpunkte sind vor allem die Vermögensliquidation als Kapitalersatz (z.B. der Verkauf von Forderungen) oder der effizientere Einsatz von Kapital (wie z.B. bei der Verkürzung der Umschlagsdauer).

5.4 Begriff und Arten von Investitionen

Begriff der Investition

Ausgehend vom güter- und finanzwirtschaftlichen Umsatzprozess bedeutet „Investieren" die Einkleidung des Unternehmens mit Vermögenswerten. Die Investitionsvorgänge stellen somit die auf die Finanzierung unmittelbar folgende Phase dar.

Unter Investition versteht man die Ausstattung eines Unternehmens mit den erforderlichen materiellen und immateriellen Vermögensteilen, oder anders ausgedrückt, ist Investition die Umwandlung der durch Finanzierung oder aus Umsätzen stammenden flüssigen Mittel des Unternehmens in Sachgüter, Dienstleistungen und Forderungen[18].

Arten von Investitionen

In Anlehnung an den Investitionsbegriff kann bezüglich des Investitionsobjekts zwischen Sachinvestitionen (materielle oder immaterielle) und Finanzinvestitionen unterschieden werden. Nach dem zeitlichen Ablauf lassen sich Gründungsinvestitionen (auch Anfangs- oder Errichtungsinvestitionen genannt) und laufende Investitionen unterscheiden.

Letztere lassen sich je nach Investitionszweck bzw. Investitionsmotiv einteilen in:

- Ersatzinvestitionen:
  Ersatz alter, nicht mehr perfekt funktionierender Anlagen durch neue gleiche oder zumindest gleichartige Anlagen.

---

[18] Käfer 1974, 5

- Rationalisierungsinvestitionen:
  Auswechslung noch funktionierender und einsetzbarer Anlagen mit dem Zweck Kosten zu senken, qualitativ bessere Produkte herzustellen oder die Kostenstruktur zu verändern (z.B. energiesparende Anlagen).
- Erweiterungsinvestitionen:
  Beschaffung zusätzlicher Anlagen, um das bereits vorhandene Leistungspotenzial in quantitativer Hinsicht zu vergrößern.
- Umstellungsinvestitionen:
  Ersatz der alten Maschinen durch neue, um anstelle der bisherigen Erzeugnisse neue Produkte herzustellen.
- Diversifikationsinvestitionen:
  Zusätzlich zu den bisherigen Leistungen werden neue erbracht, die in das bestehende Produktionsprogramm passen (horizontale oder vertikale Diversifikation) oder die keinen sachlichen Zusammenhang zu den bisherigen Gütern haben (laterale Diversifikation).

6 Personal

6.1 Der Mensch als Teil des Unternehmen

Menschen als Mitarbeiter eines Unternehmens bilden zusammen mit den Potenzialfaktoren diejenigen Produktionsfaktoren, welche die dauerhaft nutzbaren, produktiv tätigen Elemente eines Unternehmens darstellen. Der Mensch unterscheidet sich in vielerlei Hinsicht von den sachlich-maschinellen Potenzialfaktoren[19]:

- Der Mensch trägt als Lebewesen einen Sinn in sich selbst und ist nicht nur Mittel zum Zweck. Er weist einen Selbstwert auf und stellt Anforderungen an seine Umwelt.
- Der Mensch ist nur teilweise in das Unternehmen einbezogen. Sein Dasein beschränkt sich nicht nur auf seine Funktion im Unternehmenszusammenhang vielmehr ist er in vielfältige soziale Kontakte eingebunden.
- Der Mensch ist mit Denkvermögen, Initiative und Willen ausgestattet. Deshalb ist er nicht nur passives Objekt, sondern Träger von selbständigen und rationalen Handlungen.
- Der Mensch weist eine sehr große Differenziertheit seines möglichen Verhaltens auf und ist daher in vielen Bereichen des Unternehmens einsetzbar.
- Die Leistungsabgabe des Menschen ist nicht nur von seiner körperlichen Konstitution und physischen Umgebung, sondern ebenso von seinem Willen und seinen psychischen Fähigkeiten (Veranlagungen) abhängig. Die Leistungsabgabe ist deshalb veränderlich. Zwar kann sie von den Organen des Unternehmens beeinflusst, aber nie vollständig beherrscht werden.
- Der Mensch kann durch das Unternehmen nicht gekauft werden. Er stellt lediglich seine Arbeitskraft gegen periodisches Entgelt zur Verfügung. Er ist wesentlich an personalpolitischen Entscheidungen wie Eintritt, Einsatz und Austritt beteiligt.

---

[19] Ulrich 1970, 246 f.

- Der Mensch tritt dem Unternehmen nicht nur als Individuum, sondern gleichzeitig als soziales Wesen entgegen. Diese soziale Dimension des Menschen führt dazu, dass er sich im Unternehmen Gruppen anschließt, innerhalb derer die Menschen ihr Verhalten gegenseitig beeinflussen.

6.2 Unterschiedliche Menschenbilder

Dem Handeln von Menschen im Unternehmen lagen und liegen unterschiedliche Annahmen über das Wesen des Menschen zugrunde. Die prägnantesten Menschenbilder sollen an dieser Stelle vorgestellt werden, um Verständnis insbesondere für die spezifischen Entwicklungen im Personal-, Führungs- und Organisationsbereich herzustellen.

Als Begründer des Scientific Management wird Frederick W. Taylor bezeichnet, der die weltweite Rationalisierungsbewegung auslöste, die bis heute nicht abgeschlossen ist. Die Anfänge einer systematischen Wissenssammlung über Organisation und Management sind grundsätzlich verbunden mit der industriellen Revolution gegen Ende des 19. Jahrhunderts. Im Ergebnis bedeuteten sie die weitgehende Mechanisierung der Produktion in Großbetrieben und die Ablösung traditioneller handwerklicher Fertigung.

Diesem Ansatz entsprach ein Menschenbild, das den Menschen als billigen Produktionsfaktor (instrumentaler Aspekt), ohne höhere Bedürfnisse (motivationaler Aspekt) und mit dem streng rationalem Verhalten eines „homo oeconomicus" (rationalerAspekt) sah[20]. Der Mensch wurde also nur als ein Produktionsfaktor angesehen, der nicht so zuverlässig und gut wie eine Maschine arbeitet. Die grundsätzliche Problemstellung des Scientific Management bestand deshalb in der Annäherung des Menschen an die Maschine, die zum Vorbild für den arbeitenden Menschen wurde. Ziel des Scientific Management war die Steigerung der Produktivität durch starke Arbeitszerlegung, physiologisch exakte Arbeitsausführung, physiologisch vernünftige Arbeitszeit (kürzerer Arbeitstag, unterbrochen durch kurze Erholungspausen) sowie leistungsfördernde Lohnmethoden[21].

Eine Weiterentwicklung des obigen Ansatzes erfolgte durch die Human-Relations-Bewegung, die durch Elton Mayo und Fritz J. Roethlisberger begründet wurde. Deren Resultate aus den sogenannten Hawthorne-Experimenten bei der General Electric Company (1927 bis 1932) zeigten, dass nicht allein die physikalisch messbaren Arbeitsbedingungen das Verhalten der Arbeiter bestimmen. Die Erklärung der steigenden Produktivität der Arbeiter liegt vielmehr in einer neuen Form der Zusammenarbeit, hervorgerufen durch die Beachtung und Aufmerksamkeit von Seiten der Forscher. Dieser Sachverhalt wird heute in der Sozialpsychologie als Hawthorne-Effekt bezeichnet. Die wichtigsten Schlussfolgerungen aus den Hawthorne-Experimenten[22] sind:

- Das Produktionsergebnis wird durch soziale Normen in der Arbeitsgruppe bestimmt und nicht durch physiologische Leistungsgrenzen.
- Nicht-finanzielle Anreize und Sanktionen beeinflussen das Verhalten der Arbeiter bedeutend und begrenzen zum großen Teil die Wirkungen finanzieller Anreize.

---

[20] Hill/Fehlbaum/Ulrich 1992, 408
[21] Hill/Fehlbaum/Ulrich 1992, 409
[22] Hentze 1994, 34

- Häufig handeln oder reagieren die Arbeiter nicht als Individuum, sondern als Mitglieder einer Gruppe.
- Die Bedeutung der Führung in Bezug auf Festsetzung und Erzwingung von Gruppennormen und der Unterschied zwischen formeller und informeller Führung wurde erkannt.
- Die Bedeutung der Kommunikation zwischen den verschiedenen Rangstufen bei der Aufklärung der Mitarbeiter über die Notwendigkeit bestimmter Arbeitsabläufe wurde erkannt.

Der Hauptverdienst der Human-Relations Bewegung ist die Überwindung des mechanistischen Menschenbildes von Taylor.

Die auf den Arbeiten von Chester I. Barnard (1938) sowie James G. March und Richard M. Cyert (1963) aufbauende Anreiz-Beitrags-Theorie (Koalitionstheorie) geht davon aus, dass sämtliche Organisationsteilnehmer selbständige Entscheidungsträger sind, die ihre Entscheidungen aufgrund ihrer persönlichen Ziele treffen. Der einzelne Mitarbeiter wägt dabei den Nutzen der vom Unternehmen angebotenen Anreize mit dem Wert seiner eigenen Beiträge ab. Aus der daraus resultierenden subjektiv empfundenen Nutzendifferenz ergibt sich eine Entscheidung. Da dieses Anreiz-Beitragsmodell sowohl für potentielle (externe) Organisationsmitglieder als auch für die gegenwärtigen (internen) Mitarbeiter gilt, ergeben sich folgende Entscheidungstatbestände:

- Eintritt in das Unternehmen (Teilnahmeentscheidung),
- Auflösung des Arbeitsverhältnisses (Austrittsentscheidung),
- Leistungsbeitrag zur Erreichung der Organisationsziele und somit rollenkonformes Verhalten (Verhaltensentscheidung).

Daraus wird abgeleitet, dass ein Unternehmen sich dann im Gleichgewichtszustand befindet, wenn aufgrund der Beiträge den Arbeitnehmern so viele Anreize gewährt werden, dass diese ihr Arbeitsverhältnis fortsetzen.

Einen anderen Weg schlug Anfang der 70er Jahre des letzten Jahrhunderts Douglas McGregor ein. Ausgehend von der Überzeugung, dass wirtschaftliche Ineffizienz dadurch hervorgerufen wird, dass die Mitarbeiter nur unzulänglich ihre Bedürfnisse befriedigen und ihre Ziele verwirklichen können, hat McGregor zwei idealtypische Theorien in Bezug auf das Menschenbild formuliert. McGregor hält die traditionellen Ansichten der herkömmlichen Managementlehren über Führung und Leistung für Vorurteile. Er bezeichnet diese Vorstellungen als Theorie X, welche die folgenden Aussagen über die Natur des Menschen beinhaltet[23]:

- Der Durchschnittsmensch hat eine angeborene Abneigung gegen Arbeit und versucht ihr aus dem Weg zu gehen, wo er nur kann.
- Aufgrund dieser Abneigung gegenüber der Arbeit (Arbeitsunlust) muss der Mensch zumeist gezwungen, gelenkt, geführt und unter Androhung von Strafen bewegt werden, das vom Unternehmen gesetzte Soll zu erreichen.

---

[23] Greif 1983, 61 f.

- Der Durchschnittsmensch zieht es vor, an die Hand genommen zu werden und möchte sich vor Verantwortung drücken, besitzt verhältnismäßig wenig Ehrgeiz und ist vor allem auf Sicherheit ausgerichtet.

Als Alternativhypothese formulierte McGregor die Theorie Y, die auf der Grundlage der Motivations- und Persönlichkeitstheorie des Psychologen Abraham Maslow entwickelt wurde und folgende grundlegenden Annahmen enthält[24]:

- Die Verausgabung durch körperliche und geistige Anstrengung beim Arbeiten kann als ebenso natürlich gelten wie Spiel oder Ruhe.
- Von anderen überwacht und mit Strafe bedroht zu werden, ist nicht das einzige Mittel, jemanden zu bewegen, sich für die Ziele des Unternehmens einzusetzen. Zugunsten von Zielen, denen er sich verpflichtet fühlt, wird sich der Mensch der Selbstdisziplin und Selbstkontrolle unterwerfen.
- Wie sehr er sich Zielen verpflichtet fühlt, ist eine Funktion der Belohnung, die mit dem Erreichen dieser Ziele verbunden ist.
- Der Durchschnittsmensch lernt, bei geeigneten Bedingungen Verantwortung nicht nur zu übernehmen, sondern sogar zu suchen.
- Die Anlage zu einem verhältnismäßig hohen Grad an Vorstellungskraft, Urteilsvermögen und Erfindungsgabe für die Lösung organisatorischer Probleme ist in der Bevölkerung weit verbreitet und nicht nur vereinzelt anzutreffen.
- Unter den Bedingungen des modernen industriellen Lebens ist das Vermögen an Verstandeskräften, über das der Durchschnittsmensch verfügt, nur zum Teil ausgenutzt.

Bis heute haben die unterschiedlichen Menschenbilder einen erheblichen Einfluss auf die in einem Unternehmen praktizierte Führungs- und Personalpolitik. Auf diese Weise erklären sich auch die großen Unterschiede in Unternehmen beim Thema Personalpolitik.

6.3 Personalpolitik und Personalmanagement im Unternehmen:

Der Personalbereich als eigenständiger Teilbereich des Unternehmens wurde erst zu Beginn der sechziger Jahre etabliert. Vorher bildete er zumeist einen Teilbereich der kaufmännischen Verwaltung, wie es bis heute in kleineren Unternehmen der Fall ist.
Überträgt man den allgemeinen Problemlösungsprozess auf die Personalpolitik so ergeben sich im Personalbereich folgende einzelnen Phasen[25]:

1. Analyse der Ausgangslage:
   In dieser ersten Phase geht es darum, die mitarbeiterbezogenen Probleme zu erkennen, zu beschreiben und zu beurteilen. Voraussetzung ist, dass die Bedürfnisse des Unternehmens und der Mitarbeiter analysiert werden. Dabei ist zu beachten, dass man sich des Menschenbildes bewusst wird, das den jeweiligen Untersuchungen zugrunde liegt. Denn es ist offensichtlich, dass Art und Umfang der erkannten Bedürfnisse maßgeblich vom vorherrschenden Menschenbild abhängen. Neben diesen unternehmensinter-

---

[24] McGregor 1970, 61 f.
[25] Thommen/Achleitner 1998, 585 ff.

nen Tatbeständen spielen auch die gesellschaftlichen Wertvorstellungen oder die Personalpolitik anderer Unternehmen eine Rolle. Somit ist die Umwelt (Konkurrenz) des Unternehmens ebenfalls zu berücksichtigen.

2. Ziele im Personalbereich:
Die allgemeinen Ziele des Personalbereichs beruhen stark auf dem vorhandenen Menschenbild und den gesellschaftlichen Normen. Sie beziehen sich in der Regel auf die Aspekte Sicherung der Arbeitszufriedenheit, Gewährung eines sicheren Arbeitsplatzes, Anerkennung des Mitarbeiters als Partner, Förderung des Mitarbeiters in beruflicher und außerberuflicher Hinsicht sowie Schutz der Gesundheit des Mitarbeiters.
Das aus dem güter- und finanzwirtschaftlichen Umsatzprozess abgeleitete Sachziel wird darin bestehen, die verschiedenen Unternehmensbereiche wie z.B. Marketing, Materialwirtschaft und Produktion mit der notwendigen Zahl von Mitarbeitern (mit den erforderlichen Qualifikationen, zum richtigen Zeitpunkt und am richtigen Ort) zu besetzen.

3. Bestimmung der Ziele, Maßnahmen und Mittel der Personalteilbereiche:
Bei der Lösung der vielfältigen Probleme aus dem Personalbereich ist eine Systematisierung sinnvoll. Nach den zu lösenden Hauptaufgaben im Personalbereich ergibt sich die Einteilung der Aufgaben in Personalbedarfsermittlung, Personalbeschaffung, Personaleinsatz, Personalmotivation und -honorierung.
Für alle diese Teilfunktionen sind die Ziele, Maßnahmen und Mittel festzulegen, um die übergeordneten Unternehmensziele und die allgemeinen Ziele des Personalbereichs zu erreichen.

4. Abstimmung der Teilbereiche:
Ein Blick auf die Teilfunktionen des Personalwesens genügt, um zu erkennen, dass Zielkonflikte nicht zu vermeiden sind. Die Ziele, Maßnahmen und Mittel sind deshalb in der Weise aufeinander abzustimmen, dass Widersprüche möglichst ausgemerzt und Zielkonflikte durch Setzen von Prioritäten abgeschwächt werden.

5. Durchführung:
Der Formulierung von Zielen und Maßnahmen sowie Bestimmung der dazu notwendigen Mittel folgt in dieser nächsten Phase deren Umsetzung.

6. Evaluierung der Resultate:
Am Schluss des Personalproblemlösungsprozesses stehen die Ergebnisse, die über das Erreichen der gesetzten Ziele Auskunft geben. Besonders beachtet werden dabei die Erfüllung der Unternehmensaufgabe einerseits und die Erfüllung der Bedürfnisse des Arbeitnehmers andererseits.

Sämtliche konkreten Ziele und Maßnahmen sowie die zu deren Realisierung vorgesehenen Mittel im Personalbereich, die sich aufgrund des Problemlösungsprozesses ergeben, stellen als Ganzes die Personalpolitik eines Unternehmens dar.

Aus der Personalpolitik ergibt sich für Unternehmen die Gestaltung und Steuerung des Bereichs Personal mit den Elementen Planung, Entscheidung, Aufgabenübertragung und Kontrolle. Diese Aufgabe wird als Personalmanagement bezeichnet:

Besonders wichtig ist die Planung, stellt sie doch als Entscheidungsvorbereitung die Grundlage für die Lösung personalpolitischer Problemstellungen. In diesem Sinne beinhaltet sie sämtliche Phasen des Problemlösungsprozesses für alle Teilbereiche und kann deshalb als Personalplanung bezeichnet werden. Gelegentlich wird der Begriff Personalplanung in Literatur und Praxis auch als Synonym für die Teilfunktion Personalbedarfsermittlung verwendet.

Entscheidungen im Personalbereich sind oft dadurch gekennzeichnet, dass sie aufgrund unterschiedlicher Wertvorstellungen der beteiligten Interessensgruppen unter großen Zielkonflikten getroffen werden müssen. Man denke beispielsweise an Entscheidungen über das Lohnsystem und die Lohnhöhe, Arbeitszeitregelungen oder Kündigungen.

Aufgabenübertragungen sind vor allem in der Durchführungsphase zu treffen, wenn die geplanten und genehmigten Maßnahmen realisiert werden. Es ist beispielsweise die Entscheidung nach eigenständiger Personalsuche oder die Einbindung von Personalagenturen zu treffen.

Die Kontrolle im Personalbereich kann unterteilt werden in eine Verfahrenskontrolle, welche die Überwachung der Steuerung des Personalproblemlösungsprozesses beinhaltet, und in eine Ergebniskontrolle, welche die Ergebnisse des Problemlösungsprozesses erfasst und bewertet sowie insbesondere die Abweichung der Ist-Werte zu den Soll-Werten in Bezug auf Ziele, Maßnahmen und Mittel analysiert.

Literaturverzeichnis

Greif, Siegfried (1983): Konzepte der Organisationspsychologie, Bern/Stuttgart/Wien

Hentze, Joachim (1994): Personalwirtschaftslehre, 1. Grundlagen, Personalbedarfsermittlung, -beschaffung, -entwicklung und -einsatz, Bern/Stuttgart/Wien

Hill, Wilhelm/Fehlbaum, Raymond/Ulrich, Peter (1992): Organisationslehre, 2. Theoretische Ansätze und praktische Methoden der Organisation sozialer Systeme, Bern/Stuttgart

Käfer, Karl (1974): Investitionsrechnungen, Zürich

McCarthy, Jerome E. (1981): Basic Marketing: A Managerial Approach, Homewood

McGregor, Douglas (1970): Der Mensch im Unternehmen, Düsseldorf

Pispers, Ralf/ Riehl, Stefan (1997): Digital Marketing, Funktionsweisen, Einsatzmöglichkeiten und Erfolgsfaktoren multimedialer Systeme, Bonn u.a.

Schierenbeck, Henner (2003): Grundzüge der Betriebswirtschaftslehre, München

Thommen, Jean-Paul/Achleitner, Ann-Kristin (1998): Allgemeine Betriebswirtschaftslehre. Umfassende Einführung aus managementorientierter Sicht, Stuttgart

Ulrich, Hans (1970): Die Unternehmung als produktives soziales System, Bern/Stuttgart

Ulrich, Hans (1987): Unternehmungspolitik, Bern/Stuttgart

Ulrich, Peter/Fluri, Edgar (1995): Management. Eine konzentrierte Einführung, Bern/Stuttgart/Wien

Grundlagen Volkswirtschaftslehre

Marc Sander

1 Grundbegriffe der Volkswirtschaft

1.1 Ökonomisches Prinzip

Das ökonomische Prinzip besagt, dass, rationales Verhalten vorausgesetzt, knappe Mittel bewirtschaftet werden. Dies beruht auf dem allgemeinen Vernunftprinzip, das jedem Menschen gebietet, entweder mit gegebenen Mitteln (Gütern) einen möglichst großen Erfolg (Nutzen) zu erzielen, oder aber ein vorgegebenes Ziel (eine bestimmte Nutzenhöhe) mit einem möglichst geringen Aufwand (möglichst wenig Gütern) zu erreichen.

So handelt beispielsweise jeder Student ökonomisch, der mit einem gegebenen Zeit- und Arbeitsaufwand (z.B. acht Semester lang 30 Wochenstunden intensiven Studiums) ein möglichst gutes Examen ablegen will. Es handelt aber auch der ökonomisch, der eine bestimmte Examensnote (Ziel) mit einem möglichst geringen Zeit- und Arbeitsaufwand erreichen will[1].

Die erste Handlungsweise (fixer Input, maximaler Output) bezeichnet man als Handeln nach dem Maximumprinzip, die zweite (fixer Output, minimaler Input) als Handeln nach dem Minimumprinzip. Allgemein gilt, dass bei variablem Mitteleinsatz (Input) und variablem Erfolgsziel (Output) das ökonomische Prinzip in dem Grundsatz besteht, das Verhältnis von Erfolg zu Mitteleinsatz zu maximieren (generelles Extremumprinzip).
Unsinnig, d.h. unlogisch ist, mit dem geringstmöglichen Aufwand den größtmöglichen Erfolg anzustreben. Man kann nicht gleichzeitig nach zwei Richtungen den Extremwert bestimmen.

1.2 Einzelwirtschaften und Gesamtwirtschaft

Mit dem Begriff Volkswirtschaft wird zum Ausdruck gebracht, dass der Blick nicht auf eine oder mehrere Einzelwirtschaften beschränkt bleiben soll, sondern dass es auch auf deren Zusammenspiel in einer Gesamtwirtschaft ankommt. Im engeren Sinne ist Volkswirtschaft dabei auf eine Nationalwirtschaft, d.h. eine Wirtschaft innerhalb der Grenzen einer staatlich organisierten Einheit konzentriert. In einem weiteren Sinne dagegen meint man mit Volkswirtschaft den Zusammenhang wirtschaftlicher Tätigkeit ohne Rücksicht auf die staatliche Einheit, sie wird dann als Weltwirtschaft bezeichnet.

Zunächst soll der Blick auf die kleinsten Wirtschaftseinheiten, die Einzelwirtschaften gerichtet werden. Sie sind dadurch gekennzeichnet sind, dass sie einheitliche Wirtschaftspläne aufstellen. Man kann ihnen vier großen Gruppen zurechnen[2]:

---

[1] Bartling/Luzius 2002, 5
[2] Bartling/Luzius 2002, 6 f.

- Haushalte:
  Das sind private Konsumeinheiten, die einen einheitlichen Verbrauchsplan aufstellen. In ihnen vollzieht sich der Güterverbrauch.
- Unternehmen:
  Darunter werden Wirtschaftseinheiten verstanden, die einen einheitlichen Produktionsplan aufstellen.
- Staat:
  Worunter hier eine Mehrzahl von Wirtschaftseinheiten zu verstehen ist, die durch besondere Hoheitsrechte gekennzeichnet sind[1].
- Ausland:
  Das Ausland wird als eine besondere Gruppe von (nationalen) Wirtschaftseinheiten betrachtet, die meist zu einem Aggregat zusammengefasst werden.

Eine besondere Bedeutung für Aussagen über Einzelwirtschaften und Gesamtwirtschaft kommt dem Trugschluss der Verallgemeinerung zu. Darunter versteht man die falsche Annahme, dass alles, was einzelwirtschaftlich richtig ist, auch automatisch gesamtwirtschaftlich richtig sei. So kann z.B. ein einzelner Arbeitsloser selbst dann, wenn die Zahl der offenen Stellen kleiner ist als die Zahl der Arbeitslosen, einen Arbeitsplatz dadurch finden, dass er besonders intensiv nach Arbeit sucht. Verhalten sich aber alle Arbeitslosen so, bleibt ein Teil dennoch ohne Arbeitsplatz.

Die Zahl der Beispiele lässt sich leicht vermehren. Die typische Fehlerquelle liegt immer darin, dass einzelwirtschaftliche Sachverhalte kritiklos auf die Gesamtwirtschaft übertragen werden. Tatsächlich entwickelt eine Volkswirtschaft eine Eigendynamik, die mehr ist als bloß die Summe aller Einzelwirtschaften.

1.3 Wirtschaftskreislauf

Um einen Eindruck vom Zusammenspiel der Wirtschaftseinheiten in einer Gesamtwirtschaft zu gewinnen, soll eine einfache Kreislaufdarstellung des Wirtschaftsprozesses betrachtet werden[2]. In dieser Wirtschaft soll es nur Haushalte und Unternehmen geben. Der Staat nimmt nicht am wirtschaftlichen Leben teil, und es gibt keine ökonomischen Beziehungen zum Ausland. Eine solche Wirtschaft nennt man eine geschlossene Volkswirtschaft ohne Staatsaktivität.

Durch welche Vorgänge sind hier die Haushalte mit den Unternehmen verknüpft?

Zunächst kann man feststellen, dass ein Teil der Mitglieder der Haushalte zu den Unternehmen geht, um dort zu arbeiten, d.h. Arbeitsleistungen werden von den Haushalten an die Unternehmen abgegeben. Dafür zahlen die Unternehmen an die Haushalte ein Einkommen. Einige reiche Haushalte stellen den Unternehmen außerdem noch Kapital und vielleicht auch Gebäude sowie Grund und Boden zur Verfügung. Dafür erhalten sie ebenfalls Einkommen und zwar in Form von Zinsen, Dividenden, Mieten und Pachten.

---

[1] Brümmerhoff 2001, 3 f.
[2] Felderer/Homburg 2003, 31 f.

Wichtig ist also, dass ein Güterstrom (Arbeit, Boden, Kapital) von den Haushalten zu den Unternehmen fließt. In der Gegenrichtung fließt ein Geldstrom in Form des Einkommens zu den Haushalten.

Der Einfachheit halber nehmen wir an, dass die Haushalte von dem erzielten Einkommen nichts sparen, d.h. sie geben das Einkommen wieder voll zum Kauf der von den Unternehmen produzierten Konsumgüter aus (Konsumausgaben).

Welcher der beiden Kreisläufe ist der wichtigere?

In einer Geldwirtschaft geht es den Wirtschaftseinheiten (hier: Haushalte und Unternehmen) letztlich um die Güter. Das Geld fungiert primär als ein Tauschmittel[3]. Es erleichtert die Tauschvorgänge ganz erheblich, wenn Ware gegen Geld und anschließend das Geld mit ganz anderen Wirtschaftseinheiten gegen Waren getauscht werden kann. Diese Betrachtung des Wirtschaftsprozesses bleibt verständlicherweise etwas oberflächlich, da viele komplizierende Einzelheiten bewusst übergangen werden. Es kommt an dieser Stelle nur darauf an, eine erste Vorstellung vom Zusammenwirken der Einzelwirtschaften in einer Gesamtwirtschaft zu bekommen.

2 Güterproduktion in einer Periode

2.1 Gesamtwirtschaftliche Produktionsfunktion

2.1.1 Input und Output

Wer an Wirtschaft denkt, denkt auch an Güterproduktion, denn fast alle knappen Güter müssen erst durch den Menschen hergestellt werden.

Güterproduktion wird in der Volkswirtschaftslehre sehr weit aufgefasst. Dazu gehört nicht nur die technische Be- und Verarbeitung von Stoffen, sondern z.B. auch die Leistung, die ein Händler erbringt, wenn er ein Auto von der Fabrik bezieht und an den Kunden weiterveräußert. Die volkswirtschaftliche Güterproduktion umfasst alle ökonomischen Aktivitäten von der erstmaligen Erzeugung über die Be- und Verarbeitung bis hin zur Verteilung (Distribution) knapper Güter. Lediglich der Verbrauch der Güter (Konsumtion) gehört nicht mehr dazu.

Wir betrachten die gesamte Volkswirtschaft vereinfacht als ein riesiges Unternehmen, von dem zunächst nicht bekannt ist, was in seinem Inneren vor sich geht. Auf der einen Seite geht ein Input ein, und auf der anderen Seite kommt in einer Periode (z.B. einem Jahr) durch die Produktion in dem Riesenunternehmen Volkswirtschaft ein Output heraus[4]. Hinsichtlich des Output wird in extremster Abstraktion angenommen, dass nur ein einziges Universalgut hergestellt wird, das sich für alle denkbaren Verwendungszwecke gleich gut eignet. Wir wollen das Gut „Sozialprodukt" (SP) nennen.

Den Input sehen wir etwas genauer an. Zusammenfassend spricht man hinsichtlich aller Mittel, die an der Erstellung von Gütern beteiligt sind, von den Produktionsfaktoren. Sie

---

[3] Issing 2001, 1 f.
[4] Bartling/Luzius 2002, 19 f.

werden herkömmlich in die drei großen Gruppen Arbeit (A), Boden (B) und Kapital (K) eingeteilt.

Eine besondere Frage ist, wie technisches Wissen, d.h. die Menge aller Kenntnisse über die Produktions- und Organisationsmöglichkeiten, berücksichtigt werden soll. Während die Produktionsfaktoren angeben, was im Produktionsprozess kombiniert wird, bestimmt das technische Wissen, wie diese Kombination durchgeführt wird. Für die Produktionsleistung der Volkswirtschaft sind beide Aspekte wichtig, denn letztlich hängt die in einer Periode herstellbare Menge des Universalgutes SP sowohl von Art und Menge der einsetzbaren Produktionsfaktoren als auch vom Stand des bei ihrer Kombination angewandten technisch-organisatorischen Wissens ab. Das technische Wissen können wir deshalb als Bindeglied zwischen Produktionsfaktoren, Input und Output begreifen.

Die beschriebenen Abhängigkeiten lassen sich in prägnanter und kompakter Form als Funktionalbeziehung darstellen. Die als gesamtwirtschaftliche Produktionsfunktion bezeichnete Gleichung enthält folgende Größen:

Menge (SP) = t (A, B, K)

mit Menge *(SP)* = hergestellte Menge des als Sozialprodukt bezeichneten Universalgutes, *t* = technisches Wissen, das bei der Kombination der Produktionsfaktoren eingesetzt wird, *A* = Arbeit, *B* = Boden, *K* = Kapital.

Die gesamtwirtschaftliche Produktionsfunktion besagt, dass das Sozialprodukt als Output einer Volkswirtschaft von den zum Einsatz kommenden Produktionsfaktoren Arbeit, Boden und Kapital und dem für die Art der Kombination dieser Produktionsfaktoren maßgeblichen technisch-organisatorischen Wissen abhängt. Hierbei wird das Handeln nach dem ökonomischen Prinzip immer als gegeben unterstellt.

Bei vorhandenen Beständen an Produktionsfaktoren (A, B, K) und gegebener Technik (t) ist in einer Volkswirtschaft die in einer Periode maximal herstellbare Gesamtgütermenge genau bestimmt. Soll das Sozialprodukt einer Volkswirtschaft zunehmen, so muss mindestens eine seiner, auf der rechten Seite der Gleichung stehenden, Determinanten positiv verändert werden. Damit sind wir bei einem der zentralen wirtschaftlichen Probleme, vor dem jede Wirtschaft steht, nämlich bei den Möglichkeiten und Grenzen ihres gesamtwirtschaftlichen Wachstums. Diese Betrachtung soll später fortgesetzt werden. Zuvor ist es noch zweckmäßig, die einzelnen Produktionsfaktoren näher zu charakterisieren.

2.1.2 Produktionsfaktoren

Produktionsfaktor Arbeit

In der Volkswirtschaft versteht man unter Arbeit jede menschliche Tätigkeit, die zur Befriedigung der Bedürfnisse anderer und in der Regel gegen Entgelt verrichtet wird. Nicht zur Arbeit gehören Beschäftigungen, die nur der eigenen Bedürfnisbefriedigung dienen, wie z.B. Hobbytätigkeiten oder private Haushaltsaktivitäten.

Arbeit ist heute noch zu einem kleinen Teil primärer, d.h. unproduzierter Produktionsfaktor, denn dazu wird nur die ungelernte Arbeit gezählt. Durch Ausbildung wird die Arbeit veredelt und meistens zum Produkt von Produktionsprozessen, an denen andere Arbeitskräfte und auch Produktionsmittel in erheblichem Maße mitwirken.

Auf jeden Fall sind bei dem Faktor Arbeit die beiden Komponenten Quantität und Qualität besonders bedeutsam.

Produktionsfaktor Boden

Boden ist der sehr weit gefasste Oberbegriff für alle Gratishilfsquellen, die von der Natur in den Produktionsprozess eingebracht werden, d.h. für alle sogenannten natürlichen Ressourcen. Besondere Bedeutung kommt den Unterschieden in der praktischen Nutzungsart des Bodens zu. So dient der Boden als Anbauboden in der land- und forstwirtschaftlichen Nutzung, als Abbauboden bei der Gewinnung von Rohstoffen, z.B. bei Mineral-, Kohle- oder Eisenerzvorkommen oder als Standort für die Produktion in Industrie und Handwerk sowie im Dienstleistungsbereich.

Zu diesen drei produktiven Nutzungsarten (= Einsatz im Unternehmenssektor) kommt als vierte noch die unmittelbar konsumtive Nutzung durch die privaten Haushalte hinzu. Angesichts der Tatsache, dass der Gesamtumfang des Bodens praktisch konstant ist, haben die Verschiebungen zwischen den einzelnen Nutzungsarten eine gravierende Bedeutung. So kann z.B. der industrielle Standortboden nur ausgedehnt werden, wenn zugleich der landwirtschaftliche Anbauboden und/oder der unmittelbar konsumtiv genutzte Bodenanteil schrumpft/schrumpfen.

Wie bei der Arbeit sprechen wir auch beim Boden von einem primären Produktionsfaktor, soweit er ursprünglich, d.h. noch nicht durch Produktionsprozesse verändert ist. Diese Art von Boden gibt es allerdings kaum noch, da bereits jede Rodung, jede Änderung der Be- oder Entwässerung (z.B. durch Staudämme oder Drainagen) die Qualität des Bodens beeinflusst. So ist es im Grunde nur historisch von Bedeutung, wenn Arbeit und Boden als die beiden originären oder primären Produktionsfaktoren dem dritten Produktionsfaktor Kapital gegenübergestellt werden.

Produktionsfaktor Kapital

Kapital ist von Anfang an mit Hilfe der beiden Produktionsfaktoren Arbeit und Boden produziert worden und ist somit kein originärer, sondern immer ein abgeleiteter oder sekundärer Produktionsfaktor.

Zum volkswirtschaftlichen Produktionsfaktor Kapital gehören alle produzierten und (noch) nicht in den Bereich der Haushalte übergegangenen Güter. Das sind neben den im Produktionsprozess eingesetzten Produktionsmitteln wie Maschinen, Fabrikgebäuden, Rohstoffen usw. auch alle Lagerbestände an hergestellten Gütern, unabhängig davon, ob sie für konsumtive oder produktive Zwecke produziert werden, solange sie sich noch im Bereich der Unternehmen befinden.

Die klassische Abgrenzung des Begriffs Kapital rechnet zum Produktionsfaktor Kapital nur solche Güter, die speziell zu dem Zweck produziert sind, als Input beim Produktionsprozess zur Herstellung weiterer Güter mitzuwirken[5].

---

[5] Smith 1974, 5 ff.

Wenn in der Umgangssprache von „Kapital" die Rede ist, so werden die meisten an Geld denken. Tatsächlich müssen wir volkswirtschaftlich das Geldkapital vom unmittelbar produktiven Realkapital unterscheiden. Wenn wir an das Modell vom Wirtschaftskreislauf denken, so fließt dem Güterkreislauf ein monetär entsprechender Geldkreislauf entgegen, weil in der Geldwirtschaft regelmäßig Ware gegen Geld bzw. Geld gegen Ware getauscht wird. Input-Faktoren im realen Produktionsprozess können letztlich nur Realgüter sein, während das Geld als allgemeines Tauschmittel nur die Geschäftsabwicklung erleichtert. Der Produktionsfaktor Kapital bezieht sich deshalb immer auf das Realkapital (und nicht auf das Geldkapital). Die Bedeutung des Produktionsfaktors Kapital für den Produktionsprozess und damit für die Wirtschaft besteht darin, dass die Gütererzeugung mit geeignetem Kapital einen höheren Ertrag (ein höheres Sozialprodukt) bringt als eine Produktion ohne Einsatz von Kapital. Wie wertvoll das Kapital für den Produktionsprozess ist, hängt ab von Quantität und Qualität dieses Produktionsfaktors.

Verbesserungen in der Qualität des eingesetzten Kapitals werden zum technischen Fortschritt gezählt. Diese Art von technischem Fortschritt, der in Verbindung mit neuem Realkapital auftritt, kann man gedanklich trennen von dem technisch-organisatorischen Fortschritt, der in der gesamtwirtschaftlichen Produktionsfunktion durch (t) dargestellt wird.

Unter technisch-organisatorischem Fortschritt ist ein höherer Produktionsoutput bei konstantem quantitativen und qualitativen Einsatz an Produktionsfaktoren zu verstehen. Er ist allein auf eine bessere Kombination der Produktionsfaktoren zurückzuführen. Prinzipiell davon zu unterscheiden ist der technische Fortschritt, der sich in Qualitätsverbesserungen des Produktionsfaktors Kapital manifestiert. In der Realität sind diese gedanklich getrennten Aspekte häufig miteinander verknüpft. So lässt sich ein technischer Fortschritt (z.B. durch Einführung eines neuen Produktionsablaufs) in der Regel nur realisieren, wenn zugleich der Realkapitalstock (z.B. die Maschinen) qualitativ und quantitativ an die neue Produktionsmethode angepasst werden. Regelmäßig wird sich dabei das Einsatzverhältnis der Produktionsfaktoren verschieben. In hochindustrialisierten Ländern sind selbst Qualitätsverbesserungen des Kapitals meist nur bei gleichzeitiger Ausweitung der Quantität dieses Produktionsfaktors möglich.

2.2 Möglichkeiten und Grenzen gesamtwirtschaftlichen Wachstums

Wirtschaftswachstum kann in einfachster Ausprägung als Erhöhung des in einer Periode erzielten Sozialprodukts definiert werden, d.h. in einer Zunahme der produzierten Menge des Universalgutes. Dieses Wachstum wird auch als extensives Wachstum bezeichnet.

Die Frage, wie das Sozialprodukt gesteigert werden kann, stellt sich in dieser allgemeinen Form in jeder Wirtschaft, unabhängig davon, wie sie organisiert ist. Als Ausgangspunkt der Betrachtung wird die schon bekannte gesamtwirtschaftliche Produktionsfunktion gewählt. Sie enthält auf der linken Seite als gesamtwirtschaftlichen Output die Menge des Universalguts oder das Sozialprodukt als Ausdruck für die Summe aller in einer Volkswirtschaft in einer bestimmten Periode (z.B. einem Jahr) produzierten Güter. Auf der rechten Seite der Gleichung stehen die vier Hauptbestimmungsgründe für die Höhe des Sozialprodukts (t, A, B, K), wobei bei den Produktionsfaktoren Arbeit und Kapital noch einmal zwei und bei Boden drei Unteraspekte unterschieden werden. Die Frage ist, welche dieser acht

Determinanten die besten Ansatzpunkte für eine Förderung des Wirtschaftswachstums bieten.

2.2.1 Produktionsfaktoren als Wachstumsdeterminanten

Produktionsfaktor Arbeit

Wenn die Quantität der im Produktionsprozess eingesetzten Arbeit vermehrt werden soll, so ist das langfristig nur durch Bevölkerungswachstum möglich. Das Bevölkerungswachstum ermöglicht dann bei sonst gleichen Umständen, d.h. ceteris paribus, ein höheres Sozialprodukt, d.h. der in einem Jahr produzierbare Güterberg einer Volkswirtschaft lässt sich so erhöhen.

Die Frage ist allerdings, ob man mit einem solchen Wachstum des Sozialprodukts wirtschaftspolitisch ohne weiteres zufrieden ist. Letztlich geht es nicht um die absolute Zunahme der Gütermenge (extensives Wachstum), sondern es kommt darauf an, dass sich die Güterversorgung des einzelnen verbessert (intensives Wachstum).

Ziel der Wachstumspolitik ist deshalb eine Erhöhung des Sozialproduktes pro Kopf der Bevölkerung, d.h. die Zielgröße ist der Quotient aus Sozialprodukt und Bevölkerungszahl.

Steigt die Bevölkerungszahl, so hat das offenbar zwei Effekte: Zunächst erhöht sich unmittelbar der Nenner der Zielgröße. Das bedeutet, die Pro-Kopf-Güterversorgung wird tendenziell schlechter, weil die Zahl der Verbraucher ansteigt. Außerdem ermöglicht die quantitative Zunahme des Produktionsfaktors Arbeit mittelbar eine Erhöhung des Sozialprodukts, was den ersten Effekt ausgleichen kann.

Eine Bevölkerungsvermehrung kann über die quantitative Ausweitung des Produktionsfaktors Arbeit das Sozialprodukt stärker, gleich stark oder weniger stark ansteigen lassen, als es dem Bevölkerungswachstum entspricht.

Nimmt das Sozialprodukt nur im Ausmaß der Bevölkerungsvermehrung zu, so verbessert sich die durchschnittliche individuelle Versorgungslage nicht. Eine generelle Aussage über den Einfluss des Bevölkerungswachstums auf das intensive Wirtschaftswachstum lässt sich nicht machen.

Anders ist es, wenn die Qualität des Produktionsfaktors Arbeit ansteigt. Der Anstieg führt ceteris paribus zu einer besseren Pro-Kopf-Versorgung der Bevölkerung und ist deshalb ein geeigneter wachstumspolitischer Ansatzpunkt. Konkret ist hier z.B. an alle Maßnahmen zur Ausbildungsförderung als wirtschaftspolitisches Mittel zur Erhöhung der Arbeitsqualität zu denken.

Produktionsfaktor Boden

Beim Boden liegen die stärksten Begrenzungen für das wirtschaftliche Wachstum. Besonders gravierend ist die Gefahr, dass sich beim Abbauboden eine Reihe nicht regenerierender Rohstoffe erschöpft. Dazu gehören z.B. das Erdöl und bedeutende Minerale wie Kupfer, Zink, Blei, Zinn, Silber, Platin und Uran. Wie entscheidend das Wirtschaftswachstum durch das allmähliche Versiegen solcher Bodenschätze beeinflusst wird, hängt von den jeweiligen

Substitutionsmöglichkeiten und den technologischen Erfindungen ab, die diese Substitution knapp werdender Rohstoffe durch andere Güter erleichtern können. Darüber sind verlässliche Schätzungen schwierig. Sicher ist nur, dass die Tatsache, dass gegenwärtig wichtige Rohstoffe immer knapper werden, die Gütererzeugung in einzelnen Ländern und auf der ganzen Erde erheblich belasten kann.

Dass auch der Boden für Anbauzwecke ein wachstumspolitisches Problem darstellt, wird schon aus der Tatsache deutlich, dass mindestens ein Drittel der gesamten Erdbevölkerung ungenügend ernährt ist. Dies gilt sowohl nach der Gesamtzahl der Kalorien als auch besonders hinsichtlich der lebensnotwendigen Grundeiweißstoffe.

Beängstigend knapp wird bei weiter zunehmender Bevölkerung und Ausdehnung der Güterproduktionskapazitäten selbst der Boden als Standort. Schließlich muss dem einzelnen ein bestimmter der Konsumtion zuzurechnender Mindest-Lebensraum verbleiben, um zu wohnen, sich auf Straßen fortbewegen zu können oder um den Abfall zu beseitigen. In der Studie des Club of Rome sind dafür als Landfläche für jede zusätzliche Person durchschnittlich 0,08 Hektar (d.h. 800 qm) angesetzt worden[6].

Produktionsfaktor Kapital

Ansatzpunkte der Wachstumspolitik beim Produktionsfaktor Kapital sind Qualitätsverbesserung und Quantitätsausweitung (Erhöhung des Kapitalstocks).

Qualitätsverbesserung bedeutet technischen Fortschritt, und dieser ist seinem Wesen nach in erheblichem Maß ein Zufallsergebnis. Zwar lassen sich durch intensive Bemühungen die Wahrscheinlichkeiten für sein Eintreten erhöhen, dennoch bleiben für den Erfolg letztlich die konkreten technologischen Widerstände bestimmend, die im Kern im voraus nicht bekannt sind.

Eine Ausweitung der Quantität des im Produktionsprozess eingesetzten Kapitals ist dagegen planbar und, soweit Investitionsneigung und Investitionsmöglichkeiten ausreichend sind, auch realisierbar. Der Förderung dieser Wachstumsdeterminante kommt deshalb in der Realität besonderes Gewicht zu.

2.2.2 Einfluss von technischem Fortschritt

Hinsichtlich des Erfolges einer Politik zur Förderung des technischen Fortschritts gelten prinzipiell die gleichen Unsicherheiten wie für die Förderung des technischen Fortschritts, der sich in Qualitätsverbesserungen des Produktionsfaktors Kapital niederschlägt. Ein unmittelbares Erzwingen des technischen Fortschritts ist nicht möglich, nur die Wahrscheinlichkeit für sein Eintreffen kann erhöht werden[7]. Entsprechend lassen die meisten wachstumstheoretischen Modelle den technologischen Fortschritt ganz einfach willkürlich entstehen, ohne seine Ursachen näher zu erklären. Ein zuverlässiger Ansatzpunkt für eine erfolgreiche Wachstumspolitik ist somit nicht per se ableitbar.

Da die Möglichkeiten, den technischen Fortschritt zu fördern, unsicher sind und beim Produktionsfaktor Boden besonders schwer zu überwindende Grenzen für das Wirtschafts-

---
[6] Meadows 1972, 44
[7] Bartling/Luzius 1989, 28

wachstum liegen, bleiben also als wichtigste Ansatzpunkte einer gezielten Wachstumspolitik einerseits Maßnahmen, die die Qualität des Produktionsfaktors Arbeit erhöhen, sowie andererseits Maßnahmen zur quantitativen Ausweitung des Realkapitalstocks.

Vergleicht man diese beiden wachstumspolitischen Ansatzpunkte miteinander, so hat die Steigerung der Arbeitsqualität durch Ausbildungsförderung den strukturellen Nachteil, dass sie die Menschen unmittelbar belastet. Demgegenüber bringt uns eine Ausweitung des Realkapitalstocks der Vision weitgehend automatisierter Produktionsprozesse ein Stück näher. Allerdings hat die Förderung des Wirtschaftswachstums auch auf diesem Weg ihren Preis. Er besteht im Verzicht auf Konsum in der Gegenwart zugunsten von Investitionen für die Zukunft.

2.3 Wirtschaftssysteme als Organisationsform von Wirtschaften

2.3.1 Zentralverwaltungswirtschaft und Marktwirtschaft

Bisher wurden nur die grundsätzlichen Produktionsmöglichkeiten betrachtet. Es bleibt zu klären, wie der Entscheidungsprozeß organisiert ist, d.h. wer bestimmt, was, wie und für wen produziert wird. Gedanklich gibt es zwei reine Formen von Wirtschaftsordnungen, die Zentralverwaltungswirtschaft und die Marktwirtschaft. Als Unterscheidungsmerkmale kann man die Koordination der Wirtschaftseinheiten und die Subordination dieser Wirtschaftseinheiten unter den Staat wählen, außerdem kann man noch nach der Eigentumsordnung und nach den Interdependenzen mit dem politischen System unterscheiden.

In der reinen Zentralverwaltungswirtschaft wird vom Staat ein zentraler Wirtschaftsplan aufgestellt. Deshalb spricht man hier auch häufig von der Einplanwirtschaft. Der Staat lenkt den gesamten Ablauf des Wirtschaftsprozesses nach diesem Plan. Er macht den Unternehmen und Haushalten entsprechende Planvorgaben[8]. Die Einhaltung der Planvorgaben wird mit Zwang durchgesetzt (staatliche Detailanweisungen). Das Eigentum, vor allem an den Produktionsgütern, befindet sich in den Händen des Staates[9]. Die Zentralverwaltungswirtschaft geht im Regelfall politisch mit einem diktatorischen System einher.

In der freien Marktwirtschaft gibt es keinen Zentralplan, sondern alle Haushalte und Unternehmen stellen selbständig für ihre Bereiche Konsum- und Produktionspläne auf und versuchen, ihre Planungen umzusetzen. Deshalb handelt es sich hier um eine Mehrplanwirtschaft oder dezentral geplante Wirtschaft. Die Abstimmung der Wirtschaftspläne erfolgt durch den Wettbewerb[10].

In der Marktwirtschaft ist Privateigentum grundsätzlich auch an allen Produktionsgütern möglich. Soll dieser Aspekt betont werden, spricht man auch von einer kapitalistischen Wirtschaftsordnung. Die Grenzen der einzelwirtschaftlichen Aktivität und der Verfügungsmacht über das Eigentum werden von allgemeingültigen Gesetzen gezogen. Statt staatlicher Detailanweisung beschränkt sich der Staat darauf, einen Ordnungsrahmen zu setzen. Der eigentliche Ablauf des Wirtschaftsprozesses soll von staatlichen Eingriffen möglichst frei bleiben. Eine marktwirtschaftliche Ordnung tritt in der Regel in Verbindung mit der Demokratie als Staatsform auf.

---

[8] Cezanne 2002, 36 f.
[9] Thieme 1999, 28 f.
[10] Cezanne 2002, 19 f.

2.3.2 Mögliche Abweichungen von den reinen Wirtschaftssystemen

Die realen Wirtschaftsordnungen lassen sich je nach dem Grad ihrer Abweichung von den beiden Idealtypen unterscheiden. Bei der Marktwirtschaft ergeben sich folgende reale Ordnungen:

1. Anarchie oder eine totale „Laissez-faire-Wirtschaft" liegt vor, wenn jede organisierte (auch Staats-)Autorität abgelehnt wird. Als Konsequenz ergibt sich die Abschaffung aller Regierungsvorschriften, größere Unternehmen zu zerschlagen sowie sämtliche Aktivitäten heutiger Wohlfahrtsstaaten zu unterbinden. Es müssen dann auch alle Nachteile des Marktes akzeptiert werden müssen, wie z.B. vermachtete Märkte, ungleichmäßige Einkommensverteilungen sowie das Dominieren der ökonomisch Starken auf Kosten der Schwachen. Zusätzlich besteht wegen des Fehlens staatlicher Autoritäten die Gefahr, dass es an der Versorgung öffentlicher Güter wie der persönlichen Sicherheit mangelt.
2. Nach den Vorstellungen des Liberalismus wird durch einen speziellen staatlichen Ordnungsrahmen für die Wirtschaft die bestehende Güterverteilung überwiegend anerkannt. Zu deren Sicherung akzeptiert man eine öffentliche Eigentumsverfassung. Außerdem ist durch eine adäquate Rechtsordnung vor allem der Wettbewerb als zentraler Selbststeuerungsmechanismus vor Beschränkungen zu schützen und ein funktionsfähiges Geldwesen zu schaffen. Der Staat hat sich sonstiger Eingriffe in die private Wirtschaft möglichst zu enthalten. Schon der Liberalismus erkennt an, dass neben dem privatwirtschaftlichen Bereich ein staatlicher Wirtschaftsbereich notwendig ist, weil es Aufgaben gibt, die zwar gesamtgesellschaftlich produktiv, aber privatwirtschaftlich nicht hinreichend rentabel gelöst werden können. Dass eine staatliche Steuerung von Nichtwettbewerbsbereichen besonders zur Bereitstellung öffentlicher Güter erforderlich ist, ist heute unbestritten. Problematisch ist nur die Grenzziehung, welche Güter durch den Staat und welche in privatwirtschaftlichem Wettbewerb angeboten werden sollen.
3. Staatliche Redistributionspolitik ergibt sich aus der Unzufriedenheit mit der Einkommensverteilung, wie sie unmittelbar aus den Marktprozessen resultiert. Als ungerecht empfundene Ungleichmäßigkeiten der ursprünglichen Einkommensverteilung zu beseitigen, ist deshalb der Kernpunkt beim Übergang zur Sozialen Marktwirtschaft. Hinzugekommen ist seit Jahren eine grobe Einflussnahme des Staates auf den Ablauf des Wirtschaftsprozesses (Globalsteuerung), um Ziele wie die Erhaltung eines stabilen Preisniveaus, die Vermeidung von Arbeitslosigkeit, die Förderung des Wirtschaftswachstums oder die Wahrung des Zahlungsgleichgewichtes mit dem Ausland möglichst weitgehend zu realisieren. Dazu verändert der Staat nur makroökonomische, d.h. gesamtwirtschaftliche Größen. Eine solchermaßen gelenkte Marktwirtschaft zeichnet sich dadurch aus, dass sie dem Individuum noch einen sehr großen Freiheitsspielraum belässt, gleichzeitig aber weitere Nachteile des Marktes zu verringern sucht.
4. Während die Vertreter der konservativen Richtung eine Verringerung der Globalsteuerung und sogar der Redistributionspolitik anstreben, wünscht eine ganze Reihe progressiver Ökonomen die Steuerung der Wirtschaft bis hinab auf einzelne Branchen, wie sie z.B. in Frankreich mit der sog. „Planification" umgesetzt war. Indikative Lenkung legt dabei den Branchen Zielgrößen in der unverbindlichen Form von Empfeh-

lungen oder Orientierungsdaten nahe. Bei imperativer Lenkung werden den Branchen bestimmte Ziele verbindlich vorgegeben.
5. Gemäßigte Sozialisten fordern zudem die aktive Einflussnahme des Staates auf einzelwirtschaftliche Entscheidungen, insbesondere die direkte Investitionskontrolle bei privaten Unternehmen. Sie gilt bei allen, die im Prinzip am marktwirtschaftlichen Wirtschaftssystem festhalten wollen, vorerst als letzter Schritt auf dem Wege der Umgestaltung der Wettbewerbsordnung.

Auch die Zentralverwaltungswirtschaft ist in keinem Land der Welt in absolut reiner Form verwirklicht. Als graduelle Abstufungen lassen sich folgende Kriterien vorstellen:

1. Eine totale Kommandowirtschaft mit vollständiger Detailsteuerung sämtlicher wirtschaftlicher Aktivitäten von Haushalten und Unternehmen durch ins einzelne gehende staatliche Vorschriften und Befehle: Sie belässt den Individuen keinen Freiheitsspielraum und ist deshalb praktisch nicht durchsetzbar.
2. Zu den Mindestanforderungen für eine realisierbare Wirtschaftsordnung gehört die individuelle Freiheit bei der Einkommensverwendung, d.h. seine Aufteilung auf Konsum und Ersparnis. Die Präferenzen der Verbraucher bestimmen zwar nicht die Zusammensetzung der Konsumgüterproduktion, diese bestimmt der Staat. Die Konsumenten können aber ihr Geldeinkommen so ausgeben, wie es ihnen geeignet erscheint (Nutzenmaximierung), und zwar für solche Konsumgüter, die der Zentralplan zur Verfügung gestellt hat.
Kaum einzuschränken ist die Freiheit der Individuen, wie sie ihr Einkommen im Rahmen der bestehenden Ordnungen erzielen wollen. Das System wird daher in einem bestimmten Ausmaß die freie Berufs- und Arbeitsplatzwahl zulassen müssen. Freie Erwerbswirtschaftspläne sind aber mit einem zentral befohlenen, fest vorgegebenen Produktionsprogramm nur vereinbar, wenn die Arbeitskräfte durch unterschiedliche Lohnhöhen in die Betriebe geleitet werden, in denen sie benötigt werden. Jede zentralverwaltungswirtschaftliche Ordnung muss deshalb außer der staatlich festgelegten Änderung von Preisen auch für die richtigen Lohnsatzunterschiede innerhalb einzelner Branchen und Berufe sorgen, wodurch die staatliche Planerstellung zusätzlich kompliziert wird. Gleichzeitig verstößt ein solches System zwangsläufig gegen das Ziel der gleichmäßigen Verteilung des Volkseinkommens, weil mit zunehmender Lohndifferenzierung eine neue Schichtung der Bevölkerung entsteht.
3. Mehrfach experimentiert wurde in den Zentralverwaltungswirtschaften östlicher Prägung mit dem Versuch einer Dezentralisierung bei der staatlichen Produktionsplanerstellung. So wurden in der DDR ab 1963 im Rahmen des „Neuen ökonomischen Systems der Planung und Leitung der Volkswirtschaft" den regionalen Verwaltungsstellen und den volkseigenen Betrieben ein Vorschlagsrecht bei der Ausarbeitung der Planung und eine begrenzte Entscheidungsfreiheit eingeräumt. Die Dezentralisierung hat sich aber offensichtlich nicht bewährt, denn 1971 wurde durch das „Ökonomische System des Sozialismus" die Bindung an den Zentralplan wieder enger, ganz besonders hinsichtlich der Veränderung der Produktionskapazitäten. Dabei wurde die betriebliche Eigenverantwortung allerdings immer noch grundsätzlich bejaht. Die Betriebe spezifizierten die zentrale Grobplanung durch eine Feinplanung, auf deren Grundlage sie die endgültigen Planvorgaben erhielten.

4. Im Prinzip möglich ist die Abkehr von solchen mikroökonomischen Plan-Kennziffern und die Erlaubnis, dass die Betriebe in gewissen Grenzen eigene Vorstellungen über Art und Umfang der herzustellenden Produkte verwirklichen (Produktionsfreiheiten auf Betriebsebene). Entweder wird nur die herzustellende Menge einer Produktgattung (z.B. Schuhe, Oberbekleidung) fixiert, oder es werden nur noch die betriebliche Produktionskapazität und das Investitionsvolumen vorgeschrieben. Dadurch gewinnen Erfolgsindikatoren für die einzelnen Betriebe und die Erfolgsbeteiligung eine immer größere Bedeutung. Natürlich wird die Ermittlung zentraler Plan-Kennziffern dabei zunehmend schwierig.
5. Noch problematischer für die zentralen Produktionssollvorgaben ist es, wenn die Plan-Vorgaben grundsätzlich nur bis auf Branchenebene festgelegt würden, um den Individuen außer beim Konsum auch bei der Produktion noch mehr Entscheidungsfreiheit zu ermöglichen. Dann gestaltete sich die Abstimmung der einzelnen Branchen und Betriebsentwicklungen mit dem Zentralplan noch schwieriger.
6. Denkbar ist auch noch die weitere Veränderung der zentralen Verwaltungswirtschaft in Richtung auf mehr Freiheit der Produktionseinheiten, indem die betrieblichen Investitionen den einzelnen Betrieben überlassen werden und damit Umfang und Struktur der Produktion nicht mehr zentral fixiert werden. Das setzt eine Erfolgsbeteiligung der Betriebe und deren Sicherheit über zukünftige Erträge voraus, die der Zentralplan nicht beseitigen darf.

3 Eigensteuerung in der Marktwirtschaft

3.1 Preisbildung auf Märkten

Die Grundidee der marktwirtschaftlichen Lenkung der Wirtschaft ist schwerer verständlich zu machen als die der Zentralverwaltungswirtschaft. Alle Wirtschaftssubjekte (Haushalte und Unternehmen) stellen selbständig für ihre Bereiche Wirtschaftspläne auf, die ausschließlich dem Eigeninteresse dienen. Ihre Planungen versuchen sie am Markt (dem ökonomischen Ort des Zusammentreffens von Angebot und Nachfrage) durchzusetzen[11]. Fraglich ist, wer dann das Gesamtinteresse in einer Marktwirtschaft wahrnimmt. Diese Aufgabe soll von Preis- und Wettbewerbsmechanismen gelöst werden[12]. Man spricht hier von der Eigensteuerung der Marktwirtschaft durch die Gesetze von Angebot und Nachfrage. Mit ihrer Hilfe werden die vielen Einzelwirtschaftspläne der Haushalte und Unternehmen so aufeinander abgestimmt, dass auch das Gesamtinteresse wahrgenommen wird. Diese Zusammenhänge sollen in einem vereinfachten Ansatz, einem Modell der Preisbildung durch Güternachfrage und Güterangebot, vorgestellt werden.

3.2 Güternachfrage

Die Nachfrage nach Sachgütern und Dienstleistungen wird mit Hilfe eines Koordinatensystems abgebildet. Es wird nur ein einziges Gut betrachtet, dessen Menge (M) auf der hori-

---
[11] Bartling/Luzius 2002, 53
[12] Thieme 1999, 21

zontalen Achse (Abszisse) abgetragen wird. Die Variable (M) beschreibt die Gütermenge, die von allen Haushalten zusammen in einer Periode nachgefragt wird. Auf der vertikalen Achse (Ordinate) wird der jeweilige Preis (P) des Gutes eingezeichnet. Dabei besteht folgender Wirkungszusammenhang zwischen Preis und Menge:

Der Preis ist die Ursache (unabhängige Variable) und die Menge die Wirkung (abhängige Variable). Geht man von dem relativ hohen Preis (Pa) aus, so wird die zu diesem Preis nachgefragte Menge in der Regel ziemlich gering sein (z.B. nur Ma). Wenn der Preis niedriger ist (Pb), werden sich mehr Käufer für das Gut finden (Mb).

Ordnet man jedem denkbaren Preis die bei ihm jeweils nachgefragte Menge zu, erhält man im Preis-Mengen-Diagramm die Nachfragekurve. Die Nachfragekurve ist also der geometrische Ort aller Kombinationen von Preisen als Ursache und Nachfragemengen als Wirkung.

Abbildung 1: Nachfragekurve im Preis-Mengen-Diagramm

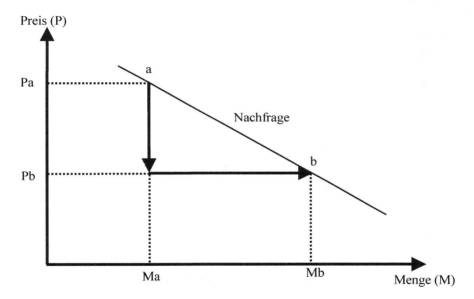

Mit Hilfe dieser Kurve kann die von jeder Preisänderung verursachte Änderung der Nachfragemenge deutlich gemacht werden. Diese Reaktionen bezeichnet man auch als Nachfragegesetz. Das Nachfragegesetz besagt, dass normalerweise die nachgefragte Menge eines Gutes desto kleiner ist, je höher der Preis dieses Gutes ist[13]. Sinkt der Preis, so steigt die nachgefragte Menge (und umgekehrt).

---

[13] Siebke 2003, 71 f.

3.3 Güterangebot

Genauso wie die Güternachfrage lässt sich auch das Güterangebot mit Hilfe des Preis-Mengen-Diagramms veranschaulichen. Unabhängige (d.h. ursächliche) Variable ist wieder der Preis (P), und abhängige Variable ist die Menge (M), die jetzt die in einer Periode von allen Unternehmen zusammen angebotene Menge angibt.

Bei einem relativ hohen Preis (Pc) wird in der Regel eine große Gütermenge angeboten, z.B. die Menge (Mc). Ist der Preis dagegen niedrig, so wird normalerweise relativ wenig angeboten (Punkt d mit Pd und Md).

Die bei alternativen Preisen in einer Periode angebotenen Gütermengen ergeben im Preis-Mengen-Diagramm die Angebotskurve. An ihr lässt sich für jeden Preis erkennen, welche zugehörige Menge von den Unternehmen angeboten wird. Bei Preisänderungen kann die dadurch bewirkte Änderung der angebotenen Menge abgelesen werden.

Abbildung 2: Angebotskurve im Preis-Mengen-Diagramm

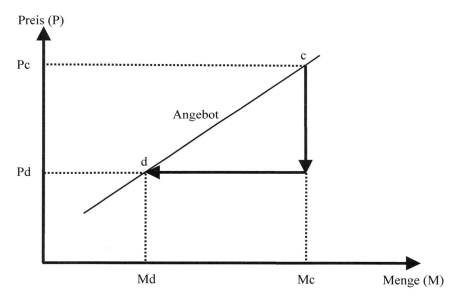

Das Angebotsgesetz besagt, dass normalerweise die angebotene Menge eines Gutes desto größer ist, je höher der Preis dieses Gutes ist[14]. Sinkt der Preis, so sinkt auch die angebotene Menge (und umgekehrt).

---

[14] Siebke 2003, 73 f.

3.4 Marktpreisbildung bei statischen Marktbedingungen

Unter einem Markt versteht man die Gesamtheit der ökonomischen Beziehungen zwischen Anbietern und Nachfragern eines bestimmten Gutes in einem bestimmten Raum zu einer bestimmten Zeit.

Da sowohl die angebotene als auch die nachgefragte Menge auf einem Markt vom Preis des Gutes abhängen, können die sich zwischen Marktangebot und Marktnachfrage ergebenden Wirkungszusammenhänge in einem integrierten Preis-Mengen-Diagramm, das gleichzeitig die Angebots- und die Nachfragekurve enthält, dargestellt werden.

Bei einem relativ hohen Preis (Pa,c) bieten die Unternehmen eine große Gütermenge an. Die nachfragenden Haushalte werden aber durch den hohen Preis abgeschreckt und kaufen nur wenig oder gar nichts. Als Folge ergibt sich ein Überangebot (ac), d.h. die zum Preis (Pa,c) angebotene Gütermenge ist größer als die nachgefragte Menge.

Da die Anbieter möglichst ihre gesamte Produktion verkaufen wollen, werden sie sich im Preis unterbieten, um möglichst viel Nachfrage auf sich zu ziehen. Der Marktpreis sinkt also unter (Pa,c). Dabei wird bei jedem niedrigeren Preis als (Pa,c) eine größere Menge als vorher nachgefragt (Nachfragegesetz) und eine kleinere Menge als vorher angeboten (Angebotsgesetz); das Überangebot verringert sich.

Der Druck auf die Unternehmen, den Preis ihres Gutes zu senken, wird so lange anhalten, wie nicht alles verkauft werden kann, was produziert wurde, d.h. solange die angebotene Menge größer ist als die nachgefragte Menge (Überangebot).

Senken die Anbieter den Preis sehr stark, z.B. bis auf (Pb,d), so übertrifft die Nachfrage sogar das Angebot. Es herrscht Übernachfrage (db). Aufgrund des niedrigen Preises stehen die Kunden jetzt vor den Geschäften der Anbieter Schlange, und nicht alle Kaufwilligen können das Gut bekommen.

Abbildung 3: Preisbildung auf einem Gütermarkt

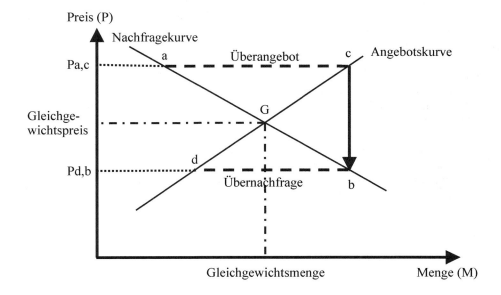

Sobald die Anbieter die Übernachfrage merken, werden sie ihren Preis nicht unverändert lassen, sondern ihn in der Hoffnung erhöhen, ihr Angebot auch zu dem angehobenen Preis abzusetzen. Bei Geltung der Angebots- und Nachfragegesetze hat das wiederum zwei Wirkungen[15]:

- Die nachgefragte Menge geht zurück, da bei einem höheren Preis weniger Nachfrager bereit oder in der Lage sind, das Gut zu kaufen, und von den verbleibenden Nachfragern nur kleinere Mengen gekauft werden.
- Gleichzeitig wird ein höherer Preis die Anbieter bewegen, mehr als bisher anzubieten, weil sie sich davon einen höheren Gewinn erhoffen. Es werden eventuell sogar neue Anbieter auf dem Markt erscheinen, die zum niedrigen Preis (Pb,d) nicht bereit oder in der Lage waren, das betrachtete Gut anzubieten.
  Die Tendenz zur Preiserhöhung wird so lange bestehen, wie die Anbieter mehr verkaufen könnten als produziert ist, d.h. solange die nachgefragte Menge größer ist als die angebotene Menge (Übernachfrage).

Es wird angenommen, dass die Unternehmen den Preis ihres Gutes nach und nach so weit erhöhen, bis der Gleichgewichtspreis (PG) realisiert wird. Bei ihm ist die angebotene Menge gerade gleich der nachgefragten Menge, d.h. die Angebots- und die Nachfragekurve schneiden sich. In diesem Punkt gibt es dann weder ein Überangebot (und damit keinen Druck auf die Unternehmen, den Preis zu senken) noch eine Übernachfrage, die die Unternehmen zu Preiserhöhungen veranlassen könnte. Entsprechend bleibt auf einem Markt, solange sich die Angebots- und Nachfragekurven nicht ändern, der Gleichgewichtspreis erhalten. Die zum Gleichgewichtspreis gehörige Menge ist die Gleichgewichtsmenge (MG). Sie ist die größte Menge, die auf dem Markt umgesetzt werden kann, denn bei Preisen, die höher sind als der Gleichgewichtspreis, begrenzt die Nachfrage die Absatzmenge, und bei Preisen unterhalb des Gleichgewichtspreises sorgt das Angebot für eine kleinere als die Gleichgewichtsmenge. So ist im Marktgleichgewicht die mengenmäßige Güterversorgung am höchsten. Diesem Marktgleichgewicht, definiert durch Gleichgewichtspreis und zugehörige Gleichgewichtsmenge, kommt letztlich also sowohl vor als auch nach seinem Erreichen besondere Bedeutung zu:

- Wenn der Gleichgewichtspreis eingetreten ist, so sind die Wirtschaftspläne von Anbietern und Nachfragern miteinander vereinbar, d.h. keine der Wirtschaftseinheiten (weder Haushalte noch Unternehmen) haben dann Anlass, ihre individuellen Wirtschaftspläne zu ändern.
- Solange der Gleichgewichtspreis noch nicht erreicht ist, erleben die Wirtschaftseinheiten am Ende der Perioden jeweils Überraschungen. Es zeigt sich entweder ein Überangebot oder eine Übernachfrage, was die Wirtschaftseinheiten zu Anpassungsreaktionen veranlasst, die den Markt in der Regel näher an das Gleichgewicht bringen (Tendenz zum stabilen Marktgleichgewicht).

---

[15] Siebke 2003, 74 f.

3.5 Marktgleichgewicht bei dynamischen Marktbedingungen

In der Realität werden Marktgleichgewichte selten erreicht, und wenn, dann meist nur für kurze Dauer. Der Grund liegt nicht so sehr in fehlenden Tendenzen der Marktkräfte, die zum Gleichgewicht hinführen. Vielmehr sind dafür in erster Linie die in der Praxis ständig auftretenden Datenveränderungen verantwortlich, die zu Verschiebungen der Angebots- und/oder Nachfragekurve führen, noch bevor das durch die alten Gegebenheiten bestimmte Gleichgewicht verwirklicht ist. So steuern die Märkte zwar fortwährend Marktgleichgewichte an, bevor sie diese erreichen, gelten jedoch meist bereits neue Daten, die den Marktprozessen eine geänderte Ausrichtung geben.

Typisch für die Marktsteuerung sind also nicht Anpassungsprozesse an jeweils für lange Zeit geltende Gleichgewichtszustände, sondern Anpassungen an sich dauernd ändernde Gleichgewichtswerte.

3.6 Nutzenbetrachtung und Nachfragefunktionen

Der Nutzen kann in der Realität weder unmittelbar bei einem einzelnen Individuum gemessen noch zwischen verschiedenen Personen verglichen werden, wie z.B. noch bei den 1854 von Hermann Heinrich Gossen formulierten zwei Gesetzen angenommen wird.

Das Erste Gossen'sche Gesetz oder auch Sättigungsgesetz sagt etwas über die Entwicklung des Nutzens bei zunehmendem Konsum eines Gutes aus. Es besagt, dass die Größe eines und desselben Genusses abnimmt, wenn mit der Bereitung des Genusses ununterbrochen fortgefahren wird, bis zuletzt Sättigung eintritt[16].

Bezeichnet man den Nutzen, den die jeweils zusätzliche, letzte Einheit eines Gutes noch stiftet, als Grenznutzen, so kann man auch sagen:

Der Grenznutzen eines Gutes, d.h. der Nutzen der letzten zusätzlichen Einheit nimmt mit zunehmender zur Verfügung stehender und konsumierter Menge des Gutes ab.

Das Zweite Gossen'sche Gesetz oder Genussausgleichsgesetz hat die optimale Aufteilung der Konsumsumme auf die Verwendungsarten zur Befriedigung der einzelnen Bedürfnisse zum Gegenstand. Es wird formuliert, dass ein Haushalt dann seinen Gesamtnutzen maximiert, er also die günstigste Versorgungslage realisiert, wenn der Nutzen der letzten ausgegebenen Geldeinheit für sämtliche Verwendungsarten gleich groß ist[17].

Der Hauptbeitrag der Gossen'schen Gesetze ist die Einführung von intuitiver oder logischer Plausibilität in die Nutzenbetrachtung. Problematisch ist in diesem Zusammenhang eine direkte Nutzenmessung, ohne die empirisch gehaltvolle Aussagen kaum gewonnen werden können. In der Nutzenbetrachtung unterscheidet man eine kardinale von einer ordinalen Nutzentheorie. Die kardinale Theorie geht von der vollen Messbarkeit des Nutzens (und damit auch der Nutzenunterschiede) aus, während die ordinale Theorie sich mit der schwächeren Annahme begnügt, dass die Haushalte die Nutzensituationen als Rangfolge (ohne Aussage über das Ausmaß der Nutzenunterschiede) ordnen können.

Realitätsnäher für die Nutzenmessung sind daher Nachfragefunktionen, die mit nur indirekter Nutzenmessung auskommen, d.h. deren Aussagen an der ordinalen Nutzenmessung orientiert sind. Nachfragefunktionen geben (in Gleichungsform) an, wie die Menge eines

---
[16] Gossen 1987, 25 ff.
[17] Gossen 1987, 45 ff.

bestimmten Gutes, die ein Haushalt nachfragt, von den Hauptbestimmungsgrößen der Nachfrage (Bedürfnisintensität, Güterpreise und Konsumsumme) abhängt.

Es geht also um Ursache-Wirkungsbezüge. Die als Wirkung erklärte Variable ist dabei regelmäßig die von einem Haushalt nachgefragte Menge eines bestimmten Gutes (M). Versammelt man auf der anderen Gleichungsseite alle als Ursache maßgeblichen Größen, erhält man als generelle Nachfragefunktion:

$$M = B(P1; P2; \ldots, Pn; C)$$

Dies bedeutet, dass die von einem Haushalt nachgefragte Menge nach einem bestimmten Gut erstens von B, d.h. der Bedürfnisintensität für dieses Gut, abhängt, die als einzige Größe direkt nicht messbar ist und deshalb indirekt in der Art der funktionalen Beziehung zwischen den direkt messbaren Variablen zum Ausdruck kommt. Zweitens von P1, d.h. dem Preis des nachgefragten Gutes, drittens von P2 bis Pn, d.h. den Preisen aller weiteren in den Einflussbereich des Haushalts fallenden Güter und viertens von C, d.h. der dem Haushalt in der Wirtschaftsperiode zur Verfügung stehenden Konsumsumme.

Ebenso wie für das Gut 1 lassen sich für alle anderen Güter, die der Haushalt nachfragt, generelle Nachfragefunktionen formulieren. Außerdem kann damit der darüber hinausgehende Sachverhalt, dass die gesamte Haushaltsnachfrage regelmäßig durch die Höhe der Konsumsumme begrenzt wird, in Gleichungsform erfasst werden. Das ergibt sich aus der Bilanzgleichung, die besagt, dass die Summe der Ausgaben (Menge mal Preis) für alle Güter in einer Wirtschaftsperiode immer gleich der Konsumsumme ist[18].

Der Vorteil dieser Summendarstellung ist, dass die für die Güternachfrage wesentlichen Beziehungen konzentriert erfasst werden. Für eine genauere Analyse der einzelnen Ursache-Wirkungs-Verhältnisse enthalten die generellen Nachfragefunktionen allerdings bereits zu viele Ursachengrößen. Deshalb empfiehlt sich analytisch die Isolier- oder "Ceteris paribus"-Methode. Mit ihr lassen sich aus den generellen Nachfragefunktionen von Haushalten spezielle Nachfragefunktionen ableiten. Sie beschreiben, wie die nachgefragte Menge eines Gutes von einer einzigen ursächlichen Variablen der generellen Nachfragefunktion, bei sonst gleichen Umständen, abhängt. Dabei ergeben sich vier Gruppen von speziellen Nachfragefunktionen, je nachdem welche Ursachengröße isoliert wird:

1. Abhängigkeit der Nachfragemenge von der Bedürfnisintensität für dieses Gut:
   M = f(B) ceteris paribus.
2. Abhängigkeit der Nachfragemenge vom Preis des nachgefragten Gutes:
   M = f(P) ceteris paribus.
3. Abhängigkeit der Nachfragemenge von den Preisen anderer Güter:
   M2 = f(P2) ceteris paribus; M3 = f(P3) ceteris paribus; ... ; Mn = f(Pn) ceteris paribus.
4. Abhängigkeit der Nachfragemenge von der Konsumsumme:
   M = f(C) ceteris paribus.

Genauso wie für das Gut 1 lassen sich auch für alle anderen Güter diese vier Gruppen von speziellen Nachfragefunktionen unterscheiden.

---

[18] Bartling/Luzius 2002, 61 f.

4 Einkommensverteilung in der Marktwirtschaft

4.1 Zu verteilendes Einkommen

Um zu veranschaulichen, wie der Gesamtumfang des in einer Volkswirtschaft entstehenden und entsprechend verteilbaren Einkommens (das Volkseinkommen) ermittelt werden kann, greifen wir auf ein Kreislaufmodell des Wirtschaftsprozesses zurück.

In einem stark vereinfachenden Modell soll es als Wirtschaftssubjekte zunächst wieder nur Haushalte und Unternehmen geben, d.h. Staatstätigkeiten und wirtschaftliche Beziehungen zum Ausland bleiben unberücksichtigt (geschlossene Wirtschaft ohne Staat). Auch soll nur der sogenannte Geldkreislauf betrachtet werden, wobei allerdings klar sein muss, dass neben den monetären Strömen die in umgekehrter Richtung fließenden realen Ströme existieren.

Als Neuerung führen wir in das Modell einen rechnerischen Sektor Kapitaländerung ein. Sein Name erklärt sich daraus, dass bei ihm alle Veränderungen des volkswirtschaftlichen Produktionsfaktors Kapital (v.a. Investitionen) erfasst werden sollen.

Bei diesen Investitionen in Realkapital müssen wir jedoch genauer sein und zwischen Brutto- und Nettoinvestition unterscheiden. Die Bruttoinvestition umfasst für eine Periode alle produzierten Güter, die nicht in die Verfügungsmacht von Haushalten übergehen (also alle betrieblichen Anlagezugänge und alle Bestandserhöhungen an Roh-, Hilfs- und Betriebsstoffen sowie an unverkauften Halb- und Fertigerzeugnissen). Zum Teil sind diese Investitionen allerdings nur Reinvestitionen, die den in der betreffenden Produktionsperiode eingetretenen Verschleiß an Realkapital, die Abschreibungen, decken.

Der Kapitalstock einer Volkswirtschaft ändert sich deshalb netto jeweils lediglich um den Unterschiedsbetrag zwischen der Bruttoinvestition und den Abschreibungen. Diese Differenz zwischen Bruttoinvestition und Abschreibungen heißt Nettoinvestition, und nur auf sie kommt es letztlich in unserem Modell beim Sektor Kapitaländerung an.

In diesem Zusammenhang sollen gleich noch zwei weitere zentrale Begriffe genannt und zum Volkseinkommen in Beziehung gesetzt werden[19]:

Das Bruttosozialprodukt (BSP) umfasst alle in einem Jahr hergestellten Güter einer Volkswirtschaft. Durch Subtraktion derjenigen Güter, die zum Ersatz des im Produktionsprozess verschlissenen Realkapitals benötigt werden (Abschreibungen), erhält man aus dem Bruttosozialprodukt das Nettosozialprodukt (NSP), dessen Synonym das Volkseinkommen (Y) ist. Dieses Volkseinkommen (oder Nettosozialprodukt) lässt sich je nach der Schnittstelle im Geld- bzw. Güterkreislauf über die Verteilungsseite, die Entstehungsseite, die Aufteilungsseite oder der Verwendungsseite der volkswirtschaftlichen Gesamtrechnung berechnen:

1. Über die Verteilungsseite kann man das Volkseinkommen ermitteln, indem man bei den Haushalten die Produktionsfaktoreinkommen Lohn, Pacht und Zins addiert und den Gewinn der Unternehmerhaushalte hinzurechnet, auch soweit er unverteilt in den Unternehmen verbleibt. D.h. das Volkseinkommen ist die Summe aller (direkten und indirekten) Markteinkommen der Haushalte.
2. Die Entstehungsseite gleicht inhaltlich der vorhergehenden Berechnung, wobei jedoch institutionell von den Unternehmen ausgegangen wird. Da hier die bei den Unterneh-

---
[19] Felderer/Homburg 2003, 39 ff.

men ohnehin vorhandenen Daten des Rechnungswesens genutzt werden können, spielt sie in der Praxis eine große Rolle. Nach dieser Variante ergibt sich das Volkseinkommen als Summe der von allen Unternehmen gezahlten Einkommen, also deren „Wertschöpfungen". Dies bedeutet, dass das Volkseinkommen gleich der Summe der Wertschöpfungen aller Unternehmen ist.

3. Bei der Aufteilungsseite liegt die maßgebliche Schnittstelle des Wirtschaftskreislaufs bei der Aufteilung des Einkommens durch die Haushalte:

Volkseinkommen = gesamtwirtschaftl. Konsum + gesamtwirtschaftl. Ersparnis.

Dabei wird zur Ersparnis alles Geld gerechnet, das die Haushalte nicht zum Kauf von Konsumgütern ausgeben. Praktisch kommt dieser Berechnung des Volkseinkommens nur geringe Bedeutung zu, weil der statistische Zugang zu den Daten der Haushalte schwierig ist.

4. Die Verwendungsseite schließlich geht wieder von den Unternehmen (und deren Rechnungslegung) aus, wobei maßgeblich ist, für welche Güterart das Volkseinkommen verwendet wird:

Volkseinkommen = gesamtwirtschaftl. Konsum + gesamtwirtschaftl. Investition.

In Realgrößen betrachtet, handelt es sich hier also darum, den in einem Jahr produzierten Güterberg durch Zusammenfassung aller Konsumgüter und (Netto-) Investitionsgüter zu ermitteln.

Angemerkt sei, dass aus den beiden zuletzt genannten Gleichungen noch ein grundlegender Zusammenhang erkennbar ist, der dazu führt, dass gesamtwirtschaftlich am Ende jeder Wirtschaftsperiode wertmäßig immer gilt:

(Netto-) Investition der Unternehmen = Ersparnis der Haushalte.

Genau in Höhe des Wertes der Nettoinvestitionen haben die Haushalte also auf Konsum verzichtet und durch Ersparnis einen Anspruch auf reale Güter erworben, d.h. Vermögen gebildet. Entsprechend werden bei den Unternehmen alle Güter, die von den Haushalten nicht konsumiert werden, zu Investitionen. Das können freiwillige Investitionen sein, wie z.B. gewollte Kapazitätserweiterungen oder unfreiwillig auftretende, wie z.B. ungeplante Lagerbestände an Absatzgütern. Derartige Überraschungen führen dann in der Regel zu Planrevisionen der Wirtschaftseinheiten, was Einfluss auf die Höhe zukünftiger Volkseinkommen hat.

4.2 Funktionale und personale Einkommensverteilung

Im Einzelnen fällt jedem der Produktionsfaktoren je nach seinem Beitrag zum volkswirtschaftlichen Produktionsprozess ein Einkommen zu. Der Faktor Arbeit erhält Lohn-, der Boden Pacht- und das Kapital Zinseinkommen. Ist das neu geschaffene Volkseinkommen größer als die gesamte Entlohnung aller Produktionsfaktoren, so verbleibt den Unternehmen als Rest ein Unternehmergewinn. Da sich diese Verteilung des Volkseinkommens nach der ökonomischen Funktion der Produktionsfaktoren im volkswirtschaftlichen Produktionsprozess richtet, nennt man sie funktionale Einkommensverteilung.

In erster Linie interessiert aber nicht, wie das Einkommen auf die verschiedenen Produktionsfaktoren verteilt wird. Wichtiger ist die Frage, wie sich das Volkseinkommen auf die einzelnen Haushalte, d.h. auf Personen verteilt. Diese personale Einkommensverteilung steht deshalb im Vordergrund der Betrachtung[20].

Ohne staatliche Umverteilungspolitik erhält jeder Haushalt Einkommen nach Maßgabe von Art, Umfang und Preis der Produktionsfaktoren, die er auf den Faktormärkten veräußern kann. Ein Arbeitnehmerhaushalt, der nur Arbeitskraft für den Einsatz im Produktionsprozess zur Verfügung stellen kann, erhält nur Lohneinkommen. Besitzt ein Haushalt außerdem noch Boden und Kapital, so erzielt er zusätzliche Pacht- und Zinseinkommen. Ferner beziehen Unternehmerhaushalte, außer dem Entgelt für die von ihnen angebotenen Produktionsfaktoren, ein Gewinneinkommen, wenn das in der betreffenden Periode geschaffene Volkseinkommen nicht vollständig für die Faktorentlohnung verwendet werden muss.

4.3 Primäre und sekundäre Einkommensverteilung

Die primäre Einkommensverteilung erfasst das in einer Wirtschaftsperiode neu geschaffene Volkseinkommen, wie es sich als unmittelbares Ergebnis von Marktprozessen ergibt.

Da sich die primäre Verteilung des Volkseinkommens also danach richtet, in welchen Mengen und zu welchen Preisen der einzelne Haushalt Produktionsfaktoren bei den jeweils besonderen Bedingungen von Angebot und Nachfrage auf den Faktormärkten verkauft, hängt das primäre Einkommen eines Haushaltes weder unmittelbar von seinen Bedürfnissen ab (keine Bedürfnisgerechtigkeit) noch von den individuellen Mühen und Anstrengungen, die der Haushalt aufwendet, um das Einkommen zu erzielen (keine Aufwandsgerechtigkeit). Maßgeblich ist letztlich nur, welchen Beitrag der Haushalt leistet, um die auf den Märkten herrschenden Knappheitsgrade zu verringern (Marktleistungsgerechtigkeit).

Die Folge können als ungerecht empfundene Marktergebnisse sein, d.h. die personale Einkommensverteilung, wie sie unmittelbar über die Faktormärkte entsteht, wird häufig als nicht gerecht empfunden. Eine wichtige Rolle spielt dabei die Tatsache, dass zwar der Produktionsfaktor Arbeit relativ gleichmäßig von allen Haushalten angeboten werden kann, der größte Teil des Bodeneigentums und des Kapitals aber in den Händen weniger Haushalte konzentriert ist. Auch an den Gewinneinkommen der Unternehmen sind relativ wenig Haushalte beteiligt. Als Konsequenz dieser unbefriedigenden Situation versucht die staatliche Redistributionspolitik deshalb, diese Ungleichheiten in der Verteilung der primären Haushaltseinkommen durch geeignete Maßnahmen zu verringern und so für mehr Gerechtigkeit in der Volkswirtschaft zu sorgen.

Weil die Einkommensverteilung nach Abschluss dieser staatlichen Eingriffe nicht mehr direkt aus den Marktprozessen abgeleitet ist, sondern erst nach Umverteilung des primären[21] Einkommens entsteht, wird sie als sekundäre Einkommensverteilung bezeichnet. Im einzelnen nimmt der Staat einerseits Abzüge von Primäreinkommen durch direkte

---

[20] Bartling/Luzius 2002, 160
[21] Bartling/Luzius 2002, 162 ff.

Steuern, z.B. Einkommensteuern sowie Sozialabgaben, z.B. für Kranken- und Rentenversicherung vor. Andererseits erhalten bedürftige Haushalte staatliche Transferzahlungen zur Konsumunterstützung oder auch Sparförderung wie z.B. Sozialhilfe, Sparprämien, Ausbildungsförderung, Arbeitslosengeld, Alters- oder Invaliditätsrenten. Außerdem dienen nicht nur solche Geldzahlungen, sondern auch nach sozialen Gesichtspunkten gestaltete öffentliche Güterangebote (z.B. im Bildungs- und Gesundheitsbereich) der staatlichen Redistributionspolitik.

Ob solche Maßnahmen zur Korrektur der primären Einkommensverteilung grundsätzlich bejaht werden, hängt von dem gesellschaftlichen Konsens über die als subjektiv gerecht empfundene Einkommensverteilung ab. Das in Deutschland praktizierte System der sozialen Marktwirtschaft lässt begrenzte Eingriffe in den marktlichen Ergebnisprozess zu, d.h. Umverteilungsmaßnahmen von staatlicher Seite werden als zulässig angesehen.

5 Gesamtwirtschaftliches Gleichgewicht in der Marktwirtschaft

5.1 Konjunkturschwankungen

Volkswirtschaften sind im Zeitverlauf durch ein dauerndes Auf und Ab gekennzeichnet. Mal haben wir zu viel Konjunktur mit der Folge von inflationären Preisschüben, mal haben wir zu wenig Konjunktur mit einem Anschnellen der Zahl der Arbeitslosen. Dabei weisen die Schwankungen der volkswirtschaftlichen Größen wie Preisniveau, Beschäftigung oder Höhe des Volkseinkommens im Zeitablauf erstaunliche Regelmäßigkeiten auf. Hier spricht man von Konjunkturzyklen[22].

Die einzelnen Phasen eines Konjunkturzyklus werden als Depression (Krise), Expansion (Aufschwung), Boom (Hochkonjunktur) und Rezession (Abschwung) bezeichnet.

Die eindeutige Identifikation von Konjunkturphasen, wie z.B. der Boom und die Krisenjahre ist ein besonderes Problem. Bei einer häufig angewandten Methode werden die Abweichungen des tatsächlich erzielten Volkseinkommens von einem mehrjährigen Trend gemessen. Der Trend der Volkseinkommensentwicklung kann mit Hilfe gleitender Durchschnitte ermittelt werden. Der Trendwert eines Jahres wird als arithmetisches Mittel aus mehreren Jahreswerten des Volkseinkommens errechnet. Dabei ist eine, etwa der Länge eines Konjunkturzyklus entsprechende, fünfjährige Stützperiode zugrunde gelegt. Wie lang die Stützperiode sein soll, ist allerdings nicht eindeutig. Einige Wissenschaftler gehen bei der Trendermittlung von einer Stützperiode bis zu neun Jahren (d.h. der Länge von zwei Konjunkturzyklen) aus. Dadurch ist der Trend stärker geglättet als bei kurzen Stützperioden, bei denen der Trend den Konjunkturschwankungen folgt und das Ausmaß der Konjunkturschwankungen kleiner erscheint.

In Aufschwungphasen bis zum Boom kann das tatsächliche Volkseinkommen nur über das Vollbeschäftigungseinkommen ansteigen, wenn das Preisniveau P, mit dem die bei Vollbeschäftigung höchstens produzierbare Gütermenge Y_{real} zu bewerten ist, ansteigt (inflationäre Tendenz).

---

[22] Bartling/Luzius 2002, 213 ff.

Demgegenüber tritt in Abschwungphasen bis zur Krise (selbst bei Preisniveaustabilität P) ein Rückgang der Beschäftigung und damit der produzierten Gütermenge Y_{real} ein (Unterbeschäftigungstendenz).

Allgemeine Aufgabe der Konjunkturpolitik ist es deshalb, die zyklischen Schwankungen des tatsächlich erzielten Volkseinkommens um das fiktive Volkseinkommen bei Vollbeschäftigung und Preisniveaustabilität so weit wie möglich zu dämpfen. Natürlich ohne als Nebenwirkung das Wachstum des gesamtwirtschaftlichen Produktionspotenzials zu beeinträchtigen.

Eine ebenfalls häufig angewandte Methode misst die Konjunkturschwankungen mit Hilfe des Auslastungsgrades des gesamtwirtschaftlichen Produktionspotenzials. Als Maß für die Unterauslastung der gesamtwirtschaftlichen Kapazitäten wird der Abstand des tatsächlichen Volkseinkommens von dem fiktiven Vollbeschäftigungseinkommen, das bei vollständiger Auslastung aller Produktionsfaktoren und entsprechender Gesamtnachfrage erreichbar wäre, benutzt. Boomjahre sind Zeiträume, in denen der Abstand von $Y_{Vollbeschäftigung}$ und $Y_{tatsächlich}$ besonders klein ist, während er in Krisenjahren die größten Differenzwerte erreicht. Diese Methode hat den Vorteil, dass das Ausmaß der Vollbeschäftigung direkt abgelesen werden kann. Allerdings ist dabei offen, welcher Auslastungsgrad als Vollbeschäftigung gelten soll, und außerdem ist das konjunkturpolitische Ziel Preisniveaustabilität nicht erfasst.

Die dritte Methode zur Identifikation von Boom- und Krisenjahren, die besonders bei internationalen Vergleichen angewandt wird, geht von den Wachstumsraten des realen Bruttosozialprodukts aus. Nehmen die Wachstumsraten zu, so spricht man von einem Aufschwung. Sinken die Wachstumsraten deutet dies auf einen Abschwung hin. Im Jahr mit der größten Wachstumsrate liegt ein Boom und im Jahr mit der niedrigsten Wachstumsrate liegt eine Krise vor. Allerdings erreichen die Wachstumsraten ihre höchsten Werte bald nach Beginn eines Aufschwungs, weil dann fast alle Produktionsfaktoren ausreichend verfügbar sind. Generell werden bei dieser Methode die Konjunkturphasen verfrüht angezeigt. So werden z.B. die Zeiten, in denen die Nachfrageanspannung und damit die inflationäre Tendenz ihrem Höhepunkt zusteuern, als Abschwung bezeichnet, weil die Wachstumsraten aufgrund zunehmender Kapazitätsengpässe abnehmen. Auch können zunehmende Wachstumsraten, die als Aufschwung interpretiert werden, noch mit steigender Arbeitslosigkeit einhergehen, solange die Wachstumsraten kleiner sind als der Zuwachs der gesamtwirtschaftlichen Produktionskapazitäten.

Außer den Konjunkturzyklen mit einer Dauer um fünf Jahre lassen sich seit der Industrialisierung auch langfristige Konjunkturschwankungen mit einer Dauer um fünfzig Jahre beobachten. Diese werden nach ihrem Entdecker als Kondratieff-Wellen bezeichnet. Bei ihnen standen am Beginn eines jeden Aufschwungs revolutionäre wirtschaftliche Neuerungen. So wurde der Aufschwung der Weltwirtschaft um 1800 durch die Einführung mechanischer Webstühle, der Dampfschiffe sowie neuer Kohle- und Eisentechnologien beflügelt. Der nächste Aufschwung um 1850 lässt sich auf die Entwicklung von Telegrafie, Fotografie und Eisenbahnen zurückführen, während dem folgenden Aufschwung um 1900 die Erfindung des Autos sowie technische Fortschritte in der Chemie und der Elektrizität vorausgingen. Der bisher letzte Aufschwung um 1950 könnte als Folge der Nutzung von Elektronik, Fernsehen, Kernkraft und Kunststoffen sowie der Raumfahrt gesehen werden.

5.2 Konjunkturpolitik

Institutionell haben Bund und Länder in der Bundesrepublik Deutschland nach Artikel 109 Abs. 2 Grundgesetz bei ihrer Haushaltswirtschaft den Erfordernissen des gesamtwirtschaftlichen Gleichgewichts Rechnung zu tragen. Der § 1 Satz 2 des Gesetzes zur Förderung der Stabilität und des Wachstums der Wirtschaft von 1967 (StabG) schreibt ihnen außerdem vor, dass die wirtschafts- und finanzpolitischen Maßnahmen so zu treffen sind, dass sie im Rahmen der marktwirtschaftlichen Ordnung gleichzeitig zur Stabilität des Preisniveaus, zu einem hohen Beschäftigungsstand und außenwirtschaftlichem Gleichgewicht bei stetigem und angemessenem Wirtschaftswachstum beitragen. Dieser Sachverhalt wird auch als magisches Viereck der Wirtschaftspolitik bezeichnet.

Das wirtschaftspolitische Ziel des außenwirtschaftlichen Gleichgewichts ist seit dem Übergang vieler Länder zu sich im Prinzip frei bildenden Preisen beim Umtausch von Währungen auf den Devisenmärkten, dem System der flexiblen Wechselkurse, weitgehend verwirklicht. Vor dem Übergang zu flexiblen Wechselkursen war der Einfluss wesentlich gewesen[23]. Daher gehört es heute nicht mehr zu den konjunkturpolitischen Zielen im engeren Sinn[24].

Die gesetzlich festgelegten Ziele der Konjunkturpolitik sind, das volkswirtschaftliche Preisniveau und damit den Geldwert möglichst konstant zu halten (Preisniveaustabilität) und die Beschäftigung aller Produktionsfaktoren, besonders des Faktors Arbeit, zu sichern (Vollbeschäftigung). Auf diese beiden Zielen wird in der Folge eingegangen.

5.2.1 Preisniveaustabilität

Darunter ist zu verstehen, dass im Durchschnitt die Preise in einer Volkswirtschaft und damit die Kaufkraft des Geldes (d.h. der Geldwert) konstant bleiben sollen. Keinesfalls bedeutet das, dass jeder einzelne Preis konstant bleibt, denn eine solche Zielsetzung wäre in einer dynamischen Marktwirtschaft widersinnig. Die Preise haben die Aufgabe, Knappheitsgrade zu signalisieren, um die Produktion in die von den Nachfragern gewünschte Richtung zu lenken.

Wann das Ziel der Preisniveaustabilität verwirklicht ist, lässt sich konkret nur an Hand eines geeigneten Indikators für den Zielerreichungsgrad festlegen und beurteilen. Im wesentlichen kommen hierfür zwei Arten von Indizes in Betracht[25]:

- Preisindizes für das Bruttosozialprodukt (oder andere Größen der volkswirtschaftlichen Gesamtrechnung),
- Preisindizes für die Lebenshaltung.

Der Preisindex des Bruttosozialprodukts für ein bestimmtes Jahr wird berechnet, indem das Bruttosozialprodukt in Preisen dieses Jahres dividiert wird durch ein Bruttosozialprodukt, bei dem alle in dem betreffenden Jahr hergestellten Güter nunmehr mit den Preisen eines Basisjahres bewertet werden.

---

[23] Issing 1996, 252 f.
[24] Bartling/Luzius 2002, 201 f.
[25] Bartling/Luzius 2002, 202

Der Vorteil dieses Preisindex ist, dass er den Durchschnitt der Preise aller in das Bruttosozialprodukt eingehenden Güter erfasst. Dem steht als Nachteil gegenüber, dass eine Reihe von Gütern besondere Bewertungsprobleme aufwirft, z.B. weil staatliche Dienstleistungen keine Marktpreise haben. Außerdem gehen in die Berechnung des Index auch die Preise von Produktionsmitteln und Zwischenprodukten ein, obwohl sich die Verbraucher letztlich nur für die Preisniveauveränderungen bei Konsumgütern interessieren.

Neben dem umfassenden Preisindex des Bruttosozialprodukts nach der volkswirtschaftlichen Gesamtrechnung werden auch der Preisindex der Inlandsnachfrage (Verbrauch und Investitionen, ohne Export) sowie der Preisindex des privaten Verbrauchs (mit Import) ausgewiesen.

Will man allerdings die Belastung der Haushalte durch die eingetretene Preisentwicklung erfassen, sind die Preisindizes für die Lebenshaltung besser geeignet. Mit ihnen soll ja für typische private Haushalte und für deren üblicherweise gekauftes Gütersortiment angegeben werden, wie sich die Preisbewegungen auf die Verbraucherausgaben auswirken. Ausgangspunkt ist ein repräsentativer Warenkorb, der zur Zeit für vier verschiedene Kategorien privater Haushalte ermittelt wird[26]:

1. alle privaten Haushalte,
2. Vier-Personen-Arbeitnehmer-Haushalte mit mittlerem Einkommen,
3. Vier-Personen-Haushalte von Angestellten und Beamten mit höherem Einkommen und
4. Zwei-Personen-Haushalte von Renten- und Sozialhilfeempfängern.

Der repräsentative Warenkorb enthält alle von einer Haushaltskategorie gekauften Güter, wie sie sich aufgrund einer Stichprobenerhebung ergeben. Das sind beim Preisindex der Lebenshaltung für alle privaten Haushalte etwa 750 verschiedene Güter. Diese werden mit den Preisen des Basisjahres (aktuell 1995) gewichtet und die Gesamtausgabensumme für den Warenkorb gleich 100 gesetzt. Um die Preisniveauentwicklung bis zu einem späteren Jahr (Referenzjahr) zu erfassen, wird der unverändert gelassene Warenkorb des Basisjahres mit den jeweiligen Preisen des Referenzjahres gewichtet, und die neue Ausgabensumme für den Warenkorb wird zur Ausgabensumme des Basisjahres in Beziehung gesetzt.

Sehr unterschiedlich wird die Frage beantwortet, bei welcher jährlichen Preissteigerungsrate das wirtschaftspolitische Ziel der Preisniveaustabilität noch als erreicht gelten soll. Eine leichte Zunahme des Preisniveaus bis zu 1 % pro Jahr wird auf jeden Fall toleriert. Dieser Wert ist z.B. von der Bundesregierung noch Anfang 1967 als Jahreszielvorgabe für die damalige Bundesrepublik Deutschland proklamiert worden. Da sich bis heute tatsächlich wesentlich höhere Inflationsraten eingestellt haben, sind in der Praxis heute auch die Zielvorgaben anspruchsloser geworden.

5.2.2 Vollbeschäftigung

Im Anschluss an die Massenarbeitslosigkeit in der Weltwirtschaftskrise (von 1929 bis 1933) wurde die Verwirklichung des Ziels der Vollbeschäftigung international fast unbestritten zu einer Hauptaufgabe der Wirtschaftspolitik. Im umfassenden Sinn geht es dabei

---

[26] Bartling/Luzius 2002, 202 f.

um die Vollbeschäftigung aller Produktionsfaktoren. Der geeignete Maßstab für den Zielerreichungsgrad ist der Auslastungsgrad des gesamtwirtschaftlichen Produktionspotentials. Im engeren Sinn konzentriert man sich beim Vollbeschäftigungsziel auf den Produktionsfaktor Arbeit. Als Indikator dienen vor allem die Arbeitslosenquoten und das Verhältnis der Zahl der offenen Stellen zur Zahl der Arbeitslosen.

Als Arbeitslosenquoten werden in Deutschland zwei Werte ausgewiesen. Es wird der Anteil der „registrierten Arbeitslosen" an der „Gesamtzahl der unselbständigen Erwerbspersonen" veröffentlicht und zusätzlich der Anteil der „registrierten Arbeitslosen" an der „Gesamtzahl aller Erwerbspersonen" berechnet. Der Nachteil beider Quoten ist, dass sie als nur auf die Angebotsseite der Arbeitsmärkte bezogene Indikatoren nichts über die Nachfrage aufgrund offener Stellen aussagen.

Wählt man das Verhältnis der „Zahl der offenen Stellen" zur „Zahl der registrierten Arbeitslosen" als Indikator für das Vollbeschäftigungsziel, scheint das Ziel erreicht, wenn die Zahl der offenen Stellen gleich der Zahl der Arbeitslosen ist, denn dann steht doch jedem Arbeitsuchenden theoretisch ein freier Arbeitsplatz zur Verfügung. Praktisch können indessen so erhebliche Unterschiede in der Struktur des Arbeitskräfteangebots und der Struktur der Arbeitskräftenachfrage bestehen, dass es zu einer wirklichen Abnahme der Zahl der Arbeitslosen nicht kommt[27].

Beispielsweise kann ein arbeitsloser Handwerker aus München nicht ohne weiteres eine offene Stelle als Industriekaufmann in Düsseldorf besetzen. Für einen Akademiker gilt es (bisher noch) als unzumutbar, eine von seiner Qualifikation weit entfernt liegende Tätigkeit ausüben zu müssen.

Insofern ist die quantitative Gleichheit der Zahl der offenen Stellen mit der Zahl der Arbeitslosen nicht hinreichend für das Ziel der Vollbeschäftigung, sondern außerdem kommt es immer auch auf die absolute Höhe der Arbeitslosenquoten an.

Wie beim Ziel der Preisniveaustabilität hängt die quantitative Zielvorgabe für die konkrete Vollbeschäftigungspolitik weitgehend von den realisierbar erscheinenden Möglichkeiten ab. Lange Zeit konnte in Deutschland die auf die unselbständigen Erwerbspersonen bezogene Arbeitslosenquote in der Regel unter 2 % (von 1960 bis 1973) und teils sogar unter 1% (von 1961 bis 1966) gehalten werden, jedoch ab 1974 hat sich eine erhebliche Zunahme der tatsächlich eingetretenen Arbeitslosenquoten gezeigt, die die Zielvorgaben der Bundesregierung ebenfalls haben ansteigen lassen. Seit einigen Jahren sind die Arbeitslosenquoten in Deutschland nun schon bei Werten um die 10 % angelangt. Eine signifikante Absenkung dieser Werte ist kurzfristig nicht zu erkennen.

Daran mag man erkennen, wie relativ die Festsetzung und Einhaltung quantitativer Zielvorgaben für die tatsächliche Vollbeschäftigung geworden sind. Die Einhaltung des Ziels der Vollbeschäftigung kann nicht nur durch eine gesetzliche Vorgabe erreicht werden, sondern muss sich aus dem Zusammenspiel aller gesellschaftlichen Kräfte gestalten lassen.

---

[27] Bartling/Luzius 2002, 205

Literaturverzeichnis

Bartling, Hartwig/Luzius, Franz (2002): Grundzüge der Volkswirtschaftslehre, Einführung in die Wirtschaftstheorie und Wirtschaftspolitik, München

Brümmerhoff, Dieter (2001): Finanzwissenschaft, München/Wien

Cezanne, Wolfgang (2002): Allgemeine Volkswirtschaftslehre, München/Wien

Felderer, Bernhard/Homburg, Stefan (2003): Makroökonomik und neue Makroökonomik, Berlin u.a.

Gossen, Hermann Heinrich (1987): Entwicklung der Gesetze des menschlichen Verkehrs und der daraus fließenden Regeln für menschliches Handeln (Nachdruck), Frankfurt am Main

Issing, Otmar (1996): Einführung in die Geldpolitik, München

Issing, Otmar (2001): Einführung in die Geldtheorie, München

Meadows, Dennis (1972): Die Grenzen des Wachstums, Stuttgart

Siebke, Jürgen (2003): Preistheorie, in: Vahlens Kompendium der Wirtschaftstheorie und Wirtschaftspolitik, Band 2, München

Smith, Adam (1974), An Inquiry into the Nature and Causes of the Wealth of Nations (1776), deutsche Übersetzung: Der Wohlstand der Nationen, London (Original)/München (Übersetzung)

Thieme, Hans J. (1999): Wirtschaftssysteme, in: Vahlens Kompendium der Wirtschaftstheorie und Wirtschaftspolitik, Band 1, München

Wirtschaftsmathematik

Regina Fischer

1   Einleitung

Die Mathematik ist aus vielen Bereichen der ökonomischen Theorie und Praxis nicht mehr wegzudenken. Die Wirtschaftsmathematik hat sich so zu einem wichtigen Teilgebiet der Angewandten Mathematik entwickelt.

In den vorliegenden Ausführungen wird auf einige grundlegende Anwendungen der Mathematik in der Wirtschaft eingegangen. Dabei können die dafür erforderlichen mathematischen Grundlagen nur in dem Maße dargestellt werden, wie sie für das Verständnis der Ausführungen unbedingt notwendig sind. Das umfangreiche Literaturverzeichnis bietet die Möglichkeit, sich intensiv mit der Wirtschaftsmathematik und der benötigten Elementarmathematik zu beschäftigen. In diesem Sinne ist das vorliegende Kapitel nur als eine Einführung in die Wirtschaftsmathematik aufzufassen.

2   Finanzmathematik

2.1   Zins- und Zinsesrechnung

Der *Zins* ist der Preis für die Überlassung von Geld oder Kapital, den der Schuldner dem Gläubiger zu zahlen hat. Damit zahlt bei einem Kredit der Kunde Zinsen an die Bank und bei einem Guthaben die Bank Zinsen an den Kunden. Je nachdem, ob die Zinsen ausgezahlt oder dem Kapital zugeschlagen werden, spricht man von *Verzinsung ohne* oder *mit Zinseszins*. Die Höhe der Zinsen sind neben dieser Art der Verzinsung weiterhin abhängig von der Höhe des *Anfangskapitals* K_0, dem *Jahreszinssatz i* und der *Laufzeit n*.

2.1.1   Zinsrechnung ohne Zinseszins (einfache Verzinsung)

Es werden jeweils am Ende der Zinsperiode Zinsen auf das Kapital berechnet, gutgeschrieben, aber nicht weiter verzinst. Da die Zinsen stets aus dem gleichen Anfangskapital K_0 ermittelt werden, fällt bei *jährlicher Verzinsung ohne Zinseszins* in jedem Jahr der gleiche Zinsertrag $K_0 i$ an. Somit gilt für das *Endkapital* K_n nach *n* Jahren:

$$K_n = K_{n-1} + K_0 i \quad \text{und somit} \quad K_n = K_0 + nK_0 i = K_0(1+ni).$$

Die Verzinsung ohne Zinseszins wird bei Geldgeschäften zwischen Privatpersonen angewendet und deshalb auch *bürgerliche Verzinsung* genannt. Die Mehrheit der Geldgeschäfte findet jedoch in Verbindung mit Banken statt und unterliegt damit der Verzinsung mit Zinseszins. Ist hierbei aber die Laufzeit kürzer als eine Zinsperiode, so werden die Zinsen anteilig mit einfacher Verzinsung berechnet. In diesem Fall wird n durch t Zeiteinheiten der Länge $1/m$ ersetzt und man erhält die Formel

$$K_{\frac{t}{m}} = K_0 + \frac{t}{m} K_0 i = K_0 \left(1 + \frac{t}{m} i\right).$$

Zu beachten ist hierbei die *Vereinbarung in der kaufmännischen Zinsrechnung*, dass ein Jahr aus 12 Monaten zu je 30 Tagen und somit aus 360 Tagen besteht.

Beispiel
Werden 1.000 € bei einem Jahreszinssatz von 3 % über einen Zeitraum von 73 Tagen angelegt, so sich als Endkapital:

$$K_{\frac{73}{360}} = 1.000 \left(1 + \frac{73}{360} \cdot 0,03\right) = 1.000 + 1.000 \cdot \frac{73}{360} \cdot 0,03 = 1.006,08 \text{ €}$$

Hierbei werden mit dem zweiten Summanden die Gesamtzinsen von 6,08 € ermittelt.

2.1.2 Zinsrechnung mit Zinseszins

Es werden jeweils am Ende der Zinsperiode Zinsen auf das Kapital berechnet, gutgeschrieben und mit weiterverzinst. Da die Zinsen auf den gesamten am Jahresanfang vorhandenen Kontostand ermittelt werden, ist bei *jährlicher Verzinsung mit Zinseszins* der Zinsertrag am Jahresende $K_{n-1} i$. Somit gilt für das Endkapital nach n Jahren:

$$K_n = K_{n-1} + K_{n-1} i = K_{n-1}(1+i) \quad \text{und somit} \quad K_n = K_0 (1+i)^n = K_0 q^n.$$

Dabei stellt $q = 1+i$ den Zinsfaktor dar.

Ist die Zinsperiode kleiner als ein Jahr, so liegt *unterjährige Verzinsung* vor. Teilt man das Jahr in m Zinsperioden der Länge $1/m$ auf (z.B. in 12 Monate), so wird das Kapital mit dem Periodenzinssatz $i^* = i/m$ verzinst. Für das Endkapital nach t Zinsperioden bzw. nach n Jahren mit folglich $t = m \cdot n$ Zinsperioden gilt

$$K_{\frac{t}{m}} = K_0 \left(1 + \frac{i}{m}\right)^t \quad \text{bzw.} \quad K_n = K_0 \left(1 + \frac{i}{m}\right)^{m \cdot n}.$$

Aufgrund des Zinseszinseffektes (d.h. der Mitverzinsung der unterjährig gezahlten Zinsen) führt Verzinsung in kleineren Zinsperioden auf ein höheres Endkapital als jährliche Verzinsung. Derjenige Jahreszinssatz, der bei einmaliger Verzinsung am Jahresende auf das gleiche Endkapital führt, wie die m-malige Verzinsung mit dem Periodenzinssatz i^* heißt *effektiver Jahreszinssatz* i_{eff}. Er berechnet sich aus

$$K_0 \left(1 + i_{eff}\right) = K_0 \left(1 + \frac{i}{m}\right)^m \quad \text{und somit} \quad i_{eff} = \left(1 + \frac{i}{m}\right)^m - 1.$$

Beispiel
Werden 1.000 € bei einem Jahreszinssatz von 3 % monatlich verzinst, so ergibt sich für das Endkapital nach 1 bzw. 10 Jahren:

$$K_1 = 1000\left(1+\frac{0,03}{12}\right)^{12} = 1.030,42\ \text{€},\ K_{10} = 1000\left(1+\frac{0,03}{12}\right)^{120} = 1.349,35\ \text{€}.$$

Die jährliche Verzinsung mit 3 % ergäbe die niedrigeren Kontostände $K_1 = 1.030$ € und $K_{10} = 1.343,92$ €.

Als Effektivzinssatz erhält man $i_{\mathit{eff}} = \left(1+\frac{0,03}{12}\right)^{12} - 1 = 0,030416 = 3,0416\%$.

Wird die Anzahl der Zinsperioden pro Jahr immer größer und ihre Länge immer kleiner, so gelangt man mit dem Grenzfall $m \to \infty$ zur *stetigen Verzinsung*. Das Endkapital nach n Jahren ergibt sich als Grenzwert der unterjährigen Verzinsung:

$$K_n = \lim_{m \to \infty} K_0\left(1+\frac{i}{m}\right)^{m \cdot n} = K_0\left(\lim_{m \to \infty}\left(1+\frac{i}{m}\right)^m\right)^n = K_0 e^{in}.$$

Da sich der Kontostand zu jedem Zeitpunkt t ändert, ersetzt man n durch t und erhält mit $K(t) = K_0 e^{it}$ die Formel der stetigen Verzinsung, die auch für alle *Wachstums- und Zerfallsprozesse* in Natur und Technik gilt.

2.1.3 Barwertberechnung (Diskontierung)

Der Anfangsbetrag K_0, der im entsprechenden Zinsmodell nach n Jahren den Endbetrag K_n liefert, wird *Barwert* oder *diskontierter Wert* genannt. Es ergeben sich somit folgende Formeln:

Tabelle 1: Endwert- und Barwertformeln

Verzinsungsart	Endwert	Barwert
Verzinsung ohne Zinseszins	$K_n = K_0(1+ni)$	$K_0 = \dfrac{K_n}{1+ni}$
Verzinsung mit Zinseszins	$K_n = K_0(1+i)^n = K_0 q^n$	$K_0 = \dfrac{K_n}{(1+i)^n} = \dfrac{K_n}{q^n}$
stetige Verzinsung	$K(t) = K_0 e^{it}$	$K_0 = \dfrac{K(t)}{e^{it}}$

Eine wichtige Anwendung der Barwertberechnung, die *Kapitalwertmethode* (*Cash Flow*) zur finanzmathematischen Beurteilung von Investitionen, wird im Folgenden genauer vorgestellt.

Bei einer Investition fallen nach einer Anschaffungsausgabe zu Beginn der Investition über die gesamte Investitionsdauer Einnahmen und Ausgaben an, die jeweils am Ende eines Jahres zusammengefasst werden.

Abbildung 1:   Zeitskala einer Investition

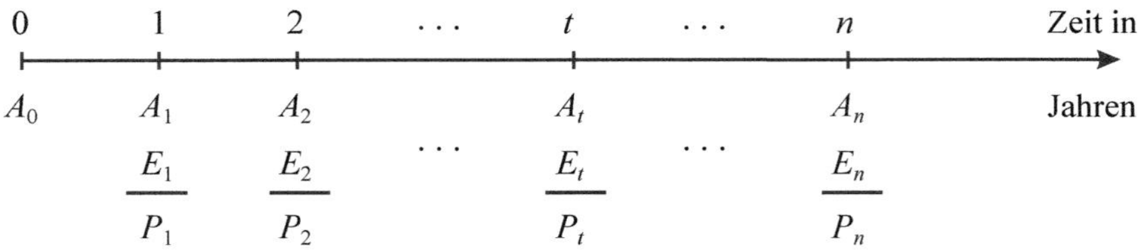

```
0        1        2      ...    t     ...    n          Zeit in
├────────┼────────┼─────────────┼────────────┤
A₀      A₁       A₂            Aₜ           Aₙ          Jahren
        E₁       E₂     ...    Eₜ    ...    Eₙ
        ───      ───           ───          ───
        P₁       P₂            Pₜ           Pₙ
```

A_0 - Anschaffungsausgabe
A_t - Ausgaben der Periode t, $t = 1, \ldots, n$
E_t - Einnahmen der Periode t, $t = 1, \ldots, n$
P_t = $E_t - A_t$ - Periodenüberschuss der Periode t, $t = 1, \ldots, n$
n - Investitionsdauer
i - Kalkulationszinssatz (z.B. Zinssatz der Alternativanlage, Marktzinssatz)

Durch Diskontierung aller mit der Investition verbundenen und zu unterschiedlichen Zeitpunkten anfallenden Zahlungen auf den Zeitpunkt 0 werden diese mit der Anschaffungsausgabe vergleichbar und die Entscheidung, ob sich eine Investition lohnt, möglich.

$$K_0 = \frac{P_1}{q} + \frac{P_2}{q^2} + \ldots + \frac{P_n}{q^n}$$

$K_0 > A_0$ → Investition lohnt sich
$K_0 < A_0$ → Investition lohnt sich nicht

Der *Kapitalwert C* der Investition ist die Differenz aus K_0 und A_0 und somit

$$C = \sum_{t=1}^{n} \frac{P_t}{q^t} - A_0 = \sum_{t=1}^{n} \frac{E_t - A_t}{q^t} - A_0$$

$C > 0$ → Investition lohnt sich
$C < 0$ → Investition lohnt sich nicht

Bei mehreren Investitionsalternativen ist die mit dem größten Kapitalwert die günstigste. Als *internen Zinsfuß* bezeichnet man den Wert $p_{\text{int}} = 100 \cdot i_{\text{int}}$, für den der Kapitalwert 0 ist. Durch Vergleich mit dem Kalkulationszinssatz ergibt sich mit $i_{\text{int}} > i$ die Entscheidung für und mit $i_{\text{int}} < i$ gegen die Investition.

Beispiel
Investition durch Kauf eines Pkw durch ein Taxiunternehmen

	Anschaffung	1. Jahr	2. Jahr	3. Jahr
Einnahmen	0 €	46.500 €	59.200 €	52.200 €
Ausgaben	20.000 €	42.500 €	45.200 €	50.700 €

Nach 3 Jahren wird ein Liquidationserlös von 3.500 € erzielt. Lohnt sich die Investition bei

Wirtschaftsmathematik

einem Kalkulationszinssatz von 6 %?
Beachtet man, dass der Liquidationserlös eine Einnahme am Ende des 3. Jahres ist, so erhält man die Periodenüberschüsse $P_1 = 4.000$ €, $P_2 = 14.000$ €, $P_3 = 5.000$ € und damit den Kapitalwert

$$C = \frac{4.000}{1,06} + \frac{14.000}{1,06^2} + \frac{5.000}{1,06^3} - 20.000 = 431,63 \text{ €}.$$

Wegen $C > 0$ lohnt sich die Investition. Die Methode des internen Zinsfußes erfordert das Lösen der Gleichung

$$\frac{4.000}{q} + \frac{14.000}{q^2} + \frac{5.000}{q^3} - 20.000 = 0,$$

was nur mit numerischen Näherungsverfahren möglich ist. Man erhält $q = 1,07127$ und wegen $i = q - 1 = 7,127\% > 6\%$ ebenfalls, dass sich die Investition lohnt.

Bemerkung:
Da außer der Anschaffungsausgabe alle in die Rechnung eingehenden Werte (Einnahmen, Ausgaben, Zinssatz) nur geschätzt sind, dienen die Kapitalwertmethode und die Methode des internen Zinsfußes nur als eine *Entscheidungshilfe* für Investitionen.

2.2 Rentenrechnung

Eine *Rente* ist eine Folge von Zahlungen (Ein- oder Auszahlungen) in gleichgroßen Zeitabständen. Diese Zahlungen werden als *Rentenrate r* bezeichnet und können *vorschüssig* (am Anfang der Zahlungsperiode) oder *nachschüssig* (am Ende der Zahlungsperiode) erfolgen. Der sich nach n Jahren ergebende Kontostand wird *Rentenendwert* R_n^v (vorschüssig) bzw. R_n (nachschüssig) genannt.

2.2.1 Jährliche Rentenzahlung bei jährlicher Verzinsung

Zur Ermittlung des *Rentenendwertes bei jährlich nachschüssiger Zahlung und jährlicher Verzinsung* müssen die jeweils am Jahresende erfolgten Zahlungen r bis zum Ende der Laufzeit mit Zinseszins aufgezinst werden. Aus der Skizze ist ersichtlich, dass die 1. Rate $n-1$ Jahre, die 2. Rate $n-2$ Jahre und allgemein die k-te Rate $n-k$ Jahre zu verzinsen sind. Die Formel für den Rentenendwert ergibt sich dann mit Hilfe der Summenformel der endlichen geometrischen Reihe (siehe auch Abbildung 2)

$$R_n = rq^{n-1} + rq^{n-2} + \ldots + rq + r = r\sum_{k=1}^{n} q^{n-k} = r\sum_{l=0}^{n-1} q^l = r\frac{q^n - 1}{q - 1}.$$

Erfolgt eine *jährlich vorschüssige Zahlung bei jährlicher Verzinsung* so wird jede Rate 1 Jahr länger verzinst und somit gilt

$$R_n^v = R_n \cdot q = rq\frac{q^n - 1}{q - 1}.$$

Abbildung 2: Zeitskala zur Herleitung des Rentenendwertes

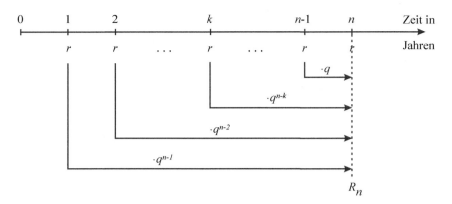

2.2.2 Unterjährige Rentenzahlung bei jährlicher Verzinsung

Im Fall *unterjähriger Rentenzahlung bei jährlicher Verzinsung* wird das Jahr in m Zahlungsperioden zerlegt, in denen die Ratenzahlung wiederum vorschüssig oder nachschüssig erfolgen kann. Bei der Berechnung des Rentenendwertes ist zu beachten, dass die unterjährig gezahlten Raten zunächst bis zum Jahresende linear aufgezinst werden müssen. Der so ermittelte Betrag wird *äquivalente nachschüssige Jahreszahlung* bzw. *konforme Ersatzrentenrate* r_e genannt und in der Rentenendwertformel anstelle der jährlich nachschüssigen Rate r eingesetzt.

Für eine *monatlich nachschüssig* gezahlte Rente hat die 1. Rate bis zum Jahresende 11 Verzinsungsmonate, die 2. Rate 10 Verzinsungsmonate usw. Somit ergibt sich für die konforme Ersatzrente unter Anwendung der Summenformel der endlichen arithmetischen Reihe

$$r_e = r\left(1+\frac{11}{12}i\right)+r\left(1+\frac{10}{12}i\right)+\ldots+r\left(1+\frac{1}{12}i\right)+r$$

$$= 12r+r\frac{i}{12}\sum_{k=1}^{11}k = 12r+r\frac{i}{\cancel{12}}\frac{11\cdot\cancel{12}}{2} = r\left(12+\frac{11}{2}i\right)$$

In analoger Weise erhält man für die *monatlich vorschüssige Rentenzahlung* die konforme Ersatzrente $r_e^v = r\left(12+\frac{13}{2}i\right)$ und damit die Rentenendwertformeln

$$R_n = r\left(12+\frac{11}{2}i\right)\frac{q^n-1}{q-1} \qquad \text{und} \qquad R_n^v = r\left(12+\frac{13}{2}i\right)\frac{q^n-1}{q-1}.$$

Beispiel
Bei einem Jahreszinssatz von 3 % führt eine monatlich nachschüssige Einzahlung von 100 € nach 10 Jahren auf einen Kontostand von

$$R_{10} = 100\left(12 + \frac{11}{2} \cdot 0{,}03\right)\frac{1{,}03^{10} - 1}{0{,}03} = 13.945{,}81 \; €.$$

Werden die 100 € monatlich vorschüssig gezahlt, so ist der Kontostand $R_{10}^v = 13.980{,}20 \; €$.

In der folgenden Übersicht sind die hergeleiteten Rentenendwertformeln zusammengestellt, wobei bei der unterjährigen Zahlung der allgemeine Fall der m-fachen Ratenzahlung pro Jahr angegeben ist.

Tabelle 2: Übersicht der grundlegenden Rentenendwertformeln

Rentenendwert	vorschüssige Rentenzahlung	nachschüssige Rentenzahlung
bei jährlicher Zahlung und jährlicher Verzinsung	$R_n^v = rq\dfrac{q^n - 1}{q - 1}$	$R_n = r\dfrac{q^n - 1}{q - 1}$
bei unterjähriger Zahlung und jährlicher Verzinsung	$R_n^v = r\left(m + \dfrac{m+1}{2}i\right)\dfrac{q^n - 1}{q - 1}$	$R_n = r\left(m + \dfrac{m-1}{2}i\right)\dfrac{q^n - 1}{q - 1}$

Ausgehend von diesen Grundformeln der Rentenrechnung kann für jede *Rente mit unterjähriger Ratenzahlung und unterjähriger Verzinsung* der Rentenendwert ermittelt werden (siehe Literatur zur Finanzmathematik).

2.3 Tilgungsrechnung

Die *Tilgung* ist die Rückzahlung einer Schuld in regelmäßigen Teilbeträgen. Dabei bezeichnet man die *Anfangsschuld* mit S, Die *Restschuld nach k Jahren* mit S_k und den jährlichen Rückzahlungsbetrag, der sich als Summe des jährlichen *Zinsbetrages* Z_k und *Tilgungsbetrages* T_k ergibt, als *Annuität* A_k.

2.3.1 Tilgungsarten

Die folgende Tabelle charakterisiert die zwei grundsätzlichen Tilgungsarten:

Tabelle 3: Grundlegende Tilgungsarten

Ratentilgung	Annuitätentilgung
$T_k = T = \text{const}$ für alle $k \to A_k = T + Z_k$	$A_k = A = \text{const}$ für alle $k \to A = T_k + Z_k$
Da $\{Z_k\}$ monoton fallende Folge	Da $\{Z_k\}$ monoton fallende Folge
$\to \{A_k\}$ monoton fallende Folge	$\to \{T_k\}$ monoton wachsende Folge

Während die Ratentilgung auf sich in jeder Zahlungsperiode unterscheidende Rückzahlungsbeträge führt, sind diese bei der Annuitätentilgung konstant. Deshalb wird in der Regel eine Kreditrückzahlung mittels *Annuitätentilgung* realisiert, auf die im Folgenden genauer eingegangen wird.

2.3.2 Annuitätentilgung

Ausgangspunkt für die Herleitung von Formeln der Annuitätentilgung ist die *Zweikontenbetrachtung*. Auf dem *Schuldkonto* wird das Anwachsen der Schuld S in k Jahren und auf dem *Rückzahlungskonto* die regelmäßige Einzahlung der Annuität A einschließlich ihrer Verzinsung registriert. Offenbar wird der Kontostand des Schuldkontos mit Hilfe der Zinseszinsrechnung und der des Rückzahlungskontos mittels Rentenrechnung ermittelt. Die *Restschuld S_k nach k Jahren* ergibt sich dann als Differenz der Kontostände von Schuld- und Rückzahlungskonto nach k Jahren. Damit kann für jede beliebige Art der Annuitätentilgung die Restschuldformel aufgestellt werden, z.B. für die

jährliche nachschüssige Annuitätenzahlung bei jährlicher Verzinsung
$$S_k = Sq^k - A\frac{q^k-1}{q-1},$$

monatliche nachschüssige Annuitätenzahlung bei jährlicher Verzinsung
$$S_k = Sq^k - A\left(12 + \frac{11}{2}i\right)\frac{q^k-1}{q-1}.$$

Ist die Tilgungsdauer einer Schuld n Jahre, so muss offenbar die Restschuld $S_n = 0$ sein, d.h. Schuld- und Rückzahlungskonto müssen den gleichen Stand aufweisen. Aus dieser Beziehung lässt sich die Annuität A ermitteln. Für den Fall der jährlich nachschüssigen Annuitätentilgung bei jährlicher Verzinsung gilt:

$$S_n = 0, \text{ d.h. } Sq^n = A\frac{q^n-1}{q-1} \quad \text{und somit} \quad A = \frac{Sq^n(q-1)}{q^n-1}$$

Mit diesen Daten ist eine sukzessive Erstellung des Tilgungsplanes möglich.

Beispiel
Für einen Kredit über 10.000 €, der jährlich mit 6 % verzinst wird und in 4 Jahren zu tilgen ist, ergibt sich die jährlich nachschüssige Annuität von

$$A = \frac{10.000 \cdot 1,06^4 \cdot 0,06}{1,06^4 - 1} = 2.885,91 \text{ €} \quad \text{und daraus folgender Tilgungsplan:}$$

Jahr	Restschuld am Jahresanfang	Zinsbetrag	Tilgungsbetrag	Annuität
1	10.000,00	600,00	2.285,91	2.885,91
2	7.714,09	462,85	2.423,07	2.885,91
3	5.291,02	317,46	2.568,45	2.885,91
4	2.722,56	163,35	2.722,56	2.885,91

Hinsichtlich der expliziten Berechnung der Werte des Tilgungsplans sowie weiterer Spezialfälle der Annuitätentilgung sei auf die Literatur zur Finanzmathematik verwiesen.

3 Lineare Algebra

3.1 Matrizen

Matrizen sind wichtige Hilfsmittel zur übersichtlichen und schematischen Darstellung großer Datenmengen in Wirtschaft, Technik und Wissenschaft sowie zu deren Weiterbearbeitung. Es gibt vielfältige Beispiele, in denen Matrizen angewendet werden: Wege- und Entfernungsmatrizen, Transportkostenmatrizen, Maschenzeitmatrizen, Materialverbrauchsmatrizen, Kundenwanderungsmatrizen u.a.

3.1.1 Definitionen und Bezeichnungen

Definition
Ein rechteckiges Schema

$$A = \begin{pmatrix} a_{11} & a_{12} & \cdots & a_{1n} \\ a_{21} & a_{22} & \cdots & a_{2n} \\ \cdots & \cdots & \cdots & \cdots \\ a_{m1} & a_{m2} & \cdots & a_{mn} \end{pmatrix} = \left(a_{ij}\right)_{\substack{i=1,\ldots,m \\ j=1,\ldots,n}}$$

aus mathematischen Objekten a_{ij} (Zahlen, Variablen, Funktionen u. ä.) heißt *Matrix mit m Zeilen und n Spalten* bzw. *Matrix vom Typ (m,n)*. Die Objekte a_{ij} heißen *Elemente* der Matrix. Das Element a_{ij} steht in der i-ten Zeile und j-ten Spalte.

Tabelle 4: Spezielle Matrizen

Transponierte Matrix A^T:	Die durch Vertauschen von Zeilen und Spalten von A entstehende (n,m)-Matrix.
Quadratische Matrix:	Matrix, bei der Zeilen- und Spaltenanzahl übereinstimmen. Sie hat den Typ (n,n) bzw. die Ordnung n.
Diagonalmatrix D:	Quadratische Matrix, bei der alle Elemente außerhalb der Hauptdiagonalen gleich Null sind, d.h. $a_{ij}=0$ für $i \neq j$.
Einheitsmatrix E:	Diagonalmatrix, bei der alle Elemente der Hauptdiagonalen gleich Eins sind, d.h. $a_{ii}=1$ für alle i und $a_{ij}=0$ für $i \neq j$.

Nullmatrix O:	Matrix, deren Elemente alle gleich Null sind, d.h. $a_{ij} = 0$ für alle i, j
Spaltenvektor $\vec{a}$:	Matrix vom Typ $(m,1)$
Zeilenvektor $\vec{a}^T$:	Matrix vom Typ $(1,n)$

Beispiel

$$A = \begin{pmatrix} 3 & 1 & 2 \\ 2 & 3 & 4 \end{pmatrix}, \quad A^T = \begin{pmatrix} 3 & 2 \\ 1 & 3 \\ 2 & 4 \end{pmatrix}, \quad D = \begin{pmatrix} 4 & 0 & 0 \\ 0 & 1 & 0 \\ 0 & 0 & 5 \end{pmatrix}, \quad E = \begin{pmatrix} 1 & 0 & 0 \\ 0 & 1 & 0 \\ 0 & 0 & 1 \end{pmatrix}, \quad \vec{a} = \begin{pmatrix} 3 \\ 2 \end{pmatrix}, \quad \vec{a}^T = (3 \quad 2)$$

A ist eine Matrix vom Typ (2,3), A^T ist die zu A transponierte Matrix und somit vom Typ (3,2). D ist eine Diagonalmatrix und E die Einheitsmatrix der Ordnung 3. $\vec{a}$ ist der Vektor der 1. Spalte von A und $\vec{a}^T$ der zugehörige Zeilenvektor.

3.1.2 Operationen mit Matrizen

Für das Rechnen mit Matrizen sind die

   Ordnungsrelationen: $A = B$, $A \neq B$, $A \leq B$, $A \geq B$, $A < B$, $A > B$

sowie die

   Rechenoperationen: $A + B$, $A - B$, $A \cdot B$, $\lambda \cdot A$ mit $\lambda \in R$

definiert. Da keine Matrizendivision erklärt ist, besteht der Ausweg in der Multiplikation mit der *inversen Matrix* A^{-1}.

Hinsichtlich der Ausführung der genannten Operationen sei auf die Grundlagenliteratur zur Mathematik und Wirtschaftsmathematik verwiesen.

Wie die folgende Übersicht zeigt, gelten viele aus dem Bereich der reellen Zahlen bekannten Rechenregeln auch für Matrizen. Einige Besonderheiten ergeben sich daraus, dass die Matrizenmultiplikation nicht kommutativ ist, d.h., dass im allgemeinen $A \cdot B \neq B \cdot A$ gilt.

Tabelle 5: Rechenregeln für Matrizen

Kommutativgesetze	$A + B = B + A$	$A \cdot B \neq B \cdot A$
Assoziativgesetze	$(A + B) + C = A + (B + C)$	$(A \cdot B) \cdot C = A \cdot (B \cdot C)$
Distributivgesetze	$A \cdot (B + C) = A \cdot B + A \cdot C$	
	$(B + C) \cdot A = B \cdot A + C \cdot A$	
Nullelement	$A + 0 = 0 + A = A$	$A \cdot 0 = 0 \cdot A = 0$

Einselement		$A \cdot E = E \cdot A = A$
Multiplikation mit Zahlen	$(\alpha + \beta)A = \alpha A + \beta A$	$(\alpha \cdot \beta)A = \alpha(\beta A) = \beta(\alpha A)$
	$\alpha(A + B) = \alpha A + \alpha B$	$\alpha \cdot (A \cdot B) = (\alpha A)B = A(\alpha B)$
Transponierte Matrizen	$(A + B)^T = A^T + B^T$	$(A \cdot B)^T = B^T \cdot A^T$
		$(\alpha A)^T = \alpha \cdot A^T$
		$\left(A^T\right)^T = A$
Inverse Matrizen		$(AB)^{-1} = B^{-1}A^{-1}$
		$A^{-1}A = AA^{-1} = E$
		$\left(A^{-1}\right)^{-1} = A$
		$\left(A^{-1}\right)^T = \left(A^T\right)^{-1}$

3.1.3 Wirtschaftliche Anwendung der Matrizenrechnung

Es gibt viele wirtschaftliche Problemstellungen, die sich mit Hilfe der Matrizenrechnung günstig lösen lassen, z.B. die Maschinenzeit- und Kostenberechnung eines Produktionsprogramms, die Materialverflechtung in einem mehrstufigen Produktionsprozess, die Marktaufteilung nach Kundenwanderung u.a.

Beispiel
Am Beispiel der *Materialverflechtung in einem zweistufigen Produktionsprozess* soll die Anwendung der Matrizenrechnung demonstriert werden:
   In einem zweistufigen Produktionsprozess werden aus 2 Rohstoffen 3 Zwischenprodukte und daraus 2 Endprodukte hergestellt. Der Materialverbrauch in Mengeneinheiten ist nachfolgender Skizze zu entnehmen.

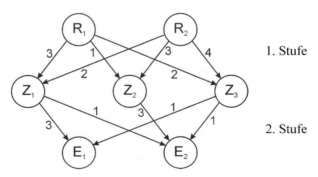

Vom ersten Endprodukt sind 10 Mengeneinheiten, vom zweiten 5 Mengeneinheiten herzustellen. Es sind die Gesamtkosten der Produktion zu ermitteln, wenn die Rohstoffkosten für R_1 2 € und für R_2 4 € und die Herstellungskosten für E_1 9 € und für E_2 13 € betragen. Anhand der gegebenen Daten lassen sich die folgenden Matrizen definieren:

Rohstoff-Zwischen-   *Zwischenprodukt-*   *Mengenmatrix der*
produkt-Matrix   *Endprodukt-Matrix*   *Endprodukte*

$$A = \begin{array}{c} \\ R_1 \\ R_2 \end{array} \begin{pmatrix} Z_1 & Z_2 & Z_3 \\ 3 & 1 & 2 \\ 2 & 3 & 4 \end{pmatrix} \quad B = \begin{array}{c} \\ Z_1 \\ Z_2 \\ Z_3 \end{array} \begin{pmatrix} E_1 & E_2 \\ 3 & 1 \\ 0 & 3 \\ 1 & 1 \end{pmatrix} \quad M = \begin{array}{c} E_1 \\ E_2 \end{array} \begin{pmatrix} 10 \\ 5 \end{pmatrix}$$

Matrix der Rohstoffkosten   *Matrix der Herstellungskosten*

$$K_R = \begin{array}{c} R_1 \\ R_2 \end{array} \begin{pmatrix} 2 \\ 4 \end{pmatrix} \qquad\qquad K_H = \begin{array}{c} E_1 \\ E_2 \end{array} \begin{pmatrix} 9 \\ 13 \end{pmatrix}$$

Durch Multiplikation der Rohstoff-Zwischenprodukt-Matrix A und der Zwischenprodukt-Endprodukt-Matrix B erhält man die *Herstellungsmatrix H*, die angibt wie viel Mengeneinheiten der Rohstoffe R_1 und R_2 zur Herstellung je einer Mengeneinheit des Endproduktes E_1 bzw. E_2 benötigt werden. Ihre Multiplikation mit der Mengenmatrix M ergibt die *Gesamtproduktionsmatrix G*, die die benötigten Mengeneinheiten an Rohstoffen R_1 und R_2 für die Gesamtproduktion enthält:

$$H = A \cdot B = \begin{pmatrix} 3 & 1 & 2 \\ 2 & 3 & 4 \end{pmatrix} \cdot \begin{pmatrix} 3 & 1 \\ 0 & 3 \\ 1 & 1 \end{pmatrix} = \begin{pmatrix} 11 & 8 \\ 10 & 15 \end{pmatrix} \begin{array}{c} R_1 \\ R_2 \end{array},$$

$$G = H \cdot M = \begin{pmatrix} 11 & 8 \\ 10 & 15 \end{pmatrix} \cdot \begin{pmatrix} 10 \\ 5 \end{pmatrix} = \begin{pmatrix} 150 \\ 175 \end{pmatrix} \begin{array}{c} R_1 \\ R_2 \end{array}.$$

Zur Ermittlung der Gesamtkosten sind die gesamten Rohstoffkosten (Multiplikation von G und K_R) und die gesamten Herstellungskosten (Multiplikation von M und K_H) zu addieren:

$$K = G^T \cdot K_R + M^T \cdot K_H = (150 \quad 175)\begin{pmatrix} 2 \\ 4 \end{pmatrix} + (10 \quad 5)\begin{pmatrix} 9 \\ 13 \end{pmatrix} = 1.000 + 155 = 1.155$$

Es ergeben sich somit die Gesamtkosten der Produktion von 1.155 €, die sich in 1.000 € Rohstoffkosten und 155 € Herstellungskosten aufteilen.

Bemerkung:
Bei der Matrizenmultiplikation ist zu beachten, dass mathematisch und sachlich richtige Größen miteinander verknüpft werden. Gegebenenfalls sind Faktoren zu vertauschen bzw. Matrizen zu transponieren.

Die Anwendung der in 3.1.2 angegebenen Rechenregeln auf die Gesamtkostengleichung führt auf eine andere Berechnungsreihenfolge, deren Zwischenergebnisse neue Informationen liefern:

$$\begin{aligned} K &= G^T \cdot K_R + M^T \cdot K_H \quad \text{mit } G = H \cdot M \\ &= (H \cdot M)^T \cdot K_R + M^T \cdot K_H \\ &= M^T \cdot H^T \cdot K_R + M^T \cdot K_H \\ &= M^T \underbrace{(\underbrace{H^T \cdot K_R}_{\text{Rohstoffkosten}} + \underbrace{K_H}_{\text{Herstellungskosten}})}_{\text{Gesamtkosten}} \end{aligned}$$

pro Mengeneinheit der Endprodukte

Mit den obigen konkreten Daten ergibt sich

$$K = (10 \ 5)\left(\begin{pmatrix} 11 & 10 \\ 8 & 15 \end{pmatrix} \cdot \begin{pmatrix} 2 \\ 4 \end{pmatrix} + \begin{pmatrix} 9 \\ 13 \end{pmatrix}\right) = (10 \ 5)\left(\begin{pmatrix} 62 \\ 76 \end{pmatrix} + \begin{pmatrix} 9 \\ 13 \end{pmatrix}\right) = (10 \ 5)\begin{pmatrix} 71 \\ 89 \end{pmatrix} = 1.155.$$

Neue Informationen:
Die Herstellung einer Mengeneinheit von E_1 kostet 71 €, davon sind 62 € Rohstoffkosten und 9 € Herstellungskosten. Eine Mengeneinheit von E_2 erfordert 76 € Rohstoffkosten und 13 € Herstellungskosten und somit insgesamt 89 €.

3.2 Lineare Gleichungssysteme

3.2.1 Definitionen und Bezeichnungen

Definition
Ein *lineares Gleichungssystem (LGS) mit m Gleichungen und n Unbekannten* ist gegeben durch

$$\begin{aligned} a_{11}x_1 + a_{12}x_2 + \ldots + a_{1n}x_n &= b_1 \\ a_{21}x_1 + a_{22}x_2 + \ldots + a_{2n}x_n &= b_2 \\ \ldots \\ a_{m1}x_1 + a_{m2}x_2 + \ldots + a_{mn}x_n &= b_m \end{aligned}$$

Bezeichnet man mit

$$A = \begin{pmatrix} a_{11} & a_{12} & \ldots & a_{1n} \\ a_{21} & a_{22} & \ldots & a_{2n} \\ \ldots & \ldots & \ldots & \ldots \\ a_{m1} & a_{m2} & \ldots & a_{mn} \end{pmatrix} \qquad \vec{x} = \begin{pmatrix} x_1 \\ x_2 \\ \ldots \\ x_n \end{pmatrix} \qquad \vec{b} = \begin{pmatrix} b_1 \\ b_2 \\ \ldots \\ b_m \end{pmatrix}$$

als Koeffizientenmatrix, als den Lösungsvektor, als den Vektor der rechten Seite, so ergibt sich die Matrizenschreibweise $A\vec{x} = \vec{b}$.

Ein LGS zu lösen heißt, die Menge aller Lösungsvektoren $\vec{x}$ zu bestimmen, die das LGS erfüllen.

Lineare Gleichungssysteme finden in der Wirtschaft u.a. Anwendung in der Produktionsplanung bei bekannten Zeit- bzw. Materialaufwandsnormen und begrenzten Zeit- und Rohstoffkapazitäten.

Beispiel
Für die Produktion von 3 Erzeugnissen stehen einem Betrieb 3 Rohstoffe in begrenzter Menge zur Verfügung:

Rohstoff	benötigte Rohstoffmenge in kg je Einheit von Erzeugnis			zur Verfügung stehende Rohstoffmenge in kg
	E_1	E_2	E_3	
R_1	1	2	3	25
R_2	6	2	8	50
R_3	4	10	4	100

Es ist die Herstellungsmenge der einzelnen Erzeugnisse zu ermitteln, wenn die zur Verfügung stehenden Rohstoffmengen vollständig verbraucht werden sollen.

Bezeichnet man mit x_i die Herstellungsmenge des Erzeugnisses E_i, $i = 1, 2, 3$, so ergibt sich für jeden Rohstoff R_i eine Bilanzgleichung. Es entsteht somit ein LGS mit 3 Gleichungen und den 3 Unbekannten x_i, für die aufgrund der ökonomischen Aufgabenstellung zusätzlich $x_i \geq 0$ gefordert werden muss:

$$
\begin{aligned}
R_1: \quad & x_1 + 2x_2 + 3x_3 = 25 \\
R_2: \quad & 6x_1 + 2x_2 + 8x_3 = 50 \\
R_3: \quad & 4x_1 + 10x_2 + 4x_3 = 100
\end{aligned}
$$

Äquivalent zu dieser Gleichungsform des LGS ist die Matrizenschreibweise:

$$
\begin{pmatrix} 1 & 2 & 3 \\ 6 & 2 & 8 \\ 4 & 10 & 4 \end{pmatrix} \cdot \begin{pmatrix} x_1 \\ x_2 \\ x_3 \end{pmatrix} = \begin{pmatrix} 25 \\ 50 \\ 100 \end{pmatrix}
$$

Koeffizientenmatrix · Lösungsvektor = Vektor der rechten Seite

---

3.2.2 Gaußscher Lösungsalgorithmus

Durch elementare Umformungen erzeugt der *Gauß-Algorithmus* aus einem LGS $A\vec{x} = \vec{b}$ ein ihm äquivalentes (d.h. mit gleicher Lösungsmenge), aus dem die Lösung $\vec{x}$ leicht zu ermitteln ist. Beim *vollständigen Gauß-Algorithmus* wird die Koeffizientenmatrix A zur Einheitsmatrix E umgeformt. Offenbar ergibt sich die Lösung $\vec{x}$ sofort aus der umgeformten rechten Seite. Der meist effektivere *verkürzte Gauß-Algorithmus* ist ein Abbruch der

Umformungen, wenn unterhalb der Hauptdiagonalen Nullen stehen (Dreiecksgestalt der Koeffizientenmatrix). Aus dem entstehenden gestaffelten LGS kann „von unten nach oben" die Lösung ermittelt werden.

Die Vorgehensweise des Gauß-Algorithmus, die im systematischen Erzeugen von Nullen besteht (nachlesbar in der Grundlagenliteratur), soll an dem Beispiel aus 3.2.1 demonstriert werden.

Beispiel

Da sich die elementaren Umformungen nur auf A und $\vec{b}$ beziehen, verwendet man die Kurzschreibweise der erweiterten Koeffizientenmatrix (A, b).

$$\begin{pmatrix} 1 & 2 & 3 & | & 25 \\ 6 & 2 & 8 & | & 50 \\ 4 & 10 & 4 & | & 100 \end{pmatrix} \;\;|\cdot(-6) \;\;|\cdot(-4) \quad \sim \quad \begin{pmatrix} 1 & 2 & 3 & | & 25 \\ 0 & -10 & -10 & | & -100 \\ 0 & 2 & -8 & | & 0 \end{pmatrix} \;\;|\cdot\left(-\frac{1}{10}\right)$$

$$\sim \begin{pmatrix} 1 & 2 & 3 & | & 25 \\ 0 & 1 & 1 & | & 10 \\ 0 & 2 & -8 & | & 0 \end{pmatrix} \;\;|\cdot(-2) \quad \sim \quad \begin{pmatrix} 1 & 2 & 3 & | & 25 \\ 0 & 1 & 1 & | & 10 \\ 0 & 0 & -10 & | & -20 \end{pmatrix} \;\;|\cdot\left(-\frac{1}{10}\right)$$

$$\sim \begin{pmatrix} 1 & 2 & 3 & | & 25 \\ 0 & 1 & 1 & | & 10 \\ 0 & 0 & 1 & | & 2 \end{pmatrix} \;\;|\cdot(-1) \;\;|\cdot(-3) \quad \sim \quad \begin{pmatrix} 1 & 2 & 0 & | & 19 \\ 0 & 1 & 0 & | & 8 \\ 0 & 0 & 1 & | & 2 \end{pmatrix} \;\;|\cdot(-2)$$

$$\sim \begin{pmatrix} 1 & 0 & 0 & | & 3 \\ 0 & 1 & 0 & | & 8 \\ 0 & 0 & 1 & | & 2 \end{pmatrix}$$

Wegen $E \cdot \begin{pmatrix} x_1 \\ x_2 \\ x_3 \end{pmatrix} = \begin{pmatrix} 3 \\ 8 \\ 2 \end{pmatrix}$ ist die Lösung $\vec{x} = \begin{pmatrix} x_1 \\ x_2 \\ x_3 \end{pmatrix} = \begin{pmatrix} 3 \\ 8 \\ 2 \end{pmatrix}$ sofort ablesbar.

Der *verkürzte Gauß-Algorithmus* bricht bereits bei Erreichen der Dreiecksgestalt der Koeffizientenmatrix ab und erfordert das Lösen des gestaffelten LGS:

$$\begin{pmatrix} 1 & 2 & 3 & | & 25 \\ 0 & 1 & 1 & | & 10 \\ 0 & 0 & -10 & | & -20 \end{pmatrix} \Rightarrow \begin{array}{rcrcrcr} x_1 & + & 2x_2 & + & 3x_3 & = & 25 \\ & & x_2 & + & x_3 & = & 10 \\ & & & - & 10x_3 & = & -20 \end{array}$$

$$\Rightarrow \begin{array}{rcrcrcr} x_1 & = & 25 & - & 2x_2 & - & 3x_3 & = & 3 \\ x_2 & = & 10 & - & x_3 & & & = & 8 \\ x_3 & = & 2 & & & & & & \end{array}$$

> *Lösung:*
> Von Erzeugnis E_1 sind 3 Einheiten, von E_2 sind 8 Einheiten und von E_3 2 Einheiten herzustellen.

3.2.3 Lösbarkeit

Der Gauß-Algorithmus lässt sich im Unterschied zu anderen Lösungsverfahren auf LGS beliebiger Dimension und beliebiger Lösbarkeit anwenden. Zur Feststellung der Lösbarkeit eines LGS verwendet man den *Rang einer Matrix*.

Definition
Wurde eine Matrix mittels Gauß-Algorithmus in Dreiecksgestalt überführt, so gibt die Anzahl der Nichtnullzeilen (d.h. der Zeilen, die keine Nullvektoren sind) den *Rang r(A)* der Matrix *A* an. Durch Vergleich der Ränge der Koeffizientenmatrix und erweiterten Koeffizientenmatrix sowie der Anzahl der Variablen ergeben sich folgende Lösbarkeitsaussagen:

$r(A) \neq r(A,b)$	LGS ist *nicht lösbar*
$r(A) = r(A,b) = n$	LGS ist *eindeutig lösbar*
$r(A) = r(A,b) < n$	LGS ist *mehrdeutig lösbar* ($d = n-r$ Variablen sind frei wählbar)

> *Beispiel*
> Sind bei der Produktionsplanungsaufgabe aus 3.2.1 nur Kapazitätsbeschränkungen für die Rohstoffe R_1 und R_2 vorhanden, so ergibt sich ein LGS mit 2 Gleichungen und 3 Variablen:
> $$\begin{aligned} x_1 + 2x_2 + 3x_3 &= 25 \\ 6x_1 + 2x_2 + 8x_3 &= 50 \end{aligned}$$
> Der verkürzte Gauß-Algorithmus führt auf eine Koeffizientenmatrix in Trapezform
> $$\begin{pmatrix} 1 & 2 & 3 & | & 25 \\ 0 & 1 & 1 & | & 10 \end{pmatrix} \text{ mit } r(A) = 2, \quad r(A,b) = 2, \quad n = 3$$
> Das LGS ist wegen $r(A) = r(A,b) = 2 < n = 3$ offenbar mehrdeutig lösbar. Wegen $d = n - r = 3 - 2 = 1$ ist eine Variable frei wählbar, z.B. $x_3 = t$, $t \in R$.
> Aus dem gestaffelten LGS wird von „unten nach oben" die Lösung ermittelt:
> $$\begin{aligned} x_1 + 2x_2 + 3x_3 &= 25 \\ x_2 + x_3 &= 10 \end{aligned} \Rightarrow \begin{aligned} x_1 &= 25 - 2x_2 - 3x_3 = 5-t \\ x_2 &= 10 - x_3 = 10-t \end{aligned}$$
> Damit ergibt sich die *allgemeine Lösung* des LGS:

$$\begin{pmatrix} x_1 \\ x_2 \\ x_3 \end{pmatrix} = \begin{pmatrix} 5 \\ 10 \\ 0 \end{pmatrix} + \begin{pmatrix} -1 \\ -1 \\ 1 \end{pmatrix} t \; , \quad t \in R$$

Jede konkrete Wahl von $t \in R$ führt zu einer *speziellen Lösung*. Damit die aufgrund der ökonomischen Aufgabenstellung erforderliche Nichtnegativität der x_i, $i = 1, 2, 3$ erfüllt ist, kann t nur aus dem Bereich $0 \leq t \leq 5$ gewählt werden.

Beispiele spezieller Produktionsprogramme

Parameterwahl	Produktionsmengen (in Einheiten)		
	Erzeugnis E_1	Erzeugnis E_2	Erzeugnis E_3
t = 0	5	10	0
t = 2	3	8	2
t = 2,5	2,5	7,5	2,5
t = 5	0	5	5

Vorteil der mehrdeutigen Lösbarkeit ist, dass aus mehreren möglichen Alternativen ein spezielles Produktionsprogramm ausgewählt werden kann.

4 Analysis

4.1 Funktionen der Wirtschaftstheorie

Funktionen sind wichtige Hilfsmittel zur Beschreibung und Erklärung ökonomischer Sachverhalte. Die mathematische Untersuchung von Funktionen und die Charakterisierung ihrer Eigenschaften sind wichtig, um inhaltliche Informationen zu erhalten, Zusammenhänge zu erkennen und wirtschaftstheoretische Interpretationen vorzunehmen. Die aus der Analysis, insbesondere der Differential- und Integralrechnung bekannten mathematischen Untersuchung an meist abstrakten Funktionen $f(x)$ werden in der Wirtschaftsmathematik auf ökonomische Funktionen übertragen. Die folgende Tabelle enthält einige wichtige Funktionen der Wirtschaftstheorie. Die dargestellten funktionellen Abhängigkeiten von nur einer Einflussgröße lassen sich, wie für wirtschaftliche Zusammenhänge meist realistischer, auch auf zwei oder mehrere Einflussgrößen erweitern.

Tabelle 6: Wichtige Funktionen der Wirtschaftstheorie

Name	Formelmäßiger Zusammenhang
Produktionsfunktion (Ertragsfunktion)	$x(r)$
(Gesamt-)Kostenfunktion	$K(x) = K_v(x) + K_f$
Preis-(Absatz-)Funktion	$p(x)$

Nachfragefunktion (Absatzfunktion)	$N(p)$
Angebotsfunktion	$A(p)$
Konsumfunktion	$C(y)$
Erlösfunktion (Umsatzfunktion)	$E(p) = U(p) = p \cdot N(p)$ $E(x) = U(x) = p(x) \cdot x$
Deckungsbeitrag	$G_v(x) = E(x) - K_v(x)$
Gewinnfunktion	$G(x) = E(x) - K(x)$
Durchschnittlicher Ertrag	$\overline{x}(r) = \dfrac{x(r)}{r}$
Durchschnittskostenfunktion (Stückkosten)	$\overline{K}(x) = \dfrac{K(x)}{x}$
Durchschnittlicher Erlös	$\overline{E}(x) = \dfrac{E(x)}{x}$
Durchschnittlicher Gewinn	$\overline{G}(x) = \dfrac{G(x)}{x}$

r - Menge eines Produktionsfaktors, Faktor(einsatz)menge. Ressource, Input
x - (Produktions-)Menge, Ertrag, Output
p - Preis je Mengeneinheit
y - Volkseinkommen
K_f - Fixkosten
K_v - variable Kosten

4.2 Differentialrechnung für Funktionen einer Variablen

4.2.1 Die 1. Ableitung einer Funktion und ihre ökonomische Interpretation

Definition
Existiert für eine Funktion $f(x)$ an der Stelle $x_0 \in D_f$ (Definitionsbereich) der Grenzwert

$$\lim_{\Delta x \to 0} \frac{\Delta f}{\Delta x} = \lim_{\Delta x \to 0} \frac{f(x_0 + \Delta x) - f(x_0)}{\Delta x} := \left.\frac{df(x)}{dx}\right|_{x=x_0} = f'(x_0),$$

so wird er *1. Ableitung* der Funktion $f(x)$ an der Stelle x_0 genannt. $f(x)$ heißt dann in x_0 *differenzierbar*. Ist $f(x)$ für alle x des Definitionsbereichs differenzierbar, so erhält man die *Ableitungsfunktion* $f'(x)$.

Mit Hilfe der Ableitungsfunktionen der Grundfunktionen und der Differentiationsregeln, die in allen mathematischen Formelsammlungen zu finden sind, kann jede beliebige Funktion differenziert werden.

Der Ableitungsbegriff soll nun anhand der Kostenfunktion $K(x)$ ökonomisch interpretiert werden: Ausgangspunkt ist die Frage, wie sich Änderungen in der Produktionsmenge von x_0 auf $x_0 + \Delta x$ auf die Kosten auswirken. Offenbar ändern sich die Kosten $K(x_0)$ auf $K(x_0 + \Delta x)$, was einen Kostenzuwachs von

$$\Delta K = K(x_0 + \Delta x) - K(x_0)$$

bewirkt. Der Quotient

$$\frac{\Delta K}{\Delta x} = \frac{K(x_0 + \Delta x) - K(x_0)}{\Delta x}$$

gibt die durchschnittliche Kostenänderung im Intervall $(x_0, x_0 + \Delta x)$ an.

Abbildung 3: Graphische Interpretation der Grenzkosten

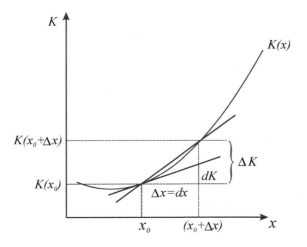

Um Aussagen über die Kostenänderung in x_0 unabhängig von Δx zu erhalten, d.h. die Momentanänderung bzw. das Grenzverhalten der Kostenfunktion in x_0, lässt man Δx gegen 0 streben.

$$\lim_{\Delta x \to 0} \frac{\Delta K}{\Delta x} = \lim_{\Delta x \to 0} \frac{K(x_0 + \Delta x) - K(x_0)}{\Delta x} = \frac{dK(x)}{dx}\bigg|_{x=x_0} = K'(x_0)$$

Der entstandene Ausdruck entspricht offenbar der 1. Ableitung der Kostenfunktion an der Stelle x_0. Er wird in der Wirtschaftstheorie *Grenzkostenfunktion* oder kurz *Grenzkosten* genannt.

Definition
Es sei $f(x)$ eine differenzierbare Funktion. Dann bezeichnet man mit $df = f'(x_0)dx$ das *Differential* der Funktion f an der Stelle x_0. Für kleine Änderungen $\Delta x = dx$ gilt offenbar

$$\Delta f \approx df = f'(x_0)dx = f'(x_0) \cdot \Delta x.$$

Angewendet auf die Kostenfunktion ergibt sich

ΔK	$\approx$	dK	$=$	$K'(x_0)$	$\cdot$	Δx	für kleine Δx
absolute Kostenänderung		Differential der Kosten		Grenzkosten		absolute Mengenänderung	

Ist speziell $\Delta x = 1$, so folgt $\Delta K \approx K'(x_0)$ und somit lassen sich die Grenzkosten als näherungsweise Änderung der Kosten interpretieren, wenn ausgehend von der Produktionsmenge x_0 eine Mengenänderung um 1 Einheit erfolgt.

Beispiel

Kostenfunktion: $K(x) = 10\sqrt{x} + 100$ Grenzkostenfunktion: $K'(x) = \dfrac{5}{\sqrt{x}}$

Grenzkosten bei der Produktionsmenge $x = 400$ ME: $K'(400) = 0{,}25$ GE/ME

Kostenänderung bei der Produktionsmenge $x = 400$ ME: $\Delta K \approx K'(400) \cdot \Delta x = 0{,}25 \cdot \Delta x$

Interpretation:
Ändert sich die Produktion ausgehend von 400 Mengeneinheiten um 1 Mengeneinheit, so ändern sich die Kosten um etwa 0,25 Geldeinheiten.

Die für die Kostenfunktion angestellten Betrachtungen lassen sich in analoger Weise auf die anderen Funktionen der Wirtschaftstheorie übertragen. Allgemein gilt, dass für eine ökonomische Funktion die 1. Ableitung als *Grenzfunktion* bezeichnet wird. Man spricht somit z.B. von der Grenzproduktivität $x'(r)$, vom Grenzerlös $E'(x)$ bzw. $E'(p)$ und vom Grenzgewinn $G'(x)$. Der Wert der Grenzfunktion gibt an, um wie viel sich näherungsweise der Funktionswert ändert, wenn die unabhängige Variable um 1 Einheit geändert wird.

4.2.2 Elastizität

Definition
Es sei $f(x)$ eine differenzierbare Funktion, dann heißt

$$\varepsilon_f(x) = \frac{f'(x)}{f(x)} \cdot x$$

Elastizität von f bezüglich x.

Mit Hilfe der Elastizität lässt sich die Auswirkung relativer Änderungen der unabhängigen Variablen auf den Funktionswert beschreiben:

$$\varepsilon_f(x) = f' \cdot \frac{x}{f} \approx \frac{\Delta f}{\Delta x} \cdot \frac{x}{f} \quad \rightarrow \quad \frac{\Delta f}{f} \approx \varepsilon_f(x) \cdot \frac{\Delta x}{x} \quad \text{für kleine } \Delta x$$

Angewendet auf die Kostenfunktion $K(x)$ ergibt sich

$$\underbrace{\frac{\Delta K}{K}}_{\text{relative Kostenänderung}} \approx \underbrace{\varepsilon_K(x)}_{\substack{\text{Elastizität}\\\text{der Kosten}}} \cdot \underbrace{\frac{\Delta x}{x}}_{\substack{\text{absolute}\\\text{Mengenänderung}}} \quad \text{für kleine } \Delta x$$

Ist speziell $\frac{\Delta x}{x} = 1\%$, so folgt $\frac{\Delta K}{K} \approx \varepsilon_K(x)\%$.

Beispiel
Kostenfunktion: $K(x) = 10\sqrt{x} + 100$

Kostenelastizität: $\varepsilon_K(x) = \dfrac{5 \cdot x}{\sqrt{x}\left(10\sqrt{x} + 100\right)} = \dfrac{\sqrt{x}}{2\sqrt{x} + 20}$

Kostenelastizität bei der Produktionsmenge $x = 400$ ME : $\varepsilon_K(400) = \dfrac{\sqrt{400}}{2\sqrt{400} + 20} = \dfrac{1}{3}$

relative Kostenänderung bei der Menge $x = 400$ ME : $\dfrac{\Delta K}{K} \approx \varepsilon_K(400) \cdot \dfrac{\Delta x}{x} = \dfrac{1}{3} \cdot \dfrac{\Delta x}{x}$

Interpretation:
Ändert sich die Produktion ausgehend von 400 ME um 1 %, so ändern sich die Kosten um etwa 1/3 %.

4.2.3 Extremwerte

Mit Hilfe einer mathematischen Kurvendiskussion (siehe Grundlagen zur Mathematik und Wirtschaftsmathematik) können die charakteristischen Eigenschaften einer Wirtschaftsfunktion charakterisiert und ihr Kurvenverlauf skizziert werden. Besondere Bedeutung hat dabei die Ermittlung von Extremwerten, d.h. von Maxima und Minima.

Definition
Eine Funktion $f(x)$ hat an der Stelle $x^* \in D_f$ ihr *absolutes Maximum* bzw. *absolutes Minimum*, wenn gilt:

$f(x^*) \geq f(x)$ bzw. $f(x^*) \leq f(x)$ für alle $x \in D_f$.

Man spricht von einem *relativen Maximum* bzw. *relativen Minimum*, wenn diese Beziehung nur für alle x aus eine gewissen Umgebung von x^* gelten.

Notwendige Bedingung für ein relatives Extremum: $\quad f'(x^*) = 0$

Hinreichende Bedingung für ein relatives Extremum: $\quad f'(x^*) = 0$ und $f''(x^*) \neq 0$,

$$\text{gilt } f''(x^*) < 0 \;\rightarrow\; x^* \text{ ist relatives Maximum,}$$
$$\text{gilt } f''(x^*) > 0 \;\rightarrow\; x^* \text{ ist relatives Minimum.}$$

Da für ökonomische Funktionen meist absolute Extrema innerhalb eines begrenzten Definitionsbereichs von Interesse sind, muss aus allen relativen Maxima bzw. Minima und den Randpunkten des Definitionsbereichs diejenige Stelle x^* ermittelt werden, an der der Funktionswert am größten bzw. am kleinsten ist.

Beispiel

Die Produktionsfunktion $x(r) = 39r + 18r^2 - r^3$ mit $2 \leq r \leq 15$ gibt den Ertrag x in Abhängigkeit von der eingesetzten Ressource r an. Setzt man die Grenzproduktivität $x'(r) = 39 + 36r - 3r^2$ gleich 0, so erhält man mit $r = -1$ eine Lösung außerhalb des Definitionsbereichs und mit $r = 13$ wegen $x''(r) = 36 - 6r$ und $x''(13) = -42 < 0$ ein relatives Maximum mit dem Ertrag $x(13) = 1.352$. Da der Ertrag in den Randpunkten $x(2) = 142$ und $x(15) = 1260$ ist, ergibt sich das absolute Ertragsminimum von 142 ME bei $r = 2$ und das absolute Ertragsmaximum von 1.352 ME beim Ressourceneinsatz $r = 13$.

4.3 Differentialrechnung für Funktionen von zwei Variablen

4.3.1 Funktionen von zwei Variablen

In der Praxis auftretende ökonomische Funktionen hängen meist von mehreren Einflussgrößen ab. Die aus der Differentialrechnung für Funktionen einer Variablen bekannten Begriffe und Interpretationen lassen sich auf Funktionen von mehreren Variablen übertragen. Dies wird im Folgenden für *Funktionen $z = f(x, y)$ von zwei Variablen* dargelegt.

Beispiel

Für ein Produkt, das in 2 verschiedenen Ausführungen mit den Preisen p_1 und p_2 hergestellt wird, hängt die Nachfrage nach der jeweiligen Produktausführung von beiden Preisen ab:

$$\text{Ausführung 1:} \quad p_1, \quad N_1(p_1, p_2) = 200 - 20p_1 + 4p_2$$
$$\text{Ausführung 2:} \quad p_2, \quad N_2(p_1, p_2) = 300 + 6p_1 - 15p_2$$

Der Gesamtumsatz ergibt sich als Summe der Umsätze der beiden Ausführungen und ist eine Funktion der Variablen p_1 und p_2:

$$U(p_1, p_2) = p_1 \cdot N_1(p_1, p_2) + p_2 \cdot N_2(p_1, p_2) = 200p_1 + 300p_2 - 20p_1^2 - 15p_2^2 + 10p_1 p_2$$

4.3.2 Partielle Grenzfunktionen, partielle Elastizitäten, totales Differential

Definition
Existiert für eine Funktion $z = f(x,y)$ an der Stelle $(x_0, y_0) \in D_f \subset R^2$ der Grenzwert

$$\lim_{\Delta x \to 0} \frac{f(x_0 + \Delta x, y_0) - f(x_0, y_0)}{\Delta x} := \left.\frac{\partial f(x,y)}{\partial x}\right|_{(x,y)=(x_0,y_0)} = f_x(x_0, y_0)$$

so wird er *partielle Ableitung von $f(x,y)$ nach x an der Stelle* (x_0, y_0) genannt. Analog heißt im Falle seiner Existenz der Grenzwert

$$\lim_{\Delta y \to 0} \frac{f(x_0, y_0 + \Delta y) - f(x_0, y_0)}{\Delta y} := \left.\frac{\partial f(x,y)}{\partial y}\right|_{(x,y)=(x_0,y_0)} = f_y(x_0, y_0)$$

partielle Ableitung von $f(x,y)$ nach y an der Stelle (x_0, y_0).

Existieren die beiden Grenzwerte für alle $(x,y) \in D_f$, so erhält man die *partiellen Ableitungsfunktionen* $f_x(x,y)$ und $f_y(x,y)$, die für Funktionen aus der Wirtschaftstheorie *partielle Grenzfunktionen bezüglich x bzw. y* genannt werden.

Ebenso wie in der Definition wird bei der Berechnung der partiellen Ableitung die Variable, nach der nicht differenziert wird, wie eine Konstante betrachtet. Nach der anderen Variablen wird nach den bekannten Ableitungsregeln für Funktionen einer Variablen differenziert.

Definition
Für eine Funktion $z = f(x,y)$ bezeichnet man

$$\varepsilon_{f,x}(x,y) = \frac{f_x(x,y)}{f(x,y)} \cdot x \qquad \text{bzw.} \qquad \varepsilon_{f,y}(x,y) = \frac{f_y(x,y)}{f(x,y)} \cdot y$$

als *partielle Elastizität bezüglich x bzw. y*.

Die Frage, wie sich kleine Änderungen in einer Variablen, bei Konstanz der anderen, auf den Funktionswert auswirken, lässt sich mit der partiellen Grenzfunktion für absolute Änderungen und mit der partiellen Elastizität für relative Änderungen beantworten:

$$\underbrace{\Delta f = f(x_0 + \Delta x, y_0) - f(x_0, y_0)}_{\text{absolute Änderung des Funktionswertes}} \approx \underbrace{f_x(x_0, y_0)}_{\substack{\text{partielle Grenz-}\\\text{funktion bzgl. x}}} \cdot \underbrace{\Delta x}_{\substack{\text{relative}\\\text{Änderung in x}}} \quad \text{für kleine } \Delta x$$

$$\underbrace{\frac{\Delta f}{f} = \frac{f(x_0 + \Delta x, y_0) - f(x_0, y_0)}{f(x_0, y_0)}}_{\substack{\text{relative Änderung}\\\text{des Funktionswertes}}} \approx \underbrace{\varepsilon_{f,x}(x_0, y_0)}_{\substack{\text{partielle Elasti-}\\\text{zität bzgl. x}}} \cdot \underbrace{\frac{\Delta x}{x_0}}_{\substack{\text{relative}\\\text{Änderung in x}}} \quad \text{für kleine } \Delta x$$

Analog werden $f_y(x,y)$ und $\varepsilon_{f,y}(x,y)$ interpretiert.

Beispiel
Nachfragefunktion: $\quad N(p_1,p_2) = 200 - 20p_1 + 4p_2$
Partielle Grenznachfrage bzgl. p_1: $\quad N_{p_1}(p_1,p_2) = -20$
Partielle Nachfrageelastizität bzgl. p_1: $\quad \varepsilon_{N,p_1} = (p_1,p_2) = \dfrac{-20p_1}{200 - 20p_1 + 4p_2}$
Ausgehend von der Preisfestlegung $p_1 = p_2 = 10$ GE/ME ändere sich p_1 (bei unveränderlichem Preis p_2) um $0{,}10$ GE/ME, d.h. um 1 %.
Absolute Nachfrageänderung: $\quad \Delta N \approx N_{p_1}(p_1,p_2) \cdot \Delta p_1 = -20 \cdot 0{,}1 = -2$ ME
Relative Nachfrageänderung: $\quad \dfrac{\Delta N}{N} \approx \varepsilon_{N,p_1}(p_1,p_2) \cdot \dfrac{\Delta p_1}{p_1} = -5 \cdot 1\% = -5\%$
Die angegebene Preiserhöhung der Produktausführung 1 führt zu einem Rückgang der Nachfrage nach Ausführung 1 um etwa 2 ME bzw. um etwa 5 %.

Definition
Existieren zu $z = f(x,y)$ die partiellen Ableitungen $f_x(x,y)$ und $f_y(x,y)$, so heißt
$$df = f_x(x,y)dx + f_y(x,y)dy$$
totales (vollständiges) Differential der Funktion $f(x,y)$. Für kleine Änderungen $\Delta x = dx$ und $\Delta y = dy$ gilt:
$$\Delta f \approx f(x_0 + \Delta x, y_0 + \Delta y) - f(x_0, y_0) = f_x(x_0, y_0)\Delta x + f_y(x_0, y_0)\Delta y$$
Somit gibt das totale Differential an, wie sich absolute Änderungen in beiden Variablen auf den Funktionswert auswirken.

Beispiel
Nachfragefunktion: $N(p_1,p_2) = 200 - 20p_1 + 4p_2$
Totales Differential der Nachfrage: $dN = -20dp_1 + 4dp_2$
Nachfrageänderung: $\Delta N \approx -20\Delta p_1 + 4\Delta p_2$ für kleine Δp_1 und Δp_2
Erhöht sich ausgehend von $p_1 = p_2 = 10$ GE/ME der Preis für beide Produktausführungen um $0{,}1$ GE/ME, so sinkt die Nachfrage nach Ausführung 1 um
$$\Delta N \approx -20 \cdot 0{,}1 + 4 \cdot 0{,}1 = -1{,}6 \text{ ME}.$$

Wirtschaftsmathematik

4.3.3 Extremwerte

Definition
Eine Funktion $f(x,y)$ besitzt an der Stelle $(x^*, y^*) \in D_f$ ein *absolutes Maximum* oder *absolutes Minimum*, wenn gilt:

$$f(x^*, y^*) \geq f(x,y) \quad \text{bzw.} \quad f(x^*, y^*) \leq f(x,y) \qquad \text{für alle } (x,y) \in D_f$$

Man spricht von einem *relativen Maximum* bzw. *relativen Minimum*, wenn diese Beziehungen nur für alle (x,y) aus einer gewissen Umgebung von (x^*, y^*) gelten.

Notwendige Bedingung für ein relatives Extremum: $f_x(x^*, y^*) = 0$ und $f_y(x^*, y^*) = 0$
Hinreichende Bedingung für ein relatives Extremum:

$$f_x(x^*, y^*) = 0, \ f_y(x^*, y^*) = 0 \text{ und}$$

$$\Delta(x^*, y^*) = f_{xx}(x^*, y^*) f_{yy}(x^*, y^*) - \left[f_{xy}(x^*, y^*)\right]^2 > 0,$$

gilt $f_{xx}(x^*, y^*) < 0 \ \rightarrow \ (x^*, y^*)$ ist relatives Maximum

gilt $f_{xx}(x^*, y^*) > 0 \ \rightarrow \ (x^*, y^*)$ ist relatives Minimum.

Gilt für die Diskriminante Δ, die sich aus den 2. partiellen Ableitungen berechnet, $\Delta(x^*, y^*) < 0$ so liegt kein Extremum vor, sondern (x^*, y^*) ist ein *Sattelpunkt*, d.h. ein Punkt, der in Richtung einer Koordinatenachse ein Maximum und in Richtung der anderen ein Minimum darstellt.

Beispiel
Für die in 4.3.1 dargelegte Beispielaufgabe sind die Preise p_1 und p_2 für die beiden Produktausführungen so zu ermitteln, dass der Gesamtumsatz $U(p_1, p_2)$ maximal wird.

$$U(p_1, p_2) = 200 p_1 + 3000 p_2 - 20 p_1^2 - 15 p_2^2 + 10 p_1 p_2$$

Notwendige Bedingung
$$U_{p_1}(p_1, p_2) = 200 - 40 p_1 + 10 p_2 = 0$$
$$U_{p_2}(p_1, p_2) = 300 - 30 p_2 + 10 p_1 = 0$$
$$\rightarrow \quad p_1^* = \frac{90}{11} \approx 8{,}18 \quad p_2^* = \frac{140}{11} \approx 12{,}73$$

Hinreichende Bedingung
$$\Delta = U_{p_1 p_1} \cdot U_{p_2 p_2} - \left[U_{p_1 p_2}\right]^2 = -40 \cdot (-30) - 10^2 = 1.100 > 0$$

Da $\Delta > 0$ liegt ein Extremum vor, das wegen $U_{p_1 p_1} = -40 < 0$ ein Maximum ist. Somit führt die Preisfestlegung $p_1 = 8{,}18$ GE/ME und $p_2 = 12{,}73$ GE/ME zu einem maximalen Gesamtumsatz von $U(8{,}18; 12{,}73) = 2.727{,}27$ GE.

Bemerkung:
Werden für eine Funktion $f(x,y)$ unter Berücksichtigung einer Nebenbedingung $g(x,y) = 0$ Extremwerte gesucht, so lassen sich derartige Aufgaben mit der *Multiplikatorenmethode von Lagrange* bzw. der *Eliminationsmethode* lösen. Diesbezüglich sei auf die Literatur verwiesen.

4.3.4 Integralrechnung

Die Anwendung der Integralrechnung in der Wirtschaftstheorie ergibt sich daraus, dass das *unbestimmte Integral* die Umkehrung zur Differentiation darstellt und dass mit dem *bestimmten Integral* die Flächenberechnung unter Kurven möglich ist. Somit lassen sich mittels Integralrechnung aus Grenzfunktionen die ursprünglichen Funktionen der Wirtschaftstheorie berechnen. Dies soll speziell für eine vorgegebene Grenzkostenfunktion $k(x)$ dargelegt werden:

1. Da $k(x) = K'(x)$, beschreibt das unbestimmte Integral $\int k(x)dx = K(x) + C$ die *Menge aller Kostenfunktionen*, die die Grenzkostenfunktion $k(x)$ besitzen.
2. Aufgrund des Hauptsatzes der Integralrechnung berechnet man mit dem bestimmten Integral $\int_a^b k(x)dx = \left[K(x)\right]_a^b = K(b) - K(a)$ die *Kostenänderung im Intervall* $[a,b]$.
3. Betrachtet man die Kostenänderung im Intervall $[a,x]$, so gilt

$$\int_a^x k(t)dt = K(x) - K(a) \quad \text{und somit} \quad K(x) = \int_a^x k(t)dt + K(a)$$

d.h. bei Kenntnis der Kosten $K(a)$ an der Stelle $x = a$ kann aus der Grenzkostenfunktion eindeutig die zugehörige *Kostenfunktion* bestimmt werden.

Ist speziell $a = 0$, dann folgt $K(x) = \int_0^x k(t) + K(0) = K_v(x) + K_f$.

In analoger Weise besteht der Zusammenhang zwischen anderen Grenzfunktionen und ihren zugehörigen ökonomischen Ausgangsfunktionen.

Beispiel
Für eine Kostenfunktion mit Fixkosten von 100 GE sei die Grenzkostenfunktion $k(x) = \dfrac{5}{\sqrt{x}}$ bekannt. Die Kostenfunktion ergibt sich dann aus

$$K(x) = \int_0^x \frac{5}{\sqrt{x}}dt + K_f = \left[10\sqrt{t}\right]_0^x + 100 = 10\sqrt{x} + 100$$

Weitere Anwendungen der Integralrechnung in der Wirtschaftstheorie wie die Ermittlung des *Gesamtumsatzes bei stetiger Preissenkung*, die Berechnung von *Produzenten- und Konsumentenrente* und die *Berechnung des Kapitalwertes eines Ertragsstromes* können in der Literatur nachgelesen werden.

Literaturverzeichnis

Bosch, Karl (2001): Brückenkurs Mathematik, München
Bosch, Karl (2002): Finanzmathematik, München
Bosch, Karl (2003): Mathematik für Wirtschaftswissenschaftler, München
Bosch, Karl (2002): Übungs- und Arbeitsbuch – Mathematik für Ökonomen, München
Eichholz, Wolfgang/Vilkner, Eberhard (1997): Taschenbuch der Wirtschaftsmathematik, Leipzig
Fachgruppe Mathematik der Hochschule Mittweida (FH) (1999): Übungsheft Mathematik zur Vorbereitung auf das Studium an der Hochschule Mittweida
Fischer, Regina (2005): Arbeitsmaterial und Übungsaufgaben zur Wirtschaftsmathematik, https://download.htwm.de/intranet/R:/MPI/Mathematik/RFischer/Mathe_IG_WI/
Ihrig, Holger/Pflaumer, Peter (2006): Finanzmathematik-Intensivkurs, München
Kobelt, Helmut/Schulte, Peter (1999): Finanzmathematik, Herne
Luderer, Bernd/Nollau, Volker/Vetters, Klaus (2005): Mathematische Formeln für Wirtschaftswissenschaftler, Wiesbaden
Preuß, Wolfgang/Wenisch, Günter (1998): Lehr- und Übungsbuch – Mathematik in Wirtschaft und Finanzwesen, Wiesbaden
Purkert, Walter (2005): Brückenkurs Mathematik für Wirtschaftswissenschaftler, Wiesbaden
Schäfer, Wolfgang/Georgie, Kurt (1989): Mathematik – Vorbereitung auf das Hochschulstudium, Wiesbaden
Schwarze, Jochen (1992): Aufgabensammlung zur Mathematik für Wirtschaftswissenschaftler, Herne
Schwarze, Jochen (2005): Mathematik für Wirtschaftswissenschaftler, Bände 1–3 und Elementare Grundlagen für Studienanfänger, Herne
Tietze, Jürgen (2003): Einführung in die angewandte Wirtschaftsmathematik, Wiesbaden/Braunschweig
Tietze, Jürgen (2003): Übungsbuch zur angewandten Wirtschaftsmathematik, Wiesbaden/Braunschweig

Buchführung und Bilanzierung

Leonard Zintl

1 Handelsrechtliche Vorschriften zur Buchführung[1]

Die Rechtsgrundlagen für die Erstellung und Veröffentlichung des handelsrechtlichen Jahresabschlusses bildet das *Handelsgesetzbuch (HGB)*. Die den Jahresabschluss betreffenden Bestimmungen sind im *Dritten Buch des HGB* wie folgt konzentriert:

Abbildung 1:   Inhalt des Dritten Buches des HGB[2]

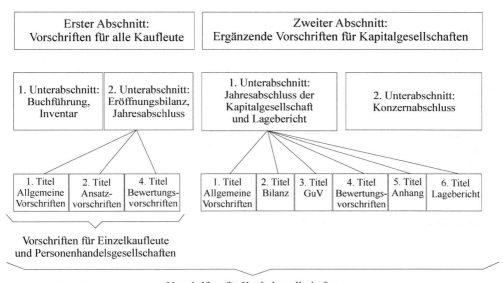

Der erste Abschnitt (§§ 238–263 HGB) enthält die *Vorschriften für alle Kaufleute*, die als Minimalanforderungen des Gesetzgebers an die Buchführung und Bilanzierung gelten. Für Personengesellschaften (OHG, KG, BGB-Gesellschaft, mit der Ausnahme der GmbH & Co. KG) sind die gesamten handelsrechtlichen Rechnungslegungsvorschriften in diesem Kaufmannsteil abschließend enthalten.

Im zweiten Abschnitt (§§ 264–335 HGB) sind weitere Vorschriften enthalten, die *ausschließlich für Kapitalgesellschaften* (AG, KGaA, GmbH) zu beachten sind. Der Geltungs-

---

[1] Bähr/Fischer-Winkelmann 1996, 4 f. und Coenenberg 2001, 47 ff.
[2] Bähr/Fischer-Winkelmann 1996, 192

bereich wurde mit dem Kapitalgesellschaften und Co-Richtlinien-Gesetz (KapCoRiLiG) von 1999 auf *Personengesellschaften ohne persönlich haftende Gesellschafter (§ 264a HGB)*, z.B. eine GmbH & Co. KG, ausgedehnt. Die Vorschriften des zweiten Abschnittes gelten als Ergänzungen, die denen aus dem ersten Abschnitt für alle Kaufleute selbstverständlich vorgehen.

Im dritten und vierten Abschnitt sind noch die ergänzenden Vorschriften für Genossenschaften und bestimmte Geschäftszweige wie Kreditinstitute und Versicherungsunternehmen festgehalten.

Weitere rechtsformspezifische Bestimmungen zur Jahresabschlusserstellung sind für Aktiengesellschaften im Aktiengesetz (AktG), für Gesellschaften mit beschränkter Haftung im GmbH-Gesetz sowie für Personengesellschaften im Publizitätsgesetz geregelt.

Nach § 238 Abs. 1 HGB in Verbindung mit § 242 HGB muss jeder Kaufmann einen Jahresabschluss erstellen. Kaufleute sind alle Gewerbetreibenden. Gemäß § 1 Abs. 2 HGB ist ein Gewerbetreibender nur dann kein Kaufmann, wenn das Unternehmen nach Art und Umfang einen in kaufmännischer Weise eingerichteten Geschäftsbetrieb nicht erfordert.

Steuerrechtlich muss der Kaufmann, der nach dem HGB zur Jahresabschlusserstellung verpflichtet ist, nach § 140 Abgabenordnung (AO) diese Verpflichtungen auch für die Besteuerung erfüllen (derivative steuerliche Buchführungsverpflichtungen).

Unabhängig von der Kaufmannseigenschaft erweitert das Steuerrecht mit § 141 AO die Buchführungspflicht auf alle Gewerbetreibenden und Land- und Forstwirte, sobald diese *eines der folgenden Kriterien für ein Geschäftsjahr überschreiten* (originäre steuerrechtliche Buchführungsverpflichtung):

- Umsätze: 260.000 €
- Betriebsvermögen: 65.000 €
- Land- und fortwirtschaftliches Vermögen: 20.00 €
- Gewinn aus Gewerbebetrieb: 5.000 €
- Gewinn aus Land- und Forstwirtschaft: 24.000 €

2 Grundsätze ordnungsgemäßer Buchführung (GoB)[1]

2.1 Charakterisierung der GoB

Die Grundsätze ordnungsgemäßer Buchführung (GoB) sind allgemein anerkannte Regeln, nach denen Handelsbücher zu führen (Dokumentation) und Jahresabschlüsse aufzustellen (Bilanzierung) sind.

Sie ergänzen die in den Gesetzbüchern kodifizierten Rechtsvorschriften für den Jahresabschluss und müssen sowohl bei der Aufstellung des handelsrechtlichen als auch des steuerrechtlichen Jahresabschlusses unabhängig von der Rechtsform des Unternehmens beachtet werden. Sie wurden ursprünglich als nicht kodifizierte Vorschriften verstanden, die wirtschaftliche Sachverhalte detailliert regelten. Jedoch wurden die GoB über die historische Entwicklung des HGB zunehmend noch nachträglich aufgenommen, d.h. kodifiziert.

In der Rechtssprechungs- und Verwaltungspraxis hat sich die von der Wissenschaft empfohlene *deduktive Methode* zur Ermittlung der GoB weitgehend durchgesetzt. Dabei

---
[1] Bähr/Fischer-Winkelmann 1996, 201 f., Wolf 1998, 46 f. und Coenenberg 2001, 59 ff.

schließt man von den allgemeinen Zwecken der gesetzlichen Vorschriften auf das Besondere bei Buchhaltung und Bilanz.

Die Quellen der GoB sind vor allem Erlasse, Richtlinien, Empfehlungen des Instituts der deutschen Wirtschaftsprüfer (IdW) sowie Rechtssprechungen des Bundesfinanzhofes (BFH).

2.2 Kodifizierte GoB

Durch die bereits genannte nachträgliche Kodifizierung und somit Ausformulierung vieler GoB im HGB besteht zu einigen GoB kein weiterer Erklärungsbedarf.

Zwischen den GoB bestehen zahlreiche Überschneidungen, so dass viele in der Literatur auch unterschiedlich abgegrenzt werden. Der Leser sollte sich von diesen unterschiedlichen Sichtweisen derselben Sache nicht irreführen lassen. Die Abbildung 2 soll einen entsprechenden Überblick geben.

Der Grundsatz der *Klarheit und Übersichtlichkeit* (§ 243 Abs. 2 HGB) umfasst die Qualität der äußeren Gestaltung. Die einzelnen Geschäftsvorfälle sowie die Posten in Bilanz und Gewinn- und Verlustrechnung (GuV) müssen der Art nach eindeutig bezeichnet und geordnet werden. Für die Kapitalgesellschaften sind die Gliederungsvorschriften für Bilanz und GuV (§ 266, 275 HGB) dringend einzuhalten.

Der Grundsatz der *fristgerechten Aufstellung* beinhaltet, dass der Jahresabschluss von großen und mittelgroßen Kapitalgesellschaften innerhalb von drei Monaten nach Bilanzstichtag aufzustellen ist (§ 264 Abs. 1 S. 2 HGB). Kleine Kapitalgesellschaften dürfen ihren Jahresabschluss auch später aufstellen, wenn dies einem ordnungsgemäßen Geschäftsgang entspricht, jedoch höchstens sechs Monate nach dem Bilanzstichtag (§ 264 Abs. 1 S. 3 HGB). Nicht-Kapitalgesellschaften haben den Jahresabschluss lediglich innerhalb der einem ordnungsgemäßen Geschäftsgang entsprechenden Zeit aufzustellen (§ 243 Abs. 3 HGB). Assoziiert man dies mit der Vorschrift für kleine Kapitalgesellschaften, dürfte die Aufstellungsfrist höchstens sechs Monate betragen. Diese Interpretation ist jedoch nicht zwingend.

Der Grundsatz der *Vollständigkeit* (§ 246 Abs. 1 HGB) besagt, dass sämtliche Vermögensgegenstände, Schulden, Rechnungsabgrenzungsposten, Aufwendungen und Erträge (soweit zulässig) im Jahresabschluss zu erfassen sind.

Mit dem Grundsatz des *Bruttoausweises* oder *Saldierungsverbotes* (§ 246 Abs. 2 HGB) wird der Grundsatz der Klarheit und Übersichtlichkeit konkretisiert. Aktiv- und Passivpositionen, Aufwendungen und Erträge sowie Grundstücksrechte und -lasten dürfen nicht gegeneinander verrechnet werden. Damit soll einer möglichen Bilanzverschleierung vorgebeugt werden.

Nach dem Grundsatz der *Bilanzidentität* (§ 252 Abs. 1 Nr. 1 HGB) müssen die Wertansätze in der Eröffnungsbilanz des Geschäftsjahres mit den Schlussbilanzwerten des Vorjahres übereinstimmen. Der Grundsatz ergibt sich zwingend aus der doppelten Buchführung, da es sich bei der Schlussbilanz gleichzeitig um die Eröffnungsbilanz des unmittelbar folgenden Geschäftsjahres handelt.

Abbildung 2: Grundsätze ordnungsgemäßer Buchführung[2]

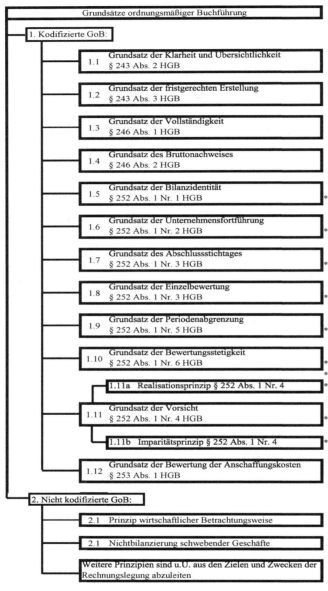

[2] Bähr/Fischer-Winkelmann 1996, 202 f.

Der Grundsatz der *Unternehmensfortführung* oder *Going-concern-Prinzip* (§ 252 Abs. 1 Nr. 2 HGB) beinhaltet, dass bei der Bewertung der im Jahresabschluss ausgewiesenen Vermögensgegenstände und Schulden von der Unternehmensfortführung auszugehen ist, solange dem nicht tatsächliche oder rechtliche Gegebenheiten entgegenstehen.

Nach dem Grundsatz des *Abschlussstichtages bzw. der Stichtagsbezogenheit* oder *Wertaufhellungsgrundsatzes* (§ 252 Abs. 1 Nr. 3 HGB) sind für die Bewertung von Vermögensgegenständen und Schulden grundsätzlich die Verhältnisse am Abschlussstichtag maßgebend. Dabei sind nach der sogenannten *Wertaufhellungstheorie* Wertänderungen zu berücksichtigen, die ihre Ursache bzw. Geschehen vor dem Abschlussstichtag haben, aber erst zwischen Bilanzstichtag und Zeitpunkt der Bilanzerstellung bekannt werden. Dagegen dürfen wertbeeinflussende Informationen, deren wirtschaftlicher Sachverhalt erst nach dem Bilanzstichtag liegt, nicht im gerade aufzustellenden Jahresabschluss einbezogen werden.

Der Grundsatz der *Einzelbewertung* (§ 252 Abs. 1 Nr. 3 HGB) gibt vor, dass Vermögensgegenstände und Schulden einzeln zu bewerten sind. Damit soll verhindert werden, dass die Werterhöhungen einzelner Vermögensgegenstände mit Wertminderungen anderer verrechnet werden. Dieses *Kompensationsverbot* gilt auch für Schulden, da drohende Verluste nicht mit möglichen zu erwartenden Gewinnen verrechnet werden dürfen. Ausnahmen lässt das HGB nur aus Vereinfachungsgründen bei Gruppenbewertung (§ 240 Abs. 4 HGB), Sammelbewertung in Form von Verbrauchsfolgeannahmen (§ 240 Abs. 3 HGB), Festbewertung (§ 256 S. 2 HGB i.V.m. § 240 Abs. 3 HGB) und Pauschalwertberichtigungen von Forderungen (§ 253 Abs. 3 S. 3 HGB) zu.

Gemäß dem Grundsatz der *Periodenabgrenzung* (§ 252 Abs. 1 Nr. 5 HGB) sind Aufwendungen und Erträge im Jahresabschluss unabhängig von den Zeitpunkten der entsprechenden Zahlungen in der Periode der wirtschaftlichen Verursachung bzw. der Umsatzwirksamkeit zu berücksichtigen.

Nach dem Grundsatz der *Bewertungsstetigkeit* (§ 252 Abs. 1 Nr. 6 HGB) sollen die auf den vorhergehenden Jahresabschluss angewandten Bewertungsmethoden beibehalten werden. Nur in begründeten Ausnahmefällen, wie z.B. neue Erkenntnisse über die Nutzungsdauer bestimmter Anlagegüter, darf davon abgewichen werden.

Der Grundsatz der *Vorsicht* besagt, dass sich ein Unternehmen grundsätzlich nicht reicher machen darf, als es tatsächlich ist. Um überhöhte Ausschüttungen und damit Aufzehrung der Haftungssubstanz zu vermeiden und damit die Gläubiger und sich selbst nicht zu täuschen, soll der Kaufmann sein Vermögen eher zu niedrig als zu hoch ausweisen. Dieses Prinzip ist das stärkste Prinzip im Rahmen der GoB und konkretisiert sich durch das *Realisations- und Imparitätsprinzip*.

Nach dem *Realisationsprinzip* oder *Gewinnantizipationsverbot* (§ 252 Abs. 1 Nr. 4 HGB) dürfen Gewinne nur berücksichtigt werden, wenn sie am Abschlussstichtag auch realisiert sind. Damit soll die Ausschüttung noch nicht erzielter Gewinne verhindert werden. Dieses Prinzip schließt ebenfalls aus, dass Wertsteigerungen über die Anschaffungs- und Herstellungskosten von Gütern (z.B. inflationsbedingt höhere Wiederbeschaffungs- oder Zeitwerte) berücksichtigt werden (Grundsatz der *Anschaffungskosten* gemäß § 253 Abs. 1 HGB). Die Erlöse gelten erst dann als realisiert, wenn die Leistung bewirkt wurde (Rechnungserteilung, Entstehung von Forderungen, Gefahrenübergang, Vertragserfüllung, Beendigung der Dienstleistung, etc.).

Im Gegensatz zum Verbot, nicht realisierte Gewinne auszuweisen, müssen nach dem *Imparitätsprinzip* oder *Verlustantizipationsgebot* (§ 252 Abs. 1 Nr. 4 HGB) alle vorhersehbaren Risiken und Verluste, die bis zum Abschlussstichtag entstanden bzw. zwischen dem Abschlussstichtag und dem Tag der Jahresabschlussaufstellung bekannt geworden sind, berücksichtigt werden. Das Imparitätsprinzip tritt beim Vermögen als Niederstwertprinzip und bei den Schulden als Höchstwertprinzip auf. Das *Niederstwertprinzip* ist in zwei Formen unterteilt:

Das *strenge Niederstwerprinzip* gilt für das Umlaufvermögen, das zum niedrigsten von mehreren in Betracht kommenden Werten (Anschaffungs- oder Herstellungskosten einerseits, Börsen- oder Marktpreis bzw. beizulegender Wert anderseits) angesetzt werden muss (§ 253 Abs. 3 HGB). Dieser niedrigere Wert ist zugleich die oberste Wertgrenze (Höchstwertvorschrift), die nicht überschritten werden darf.

Das *gemilderte Niederstwertprinzip* gilt für das Anlagevermögen und räumt den Unternehmen ein Wahlrecht ein, auf den niedrigeren Wert herabzugehen. Diese Wahlmöglichkeit verwandelt sich allerdings in eine Pflicht zum strengen Niederstwertprinzip, sobald es sich um eine voraussichtlich dauernde Wertminderung handelt (§ 253 Abs. 2 HGB). Die abweichenden Regeln für Kapitalgesellschaften gemäß § 279 f. HGB sind zu beachten.

Nach dem *Höchstwertprinzip* sind Schulden zum höchsten von mehreren möglichen Werten anzusetzen.

2.3 Nicht kodifizierte GoB

Die Bilanzierung erfolgt nicht immer entsprechend den schuldrechtlichen bzw. Eigentumsverhältnissen. Der Grundsatz der *wirtschaftlichen Betrachtung* gibt vor, dass sich Abweichungen ergeben können, z.B. bei Bauten auf fremden Grund und Boden, Lieferung unter Eigentumsvorbehalt, Sicherungsübereignung, Leasingverträgen und Treuhandgeschäften.

Schwebende Geschäfte sind gegenseitig verpflichtende Verträge, die auf Leistungsaustausch gerichtet und von den Sach-/Dienstleistungsverpflichteten noch nicht erfüllt sind. Aus dem Vorsichtsprinzip abgeleitet, dürfen nach dem Grundsatz der *Nichtbilanzierung schwebender Geschäfte* Forderungen und Schulden aus solchen Geschäften nicht bilanziert werden.

3 Buchführungstechniken und -systeme

3.1 Allgemein[3]

Um alle Geschäftsvorfälle ordentlich zu erfassen, bedarf es in der Buchführung gegliederter Aufzeichnungen in Büchern und Konten. Dabei verlangen die Grundsätze ordnungsgemäßer Buchführung handels- wie auch steuerrechtlich die:

- zeitliche oder chronologische Ordnung,
- sachliche oder systematische Ordnung und
- ergänzende Ordnung durch Nebenaufzeichnungen.

---

[3] Bähr/Fischer-Winkelmann 1996, 167 f.

Das *Grundbuch* bildet die wichtigste Grundlage der gesamten Buchführung. Darin werden die Eröffnungsbuchungen, Buchungen der laufenden Geschäftsvorfälle sowie die vorbereitenden und tatsächlichen Abschlussbuchungen in zeitlicher Reihenfolge erfasst. Damit wird ermöglicht, dass ein Geschäftsvorfall jederzeit und ohne große Mühe bis zu seinem Beleg zurückverfolgt werden kann.

Alle Grundbucheintragungen müssen auf die entsprechenden Sachkonten des *Hauptbuches* übertragen werden. Diese Bestands- und Erfolgskonten werden im Hauptbuch in sachlicher Ordnung geführt und zum Ende eines jeden Geschäftsjahres abgeschlossen.

Grund- und Hauptbuch müssen zwecks Erläuterungen durch *Nebenbücher*, die außerhalb des Kontensystems stehen, ergänzt werden. Nebenbücher sind das Geschäftsfreunde- und Kontokorrentbuch (auch Personenkonten-Hauptbuch), das steuerrechtlich (H 29 EStR „Personenübersichten", „Zeitgerechte Erfassung") in jeder Buchführung mit unmittelbarem Geschäftsverkehr vorhanden sein muss. Dabei werden die Werte aus den Sachkonten des Hauptbuches „Forderungen bzw. Verbindlichkeiten aus Lieferungen und Leistungen" dem Personenkonto des jeweiligen Debitors bzw. Kreditors zugeschrieben. Weitere Nebenbücher sind das *Waren- und Lagerbuch*, das *Besitzwechselbuch*, das *Schuldwechselbuch*, das *Lohn- und Gehaltsbuch* sowie das *Anlagenbuch*.

Ob die Eintragungen vom Grund- in das Hauptbuch nacheinander oder gleichzeitig erfolgt, ist von der Buchführungstechnik abhängig.

3.2 Buchführungstechniken[4]

Bei den Buchführungstechniken kann nach *konventioneller* und *EDV-gestützter Buchhaltung* unterschieden werden.

Die *konventionelle Buchhaltung* wird überwiegend manuell durchgeführt. Dabei werden die Geschäftsvorfälle von Hand in die entsprechenden Bücher bzw. Kontenblätter eingetragen. Da die Eintragungen in das Grundbuch prinzipiell täglich, die ins Hauptbuch dagegen im allgemeinen nur monatlich vorgenommen werden, entsteht eine zeitliche Lücke. Ein weiterer Nachteil bei dieser *Übertragungsbuchhaltung* ist die erfahrungsgemäß große Zahl von Übertragungsfehlern vom Grund- ins Hauptbuch.

Bei dem *amerikanischen Journal (amerikanische Methode)* wird das Grund- und Hauptbuch zusammen dargestellt. Die Geschäftsvorfälle werden dabei unmittelbar nach- und nebeneinander im Grundbuch (auf der linken Seite) und im Hauptbuch (auf der rechten Seite) eingetragen.

Mit der *Durchschreibebuchhaltung* wird ein einmal verbuchter Sachverhalt z.B. unter Verwendung von Kohlepapier gleichzeitig in verschiedene Bücher eingetragen. Anstatt eines festen Buches werden die Buchungen auf losen Blättern festgehalten.

Gegenüber der Übertragungsbuchhaltung haben das amerikanische Journal und die Durchschreibebuchhaltung einen entscheidenden Vorteil, da die Fehler beim Übertrag vom Grund- auf das Hauptbuch auf ein Minimum reduziert werden.

Nachteilig bei allen drei Techniken der konventionellen Buchhaltung ist, dass ein fest gebundenes Buch unhandlich und dagegen eine Lose-Blatt-Buchhaltung unübersichtlich ist. Darüber hinaus ist die konventionelle Buchhaltung langsam und arbeitsaufwendig. All diese Nachteile kann die EDV-gestützten Buchhaltung ausmerzen.

---

[4] Bähr/Fischer-Winkelmann 1996, 167 f. und Döring/Buchholz 1993, 187 ff.

Mit einer *EDV-gestützten Buchhaltung* erfolgen die Grund- und Hauptbucheintragungen sowie die Ermittlung von Kontensalden automatisch mit der Verbuchung der laufenden Geschäftsvorfälle. Neben dieser Grundfunktion können weitere Funktionen wie Jahresabschlusserstellung und Errechnung betriebswirtschaftlicher Kennzahlen genutzt werden, die über die reine Buchhaltungstätigkeit hinaus gehen.

Ebenfalls können Verschmelzungen mit den Nebenbüchern erfolgen. Wenn beispielsweise ein Buchführungsprogramm mit einem Warenwirtschaftsprogramm verbunden ist, wird mit Rechnungsstellung automatisch der Lagerbestand um die verkauften Artikel bereinigt und der Umsatz entsprechend verbucht.

3.3 Buchführungssysteme[5]

In öffentlichen Haushalten (Bund, Länder, Gemeinden) wird die *kameralistische Buchführung* eingesetzt. Dabei werden den in den Haushaltsplänen vorgesehenen Ausgaben und Einnahmen die Ist-Werte gegenübergestellt.

Überwiegend von Minderkaufleuten wird die *einfache Buchführung* angewandt, mit der der Gewinn durch Bestandsvergleich errechnet wird. Dazu muss mit der Inventur das Betriebsvermögens festgestellt werden. Im Grundbuch wird chronologisch gebucht. Ein Hauptbuch mit Sachkonten für eine systematische Darstellung der Geschäftsvorfälle sowie Erfolgskonten zur Verbuchung laufender Erträge und Aufwendungen fehlen.

Vollkaufleute müssen, um eine ordnungsgemäße Buchführung zu betreiben und § 242 HGB zu erfüllen, die *doppelte Buchführung* verwenden. Im Gegensatz zur einfachen Buchführung werden alle Geschäftsvorfälle sowohl in zeitlicher Reihenfolge mittels Grundbuch als auch in sachlicher Ordnung durch das Hauptbuch festgehalten. Jeder Geschäftsvorfall führt zu (mindestens) einer Soll- und (mindestens) einer Habenbuchung, beide Teile des Buchungssatzes sind wertgleich und (mindestens) zwei Konten werden angesprochen. Dieses System setzt sich fort in der Gestaltung der Konten (zwei Seiten: Soll und Haben), im Aufbau der Bilanz (zwei Seiten: Aktiva und Passiva) und in der Ermittlung des Unternehmenserfolges (zwei Seiten: Gewinn und Verlust).

Das Geschäftsfreunde- und Kontokorrentbuch (Personenkonten-Hauptbuch) muss selbstverständlich sowohl in der einfachen als auch in der doppelten Buchführung verwendet werden.

4 Kontenrahmen und Kontenpläne[6]

Die *Kontenrahmen* sind Organisationspläne für die Buchhaltung.

Der aus einem Kontenrahmen nach unternehmensindividuellen Bedürfnissen aufgestellte *Kontenplan* ermöglicht eine geordnete Übersicht über sämtliche zu führende Konten eines speziellen Unternehmens. Dadurch wird das Auffinden der Konten erleichtert und der Buchungsablauf beschleunigt.

Die entwickelten Kontenrahmen streben keine bis ins letzte Detail gehende Kontengliederung an. Wichtig ist vielmehr die *grundlegende Kontensystematik*, wobei üblicher-

---

[5] Lippe/Esemann/Tänzer 1998, 925 f. und Bähr/Fischer-Winkelmann 1996, 168
[6] Bähr/Fischer-Winkelmann 1996, 57 f. und Döring/Buchholz 1993, 178 ff.

weise ein dekadisches System verwendet wird. Es wird zunächst von zehn Kontenklassen *(0–9)* ausgegangen. Jede Kontenklasse ist wiederum in zehn Kontengruppen *(00–09)* unterteilt. Eine Kontenart *(000–009)* kann weiter in Konten *(0000–0009)* unterteilt werden.

Auf der Grundlage des 1951 vom Ausschuss des Bundesverbandes der Deutschen Industrie (BDI) herausgegebenen *Gemeinschaftskontenrahmen (GKR)* wurden von den einzelnen Wirtschaftszweigen ca. 200 spezielle Branchenkontenrahmen entwickelt. Zu den Wichtigsten zählen der Kontenrahmen für den Einzel-, den Groß- und Außenhandel und Gemeinschaftskontenrahmen der Industrie.

In Weiterentwicklung zum GKR entstand 1971 durch den BDI ein neuer *Industriekontenrahmen (IKR)*. Dieser wurde 1986 nochmals durch die Bilanzrechtsreform bedingten Änderungen angepasst. Während die GKR nach dem Prozessgliederungsprinzip aufgestellt sind, wurde bei den IKR das Abschlussgliederungsprinzip angewandt.

Bei dem *Abschlussgliederungsprinzip* sind die Konten anlog zum Jahresabschlusses gemäß den gesetzlichen Vorschriften (siehe § 266 Abs. 2 HGB) geordnet (Immaterielle Vermögensgegenstände und Sachanlagen, Finanzanlagen, Umlaufvermögen, etc.).

Dagegen richtet sich das *Prozessgliederungsprinzip* nach den Phasen der betrieblichen Leistungserstellung. Denn die eigentlichen Produkte entstehen erst nach der Beschaffung der Produktionsfaktoren, Lageraufnahme und anschließendem Einsatz im Produktionsprozess.

Abbildung 3: Prozessgliederungsprinzip und Einkreissystem im Gemeinschaftskontenrahmen[7]

Klasse 0	Ruhende Konten, Anlagekonten, Kapitalkonten	
Klasse 1	Finanzkonten	
Klasse 2	Abgrenzungskonten	
Klasse 3	Konten der Roh-, Hilfs- und Betriebsstoffe und Wareneinkaufskonten	
Klasse 4	Konten der Kosten- und Leistungsrechnung	Kostenarten
Klasse 5		Verrechnungskonten
Klasse 6		Buchhalterische Kostenstellenrechnung
Klasse 7		Konten der unfertigen und fertigen Erzeugnisse
Klasse 8	Erlöskonten	
Klasse 9	Abschlusskonten	

---

[7] Bähr/Fischer-Winkelmann 1996, 58

Die Steuerung und Kontrolle eines solchen Produktionsprozesses ist nicht Aufgabe der Finanzbuchhaltung, sondern der Kostenrechnung. Dabei kann die Kostenrechnung in den Kontenrahmen der Finanzbuchhaltung integriert oder lösgelöst von dessen Systematik durchgeführt werden.

Beim Prozessgliederungsprinzip bietet es sich an, die Kostenrechnung mit dem Buchungsablauf zu verzahnen. Das einheitliche System, in dem die zwei Rechnungskreise zusammen geführt werden, wird *Einkreissystem* genannt. Wie die Abbildung 3 zeigt, werden die Klassen 4 bis 7 sowohl in der Buchhaltung, als auch für die Kostenrechnung genutzt.

Folgt der Kontenrahmen dem *Abschlussprinzip*, dann wird die Kostenrechnung vollkommen getrennt von den übrigen Konten der Finanzbuchhaltung in einer speziellen Kontenklasse durchgeführt. Die zwei getrennten Rechnungskreise werden als *Zweikreissystem* bezeichnet.

5 Buchung besonderer Geschäftsvorfälle

Die Buchung besonderer Geschäftsvorfälle ist reines Rechnungswesen und würde den Rahmen dieses Kapitels sprengen. Deshalb sei an dieser Stelle auf die entsprechende Fachliteratur verwiesen.

6 Vorbereitung und Durchführung des Jahresabschlusses

6.1 Definition Jahresabschluss und zeitliche Systematik zu dessen Erstellung[8]

Der Jahresabschluss ist eine *zusammenfassende Form der Rechnungslegung* eines Unternehmens über sein Vermögen (Aktiva), seine Schulden (Passiva), Aufwendungen und Erträge (GuV).

Der Jahresabschluss besteht gemäß § 242 Abs. 3 HGB aus *Bilanz* und *Gewinn- und Verlustrechnung (GuV)* sowie ergänzend bei Kapitalgesellschaften nach § 264 Abs. 1 HGB aus dem *Anhang*.

Die Tätigkeiten zur Jahresabschlusserstellung können in die zeitliche Systematisierung von *Aufstellung, Prüfung, Festlegung* und *Offenlegung* gebracht werden.

6.2 Die Aufstellung[9]

Die Basisinformationen des handelsrechtlichen Jahresabschlusses werden aus der Inventur (materieller Abschluss) und der Finanzbuchhaltung (formeller Abschluss) gewonnen. Bei der Inventur werden die Informationen durch Bestandsaufnahme, bei der Finanzbuchhaltung durch Fortschreibung gewonnen.

---

[8] Bähr/Fischer-Winkelmann 1996, 189 f.
[9] Bähr/Fischer-Winkelmann 1996, 15 f.

Während die Buchhaltung ordnungsgemäß alle Geschäftsvorfälle laufend verbucht, ist die Durchführung einer ordnungsgemäßen Inventur mit anschließender Erstellung des Inventars unbedingt notwendig.

Die *Inventur* (§ 240 HGB) ist die art-, mengen- und wertmäßige Erfassung von Vermögen und Schulden (Fremdkapital) sowie des daraus resultierenden Reinvermögens (Eigenkapital). Die Inventur ist als *Stichtagsinventur* zum Schluss eines jeden Geschäftsjahres zum Abschlussstichtag durchzuführen (§ 240 Abs. 1 und 2 HGB). Sie kann aber auch als *permanente Inventur* (§ 241 Abs. 2 HGB) oder als *vor- bzw. nachverlegte Inventur* (§ 241 Abs. 3 HGB) durchgeführt werden. Das *Inventar* ist folglich ein ausführliches Verzeichnis über das art-, mengen- und wertmäßige Ergebnis der Inventur.

Ziel der Inventur ist es, die Soll-Bestände der laufend bebuchten Konten mit den Ist-Beständen des Inventars abzugleichen. Entweder werden die Soll-Bestände bestätigt oder bei Abweichungen erfolgswirksam auf die korrekten Ist-Bestände zurückgeführt bzw. seltener aufgefüllt.

Neben der Korrektur der Soll-Bestände sind eine Reihe so genannter *vorbereitender Abschlussbuchungen* notwendig. Zu den wichtigsten zählen die Umbuchung des Erfolgsteils (z.B. Abschreibung) der gemischten Bestandkonten, die Umbuchung von Unterkonten auf die Hauptkonten sowie die zeitlichen Abgrenzungen (Antizipationen und Transitorien).

Mit den *Abschlussbuchungen* werden sämtliche Konten saldiert und abgeschlossen. Die Salden der Aufwands- und Ertragskonten werden zunächst auf ein Gewinn- und Verlustkonto übertragen. Der Saldo dieses Kontos wird anschließend als Gewinn oder Verlust auf das Kapitalkonto gebucht. Abschließend geben die Aktiv- und Passivkonten ihre Salden an das Schlussbilanzkonto ab.

Nach den Abschlussbuchungen müssen beide Kontenseiten des Schlussbilanzkontos Summengleichheit aufweisen. Der Jahresabschluss ist buchhalterisch entstanden.

6.3 Die Prüfung, Festlegung und Offenlegung[10]

Wie bereits in mehreren Kapitel vorhergehend aufgeführt, sind die Vorschriften zur Jahresabschlusserstellung im HGB einerseits für Einzelkaufleute und Personenhandelsgesellschaften sowie andererseits für Kapitalgesellschaften getrennt dargestellt.

Die Kapitalgesellschaften werden ihrerseits gemäß § 267 HGB nochmals in kleine, mittelgroße und große Kapitalgesellschaften unterschieden.

Die unten abgebildete Tabelle 4 zeigt die Unterteilung anhand der Kriterien Bilanzsumme, Umsatz und Anzahl der in einem Jahr durchschnittlich beschäftigten Arbeitnehmer.

Eine Kapitalgesellschaft wird einer Größenklasse zugeordnet, wenn mindestens zwei der drei Abgrenzungsmerkmale erfüllt sind. Sie unterliegt damit den geltenden Aufstellungs-, Prüfungs- und Offenlegungsvorschriften der jeweiligen Größenklasse.

Ein Wechsel der bisherigen Größenkategorie wird erst notwendig, wenn die Abgrenzungsmerkmale für die neue Größenklasse an zwei aufeinanderfolgenden Abschlussstichtagen bestanden (§ 267 Abs. 4 HGB). Kapitalgesellschaften gelten stets als groß, wenn ihre Aktien oder Wertpapiere an einer Börse gehandelt werden (§ 267 Abs. 3 HGB).

---

[10] Bähr/Fischer-Winkelmann 1996, 158 f. und Döring/Buchholz 1993, 106 ff.

Abbildung 4: Handelsrechtliche Bilanzierungsvorschriften[11]

Buchführung	Inventur	Bestandteile des JA, Aufstellungspflicht eines Lageberichts	Bewertung im JA
Einzelkaufleute, Personengesellschaften (die nicht unter das PublG fallen)			
Konkrete Regelungen in §§ 238, 239, weitere Bestimmungen ergeben sich aus den GoB.	Vorgeschrieben (§ 240 (1), (2)); Inventurverfahren bestimmen sich nach GoB, ausdrücklich im Gesetz zugelassen sind (§ 241) • Stichprobeninventur • vor- bzw. nachverlagerte Stichprobeninventur • permanente Inventur.	JA besteht aus • Bilanz • GuV. Ein Lagebericht ist nicht zu erstellen (§ 242 (3)).	AV und UV höchstens zu AK bzw. HK, niedrigere Wertansatz im Rahmen kaufmännischer Beurteilungen zulässig (§ 253 (4), Möglichkeit der Abschreibung (§ 253 (2), (3) und 254), Bewertungsvereinfachungsverfahren (§§ 240 (3), (4) und 256), Passiva werden zu Sonderwerten bewertet (§ 253 (1)). Grundsätzlich sind die Bewertungsgrundsätze des § 252 und die GoB zu beachten).
Kapitalgesellschaften			
Große			
Wie EKL und PG (§ 264 (2)).	Wie EKL und PG (§ 264 (2)).	JA besteht aus • Bilanz • GuV • Anhang. Ein Lagebericht ist zu erstellen (§ 264 (1)).	Wie EKL und PG, jedoch: niedrigerer Wert nach kfm. Beurteilung nicht zulässig (§ 279 (1)), Wertaufholungsgebot (§ 280), Einschränkungen bei steuerlichen Sonderabschreibungen (§ 279 (2)) und der Anwendung des gemilderten Niederstwertprinzipes (§ 279 (1).
Mittlere			
Wie große KapG	Wie große KapG	Wie große KapG	Wie große KapG
Kleine			
Wie große KapG	Wie große KapG	Wie große KapG, Ausnahme: Ein Lagebericht muss nicht erstellt werden (§ 264 (1).	Wie große KapG
Genossenschaften			
Wie EKL und PG (§§ 17 (2) i.V.m. 33 (1) GenG).	Wie EKL und PG (§ 264 (2)).	Wie große KapG (§ 336 (1)).	Wie KapG, mit Ausnahme von • § 279 • § 280 (§ 336 (2)).
Unternehmen, die unter das PublG fallen			
Wie EKL und PG	Wie EKL und PG	Nicht-PG haben • Bilanz • GuV • Anhang • Lagebericht zu erstellen. Bei EKL und PG beschränkt sich die Erstellung auf • Bilanz • GuV (§ 5 (1), (2) PublG)	Wie KapG, Nicht-KapG, jedoch mit Ausnahme von: • § 264 • § 279 • § 280 • § 283 (§ 5 (1) PublG).

---

[11] Coenenberg 2001, 55 f.

	Gliederung des JA	Umfang des Anhangs	Prüfungspflicht und Prüfungsumfang	Offenlegungspflicht und Umfang der Offenlegung	Konzernabschluss Konzernlagebericht
Einzelkaufleute, Personengesellschaften (die nicht unter das PublG fallen)					
	Gliederung bestimmt sich nach GoB.	Es besteht keine Verpflichtung zur Erstellung eines Anhangs (§ 242 (3)).	Es besteht keine Prüfungspflicht (§ 316 (1)).	Es besteht keine Offenlegungspflicht (§ 325 (1)):	Keine Pflicht zur Erstellung eines Konzernabschlusses.
Kapitalgesellschaften					
Große	Detaillierte Gliederung nach dem Schema in § 266 (2), (§ 266 (1)).	Angabe und Erläuterungspflichten ergeben sich aus §§ 284–287.	Pflicht zur Prüfung des JA und des Lageberichts (§ 316 (1)).	Bekanntgabe von JA, Lagebericht, Bericht des AR, Vorschlag bzw. Beschluss zur Ergebnisverwendung. Einreichung der Bekanntgabe und der obigen Unterlagen im HR (§ 325 (2)).	Aufstellung eines Konzernabschlusses und Lageberichts ist verpflichtend, wenn Tatbestände des § 290 vorliegen. Ausnahmeregelungen §§ 291, 293.
Mittlere	Wie große KapG	Wie große KapG mit Ausnahme von § 285 Nr. 4 (§ 288 Satz 2).	Wie große KapG (§ 316 (1))	Einrechen von JA (beschränkte Bilangliederung § 327). Lagebericht, Bericht des AR, Vorschlag bzw. Beschluss zur Ergebnisverwendung im HR, Bekanntgabe im BAZ.	Wie große KapG
Kleine	Wie große KapG, jedoch verkürzte Gliederung nach § 266 (2), (§ 266 (1)).	Wie große KapG mit Ausnahme von § 285 Nr. 2–8a, 9a, b, 12 (§ 288 Satz 1), § 274 a, § 276.	Es besteht keine Prüfungspflicht (§ 316 (1)).	Einreichen von Bilanz und Anhang. Vorschlag bzw. Beschluss über Ergebnisverwendung im HR. Bekanntgabe im BAZ (§ 326).	Wie große KapG
Genossenschaften					
	Wie KapG (§ 336 (2))	Wie KapG mit Ausnahme von § 285 Nr. 5, 6 sowie genossenschaftsspezifischer Zusatzangaben (§ 336 (2)).	Pflicht zur 2-jährigen Prüfung des JA und des Lageberichts. Falls Bilanzsumme > 2 Mio. jährl. Prüfung (§ 53 (1) GenG).	Einreichen von JA, Lagebericht und Bericht des AR im Genossenschaftsregister (§ 339 (1)). Bekanntmachung bei großen Genossenschaften (§ 339 (2)). Größenabhängige Erleichterungen bei KapG gelten entsprechend (§ 339 (3)).	Aufstellungspflicht besteht nur, wenn Genossenschaft unter PublG fällt.
Unternehmen, die unter das PublG fallen					
	wie große KapG (§ 5 (1) PublG)	Nur Nicht-PG haben einen Anhang nach §§ 284 ff. zu erstellen. Angabepflicht nach § 285 Nr. 6 entfällt (§ 5 (2) PublG).	Pflicht zur Prüfung des JA und falls vorhanden, des Lageberichts (§ 6 (1) PublG).	wie große KapG (§ 9 (1) PublG), Erleichterungen für PG und EKL (§ 9 (2) PublG).	Aufstellung eines Konzernabschlusses und Lageberichts ist verpflichtend, wenn Konzern-Größenkriterien des § 11 PublG und der Tatbestand der einheitlichen Leitung erfüllt sind (§§ 13–15 PublG).

Tabelle: Größenklasse der Kapitalgesellschaft[12]

Größenklasse der Kapitalgesellschaften	Bilanzsumme (T€)	Umsatz (T€)	Arbeitnehmer (Jahresdurchschnitt)
Klein	≤ 3.438	≤ 6.875	≤ 50
Mittelgroß	> 3.438 ≤ 13.750	> 6.875 ≤ 27.500	> 50 ≤ 250
Groß	> 13.750	> 27.500	> 250

Für kleine und mittelgroße Kapitalgesellschaften bestehen gegenüber den großen verschiedene Erleichterungen. Sie betreffen den Umfang und Fristen für die Aufstellung bzw. Veröffentlichung von Jahresabschluss und Lagebericht.

Für kleine Kapitalgesellschaften beträgt die Aufstellungsfrist für den Jahresabschluss sechs statt drei Monate (§ 264 HGB). Kleine Kapitalgesellschaften brauchen nur eine verkürzte Bilanz aufstellen, bei der bestimmte Positionen zusammengefasst werden dürfen (§ 266 Abs. 1 HGB). Entsprechend dürfen kleine und mittelgroße Kapitalgesellschaften die Gewinn- und Verlustrechnung vereinfachen (§ 276 HGB). Außerdem brauchen kleine und mittelgroße Kapitalgesellschaften im Anhang einige Angaben nicht zu machen (§ 288 HGB). Die max. Veröffentlichungsfrist beträgt bei kleinen Kapitalgesellschaften zwölf statt neun Monate (§§ 325 Abs. 1 und 326 HGB). Dabei brauchen kleine Kapitalgesellschaften nur Bilanz und Anhang, nicht aber GuV zu veröffentlichen (§ 326 HGB). Außerdem brauchen kleine und mittelgroße Kapitalgesellschaften den Jahresabschluss und Lagebericht, sofern sie diese überhaupt veröffentlichen müssen, nur dem Handelregister einzureichen, d.h. nicht im Bundesanzeiger bekannt zumachen (§ 327 HGB).

Die Abbildung 4 zeigt die Vorschriften von Buchführung, Prüfung und Offenlegung für Einzelkaufleute, Personengesellschaften, Kapitalgesellschaften und Genossenschaften im Überblick; Anmerkungen: AK = Anschaffungskosten, AN = Arbeitnehmeranzahl, AR = Aufsichtsrat, AV = Anlagevermögen, BAZ = Bundesanzeiger, BS = Bilanzsummer, EKL = Einzelkaufleute, HR = Handelsregister, HK = Herstellungskosten, JA = Jahresabschluss, KapG = Kapitalgesellschaften, PG = Personengesellschaften, US = Umsatz UV = Umlaufvermögen. Die Paragraphen ohne explizite Gesetzesangabe beziehen sich auf das HGB. In Klammern gesetzte §§ sind Fundstellen.

Literaturverzeichnis

Bähr, Gottfried/Fischer-Winkelmann, Wolf F. (1996): Buchführung und Jahresabschluß, 5. Auflage, Wiesbaden

Coenenberg, Adolf G. (2001): Jahresabschluß und Jahresabschlusanalyse, 18. Auflage, Landsberg/Lech

Döring, Dr. Ulrich/Buchholz, Dr. Rainer (1993): Buchhaltung und Jahresabschluß, 4. Auflage, Hamburg

Lippe/Esemann/Tänzer (1998): Das Wissen für Bankkaufleute, 8. Auflage, Wiesbaden

Wolf, Jakob (1998): Grundwissen Bilanz und Bilanzanalyse, 2. Auflage, München

---

[12] § 267 HGB

Investitions- und Finanzwirtschaft

Renè-Claude Urbatsch

In der heutigen schnelllebigen Zeit unterliegt das Umfeld einer Unternehmung ständig wirtschaftlichen Veränderungen. Daher soll sich eine Unternehmung an den jeweiligen Marktsituationen orientieren, ausrichten und flexibel auf die Veränderungen reagieren. Nur so kann sie auf langfristige Sicht die unternehmerischen Hauptziele wie zum Beispiel die langfristige Gewinnerzielung, die Rentabilität, die Sicherheit und das Wachstum des Unternehmens erreichen und erhalte.[1]

Neben den allgemeinen Bereichen wie Organisation, Personalwesen, Produktion, Logistik, Marketing und Absatz gilt die Investition als ein wichtiges Instrument einer Unternehmung und gliedert sich in ihr Gesamtkonzept ein.

Ohne Investitionen ist eine Unternehmung langfristig gesehen nicht überlebensfähig, denn in der sich schnell entwickelnden technischen Zeit besteht ohne Investitionen kaum die Möglichkeit ein Überleben der Unternehmung zu sichern.

Tabelle 1: Interne und externe Bestimmungsfaktoren des Kapitalbedarfs[2]

	Interne und externe Bestimmungsfaktoren des Kapitalbedarfs	
	Externe Determinanten	Interne Determinanten
Aufbau-orientierte Determination	<ul><li>Bedingungen des Beschaffungsmarktes</li><li>Bedingungen des Absatzmarktes</li><li>Staatspolitische Einflusse</li><li>Restriktionen vonseiten der Kapitalbedarfsdeckung</li></ul>	<ul><li>Entscheidungen über die Beziehungen zum Beschaffungsmarkt</li><li>Entscheidungen über die Produktion</li><li>Entscheidungen über die Beziehungen zum Absatzmarkt</li><li>Standortwahl</li><li>Rechtsformfestlegung</li><li>Risikoeinstellung</li><li>Außerökonomische Faktoren</li></ul>
Ablauf-orientierte Determination	<ul><li>Veränderungen seitens des Beschaffungsmarktes</li><li>Veränderungen der Produktionsrahmenbedingungen</li><li>Veränderung der Absatzbedingungen</li><li>Veränderungen seitens der Kapitalbedarfsdeckungsmöglichkeiten</li></ul>	<ul><li>Entscheidungen über die Beschaffungspolitik</li><li>Entscheidungen über Produktionsveränderungen</li><li>Entscheidungen über Veränderungen der Beziehung zum Absatzmarkt</li></ul>

---

[1] vgl. Schierenbeck 1999, 58 ff., Olfert (a) 1997, 42 und 44 ff.
[2] Bank Akademie-Verlag 2003, 12

Da für die meisten Unternehmungen das Kapital sehr eng bemessen ist, bedarf es einer möglichst genauen Bestimmung des benötigten Kapitalbedarfs. Dieser kann mittels interner und externer Bestimmungsgründe ermittelt werden (siehe Tabelle 1).

Auch ist zu berücksichtigen, dass durch eine Investition das Kapital langfristig in der Unternehmung gebunden ist. Denn ist erst einmal eine Investition durchgeführt, kann sie nicht ohne weiteres rückgängig gemacht werden.[1]

Die Finanzierung kann als Inbegriff aller Maßnahmen verstanden werden, die der „… Bereitstellung von Geld und Sachmitteln für die betriebliche Leistungserstellung …"dienen.[2] Dies gilt sowohl für das Anlagevermögen (Grundstücke, Gebäude, Anlagen) als auch für das Umlaufvermögen (Roh-, Hilfs-, Betriebsstoffe).

Im *Wirtschaftslexikon von A-Z* ist die Finanzierung ein „… Sammelbegriff für bestimmte Maßnahmen der Beschaffung bzw. Bereitstellung von Zahlungsmitteln für Investitionszwecke … durch Unternehmen …, private oder öffentliche Haushalte sowie für Maßnahmen, die ökonomisch und/oder bilanziell … den gleichen Effekt besitzen."[3]

In einem weiten Sinne umfasst die Finanzierung folglich alle Vorgänge in einer Unternehmung, die sich auf die Beschaffung, Verwendung, Freisetzung und Rückführung von finanziellen Mitteln beziehen. In einem engeren Sinne berührt die Finanzierung nur einen Teilbereich der Unternehmung, z.B. die Kapitalbeschaffung für ein bestimmtes Anlagegut.[4] Charakterisiert wird eine Finanzierung mit einem Zahlungsstrom, dessen Beginn durch eine Einzahlung von dem Kapitalgeber an die Unternehmung erfolgt und zu einem späteren Zeitpunkt eine Auszahlung an den Kapitalträger nach sich zieht. Diese Auszahlung enthält für die vom Kapitalgeber bereitgestellten finanziellen Mittel eine vereinbarte Zinszahlung oder einen Anteil an den erwirtschafteten Gewinn.[5]

Die Beschaffung bzw. das Aufbringung finanzieller Mittel kennzeichnet die Finanzierung, die Verwendung finanzieller Mittel die Investition.

Investition und Finanzierung stehen in einem engen Zusammenhang. Investitionen sind nur dann realisierbar, wenn eine Finanzierung "darstellbar" ist. Andererseits erfordern freie finanzielle Mittel eine ertragsbringende, investive Verwendung.

Finanzierung und Investition sind den zwei Seiten der Handelsbilanz zuorenbar. Während die Bestandsgrößen der Finanzierung auf der Passivseite der Bilanz dargestellt werden, enthält die Aktivseite die Ergebnisse der Investitionen als Bestandsgrößen (siehe Abbildung 1).

Finanzwirtschaftliche Ziele nehmen Bezug auf die allgemeinen Unternehmensziele:

- die Maximierung des Ergebnisses oder der Rentabilität,
- die Sicherung der Liquidität,
- die nachhaltige Sicherheit, ggf. auch Unabhängigkeit des Unternehmens.

---

[1] vgl. Perridon/Steiner 1995, 28
[2] Kugler 1995, 23
[3] Woll 1990, 212
[4] ebenda
[5] vgl. Drukarczyk 1983, 1 f.

Abbildung 1: Bilanzielle Sicht auf Investition und Finanzierung[6]

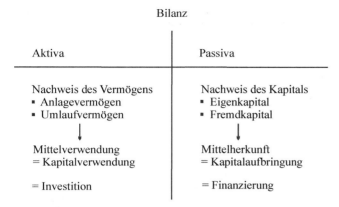

Dabei gelten folgende Zusammenhänge:

- Als Ergebnis finden Gewinngrößen und/oder Cashflow-Größen Anwendung. Dabei ergibt sich der Gewinn als Differenz der Erlöse und Kosten bzw. der Erträge und Aufwendungen, der Cashflow als Differenz der Einzahlungen und Auszahlungen.
- Die Rentabilität stellt den Quotienten einer Ergebnisgröße (Gewinn und/oder Cashflow) und einer Bezugsgröße, wie Kapitaleinsatz und Umsatz, dar.
- Die Sicherung der Liquidität beinhaltet das existenzielle Postulat der ständigen Zahlungsfähigkeit.

Betriebliche Zielkonzeptionen mit einem dominierenden Oberziel, z.B. der Kapitalrentabilität, kennzeichnen monistische Zielkonzeptionen. Bestehen mehrere Oberziele nebeneinander, spricht man von pluralistischen Zielkonzeptionen. Finanzierungsarten entstehen durch Strukturierung der Finanzierung nach praktisch relevanten Kriterien. Für die Systematisierung sind folgende Kriterien bedeutend:

- Herkunft des Kapitals (Außenfinanzierung und Innenfinanzierung)
- Rechtsstellung der Kapitalgeber (Eigenfinanzierung und Fremdfinanzierung)
- Dauer der Finanzierung (unbefristet, langfristig, mittelfristig, kurzfristig)
- Häufigkeit der Finanzierung (laufend, einmalig, gelegentlich)
- Anlass der Finanzierung (Unternehmensgründung, Unternehmenserweiterung, Fusion, Umwandlung, Sanierung)

Die folgende Abbildung zeigt das Ergebnis der Strukturierung nach der Herkunft des Kapitals.

---

[6] Prätsch./Schikorra/Ludwig 2003, 18

Abbildung 2: Finanzierungsarten[7]

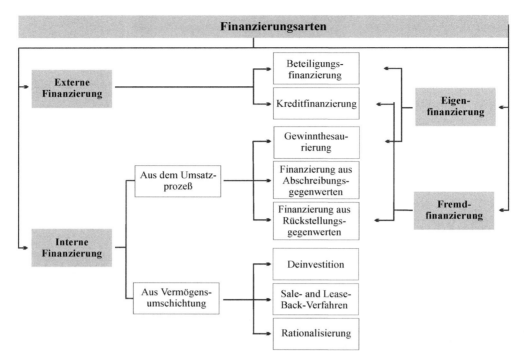

Eine *Innenfinanzierung* (interne Finanzierung) liegt vor, wenn die benötigten Finanzmittel durch die Unternehmung selbst bereitgestellt werden. Hierbei kann unterschieden werden in Finanzierung durch Gewinnthesaurierung, aus Abschreibungen, aus langfristigen Rückstellungen, aus Desinvestitionserlösen oder aber auch durch Rationalisierungsmaßnahmen.[8]

Bei der *Außenfinanzierung* (externe Finanzierung) fließen finanzielle Mittel von außerhalb, folglich durch externe Kapitalgeber in die Unternehmung.[9] Hierbei wird Eigen- und/oder Fremdkapital dem Unternehmen zugeführt.

Der Eigenkapitalbegriff ist aus der Bilanz bekannt, aber in diesem Fall nicht gemeint. Hier wird unter Eigenkapital die liquiden Mittel verstanden, die der Unternehmer in seine eigene Unternehmung fließen lässt.[10] Je nach der Unternehmensform kann dieser Zufluss an Finanzmittel unterschiedlich geprägt sein. So kann z.B. ein Einzelhändler durch eine Privateinlage sein Eigenkapital aufstocken. Das Eigenkapital einer GmbH kann durch vertraglich festgesetzte Nachschüsse erhöht werden. In einer Aktiengesellschaft können durch Neuemissionen von Aktien neue Finanzmittel zu fließen. Als letztes Beispiel sei die Genos-

---

[7] Bank Akademie-Verlag 2003, 4
[8] vgl. Eilenberger 1997, 270
[9] vgl. Busse 1991, 39
[10] vgl. Grob 1989, 5

senschaft erwähnt. Sie vergrößert ihr Eigenkapital durch eine Erhöhung der Geschäftsanteile der Genossen oder durch Eintritt neuer Mitglieder.[11]

Die Beschaffung von *Fremdkapital* für eine Unternehmung kann auch Fremdfinanzierung oder Kreditfinanzierung genannt werden.[12] Eine Unternehmung beschafft sich von fremden Personen (Gläubiger) Geld- oder Sachmittel, die der Unternehmung für eine begrenzte Zeit zur Verfügung stehen. Mit der Bereitstellung entstehen Ansprüche der Gläubiger, die in vertraglich festgehaltenen Bedingungen zwischen ihnen und der Unternehmung festgesetzt werden. Diese vertraglichen Bedingungen können die Höhe des Zinses und der Tilgung, den Zeitpunkt der Rückzahlung, den Wert von Sicherheiten, den Umfang der Haftung usw. enthalten.

Es gibt für Unternehmungen verschiedene Möglichkeiten der Beschaffung von Fremdkapital: Eine Fremdfinanzierung über den *Geld- und Kapitalmarkt* bedeutet für eine Unternehmung eine Aufnahme von kurzfristigen Bankkrediten oder langfristigen Darlehen. Zu den kurzfristigen Bankkrediten gehören der Kontokorrentkredit, der Diskontkredit, der Lombardkredit, der Akzeptkredit und der Avalkredit; zu den langfristigen Darlehen zählen unverbriefte Darlehen, Schuldscheindarlehen und Obligationen. Fremdfinanzierungen können aber auch im Waren- und Leistungsverkehr durchgeführt werden, indem Lieferantenkredite aufgenommen und/oder Anzahlungen von den Kunden verlangt werden. Weitere Fremdfinanzierungen sind über Sonderformen wie Leasing und Factoring für eine Unternehmung möglich.[13]

Die *Dauer einer Finanzierung* kann in kurz-, mittel- und langfristig gegliedert werden. Bei den kurzfristigen Finanzierungen stehen die finanziellen Mittel der Unternehmung für eine Zeitspanne von bis zu einem Jahr zur Verfügung. Mittelfristige Finanzierungen besitzen eine Zeitspanne von einem Jahr bis zu fünf Jahren und die langfristigen Finanzierungen über fünf Jahre.[14]

Nach der Häufigkeit der Finanzierung kann zwischen laufenden, immer wiederkehrenden Finanzierungen (um z.B. den laufenden Geschäftsbetrieb aufrecht zu erhalten) und einmaligen Finanzierungen, die für außergewöhnliche Anlässen (z.B. Gründung, Fusion oder Sanierung) notwendig sind, unterschieden werden.[15]

Ein *Dauerziel der Finanzierung* ist die Erhaltung der Liquidität, um jederzeit die zwingend fälligen Verbindlichkeiten gegenüber den Gläubigern nachzukommen. Dieses Ziel hat für die Unternehmung eine sehr hohe wirtschaftliche Bedeutung, denn wenn die Zahlungsfähigkeit nicht mehr gesichert ist, bedeutet dies zwangsläufig das Ende der Unternehmung.[16]

Ein weiteres Ziel der Finanzierung ist die *Rentabilität*. Eine Erhöhung des Gewinns bzw. der Rentabilität kann durch eine Verringerung der Finanzierungskosten begünstigt werden.[17]

Aber auch die *Sicherheit* zählt zu den Zielen einer Finanzierung. Es soll vermieden werden, unkalkulierbare Risiken einzugehen, die z.B. durch Umsatzrückgänge, Steigerung

---

[11] vgl. Kugler 1995, 427
[12] vgl. Olfert (a) 1997, 237
[13] vgl. Wöhe/Bilstein 1998, 15
[14] vgl. Olfert (a) 1997, 33
[15] vgl. Busse 1991, 40
[16] vgl. Hauschildt/Sachs/Witte 1981, 5
[17] vgl. Wossidlo/Pfohl 1990, 241 ff.

der Materialkosten entstehen können. Aber auch die Unabhängigkeit zählt zu den Zielen. Zu starke Abhängigkeit zu den Kapitalgebern ist zu vermeiden.[18]

Nach Kugler ist die *Finanzplanung* ein Instrument der Finanzierung. Sie unterstützt die Zielvorstellungen Steuerung der Finanzierungsvorgänge und Gewährleistung der Zahlungsbereitschaft[19].

Sie hat die Aufgabe, die Beschaffung der benötigten finanziellen Mittel so gezielt vorzubereiten, dass die Ziele der Unternehmung erreicht werden und dadurch der Bestand der Unternehmung auf lang-, mittel- und kurzfristige Sicht nicht durch Liquiditätsschwierigkeiten bedroht wird.[20] Diese Aufgabe wird u.a. durch die zu Hilfenahme von Finanzplänen unterstützt.

In diesem Zusammenhang benötigt die *Finanzplanung* die Beträge der zukünftigen Einnahmen und Ausgaben. Da ein Blick in die Zukunft nicht möglich ist und sofern keine zukünftigen Ergebnisse ermittelt werden können, sind für die Finanzplanungsansätze vollständige, betragsgenaue und zeitpunktgenaue Grundsätze erforderlich.[21]

Beim *Grundsatz der Vollständigkeit* sind alle Zahlungsbewegungen zu bewerten, die in dem gesamten Planungszeitraum entstehen können. Eine genaue Erfassung ist daher von Bedeutung, um eine mögliche Entwicklung der Zahlungsfähigkeit vorhersagen zu können. Genauso verhält es sich beim *Grundsatz der Betragsgenauigkeit*. Die Zahlungsbewegungen sind so einzuschätzen, dass deren Höhe die wahrscheinlichste genaue Möglichkeit sind. Auch bei dem *Grundsatz der Zeitpunktgenauigkeit* sind die einzelnen Zahlungsbewegungen so anzusetzen, dass deren Eintritt genauestens geschätzt werden kann. Dabei ist zu beachten, je kürzer der Planungszeitraum gewählt wird, umso genauer werden die Ergebnisse der Schätzung ausfallen.[22]

Bei der Beschaffung der finanziellen Mittel spielen die Menge, die Zeit und die Kosten der Investitionen eine entscheidende Rolle.[23] Die Menge der zu beschaffenden finanziellen Mittel ist abhängig von der Kapitalhöhe der Investition und muss zu einem bestimmten Termin bzw. in einem bestimmten Zeitraum zur Verfügung stehen. Investitionen werden in den meisten Fällen durch Fremdkapital finanziert. Dabei verursachen sie Kosten, deren Höhe für die Unternehmung so gering wie möglich ausfallen sollte. Liquidität erklärt die Fähigkeit eines Unternehmens, die fälligen Verbindlichkeiten unter der Voraussetzung des reibungslosen Ablaufs des Betriebsprozesses zu begleichen, d.h. alle Zahlungsverpflichtungen betragsgenau und zeitgenau (fristgerecht) zu erfüllen.

Kreditfinanzierung bedeutet Zuführung von Gläubigerkapital. Kredite sind definiert als das zeitliche Auseinanderfallen von Leistung und Gegenleistung(en) mit der vertragsgemäßen Vereinbarung der ordnungsgemäßen Rückführung der offenen Schuld. Es entsteht ein schuldrechtliches Verhältnis des Kreditnehmers zum Kreditgeber.

Träger der Kreditfinanzierung können hierbei Lieferanten, Kunden, Kreditinstitute, Kapitalsammelstellen, Private, Unternehmen und die öffentlich Hand sein.

Heute stehen dem Investor eine Vielzahl von klassischen Finanzierungsformen zur Verfügung. Insbesondere Factoring, Forfaitierung und Leasing (siehe Abbildung 3) gewinnen an Bedeutung.

---

[18] vgl. Wossidlo./Pfohl 1990, 246
[19] Kugler 1995, 449
[20] vgl. Specht/Schmitt 2000, 376
[21] vgl. Süchtig 1995, 275
[22] vgl. Wöhe/Bilstein 1998, 323
[23] vgl. Eilenberger 1997, 10 f.

Abbildung 3: Erscheinungsformen des Leasings[24]

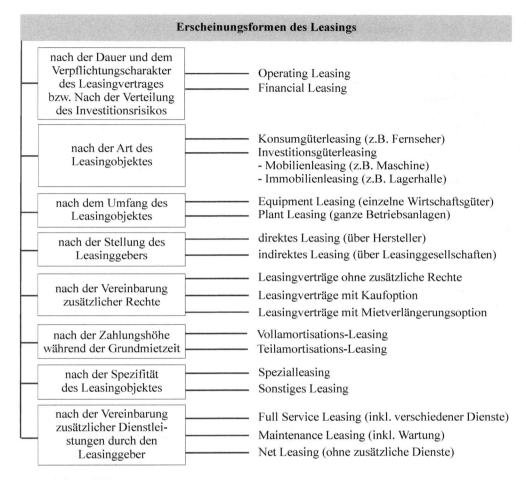

Grundsätzlich muss sich der Kreditsuchende einer Bonitätsprüfung unterziehen. Hierbei werden die in Abbildung 4 dargestellten Aspekte berücksichtigt. Ziel dieser Bonitätsprüfung ist es, Kreditrisiken auszuschließen bzw. zu minimieren.

---

[24] Bank Akademie-Verlag 2003, 14

Abbildung 4: Kreditrisiken im Überblick[25]

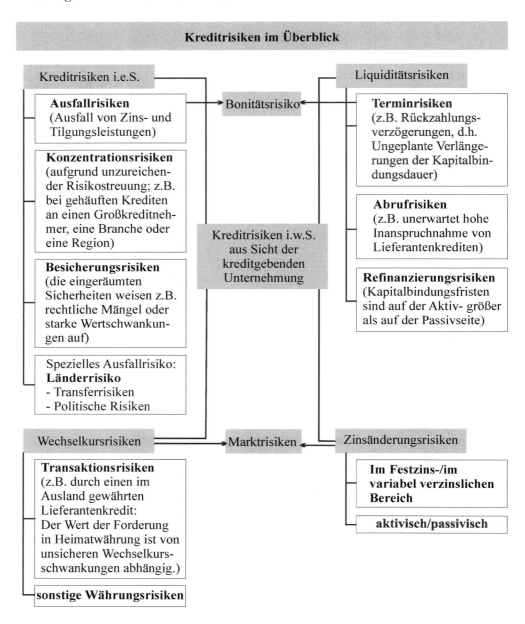

---

[25] Bank Akademie-Verlag 2003, 2

Jeder Kreditgeber ist daran interessiert, das Ausfallrisiko für den gewährten Kredit zu minimieren. Dem dienen die Kreditwürdigkeitsprüfungen und das Beibringen von Kreditsicherheiten.

Kreditwürdigkeitsprüfungen sollen den Nachweis erbringen, dass der Kapitalnehmer aus persönlicher und aus wirtschaftlicher Sicht die Gewähr für einen stabilen Kapitaldienst bietet.

Abbildung 5: Einflussfaktoren auf das Bonitätsrisiko[26]

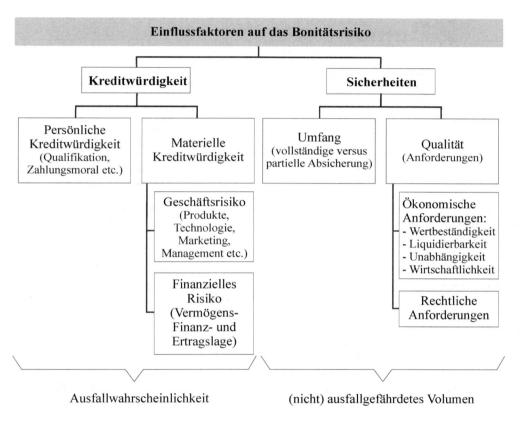

Bei der persönlichen Kreditwürdigkeit des Antragstellers werden folgende Aspekte geprüft:

- rechtliche Verhältnisse (Geschäftsfähigkeit, Vertretungsbefugnis, Güterstand) und
- unternehmerische Kompetenz (Sachkompetenz, Sozialkompetenz).

Ferner können noch weitere Beurteilungskriterien für die Kreditentscheidung herangezogen werden:

---

[26] Bank Akademie-Verlag 2003, 6

Abbildung 6: Beurteilungskriterien für die Kreditentscheidung[27]

	Beurteilungskriterien für die Kreditentscheidung
Bilanzauswertung	<ul><li>Bilanzanalyse</li><li>Bilanzaufbereitung</li><li>Bilanzkritik</li><li>Bilanzzeitvergleich</li><li>Branchenvergleich</li></ul>
Personen	<ul><li>Unternehmer (Einzelunternehmen und Personengesellschaften)</li><li>Management (Kapitalgesellschaften)</li></ul>
Betrieb	<ul><li>Technische Organisation</li><li>Kaufmännische Organisation</li></ul>
Branche	<ul><li>Allgemeine Branchensituation</li><li>Branchenstruktur</li><li>Entwicklungsaussichten (Wachstumschancen)</li></ul>
Rechtsform	<ul><li>Haftung des Inhabers oder der Gesellschafter</li><li>Rechtsform passend zur Größe und Struktur des Unternehmens</li></ul>
Sicherheit	<ul><li>Deckung des Risikos einer Fehleinschätzung</li></ul>

Die wirtschaftliche Kreditwürdigkeit bezieht sich auf die konkreten wirtschaftlichen Verhältnisse, dokumentiert durch Finanzanalysen und -pläne, Auftragsübersichten und Kennzahlen (siehe dazu Abbildung 7).

Neben der traditionellen Bilanzanalyse als Kennzahlenrechnung kommen heute neuere Ansätze wie zum Beispiel Scoring-Verfahren, Neuronale Netze und sonstige Expertensysteme zum Einsatz.

Da jede Kreditvergabe naturgemäß mit Risiken verbunden ist und in solchen Risiken Verlustgefahren zum Ausdruck kommen, wird die Notwendigkeit deutlich, die Risiken planmäßig und zielgerichtet zu erkennen, zu erfassen, zu analysieren, zu quantifizieren und zu steuern. Dies sind die Aufgaben des Risikomanagements, das die Phasen und Bausteine, wie sie in Abbildung 8 dargestellt werden, beinhalten sollte.

Kreditsicherheiten[28] sollen den Kapitalgeber für den Fall nachhaltiger Zahlungsprobleme des Kreditnehmers in die Lage versetzen, Befriedigung aus der Verwertung der Sicherheit zu erhalten. Die nutzbaren Sicherheiten lassen sich unterscheiden in

- Personalsicherheiten, wie die Bürgschaft, die Garantie, der Schuldbeitritt und der Kreditauftrag, und
- Realsicherheiten (Sachsicherheiten), wie der Eigentumsvorbehalt, die Sicherungsübereignung, die Forderungsabtretung sowie die beweglichen und unbeweglichen Pfandrechte.

---

[27] Riebell, Claus 2001, 217
[28] vgl. Busse 1993, 95 ff.

Investitions- und Finanzwirtschaft 131

Abbildung 7: Schema der Kennzahlenrechnung zwecks Bilanzanalyse[29]

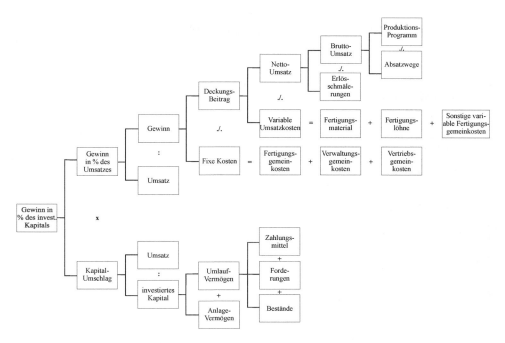

Dabei sind folgende Anforderungen bzw. Kriterien, die die Qualität der Kreditbesicherung maßgeblich beeinflussen, zu berücksichtigen:

- Wertbeständigkeit
- Liquidierbarkeit
- Unabhängigkeit
- Wirtschaftlichkeit

Da Investitionen langfristig im Unternehmen das Kapital binden, bedarf es unter Berücksichtigung der goldenen Bankregel einer langfristigen Finanzierung. Nach Hauschildt[30] ist es in einer Unternehmung untersagt, Investitionen mittels einer kurzfristigen Finanzierung durchzuführen.

Die Investitionsentscheidungsrechnung unterstützt die Unternehmung bei der Wahl verschiedener Investitionsalternativen und soll verhindern, dass bezüglich der Auswahl keine Fehlentscheidungen getroffen werden, die das Bestehen der Unternehmung gefährden. Hierzu bedient man sich der unterschiedlichen Investitionsentscheidungsrechenverfahren, zu denen unter anderem die statischen und dynamischen Verfahren gehören. In der betrieblichen Praxis werden sehr oft die statischen Investitionsentscheidungsrechenverfahren eingesetzt, da sie als sehr einfach in ihrer Handhabung gelten und keine rechnerischen

---

[29] Prätsch, Joachim/Schikorra, Uwe/Ludwig, Eberhard 2003, 263
[30] vgl. Hauschildt/Sachs/Witte 1981, 156

Abbildung 8: Phasen und Bausteine des Risikomanagements im Kreditgeschäft[31]

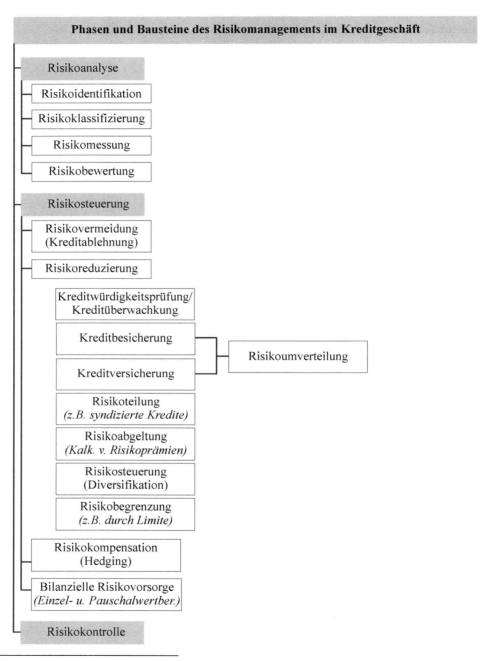

---
[31] Bank Akademie-Verlag 2003, 4

Voraussetzungen verlangen. Dynamische Investitionsentscheidungsrechenverfahren und auch der vollständige Finanzplan werden dagegen weniger angewandt.

Der Ursprung des Wortes „investieren" liegt in dem lateinischen Wort „investire", was soviel bedeutet wie „einkleiden"[32].

In der allgemeinen Literatur ist der Begriff der Investition oft unterschiedlich definiert: Das *Bertelsmanns Universal Lexikon*[33] definiert „investieren" als den Vorgang, „... Kapital in einem Unternehmen zu Gewinnzwecken ..."anzulegen. Dagegen beschreibt das *Neue Lexikon von A-Z*[34] den Begriff der Investition als das „... Umsetzen von Geld in Sachvermögen, insbesondere in produktive Aktiva". Aber auch in der betriebswirtschaftlichen Literatur gibt es verschiedene Definitionen: Die Wirtschaftszeitschrift *WISU* spricht vom „... Erwerb von physischem Kapital, das im Unternehmen – kombiniert mit anderen Faktoren – unter dem Gesichtspunkt der Gewinnerzielung eingesetzt wird."[35] *Schierenbeck*[36] dagegen spricht von Investitionen, „... wenn es sich um Maßnahmen handelt, die die (Produktions- und Absatz-) Kapazität der Unternehmung quantitativ und/oder qualitative verändern resp. sichern."

Zusammenfassend kann unter Investition die Verwendung von Kapital verstanden werden, die zum Aufbau und Erhalt des betrieblichen Vermögens, wie z.B. „... Beschaffung von Sachvermögen, immateriellen Vermögen oder Finanzvermögen (Maschinen, Vorräte, Patente, Lizenzen, Wertpapiere, Beteiligungen) ..."[37] benötigt werden. Dies hat zur Folge, dass die für die Investitionen benötigten finanziellen Mittel auf langfristiger Sicht in der Unternehmung gebunden sind.

Ferner kann der Begriff der Investition nach Leistungs- und Finanzwirtschaftlichkeit betrachtet werden, wobei eine weitere Darstellung in vermögensbestimmend, kombinationsbestimmend und zahlungsbestimmend zweckmäßiger erscheint.[38]

Abbildung 9: Der Investitionsbegriff

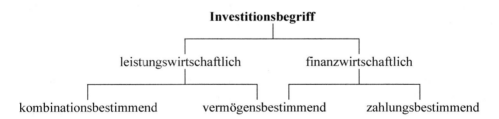

Auch bei den *Investitionsarten* gibt die betriebswirtschaftliche Literatur verschiedene Möglichkeiten zur Einteilung an. Die gängigste Einteilung der verschiedenen Arten der Investitionen ist nachfolgende:

---

[32] vgl. Perridon/Steiner 1995, 25
[33] Bertelsmann 1999, 402
[34] Neues Lexikon von A-Z 1994, 169
[35] Folkers/Pech 4/99, 600
[36] Schierenbeck 1999, 304
[37] Wöhe/Bilstein 1998, 3
[38] vgl. Perridon/Steiner 1995, 26, Götze/Bloech 1995, 5

Tabelle 2: Übersicht über die Investitionsarten[39]

Übersicht über die Investitionsarten	
Art des Vermögensgegenstandes	**Investitionsanlass**
Sachanlageinvestitionen	Errichtungsinvestitionen
<ul><li>Grundstücke und Gebäude</li><li>Technische Anlage</li><li>Betriebsausstattung</li><li>Vorräte</li></ul>	<ul><li>Betriebsgründung</li><li>Errichtung einer Niederlassung</li></ul>
Finanzanlageinvestitionen	Laufende Investitionen
<ul><li>Beteiligungen</li><li>Wertpapiere</li><li>Forderungen</li></ul>	<ul><li>Ersatzinvestitionen</li><li>Großreparaturen</li></ul>
Immaterielle Investitionen	Ergänzungsinvestitionen
<ul><li>Patente und Lizenzen</li><li>Forschung und Entwicklung</li><li>Aus- und Weiterbildung</li><li>Werbung</li></ul>	<ul><li>Erweiterungsinvestitionen</li><li>Sicherungsinvestitionen</li><li>Rationalisierungsinvestitionen</li><li>Umstellungsinvestitionen</li><li>Diversifikationen</li></ul>

Dabei spielt die Investitionsentscheidungsrechnung eine wichtige Rolle. Die durch ihre Hilfe ermittelten Ergebnisse (in der Regel monetäre Kriterien) sind für die darauf folgende *Bewertung* der Investitionsalternativen wichtig und führen zum letzten Punkt der Planungsphase, zur *Entscheidung*. Aber auch die nicht-monetären Kriterien wie zum Beispiel Unfallschutz und Bildung spielen in der Phase der Entscheidung eine wichtige Rolle. Ist für die Investition die Entscheidung gefallen, kann mit der Realisierung der Investition begonnen werden. Nach der *Realisierungsphase* beginnt die *Kontrollphase*. In dieser Phase ist die Möglichkeit vorhanden, einen Soll-Ist-Vergleich durchzuführen, um das tatsächlich eingetretene Ergebnis mit den Erwartungen zu vergleichen[40]. Während der Kontrollphase können Abweichungen zu den Erwartungen festgestellt werden. Durch diese Abweichungen können wiederum Gegenmaßnahmen eingeleitet werden, um eine unerwünschte Entwicklung des Investitionsprojektes zu vermeiden. Ein weiterer Vorteil der Kontrollphase ist der Erwerb von Erfahrungen, die zukünftigen Investitionsprojekten zugute kommen können.

Da Investitionen i. d. R. mit großem Kapitaleinsatz und einer langen Kapitalbindung verbunden sind, bedürfen sie einer gewissenhaften Investitionsentscheidung.

Die *Investitionsentscheidungsrechnung* dient der Unterstützung zur Entscheidungsauswahl von Investitionsalternativen und steht im Mittelpunkt der Investitionsplanung.

Die *konventionellen* Investitionsentscheidungsrechenverfahren beschäftigen sich mit der Beurteilung von Einzelinvestitionen oder einer begrenzten Anzahl von Investitionsprogrammen.[41] Durch eine Verwendung von bereits der Unternehmung bekannten Daten (wie z.B. Anschaffungs- oder Herstellungskosten, Nebenkosten, Transportkosten, Versiche-

---

[39] Bank Akademie-Verlag 2003, 4
[40] vgl. Wöhe/Döring 1996, 742 ff.
[41] vgl. Rautenberg 1984, 83

rungskosten, etc.) werden Ergebnisse für die Investitionsplanung ermittelt, die dann in der Entscheidungsphase eine große Rolle spielen.

Abbildung 10: Phasen der Investitionsplanung, -realisation und -entscheidung

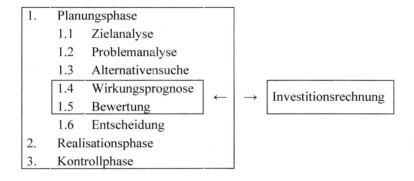

Tabelle 3: Verfahren der Investitionsentscheidungsrechnung

		Verfahren
Sicherheit	statische Verfahren	Kostenvergleichsrechnung
		Gewinnvergleichsrechnung
		Rentabilitätsvergleichsrechnung
		Amortisationsrechnung
		Nutzwertanalyse
		Kosten-Nutzen-Analyse
	dynamische Verfahren	Kapitalbarwertmethode
		Methode d. internen Zinsfußes
		Annuitätenmethode
		Vollständiger Finanzplan
Unsicherheit		Pessimismus-Regel
		Optimismus-Regel
		Hurwicz-Regel
		Laplace-Regel
		Savage-Niehans-Regel
		Krelle-Regel
Risiko		μ-σ-Kriterium
		Bernoulli-Prinzip
		Standardabweichung

Die Ergebnisse können durch verschiedene Investitionsrechenverfahren erstellt werden. Zu den *statischen Investitionsentscheidungsrechenverfahren* zählen Kosten-, Gewinn-, Rentabilitäts- sowie Amortisationszeitvergleichsrechnung[42]. Die *dynamischen Investitionsentscheidungsrechenverfahren* unterteilen sich in Kapitalbarwertmethode, interne Zinsfuß-Methode, Annuitätenmethode und dynamische Amortisationszeitvergleichsrechnung.

Auffallend ist in diesem Zusammenhang, dass weder die Nutzwertanalyse noch der vollständige Finanzplan berücksichtigt werden.

Alle diese Verfahren einschließlich der Nutzwertanalyse und des vollständigen Finanzplans sollen den Investor bei einer Beurteilung von verschiedenen Investitionsobjekten unterstützen. Dabei ist dieser bestrebt, seine vorhandenen finanziellen Mittel so zu investieren, dass die Unternehmensziele erreicht werden.

Die Investitionsentscheidungsrechenverfahren sollen eine Hilfeleistung in Bezug auf die Entscheidungsfindung darstellen und dem Investor bei nachfolgenden Fragen unterstützen[43]:

- Welche Investitionsalternativen sind von Vorteil?
- Welche Alternative davon erscheint für die Unternehmung am vorteilhaftesten?
- Wie lange kann das neue Investitionsobjekt genutzt werden?

Die statischen Investitionsentscheidungsrechenverfahren werden als Hilfsverfahren der Praxis bezeichnet. Diese Verfahren basieren auf einer Durchschnittsbetrachtung und somit einer kurzen Kapitalbindungsdauer. Zu den wesentlichen Entscheidungsparameter, die in die unterschiedlichen Entscheidungsrechnungen eingehen, gehören der Preis, die Kosten und die Produktions- bzw. Absatzmengen. Grundsätzlich sollen sich die statischen Verfahren zur Beurteilung von Einzel-, Ersatz- und Ergänzungsinvestitionen eignen.

Die Tabelle 4 gibt einen Überblick über die Verfahren, deren Berechnungsformeln und den Entscheidungsregeln gemäß Lehrbuchliteratur. Bei genaueren Betrachtung der Entscheidungsregeln bedürfen diese eine Überprüfung und Aktualisierung an die Entscheidungssituation der beruflichen Praxis.

Unter der Berücksichtigung des Zeitaspektes betrachten die dynamischen Investitionsrechenverfahren alle zukünftigen Zeitabschnitte.[44] Sie beruhen auf Einnahmen und Ausgaben, die zu unterschiedlichen Zeitpunkten anfallen. Daher bedarf es bei der Berechnung der dynamischen Investitionsrechenverfahren einer Unterstützung von finanzmathematischen Rechenmethoden.

Tabelle 5 gibt einen Überblick über die Verfahren, den Berechnungsformeln und den Entscheidungsregeln gemäß Lehrbuchliteratur. Auch hier bedürfen die Entscheidungsregeln eine Überprüfung und Aktualisierung an die Entscheidungssituation der beruflichen Praxis.

Der wesentliche Unterschied zwischen dem vollständigen Finanzplan und den konventionellen Investitionsrechenverfahren besteht darin, dass der vollständige Finanzplan sämtliche Einzahlungen und Auszahlungen für ein Investitionsobjekt einzeln und periodengerecht in einer Tabelle erfasst, um die Vorteilhaftigkeit des Investitionsobjektes zu berechnen.[45] Es werden also nach Grob[46] alle „… zurechenbaren Zahlungen einschließlich der monetären Konsequenzen finanzieller Dispositionen …", „… die – hervorgerufen durch die

---

[42] vgl. Olfert (b) 1997, 136 ff.
[43] vgl. Winkler 1999, 25
[44] vgl. Woll 1990, 361
[45] vgl. Schierenbeck 1999, 319
[46] Grob 1989, 5

Tabelle 4: Überblick über die statischen Investitionsentscheidungsrechenverfahren

Verfahren	Formel(n)	Entscheidungsregel
Kostenvergleichsrechnung	$K = K_{fix} + k_v \times x$ $K = \dfrac{a_0 - RW}{n} + \dfrac{a_0 + RW}{2} \times i + B$	Es ist die Investitionsalternative zu wählen, bei der die Kosten/Kosten pro Stück am geringsten sind.
Gewinnvergleichsrechnung	$G = (p \times x) - (K_{fix} + k_v \times x)$ $G = (p - k_v) \times x - K_{fix}$ $G = db \times x - K_{fix}$	Es ist die Investitionsalternative zu wählen, bei der der Gewinn am größten ist.
Renditevergleichsrechnung	$R = \dfrac{(p \times x) - (K_{fix} - k_v \times x)}{D} \times 100$	Es ist die Investitionsalternative zu wählen, bei der die Rendite am größten ist.
Amortisationszeitvergleichsrechnung	$AZ = \dfrac{a_0 - RW}{(\dfrac{1}{n} \times \sum_{k=1}^{n} G_k) + Afa}$	Es ist die Investitionsalternative zu wählen, bei der die Amortisationszeit am kleinsten ist.

Mit K = Kosten, K_{fix} = Fixkosten, k_v = variable Kosten, x = , a_0 = , RW = , n = , i = , B = , G = Gewinn, p = Preis, AZ = , G_k = , Afa = .

Investition – zur Sicherung des finanziellen Gleichgewichts notwendig ..."[47] sind, in einer Tabelle dargestellt und explizit berücksichtigt. Ferner werden mit Hilfe des vollständigen Finanzplanes die „... Prämissen für die Finanzmittelaufnahme und Finanzmittelanlage sowie den Ausgleich von Unterschieden bei der Kapitalbindung und der Nutzungsdauer transparent gemacht ...."[48]

---

[47] Schierenbeck 1999, 319
[48] Götze/Bloech 1995, 115

Tabelle 5: Überblick über die dynamischen Investitionsentscheidungsrechenverfahren

Verfahren	Formel(n)	Entscheidungsregel
Kapitalbarwertmethode	$$C_0 = -a_0 + (\sum_{k=1}^{n} \frac{e_k - a_k}{q^k}) + \frac{L}{q^n}$$ $$C_0 = -a_0 + ü \times \frac{q^n - 1}{q^n \times (q-1)} + \frac{L}{q^n}$$ $$C_0 = -a_0 + ü \times \frac{1}{i}$$	Es ist die Investitionsalternative zu wählen, bei der der berechnete Kapitalbarwert am größten ist.
interne Zinsfußmethode	$$0 = -a_0 + (\sum_{k=1}^{n} \frac{e_k - a_k}{q^k}) + \frac{L}{q^n}$$ $$0 = -a_0 + ü \times \frac{q^n - 1}{q^n \times (q-1)} + \frac{L}{q^n}$$ $$0 = -a_0 + ü \times \frac{1}{i}$$	Ist der berechnete interne Zinsfuß kleiner als der Kalkulationszinsfuß, ist die Investition ökonomisch nicht sinnvoll.
Annuitätenmethode	$$d = (-a_0 + (\sum_{k=1}^{n} \frac{e_k - a_k}{q^k}) + \frac{L}{q^n}) \times \frac{q^n \times (q-1)}{q^n - 1}$$ $$d = (-a_0 + ü \times \frac{q^n - 1}{q^n \times (q-1)} + \frac{L}{q^n}) \times \frac{q^n \times (q-1)}{q^n - 1}$$ $$d = (-a_0 + ü \times \frac{1}{i}) \times \frac{q^n \times (q-1)}{q^n - 1}$$	Es ist die Investitionsalternative zu wählen, bei der die berechnete Annuität am größten ist.

Mit $C_0 =$, $a_0 =$, $e_k =$, $a_k =$, $L =$, $q^k =$, $q^n =$, $ü =$, $d =$.

Unter Berücksichtigung der Lehrbuchliteratur lassen sich die Vor- und Nachteile der statischen Investitionsentscheidungsrechenverfahren wie folgt zusammenfassen:

Tabelle 6: Vor- und Nachteile statischer Investitionsentscheidungsrechenverfahren[49]

Verfahren	Vorteile	Nachteile
Voraussetzung ist ein vollständiger Kapitalmarkt		
Kostenvergleichsrechnung	• Einfache Anwendung	• Kurzfristigkeit des Kostenvergleiches • Auflösbarkeit der Kosten, ggf. in fixe und variable • Nichtberücksichtigung der Erlöse • Nichtberücksichtigung des Kapitaleinsatzes
Gewinnvergleichsrechnung	• Ertragsseite der Investition wird berücksichtigt	• Kurzfristigkeit des Gewinnvergleiches • Auflösbarkeit der Kosten • Zurechenbarkeit der Erlöse • Nichtberücksichtigung des Kapitaleinsatzes
Rentabilitätsvergleichsrechnung	• Berücksichtigung des Kapitaleinsatzes • Ausgangspunkt sind die Ergebnisse der Kosten- und Gewinnvergleichsrechnung	• Kurzfristigkeit des Rentabilitätsvergleichs • Zurechenbarkeit der Erlöse • Notwendigkeit von Differenzinvestitionen
Amortisationsrechnung	• Einfaches Verfahren	• Kurzfristigkeit des Vergleiches • Zurechenbarkeit der Erlöse kann problematisch sein • Nichtberücksichtigung des Kapitaleinsatzes • Nichtberücksichtigung der Rückflüsse nach der Amortisationszeit
Kapitalbarwertmethode	• Zahlungsreihen werden zeitlich und betragsmäßig differenziert betrachtet • Der Kapitalwert ist eine absolute Überschussgröße	• Zahlungsströme lassen sich in ihrer Höhe nicht ohne weiteres zurechnen • Zahlungsströme lassen sich in ihrer zeitlichen Verteilung nicht ohne weiteres zurechnen • Ungewissheit der Zahlungsreihen

---

[49] eigene Darstellung in Anlehnung u.a. an: Olfer (2001), 148 ff. u. Litke 1993, S. 137 ff.

Verfahren	Vorteile	Nachteile
Methode des Internen Zinsfuß	<ul><li>Zahlungsreihen werden zeitlich und betragsmäßig differenziert betrachtet</li><li>stellt eine kapitalbezogene Rentabilitätskennziffer dar, d.h. gibt die Verzinsung (Rentabilität) des gebundenen Kapitals an</li></ul>	<ul><li>siehe Kapitalbarwertmethode</li><li>nach Götze sollte die Interne Zinsfuß- Methode nicht zur Beurteilung der Vorteilhaftigkeit bei zusammengesetzten Investitionen in Verbindung mit einer Wiederanlage benutzt werden</li></ul>
Annuitätenmethode	<ul><li>Zahlungsreihen werden zeitlich und betragsmäßig differenziert betrachtet</li></ul>	<ul><li>Zurechenbarkeit der Zahlungsreihe</li><li>Ungewissheit der Zahlungsreihen</li><li>nur wenig Aussagekraft bei sich ändernden Kapitalbindungen</li></ul>

Diesen Einschätzungen ist vom Grundsatz nichts zu entgegnen. Dennoch bleiben gewisse Mängel unberücksichtigt. So handelt es sich bei den konventionellen Investitionsrechenverfahren um „ein Ziel orientierte Verfahren", bei denen ausschließlich pekuniäre Ziele wie zum Beispiel Gewinnmaximierung verfolgt werden. Somit werden folgende Ziele bei den Berechnungen in der Regel nicht berücksichtigt:

Leistungserstellungs-/-erhaltungsziele:
- Dispositionsziele
- arbeitstechnische Ziele
- kostenwirtschaftliche Ziele
- Gesundheitsziele
- etc.

Finanz-/Zeitbezogene Ziele
- Existenzsicherungsziele
- Erfolgsziele Vermögens- und Risikoabsicherungsziele
- Investitions- und Finanzierungsziele
- Zeitallokationsziele
- etc.

wirtschaftsbezogene Ziele
- arbeitspolitische Ziele
- verbraucherpolitische Ziele
- etc.

Literaturverzeichnis

Bank Akademie-Verlag (Hrsg.) (2003): Allgemeine Betriebswirtschaft, Teil 7, Frankfurt am Main, Stand: Juni 2003

Bertelsmann Universal Lexikon (1998): Das Wissen unserer Zeit von A-Z, aktualisierte Ausgabe 1999, München

Busse, Franz-Joseph (1991): Grundlagen der betrieblichen Finanzwirtschaft, 2. Auflage, München/Wien
Drukarczyk, Jochen (1983): Finanzierung, Eine Einführung, Grundwissen der Ökonomie, Betriebswirtschaftslehre, Stuttgart/New York
Eilenberger, Guido (1997): Betriebliche Finanzwirtschaft, Einführung in Investition und Finanzierung, Finanzpolitik und Finanzmanagement von Unternehmungen, 6. Auflage, München/Wien
Folkers, Cay/Pech, Gerald (1999): Wirkungen der Besteuerung auf Investitionsentscheidungen im finanzwissenschaftlichen Standardmodell (I), In: WISU - Das Wirtschaftsstudium, Düsseldorf 4/1999
Götze, Uwe/Bloech, Jürgen (1995): Investitionsentscheidungsrechnung, Modelle und Analysen zur Beurteilung von Investitionsvorhaben, Springer Lehrbuch, 2. Auflage, Berlin/Heidelberg/New York et al
Grob, Heinz Lothar (1998): Investitionsentscheidungsrechnung mit vollständigen Finanzplänen, München
Hauschildt, Jürgen/Sachs, Gerd/Witte, Eberhard (1981): Finanzplanung und Finanzkontrolle: Disposition, Organisation, Hagener Universitätstexte, München
Kugler, Gernot (1995): Betriebswirtschaftslehre der Unternehmung, Fachbuchreihe für wirtschaftliche Bildung, 13. Auflage, Haan-Gruiten
Litke, Hans-Dieter (1993): Projektmanagement - Methoden, Techniken, Verhaltensweisen, 2. Auflage, München
Mohr, Ulrich (Hrsg.) (1994): Neues Lexikon von A–Z, Hamburg 1994
Olfert, Klaus ((a) 1995): Investition, Kompendium der praktischen Betriebswirtschaft, 6. Auflage, Ludwigshafen (Rhein)/Kiehl
Olfert, Klaus ((b) 1997): Finanzierung, Kompendium der praktischen Betriebswirtschaft, 9. Auflage, Ludwigshafen (Rhein)/Kiehl
Olfer, Klaus (2001): Investitionen, 8. Auflage, Ludwigshafen
Prätsch, Joachim/Schikorra, Uwe/Ludwig, Eberhard (2003): Finanzmanagement, 2. Auflage, München/Wien
Perridon, Louis/Steiner, Manfred (1995): Finanzwirtschaft der Unternehmung, Vahlens Handbücher der Wirtschafts- und Sozialwissenschaften, 8. Auflage, München
Rautenberg, Hans Günter (1984): Finanzierung und Investition, Betriebswirtschaftslehre für Ingenieure, Reihe: Betriebswirtschaft und Betriebspraxis, 3. Auflage, Düsseldorf
Riebell, Claus (2001): Die Praxis der Bilanzauswertung, 7. Auflage, Stuttgart
Schierenbeck, Henner (1999): Grundzüge der Betriebswirtschaftslehre,14., unwesentlich veränderte Auflage, München/Wien
Specht, Olaf/Schmitt, Ulrich (2000): Betriebswirtschaft für Ingenieure + Informatiker, Managementwissen für Studium und Praxis, 5. Auflage, München/Wien
Süchtig, Joachim (1995): Theorie und Politik der Unternehmensfinanzierung, Finanzmanagement, 6. Auflage, Wiesbaden
Winkler, Manfred (1999): Investitionen erfolgreich finanzieren, Leitfaden für Unternehmer und Existenzgründer, Sparkassen Kunden-Service, Management, Stuttgart
Woll, Artur (Hrsg.) (1990): Wirtschaftslexikon von A–Z, Band I-IV, 8. Auflage, Lizenzausgabe für die Naumann & Göbel Verlagsgesellschaft mbH, Köln
Wöhe, Günter / Bilstein, Jürgen (1998): Grundzüge der Unternehmensfinanzierung, Lehrbücher für Wirtschaft und Recht, 8. Auflage, München
Wöhe, Günter/Döring, Ulrich (1996): Einführung in die Allgemeine Betriebswirtschaftslehre, Vahlens Handbücher der Wirtschafts- und Sozialwissenschaften, 19. Auflage, München
Wossidlo, Peter Rütger/Pfohl, Hans-Christian u.a. (1990): Betriebswirtschaftslehre der Mittel- und Kleinbetriebe, Grundlagen und Praxis der Betriebswirtschaft, 2. Auflage, Berlin

Weiterführende Literatur

Altrogge, Günter (1996): Investition, Oldenbourgs Lehr- und Handbücher der Wirtschafts- und Sozialwissenschaften, 4. Auflage, München/Wien
Bellinger, Bernhard (1964): Langfristige Finanzierung, Die Wirtschaftswissenschaften, Wiesbaden
Bestmann, Uwe (Hrsg.)/Ebert, Günter (1994): Kompendium der Betriebswirtschaftslehre, 7. Auflage, Wien
Blohm, Hans/Lüder, Klaus (1995): Investition, Schwachstellenanalyse des Investitionsbereichs und Investitionsentscheidungsrechnung, 8. Auflage, München
Braunschweig, Christian (1998): Investitionsentscheidungsrechnung, Einführung mit einer Darstellung der Unternehmensbewertung, WiSo - Lehr- und Handbücher, München/Wien
Buchner, Robert (1981): Grundzüge der Finanzanalyse, Vahlens Handbücher der Wirtschafts- und Sozialwissenschaften, München
Corsten, Hans/Reiß, Michael (1994): Betriebswirtschaftslehre, Lehr- und Handbücher der Betriebswirtschaftslehre, München/Wien
Dettmer, Harald/Hausmann, Thomas (1998): Finanzmanagement, Band1: Problemorientierte Einführung, WiSo - Lehr- und Handbücher, 2. Auflage, München, Wien
Haberstock, Lothar/Breithecker, Volker (1997): Kostenrechnung I, Einführung, 9. Auflage, Hamburg
Heinen, Edmund (Hrsg.)/Dietel, Bernhard (1991): Industriebetriebslehre, Entscheidungen im Industriebetrieb, 9. Auflage, Wiesbaden
Kreis, Rudolf (1994): Integriertes Finanzmanagement, Finanzinnovationen und Kapitaltheorie, München/Wien
Kruschwitz, Lutz (1995): Investitionsentscheidungsrechnung, de Gruyter Lehrbuch, 6. Auflage, Berlin/New York
Peters, Sönke/Brühl, Rolf/Stelling, Johannes N. (1999): Betriebswirtschaftslehre, Einführung, 9. Auflage, München/Wien
Pfohl, Hans-Christian/Braun, Günter E. (1981): Entscheidungstheorie, Normative und deskriptive Grundlagen des Entscheidens, Studienbibliothek Betriebswirtschaft, Landsberg
Schaefer, Sigrid (1993): Datenverarbeitungsunterstützendes Investitions-Controlling, Investitionsplanung und Investitionskontrolle im Rahmen eines betrieblichen Investitions-Controllingsystems, München
Spremann, Klaus (1996): Wirtschaft, Investition und Finanzierung, IMF - International Management and Finance, 5. Auflage, München/Wien
Veit, Thomas (1990): Investitions- u. Finanzplanung, Heidelberg

Unternehmensführung und Organisation

Marc Sander

1 Unternehmensführung

1.1 Grundlagen der Führung

Die Prozesse in einem Unternehmen bedürfen einer Gestaltung und Steuerung, damit sie koordiniert und zielgerichtet ablaufen. Diese Aufgabe wird als Führung bezeichnet. Die Begriffe „Management" und „Leitung" werden dabei meist synonym verwendet. Was allerdings im einzelnen unter der Führungsfunktion zu verstehen ist, darüber gehen die Meinungen zum Teil deutlich auseinander. Viele Bücher und Artikeln werden jährlich zu diesem Thema geschrieben. Auch in der Praxis gibt es großes Interesse an diesen Publikationen, weil eine gute oder schlechte Führung sich früher oder später entscheidend im Unternehmenserfolg niederschlägt. Zudem sind fast alle Menschen mehr oder weniger stark von der Führung direkt betroffen, sei es als Mitarbeiter eines Unternehmens oder als Mitglied anderer Organisationen wie Familie, Verein, Kirche usw.

Aus dem Umfang und der Vielfalt der Publikationen kann auch abgelesen werden, dass die Führung ein äußerst komplexes Phänomen ist. Die Führung zu umschreiben, Zusammenhänge aufzuzeigen und Empfehlungen abzugeben ist deshalb ein schwieriges Thema. Dies führt nicht selten dazu, dass bei der Betrachtung des Führungssituationen nur einzelne Aspekte und Probleme in den Vordergrund gerückt werden.

Aufgrund der Art und der Anzahl der berücksichtigten Aspekte können drei Betrachtungsarten der Führung unterschieden werden, aus denen sich Empfehlungen für die Führungspraxis ableiten lassen, nämlich

- Unternehmens- und Führungsgrundsätze,
- Führungstechniken und
- Führungskonzepte.

1.2 Unternehmens- und Führungsgrundsätze

Unternehmens- und Führungsgrundsätze sind allgemein gehaltene Richtlinien, die alle Führungskräfte ihrem Handeln zugrunde legen sollten. Sie dienen dazu, alle Teilbereiche des Unternehmens auf eine gemeinsame, aufeinander abgestimmte Politik auszurichten. Sie müssen deshalb primär in eine beabsichtigte und realistische Gesamtrichtung gehen, Präferenzen für die Arbeit setzen, gemeinsam an zu verfolgenden Absichten festhalten, konfliktträchtige Interessen ausgleichen und helfen, einmal festgelegte Ziele durchzusetzen.

Während die Unternehmensgrundsätze das Verhalten des gesamten Unternehmens gegenüber seiner Umwelt (Kunden, Lieferanten, Mitarbeiter, Staat usw.) betreffen, beziehen sich die Führungsgrundsätze primär auf das Verhältnis zwischen Vorgesetzten und Untergebenen[1].

Die Unternehmens- und Führungsgrundsätze werden in der Praxis häufig in einem Leitbild festgehalten, das im Unternehmen eine übergeordnete Funktion hat. Die Führungstechniken und -konzepte sollen sich an den im Unternehmensleitbild festgelegten Werten und Normen orientieren. Das Leitbild wird verbindlich durch die Geschäftsleitung abgenommen und allen Mitarbeitern zur Kenntnis gegeben und leistet damit einen Beitrag zur jeweiligen Unternehmenskultur.

1.3 Führungstechniken

Die Führungstechniken sind konkreter als die Unternehmens- und Führungsgrundsätze. Sie berücksichtigen zwar meistens nur einen spezifischen Aspekt der Führung (wie Zielvorgabe oder Delegation), doch zeigen sie relativ ausführlich deren Auswirkungen auf die gesamte Organisation und Führung eines Unternehmens. Sie haben in der Praxis als „Management by"-Techniken eine große Verbreitung gefunden. Auch wenn gegenwärtig eine Vielzahl solcher Konzepte existiert, werden vor allem folgende regelmäßig erwähnt:

- Management by Objectives:
  Führung durch Zielvorgabe bzw. durch Zielvereinbarung.
- Management by Exception:
  Führung durch Abweichungskontrolle und Eingriff nur im Ausnahmefall.
- Management by Delegation:
  Führung durch Delegation von Aufgaben, Kompetenzen und Verantwortung.
- Management by System:
  Führung durch eine umfassende Systemsteuerung.

1.3.1 Management by Objectives (MbO)

"Management by Objectives" (MbO) meint Führung durch Zielvereinbarung bzw. Führung durch Vorgabe von Zielen. Vorgesetzte und Untergebene erarbeiten gemeinsam Zielsetzungen für alle Führungsebenen (zielorientiertes Management). Es werden nur Ziele festgelegt, nicht aber bereits Vorschriften zur Zielerreichung. Die Auswahl der Ressourcen fällt vollständig in den Bereich der Aufgabenträger. Die Ausübung der Leitungsfunktion erfolgt auf allen Führungsebenen an den jeweils vereinbarten Subzielen. Basis dieses Führungsmodells ist der arbeitsteilige Aufgabenerfüllungsprozess und die Delegation von Entscheidungs- und Weisungsbefugnissen mit der dazugehörigen Verantwortung.

Die Voraussetzungen dafür sind:

- Analyse des Ist-Zustandes und Offenlegung der Stärken und Schwächen, aber auch der Entwicklungsmöglichkeiten für jede Stelle.
- Die Unternehmensziele müssen in ein hierarchisches System operationaler Ziele entlang der vertikalen Organisationsstruktur gegliedert werden.

---

[1] Gabele/Kretschmer 1986, 17 ff.

Unternehmensführung und Organisation

- Festlegung der Aufgabenbereiche und Verantwortlichkeiten.
- Offenlegung der Beurteilungsmaßstäbe.
- Gemeinsame Erarbeitung der Ziele zwischen Vorgesetzten und Untergebenen.

Vorteile:

- Förderung der Leistungsmotivation, Eigeninitiative und Verantwortungsbereitschaft.
- Weitgehende Entlastung der Führungsspitze
- Über mehrere Personen verteilter Zielbildungsprozess für eine weitgehende Zielidentifikation
- Ausrichtung aller Subziele und Sollwerte auf die Oberziele.
- Schaffung von Kriterien für eine leistungsgerechte Entlohnung, aber auch deren Förderung.

Kritik:

- Die operationale Formulierung von Zielen für alle Führungsebenen ist problematisch.
- Planungs- und Zielbildungsprozesse sind zeitaufwendig.

1.3.2 Management by Exception (MbE)

„Management by Exception" beschreibt die Führung durch Abweichungskontrolle und Eingriff in Ausnahmefällen. Der Mitarbeiter arbeitet solange selbständig, bis vorgeschriebene Toleranzen überschritten werden oder das Auftreten nicht vorhergesehener Ereignisse (Ausnahmefall) ein Eingreifen der übergeordneten Instanz erfordert. Der Vorgesetzte behält sich nur in Ausnahmefällen die Entscheidung vor. Ansonsten sind Verantwortung und Kompetenz für die Durchführung aller normalen Aufgaben unter der Voraussetzung delegiert, dass bestimmte, klar definierte Ziele angestrebt werden.

Dieses Konzept erfordert:

- Festlegung von Zielen und Sollwerten bzw. Bestimmung von Bewertungsmaßstäben und Auswahl von Erfolgskriterien.
- Entwicklung von Richtlinien für Normal- und Ausnahmefälle.
- Bestimmung des Umfanges der Kontrollinformationen.
- Vergleich von Soll und Ist und Durchführung einer Abweichungsanalyse.
- Vorhandensein eines Informationssystems, das den Ausnahmefall signalisiert (Kontroll- und Berichtssystem).
- Klare Regelung der Zuständigkeiten.
- Alle Organisationsmitglieder müssen Ziele und Abweichungstoleranzen kennen.

Vorteile:

- Weitgehende Zeitersparnis und damit Einsatz für Aufgaben der Problemlösung.
- Effektvollere Arbeit der Spitzenkräfte.
- Verdeutlichung krisenhafter Entwicklungen und kritischer Probleme.

Kritik:

- Kreativität und Initiative bleiben tendenziell dem Vorgesetzten vorbehalten.
- Ausrichtung auf die Vergangenheit (Soll-Ist-Abweichung), d.h. fehlendes *feed forward*,
- Ausrichtung auf nur negative Zielabweichungen, d.h. positive Abweichungen bleiben weitgehend unbekannt (Auswirkungen auf die Motivation).

1.3.3 Management by Delegation (MbD)

„Management by Delegation" steht für Führung durch Aufgabendelegation (Harzburger Modell: Führung im Mitarbeiterverhältnis).

Die Durchsetzung des Konzepts erfordert:

- Die Mitarbeiter erhalten einen eindeutig definierten Aufgabenbereich mit den entsprechenden Kompetenzen, in dem sie selbständig handeln und entscheiden können.
- Die unternehmerischen Entscheidungen werden auf die organisatorische Ebene verlagert, wo sie am fachgerechtesten gelöst werden können.
- Die mit Weisungsbefugnis ausgestatteten Führungskräfte sind allein für ihre Entscheidungen verantwortlich. Die Verantwortung des Vorgesetzten beschränkt sich auf Führungsverantwortung, d.h. auf Dienstaufsicht und Erfolgskontrolle.
- Vorhandensein von Stellenbeschreibungen.
- Bestimmung der Ausnahmefälle (delegierbare und nichtdelegierbare Aufgaben).
- Transparenz des Zielsystems, d.h. ausreichende Information der Mitarbeiter.
- Vorhandensein eines Berichts- und Kontrollsystems.
- Tendenzieller Abbau einer ausgeprägten Hierarchie und des autoritären (patriarchalischen) Führungsstils, Hinwendung zur partizipativen (kooperativen) Führung.

Vorteile:

- Entlastung der Vorgesetzten und damit Freisetzung für Problemlösungen.
- Förderung der Eigeninitiative, der Leistungsmotivation und der Verantwortungsbereitschaft.
- Entscheidungen werden auf der Ebene getroffen, auf der am sachgerechtesten entschieden werden kann.

Kritik:

- Partizipative Führung wird weitgehend nicht erreicht.
- Tendenz zur einsamen Einzelentscheidung.
- Gefahr, dass Vorgesetzte nur uninteressante Aufgaben delegieren.
- Hierarchie wird nicht zwangsläufig abgebaut.
- Das Führungsprinzip berücksichtigt nur vertikale Hierarchiebeziehungen, vernachlässigt aber die notwendigen horizontalen Koordinationen.

1.3.4 Management by System (MbS)

„Management by System" bedeutet Führung durch Systemsteuerung. Dabei handelt es sich um ein Führungsmodell, das, um ein Gesamtoptimum zu erreichen, eine Integration aller Teilsysteme des Unternehmens durch computergestützte Informations-, Planungs-, und Kontrollsysteme ermöglicht und herbeiführt.

MbS besteht im wesentlichen aus einer Systematisierung folgender Elemente:

- Verfahrensordnung (procedures) = Regelung der Aufeinanderfolge der Aktivitäten, die von mehreren Organisationsmitgliedern bzw. Subsystemen erbracht werden. Insbesondere ist die Lösung folgender Fragestellungen nötig:
    - Welche Arbeit muss erbracht werden?
    - Wer sind die Beteiligten?
    - Wann sind die verschiedenen Teilaufgaben auszuführen?
- Methoden = Wie soll eine Arbeit ausgeführt werden?
- Systeme als Netzwerke von miteinander verknüpften Verfahrensordnungen im Sinne integrierter Regelkreise.
- Entscheidungsdezentralisation (Delegation),
- Leistungsfähiges, integriertes Planungs-, Informations- und Kontrollsystem
- Zielorientierte Organisation.

Vorteile:

- Weitgehend automatische Steuerung von Routine-Prozessen durch Computerunterstützung.
- Weitgehende Berücksichtigung der Einflussgrößen aller Subsysteme im Entscheidungsprozess.
- Verbesserte Informationsversorgung aller Führungsebenen.
- Beschleunigung der Entscheidungsprozesse.

Kritik:

- In der Praxis ist MbS bisher nicht realisierbar wegen des Fehlen eines integrierten Management-, Planungs-, Informations- und Kontrollsystems.
- MbS würde hohe Kosten sowohl bei der Entwicklung als auch bei der Einführung verursachen.
- MbS würde hohen Zeitaufwand von der Entwicklung bis zur Implementierung bedeuten.

1.4 Führungskonzepte

Die Führungskonzepte versuchen, das Führungsphänomen in seiner Ganzheit und allen relevanten Aspekten sowohl in bezug auf die Gesamtsteuerung des Unternehmens und seiner Teilbereiche als auch in bezug auf die Führung des einzelne Mitarbeiters zu erfassen. Man bezeichnet sie deshalb auch als integrierte Managementkonzepte.

Das bekannteste integrierte Management-Konzept ist das St. Galler Management-Modell, das von Hans Ulrich[2] erstmals Ende der sechziger Jahre vorgestellt und von Knut Bleicher[3] in den neunziger Jahren als St. Galler Management-Konzept weiterentwickelt worden ist.

Auch in der Praxis sind verschiedene Modelle entwickelt worden. Als Beispiel, das große Verbreitung gefunden hat, muss man das Konzept des Lean Management nennen. Dieses Konzept ist die Weiterentwicklung des vom MIT (Massachusett Institute of Technology) in einer großen Vergleichsstudie der weltweiten Automobilindustrie geprägten Begriffs „Lean Production" (schlanke Produktion). Dies bezeichnet ein von Toyota nach dem Krieg entwickeltes Produktionssystem. Es ist für die Überlegenheit der japanischen Autoindustrie in bezug auf die Produktivität, Flexibilität, Schnelligkeit und Qualität verantwortlich.

1.4.1 St. Galler Management-Konzept

Elemente und Aspekte der Führung

Bei einer Aufteilung der gesamten Steuerungsfunktion „Führung" können grundsätzlich verschiedene Teilfunktionen abgegrenzt werden, welche die konstitutiven Elemente der Führung bilden:

- Planung:
  Die Aufgabe der Planung besteht in einem systematischen Vorgehen zur Problemerkennung und Problemlösung sowie zur Prognose der zu erzielenden Resultate.
- Entscheidung:
  Eine von der Planung ausgearbeitete Handlungsvariante wird für gültig erklärt und es erfolgt die definitive Zuteilung der zur Verfügung stehenden Mittel.
- Aufgabenübertragung:
  Es handelt sich um die Übertragung von Aufgaben im Rahmen des Problemlösungsprozesses. Diese Funktion ist vor allem bei der Realisierung von geplanten Maßnahmen von Bedeutung.
- Kontrolle:
  Diese Funktion umfasst die Überwachung des gesamten Problemlösungsprozesses und die Kontrolle der dabei erzielten Resultate.

Die Elemente Planung und Entscheidung dienen primär der Willensbildung, die Elemente Aufgabenübertragung und Kontrolle der Willensdurchsetzung. Diese vier Führungsfunktionen können unter einem führungstechnischen und einem menschenbezogenen Aspekt betrachtet werden:

---

[2] Ulrich 1970, 50 ff.
[3] Bleicher 1999, 77 ff.

Führungstechnische Aspekte

Stellt man die führungstechnische Betrachtungsweise des arbeitsteiligen Problemlösungsverhaltens in den Vordergrund, so können die Elemente der Führung unter drei Aspekten betrachtet werden:

Der *institutionelle Aspekt* berücksichtigt, dass alle Führungsfunktionen im sozialen System des Unternehmens Personen oder Stellen übertragen werden müssen. Es geht somit vor allem um die organisatorische Gliederung des Unternehmens. Da es sich um Stellen mit Führungsfunktionen, d.h. um Instanzen, handelt, spricht man von der Leitungsorganisation.

Die *prozessuale Betrachtungsweise* beschäftigt sich mit dem zeitlichen und sachlich-logischen Ablauf der Führungsfunktionen, also beispielsweise mit dem Planungs- oder Entscheidungsprozeß.

Beim *instrumentalen Aspekt* betrachtet man die Hilfsmittel, die als Instrumente bei der Ausübung der Führungsfunktionen eingesetzt werden können.

Menschenbezogene Aspekte

Aus der Tatsache, dass bei jeder multipersonalen Problemlösung und somit in jeder Führungssituation Interaktionen zwischen Menschen stattfinden, entstehen vielfältige zwischenmenschliche Beziehungen. Dieser Sachverhalt erfordert aufgrund der komplexen Natur des Problems eine differenzierte Sichtweise. Insbesondere sind zu beachten[4]:

- Die beteiligten Individuen mit ihren Persönlichkeitsmerkmalen (Charakter) und ihren spezifischen Zielsetzungen (z.B. bezüglich Karriere, Betriebsklima), d.h. die Betrachtung der individualistischen Perspektive.
- Die vielfältigen Beziehungen im Vorgesetzten/Untergebenen-Verhältnis. Diese werden durch den gewählten Führungsstil maßgeblich beeinflusst, d.h. die Betrachtung der dualistischen Perspektive.
- Schließlich der soziokulturelle Kontext, d.h. die hochdifferenzierten Interaktionen zwischen den am Führungsakt direkt Beteiligten und ihrem sozialen Umfeld, also die Betrachtung einer kollektivistischen Perspektive.

Inhalt der Führung

Bisher wurde die Führung unter formalen Aspekten betrachtet und der eigentliche Inhalt, d.h. die zu lösenden Aufgaben, außer acht gelassen. Da sich in jedem Funktionsbereich und auf jeder Führungsstufe andere Probleme stellen, wird auch der Inhalt der Führung entsprechend variieren.

Betrachtet man jene Probleme, die bei der Steuerung des Verhaltens des Gesamtunternehmens gelöst werden müssen, so handelt es sich um die Gesamtpolitik des Unternehmens. Kernaufgabe der Unternehmensführung wird damit die Entwicklung und Durchsetzung einer Unternehmenspolitik. Im Vordergrund stehen dabei folgende Hauptaufgaben[5]:

---

[4] Rühli 1996, 26
[5] Rühli 1996, 41 f.

1. Klärung, Wahl und Anpassung der Unternehmensziele,
2. Entwicklung, Ausgestaltung und Durchsetzung von Unternehmensstrategie,
3. Bereitstellung und Einsatz der erforderlichen Ressourcen.

Die Ausführungen geben einen kurzen Überblick über den Charakter des St. Galler Management-Konzeptes. Im folgenden wird nun auf das in der Praxis entwickelte Lean Management eingegangen.

1.4.2 Modell des Lean Management

Das Lean Management[6] umfasst folgende Inhalte:

- Lean Management ist ein überwiegend von japanischen Unternehmen verwendetes Managementsystem, das Serienprodukte und Dienstleistungen mit ungewohnt niedrigem Aufwand in vorzüglicher Qualität erstellen kann.
- Lean Management umfasst ein besonderes Verhältnis zu den Kunden, den Lieferanten und den Mitarbeitern.
- Lean Management ist ein komplexes System, welches das gesamte Unternehmen umfasst. Es stellt den Menschen in den Mittelpunkt des unternehmerischen Geschehens und enthält fundierte geistige Leitlinien, Strategien mit neuen Organisationsüberlegungen und naturwissenschaftlich-ingenieurmäßigen Methoden sowie eine Reihe pragmatischer Arbeitswerkzeuge für Mitarbeiter.
- In den geistigen Grundlagen werden die Leitgedanken des Unternehmens mit teilweise neuer Bedeutung bestimmt, die z.B. die Vermeidung jeder Verschwendung mit einer konsequenten Verringerung nichtwertschöpfender Tätigkeiten gleichsetzt. Das Konsensprinzip bezieht bei der Nutzung aller Ressourcen Lieferanten und Kunden in das Unternehmen ein und nutzt das volle geistige Potenzial der einfachen Mitarbeiter ebenso wie das der Manager.
- Lean Management organisiert dezentral mit ungewöhnlich gleichgerichteten Arbeitsprinzipien wie strikter Kunden- und Qualitätsorientierung, Gruppenarbeit und sorgfältiger Planung der Aktivitäten.
Zur Umsetzung werden Konzepte wie Kaizen (ständige Verbesserung), Kanban (produktionsinterne Kundenorientierung), Just-in-time-Produktion (gleichmässiger, lagerloser Materialfluss in der Fertigung), Total Quality Management (umfassende Qualitätserzeugung als Unternehmensfunktion) sowie Qualitätszirkel (Form der Arbeitsorganisation und der Mitarbeiterbeteiligung) eingesetzt.

Zusammenfassend lässt sich sagen, dass die Führungskonzepte der Gestaltung und Steuerung des finanz- und leistungswirtschaftlichen Umsatzprozesse dienen. Daher treten sie nicht nur in der Gesamtführung, sondern in allen Funktionsbereichen des Unternehmens (wie Marketing, Produktion, Personal, Finanzierung etc.) auf.

---

[6] Bösenberg/Metzen 1993, 8 ff.

1.5 Führungsstile

1.5.1 Grundlagen zum Führungsstil

Führungsstile stellen die Art und Weise dar, in der die Führungsaufgaben von den Führungskräften gelöst werden[7].

Grundsätzlich lassen sich Führungsstile in zwei Kategorien einteilen. Einerseits gibt es die Führungsstile, bei denen eine Willensbildung allein durch die Vorgesetzten erfolgt, andererseits gibt es den Führungsstil, der die Mitarbeiter in die Willensbildung mit einbezieht. Gedanklich bewegt man sich dabei entlang eines Kontinuums von rein vorgesetztenzentrierter Führung hin zu rein mitarbeiterzentrierter Führung[8].

Die rein vorgesetztenzentrierten Führungsstile decken dabei ein Spektrum von Entscheidung mit Zwang über Entscheidung mit Überredung bis hin zu Entscheidung nach Überzeugung ab. Im Übergang zu mitarbeiterzentrierter Führung wird die Entscheidung nach Meinungsäußerung des Mitarbeiters durch die Führungskraft getroffen.

Bei den mitarbeiterzentrierten Führungsstilen wird der Spielraum für die Mitbestimmung und Mitentscheidung eines Mitarbeiters sukzessive durch die Führungskraft erhöht. Die verwendete Bandbreite der Willensbildung beginnt damit, dass ein Vorgesetzter ein Problem definiert, der Mitarbeiter Lösungsvorschläge macht, die Entscheidung aber durch die Führungskraft getroffen wird. Sie intensiviert sich dahingehend, dass der Mitarbeiter eigene Entscheidungen in einem vom Vorgesetzten festgelegten Rahmen trifft und mündet darin, dass der Mitarbeiter autonom in einem übergeordneten Rahmen handeln darf.

In den folgenden Abschnitten werden nun die wichtigsten Führungsstile voneinander abgegrenzt und kurz vorgestellt.

1.5.2 Autoritärer (patriarchalischer) Führungsstil

Der autoritäre oder auch als patriarchalisch bezeichnete Führungsstil scheint das klassische Unternehmerbild der beginnenden Industrialisierung zu verkörpern. Die Unternehmung leitet ein Patriarch, meist der Inhaber des Unternehmens, mit absolutem und autoritärem Herrschaftsanspruch. Widerspruch wird nicht geduldet. Eine vom Patriarchen einmal getroffene Entscheidung ist unverrückbares Gesetz.

Allerdings ist dieser Typus Führungskraft auch jemand, der sich seinen Mitarbeitern gegenüber zu Treue und Versorgungspflicht bekennt. Es geht ihm nicht nur darum seine Mitarbeiter nach dem Muster des Manchester-Kapitalismus auszubeuten und dann zu ersetzen. Der Mitarbeiter soll klare Regeln und Handlungsanweisungen befolgen, dann wird auch gut für ihn gesorgt werden. Es ist ein Führungsstil bei dem das Geben und Nehmen in einem durch die Führungskraft vorgegebenen Verhältnis stehen.

---

[7] Selchert 2002, 43
[8] Tannenbaum 1968, 95 ff.

1.5.3 Charismatischer Führungsstil

Auch beim charismatischen Führungsstil bewegen wir uns immer noch in einem Bereich, in dem die Führungskraft mit absolutem und durchaus autoritärem Herrschaftsanspruch handelt. Allerdings ist dieser Anspruch nicht durch die Definition von Pflichten (Regeln) und Ansprüchen entstanden, sondern ist gewachsen aus der Ausstrahlungskraft (= dem Charisma) der Führungskraft.

Wir haben es hier typischerweise mit der Situation einer Führungskraft zu tun, die aus Erfahrung weiß, welche Entscheidung für das Geschäft die richtige ist. Es ist oftmals die Bauchentscheidung, anders formuliert: der richtige Riecher, der das Charisma der Führungskraft begründet. Der Führungskraft eilt ein Ruf voraus, der für die Mitarbeiter eine Situation der Vertrautheit und Zuverlässigkeit darstellt.

1.5.4 Bürokratischer Führungsstil

Beim bürokratischen Führungsstil werden die Ansprüche nach absoluter und autoritärer Herrschaft durch Legalität, Reglement und fachliche Kompetenz abgeleitet.

Es gilt immer noch, dass die Führungskraft entscheidet was richtig oder falsch ist. Diesen Anspruch hat die Führungskraft durch die Unternehmung als Teil seiner Funktion verliehen bekommen. Die Führungskraft muss als Teil seiner definierten Aufgabenstellung Entscheidungen treffen. Dafür kann die Führungskraft auf ein im Unternehmen einheitliches Reglement zurückgreifen, um transparente Entscheidungen zu treffen. Vertrautheit und Zuverlässigkeit für die Mitarbeiter entstehen nur, wenn die Führungskraft fachlich bei den Mitarbeitern ein hohes Ansehen genießt.

1.5.5 Partizipativer (kooperativer) Führungsstil

Der partizipative oder auch kooperative Führungsstil rückt die Mitarbeiter in eine aktive Rolle bei der Willensbildung. Die Mitarbeiter werden durch Informations-, Beratungs- oder Entscheidungsrechte in die Willensbildung eingebunden. In der Konsequenz haben die Mitarbeiter die Möglichkeit, eigene Vorschläge zu unterbreiten oder in begrenztem Rahmen auch eigene, d.h. von der Führungskraft unabhängige Entscheidungen zu treffen.

In dieser Form des Führungsstils soll Vertrauen und Loyalität zum Unternehmen (und der Führungskraft) durch die gewollte aktive Einbindung des Mitarbeiters in die Willensbildung entstehen. Dies erfordert von der Führungskraft wie dem Mitarbeiter ein hohes Maß an fachlichem Know-How und persönlichem Vertrauen untereinander.

Zusammenfassend sei gesagt, dass der Führungsstil in seinen unterschiedlichen Ausprägungen sich in der Praxis immer auf das Grundverhältnis zwischen einem Vorgesetztem und seinen Mitarbeitern bezieht. Regelmäßig findet er Anwendung in der direkten Beziehung miteinander z.B. in der täglichen Arbeit, bei Ad-hoc-Entscheidungen usw. Welche Form des Führungsstils im Einzelfall konkret angewendet wird, ist daher auch sehr stark von der Person der Führungskraft abhängig. Auch kann in der Praxis nicht immer klar nach einem bestimmten Führungsstil differenziert werden, weil es zu unterschiedlichen Willensbildungsprozessen bei ein und derselben Führungskraft in unterschiedlichen Situationen kommen kann.

Es ist weiterhin nicht untypisch, dass in ein und demselben Unternehmen (auch in größeren Organisationseinheiten) mehrere Führungsstile nebeneinander von unterschiedlichen Personen praktiziert werden.

Je nach Führungstechnik und Organisationsmodell kommt es daher in der Praxis zu unterschiedlich gut passendem Führungsverhalten der Führungskräfte.

2 Organisation

2.1 Organisation als Managementaufgabe

Ein Unternehmen muss primär organisieren, um eine Arbeitsteilung vorzunehmen, da an der Erfüllung der Gesamtaufgabe eines Unternehmens mehrere Personen beteiligt sind. Jeder Person soll eine bestimmte Teilaufgabe zugeordnet werden. Damit stellt sich das Problem, wie eine solche Arbeitsteilung aussehen kann. Wie jeder aus eigener Erfahrung weiß (z.B. Familie, Schule, Kirche, Verein), kann sie auf verschiedene Art und Weise durchgeführt werden. Entsprechend vielfältig sind auch die beobachtbaren Organisationsformen.

Grundsätzlich strebt ein Unternehmen nach einer möglichst effizienten Organisation. Bereits Adam Smith beschrieb 1776 die Auswirkungen verschiedener Formen der Arbeitsteilung auf die Effizienz des Unternehmens:

In einer Stecknadelfabrik stellte er fest, dass insgesamt zehn Arbeiter, von denen jeder zwei bis drei Verrichtungen auszuführen hatte, pro Tag 48.000 Nadeln fabrizierten. Dies ergab 4.800 Nadeln pro Arbeiter und Tag. Hätte hingegen jeder Arbeiter alle Verrichtungen, die für die Fertigung einer Stecknadel notwendig sind, allein ausführen müssen, so hätte ein jeder nur gerade 20 Nadeln pro Tag herstellen können!

Dieses Beispiel zeigt sehr anschaulich, wie mit einer zunehmenden Arbeitsteilung im Sinne einer Spezialisierung eine höhere Produktivität erreicht wird.

Ausgehend von diesen Überlegungen kann der Inhalt der Organisationslehre wie folgt umschrieben werden:

Die Organisationslehre versucht zu zeigen, wie einerseits die Gesamtaufgabe des Unternehmens, die von Menschen und Maschinen arbeitsteilig erfüllt werden muss, sinnvoll in Teilaufgaben aufgegliedert werden kann und wie andererseits diese Teilaufgaben zueinander in Beziehung gesetzt werden können, damit die Ziele des Unternehmens optimal erreicht werden[9].

Mit jeder Form der Arbeitsteilung sind aber bestimmte Konsequenzen verbunden, die nicht nur positiver, sondern auch negativer Art sein können. Bei einer zunehmenden Spezialisierung ist beispielsweise festzustellen, dass neben der Erhöhung der Produktivität folgende Phänomene auftreten können:

---

[9] Thommen/Achleitner 1998, 674 ff.

- Zunahme der Abhängigkeiten:
  Fällt ein Arbeiter in der Kette des arbeitsteilig Produktionsprozesses aus, so steht die ganze Produktion still. Bestünde hingegen keine spezialisierte Arbeitsteilung, so würde lediglich ein Arbeiter ausfallen und die produzierte Gesamtmenge würde nur durch dessen Leistung verringert.
- Zunahme der Komplexität der Organisation:
  Die verschiedenen Verrichtungen des Gesamtprozesses müssen genau aufeinander abgestimmt werden. Arbeitet ein Mitarbeiter beispielsweise zu schnell oder zu langsam, so entstehen Zwischenlager oder der nachfolgende Mitarbeiter ist überlastet bzw. nicht ausgelastet.

Jeder Form der Arbeitsteilung sind deshalb Grenzen gesetzt. Eine extreme Arbeitsteilung scheitert beispielsweise daran, dass

- die Kosten für die Koordination so groß werden, dass sie den Nutzen aus dem Produktivitätsfortschritt überkompensieren,
- aufgrund der technologischen Gegebenheiten eine weitergehende Arbeitsteilung gar nicht mehr möglich ist,
- der Mensch infolge der ebenfalls zunehmenden Monotonie der Arbeit bestimmte Reaktionen zeigt, die nicht nur ihm, sondern auch dem Unternehmen oder der Gesellschaft Schaden zufügen (z.B. gesundheitliche Schäden, Kommunikationsschwierigkeiten, häufiger Stellenwechsel).

2.2 Der Begriff Organisation

Der Begriff Organisation wird sowohl umgangssprachlich als auch betriebswirtschaftlich in unterschiedlichen Bedeutungen verwendet. Betriebswirtschaftlich stehen folgende Interpretationen im Vordergrund[10]:

1. Gestalterischer Aspekt, d.h. das Unternehmen wird organisiert:
   Bei dieser Orientierung steht die Tätigkeit des Gestaltens im Vordergrund. Organisation in diesem Sinne kommt deshalb eine Gestaltungsfunktion zu.
2. Instrumentaler Aspekt, d.h. das Unternehmen hat eine Organisation:
   Dieser Begriff beruht darauf, dass in der Regel jedes Unternehmen eine bewusst geschaffene Ordnung hat, mit der bestimmte Ziele erreicht werden sollen. Diese Ordnung bezieht sich auf die Strukturen (Aufbauorganisation) und Prozesse (Ablauforganisation) des Unternehmens. Gegenstand sind die Beziehungen zwischen den Mitarbeitern sowie zwischen den Menschen und den Sachmitteln. Organisation in dieser Bedeutung hat eine Ordnungsfunktion. Sie dient als Instrument zur Erreichung der Unternehmensziele.
3. Institutionaler Aspekt, d.h. das Unternehmen ist eine Organisation:
   Dieser Bezeichnung liegt die Frage zugrunde, welche in der Realität vorkommenden Gebilde als Organisationen bezeichnet und somit von einer Organisationslehre untersucht werden. Neben dem Unternehmen können auch öffentliche Betriebe und Verwal-

---

[10] Thommen/Achleitner 1998, 674 f.

tungen, aber auch religiöse, karitative, militärische oder viele andere gesellschaftliche Institutionen Gegenstand der Betriebswirtschaftslehre und somit auch einer Organisationslehre sein.

Darüber hinaus unterscheidet man zwischen der formalen und der informalen Organisation. Dabei stellt die bewusst gestaltete Organisation die formalen Strukturen und Abläufe eines Unternehmens dar. Neben dieser fest vorgegebenen Ordnung bilden sich in der betrieblichen Wirklichkeit in unterschiedlichem Ausmaß informale Strukturen, die neben (komplementär) oder anstelle (substituierend) der formalen Organisation wirksam werden. Als Ursachen dieser Erscheinung können genannt werden:

- menschliche Eigenheiten (z.B. Sympathie, gemeinsame Interessen),
- sozialer Status der Mitglieder des Unternehmens,
- die zu lösende Aufgabe,
- die Arbeitsbedingungen (z.B. Zeitdruck).

In der Praxis bestehen formale und informale Organisationsstrukturen meist nebeneinander. Über die Auswirkungen einer informalen auf die bewusst gestaltete Organisationsstruktur können keine allgemeinen Aussagen gemacht werden. Sie hängen von der jeweiligen Situation und den Zielen einer Organisation ab. Wichtig ist es aber, sich dieser informalen Organisation bewusst zu werden sowie positive Wirkungen zu fördern, hemmende Konflikte jedoch zu beseitigen.

2.3 Formale Grundlagen in der Organisation

2.3.1 Aufgabe

Eine Aufgabe lässt sich durch folgende Merkmale abgrenzen:

- Verrichtungen, die zur Erfüllung einer Aufgabe zu vollziehen sind (z.B. Forschung und Entwicklung, Marketing, Produktion).
- Objekt, an dem oder in bezug auf das eine Tätigkeit ausgeübt wird (Rohstoffe, Zwischenfabrikate, Endprodukte, Produktgruppe, Dienstleistungen).
- Sachmittel bzw. Betriebsmittel, die zur Durchführung einer Aufgabe erforderlich sind,
- Ort, an dem eine Aufgabe erfüllt wird. Zu unterscheiden ist zwischen gesamtbetrieblichen (Absatzgebiete, Produktionsstätten) und innerbetrieblichen Standorten (z.B. Zuordnung der Räumlichkeiten auf die verschiedenen Funktionsbereiche, Anordnung der Betriebsmittel).
- Rang des Führungsprozesses, wobei zwischen Leitungs- und Ausführungsaufgaben unterschieden werden kann.
- Phase des Führungsprozesses, wobei vier Phasen unterschieden werden können: Planung, Entscheidung, Aufgabenübertragung, Kontrolle.
- Zweckbeziehung, wobei zwischen Primäraufgaben, die dem unmittelbaren Betriebszweck (z.B. Produktion) dienen, und sekundären oder Verwaltungsaufgaben (z.B. Rechnungswesen) unterschieden werden kann.

- Zeit, die zur Erledigung einer Aufgabe notwendig ist.
- Person, der die Aufgabe übertragen wird.

Diese Kriterien bilden die Grundlagen der Aufbau- und Ablauforganisation. Während aber bei der Aufbauorganisation die Merkmale Verrichtung, Objekt, gesamtbetrieblicher Standort, Rang, Phase und Zweckbeziehung im Vordergrund stehen, sind es bei der Ablauforganisation die Merkmale innerbetrieblicher Standort, Sachmittel, Person und Zeit.

2.3.2 Stelle

Eine Stelle ist die kleinste organisatorische Einheit eines Unternehmens. Sie setzt sich aus verschiedenen Teilaufgaben zusammen (z.B. Schreiben, Telefonieren, Daten eingeben), die einen bestimmten Aufgabenkomplex bilden (z.B. Verwaltungsarbeiten).

Grundsätzlich können ausführende Stellen auf der Ausführungsebene und Leitungsstellen, sogenannte Instanzen, auf der Führungsebene unterschieden werden. Ausführende Stellen sind einerseits einer oder mehrerer Instanzen unterstellt und haben andererseits keine eigenen Weisungsbefugnisse gegenüber anderen Stellen. Leitungsstellen hingegen sind dadurch gekennzeichnet. dass sie bestimmten Stellen hierarchisch übergeordnet sind. Sie können aber ihrerseits auch wieder einer oder mehreren Instanzen unterstellt sein.

Neben Instanzen und ausführenden Stellen treten auch Mischformen auf. Zu erwähnen sind insbesondere die Stabsstellen. Stabsstellen werden vor allem zur Entlastung und Unterstützung von Geschäfts- und Bereichsleitern für zeitraubende Nachforschungen und Planungsarbeiten eingesetzt. Es kommen ihnen dabei primär die Aufgaben Beratung und Unterstützung, Informationsverarbeitung und Vorbereiten von Entscheidungen zu.

Der Stab ist somit dadurch gekennzeichnet, dass er im Führungsprozess an der Entscheidungsvorbereitung beteiligt ist und dass er keine Anordnungsbefugnisse gegenüber Linienstellen besitzt.

Inwieweit der Einsatz von Stabsstellen zweckmäßig ist, hängt von der jeweiligen Unternehmenssituation ab. Einflussfaktoren, die dabei eine große Rolle spielen, sind insbesondere die Qualität des Stabes (=personelle Besetzung), die Art der Aufgaben, die Größe des Unternehmens, die Führungsstufe und die Intensität der Zusammenarbeit zwischen Stäben und Linienstellen.

2.3.3 Stelle und Arbeitsplatz

Im organisatorischen Sinne ist zwischen einer Stelle und einem Arbeitsplatz zu unterscheiden. Unter einem Arbeitsplatz ist der jeweilige konkrete Ort und Raum der Aufgabenerfüllung zu verstehen.

Bei der Stelle handelt es sich hingegen nicht um einen konkreten Arbeitsplatz, sondern um einen abstrakten Aufgabenkomplex, bei dessen Bildung man von einem oder mehreren gedachten Aufgabenträgern ausgeht. Eine Stelle kann deshalb mehrere Arbeitsplätze aufweisen und ebenso kann eine Stelle von mehr als einer Person als Aufgabenträger besetzt sein, wenn die Personen die gleiche Aufgabe erfüllen oder die Aufgabe aufgrund ihres Umfanges auf mehrere Personen verteilt werden muss.

2.3.4 Stelle und Abteilung

Werden mehrere Stellen, welche gemeinsame oder direkt zusammenhängende Aufgaben erfüllen, zu einer Stellengruppe zusammengefasst und einer Instanz (Leitungsstelle) unterstellt, so spricht man von einer Abteilung. Je nach Größe einer Abteilung kann diese in Unterabteilungen aufgeteilt werden.

2.3.5 Aufgaben, Kompetenzen, Verantwortung

Damit der Inhaber einer Stelle die ihm übertragenen Aufgaben erfüllen kann, muss er die dazu notwendigen Kompetenzen besitzen. Als Kompetenzen bezeichnet man die Rechte und Befugnisse, alle zur Aufgabenerfüllung erforderlichen Handlungen und Maßnahmen vorzunehmen oder ausführen zu lassen.

Mit der Zuweisung von Aufgaben und Kompetenzen wird der Stelleninhaber aber auch verpflichtet, seine Aufgabe zu erfüllen und die Kompetenzen wahrzunehmen. Es handelt sich dabei um die Verantwortung. Unter Verantwortung versteht man die Pflicht eines Aufgabenträgers, für die zieladäquate Erfüllung einer Aufgabe persönlich Rechenschaft abzulegen.

Ein Organisationsgrundsatz besagt, dass die übertragenen Aufgaben, die zugewiesenen Kompetenzen und die zu übernehmende Verantwortung einander entsprechen müssen. Ein Aufgabenträger muss nach diesem Gesetz der Einheit jene Kompetenzen erhalten, die er benötigt, um seine Aufgabe richtig erfüllen zu können. Andererseits trägt er die Verantwortung für die korrekte Aufgabenerfüllung sowie die Verantwortung bei einer Überschreitung seiner Kompetenzen.

2.4 Problemlösungsprozess der Organisation

Für die Lösung organisatorischer Probleme ist es ebenfalls sinnvoll, den Problemlösungsprozess als formales Schema aufzuzeichnen. Aus dem allgemeinen Problemlösungsprozess können für die Organisation folgende Phasen abgeleitet werden:

1. Analyse der Ausgangslage:
   Eine Vielzahl von Einflussfaktoren wirkt auf die Organisation eines Unternehmens. Eine große Rolle spielen dabei sowohl die Umweltbedingungen (z.B. Unsicherheit der Umwelt, gesetzliche Regelungen, Größe des Absatzmarktes) als auch die unternehmensspezifischen Faktoren (z.B. Größe des Unternehmens, historische Entwicklung, Anzahl Produkte).
2. Bestimmung der Ziele der Organisation:
   Oberstes Ziel organisatorischer Tätigkeit ist es letztlich immer, durch eine optimale Arbeitsverteilung die Effizienz einer Organisation und somit den Erfolg eines Unternehmens zu erhöhen. Dieses Ziel kann sich entweder auf die Aufbauorganisation (Struktur) oder die Ablauforganisation (Prozess) beziehen.
3. Bestimmung der Organisationsmaßnahmen:
   Zur Erreichung der organisatorischen Ziele (z.B. effiziente Arbeitsaufteilung, optimale

Kommunikationswege) stehen dem Unternehmen eine Vielzahl organisatorischer Maßnahmen zur Verfügung. Im Vordergrund stehen dabei die verschiedenen Formen der Aufbau- und Ablauforganisation.
4. Bestimmung der Mittel:
Um organisatorische Maßnahmen durchführen zu können, müssen die entsprechenden Mittel zur Verfügung gestellt werden. Neben finanziellen Mitteln sind dies vor allem Personen, welche sowohl die organisatorischen Maßnahmen und die für deren Durchführung notwendigen Organisationsinstrumente (z.B. Stellenbeschreibung, Netzplan) ausarbeiten als auch die geplanten Maßnahmen umsetzen.
5. Durchführung:
Ein besonderes Gewicht wird der Implementierung organisatorischer Maßnahmen beigemessen. Da solche Maßnahmen eine Veränderung bestehender Strukturen und Abläufe bedeuten, betreffen sie immer auch Menschen, die sich an neue Situationen anpassen müssen. Dabei können nicht unerhebliche Widerstände und Konflikte auftreten.
6. Evaluierung der Resultate:
Das Ergebnis organisatorischer Tätigkeiten besteht in einer Neuordnung der Aufgaben. Es zeigt, inwieweit es dem Unternehmen gelungen ist, den Anforderungen der Umwelt, der Mitarbeiter und des Unternehmens selbst mit einer zweckmäßigen Aufbau- und Ablauforganisation gerecht zu werden.

2.5 Aufbauorganisation

2.5.1 Gestaltung der Aufbauorganisation

Der erste Schritt zur Gestaltung der Aufbauorganisation besteht darin, die Gesamtaufgabe eines Unternehmens (z.B. Herstellung von Schuhen) in einzelne Teilaufgaben zu gliedern. In dieser Aufgabenanalyse wird die Gesamtaufgabe solange in einzelne Aufgaben gegliedert, bis diese nicht weiter zerlegbar sind oder in der anschließenden Arbeitssynthese ohnehin wieder zusammengefasst werden müssten und deshalb eine weitere Zerlegung nicht sinnvoll wäre. Dadurch erhält man die Elementaraufgaben, mit denen in der nachfolgenden Aufgabensynthese einzelne zweckmäßige Aufgabenkomplexe gebildet werden, die auf eine Stelle (mit einem oder mehreren Aufgabenträgern) übertragen werden können. Schließlich müssen die verschiedenen Stellen zu einer Gesamtstruktur zusammengefasst und in Beziehung zueinander gesetzt werden. Dies ergibt die formale Aufbauorganisation eines Unternehmens.

Im Vordergrund stehen die Fragestellungen:

- Wie kann die Gesamtaufgabe gegliedert und in Elementaraufgaben zerlegt werden?
- Wie können die Elementaraufgaben zu Stellen gebündelt und strukturiert werden?
- Nach welchen Kriterien werden die einzelnen Stellen in Beziehung zueinander gesetzt?

Die Kombination dieser beschriebenen Kriterien ergibt die verschiedenen Ausprägungen von Organisationsformen in der betrieblichen Praxis. Es ergeben sich für jedes Unternehmen sehr unterschiedliche Organisationsformen, da sich alle Unternehmen in ihrem Tätigkeitsfeld und -spektrum strukturell voneinander unterscheiden.

2.5.2 Kontrollspanne und Leistungsgliederung

Bei der Gestaltung der Aufbauorganisation stellt sich die Frage der Breite der Leitungsgliederung, die mit der Kontroll- oder Leitungsspanne ausgedrückt werden kann.

Unter der Kontrollspanne wird die Anzahl der einem Vorgesetzten unterstellt Mitarbeiter verstanden. Je größer die Kontrollspanne ist, um so umfangreicher fallen die durch den Vorgesetzten zu erfüllenden Leitungsaufgaben aus. Dabei ist zu berücksichtigen, dass nicht nur die direkten Beziehungen zwischen Vorgesetzten und Unterstellten wachsen, sondern auch die möglichen Gruppenbeziehungsgeflechte oder die menschlichen Beziehungen zwischen den Untergebenen selbst. Es stellt sich daher die Frage, welches die optimale Kontrollspanne ist. In der Literatur werden keine einheitlichen Maßstäbe angegeben; die Empfehlungen schwanken zwischen fünf und acht. Statt eine Bandbreite oder absolute Zahl anzugeben, scheint es allerdings wesentlich sinnvoller zu sein, Einflussfaktoren aufzuzeigen, die Auswirkungen auf Kontrollspanne haben können.

Folgende Kriterien können genannt werden[11]:

- Häufigkeit und Intensität der Beziehungen. Nicht die theoretisch möglichen Beziehungen, sondern nur die relevanten sind entscheidend.
- Unterstützung des Vorgesetzten: Je stärker der Vorgesetzte durch persönliche Assistenten oder Stäbe unterstützt wird, um so größer kann die Kontrollspanne sein.
- Führungsstil: Bei einem partizipativen Führungsstil, verbunden mit einer Delegation von Aufgaben und einer klaren Definition von Kompetenzen und Verantwortung, wird eine Entlastung erreicht, die eine größere Leitungsspanne erlaubt.
- Eigenschaften der beteiligten Personen: Fachliche Qualifikation und charakterliche Fähigkeiten (z.B. Führungsfähigkeiten) beeinflussen in starkem Masse den Umfang der notwendigen Beziehungen.
- Art der Aufgaben: Komplexität, Interdependenz und Gleichartigkeit der Aufgaben der Untergebenen sind zu beachten.
- Produktions-Technologie: Je ausgeprägter die Mechanisierung und Automatisierung im Produktionsprozess ist, um so mehr nehmen die Führungsaufgaben des Vorgesetzten ab.
- EDV-Einsatz: Die Belastung des Vorgesetzten kann durch gespeicherte Informationen (schriftlicher Informationsaustausch) und programmierbare Entscheidungen vermindert werden.
- Verfügbarkeit und Kosten von Leitungskräften: Besteht auf dem Arbeitsmarkt ein knappes Angebot an Leitungskräften und/oder verursachen die Leitungskräfte hohe (Personal-)Kosten, so besteht die Tendenz zu einer großen Kontrollspanne.

Weiterhin muss beachtet werden, dass die Größe der Kontrollspanne eng verbunden ist mit der Tiefe der Leitungsgliederung, d.h. mit der Anzahl der Managementebenen. Im Gegen-

---

[11] Hill/Fehlbaum/Ulrich 1994, 221 ff.

satz zur Kontrollspanne handelt es sich hierbei um eine vertikale Betrachtung, d.h. eine Spanne, die die Tiefe einer Organisationsstruktur abbildet.

Es gilt hierbei der Grundsatz, dass bei gleichbleibender Mitarbeiterzahl eine Verkleinerung der Kontrollspanne zu einer Vergrößerung der vertikalen Spanne führt und umgekehrt.

Das bedeutet, dass eine Verkleinerung der Kontrollspanne der obersten Geschäftsleitung nur dann realisiert werden kann, wenn in die Organisationsstruktur des Unternehmens mindestens eine weitere Managementebene eingezogen wird.

Im umgekehrten Fall würde sich ergeben, dass durch das Herauslösen von mindestens einer Managementebene die Kontrollspanne der übergeordneten Führungsebene zwangsläufig größer wird. In der vertikalen Betrachtung ergäbe sich dann eine Verkürzung der Organisationsstruktur des Unternehmens um eine Ebene.

2.6 Ablauforganisation

2.6.1 Arbeitsanalyse und Arbeitssynthese

Während die Aufbauorganisation sich mit der Strukturierung des Unternehmens in organisatorische Einheiten (Stellen, Abteilungen) beschäftigt, steht bei der Ablauforganisation die Festlegung der Arbeitsprozesse unter Berücksichtigung von Raum, Zeit, Sachmittel und Personen im Mittelpunkt.

Ausgangspunkt der Ablauforganisation stellen die durch die Aufgabenanalyse gewonnenen Elementaraufgaben dar. Sie bilden die Grundlage für die Arbeitsanalyse und die Arbeitssynthese.

- In der Arbeitsanalyse werden die aus der Aufgabenanalyse gewonnenen Elementaraufgaben weiter in einzelne Arbeitsteile, d.h. Tätigkeiten zur Erfüllung einer Aufgabe, zerlegt. Die Gliederung des Arbeitsprozesses in verschiedene Arbeitsteile kann wiederum nach den Merkmalen Verrichtung, Objekt. Sachmittel, Ort, Rang, Phase, Zweckbeziehung, Zeit und Person des Aufgabenträgers vorgenommen werden.
- In der Arbeitssynthese werden die in der Arbeitsanalyse gewonnenen Arbeitsteile unter Berücksichtigung der Arbeitsträger (Person oder Sachmittel), des Raumes und der Zeit zu Arbeitsgängen zusammengesetzt. Ein Arbeitsgang besteht dabei aus den Arbeitsteilen, die der Arbeitsträger zur Erfüllung einer bestimmten Teilaufgabe im Rahmen seiner Stellenaufgabe ausführt. Die drei unterscheidbaren Stufen sind die Arbeitsverteilung (= personale Arbeitssynthese), die Arbeitsvereinigung (= temporale Arbeitssynthese) und die Raumgestaltung (= lokale Arbeitssynthese).

Bei der *Arbeitsverteilung* werden einzelne Arbeitsteile zu einem Arbeitsgang kombiniert und auf einen Arbeitsträger übertragen. Dabei ist das Leistungsvermögen von Personen und Arbeitsmitteln zu berücksichtigen, um ihnen ein Arbeitspensum zuzuteilen, das unter normalen Bedingungen ohne Überlastung von Person und Maschine über eine längere Zeitperiode bewältigt werden kann.

Die *Arbeitsvereinigung* befasst sich mit der Festlegung und Abstimmung der Arbeitsgänge in zeitlicher Hinsicht.

Bei der Betrachtung der *Raumgestaltung* geht es um die zweckmäßige Anordnung und

Ausstattung der Arbeitsplätze. Diese Regelungen führen zu den verschiedenen Fertigungsverfahren der Organisation.

Die Ablauforganisation geht in der Regel noch stärker ins Detail als die Aufbauorganisation. Sie beginnt vielfach dort, wo die Aufbauorganisation aufhört, wobei in der Praxis der Übergang fließend ist. Vielfach wird auch durch eine bestimmte Ablauforganisation die Aufbauorganisation stark beeinflusst (z.B. im Falle der Fließfertigung). Die Arbeitsprozesse als Gegenstand der Ablauforganisation können in materielle (Transportwege) und informationelle (Informations- und Kommunikationswege) unterteilt werden.

2.6.2 Ziele der Ablauforganisation und das Dilemma der Ablaufplanung

Im Vordergrund der Ablauforganisation steht die Gestaltung des Fertigungsprozesses in bezug auf Auftrag, Zeit und Kapazität. Sie hat für die Einhaltung folgender Grundsätze zu sorgen:

- Prinzip der Termineinhaltung:
  Dieser Grundsatz beinhaltet die optimale Abstimmung der Fertigungstermine mit den Auftragsterminen.
- Prinzip der Zeitminimierung:
  Dieses Prinzip verlangt, die Durchlaufzeiten des zu bearbeitenden Materials so zu gestalten, dass möglichst keine Wartezeiten entstehen, in denen das Material nicht bearbeitet wird.
- Prinzip der Kapazitätsauslastung:
  Dieser Grundsatz fordert eine möglichst hohe Kapazitätsauslastung und damit eine Minimierung der Leerzeiten, in denen Betriebsmittel und Arbeitskräfte nicht genutzt werden.

Da sich die Grundsätze 2 und 3 nur selten gleichzeitig verwirklichen lassen, spricht man[12] vom *Dilemma der Ablaufplanung*.

Das eigentliche Ziel der Ablauforganisation besteht somit in der optimalen Abstimmung dieser beiden Forderungen, d.h. die Durchlaufzeit des Materials und die Leerzeiten von Maschinen und Menschen gleichzeitig zu minimieren.

Aus diesen Ausführungen ergibt sich, dass Aufbau- und Ablauforganisation sehr eng miteinander zusammenhängen. Beide betrachten das gleiche Objekt, wenn auch unter verschiedenen Aspekten. Sie bedingen sich gegenseitig und bauen aufeinander auf.

Die Aufbauorganisation liefert den organisatorischen Rahmen, innerhalb dessen sich die erforderlicher Arbeitsprozesse vollziehen können.

Selbstverständlich ist ein solcher Rahmen nur dann sinnvoll festlegbar, wenn genaue Vorstellungen über die Arbeitsprozesse bestehen, die sich innerhalb dieses Rahmens vollziehen sollen.

Die klassische Organisationslehre geht in der Regel von der Aufbauorganisation aus und fügt erst dann die Abläufe als raumzeitliche Strukturen hinzu. Diese Dominanz der Strukturen über die Prozesse hat aber zu zahlreichen Schnittstellenproblemen geführt, die

---
[12] Gutenberg 1976, 216 f.

durch immer komplexere aufbauorganisatorische Maßnahmen gelöst werden sollten, wie zum Beispiel durch die Matrixorganisation. Dieser Gegensatz führte auch dazu, dass Managementkonzepte wie das Business Reengineering entwickelt wurden, die die Ablauforganisation in den Vordergrund stellen, an die sich die Aufbauorganisation anpasst.

2.7 Organisationsinstrumente

2.7.1 Hilfsmittel der Organisation

Zur organisatorischen Gestaltung der Aufbau- und Ablauforganisation des Unternehmens stehen verschiedene organisatorische Hilfsmittel (Organisationsinstrumente) zur Verfügung. Die Instrumente der Aufbauorganisation sind das Organigramm, die Stellenbeschreibung und das Funktionendiagramm.

Wie bereits weiter oben ausgeführt, geht die klassische Organisationslehre in der Regel von der Aufbauorganisation aus und fügt erst daran anschließend die Abläufe als raumzeitliche Strukturen an. In der Praxis sind daher vor allem die Instrumente der Aufbauorganisation von Bedeutung.

Das in der Ablauforganisation verwendete Instrumentarium erstreckt sich hauptsächlich auf graphische Aufbereitungen in Form von Ablaufkarten, Balkendiagrammen und Netzplänen. Sie werden an dieser Stelle lediglich der Vollständigkeit halber erwähnt.

Die abschließende Ausgestaltung der Organisationsinstrumente wird üblicherweise in einem Organisationshandbuch zusammengestellt. Das Organisationshandbuch muss durch die oberste Geschäftsleitung genehmigt werden und für die gesamte Unternehmung als verbindlich erklärt. Zum Schluss wird das Organisationshandbuch allen Abteilungen als organisatorische Grundlage zur Verfügung gestellt.

2.7.2 Instrumente der Aufbauorganisation

Organigramm

Das Organigramm zeigt die vereinfachte Darstellung der Organisationsstruktur zu einem bestimmten Zeitpunkt, wobei Rechtecke als Symbole für Stellen dienen und die Verbindungslinien den Dienstweg und die Unterstellungsverhältnisse zum Ausdruck bringen. Das Organigramm kann auf verschiedene Arten dargestellt werden, wobei alle Darstellungsformen die gleiche Aussagekraft haben und die Wahl in erster Linie vom zur Verfügung stehenden Platz abhängt. Es zeigt nach Ausgestaltung und Beschriftung folgende Informationen:

- die Eingliederung der Stellen in die Gesamtstruktur des Unternehmens,
- die Art der Stelle (Instanz, Ausführungsstelle, Stab, zentrale Dienste),
- die Unterstellungsverhältnisse (Dienstweg),
- weitere Beziehungen zwischen den Stellen (z.B. als Mitglied eines Ausschusses),
- die Bereichsgliederung, die Zusammensetzung einer Abteilung und die Stellenbezeichnung,

- je nach Zweck des Organigramms kann dieses die Namen der Stelleninhaber, die Mitarbeiterzahl, die Kostenstellennummern sowie weitere Informationen enthalten.

Das Organigramm ist eines der in der Praxis am meisten verbreiteten Instrumente zur grafischen Darstellung der Organisationsstruktur eines Unternehmens. Es ermöglicht, einen raschen Überblick zu gewinnen. Allerdings ist es ein sehr einfaches Organisationsinstrument, das nur beschränkte Informationen liefert. Insbesondere zeigt es nicht die detaillierte Aufgabenverteilung und die spezifischen Funktionen bei der Bearbeitung gemeinsamer Aufgabenkomplexe. Deshalb werden Organigramme häufig mit zusätzlichen Organisationsinstrumenten ergänzt und kombiniert. Zudem ist es schwierig, komplexe Beziehungsgefüge großer und sehr stark gegliederter Unternehmen auf vernünftigem Raum darzustellen. Man beschränkt sich deshalb oft auf die obersten hierarchischen Stufen und stellt einzelne (Unter-)Abteilungen separat dar.

Stellenbeschreibung

Je nach Tätigkeitsspektrum erfolgen Festlegungen zu Aufgaben, Kompetenzen und Verantwortung einer Stelle. Die Stellenbeschreibung trägt somit zur Vermeidung von Unklarheiten, Missverständnissen und Konflikten bei. Sie fördert die Transparenz der Organisation eines Unternehmens.

Hauptproblem ist die Frage nach einer zweckmäßigen Detaillierung. Je umfassender und genauer eine Stelle beschrieben wird, umso größer die Gefahr, dass im Ergebnis eine formalistische und starre Festlegung erfolgt, die potenzielle Stelleninhaber zu sach- statt personenbezogenem Denken und Handeln verleitet.

Schließlich ist bei der Formulierung ebenfalls darauf zu achten, dass im Unternehmensprozess regelmäßig Veränderungen in der Aufgabenverteilung stattfinden. Es wäre zu aufwendig und hinderlich für die Abläufe im Unternehmen, wenn jede kleine Anpassung zu einer Neuformulierung der Stellenbeschreibung führen würde.

Funktionendiagramm

Das Funktionendiagramm zeigt in matrixförmiger Art und Weise das funktionelle Zusammenwirken mehrerer Stellen zur Bewältigung einer Aufgabe. Es ist so angelegt, dass die eine Dimension der Matrix die an einer Aufgabe beteiligten Stellen, die andere die zu bewältigenden Aufgaben beinhaltet. Auf diese Weise werden in knapper und übersichtlicher Form die wesentlichen Aufgaben und Kompetenzen einer Stelle sowie das Zusammenwirken verschiedener Stellen bei der Erfüllung einer Aufgabe ersichtlich.

Literaturverzeichnis

Bleicher, Knut (1999): Das Konzept Integriertes Management, Das St. Galler Management-Konzept, Frankfurt am Main/New York

Bösenberg, Dirk/Metzen, Heinz (1993): Lean Management, Vorsprung durch schlanke Konzepte, Landsberg/Lech

Gabele, Eduard/Kretschmer, Helmut (1986): Unternehmensgrundsätze. Empirische Erhebungen und praktische Erfahrungsberichte zur Konzeption, Einrichtung und Wirkungsweise eines modernen Führungsinstrumentes, Frankfurt am Main

Gutenberg, Erich (1976): Grundlagen der Betriebswirtschaftslehre, 1. Band: Die Produktion, Berlin/Heidelberg/New York

Hill, Wilhem/Fehlbaum, Raymond/Ulrich, Peter (1994), Organisationslehre, 1. Ziele, Instrumente und Bedingungen der Organisation sozialer Systeme, Bern/Stuttgart

Rühli, Edwin (1996): Unternehmensführung und Unternehmenspolitik, Band 1, Bern/Stuttgart

Selchert, Friedrich W. (2002): Einführung in die Betriebswirtschaftslehre, Übersichtsdarstellungen, München/Wien

Tannenbaum, Arnold S. (1968): Social Psychology of Work Organization, London

Thommen, Jean-Paul/Achleitner, Ann-Kristin (1998): Allgemeine Betriebswirtschaftslehre. Umfassende Einführung aus managementorientierter Sicht, Stuttgart

Ulrich, Hans (1970): Die Unternehmung als produktives soziales System, Bern/Stuttgart

Personalführung und Personalmanagement

Helmut Hopp

1 Einleitung

„Schluss mit lustig" heißt der Titel eines Buches, das Judith Mair im Jahr 2002 vorgelegt hat. Sie setzt sich darin sehr kritisch mit den modernen Personalmanagement-Methoden auseinander. Es wird u.a. die Auffassung vertreten, dass Leistung und Disziplin den Unternehmenserfolg weitaus positiver beeinflussen als emotionale Intelligenz, Teamgeist und Soft Skills; die Verheißungen der Managementmoden könnten der harten Unternehmensrealität jedenfalls nicht standhalten. Im Gegenteil: „Die zeitgemäße Unternehmensorganisation hat ihre Feuertaufe nur schwer lädiert überstanden und kaum eine Gelegenheit ausgelassen, um sich im Arbeitsalltag als untauglich zu erweisen. Der oft vorschnelle Abschied von den klassischen Führungsinstrumenten und die nicht selten über Nacht durchgezogene Entrümpelung von etablierten Strukturen hat ein Vakuum hinterlassen, in dem Mitarbeiter wie Führungskräfte orientierungslos und bisweilen überfordert in der Luft hängen"[1]. Konsequenterweise setzt Frau Mair lieber auf eine rigide Organisation mit stringenten und klaren Strukturen. Danach erfordert die Mitarbeiterführung vor allem verbindliche Absprachen, klare Regeln und messbare Leistungsanforderungen. Die Zeiten, in denen sich die Führungskraft hinter Motivations- und Belohnungssystemen verstecken konnte, sollten der Vergangenheit angehören. Im Mittelpunkt der Überlegungen steht ein Regelwerk mit insgesamt 20 Punkten, das für intrinsische Motivation, Kreativität und Selbstverantwortung keinen Zentimeter Raum mehr vorsieht. Die Aussagen der Publikation, die übrigens in der Öffentlichkeit viel Aufsehen erregt hat, wiegen umso schwerer, als die Autorin ihre Methoden in ihrem eigenen Unternehmen direkt in die Praxis umsetzt. Sie kann also unmittelbar nachweisen, dass ihre Methoden funktionieren und zum Erfolg führen.

Alles in allem ist dies eine klare und eindeutige Absage an das moderne Personalmanagement. Was Reinhard K. Sprenger seit Jahren in seinen Publikationen[2] mit Nachdruck favorisiert und anpreist, nämlich die größtmögliche Etablierung von Individualität und Vertrauen in Organisationen, wird von Grund auf angezweifelt und pauschal abgelehnt. Während Sprenger die Organisationsstrukturen zugunsten des Personals suspendiert, setzt Judith Mair zu Lasten der personellen Komponente fast allein auf eine Organisation mit Hierarchie und Regelgebundenheit. Unterschiedlicher könnten diese aktuellen Ansätze des Managements kaum sein.

Sowohl Sprenger als auch Mair haben Recht und Unrecht zugleich. Beide Autoren machen eigentlich – ohne es zu beabsichtigen – unvermissverständlich klar, dass das Management sowohl die organisatorische als auch die personalwirtschaftliche Komponente offensiv gestalten muss. Organisations- und Personalmanagement greifen unmittelbar ineinander und tragen teils kumulativ, teils komplementär zum Unternehmenserfolg bei.

---

[1] Mair 2002, 8 f.
[2] vgl. Sprenger 2000 und 2002

Zwar können beide Komponenten unabhängig voneinander gesteigert, nicht jedoch ohne die jeweils andere realisiert werden. Insofern ist die Konzeption des vorliegenden Lehrbuches „Medienmanagement" allemal konsequent und richtig, indem sie sowohl ein Kapitel zur Organisation als auch zum Personalmanagement vorsieht.

Gerade in Unternehmen und Organisationen, die sich im Bereich des Medienmanagements bewegen, kann auf die offensive Gestaltung und Führung der Personalkomponente nicht verzichtet werden. Individualität, Kreativität und Vertrauen sind maßgebliche Erfolgsfaktoren. Medienunternehmen sind auf die Motivation und auf die Ideen ihrer Mitarbeiter unbedingt angewiesen. Und das Management tut gut daran, wenn es eine Organisation und eine Mitarbeiterführung etabliert, die die genannten Aspekte nicht zuschüttet, sondern fördert.

Der vorliegende Beitrag hat es sich zum Ziel gesetzt, die Möglichkeiten des modernen Personalmanagements darzustellen. Personalverantwortliche können sich auf diese Weise mit den Grundlagen vertraut machen, um sich darauf aufbauend je nach Bedarfslage tiefgründiger mit speziellen Problemlagen auseinander setzen zu können. Es wird nachstehend zunächst die historische Entwicklung der Personallehre skizziert (Kapitel 2). Danach geht es um die Funktionen sowie die strategischen und operativen Aufgaben des Personalmanagements. Dabei werden wir u.a. herausarbeiten, dass sich die Problemfelder des Personalmanagements grundsätzlich in zwei Bereiche differenzieren lassen, einerseits den Bereich der Führung, in dem es primär um Verhaltenssteuerung geht, andererseits den Bereich der Gestaltungsfunktionen, wobei primär die Voraussetzungen und Rahmenbedingungen für die Mitarbeiter geschaffen werden (vor allem Personalentwicklung und Personalerhaltung) (Kapitel 3). Entsprechend wird sich das Kapitel 4 mit dem Thema Führung befassen, wobei vor allem die Führungsforschung und die Führungsstilmodelle diskutiert werden. Die gestalterischen Funktionen kommen in Abschnitt 5 unter dem Titel „Organisation und Personalentwicklung" zum Tragen. Maßgebliche Instrumente sind in diesem Zusammenhang die Personalauswahl und die Personalentwicklung im engeren Sinne. Ein Gutteil der Arbeit im Medienunternehmen vollzieht sich in Arbeitsgruppen bzw. Teams. Deshalb werden wir uns im 6. Abschnitt mit den besonderen Problemen der teamorientierten Arbeitsorganisation befassen.

2 Historische Entwicklung der Personallehre

Abgesehen von einigen sehr frühen Ausprägungen, die bis ins 15. Jahrhundert und sogar bis in die Antike zurückreichen, beginnt die Geschichte der Personallehre – ähnlich wie die Geschichte der Betriebswirtschaftslehre – am Ende des 19. Jahrhunderts, um sich darauf aufbauend im 20. Jahrhundert erst so richtig zu entfalten. Dabei verlaufen die Entwicklungen in den USA und in Deutschland durchaus unterschiedlich.

In den USA hängt die Entstehung einer Personallehre unmittelbar mit drei Denkschulen zusammen, die die Betriebswirtschafts- und die Managementlehre insgesamt sehr stark beeinflusst haben: das Scientific Management (Taylorismus), die angewandte Psychologie und die Human Relations-Bewegung[1].

Der *Taylorismus* ordnet den Menschen der Technik und den sachlichen Funktionen des Managements unter. Die industrielle Produktion und Arbeitsteilung sowie die produkti-

---

[1] vgl. Klimecki/Gmür 2001, 12 ff.

onssteigernde Technik genießen absoluten Vorrang und nötigen den Mitarbeitern eine nahezu restlose Anpassung ab. Somit ist der Taylorismus in seinen Grundannahmen inhuman, die arbeitenden Menschen werden zum bloßen Mittel degradiert.

Demgegenüber legt die *angewandte Psychologie* ihren Fokus auf die menschlichen Bedürfnisse. Sie generiert Erkenntnisse über die Faktoren der individuellen Leistungsfähigkeit und damit über die differenzierten Ausprägungen des Menschen im Arbeitsprozess. Dabei stehen Ermüdung, Arbeitssicherheit und individuelles Lernen im Vordergrund. Der Taylorismus wird in diesem Zusammenhang zwar nicht vollständig negiert, jedoch teilweise ergänzt bzw. relativiert.

Die *Human-Relation-Bewegung* ist im wesentlichen dafür verantwortlich, dass die Managementlehre seit den 20er Jahren eine sozialwissenschaftliche Fundierung erfahren hat. Den Ausgangspunkt bilden die Experimente in den berühmt gewordenen Hawthorne-Werken, die ab 1923 über mehrere Jahre kontinuierlich durchgeführt werden. Man versucht seinerzeit die Frage zu beantworten, unter welchen Bedingungen die Arbeitskräfte besonders produktiv sind. Eher zufällig hat man herausgefunden, dass sich die Arbeitszufriedenheit der Mitarbeiter durchaus und deutlich auf die Produktivität einer Organisation auswirkt.

Für die sozialwissenschaftliche Ausrichtung der Managementlehre ist darüber hinaus die damals vorherrschende Weltanschauung der *Welfare-Bewegung* verantwortlich. Der Psychologe Mayo übt deutliche Kritik an der industrialisierten Gesellschaft, die die Menschen nicht nur körperlich, sondern auch seelisch krank macht. Mayo nutzte die Erkenntnisse der Hawthorne-Experimente, um ein neues Paradigma in der Unternehmensführung zu etablieren. „Das ist eine wesentliche Ursache dafür, dass die amerikanische Managementlehre sich in der Folge als Disziplin verstärkt sozialwissenschaftlich ausrichtete und Fragen der Personalführung eine zentrale Stellung einnahmen ..."[2]. Mit diesen Entwicklungen ist auch die Einrichtung von Personalabteilungen in immer mehr Unternehmen verbunden. Zunächst etabliert sich die Personalarbeit in diesem Zusammenhang als betriebliche Sozialpolitik, um sich dann in der weiteren Folge zum *Employment Management* zu entwickeln, das sich vor allem den Feldern Personalauswahl und -beurteilung, Training, Entgeltgestaltung und Gesundheitsvorsorge widmet. Seit 1920 wird für diese Aktivitäten die Bezeichnung *„Personnel Management"* eingeführt.

In Deutschland beginnt die akademische Entwicklung der *Personallehre* 1914, als zunächst Dietrich und dann Niklisch als Vertreter der Betriebswirtschaftslehre die Bedeutung des Menschen für den Betrieb zum ersten Mal – zumindest marginal – hervorheben. Die erste ausführliche betriebswirtschaftliche Monographie zur Personallehre stammt von Fischer (1929), sie trug den Titel: „Mensch und Arbeit im Betrieb: Ein Beitrag zur sozialen Betriebsgestaltung". Zu einem anerkannten Teilgebiet der BWL kann sich die Personallehre zunächst dennoch nicht entwickeln. Während der Taylorismus – zumindest in der betrieblichen Praxis – schon sehr früh Anerkennung findet, bleibt die Human-Relations-Bewegung bis in die 70er Jahre hinein nahezu bedeutungslos. Das liegt unter anderem daran, dass die Entwicklung in Deutschland durch den Nationalsozialismus jäh unterbrochen wird. Erst 1952 kommt es durch die Gründung der Deutschen Gesellschaft für Personalführung zu einer Institutionalisierung der Personallehre, nachdem Schmalenbach bereits 1947 angeregt hat, eine eigenständige Disziplin der Personallehre ins Leben zu rufen. Wunderer sieht die institutionelle Geburtsstunde der Personallehre aber erst im Jahre 1961, in dem an der Uni-

---

[2] Klimecki/Gmür 2001, 15

versität München ein erster Lehrstuhl für Personalwesen und Arbeitswissenschaft durch den Wissenschaftler Marx besetzt wird und Kolbinger die bedeutende Monographie „Das betriebliche Personalwesen" abschließt.

Zu dieser Zeit wächst zudem die Relevanz der Personallehre in der Praxis. „In den 60er Jahren nimmt die Bedeutung des Personalwesens in der Praxis durch die Entwicklungen auf dem Arbeitsmarkt, welche zu einer drastischen Verknappung von Arbeitskräften führen, stark zu. Dieser Trend setzt sich, ausgelöst durch den zunehmend raschen Wandel bis in die 80er Jahre hinein in einigen hochqualifizierten Segmenten fort. Hochqualifiziertes Personal wird zum Engpassfaktor und seine Beschaffung und Erhaltung zu einer zentralen betrieblichen Funktion"[3]. Bis Mitte der 80er Jahre werden im wissenschaftlichen Bereich wichtige Pflöcke eingeschlagen, die zu einer rasanten Institutionalisierung führen, im Einzelnen[4]:

- Die Zahl der Lehrstühle mit dem Schwerpunkt Personalwesen steigt deutlich an (von 1972 bis 1982 von 4 auf 28).
- 1973 erfolgt die Gründung einer Kommission für Personalwirtschaft im Rahmen des Verbands der Hochschullehrer für Betriebswirtschaft.
- Mitte der 70er Jahre werden zwei umfangreiche Handwörterbücher und mehrere Lehrbücher zum Personalwesen heraus gebracht.

Erst jetzt – im Rahmen der geschilderten Expansionsphase – wird auch in Deutschland der *Human-Relations-Ansatz* (endlich) aufgegriffen und in personalwirtschaftliche Konzepte umgesetzt. Insofern wächst die Bedeutung psychologischer und soziologischer Konzepte, Begrifflichkeiten und Forschungsergebnisse in der betriebswirtschaftlichen Theorie und Praxis. Vorherrschende Themen sind neben der Ausweitung der betrieblichen Mitbestimmung die Humanisierung der Arbeit und das Konzept der kooperativen Führung. Personalmanagement wird in diesem Zusammenhang zunehmend zu angewandter Psychologie und Sozialwissenschaft. Sachgerechte Instrumente der Personalauswahl, der -beurteilung und der -entwicklung sind ohne sozialwissenschaftliches Know-how kaum mehr denkbar.

Bereits in den 80er Jahren und verstärkt in den 90er Jahren dringt das so genannte *Human Resources Management* in die Personallehre. Dieser Ansatz rückt die ökonomische Perspektive wieder mehr in den Vordergrund, indem er das Leistungsvermögen des Mitarbeiters als wesentlichen aktiven Kosten- und Leistungsfaktor betont. Wunderer stellt klar, dass der Mitarbeiter insbesondere im Dienstleistungssektor als herausragende Produktivkraft sich tendenziell zum gleichrangigen Partner und Mit-Unternehmer („Intrapreneur") entwickelt, der selbst die Verantwortung für seine langfristige Beschäftigungsfähigkeit („Employability") trägt. Die lebenslange Beschäftigung bei einem Arbeitgeber wird es mittelfristig wohl nur noch in der öffentlichen Verwaltung geben. Die diskontinuierliche Berufslaufbahn wird zur Normalität. Somit gewinnt die überbetriebliche Weiterbildung, die sich nach der individuellen Lebens- und Karriereplanung richtet, eine immer größere Bedeutung.

Wunderer hat die Entwicklung des Personalmanagements idealtypisch in fünf Phasen dargestellt[5]:

---

[3] Klimecki/Gmür 2001, 21
[4] vgl. Klimecki/Gmür 2001, 21 f.
[5] vgl. Wunderer/Kuhn 1995, 16

Phase I: *Bürokratisierung* (bis ca. 1960):

Kaufmännische Bestandspflege der „Personalkonten".

Die Personalfunktion wird vorwiegend administrativ wahrgenommen. Als Hauptfunktionen gelten die Verwaltung der Personalakten und die Durchführung personalpolitischer Entscheidungen des Top-Managements.

Phase II: *Institutionalisierung* (ab ca. 1960):

Anpassung des Personals an organisatorische Anforderungen.

Die Personalfunktion wird professionalisiert, das Personalwesen insgesamt zentralisiert. Hauptfunktionen sind die Personalverwaltung, die Einstellung und der Einsatz des Personals sowie die Entgeltfindung. Zusätzlich geht es um den Ausbau der qualitativen Sozialpolitik (Bildung, Freizeit, Arbeitsplätze).

Phase III: *Humanisierung* (ab ca. 1970):

Anpassung der Organisation an die Mitarbeiter.

Die Personalfunktion wird tendenziell stärker spezialisiert, gleichzeitig kommt es zu einer Etablierung der Mitarbeiterorientierung. Humanisierung und Partizipation spielen eine herausragende Rolle. Die Hauptfunktionen sind u.a. die Aus- und Weiterbildung, die kooperative Mitarbeiterführung, die Personalbetreuung sowie die Organisations- und Personalentwicklung.

Phase IV: *Ökonomisierung* (ab ca. 1980):

Anpassung von Organisation und Personal an veränderte Rahmenbedingungen nach Wirtschaftlichkeitsaspekten.

Für diese Entwicklungsstufe stehen vor allem Dezentralisierung, Generalisierung, und Entbürokratisierung. Ökonomisierung bedeutet selbstverständlich auch, dass die Personalfunktionen als Kostenfaktor thematisiert und somit einer Rationalisierung zugeführt werden. Als Hauptfunktionen lassen sich vor allem die Flexibilisierung der Arbeit und der Arbeitskräfte, die Rationalisierung des Entwicklungspotenzials und die Orientierung auf Freistellungspolitik nennen.

Phase V: *Unternehmerische Orientierung* (ab ca. 1990):

Mitarbeiter als wichtigste, wertvollste und sensitivste Unternehmensressource; Mitarbeiter soll Mit-Unternehmer werden.

Das strategische und konzeptionelle Personalmanagement wird wieder stärker zentralisiert. In seinen Hauptfunktionen konzentriert sich das Personalmanagement nun auf das unternehmerische Mitwissen, Mitdenken, Mithandeln und Mitverantworten. Die Mitarbeiter sollen auch bei der Entwicklung der Unternehmenspolitik und -strategie aktiv mitwirken. Die Unternehmensentscheidungen werden mithilfe des Personalcontrollings einer systematischen Evaluierung zugeführt.

Wunderer/Dick[6] haben auf der Grundlage von Analysen und Prognosen Entwicklungstrends bis 2010 für das Personalmanagement formuliert und begründet. Danach erwarten die Autoren unter anderem, dass das Personalmarketing aufgrund der prekären Arbeitsmarktentwicklung ein verbessertes „Standing" erfährt. Die Personalauswahl verliert im Vergleich zur Personalentwicklung an Bedeutung. Hinsichtlich der Personalentwicklung bekommen Selbstentwicklung und On-the-job-Entwicklung ein noch größeres Gewicht, als sie heute bereits aufweisen. Bei der Personalführung wird ein Trend beobachtet, der in den Rollen des „Leaders" und des „Net-Workers" ein erhebliches Wachstumspotenzial sieht. Die transformationale Führung wird bis zum Jahre 2010 einen erheblichen Bedeutungszuwachs erhalten. Wunderer/Dick beschreiben den transformationalen Führungsstil folgendermaßen: „… inspiriert, zeigt Visionen auf, regt intellektuell an, geht auf individuelle Besonderheiten der Geführten ein, Person des Führers und/oder aufgezeigte Vision aktivieren intrinsische Motive"[7].

3 Aufgaben und Organisation des Personalmanagements

Berthel/Becker betonen, dass sich das Personalmanagement in einer ersten Annäherung in zwei Funktionsbereiche differenzieren lässt: Verhaltenssteuerung auf der einen, Systemgestaltung auf der anderen Seite[8].

Personalmanagement ist als *Verhaltenssteuerung* mit der Führung des Personals gleichzusetzen. Hierbei geht es im Rahmen der Personalführung um die unmittelbare Anleitung und Anweisung der Mitarbeiter durch die Führungskräfte. Die Kunst des Führens besteht vor allem darin, die Mitarbeiter zu motivieren das zu tun, was die Führungskraft und damit die Organisation von ihnen erwarten. Über richtiges und effektives Führen sind viele Bücher und Aufsätze geschrieben worden. In der Praxis hat das offensichtlich nur wenige Spuren hinterlassen. Jedenfalls findet man sehr viele Beispiele für Führungsprobleme und -defizite wie auch für Mitarbeiter, die unter ihren „Chefs" geradezu leiden.

Personalmanagement bezieht sich aber auch auf Führungstätigkeiten und Leitungsfunktionen, die insofern eher *Gestaltungsfunktionen* erfüllen, als sie erst einmal die Voraussetzungen dafür schaffen, dass die Mitarbeiter überhaupt effektiv und effizient in einer Organisation tätig werden können. Dazu gehören wichtige gewährleistende Funktionen wie Personalbeschaffung, -auswahl, -entwicklung und -erhaltung. Man spricht in diesem Zusammenhang von der Führung für das Personal. Im Hinblick auf die Gestaltungsfunktion des Personalmanagements sind die Mitarbeiter Kunden der Personalabteilung. Die Unternehmen haben inzwischen erkannt, dass es nicht zuletzt diese Rahmenbedingungen sind, die die Arbeitszufriedenheit und die Motivation positiv oder negativ beeinflussen. Demzufolge investieren die Organisationen inzwischen mehr und mehr Ressourcen in diese gestaltenden Funktionen.

Es ist bereits deutlich geworden, dass das Personalmanagement insgesamt einen überaus komplexen und vielgestaltigen Funktionsumfang aufweist. Bezogen auf die gesamte Organisation eines Unternehmens bzw. einer Verwaltung ist es ein unternehmens- bzw. verwaltungsweites Aufgabengebiet, dem sich kaum eine Organisationseinheit entziehen

---

[6] Wunderer/Dick 2000
[7] Wunderer/Dick 2000, 171
[8] vgl. Berthel/Becker 2003, 8 ff.

kann. Die betriebliche Personalarbeit kann nicht vollständig und abschließend in einer zentralen Personalabteilung erfüllt werden. So können die Funktionen Mitarbeiterführung und Personaleinsatz nur in den Fachabteilungen selbst gewährleistet werden. Zudem kann ein guter Teil der originären Aufgaben einer Personalabteilung nicht ohne Mitwirkung und Kooperation der Fachabteilungen erfolgreich gestaltet werden. So kann beispielsweise eine Personalauswahl für die Auslandsabteilung eines international agierenden Medienunternehmens nicht ausschließlich zentral in der Personalabteilung erfolgen. Vielmehr hat die Auslandsabteilung ein großes eigenes Interesse daran, selbst mit zu entscheiden, wer künftig in ihrem Bereich tätig sein soll. Das gleiche gilt für Maßnahmen der Personalentwicklung. Welche Weiterbildungsmaßnahme sinnvoll und sachgerecht ist, kann eigentlich nur die Auslandsabteilung selbst entscheiden. Die Planung und Durchführung der speziellen Maßnahme eignet sich aber wieder für die zentrale Bearbeitung. Die Abbildung 1 stellt die Aufgaben des Personalmanagements in den jeweiligen Zuständigkeiten und im Zusammenhang mit den relevanten Akteuren Unternehmensleitung, Personalabteilung und Fachbereiche dar.

Abbildung 1: Aufgabenverteilung im Personalmanagement[9]

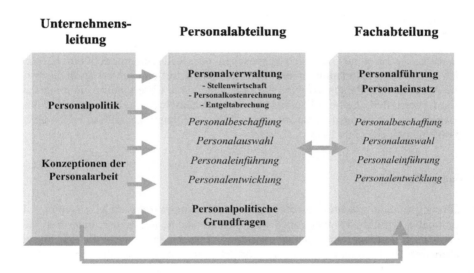

Neben der „äußeren Organisation" des Personalbereichs ist zudem die „innere Organisation" von besonderer Wichtigkeit. Bei der letzteren geht es um die interne Organisation der Personalabteilung, bei der grundsätzlich zwei Varianten denkbar sind:

- Aufgabengliederung nach den Regeln der Artteilung (Aufgabenzentralisation)
- Aufgabengliederung nach den Regeln der Mengenteilung (Aufgabendezentralisation)

---

[9] vgl. Hopp/Göbel 1999, 180

Die *artbezogene Variante* sieht vor, dass gleichartige personalwirtschaftliche Teilaufgaben einer Unterabteilung bzw. einer Stelle innerhalb der Personalabteilung zugeordnet werden. Sofern dieses Prinzip umfassend gilt, gäbe es beispielsweise eine Unterabteilung (UA) für Personalbeschaffung, eine UA für Personalbetreuung und Sozialleistungen, eine UA für Personalentwicklung und eine UA für Personalplanung. Der Vorteil dieser Variante liegt vor allem darin, durch sehr begrenzte Aufgabenzuschreibungen Routinen zu entwickeln, die eine sachgerechte und schnelle Erledigung der jeweiligen Teilaufgabe ermöglichen.

Die *mengenbezogene Variante* („Referentenmodell") sieht vor, dass eine Unterabteilung bzw. eine Stelle jeweils sämtliche Teilaufgaben des Personalwesens integriert erfüllt. Das heißt, dass das gesamte Personal einer Organisationseinheit durch eine Stelle bzw. UA in allen Angelegenheiten der Personalarbeit betreut wird. Diese Variante hat folgende Vorteile[10]:

- Es erfolgt eine ganzheitliche Aufgabenerledigung, die sich unmittelbar auf die Qualität auswirkt.
- Die „Kunden" des Personalwesens haben nur einen bzw. wenige Ansprechpartner, die sich zudem sehr gut in dem entsprechenden Unternehmensbereich auskennen.
- Die Mitarbeiter des Personalwesens sind für ein relativ großes Aufgabenspektrum zuständig, das Mehrfachqualifikationen erfordert und damit zur Arbeitszufriedenheit beitragen kann.

In den meisten Unternehmen hat sich inzwischen das Referentenmodell durchgesetzt, wenngleich seine reine Ausprägung in der Praxis kaum anzutreffen ist. Verständlicherweise werden die Aufgaben der Personalverwaltung fast immer zentralisiert wahrgenommen. Des weiteren ist festzustellen, dass die Funktion der Personalentwicklung, die inzwischen konsequenterweise eine herausragende Bedeutung und Wertschätzung genießt, in vielen Unternehmen von einer spezifischen UA erfüllt wird.

4 Personalführung

Personalführung ist eine wesentliche Teilaufgabe des personenbezogenen Managements. Es handelt sich dabei um die wie auch immer gearteten Versuche, das menschliche Verhalten in bezug auf die Programme und Maßnahmen des Unternehmens zu beeinflussen. In dem eingangs zitierten Buch „Schluss mit lustig" fordert Judith Mair unter anderem die Rückkehr zu den traditionellen Führungsinstrumenten. „Es gehört schlicht und einfach nicht zu den Aufgaben einer Führungskraft, für die permanente Motivation ihrer Mitarbeiter zu sorgen, auch wenn es nach wie vor in den Katalogen der Führungsqualitäten aufgelistet ist. An Stelle dessen müssen endlich wieder verbindliche Forderungen und klare Anweisungen treten, die genau sagen, was wie zu tun ist. Es ist der Job jedes Vorgesetzten, die erforderlichen Arbeitsbedingungen bereitzustellen, indem er Forderungen klar formuliert, feste Absprachen ermöglicht und Anweisungen erteilt"[11]. Bis dahin ist in der herrschenden Literatur eigentlich propagiert worden, dass Führung im wesentlichen dafür Sorge zu tragen hat, dass die Mitarbeiter ihre Aufgaben aus eigenem Antrieb mit hoher Motivation und eigenverant-

---

[10] vgl. Krieg/Ehrlich 1998, 38 ff.
[11] Mair 2002, 65

wortlich erfüllen. Führung hat ausnahmslos kooperativ zu sein und sollte durch Vertrauen vor allem Kreativität und Engagement fördern. Den bisherigen Höhepunkt dieser Führungsphilosophie hat Sprenger mit seinen jüngsten Veröffentlichungen markiert. Im Extremfall sei es die eigentliche Aufgabe der Führungskraft, Spitzenleute schnell zu finden und einzustellen; was diese dann tatsächlich und richtigerweise zu tun haben, entscheiden die neuen Spitzenkräfte dann selbst. Im weiteren sollte die Führung garantieren, dass sich die Mitarbeiter im Unternehmen wohlfühlen und von Abwanderung möglichst abgehalten werden. Frau Mair hat dafür lediglich Spott übrig: „Es kann nicht Sinn eines Unternehmens sein, den aufgeblähten Eifer seiner Mitarbeiter mit billigen Belohnungssystemen zu honorieren"[12].

Die geschilderten Extrempositionen von Mair und Sprenger stecken in plastischer und anschaulicher Weise den prekären Rahmen ab, in dem sich das praktische Führungsverhalten abspielen muss. Führen ist immer schwierig, es gelingt eigentlich niemals perfekt. Auf der einen Seite wird behauptet, dass man zum guten Führer geboren sein muss. Auf der anderen Seite wird plausibel gemacht, dass Führen grundsätzlich erlernbar sei. Schließlich glaubt man heute zu wissen, dass es keine allgemein gültigen Regeln des Führens gibt. Vielmehr müsse jede Führungskraft ihren spezifisch eigenen Weg finden und realisieren.

Die weiteren Ausführungen dieses Kapitels beruhen auf folgenden Annahmen:

- Der Führungserfolg basiert sowohl auf spezifischen Talenten als auch auf Regeln und Instrumenten, die es zu erlernen gilt.
- Eine erfolgreiche individuelle Führung kann zwar nicht allein durch erlerntes Wissen um die richtigen Methoden und Techniken garantiert werden. Um eine erfolgreiche individuelle Führung zu entwickeln, sind Kenntnisse über die verschiedenen Führungstheorien und -instrumente als Voraussetzung jedoch unerlässlich.

Wir werden uns deshalb nachstehend mit folgenden Aspekten der Führung befassen. Zunächst geht es um eine Darstellung der Führungsaufgaben (Kapitel 4.1.). Darauf aufbauend werden verschiedene Führungsstilmodelle diskutiert (Kapitel 4.2). In letzter Konsequenz hat Führen sehr viel mit Information und Kommunikation zu tun. In diesem Zusammenhang kommen spezifische Instrumente zum Einsatz (Kapitel 4.3).

4.1 Führungsaufgaben

Zu den relevanten Dimensionen der Führung gehören neben der Führungsperson und dem Geführten das Objekt bzw. die Aufgaben der Führung. „Führung ist Einwirkung auf Geführte, damit diese etwas tun: eine Aufgabe ausführen, ein Produkt erstellen, ein Ziel erreichen"[13]. Wollte man eine weitergehende Auflistung von Führungsaufgaben versuchen, könnte man unter anderem die folgenden Aufgaben nennen:

- Visionen erarbeiten und darstellen,
- Ziele definieren und kommunizieren,
- Ziele und Aufgaben vorgeben,

---

[12] Mair 2002, 64
[13] Neuberger 2002, 43

- Situationen strukturieren,
- Konflikte regeln,
- Ressourcen gewinnen und verteilen,
- Mitarbeiter informieren und motivieren,
- Unternehmen nach außen repräsentieren,
- Qualitätssicherung,
- Führungsnachwuchs auswählen und weiter entwickeln (Coach, Mentor)
- etc.

Um diese Komplexität des Führens noch besser fassen zu können, hat Mintzberg die Rollen beschrieben, die eine Führungskraft gemeinhin zu spielen hat. Auf dieser etwas höher aggregierten Ebene scheint die Vollständigkeit eher zu gelingen. Mintzberg hat insgesamt zehn Rollen herausgearbeitet, die er letztlich drei Kategorien zuordnet: Beziehungspflege, Information und Entscheidung. Jede dieser (Teil-)Rollen ist mit spezifischen Erwartungen und dementsprechend mit Aufgaben verbunden. Auch hier lässt sich mit Fug und Recht behaupten, dass Führung mit sehr vielen unterschiedlichen Aufgaben verbunden ist, die nur sehr schwer einzugrenzen sind[14].

Tabelle 1: Rollen einer Führungskraft nach Mintzberg[15]

Interpersonale Beziehungen	Informationen	Entscheidungen
Galionsfigur	Radarschirm	Innovator
Vorgesetzter	Sender	Problemlöser
Vernetzer	Sprecher	Ressourcenzuteiler
		Verhandlungsführer

Eine weitere Abstraktionsebene erreicht Neuberger[16], indem er mit Recht ausführt, dass Führungsaufgaben dadurch zu charakterisieren sind, dass sie nicht routinisiert zu bewältigen sind. „Standardisierte Aufgaben werden normalerweise technisiert oder organisiert, sodass sie nach einem festgelegten Algorithmus (Lösungsweg) bearbeitet werden (können) … Weil solche Aufgaben oftmals nicht oder nur mit unvertretbarem Aufwand zu routinisieren sind, lohnt der Einsatz der Einrichtung (interaktioneller) Führung"[17]. Führung ist demzufolge eine Daueraufgabe, die besondere Anforderungen an die Qualifikation der Stelleninhaber stellt. Luhmann weist darauf hin, dass die Positionen von Führungskräften nicht immer gut besetzt werden, weil die Auswahlentscheidung oft auf Leistungsbeurteilungen beruht, die noch nichts mit Führungsaufgaben zu tun haben. Die Führungsauslese in politischen Parteien kommentiert Luhmann folgendermaßen: „Die Führungsauslese in den politischen Parteien erzeugt sicher viele Fehlbesetzungen, aber sie dürfte vor allem an der feh-

---

[14] vgl. Steinmann/Schreyögg 1997, 16 ff.
[15] Steinmann/Schreyögg 1997, 17
[16] Neuberger 2002, 43f.
[17] Neuberger 2002, 43

lenden Förderung von Personen leiden, die sich nur für Spitzenpositionen eignen (und dies vielleicht selbst nicht wissen)"[18].

Das Problem der exakten Bestimmung der Aufgaben lässt sich möglicherweise einer Klärung näher bringen, wenn man sich auf die spezifischen Managementfunktionen bezieht, wie sie in der einschlägigen Literatur beschrieben sind. In der Regel werden folgende Funktionen unterschieden[19]:

- Planung (Planning)
- Organisation (Organization)
- Personaleinsatz (Staffing)
- Führung (Leading and Directing)
- Kontrolle (Controlling)

Die Beschreibung der Managementfunktionen zeigt, dass Management über die Personalführung im engeren Sinne hinaus weitere Aufgaben impliziert. Mit Planung und Organisation sind zwei Funktionen benannt, die zunächst von Personalführung unabhängig zu sein scheinen. Auf der anderen Seite leuchtet es aber auch ein, dass diese Funktionen nur zu bewältigen sind, wenn man in diesem Zusammenhang gleichzeitig das Personal führt. Die Umsetzung einer veränderten Organisation kann nur funktionieren, wenn die Mitarbeiter dazu gebracht werden, diese Organisation im Alltag auch zu leben. Eine andere Frage, die sich in der Managementforschung dann aufgedrängt hat, lautet: Sind das tatsächlich die Aufgaben, mit denen sich ein Manager unablässig beschäftigt? Im Zusammenhang mit einer empirischen Studie kommt Mintzberg zu folgendem Resultat: „Frage einen Manager, was er tut, so wird er mit großer Wahrscheinlichkeit sagen, dass er plant, organisiert, koordiniert und kontrolliert. Dann beobachte, was er wirklich tut. Sei nicht überrascht, wenn du das, was du siehst, in keinen Bezug zu diesen vier Wörtern bringen kannst"[20]. Die Studie brachte unter anderem das Ergebnis, das Manager überwiegend verbal kommunizieren, Fragen und Zuhören gehört zu den Hauptaktivitäten. Des weiteren konnten in der Studie die folgenden weiteren Erkenntnisse herausgearbeitet werden:

- Die Arbeit von Managern ist durch offene Zyklen gekennzeichnet, es gibt weder einen klar geschnittenen Anfang, noch ein eindeutiges Ende.
- Der Arbeitstag ist in der Regel zerstückelt, es gilt die so genannte 9-Minuten-Regel. Das heißt, die überwiegende Mehrzahl der Aktivitäten kann kaum länger als 9 Minuten in Anspruch nehmen, weil dann schon wieder Vordringliches ad hoc angepackt werden muss. Lediglich 10 % der Aktivitäten können länger als eine Stunde am Stück bearbeitet werden.
- Schließlich ist die Tätigkeit der Manager durch ein hohes Maß an Ambiguität gekennzeichnet. Das bedeutet, dass sie mit einem hohen Maß an Komplexität und Ungewissheit umgehen müssen. „In der Regel muss eine Entscheidung fallen, lange bevor alle nötigen Informationen gesammelt sind"[21].

---

[18] Luhmann 2000, 292 f.
[19] vgl. Steinmann/Schreyögg 1997, 8 ff.
[20] Mintzberg 1975, zitiert in Steinmann/Schreyögg 1997, 12
[21] Steinmann/Schreyögg 1997, 15

Zusammenfassend lässt sich sagen, dass eine umfassende und vollständige Auflistung der Führungsaufgaben theoretisch gar nicht möglich ist. Und gerade dies ist wohl das Charakteristische. Wer eine Führungsposition annimmt, weiß in der Regel nicht, worauf er sich einlässt.

4.2 Führungsforschung und Führungsstilmodelle

In der Geschichte der Personallehre sind differenzierte Menschenbilder gezeichnet worden[22]. So herrscht beispielsweise im Taylorismus ein rational ökonomisches Menschenbild vor, wonach der Mensch lediglich durch monetäre Anreize zu motivieren sei. Die Human-Relations-Bewegung favorisierte das Bild vom sozialen Menschen, bei dem soziale Kräfte innerhalb der Gruppe stärker wirken als Maßnahmen des Vorgesetzten. Im weiteren Fortgang der Entwicklung hat sich dann der sich selbst verwirklichende Mensch durchgesetzt, der sich im Beruf selbst entfalten will. Da alle genannten Menschenbilder wohl nicht in der Lage sind, der ganzen Bandbreite menschlicher Grundcharakteristika gerecht zu werden, ist schließlich der so genannte *komplexe Mensch* (Schein) konzipiert worden, der sich situationsspezifisch unterschiedlich verhält. Danach sei der Mensch grundsätzlich lernfähig und in der Lage, je nach Situation neue Motive zu entwickeln.

Die skizzierten Menschenbilder wie auch die Motivationstheorien von Maslow und Hertzberg lassen das tatsächlich zu realisierende Führungsverhalten noch relativ offen. Die so genannten Führungsstilmodelle versuchen demgegenüber, das kontinuierlich zu praktizierende Führungsverhalten durch mehr oder weniger konkrete Verhaltenshinweise zu gestalten. Der Begriff *Führungsstil* wird dabei folgendermaßen definiert: „Es handelt sich dabei um ein zeitlich überdauerndes und in bezug auf bestimmte Situationen konsistentes (Führungs-)Verhaltensmuster von Vorgesetzten gegenüber Mitarbeitern"[23].

Ein relativ einfaches Modell haben Tannenbaum/Schmidt vorgelegt. Es handelt sich um ein bipolares Kontinuum, das eine Zuordnung allein auf Basis der Verteilung von Entscheidungsaufgaben vornimmt (eindimensionales Kriterium). Dabei werden im Bereich der Pole autoritär und partizipativ insgesamt sieben Führungsstile entwickelt[24]. Der Führungsstil 1 steht für den reinen autoritären Führungsstil: „Vorgesetzter trifft die Entscheidung und gibt sie weiter." Das Pendant auf der Gegenseite – Führungsstil 7, der rein partizipativ ist – lautet: „Vorgesetzter gestattet den Mitarbeitern innerhalb der von ihm gesetzten Grenzen völlig frei zu agieren." Ein genau in der Mitte zu verortender Führungsstil 4 lautet: „Vorgesetzter legt vorläufige Entscheidungen vor, ist zu Änderungen bereit." In ähnlicher Weise haben auch andere eindimensionale Modelle idealtypisch zwischen einem autoritären und einem kooperativen bzw. partizipativen Führungsstil unterschieden. Zudem sind der patriarchalische und der bürokratische Führungsstil wie auch der so genannte Laissez-faire-Stil beschrieben und definiert worden[25]. In der Tendenz gehen die Vertreter solcher Modelle davon aus, dass der kooperative Führungsstil der einzig richtige sei und damit auch umgesetzt werden müssen.

---

[22] vgl. Scholz, 1994, 406 f., Staehle 1994, 179 f.
[23] Berthel/Becker 2003, 65
[24] vgl. Berthel/Becker 2003, 67 ff.
[25] vgl. Berthel/Becker 2003, 66 f.

Im Hinblick auf die eindimensionalen Modelle sind zum Teil gravierende Einwendungen formuliert worden. In Organisationen finden wir in der Regel sehr komplexe Bedingungen vor, auf die sich auch das Führungsverhalten einstellen muss. Die eindeutige Festlegung auf einen kooperativen Führungsstil wird der Realität nicht gerecht. Vielmehr brauchen die Führungskräfte eine Mehrzahl von Verhaltensalternativen, mit denen sie flexibel umgehen können. Auf diese Einwände haben Wissenschaftler mit entsprechenden Forschungen und daraus resultierenden Ergebnissen und komplexeren Modellen reagiert. Dazu zählen beispielsweise das zweidimensionale Modell von Blake/Mouton, der 3-D-Ansatz von Reddin und die Situationstheorie von Hersey/Blanchard. Die genannten Modelle basieren auf den Forschungen der Ohio-State-University, die von 1945 bis 1960 durchgeführt worden sind[26].

4.2.1 Managerial Grid (Blake/Mouton)

Das so genannte Managerial Grid – zu deutsch: Verhaltensgitter – ist zu Beginn der 60er Jahre von Blake und Mouton entwickelt worden. Es handelt sich um ein zweidimensionales Modell, das auf zwei unterschiedlichen Kriterien beruht, die dann zueinander in Beziehung gesetzt werden: die Personenorientierung und die Aufgabenorientierung. „Ihrer Meinung nach beherrscht die Dichotomie personen- oder aufgabenorientiert fälschlicherweise das Denken der Manager und sollte abgelöst werden von einer integrativen Betrachtungsweise der beiden Dimensionen (Mensch und Arbeit)"[27].

Abbildung 2: Verhaltensgitter nach Blake/Mouton[28]

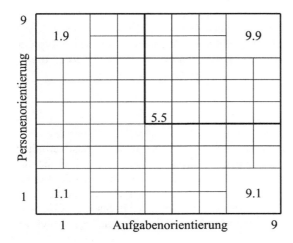

---

[26] vgl. Berthel/Becker 2003, 92 ff., Staehle 1994, 791 ff.
[27] Staehle 1994, 792
[28] Staehle 1994, 792

Aufgabenorientierung: Die Führungskraft orientiert sich an spezifischen Aufgaben und den damit verbundenen Zielsetzungen. Auf dieser Basis werden die verfügbaren Ressourcen – dazu zählen auch die Mitarbeiter – eingesetzt (Lokomotionsfunktion). Ist diese Orientierung sehr gering ausgeprägt, erhält das Kriterium auf der x-Achse des Verhaltensgitters den Wert 1, im gegenteiligen Fall den Wert 9.

Personenorientierung: Die Führungskraft orientiert sich an den Bedürfnissen und Interessen der Mitarbeiter. Das Management wirkt in diesem Zusammenhang darauf hin, dass die Mitarbeiter Selbstbestätigung erfahren und sich an ihren Arbeitsplätzen entfalten und weiter entwickeln können. Die Ausprägung (1 bis 9) wird im Verhaltensgitter auf der Y-Achse abgebildet.

Das zweidimensionale Verhaltensgitter eröffnet aufgrund der Skalenstruktur von 1 bis 9 insgesamt 81 Kombinationsmöglichkeiten. Blake und Mouton haben jedoch lediglich fünf Führungsstile genauer benannt und beschrieben. Der Führungsstil 1.1 wird als „Überlebens-Management" beschrieben, weil sowohl die Aufgaben- als auch die Personenorientierung gering ausgebildet sind. Der Führungsstil 1.9 setzt primär auf die Personenorientierung, indem er in hohem Maße die Bedürfnisse und Interessen der Mitarbeiter berücksichtigt („Glacéhandschuh-Management"). Der Führungsstil 9.1 setzt umgekehrt primär auf die Aufgaben und die Zielsetzungen der Organisation, was in der Konsequenz auf „Befehls-Gehorsams-Management" hinausläuft. Das Erreichen der kurzfristigen Betriebserfolge steht im Vordergrund, die Bedürfnisse und Interessen der Mitarbeiter werden demgegenüber eher vernachlässigt. Im Führungsstil 9.9 verbindet sich hohe Aufgaben- mit hoher Personenorientierung. „Hohe Arbeitsleistung vom engagierten Mitarbeiter, Interdependenz im gemeinschaftlichen Einsatz für das Unternehmensziel verbindet die Menschen im Vertrauen und gegenseitiger Achtung"[29]. Im Modell wird der 9.9-Führungsstil als „Integrations-Management" bezeichnet. In der Konsequenz gehen die Autoren davon aus, dass der Führungsstil 9.9 als allgemeine Verhaltensregel gilt. Das Konzept baut zwar auf relativ komplexen Grundannahmen auf, ist in den Konsequenzen jedoch zu einfach. Insbesondere die fehlende Berücksichtigung situativer Bedingungen hat einerseits zu kritischen Interpretationen geführt, andererseits aber auch zu wissenschaftlichen Forschungen angeregt, die versucht haben, das Grundmodell des „Verhaltensgitters" weiter zu entwickeln.

4.2.2   3-D-Modell (Reddin)

So hat beispielsweise Reddin den so genannten 3-D-Ansatz konzipiert, der das Verhaltensgitter von Blake/Mouton weiter entwickelt, indem er situative Variablen mit einbezogen hat. Reddin hält zunächst an den Grunddimensionen Aufgaben- und Personenorientierung fest, reduziert ihre Ausprägungen aber auf jeweils zwei Alternativen (hoch/niedrig). Dabei ergeben sich im Ergebnis insgesamt vier Grundführungsstile: Verfahrensstil, Beziehungsstil, Aufgabenstil und Integrationsstil. Im Unterschied zu Blake/Mouton legt er sich aber nicht auf einen effektiven Stil fest. Vielmehr behauptet Reddin, dass jeder dieser vier Alternativen effektiv sein kann. Ob beispielsweise der Integrationsstil effektiv ist, hängt von der jeweiligen Situation ab, in der er angewandt wird. Wird er situationsadäquat platziert, bezeichnet Reddin die Führungskraft als Integrierer, im anderen Fall als Kompromissler. Selbst der von Blake/Mouton gering geschätzte Verfahrensstil kann situationsadäquat an-

---
[29] Scholz 1994, 457

gewandt noch effektiv sein. In diesem Fall wird die Führungskraft als Bürokrat bezeichnet, was im Amerikanischen weitaus positiver interpretiert wird als in Deutschland. Als situative Variablen, die das Führungsverhalten spürbar beeinflussen, gelten die Organisation, die Arbeitsweise, die Vorgesetzten, die Arbeitskollegen und die Untergebenen. Die Abbildung gibt den 3-D-Ansatz in Grundzügen wieder.

Abbildung 3: 3-D-Ansatz nach Reddin[30]

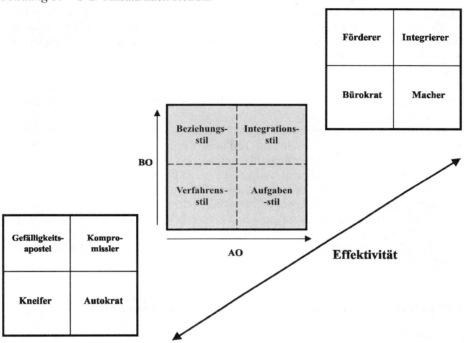

4.2.3 Situative Führungstheorie von Hersey/Blanchard

Als weiterer Ansatz, der die Situationsvariablen in den Vordergrund rückt, gilt der Ansatz von Hersey/Blanchard. Die Autoren beschränken sich auf die Darstellung und Begründung von vier in der Praxis geeigneten Führungsstilen[31]:

Unterweisen:	Die Führungskraft entscheidet allein und weist an.
Verkaufen:	Rationale Argumentation und sozio-emotionale Unterstützung sollen die Mitarbeiter überzeugen.
Beteiligen:	Die Kreativität und der Ideenreichtum der Mitarbeiter werden genutzt, indem sie bei der Entscheidungsfindung beteiligt werden.

---

[30] Staehle 1994, 795
[31] vgl. Scholz 1994, 461 ff., Staehle 1994, 797 ff.

Delegieren: Auf der Grundlage von definierten Rahmenbedingungen entscheiden die Mitarbeiter über die Mittel und Wege der Zielerreichung selbst.

Jeder der vier beschriebenen Führungsstile kann effektiv sein, sofern sie situationsadäquat angewandt werden. Als wichtigste situative Variable wird der Reifegrad der jeweils unterstellten Mitarbeiter eingestuft. „Reifegrad wird dabei nicht absolut gesehen, sondern stets in Relation zur gestellten Aufgabe. Ein und dieselbe Person kann also zum gleichen Zeitpunkt geringe Reife im Hinblick auf eine Aufgabe und hohe Reife im Hinblick auf eine andere Aufgabe zeigen"[32]. Die Bandbreite des Reifegrades reicht von geringer Reife bis zur hohen Reife. Während es im ersten Fall sowohl an Motivation als auch an Wissen und Fähigkeiten fehlt, sind diese Attribute im Fall des hohen Reifegrades sehr ausgeprägt vorhanden. Wenngleich Hersey/Blanchard allen vier Führungsstilen Effektivität zurechnen, bevorzugen sie dennoch den Führungsstil „Delegieren". Mit dieser Auffassung verbinden sie die Forderung, den Reifegrad der Mitarbeiter durch entsprechende Weiterbildung und Trainingsprogramme kontinuierlich zu verbessern.

Die beschriebenen Führungsstilmodelle, die allesamt aus den Ohio-State-Studien hervorgegangen sind, sind in der Folgezeit zum Teil scharf kritisiert worden. So werden den Autoren vor allem mangelhafte Operationalisierungen der verwandten Dimensionen und jeweils fehlende empirische Grundlagen nachgesagt[33]. Trotzdem haben die genannten Ansätze die Führungslehre sehr stark beeinflusst. Eine Gesamtwürdigung hat beispielsweise Scholz versucht: „So dienen die Ohio-State-Forschungen dazu, die Vielzahl der Einflussvariablen auf den Führungserfolg aufzuzeigen. Ihre wesentliche Konsequenz besteht in der Forderung nach Diagnosefähigkeiten beim Vorgesetzten. Zur eigentlichen Wahl des Führungsstils geben sie zumindest tendenziell Auskunft, wenngleich die empirische Untermauerung (noch?) fehlt"[34].

4.3 Information und Kommunikation: Die praktischen Führungsinstrumente

Auch wenn sich die Führungskräfte inzwischen auf eine Vielzahl von Theorien und Verhaltensrichtlinien stützen können, sind sie gezwungen, ihren spezifischen, eigenen Weg des Führens zu finden. Gerade in Zeiten weitgehender organisatorischer Veränderungen ist die Personalführung eine herausragende, aber auch besonders Aufgabe. In diesem Zusammenhang spielen Information und Kommunikation eine große Rolle. Fast alle Empfehlungen setzen hohe Informations- und Kommunikationsbereitschaft voraus – und zwar auf Seiten der Führungskräfte als auch auf Seiten der Mitarbeiter.

Führung ist Vertrauenssache. Ohne Vertrauen wird die Führungskräfte nicht in der Lage sein, den vielfach geforderten kooperativen und aktivierenden Führungsstil zu entwickeln. Aber auch von den Mitarbeitern muss erwartet werden, dass sie den Vorgesetzten ein gewisses Vertrauen entgegen bringen. So ist es unerlässlich, dass sich die Mitarbeiter bei Problemen auf die Unterstützung und Förderung der Vorgesetzten verlassen können. Wie

---

[32] Staehle 1994, 797
[33] vgl. Neuberger 1997, 528.
[34] Scholz 1994, 467

wichtig Vertrauen sein kann, hat Sprenger in seinem Buch „Vertrauen führt" eindrucksvoll demonstriert[35].

Zu einer funktionierenden Kommunikation gehört schließlich auch Kritikfähigkeit. In Organisationen, in denen bei guten Leistungen Anerkennung und Lob ausgesprochen wird, sollte die sachliche Kritik genauso gepflegt werden. Auf Seiten der Mitarbeiter ist die Akzeptanz von sachlicher Kritik dann besonders groß, wenn auch die Führungskräfte bereit sind, sachliche Kritik der Mitarbeiter als Anregungen für Verbesserungen des Führungsverhaltens zu interpretieren. Deshalb ist heute die Bewertung der Vorgesetzten genauso zur Normalität zu rechnen wie die Mitarbeiterbeurteilung. In der jüngeren Vergangenheit ist im deutschen Sprachraum das so genannte 360^0-Berteilungs- und Entwicklungssystem zum Einsatz gekommen[36]. Im Mittelpunkt stehen konkrete Verhaltensweisen der Führungskräfte, deren Schwächen möglichst lückenlos aufgedeckt werden sollen. Dabei wird ein sehr detaillierter Fragebogen eingesetzt, der sowohl der Führungskraft selbst wie auch ihren Mitarbeitern, ihren Kollegen und ihren Vorgesetzten vorgelegt wird. Auf dieser Grundlage findet eine systematische Gegenüberstellung von Selbst- und Fremdeinschätzung statt, die im Resultat zahlreiche Anhaltspunkte für Verbesserungen des Führungsverhalten liefert.

In der täglichen Führungspraxis kommen etliche Führungsinstrumente zum Einsatz. Es handelt sich um Hilfsmittel, mit denen Kommunikationsprozesse zwischen Vorgesetzen und Mitarbeitern zielorientiert gesteuert werden können. Obwohl die nachstehend skizzierten Instrumente nicht unbedingt mit spezifischen Führungsstilen bzw. -techniken verknüpft sind, fördern sie doch das kooperative Führungsverhalten und das Führen durch Zielvereinbarungen.

4.3.1 Mitarbeiter- bzw. Jahresgespräch

Das so genannte Mitarbeitergespräch – auch Jahresgespräch genannt – ist ein teilstrukturiertes Einzelgespräch zwischen einem Mitarbeiter und seinem Vorgesetzten. Dabei werden einerseits die bisherigen Leistungen und das bisherige Verhalten thematisiert, andererseits geht es um künftige Ziele und Erwartungen. Es eignet sich in besonderem Maße zur praktischen Umsetzung eines Führens durch Zielvereinbarungen. Möllhoff schlägt für das Jahresgespräch folgendes vor: „In diesem Jahresgespräch sollen folgende Themenbereiche angesprochen werden:

- Zusammenarbeit im Team, in der Abteilung, im Unternehmen,
- Arbeitsumfeld, günstige und ungünstige Rahmenbedingungen,
- Bewertung der Zielerreichung (wenn bereits ein Jahr zuvor Ziele vereinbart wurden) sowie
- Zielvereinbarung für das nächste Jahr."[37]

Das Jahresgespräch sollte in einer partnerschaftlichen Atmosphäre stattfinden und von gegenseitigem Respekt geprägt sein. Zudem ist davon auszugehen, dass es mindestens 60 Minuten dauert und von beiden Seiten gut und ernsthaft vor- und nachbereitet wird.

---

[35] vgl. Sprenger 2002
[36] vgl. Krieg/Ehrlich 1998, 198, Möllhoff 2001, 234
[37] Möllhoff 2001, 226

4.3.2 Mitarbeiterbesprechung

Vom Mitarbeiter- bzw. Jahresgespräch ist die Mitarbeiterbesprechung zu unterscheiden. Hierbei handelt es sich um ein Gespräch, das eine Führungskraft mit allen bzw. mehren Mitarbeitern seines Verantwortungsbereichs führt. Inhalte regelmäßiger Besprechungen sind die wesentlichen aktuellen Entwicklungen, Geschehnisse und Probleme. Durch die regelmäßige Information (monatlich oder 14-tägig) verhindert die Führungskraft, dass auf Seiten der Mitarbeiter ein Informationsdefizit entsteht[38]. Führungskräfte müssen sich aber auch darauf einstellen, dass Besprechungen mit Mitarbeitern ungeplant erfolgen. „Eine genauere Aufschlüsselung der Besprechungen zeigt, dass ungeplante Besprechungen am häufigsten vorkommen, gefolgt von Bürobesprechungen und Arbeitsgruppen (z.B. Qualitätszirkel)"[39]. Durch Mitarbeiterbesprechungen kann das Personal aktiv einbezogen werden, wenn es um Problemlösungen geht. Und wer seine Mitarbeiter beteiligt, kann sowohl die Akzeptanz von Entscheidungen wie auch die Mitarbeitermotivation positiv beeinflussen.[40]

4.3.3 Coaching

Der alte Begriff Coaching ist inzwischen wieder zu neuen Ehren gelangt. Dabei steht Coaching für eine spezielle Form des Helfens und der Unterstützung von Mitarbeitern. „Das generelle Führungsverständnis hat sich grundlegend gewandelt. Beratung und Betreuung wird zunehmend als zentrale Funktion der Führung verstanden, der Vorgesetzte als ‚Coach' seiner Mitarbeiter"[41]. Coaching steht für eine Grundphilosophie der „Hilfe zur Selbsthilfe"[42]. Demzufolge schlägt der Coach keine konkreten Verhaltensweisen vor. Vielmehr geht es ihm darum, den Klienten durch Fragen zu eigener Erkenntnis zu bringen, die ihn letztlich in die Lage versetzt, selbst zu entscheiden und die Entscheidung auch umzusetzen. Nach Nagel verhält sich der „ideale" Coach folgendermaßen:

- „… führt über Fragen,
- arbeitet mit Zielen des Klienten,
- gibt keine eigenen Handlungsempfehlungen,
- kann auch Menschen annehmen, die ihm persönlich nicht liegen,
- reflektiert seine Arbeit und Interventionen,
- sucht neue zielführende Perspektiven,
- denkt und handelt systematisch,
- provoziert und verstört."[43]

---

[38] vgl. Wald 1996, 259
[39] Grimm/Vollmer 2002, 194
[40] vgl. Grimm/Vollmer 2002, 194 ff.
[41] Doppler/Lauterburg 2002, 489
[42] vgl. Nagel 1999, 277 ff.
[43] Nagel 1999, 279

5 Organisationsentwicklung und Personalentwicklung

Der Begriff Personalentwicklung steht für alle Aktivitäten eines Unternehmens, die darauf ausgerichtet sind, die Qualifikationen und Leistungen ihrer Mitarbeiter den sich ständig wandelnden Anforderungen anzupassen. Dies geschieht einerseits durch Bildungsmaßnahmen und spezielle Förderungen, andererseits aber auch durch Organisationsentwicklung (OE). Organisationsentwicklung steht dabei für ein strategisches Vorgehensmodell des geplanten organisatorischen Wandels, bei dem die Mitarbeiter aktiv beteiligt werden. Man geht heute davon aus, dass jene Mitarbeiter, die in solchen Prozessen aktiv mitwirken, durch diese Partizipation ihre eigenen Qualifikationen steigern, die sie möglicherweise für andere Karrieren befähigen[44]. Jedenfalls sei an dieser Stelle betont, dass Personalentwicklung und Organisationsentwicklung sehr eng miteinander zusammenhängen. Personalentwicklung im engeren Sinne bezieht sich auf die Qualifikation und Motivation der bereits im Unternehmen tätigen Mitarbeiter. Dabei wird die Personalentwicklung als ein Bündel mit insgesamt vier Komponenten beschrieben[45]:

- *Abbau von Kenntnis- und Fähigkeitslücken:* Eine Unternehmung kann nur erfolgreich agieren, wenn die Mitarbeiter den Anforderungen gemäß qualifiziert sind. Das gilt insbesondere für Dienstleistungsunternehmen, zu denen auch die Medienunterunternehmen zu zählen sind.
- *Erfüllung von persönlichen Entwicklungszielen der Mitarbeiter:* Personalentwicklung dient selbstverständlich auch den persönlichen Karrierezielen der Mitarbeiter. Im Rahmen der Führungskräftenachwuchsentwicklung werden bestimmte Mitarbeiter systematisch beispielsweise durch Coaching auf ihre Rolle als künftige Führungskraft vorbereitet.
- *Unterstützung von lebenslangem Lernen:* Gegenwärtig und zukünftig ist das individuelle Berufsleben überwiegend nicht mehr durch Kontinuität geprägt. Vielmehr muss man sich darauf einstellen, dass im Laufe einer Biografie mehrere verschiedene Berufe ausgeübt werden müssen. Sofern man dennoch in einem Beruf bleiben kann, werden sich die damit verbundenen Anforderungen kontinuierlich wandeln.
- *Gestaltung der Unternehmenskultur:* Die Unternehmenskultur ist im wesentlichen geprägt durch die Werte, Einstellungen und Verhaltensweisen der Mitarbeiter. Der kulturelle Soll-Zustand einer Organisation ist heute in spezifischen Unternehmensleitbildern beschrieben. Proaktive Leitbilder führen bei den Mitarbeitern zu Motivation und Identifikation mit den Aufgaben. Personalentwicklung hat in diesem Zusammenhang die Aufgabe, die Funktion von Leitbildern zu unterstützen. „Eine offene Kommunikations- und Feedbackkultur sowie die Schaffung einer ungezwungenen Arbeitsatmosphäre spielen eine immer bedeutendere Rolle für die Personalentwicklung, um die Mitarbeiter zu motivieren und die Fluktuation zu verringern."[46]

Personalentwicklung geschieht einerseits im Interesse des Unternehmens, andererseits gehen die Unternehmen über die Personalentwicklung auf die Interessen und Bedürfnisse der Mitarbeiter ein, indem sie persönliche Karrieren eröffnen bzw. fördern. In diesem Zusam-

---

[44] vgl. etwa Becker 2002, 411 ff.
[45] vgl. Drumm 2000, 325 ff.
[46] Haenel 2002, 127, vgl. auch Reeke 2001, 21

menhang ist den Unternehmen vorgeworfen worden, dass es ihnen bei der Personalentwicklung gar nicht um die Bedürfnisse ihrer Mitarbeiter geht, sondern lediglich um Profitstreben. Insoweit behaupten Kritiker, dass Personalentwicklungsmaßnahmen für ein Unternehmen hochgradig disponibel sind. Die Diskussion, wem die Personalentwicklung mehr nutzt, dem Unternehmen oder dem Mitarbeiter, ist müßig und bringt nicht weiter. Die Unternehmen können Personalentwicklung nicht für ihre Zwecke einsetzen, ohne gleichzeitig dem Mitarbeitern zu nützen. Die Mitarbeiter wiederum können ihre persönlichen Karrieren durch Personalentwicklung nur fördern, wenn sie gleichzeitig ihrem Unternehmen Vorteile bringen.

Sofern man den Begriff der Personalentwicklung weiter fassen will, bezieht er sich nicht nur auf die bereits dem Unternehmen zugehörigen Mitarbeiter, sondern auch auf jene Mitarbeiter, die eine Mitgliedschaft erst noch anstreben: potenzielle Mitarbeiter bzw. Bewerber. Insoweit sind die Maßnahmen der Personalbeschaffung und der Personalauswahl ebenfalls zu den Instrumenten der Personalentwicklung zu rechnen. Personalentwicklung erfüllt die überaus wichtige Funktion der sachgerechten Vermittlung zwischen Anforderungen und Qualifikationen. Die sachgerechte Rekonstruktion und Beschreibung der Anforderungen gehört genauso zu den Aufgaben der Personalentwicklung wie die Planung und Organisation konkreter Bildungs- bzw. Förderungsmaßnahmen.

Im folgenden werden wir zum Thema Personalentwicklung zunächst die Stufe der Bedarfsermittlung erörtern, in der die spezifischen Kenntnis- und Fähigkeitslücken erforscht werden. Insofern muss herausgearbeitet werden, welche Anforderungen die zu besetzenden Stellen aufweisen. Dies geschieht in der Personalplanung im wesentlichen durch die Stellenbildung und die Ausarbeitung von Anforderungsprofilen (Kapitel 5.1.). Die erarbeiteten Anforderungsprofile bilden dann die Grundlage für die Beschaffung und Auswahl externer Bewerber (Kapitel 5.2), andererseits für spezifische Weiterbildungsprogramme der bereits beschäftigten eigenen Mitarbeiter (Kapitel 5.3). Personalbeschaffung und Personalentwicklung sind zwar in bezug auf die Erlangung adäquat qualifizierter Mitarbeiter funktional äquivalent, können die jeweils andere Strategie jedoch nicht ohne negative Folgewirkungen vollständig ersetzen.

5.1 Qualitative Personalplanung: Stellenbildung und Anforderungsprofil

Personalplanung hat sowohl eine quantitative als auch eine qualitative Variante.

Die erstere beantwortet die Frage nach dem Brutto- und dem Netto-Personalbedarf. Der Brutto-Personalbedarf bestimmt auf der Grundlage von Berechnungen bzw. Kennzahlen die Zahl der Stellen, die eine Organisation bzw. eine Teileinheit benötigt, um ihre Aufgaben sachgerecht zu erfüllen. Der Netto-Personalbedarf errechnet sich nun aus der Differenz von Brutto-Personalbedarf und Personal-Istbestand. Sofern mittel- bis langfristige Personalplanungen angestellt werden, muss der Netto-Personalbedarf auf der Grundlage von teils gesicherten und teils ungesicherten Annahmen bestimmt werden. Prognostiziert eine Personalplanung beispielsweise mittelfristig einen hohen Netto-Personalbedarf, müssen Vorkehrungen für die Deckung des Netto-Personalbedarfs getroffen werden (z.B. Beobachtung des Arbeitsmarktes, Einstellung von Auszubildenden oder spezifische Maßnahmen des Personalmarketings).

Die qualitative Personalplanung bezieht sich auf die spezifischen qualifikatorischen Anforderungen einer Stelle, die wiederum als Grundlage der Personalentwicklung fungieren. So gesehen beginnt Personalentwicklung mit einer organisatorischen Entscheidung, die in der Konsequenz zu einer spezifischen Stellenbildung führt. Die Stellenbildung resultiert nicht immer, aber in der Regel aus organisatorischen Überlegungen (sachbezogene Stellenbildung). Nur im Ausnahmefall kann die Stellenbildung personenbezogen erfolgen, indem eine Person mit einem individuellen zumeist sehr hohen Qualifikationsprofil als Basis für eine Stellenbildung fungiert, die dann genau auf diese Person zugeschnitten ist. Nach dem Prinzip der sachbezogenen Stellenbildung wird auf der Basis einer Stellenbeschreibung zunächst das Anforderungsprofil einer Stelle formuliert. Der zweite Schritt besteht in der Suche nach einer Person mit dem entsprechend passenden Qualifikationsprofil oder in der Schaffung eines Qualifikationsprofils durch Weiterbildung von Personen, die das Potenzial dafür aufweisen. Anforderungs- bzw. Qualifikationsprofile bestehen aus folgenden Elementen:

- formale Voraussetzungen (z.B. Vor- und Ausbildung, Lebensalter, Berufserfahrung ...),
- spezifische/s Kenntnisse bzw. Wissen,
- Fertigkeiten (z.B. Umgang mit IuK-Technik, Organisationstechniken ...),
- persönliche Fähigkeiten und Schlüsselqualifikationen (z.B. Teamfähigkeit, Organisationsgeschick, Belastbarkeit ...).

5.2 Personalentwicklung 1: Externe Personalbeschaffung und Personalauswahl

Ein qualitativer Netto-Personalbedarf kann gedeckt werden, indem man auf dem zur Verfügung stehenden Arbeitsmarkt eine Person sucht, die dem Anforderungsprofil nahezu voll entspricht. In diesem Fall mündet das Beschaffungsproblem in Maßnahmen der externen Personalbeschaffung. Für eine externe Beschaffung sprechen vor allem die folgenden Vorteile:

- Auf den externen Personalmarkt können ausgewiesene Fachleute angesprochen werden.
- Externe Bewerber sind in bezug auf das eigene Unternehmen (noch) nicht betriebsblind. Auf diese Weise kann durch neue Ideen frischer Wind in die Organisation gebracht werden.
- Sofern es gelingt, ein breites Bewerberfeld zur Bewerbung zu motivieren, eröffnet dieser Beschaffungsweg eine breite Auswahl.
- Unter Umständen kann die Organisation auf teure Weiterbildungsmaßnahmen verzichten.
- Zudem kann das Unternehmen durch gut gestaltete Stellenanzeigen das Unternehmensmarketing unterstützen. Inzwischen gibt es etliche Unternehmen, die allein aus diesem Grund regelmäßig Stellenanzeigen positionieren.

Inzwischen wird ein Großteil der freien Stellen besetzt, ohne dass die jeweilige Stelle vorher formal ausgeschrieben gewesen ist. Stellensuchende nutzen heute mehr als noch vor einigen Jahren Netzwerke und Initiativbewerbungen, um eine geeignete Stelle zu finden. Die Unternehmen ihrerseits nutzen diese Beschaffungswege, um die Durchführung aufwändiger Bewerbungsverfahren zu vermeiden[47]. Darüber hinaus sind die Unternehmen zusehends dazu übergegangen, im Rahmen eines E-Recruitments das Internet für die Stellensuche einzusetzen[48]. Dennoch ist die Stellenanzeige in Form eines Zeitungsinserats immer noch ein sehr wichtiges Beschaffungsinstrument der Betriebe und Unternehmen. Um erfolgreich zu sein, müssen folgende Aspekte beachtet werden: Zunächst ist eine Entscheidung über das bzw. die Medien zu treffen, in dem bzw. in denen das Inserat platziert werden soll. Dabei gibt es folgende Anhaltspunkte: Bei Arbeitskräften, die der unteren Hierarchieebene zuzuordnen sind, wählt man in der Regel regionale Tageszeitungen. Sofern das mittlere und höhere Management betroffen ist, wird man gewöhnlich auf überregionale Tages- bzw. Wochenzeitungen zurückgreifen. Bei Arbeitskräften, bei denen spezifische und ausgewiesene Fachkenntnisse notwendig sind, haben sich die einschlägigen Fachzeitschriften als geeignet erwiesen[49]. Des weiteren ist bei Stellenanzeigen die äußere und inhaltliche Gestaltung von Bedeutung. Eine entsprechende Checkliste für die Gestaltung von Stellenanzeigen hat beispielsweise Kolb vorgelegt[50]:

Überschrift:	Schlagzeile, Positionszeile …
Abbildungen:	Signet des Unternehmens, Personen, Gebäude, grafische Elemente …
Textgliederung:	Absätze, Spalten, Schrifttypen, Schriftgröße, Fett-Kursiv-Schrift …
Layout:	weißer Raum, Umrandung, Format/Größe, Farben …

Hinsichtlich der inhaltlichen Gestaltung sind detaillierte Aussagen notwendig, die in ihrer Gesamtheit als Entscheidungsgrundlage für potenzielle Bewerber herangezogen werden können. Als Mindestinhalte sind folgende Angaben aufzunehmen:

- Aussagen über das Unternehmen,
- Aussagen über die vakante Stelle (Ausschreibungsgrund, Aufgabenbereich und Verantwortung …),
- Aussagen über Anforderungsmerkmale (Ausbildung, Kenntnisse, Fähigkeiten …),
- Aussagen über die Höhe des Gehaltes und die sozialen Leistungen,
- Ende der Bewerbungsfrist,
- Erforderliche Bewerbungsunterlagen (Lebenslauf, Zeugnisse, Lichtbild …),
- Kontaktdaten (Adresse, Telefon- und Faxnummer, E-Mail-Adresse und Website),
- Persönlicher Ansprechpartner mit Vor- und Nachnamen.

Möllhoff weist zudem darauf hin, dass in keiner Stellenanzeige eine Unique Selling Proposition (USP) fehlen sollte. „Sie sollten das benennen, was diese Stelle einzigartig macht"[51].
 Die Personalauswahl ist eine äußerst schwierige Aufgabe. Stellt sich eine Stellenbesetzung im nachhinein als falsch heraus, kann das gravierende Folgen haben. So können wichtige Projekte möglicherweise nicht angemessen realisiert werden. Die erfahrenen und moti-

---

[47] vgl. FOCUS vom 22.09.2003
[48] vgl. Möllhoff 2001, 127 ff.
[49] vgl. Möllhoff 2001, 61 ff.
[50] vgl. Kolb 1998, 92
[51] Möllhoff 2001, 61

vierten Mitarbeiter erfahren höhere Belastungen und werden unter Umständen demotiviert. Auch wenn es gelingt sich noch während der Probezeit von einem ungeeigneten Mitarbeiter zu trennen, sind die bereits verursachten Folgekosten nicht zu vermeiden. Das ganze Prozedere der Personalbeschaffung und -auswahl muss möglicherweise wiederholt werden, was zumindest Zeit und Geld kosten dürfte.

Eine gute und sachgerechte Personalauswahl hängt zunächst vom Anforderungsprofil ab. Deshalb sollten die Anforderungen sehr sorgfältig erhoben und erarbeitet werden. Besonders wichtig ist, dass die einzelnen Kriterien beobachtbar und überprüfbar sind. Als noch problematischer erweist sich die eigentliche Bewerberdiagnose, mit der die jeweiligen Qualifikationsprofile ermittelt werden sollen. Insgesamt stehen die folgenden Instrumente zur Verfügung:

5.2.1 Analyse und Bewertung der Bewerbungsunterlagen

Sofern die üblichen Bewerbungsunterlagen von den Bewerbern gefordert sind, stehen das Anschreiben, der tabellarische Lebenslauf, die relevanten (Hoch-)Schul- und Arbeitszeugnisse und ein Lichtbild zur Verfügung. In besonders ausführlichen Bewerbungen kann dazu noch auf Referenzen und Arbeitsproben zurückgegriffen werden. Die Ergebnisse der Auswertung bilden die Grundlage für die Vorauswahl. Sie entscheiden also über jene Bewerber, die zu einem Auswahlgespräch bzw. zu weiteren Auswahlverfahren eingeladen werden. Das Anschreiben und der Lebenslauf können anhand spezifischer Kriterien beurteilt werden. Beim Lebenslauf wird vor allem auf Lücken bei den Beschäftigungszeiten und auf die Positionsfolge geachtet. Im Anschreiben kommt es insbesondere darauf an, dass die Motivation für das Interesse an der vakanten Stelle plausibel gemacht werden kann. Bei Berufsanfängern bzw. jüngeren Bewerbern spielen die Schulzeugnisse eine große Rolle, bei berufserfahrenen Kandidaten sind eher die Arbeitszeugnisse Gegenstand einer genaueren Prüfung. Auf die besondere Problematik der Arbeitszeugnisse, in denen zumeist bestimmte Codes verwandt werden, die die Personalchefs in der Regel beherrschen, kann hier nicht näher eingegangen werden.

5.2.2 Vorstellungs- bzw. Auswahlgespräche

Mit jenen Bewerbern, die in die engere Wahl genommen werden, wird in der Regel ein so genanntes Vorstellungs- oder auch Auswahlgespräch geführt. Es erfüllt mehrere Funktionen. Zunächst kann im persönlichen Gespräch die Qualifikation und die berufliche Eignung näher hinterfragt werden. Zudem ergeben sich durch geschicktes Nachfragen exaktere Erkenntnisse im Hinblick auf die Persönlichkeit und die Motivation. Schließlich hat auch der Arbeitgeber die Möglichkeit, für sich und das Aufgabengebiet zu werben, um gerade jene Kandidaten in der Motivation zu stärken, die für ihn von besonderem Interesse sind. Die Eignung kann am besten durch so genannte situative Fragen erfasst werden, bei denen die Bewerber mit aufgabentypischen Situationen konfrontiert werden, zu denen sie Lösungen anbieten sollen.

5.2.3 Psychologische Testverfahren

Psychologische Testverfahren sind dann sinnvoll, „…wenn große Leistungsunterschiede zwischen den Bewerbern zu erwarten sind und andere objektive Informationsquellen nicht zur Verfügung stehen"[52]. Sie werden oft bei der Auswahl von Nachwuchskräften eingesetzt[53]. Dabei kommen folgende Testverfahren zum Einsatz: Leistungs-, Intelligenz- sowie Charakter- und Persönlichkeitstests. In diesen Fällen erfolgt eine Bewertung der Teilnehmer unter standardisierten Bedingungen. Die Aussagekraft und die Prognosevalidität der Intelligenz- und Charaktertests gelten gemeinhin als umstritten.

5.2.4 Assessment Center

Das Assessment Center ist eine besondere Methode der Eignungsfeststellung. Es handelt sich „…um ein systematisches Verfahren zur qualifizierten Feststellung von Verhaltensleistungen bzw. Verhaltensdefiziten, das von mehreren Beobachtern gleichzeitig für mehrere Teilenehmer in bezug auf vorher definierte Anforderungen angewandt wird."[54] Es fasst verschiedene Auswahlinstrumente zusammen und ergänzt diese um weitere eignungsdiagnostische Elemente. Neben den bereits genannten Interviews und psychologischen Testverfahren werden vor allem folgende Arbeitsproben und Situationstests eingesetzt: Postkorbverfahren, Kurzvortrag und Gruppendiskussionen. Assessment Center können ein bis drei Tage dauern. Sofern sie den geforderten Qualitätsstandards entsprechen, kann mit ihrer Hilfe ein umfassendes und objektives Qualifikationsprofil erstellt werden. Nachteilig wirkt sich aus, dass sie sehr personal- und zeitaufwändig sind[55]. Die nicht unerheblichen Kosten halten viele davon ab, das Instrument einzusetzen, zumal gut strukturierten und intelligent ausgestalteten Interviews heute fast eine gleich hohe Validität bescheinigt wird[56].

Über den Erfolg einer Auswahlentscheidung kann erst entschieden werden, wenn der eingestellte Mitarbeiter nach einigen Monaten unter Beweis gestellt hat, dass er den Erwartungen entsprechen kann. Damit gute Mitarbeiter während der Probezeit nicht wieder abspringen, sollten für neue Mitarbeiter entsprechende Einführungsprogramme realisiert werden, die die fachliche Einarbeitung sowie die soziale Integration gewährleisten.

5.3 Personalentwicklung 2: Bildung und Förderung

Immer noch wird mit dem Begriff der Personalentwicklung vornehmlich die konventionelle Aus- und Weiterbildung verbunden. Insofern findet Personalentwicklung außerhalb des Arbeitsplatzes in Seminarräumen statt, in denen qualifizierte Trainer komplexe Inhalte, Methoden und Techniken vermitteln. Im Rahmen des Bildungscontrollings hat man jedoch festgestellt, dass solche Off-the-Job-Maßnahmen nur effektiv sind, wenn die Teilnehmer die gelernten Inhalte bzw. Methoden direkt danach in der Praxis auch anwenden. Ist dieses

---

[52] Schäfer 1997, 74
[53] vgl. Berthel/Becker 2003, 174 ff., 189, Kolb 1998, 109 ff.
[54] Jeserich 1981 33
[55] vgl. Berthel/Becker 2003, 177 ff.
[56] vgl. Jetter 2002

nicht der Fall, wird ein Teil des Gelernten schon bald wieder vergessen. Deshalb wird die Personalentwicklung heute zunehmend direkt mit den zu erfüllenden Aufgaben verknüpft. Derartige On-the-Job-Maßnahmen gewinnen zunehmend an Bedeutung. „Die zunehmende Variabilität der Arbeitsinhalte verlangt vom Mitarbeiter einen über das Tagesgeschäft hinausgehenden Einsatz in verschiedenen Funktionen, Projekten und Sonderaufgaben mit gesteigerter Verantwortung und steigendem Handeln in Eigeninitiative. Dieses Wachstum der Aufgaben zu steuern, ist Teil moderner Personalentwicklung"[57].

Abbildung 6: Übersicht über die Möglichkeiten der Personalentwicklung[58]

Bildung	Förderung	Organisations-entwicklung
Formen • Berufsausbildung • Weiterbildung • Führungsbildung	Formen • Personalbeschaffung • Personaleinführung • Aufstiegsorientierte Förderung • Karriereplanung • Freistellung	Form • Personalentwicklung durch organisatorischen Wandel
Methoden, u.a.: • Lehrgespräch • Fallstudie/ Planspiel • Rollenspiel • Unterweisung/ Anleitung	Methoden, u.a.: • Mitarbeitergespräch • Leistungs- und Potenzialbeurteilung • Auslandseinsatz • Coaching • Arbeitsstrukturierung	Methoden: • Methoden auf individueller Ebene • Methoden auf Gruppenebene • Strukturorientierte Methoden • Integrative Methoden

Berthel/Becker fassen unter den Begriff der Personalentwicklung die Arten Bildung, Arbeitsstrukturierung und Karriereplanung[59]. Mit dieser Darstellung soll explizit zum Ausdruck gebracht werden, dass die Personalentwicklung über die klassischen Bildungsmethoden hinausreicht. Im Bereich Arbeitsstrukturierung werden Entwicklungsmethoden thematisiert, die direkt am Arbeitsplatz zu verorten sind, und somit eine direkte Verknüpfung mit der praktischen Arbeit ermöglichen. Bei der Arbeitsstrukturierung geht es um die teilweise Veränderung des Aufgabenspektrums, wobei man davon ausgeht, dass sich die Mitarbeiter

---

[57] Haenel 2002, 127
[58] in Anlehnung an Becker 2002, 6
[59] vgl. Berthel 2003, 295 ff.

dadurch quasi automatisch neue Qualifikationen aneignen. Der Bereich Karriereplanung stellt die Förderung der individuellen Mitarbeiter in der Vordergrund. In diesem Zusammenhang geht es darum, auf der Grundlage von Potenzialanalysen, die künftige individuelle Positionsfolge zu planen. Becker[60] differenziert demgegenüber die Bereiche Bildung, Förderung und Organisationsentwicklung. Der Förderungsbegriff wird weiter gefasst und schließt die Methoden des On-the-job-Trainings (Job enlargement, Job enrichment, Job rotation) mit ein. Die obige Abbildung gibt einen Überblick über die Formen und Methoden der Personalentwicklung.

5.4 Berufliche Bildung: Anforderungsprofil für Ausbilder

Für die Betriebe und Unternehmen hat die berufliche Bildung eine besondere Bedeutung. Mit der Berufsausbildung verfolgen sie unter anderem die folgenden Ziele[61]:

- Sicherstellen des Nachwuchsbedarfs,
- Gewährleistung der Konkurrenzfähigkeit,
- Förderung von Innovationen,
- Sicherung der Mitarbeiterqualifikationen,
- Wahrnehmung der gesellschaftlichen Verantwortung.

Grundsätzlich hängt die Beteiligung der Betriebe an der Berufsausbildung einerseits von der Bedarfsorientierung, andererseits von der gesellschaftlichen Verantwortung ab. Insbesondere in wirtschaftlich schwierigen Zeiten dominiert die Bedarfsorientierung, was immer wieder dazu führt, dass die Politiker die gesellschaftliche Verantwortung der Wirtschaft anmahnen. Nach dem Berufsbildungsgesetz (BBIG) gliedert sich die berufliche Bildung in drei Bereiche[62]:

Die Berufsausbildung gewährleistet eine Erstausbildung auf der Basis einer bereit angelegten Grundbildung, der Vermittlung von Kenntnissen und Fertigkeiten und der Berufserfahrung. Darüber hinaus soll der Auszubildende charakterlich gefördert sowie sittlich und körperlich nicht gefährdet werden[63].

Die berufliche Fortbildung hat darauf aufbauend die Aufgabe, die beruflichen Kenntnisse und Fertigkeiten zu erhalten, zu erweitern und der technischen Entwicklung anzupassen. Zudem soll sie den beruflichen Aufstieg der Mitarbeiter ermöglichen. Dementsprechend spricht man auch von Erhaltensfortbildung, Anpassungsfortbildung und Aufstiegsfortbildung.

Die dritte Säule der beruflichen Bildung ist die berufliche Umschulung. Die Umschulung wird einerseits relevant bei der Wiedereingliederung von Personen, die längere Zeit nicht mehr beruflich tätig gewesen sind (Rehabilitation und Reaktivierung). Andererseits kommt es in Betrieben aus arbeitsmarktpolitischen oder betriebsbedingten Gründen zu Umschulungen.

---

[60] Becker 2002
[61] vgl. Ruschel 1999, 31
[62] vgl. Ruschel 1999, 28ff.
[63] vgl. § 6 Ab 1 Br. 5 BBIG

Die Qualität der Ausbildung hängt in hohem Maße von den Ausbildern ab. „Der Ausbilder kann seine Ausbildungsaufgabe hauptamtlich oder nebenamtlich erledigen, im Betrieb oder in außerbetrieblichen bzw. überbetrieblichen Einrichtungen. ... Die Aufgaben von Ausbildern können sehr voneinander abweichen, je nach Branche, Betriebsgröße, Region und nicht zuletzt einzelbetrieblichen Bedingungen"[64]. Durch den Wandel der gesellschaftlichen und wirtschaftlichen Rahmenbedingungen haben sich auch die Aufgaben der Ausbilder verändert. „Wenn man bedenkt, wie sehr die Berufsbilder und die Rahmenausbildungspläne für die seit Beginn der neunziger Jahre neu geordneten Ausbildungsberufe gegenüber ihren Vorgängern weiterentwickelt wurden, dann darf man sich nicht wundern, dass damit auch weitgehend neue Anforderungen an das Ausbildungspersonal einhergehen mussten"[65].

Die Aufgaben des Ausbilders lassen sich in drei Bereiche gliedern: fachliche Aufgaben, organisatorische Aufgaben und erzieherische Aufgaben.

Tabelle 2: Aufgaben des Ausbilders[66]

Fachliche Aufgaben	Organisatorische Aufgaben	Erzieherische Aufgaben
• Vermittlung von Kenntnissen und Fertigkeiten, Schlüsselqualifikationen und Berufserfahrung • Unterweisung am Arbeitsplatz • betrieblicher Unterricht • Unterstützung des Lernens • Vorbereitung auf Prüfungen	• Personalbeschaffung und -auswahl • Planung und Organisation der Ausbildung • Kooperation mit Schule und Eltern • Kooperation mit Verbänden und Arbeitsämtern • Zusammenarbeit mit Geschäftsleitung und Betriebsrat	• Charakterliche Förderung • Förderung der Gesunderhaltung • Förderung von Werten und Einstellungen (Selbstständigkeit und Eigenverantwortung) • Wahrnehmen der Vorbildfunktion • Wohlwollende Kontrollen

Insofern umfasst das Anforderungsprofil von Ausbildern neben Fachkompetenzen vor allem soziale, methodische und persönliche Kompetenzen. Das Berufsbildungsgesetz (BBIG) und die Ausbildereignungsverordnung für gewerbliche Wirtschaft (AEVO-GW) schreiben deshalb die Ablegung der Ausbildereignungsprüfung vor. Das Bundesinstitut für Berufsbildung (BIBB) hat im Jahr 1999 einen neuen Rahmenstoffplan für die Ausbildung der Ausbilder erarbeitet. „Die frühere Gliederung in vier Schwerpunkte bzw. Sachgebiete wurde aufgegeben; der neue Lehrgang besteht aus sieben Modulen. Die Lehrgangskonzeption beruht auf dem Gedanken, dass sich die Lehrgangsbausteine an den typischen Aufgabenstellungen betrieblicher Ausbildung orientieren sollen. Jedes der Handlungsfelder stellt einen geschlossenen Aufgabenschwerpunkt im breiten Tätigkeitsbereich der betrieblichen Ausbilder dar. Damit wurde einer verstärkten Verzahnung zwischen Theorie und Praxis der

---

[64] Ruschel 1999, 75
[65] Ruschel 1999, 99
[66] in Anlehnung an Ruschel 1999, 100

betrieblichen Ausbildung Rechnung getragen"[67]. Für den Lehrgang und die Ausbildereignungsprüfung sind folgende Handlungsfelder relevant[68]:

Handlungsfeld 1:	Allgemeine Grundlagen, u.a. Zweck und Ziel der Ausbildung, Gründe für die betriebliche Ausbildung, rechtliche Rahmenbedingungen
Handlungsfeld 2:	Planung der Ausbildung, u.a. betriebliche Personalplanung, Ausbildungsplanung, Organisation der Ausbildung, Abstimmung mit der Berufsschule
Handlungsfeld 3:	Mitwirkung bei der Einstellung von Auszubildenden, u.a. Bewerberauswahl, Auswahl von Auszubildenden, Berufsausbildungsvertrag, Probezeit
Handlungsfeld 4:	Ausbildung am Arbeitsplatz, u.a. Formen des Lernens, Moderne Ausbildung, Unterweisungsmethoden, Planung der Unterweisung
Handlungsfeld 5:	Förderung des Lernprozesses, u.a. Lernen, Lerntypen, Lernbereich, Lernziele und Lernerfolge
Handlungsfeld 6:	Ausbildung in der Gruppe, u.a. Lehrgespräch, Moderation, Medien, Unterweisungstechniken
Handlungsfeld 7:	Abschluss der Ausbildung, u.a. Prüfungen, Zeugnisse, Mitwirkung bei Prüfungen

Die berufliche Bildung ist mit Abschluss der Erstausbildung keineswegs beendet. Wer heute einen Beruf erlernt, wird nicht davon ausgehen können, dass er diesen bis zum Ende seiner beruflichen Laufbahn ausüben kann. Auf die Notwendigkeit der Ausbildung von „Employability" ist bereits hingewiesen worden. Die Notwendigkeit des lebenslangen Lernens ist allgegenwärtig. Insoweit wird in der beruflichen Bildung die Fortbildung immer wichtiger werden. Durch den turbulenten technischen Fortschritt werden sich die beruflichen Anforderungen kontinuierlich verändern, was zunächst tendenziell mehr Erhaltens- und Anpassungsfortbildungen nach sich ziehen wird. Für den Fall, dass Berufe im Laufe der Entwicklung gänzlich wegbrechen, sind Umschulungen in neue Berufe unerlässlich.

6 Arbeitsorganisation: Arbeitsgruppen und Teams

Sprenger traut nur den Individuen etwas zu. In seinem Buch „Aufstand des Individuums" setzt er sich in einem Kapitel mit dem Teamgedanken auseinander. Nach seiner Auffassung leiden Teams vor allem an den unklaren Zuständigkeiten und der Konkurrenz zwischen den Mitgliedern. „Unter kompetitiven Bedingungen ist das einzige, was an meinem Teampartner interessiert, sein Versagen."[69] An anderer Stelle wird gar behauptet: „Die Gruppe kollektiviert immer Schwäche, niemals Stärke."[70] Was hier sehr plakativ behauptet wird, stimmt natürlich zum Teil. Dahinter steht die durchaus wahre Aussage, dass Arbeitsgruppen bzw. Teams in der Realität scheitern können. Krieg/Ehrlich[71] weisen demzufolge auf

---

[67] Ruschel 2001, Vorwort
[68] vgl. Härtl 2001, 7 ff.
[69] Sprenger 2000, 130
[70] Sprenger 2000, 136
[71] Krieg/Ehrlich 1998

die spezifischen Risiken der Gruppenarbeit hin. So kann Gruppenarbeit unter bestimmten Bedingungen zu starker Unruhe und zu Konflikten führen. „Wenn die Abstimmung mit den angrenzenden Abteilungen nicht funktioniert, sind die Abläufe störanfällig und unzuverlässig"[72]. Dennoch gibt es bis heute sehr viele Beispiele, die den Erfolg der Gruppenarbeit untermauern können. Nachstehend ist zunächst zu klären, was man denn unter einer Arbeitsgruppe bzw. einem Team verstehen sollte (Kapitel 6.1). Anschließend wird dargelegt, was das Team von anderen Arbeitsgruppen unterscheidet und wie es zu Teambildungen kommt (Kapitel 6.2). Schließlich wird die Frage erörtert, unter welchen Voraussetzungen die Teambildung die Grundlage für höhere Effektivität sein kann (Kapitel 6.3).

6.1 Arbeitsgruppe als spezielle Art des Gremiums

Die methodisch saubere Organisationsgestaltung beginnt mit der Aufgaben- und Arbeitsanalyse. In diesem Zusammenhang werden die zu erfüllenden Aufgaben nach bestimmten Kriterien gegliedert bzw. zerlegt. Bei der Arbeitsanalyse werden selbst kleinste Tätigkeitselemente bestimmt und mit den jeweils anderen in Beziehung gesetzt. In einem zweiten Schritt – der Aufgabensynthese – werden auf der Grundlage sinnvoller Kombinationen Teilaufgaben zu so genannten Stellenaufgaben zusammengefasst. Die auf dieser Basis gebildeten Stellen fasst der Organisator wiederum zu größeren Organisationseinheiten zusammen, wobei Abteilungen entstehen, die in ihrer Gesamtheit die Aufbaustruktur eines Betriebes oder eines Unternehmens bilden.

Es kann jedoch sinnvoll sein, anstatt Stellen Gremien bzw. Gruppen zu bilden. „Ein(e) Gremium (Gruppe) ist eine Mehrzahl von Personen, die über einen längeren Zeitraum in direkter Interaktion stehen. Die Gruppenmitglieder sind durch gemeinsame Normen und ein Wir-Gefühl miteinander verbunden und nehmen differenzierte Rollen wahr."[73] Neben Gremien wie Leitungsgruppen, Ausschüssen und Projektgruppen ist die integrierte Arbeitsgruppe in der Unternehmensrealität inzwischen weit verbreitet. Der schwedische Autohersteller Volvo hat integrierte Arbeitsgruppen bereits zu Beginn der 70er Jahre eingesetzt. Dabei ist es zunächst primär um Arbeitshumanisierung gegangen. Die Gruppenarbeit soll die Monotonie der Arbeit abbauen und die Eigenverantwortung stärken. Gleichzeitig kann durch den Einsatz von Arbeitsgruppen auch der Unternehmenserfolg verbessert werden. So erhofft man sich unter anderem eine Steigerung der Produktivität wie auch der Qualität. Gut funktionierende Arbeitsgruppen arbeiten in der Regel flexibler und schneller als Organisationseinheiten, die durch die bloße Zusammenfassung von Stellen (Abteilungsbildung) entstanden sind. Die wesentlichen Merkmale einer Arbeitsgruppe sind[74]:

- Es handelt sich um eine soziale Einheit von drei oder mehr Personen.
- Die Mitglieder einer Gruppe werden von außen als solche wahrgenommen und sehen sich auch selbst als Einheit, die nach außen abgrenzbar ist.
- Die Arbeitsgruppe ist in der Regel in eine Organisation eingegliedert.
- Die Aufgaben werden durch unmittelbare Zusammenarbeit bewältigt.

---

[72] Krieg/Ehrlich 1998, 256
[73] Vahs 2003, 81
[74] vgl. Gmünden/Högl 2000, 8

Damit man von einem Team sprechen kann, muss die Arbeitsgruppe über weitere Eigenschaften verfügen: „Teamarbeit bezieht sich unabhängig von der Güte der inhaltlichen Aufgabenlösung, auf die Qualität der Interaktion in einem Team und ist dabei als Modus zu verstehen, mit dem versucht wird, dem durch die Art der Aufgabe begründeten Koordinationsbedarf zu begegnen. Die Mitglieder eines Teams sind demnach für die Aufgabenerledigung (Zielerreichung) aufeinander angewiesen, es bestehen aufgabenbedingte wechselseitige Abhängigkeiten (Interdependenzen) zwischen den Teammitgliedern."[75] Der Übergang von einer Arbeitsgruppe zu einem Team ist fließend. Hierbei spielen der soziale Zusammenhalt, die gegenseitigen Abhängigkeiten und die Akzeptanz von gemeinsamen Normen eine bedeutende Rolle. Insgesamt bleibt festzuhalten, dass die Unterscheidung von Gruppenarbeit und Teamarbeit sehr schwierig ist. Der Übergang von einer Arbeitsgruppe zu einem Team lässt sich zumeist erst erkennen, wenn die Gesamtleistung betrachtet und bewertet werden kann. Im günstigen Fall kann sich eine Arbeitsgruppe zu einem Team entwickeln. Auf der anderen Seite kann sich ein Team im ungünstigen Fall zu einer simplen Arbeitsgruppe zurück entwickeln[76].

In anderen Zusammenhängen wird der Teambegriff definiert, indem man ihn gegenüber den Gruppentypen *Crew* und *Task Force* abgrenzt. Im Falle einer Crew (Mannschaft, Besatzung) ist die Aufgabe eindeutig bestimmt. Die Mitglieder haben bestimmte Aufgaben zu erledigen, die jeweils spezifische Kompetenzen erfordern. Insofern sind die Mitglieder relativ leicht austauschbar. Unter dem Begriff Task Force versteht man eine Sondereinheit bzw. eine Projektgruppe. „Die Gruppenmitglieder werden so ausgewählt, dass sie in der Lage sind, mit ihren Fähigkeiten und Fertigkeiten die Aufgabe zu bewältigen. ... Die Anforderungen des Projekts stehen im Vordergrund."[77] Demgegenüber stehen bei einem Team die Teammitglieder im Vordergrund. Es sollen sich möglichst unterschiedliche Fähigkeiten und Fertigkeiten (Heterogenität) zu einer idealen Kombination zusammenfinden. Derartige Teams bearbeiten in der Regel mehr als ein Projekt bzw. eine Aufgabe. Voraussetzung für ein erfolgreiches Team ist neben der Heterogenität der innere Zusammenhalt der Gruppe[78].

6.2 Teambildung

Bis eine Arbeitsgruppe sich zu einem wirklichen Team entwickelt, vergeht gewöhnlich einige Zeit. Ein neu zusammengesetztes Team muss sich zunächst finden, bevor es die Leistungen erbringen kann, die man von ihm erwartet. Es genügt in der Regel nicht, eine Gruppe mit einer Reihe hochqualifizierter Personen zu bestücken. Das Beispiel von Fußballteams zeigt nur allzu deutlich, dass eine Ansammlung von Stars mit jeweils hohen individuellen Fähigkeiten noch keinen sportlichen Erfolg garantiert. Erst wenn die Individualisten zu einem „echten" Team zusammenwachsen, ist die Wahrscheinlichkeit für einen erfolgreichen Ablauf der Saison relativ hoch. Es werden vier Phasen der Gruppenbildung unterschieden[79]:

---

[75] Gmünden/Högl 2000, 8
[76] vgl. Simon 2002, 521
[77] Schäfer 1997, 25
[78] vgl. Gmünden/Högl 2000, 8 ff., Schäfer 1997, 24 f.
[79] vgl. Krieg/Ehrlich 1998, 258 ff., Schäfer 1997, 15 f.

1. Phase: *Forming (Formierungs- und Orientierungsphase):* Die Mitglieder einer neu gebildeten Arbeitsgruppe gehen zunächst eher abwartend und zurückhaltend aufeinander zu. Sie fragen sich wechselseitig, welche Gemeinsamkeiten und Unterschiede gibt es, wer ist mir sympathisch, wem gegenüber empfinde ich eher Antipathie. Insofern sollte man zu Beginn nicht zu hohe Erwartungen an die Gruppe herantragen. In dieser Phase ist eine intensive Betreuung unerlässlich (Coaching).

2. Phase: *Storming (Sturm- und Differenzierungsphase):* In dieser Phase treten jene Probleme auf, die Sprenger gemeint hat, wenn er behauptet, dass Teams grundsätzlich nicht funktionieren. „In dieser Phase treten die Mitglieder aus ihrer Reserve heraus, machen Unterschiede deutlich, treten in Wettbewerb um einzelne Positionen und suchen nach Koalitionspartnern."[80] Es handelt sich um eine äußerst kritische Phase bei der Teamentwicklung, in der die Gruppen bisweilen sogar wieder auseinanderbrechen.

3. Phase: *Norming (Normierungs- und Integrationsphase):* In dieser Phase sind die Fronten geklärt, aufkeimende Konflikte thematisiert und gelöst. Die Gruppennormen werden jetzt formuliert und verfestigt. Zudem kommt es zu einer Rollenverteilung, die von den Mitgliedern akzeptiert wird. In diesem Zusammenhang ist es zudem wichtig, dass die Gruppe sich zusätzlich als integrierte informale Gruppe etabliert (Gruppenklima).

4. Phase: *Performing (Leistungsphase):* Der Prozess der Teambildung ist beendet. Die Gruppe hat sich endgültig gefunden und erfüllt die Erwartungen. „Die Gruppe konzentriert sich auf die vorgegebenen Ziele und arbeitet immer selbstständiger. Mit wachsender Erfahrung gestaltet sie ihre Arbeitsabläufe aktiv und steuert sich weitgehend selbst. Die Gruppenarbeit ist damit umgesetzt, die Gruppe ist selbstständig und leistungsfähig."[81]

6.3 Das Teams als Basis für mehr Effektivität

Es wird oft behauptet, dass Teamstrukturen besonders dann anzuraten sind, wenn die Aufgaben anspruchsvoller werden. Je schwieriger und komplexer die Aufgabenbewältigung wird, desto wirksamer kann die Teamorganisation sein. Dieses gilt vor allem für innovative Aufgaben. „Innovative Aufgaben, welche die Verarbeitung extremer Komplexität und Unsicherheit erfordern, bedingen die möglichst direkte Zusammenarbeit von verschiedenen Individuen. Für solche Problemstellungen ist es günstig, diese, mit verschiedenen Expertisen ausgestatteten Mitarbeiter, in einem Team zusammenzufassen, damit sie in direkter Zusammenarbeit an der Lösung des gemeinsamen Problems arbeiten können."[82]

Demgegenüber können einfache und routiniert zu bewältigende Aufgaben durch konventionelle Formen der Arbeitsorganisation meistens sehr gut bewältigt werden. Trotzdem

---

[80] Krieg/Ehrlich 1998, 259
[81] Krieg/Ehrlich 1998, 259
[82] Gemünden/Högl 2000, 9

kann es mitunter auch hier sinnvoll sein, Teamstrukturen einzuziehen. Teamarbeit kann in diesem Zusammenhang einmal die Funktion des Abbaus von belastender Monotonie erfüllen, was letztlich hilft, die Arbeitszufriedenheit zu verbessern. Die Bildung von Teams kann zudem sinnvoll sein, um den Kunden bestimmter Leistungen eine Dienstleistung aus einer Hand bieten zu können. „In einem Dienstleistungsunternehmen, beispielsweise in einer Versicherung, könnte ein Arbeitsteam aus Schadensregulierern, Kundenbetreuern und Vertretern bestehen, denen die Aufgabe übertragen wird, in einem bestimmten Gebiet die Lebens-, Kranken- und Invaliditätsversicherung zu betreuen."[83]

Es gibt inzwischen etliche Beispiele, die deutlich machen, dass Organisationen mit Teamstrukturen wesentlich erfolgreicher arbeiten als Organisationen mit herkömmlichen Organisationsstrukturen. Dennoch hat sich der Teamgedanke noch nicht überall durchgesetzt, wenngleich fast alle Unternehmen in ihren Stellenanzeigen die Teamfähigkeit als dominierende Schlüsselqualifikation herausstellen. Dabei spielen vor allem die folgenden Argumente eine Rolle[84]:

- In den westlichen Nationen hat die Individualität als Kulturgut eine sehr hohe Bedeutung. Der kollektive Charakter des Teamgedankens widerspricht diesem Anspruch.
- Besonders hochqualifizierte Mitarbeiter sind in der Regel sehr selbstbewusst und von ihren Argumenten überzeugt. Für sie ist die Auseinandersetzung mit anderen Überzeugungen bisweilen zu zeitaufwändig und im Grunde entbehrlich.
- Gerade gut funktionierende Teams stellen die Rolle der Führungskräfte mitunter in Frage, so dass die Letzteren sich bedroht fühlen und deshalb lieber an den angestammten Strukturen festhalten.

Zusammenfassend lässt sich ausführen, dass Teams die Effektivität und die Effizienz von Unternehmen steigern können. Damit die Teamstrukturen ihre positiven Effekte entfalten können, müssen unter anderem die folgenden Voraussetzungen gegeben sein:

- Die zu erfüllenden Aufgaben müssen sich für Teamstrukturen eignen.
- Auf Seiten der beteiligten Mitarbeiter ist eine bestimmte Reife notwendig, die vor allem durch Eigeninitiative und Eigenverantwortung sowie durch die Fähigkeit der Selbstorganisation geprägt sein sollte.
- Die beteiligten Mitarbeiter verfügen nachgewiesen über Teamfähigkeit.
- Auf Seiten der Führungskräfte sollte der kooperative Führungsstil ausgeprägt sein.
- In der Organisation ist eine Vertrauenskultur erkennbar entwickelt.
- Das Top Management steht hinter dem Teamgedanken und fördert die Teamentwicklung auf allen Ebenen.

Literaturverzeichnis

Becker, Manfred (2002): Personalentwicklung, Bildung, Förderung und Organisationsentwicklung in Theorie und Praxis, 3. Auflage, Stuttgart
Berthel, Jürgen/Becker, Fred (2003): Personalmanagement, 7. Auflage, Stuttgart

---

[83] Boyett/Boyett 1999, 164
[84] vgl. Boyett/Boyett 1999, 162

Blake, Robert R./Mouton, Jane S. (1996): Besser führen mit GRID, 2. Auflage, München
Boyett, Joseph H./Boyett, Jimmie T. (1999): Management Guide, Die Top-Ideen der Management-Gurus, München
Doppler, Klaus /Lauterburg, Christoph (2002): Change Management, Den Unternehmenswandel gestalten, Frankfurt am Main
Drumm, Hans Jürgen. (2000): Personalwirtschaftslehre, 4. Auflage, Berlin
Gemünden, Hans Georg/Högl, Martin (2000): Teamarbeit in innovativen Projekten: Eine kritische Bestandsaufnahme der empirischen Forschung, In: Gemünden, Hans Georg/Högl, Martin (Hrsg.): Management von Teams, Theoretische Konzepte und empirische Befunde, Wiesbaden, 1–31
Grimm, Hubert G./Vollmer, Günther R. (2002): Personalführung, 5. Auflage, Bad Wörrishofen
Haenel, Susanne (2002): Personalentwicklung in der New Economy, In: Grüner, Herbert/Steiner, Marc (Hrsg.): Personalmanagement in der Zeit nach der New Economy, Künzelsau, 124–145
Härtl, Johanna (2001): Die Ausbildereignungsprüfung in Frage und Antwort, Berlin
Hopp, Helmut/Göbel, Astrid (1999): Management in der öffentlichen Verwaltung, Organisations- und Personalarbeit in modernen Kommunalverwaltungen, Stuttgart
Jeserich, Wolfgang (1981): Mitarbeiter auswählen und fördern, Assessment-Center-Verfahren, Wien.
Jetter, Wolfgang (2002): Effizenite Personalauswahl, Durch strukturierte Einstellungsinterviews die richtigen Mitarbeiter einsetzen, 2. Auflage, Stuttgart
Klimecki, Rüdiger G./Gmür, Markus (2001): Personalmanagement, Strategien, Erfolgsbeiträge, Entwicklungsperspektiven, 2. Auflage, Stuttgart.
Kolb, Meinulf (1998): Personalmanagement, 2. Auflage, Berlin
Kolbinger, Josef (1959): Das betriebliche Personalwesen, Bd. 1 und 2, Stuttgart
Krieg, Hans-Jürgen/Ehrlich, Harald (1998): Personal, Lehrbuch mit Beispielen und Kontrollfragen, Stuttgart
Luhmann, Niklas (2000): Organisation und Entscheidung, Opladen/Wiesbaden
Mair, Judith (2002) Schluss mit lustig, Warum Leistung und Disziplin mehr bringen als emotionale Intelligenz, Teamgeist und Soft Skills, Frankfurt am Main
Mintzberg, Henry (1975): The Managers' Job. Harvard Business Review 53
Möllhoff, Dieter (2001): Praxishandbuch Personalmanagement, Grundlagen und Instrumente für erfolgreiche Personalarbeit, Frankfurt am Main/New York
Nagel, Gerhard (1999) Wagnis Führung, 365 Tage aus dem Leben einer Change Managers, München
Neuberger, Oswald (1997): Personalwesen 1: Grundlagen, Entwicklung, Organisation, Arbeitszeit, Fehlzeiten, Stuttgart
Neuberger, Oswald (2002): Führen und führen lassen, Stuttgart
Niklisch, Heinrich (1922): Wirtschaftliche Betriebslehre, Stuttgart
Reddin, William J. (1981): Das Drei-D-Programm zur Leistungssteigerung des Managements, Landsberg
Reeke, Katharina (2001): Alles muss mit absoluter Schnelligkeit passieren, In: Personalführung, DGFP 08/2001.
Rosenstiel, Lutz von (2002): Die Arbeitsgruppe, In: Rosenstiel, Lutz von/Regnet, Erika/Domsch, Michel (Hrsg.): Führung von Mitarbeitern, 5. Auflage, Stuttgart, 367–386.
Ruschel, Adalbert (1999): Arbeits- und Berufspädagogik für Ausbilder in Handlungsfeldern, Ludwigshafen
Ruschel, Adalbert (2001) Die Ausbildereignungsprüfung, Handlungsorientierte Prüfungsvorbereitung, Ludwigshafen
Schäfer, Norbert (1997): Organisationspsychologie für die Praxis, Sternenfels
Schmalenbach, Eugen (1947/48), Pretiale Betriebslenkung, Bd. 1 und 2, Bremen
Scholz, Christian (1994): Personalmanagement, Informationsorientierte und verhaltenstheoretische Grundlagen, München.

Schreyögg, Georg (1999): Organisation, Grundlagen moderner Organisationsgestaltung, 3. Auflage, Wiesbaden

Simon, Walter (2002): Moderne Management-Konzepte von A–Z, Strategiemodelle, Führungsinstrumente, Managementtools, Offenbach

Sprenger, Reinhard K. (2000): Aufstand des Individuums, Warum wir Führung komplett neu denken müssen, Frankfurt am Main/New York

Sprenger, Reinhard K. (2002): Vertrauen führt, Worauf es im Unternehmen wirklich ankommt, Frankfurt am Main/New York

Staehle, Wolfgang H. (1994): Management, Eine verhaltensorientierte Perspektive, 7. Auflage, München.

Steinmann, Horst/Schreyögg, Georg (1997): Management, Grundlagen der Unternehmensführung, Konzepte - Funktionen - Fallstudien, 4. Auflage, Wiesbaden

Vahs, Dietmar (2003): Organisation, Einführung in die Organisationstheorie und -praxis, 4. Auflage, Stuttgart

Vahs, Dietmar/Leiser, Wolf (2003): Change Management in schwierigen Zeiten, Erfolgsfaktoren und Handlungsempfehlungen für die Gestaltung von Veränderungsprozessen, Wiesbaden

Wald, Andreas (1996): Personalmanagement für die kommunale Praxis, Grundlagen-Methoden-Ziele, Berlin

Wunderer, Rolf (Hrsg.) (1999): Mitarbeiter als Mitunternehmer: Grundlagen, Förderinstrument, Praxisbeispiele, Neuwied am Rhein

Wunderer, Ralf/Dick, P. (2002): Quo vadis? Analysen und Prognosen zu Entwicklungstrends bis 2010, Neuwied

Wunderer, Rolf/Kuhn, Thomas (1995): Unternehmerisches Personalmanagement – zentraler Ansatzpunkt zur Förderung unternehmerischen Verhaltens, In: Wunderer, Rolf/Kuhn, Thomas, Innovatives Personalmanagement, Theorie und Praxis unternehmerischer Personalarbeit, Neuwied am Rhein, 3–20

Kosten- und Leistungsrechnung

Johannes Stelling

1 Aufgaben der Kosten- und Leistungsrechnung

Die Aufgaben des betrieblichen Rechnungswesens lassen sich in zwei Gruppen einteilen. Das Rechnungswesen eines Unternehmens ist ein Informationssystem; in ihm werden wirtschaftliche Sachverhalte abgebildet. Die Adressaten können unterschieden werden in solche, die dem Betrieb angehören (Manager), und in solche, die Externe sind. Die zugehörigen Teilsysteme des betrieblichen Rechnungswesens tragen ihren Aufgaben gemäß die Bezeichnung externes betriebliches Rechnungswesen (Buchhaltung und Jahresabschluss) und internes betriebliches Rechnungswesen (Kosten- und Leistungsrechnung). Die unternehmensinternen Aufgaben des betrieblichen Rechnungswesens ergeben sich aus der Notwendigkeit der Deckung des Informationsbedarfs in allen betrieblichen Managementprozessen. Mit der Kosten- und Leistungsrechnung können unterschiedliche Zwecksetzungen verfolgt werden. Schlagwortartig wird oft von der *Kalkulation* und der *Kontrolle* gesprochen. Genauer können diese Zwecksetzungen differenziert werden in

- die Abbildung des Unternehmensprozesses in Kosten- und Erfolgsgrößen,
- die Planung und Steuerung des Unternehmensprozesses auf der Grundlage von Kosten- und Erfolgsinformationen sowie
- die kosten- und erfolgsmäßige Kontrolle des Unternehmensprozesses.

Die Abbildung des realisierten Unternehmensprozesses verlangt die Ermittlung der tatsächlich angefallenen Kosten. Die tatsächlich angefallenen Kosten werden als Istkosten bezeichnet. In der Kostenrechnung können einmal die faktisch entstandenen Kosten einer Periode (periodische Kostenrechnung) oder einer Ausbringungsmengeneinheit (Kalkulation) bestimmt werden. Des Weiteren kann man die Feststellung der realisierten Kosten anderer Sachverhalte (z.B. Produktionsabläufe, Werbemaßnahmen) durch die Kostenrechnung vornehmen.

Die Ermittlung der für die Produkte (*Kostenträger*) angefallenen Kosten und der entstandenen Stückkosten (Selbstkosten) sowie die Überwachung und Steuerung des Unternehmensprozesses verlangt eine spezifische Verteilung der erfassten Kosten. Die Kostenverteilung ist eine Zuordnung der erfassten Kosten auf Bezugsobjekte nach unterschiedlichen Prinzipien. Bezugsobjekte der Kostenverteilung sind *Kostenstellen* als Orte der Kostenentstehung und Kostenträger als kostenverursachende Größen. Für die Ermittlung der realisierten Stückkosten werden die zur Hervorbringung einer Einheit eines Produktes entstandenen Kosten festgestellt. Die stückbezogene Kostenrechnung baut auf der periodenbezogenen Kostenrechnung auf.

Die Kontrolle des Unternehmensprozesses baut ebenso wie die Planung und Steuerung des Unternehmensprozesses auf bereits festgestellten Kosten auf und nimmt deren Auswertung vor. Im Rahmen der Kostenrechnung geht es bei der Kontrolle um den Vergleich von

Kostengrößen. Dabei werden allgemein drei verschiedene Arten des Kostenvergleichs unterschieden:

- Zeitvergleich
- Soll-Ist-Vergleich
- Betriebsvergleich

Die Wirksamkeit der Kostenkontrolle hängt von verschiedenen Größen ab. So sind dafür u.a. die Genauigkeit der Kostenerfassung, die Aufgliederung des gesamten Abrechnungsbereiches Unternehmen in Kostenstellen und die Art der Verteilung der erfassten Kosten auf Kostenstellen und Kostenträger maßgebend. Ferner wird die Effizienz auch von den Kontrollzeitspannen bestimmt. Je länger der Zeitraum ist, für den eine Kontrolle vorgenommen werden soll, um so weniger ist eine kurzfristige Steuerung durchführbar. Daher können durch den Wechsel in den wirtschaftlichen Gegebenheiten bedingte ungünstige Kostenentwicklungen nicht frühzeitig erkannt und durch gestaltende Eingriffe (Kostenmanagement) behoben werden. Daraus resultiert die allgemein erhobene Forderung nach kurzen Abrechnungszeiträumen bzw. kurzfristigen Abschlüssen der Kostenrechnung. Weitere Rechnungsziele der Kostenrechnung können in den Hilfsfunktionen für die externe Rechnungslegung liegen. Dazu gehört die Bewertung von fertigen und unfertigen Produkten sowie selbsterstellter Anlagen etc. zum Zwecke der Bilanzierung.

2   Kosten und Leistungen

Als in Theorie und Praxis vorherrschend gilt der wertmäßige Kostenbegriff. Entsprechend diesem Kostenbegriff werden Kosten definiert als der *bewertete Verzehr* von *Gütern* in Form von Sach- und Dienstleistungen, der zum Zwecke der Erstellung und Verwertung der betrieblichen Leistungen erforderlich ist.

Der wertmäßige Kostenbegriff, wie er oben definiert wurde, ist durch drei Merkmale gekennzeichnet:

- Es muss ein Verzehr von Gütern in Form von Sach- oder Dienstleistungen vorliegen; je nach Art des Gutes handelt es sich um den Verbrauch (z.B. bei Material, Personal) oder um den Gebrauch eines Gutes (z.B. bei Produktionsanlagen, Kameras, Druckmaschinen, PC).
- Der unter 1. angesprochene Güterverzehr muss sich auf die betriebliche Leistungserstellung beziehen: Kostenwirksam ist also nur der Teil an verzehrten Sach- oder Dienstleistungen, der in einer Mittel-Zweck-Beziehung zum eigentlichen Betriebszweck steht.
- Der leistungsbezogene Güterverzehr muss letztlich bewertet werden, um Kosten vergleichbar zu machen und damit die Möglichkeit zum Entscheiden herzustellen. Dabei stehen mehrere Möglichkeiten zur Verfügung: Anschaffungspreise, Tagespreise, Wiederbeschaffungspreise, Festpreise.

Der Kostenbegriff lässt sich damit eindeutig von anderen, ähnlich lautenden Begriffen des Rechnungswesens abgrenzen:

Auszahlung:	Abfluss liquider Mittel (Bargeld und Sichtguthaben) innerhalb eines Zeitraumes.
Ausgabe:	Wert aller dem Betrieb zugegangenen Güter in Form von Sach- und Dienstleistungen innerhalb eines Zeitraumes (=Beschaffungswert).
Aufwand:	Wert aller verzehrten Güter in Form von Sach- und Dienstleistungen, der aufgrund gesetzlicher Bestimmungen und bewertungsrechtlicher Konventionen in der Finanzbuchhaltung angesetzt wird.

Beim *neutralen Aufwand* handelt es sich um Aufwand, der in die Kostenrechnung keinen Eingang findet, sei es dass er mit dem eigentlichen Betriebszweck nichts zu tun hat (betriebsfremder Aufwand), beispielsweise die regelmäßig anfallenden Zuschüsse zum Betriebskindergarten. Betriebsfremde Aufwendungen, die nicht regelmäßig anfallen (z.B. gelegentliche steuerlich abzugsfähige Spenden), zählen zu den außerordentlichen Aufwendungen. Ebenso werden der außerordentliche Aufwand und der periodenfremde Aufwand nicht in die Kostenrechnung aufgenommen. Der außerordentliche Aufwand ist zwar betrieblich bedingt, ist aber so unregelmäßig und/oder nach seiner Art bzw. Höhe so außergewöhnlich, dass er in der Kostenrechnung nicht angesetzt wird, z.B. Außerordentliche Aufwendungen für Stilllegung und Umstrukturierung von Betriebsteilen, Schäden wegen Betrug und Unterschlagung. Periodenfremde Aufwendungen können betrieblich oder betriebsfremd sein. Ihre Verursachung liegt in einer anderen als der Abrechnungsperiode, wie z.B. Gewerbesteuernachzahlungen.

Die in der Kostenrechnung als *Grundkosten* verrechneten Kostenarten sind deckungsgleich mit den in der Finanzbuchhaltung erfassten und aus dem eigentlichen Betriebszweck resultierenden Aufwendungen (Zweckaufwand), wie z.B. Material- und Personalkosten.

Darüber hinaus werden in die Kostenrechnung Wertansätze für einen Güter- und Dienstleistungsverzehr mit einbezogen, die in der Finanzbuchhaltung aufgrund handelsrechtlicher Bewertungsvorschriften gar nicht bzw. in anderer Höhe erfasst werden, die so genannten *kalkulatorischen Kosten*. Insofern können die kalkulatorischen Kosten noch zusätzlich differenziert werden in

- Zusatzkosten als kalkulatorische Kosten ohne Aufwandsverrechnung in der Finanzbuchhaltung und
- Anderskosten als kalkulatorische Kosten, die zwar auch in der Finanzbuchhaltung als Aufwand erfasst werden, dort aber in anderer Höhe.

Mit wertmäßigen *Leistungen* (Erlösen) ist die ebenfalls auf produzierte Sach- und Dienstleistungen abstellende Definition des Erlöses als bewertete leistungsbedingte Güterentstehung gemeint. Sie sind die positive Komponente des kalkulatorischen Erfolges, der sich aus der Differenz der Leistungen abzüglich der Kosten ergibt.

3 Kostenrechnungssysteme

Um die verschiedenartigen Aufgaben der Kosten und Erfolgsrechnung erfüllen zu können, sind Angaben darüber notwendig, welche Kosten bzw. Erlöse in welcher Weise erfasst und weiterverrechnet werden sollen. Das Ergebnis einer systematischen Festlegung solcher

Erfassungs- und Weiterverarbeitungsvorschriften für die Kosten wird kurz als Kostenrechnungssystem bezeichnet. Sie können stets durch zwei Merkmale beschrieben werden, nämlich

- Zeitbezug der Kosten und
- Sachumfang der Kosten.

Nach dem Zeitbezug der Kosten werden vergangenheitsbezogene oder *Istkosten*, gegenwartsorientierte oder *Normalkosten* und zukunftsbezogene oder *Plankosten* unterschieden. Dementsprechend werden die zugehörigen Kostenrechnungen als Istkostenrechnung, Normalkostenrechnung und Plankostenrechnung bezeichnet. Istkosten sind die tatsächlichen Kosten vergangener Perioden, während Normalkosten aus Durchschnittskosten vergangener Perioden gebildet werden. Plankosten haben aufgrund ihrer möglichst völligen Lösung von vergangenen Perioden Zukunftscharakter. Allerdings ist der Übergang zwischen diesen Kosten nicht eindeutig, da auch schon in der Istkostenrechnung manche Kostenarten Durchschnittscharakter (z.B. verrechnete kalkulatorische Wagnisse) oder Plancharakter (z.B. planmäßige Abschreibungen bei unbekannter Nutzungsdauer der Abschreibungsobjekte) haben.

Nach dem Sachumfang der Kosten wird unterschieden, ob alle oder nur Teile der in einer Abrechnungsperiode angefallenen Kosten auf die Produkteinheiten zugerechnet werden. Die zugehörigen Kostenrechnungen werden *Vollkostenrechnung* und *Teilkostenrechnung* genannt. Das Merkmal der Vollkostenrechnung besteht darin, dass sämtliche Kosten einer Periode erfasst und den einzelnen Leistungen des Unternehmens zugerechnet werden.

Tabelle 1: Kostenrechnungssysteme

Zeitbezug / Sachumfang	Istkosten	Normalkosten	Plankosten
Vollkosten	Traditionelle Kostenrechnung	Rechnung mit durchschnittlichen Kosten	- Starre Plankostenrechnung - Flexible Plankostenrechnung auf Vollkostenbasis - Prozesskostenrechnung
Teilkosten	- Direct Costing - Mehrstufige Fixkostendeckungsrechnung - Relative Einzelkosten- und Deckungsbeitragsrechnung		Flexible Plankostenrechnung auf Teilkostenbasis (Grenzplankostenrechnung)

Demgegenüber zeichnen sich Teilkostenrechnungen dadurch aus, dass zwar auch alle Kosten einer Periode erfasst werden, diese Kosten aber nur teilweise auf Produkteinheiten weiterverrechnet werden.

Die Bewältigung der in der Kostenrechnung gestellten Aufgabe erfolgt in der Regel in drei Stufen:

- Kostenartenrechnung: Welche Kosten sind in welcher Höhe angefallen?
- Kostenstellenrechnung: Wo sind die Kosten angefallen?
- Kostenträgerrechnung: Wofür sind die Kosten angefallen?

Abbildung 1:   Die Module der Kostenrechnung

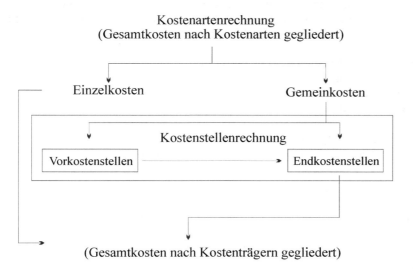

Zunächst werden in der *Kostenartenrechnung* die gesamten Kosten der Abrechnungsperiode nach Menge und Wert erfasst, und zwar aufgeschlüsselt nach verschiedenen Gesichtspunkten.

Darauf aufbauend werden die Kosten in der *Kostenstellenrechnung* Betriebsbereichen zugeordnet, in denen diese Kosten entstanden sind und die kostenrechnerisch selbständig abgerechnet werden (Kostenstellen). Die Erfassung der Kosten am Ort ihrer Entstehung ist aus zwei Gründen notwendig:

- Zum einen sind die Kosten nur dort sinnvoll zu kontrollieren und zu beeinflussen.
- Zum anderen ist der Umweg über die Kostenstellen für eine genaue Verrechnung der Kosten auf die betrieblichen Leistungen (Kostenträger), die diese Kosten verursacht haben, notwendig.

Diese Aussage gilt nicht für alle Kosten. Man kann Kosten danach einteilen, ob sie den Kostenträgern direkt zurechenbar sind (Einzelkosten) oder nicht (Gemeinkosten). Die Gemeinkosten werden den Kostenträgern über die Kostenstellen entsprechend der jeweiligen

Inanspruchnahme der Kostenstellen zugerechnet. Die *Kostenträgerrechnung* als letzte Stufe der Kostenverrechnung ermittelt dann die Kosten der erstellten Leistungen pro Einheit (Kalkulation oder Kostenträgerstückrechnung) und die Kosten in der Abrechnungsperiode (Kostenträgerzeitrechnung).

4 Kostenartenrechnung

Die Kostenartenrechnung dient der systematischen und lückenlosen Erfassung und Einteilung aller Kosten, die bei der Erstellung und Verwertung der betrieblichen Leistungen (Kostenträger) anfallen. Unter einer *Kostenart* ist demnach der unter einem gleichen Merkmal subsumierte leistungsbezogene und bewertete Verzehr von Gütern und Dienstleistungen zu verstehen. Die gesamten Kosten eines Betriebes werden nach verschiedenen Kriterien aufgegliedert, von denen die Gebräuchlichsten dargestellt sind:

- Kostenarten nach den verzehrten Produktionsfaktoren:
  - Werkstoffkosten, Materialkosten
  - Personalkosten
  - Betriebsmittelkosten
  - Fremdleistungskosten
- Kostenarten nach der Art der Kostenerfassung:
  - Aufwandsgleiche Kosten (identisch mit Finanzbuchhaltung)
  - Kalkulatorische Kosten (selbst zu berechnen)
- Kostenarten nach der Herkunft:
  - Primäre Kosten (z.B. Stromkosten bei Fremdbezug)
  - Sekundäre Kosten (z.B. Stromkosten bei Eigenfertigung)
- Kostenarten nach der Verrechnung auf die Kostenträger:
  - Einzelkosten
  - Gemeinkosten
- Kostenarten nach dem Verhalten bei Beschäftigungsschwankungen:
  - Beschäftigungsabhängige (variable) Kosten
  - Beschäftigungsunabhängige (fixe) Kosten
- Kostenarten nach der betrieblichen Funktion:
  - Beschaffungskosten
  - Fertigungskosten
  - Verwaltungskosten
  - Vertriebskosten

Allgemein lassen sich die wichtigsten Kostenarten in vier große Gruppen unterteilen:

- *Material bzw. Werkstoffkosten;* hierunter fallen die bewerteten Verbrauchsmengen an Roh-, Hilfs- und Betriebsstoffen, bezogene Fertigteile und Handelswaren.
- *Personalkosten;* dazu zählen Löhne, Gehälter, gesetzliche und freiwillige Sozialkosten.

- *Fremdleistungskosten;* hierunter lassen sich weit gefasst die Kosten für alle von außen bezogenen Leistungen wie Lizenzen, Transport, Werbungs-, Rechtsberatungs-, Mietkosten sowie öffentliche Abgaben zusammenfassen.
- *kalkulatorische Kosten;* unter dem Oberbegriff der kalkulatorischen Kosten werden solche Kosten zusammengefasst, denen 1. in der Finanzbuchhaltung kein Aufwand gegenübersteht (Zusatzkosten); hierunter können z.B. die kalkulatorische Miete, der kalkulatorische Unternehmerlohn und kalkulatorische Wagnisse fallen, 2. in der Finanzbuchhaltung Aufwand in anderer Höhe gegenübersteht (Anderskosten); hierunter fallen in der Regel kalkulatorische Abschreibungen und kalkulatorische Zinsen.

Folgend wird ein beispielhafter (zusammengefasster) Kostenartenplan einer Gesellschaft zur Entwicklung, Produktion und Vermarktung von Kino- und Fernsehproduktionen aufgeführt:

- Herstellungskosten (Material- und Produktionskosten)
- Vermarktungskosten (Vertriebskosten)
- Management- und Beratungskosten
- Anlaufkosten
- Laufende Kosten (Verwaltungskosten)
- Gewerbesteuer

Im Rahmen der Entwicklung der kalkulatorischen Kostenarten haben sich folgende verschiedene Kostenarten herausgebildet:

4.1 Kalkulatorische Abschreibungen

Zweck der Bildung *kalkulatorischer Abschreibungen* ist die Ermittlung des verursachungsgerechten Werteverzehrs mit dem Ziel der Substanzerhaltung des Unternehmens. Die Unterschiede zu den bilanziellen Abschreibungen können sich dabei auf die drei Determinanten Abschreibungsbasis(Ausgangswert), Potenzialbindung und Abschreibungsmethode beziehen. Die Abschreibungsbasis ist bei der bilanziellen Abschreibung der Anschaffungsbetrag. Im Falle steigender Preise reicht eine kalkulatorische Abschreibung aber nicht aus, um eine spätere Ersatzbeschaffung vollständig aus den Abschreibungsgegenwerten zu ermöglichen. Deshalb kann man zum Zweck der Selbsterhaltung der betrieblichen Leistungsbereitschaft kalkulatorisch von prognostizierten Wiederbeschaffungswerten abschreiben. Die Potenzialbindung bezeichnet in der Regel die zeitliche Nutzungsdauer des Produktionsfaktors. Während in der bilanziellen Betrachtung die Nutzungsdauern in der Regel gesetzlich vorgeschrieben sind (AfA-Tabellen), versucht man in der Kostenrechnung, über den Ansatz der tatsächlichen Nutzungsdauer eine periodengerechte Zuordnung des Gebrauchs zu ermöglichen. Hierbei spielt die technische Nutzungsdauer eine Rolle, die oft durch eine entsprechende Instandhaltungspolitik verändert werden kann. Daneben bestimmt die ökonomische Nutzungsdauer, den Zeitpunkt, zu dem aus finanziellen Kalkülen eine Ersatzinvestition sinnvoller wäre. Bei den Abschreibungsmethoden werden Methoden der Zeitwertabschreibung und die Leistungsabschreibung unterschieden. Methoden der Zeitwertabschreibung sind die:

- lineare Abschreibung,
- degressive Abschreibung und
- progressive Abschreibung.

Die lineare Abschreibung unterstellt einen gleichmäßigen Werteverzehr. Durch Division der Abschreibungsbasis durch die Nutzungsdauer erhält man pro Periode gleich bleibende Abschreibungsbeträge. Im Rahmen der degressiven Abschreibung ist die geometrisch-degressive Methode verbreitet, bei der man mit einem gleich bleibenden Prozentsatz vom jeweiligen Restbuchwert aus der Vorperiode abschreibt. Damit werden die Abschreibungsbeträge mit zunehmendem Alter immer kleiner. Die steuerlich unzulässige progressive Abschreibung unterstellt einen im Zeitablauf steigenden Werteverzehr und ist damit das Pendant zur degressiven Abschreibung. Es wird aber nur wenige Fälle eines im Zeitablauf steigenden Werteverzehrs in der Praxis geben. Bei der Leistungsabschreibung wird die Abschreibungsbasis durch das (geschätzte) Leistungspotenzial geteilt. Man erhält den Abschreibungssatz pro Leistungseinheit. Wird dieser mit der tatsächlichen Leistungsinanspruchnahme der Periode multipliziert, ergibt sich die jeweilige Abschreibung der Periode. Die Leistungsabschreibung benötigt somit die Aufnahme der tatsächlichen Leistungsinanspruchnahme in jeder Periode, was zu einem höheren Erfassungsaufwand führt.

4.2 Kalkulatorische Zinsen

Hier kommt es in der Kostenrechnung zu der Berücksichtigung alternativer Einsatzmöglichkeiten des im Betrieb gebundenen betriebsnotwendigen *Kapitals* (Eigen- und Fremdkapital). Das eingesetzte Kapital verursacht einen Werteverzehr, da man z.B. alternativ auf dem Kapitalmarkt Zinsen erzielen könnte. Dieser Nutzenentgang der besten nicht realisierten Alternative wird auch als Opportunitätskosten bezeichnet. Bei der Ermittlung kalkulatorischer Zinsen treten Fragen bezüglich des betriebsnotwendigen Kapitals, des kalkulatorischen Zinssatzes und der Berechnungsmethoden auf. Das betriebsnotwendige Vermögen ergibt sich aus der Betrachtung der Aktivpositionen der Bilanz, da die Passivseite nur Auskunft über die Kapitalherkunft, nicht aber Auskunft über den Verbleib im Unternehmen (Kapitalverwendung) gibt. Vom Gesamtvermögen müssen aber nicht betriebsnotwendige Vermögensteile (z.B. stillgelegte oder privat genutzte) abgezogen werden, da sie nicht leistungsbezogen sind.

```
      Gesamtvermögen
   -  nicht betriebsnotwendiges Vermögen
   =  betriebsnotwendiges Vermögen
```

Bezüglich der kalkulatorischen Zinssätze werden unterschiedliche Konzepte vertreten:

- Kapitalmarktzins langfristiger, risikoloser Anleihen,
- Kapitalmarktzins für das Eigenkapital, durchschnittlicher Fremdkapitalzins für das Fremdkapital sowie
- höherer Zinssatz für das langfristig gebundene Anlagevermögen als für das kurzfristig gebundene Umlaufvermögen.

Es lassen sich zwei Berechnungsmethoden nennen, die Restwertverzinsung und die Durchschnittswertverzinsung. Bei der Restwertverzinsung wird der Zinssatz auf die Restbuchwerte der Perioden bezogen. Das bedeutet, dass bei zunehmender Veralterung des abnutzbaren Anlagevermögens die kalkulatorischen Zinsen im Zeitablauf abnehmen. Im Rahmen der Durchschnittswertverzinsung wird während der Nutzungsdauer eines Produktionsfaktors von einem gleich bleibendem Ausgangswert (z.B. halber Ausgangswert bei linearer Abschreibung) ausgegangen. Die kalkulatorischen Zinsen bleiben dann von Periode zu Periode konstant.

4.3 Kalkulatorischer Unternehmerlohn

Der *Kalkulatorische Unternehmerlohn* ist die Berücksichtigung des Verbrauchs an *unternehmerischer Arbeitsleistung bei fehlender Bezahlung*, der kostenrechnerisch für die Arbeitsleistung des Unternehmers in seinem Betrieb entsprechend einer vergleichbaren bezahlten Tätigkeit anzusetzen ist (Zusatzkosten). Da hier keine tatsächliche Gehaltszahlung auf der Basis eines Arbeitsvertrages vorliegt, darf der Unternehmerlohn nicht in der Finanzbuchhaltung verrechnet werden, sondern ist dort Gewinnbestandteil. Der kalkulatorische Unternehmerlohn ist aufgrund seiner Anwendbarkeit nur in Einzelunternehmen und Personengesellschaften von untergeordneter Bedeutung.

4.4 Kalkulatorische Miete

Unter der *Kalkulatorische Miete* versteht man die Berücksichtigung des Nutzenentganges durch *Gebrauch von eigenen Grundstücken und Gebäuden*, wenn ein Einzelunternehmer oder Personengesellschafter diese zur Verfügung stellt (Zusatzkosten).

4.5 Kalkulatorische Wagniskosten

Kalkulatorische Wagniskosten bezeichnen eine Selbstversicherung mit der langfristigen Absicht des Ausgleichs von tatsächlichen Nutzenentgängen für *spezielle Einzelrisiken* (Zusatzkosten). Typische Einzelwagnisse sind:

- Beschaffungswagnis (z.B. Energie)
- Beständewagnis (z.B. Schwund, Verderb, Diebstahl)
- Ausschusswagnis (z.B. Nacharbeit, Recycling)
- Gewährleistungswagnis (z.B. Garantieleistungen)
- Forschungs- und Entwicklungswagnis
- Vertriebswagnis (z.B. Forderungsausfälle)
- Kursänderungswagnis

5 Kostenstellenrechnung

Nachdem in der Kostenartenrechnung die gesamten Kosten des Betriebes nach verschiedenen Kostenarten unterteilt und erfasst worden sind, erfolgt in der Kostenstellenrechnung eine Zuordnung der Gemeinkosten zu den Orten ihrer Entstehung. Eine solche Vorgehensweise ist aus zwei Gründen notwendig:

- Die Kontrolle der Wirtschaftlichkeit (Kostenkontrolle) ist nur sinnvoll möglich, wenn sie in den Stellen durchgeführt wird, wo die Kosten zu verantworten und zu beeinflussen sind (z.B. Projektleiter).
- Die Genauigkeit der Kalkulation der betrieblichen Leistungen ist hinsichtlich der Gruppe der Gemeinkosten nur über die Kostenstellenrechnung im notwendigen Maße erreichbar, da sich die Gemeinkosten nicht direkt den Kostenträgern zurechnen lassen.

Unter einer Kostenstelle wird ein kostenrechnerisch selbständig abgerechneter betrieblicher Teilbereich verstanden. Die Bildung von Kostenstellen innerhalb des Betriebes lässt sich unter Beachtung von drei sich zum Teil widersprechenden Grundsätzen vollziehen:

- Die Kostenstelle soll ein selbständiger Verantwortungsbereich sein.
- Es müssen sich möglichst genaue Maßgrößen der Kostenverursachung finden lassen.
- Die Erfassung und Buchung der Kosten soll einfach und genau sein.

Da sich diese drei Grundsätze zum Teil widersprechen, ergibt sich ein Optimumproblem. Wie differenziert im konkreten Fall die Einteilung des Betriebes in Kostenstellen vorzunehmen ist, hängt von einer Reihe unternehmensindividueller Faktoren ab, so z.B. von

- Betriebsgröße und Branche, Produktionsverfahren,
- organisatorischer Gliederung,
- angestrebter Kalkulationsgenauigkeit und
- angestrebter Kostenkontrollmöglichkeit.

Es wird zwischen *Vor- und Endkostenstellen* unterschieden. Vorkostenstellen sind Kostenstellen, die ihrer Leistungen an andere Kostenstellen abgeben (Service Center). Endkostenstellen geben ihre Aktivitäten an die Produkte ab. Die Durchführung in tabellarischer Form geschieht z.B. über Konten oder mittels des *Betriebsabrechnungsbogens* (BAB). In diesem Sinne ist der BAB nichts weiter als ein abrechnungstechnisches Instrument, um die folgenden drei Arbeitsschritte durchzuführen:

- Die Verteilung der primären Gemeinkosten.
- Die innerbetriebliche Leistungsverrechnung.
- Die Bildung von Kalkulationssätzen.

Die Kosten sind im BAB nach folgendem Muster gegliedert: In einer Vorspalte werden senkrecht die verschiedenen Gemeinkostenarten aufgeführt, um sie dann entsprechend der Inanspruchnahme auf die waagerecht in der Kopfzeile angeordneten Kostenstellen aufzuteilen. Hier sei nochmals darauf hingewiesen, dass im BAB nur die Gemeinkosten verrechnet werden. Die Einzelkosten sind den Kostenträgern direkt zurechenbar. Soweit auch Einzelkosten den verschiedenen Kostenstellen zugeordnet werden, geschieht das nur, um Kalkulationssätze zu bilden. Die im BAB vorgenommene Unterteilung in Vor- und Endkostenstellen, also nach ihrer Verrechnung, erfolgt zur Durchführung der innerbetrieblichen Leistungsverrechnung (ibL).

Abbildung 2: Der Aufbau eines BAB

Kostenstelle / Kostenart	Vorkostenstellen	Endkostenstellen
Primäre Gemeinkosten	1. Verteilung der primären Gemeinkosten nach dem Verursachungsprinzip	Primäre Gemeinkosten
Sekundäre Gemeinkosten	2. Durchführung der innerbetrieblichen Leistungsverrechnung (ibL)	Sekundäre Gemeinkosten
	3. Bildung von Kalkulationssätzen für die Endkostenstellen	

Ergebnis der horizontalen und vertikalen Zerlegung des Unternehmens im Rahmen der Kostenstellenrechnung ist ein System von Abrechnungsbezirken, dessen unterste Einheiten Kostenstellen bilden. Die Art der Gliederung und damit die Ausprägung dieses Systems von Abrechnungsbezirken hängt ab von den Rechnungszwecken, welche das Unternehmen zu erreichen sucht, und von dem Kostenrechnungssystem, welches angewendet wird. Liegt die Gliederung der Abrechnungsbezirke und damit die Abgrenzung der Kostenstellen fest, so sind für jede Kostenstelle die in einer Periode entstehenden Kosten zu bestimmen. Dies ist die Hauptaufgabe der Kostenstellenrechnung.

Für die Verteilung der primären Gemeinkosten auf Vor- und Endkostenstellen müssen geeignete *Bezugs- oder Maßgrößen* herangezogen werden. Die Anzahl dieser Kostenschlüssel hängt davon ab, nach welchem Prinzip der Kostenverteilung sich das Unternehmen richtet. Meist ist man bestrebt, proportionale Schlüssel zu finden, mit denen eine möglichst verursachungsgerechte Zurechnung der Kosten erreicht werden kann. Die Verteilung der Kosten nach Bezugsgrößen oder Schlüsseln stellt eine Form der indirekten Messung dar. Als Bezugsgrößen der Kostenverteilung können sowohl Mengen- als auch Wertschlüssel verwendet werden. Die folgenden Schlüssel können als die am häufigsten gebrauchten Kostenschlüssel bezeichnet werden: Zähl-, Kosten-, Zeit-, Raum-, Absatz- sowie Gewichtsgrößen

In jedem Betrieb werden Leistungen erstellt, die während des betrieblichen Produktionsprozesses wieder ge- oder verbraucht werden (=innerbetriebliche Leistungen). Soweit sie mehrjährig nutzbar sind (z.B. selbsterstellte Anlagen), wird ihr Verzehr pro Periode kostenmäßig in Höhe ihrer kalkulatorischen Abschreibungen und Zinsen erfasst. Leistungen, die in der Periode ihrer Erstellung sofort wieder verbraucht werden, sind dagegen in dieser Periode zwischen den leistenden und empfangenden Kostenstellen sofort zu verrechnen. Dieser Vorgang wird als *innerbetriebliche Leistungsverrechnung* (ibL) bezeichnet.

Bezogen auf die Durchführung der Kostenstellenrechnung im BAB bedeutet dies, dass die Gemeinkosten der Vorkostenstellen auf diejenigen Vor- und Endkostenstellen zu verteilen sind, die Leistungen empfangen haben. Dabei werden die so verteilten Gemeinkosten *sekundäre Gemeinkosten* genannt. Die Schwierigkeit in der Vornahme der ibL liegt dabei in der Tatsache begründet, dass in der Regel die Vorkostenstellen auch untereinander Leistungen austauschen. Daraus folgt, dass der exakte Verrechnungssatz einer Vorkostenstelle (der Verrechnungssatz ist der Preis pro Mengeneinheit der Leistungsabgabe einer Vorkostenstelle, mit dessen Hilfe die Kosten dieser Vorkostenstelle auf die Endkostenstellen entsprechend der Leistungsinanspruchnahme verteilt werden) nicht zu ermitteln ist, ohne die Kenntnis der Kostenbelastung, die aus dem Empfang von Leistungen anderer Vorkostenstellen herrührt.

Zur Durchführung der ibL werden drei Verfahren vorgestellt, die sich in ihrer Genauigkeit bei der Verrechnung dieses wechselseitigen Leistungsaustausches unterscheiden:

- Anbauverfahren
- Stufenleiterverfahren
- Gleichungsverfahren

Nur das Gleichungsverfahren ermittelt mit Hilfe eines Systems linearer Gleichungen die exakten Verrechnungssätze, da auch alle Leistungsverflechtungen zwischen den Vorkostenstellen berücksichtigt werden. Bei dem Anbauverfahren werden die Kosten der Vorkostenstellen sofort auf die Endkostenstellen verrechnet, Leistungsbeziehungen zwischen Vorkostenstellen werden ignoriert. Das Stufenleiterverfahren ist schon etwas genauer, da hier die Vorkostenstellen in eine Reihenfolge gebracht werden, und die Kosten einer Vorkostenstelle sowohl auf Endkostenstellen als auch auf die noch nicht abgerechneten Vorkostenstellen verrechnet werden. Somit können maximal 50 % der möglichen Leistungsbeziehungen zwischen Vorkostenstellen berücksichtigt werden. Kann man die Reihenfolge so geschickt wählen, dass immer die betragsmäßig unbedeutenden Vorkostenstellenbeziehungen wegfallen, so liefert das Stufenleiterverfahren einigermaßen exakte Werte.

Nach Durchführung der innerbetrieblichen Leistungsverrechnung sind alle Endkostenstellen mit primären und sekundären Gemeinkosten belastet. Um nun zu einer Kalkulation zu gelangen, müssen die im BAB ermittelten Gemeinkosten auf die einzelnen Kostenträger nach dem Verursachungsprinzip verteilt werden. Das Hauptproblem ist hierbei die verursachungsgerechte Verteilung der Gemeinkosten und damit das Herausfinden der richtigen Bezugsgrößen pro Kostenstelle. Das Verhältnis zwischen den Gemeinkosten einer Kostenstelle und der Bezugsgröße nennt man Kostenstellenrechnungssatz oder Kalkulationssatz. Den am Ende der Periode ermittelten tatsächlichen Kalkulationssatz nennt man Ist-Gemeinkostenzuschlagssatz, da er dazu benutzt wird, die entstandenen Gemeinkosten den Kostenträgern zuzurechnen. Typische Gemeinkostenschlüssel sind:

- Mengenschlüssel im weiten Sinn: Raumgrößen, Zeitgrößen, technische Maßgrößen, Gewichtsgrößen.
- Mengenschlüssel im engen Sinn: Anzahlen, Leistungsmengen.
- Wertschlüssel: Bestandswerte, Einstandswerte, Kostenwerte, Umsatzwerte.

6 Kalkulation

Die Kostenträgerstückrechnung setzt sich mit der Frage auseinander, wofür welche Kosten angefallen sind, d.h. für welche Kostenträger die in der Kostenartenrechnung erfassten und in der Kostenstellenrechnung ihrem Entstehungsort zugerechneten Kosten entstanden sind. Als Kostenträger lassen sich dabei die folgenden Leistungen unterscheiden:

- Marktbestimmte Leistungen, die entweder bereits am Markt abgesetzte oder auf Lager genommene Leistungen sein können (Filme, Printerzeugnisse).
- Innerbetriebliche Leistungen, die entweder aktivierbar oder nicht aktivierbar (ibL) sind (interne Dienste).

Es gibt zwei Erscheinungsformen der Kostenträgerrechnung, die Kalkulation und die kurzfristige Erfolgsrechnung. Dabei versteht man unter kurzfristiger Erfolgsrechnung die Zusammenfassung von Kosten und Abrechnung der betrieblichen Leistungen in Form der Gegenüberstellung der bewerteten betrieblichen Leistungen und ihren Kosten zur Ermittlung des Betriebsergebnisses. Bei der Kostenträgerstückrechnung (Kalkulation) fragt man nach der Höhe der Kosten für die Einheit eines Erzeugnisses (z.B. Produktionskosten einer Filmproduktion, Herstellkosten eines Werbe-Flyers). Die Aufgaben der Kostenträgerstückrechnung bestehen hauptsächlich in der Bereitstellung von dispositivem Zahlenmaterial für die Preispolitik des Unternehmens, die Bewertung der Lagerbestände sowie der aktivierbaren Eigenleistungen, die Wirtschaftlichkeitskontrolle (Soll-Ist-Vergleich), Produktions-, Absatz und Erfolgsplanung (z.B. optimale Produktionsverfahrenswahl, optimale Zusammensetzung des Produktionssortiments usw.). Die gebräuchlichsten Kalkulationsverfahren lassen sich zwei Gruppen zuordnen, den Divisionsverfahren und den Zuschlagsverfahren. Dazu kommen spezielle Kalkulationsverfahren z.B. für besondere Fertigungsstrukturen.

- Divisionskalkulationen:
  - Divisionskalkulation im engen Sinn: einstufig, zweistufig, mehrstufig
  - Äquivalenzziffernkalkulation: einstufig, zweistufig, mehrstufig
- Zuschlagskalkulation:
  - Summarische Zuschlagskalkulation: kumulative und elektive Betriebszuschlagskalkulation
  - Differenzierende Zuschlagskalkulation: kumulative und elektive Kostenstellenzuschlagskalkulation

Bei der einstufigen Divisionskalkulation werden in der Istkostenrechnung die Selbstkosten je Leistungseinheit (Stückkosten) ermittelt, indem man die Summe der während einer Abrechnungsperiode angefallenen Kosten durch die Zahl der hergestellten Leistungseinheiten dividiert. Festzuhalten ist, dass die Gesamtkosten des Betriebs ohne Differenzierung in

Einzel- und Gemeinkosten durch die Menge der hergestellten oder abgesetzten Produkte dividiert werden. Lässt man Unterschiede zwischen Produktions- und Absatzmengen zu, sind die Selbstkosten je Leistungseinheit dann als zusammengesetzte Summe zweier Divisionen zu ermitteln. Man bezieht die Kosten der Herstellung (Herstellkosten) auf die produzierte Menge an Leistungseinheiten, während die Verwaltungs- und Vertriebskosten auf die abgesetzte Menge an Leistungseinheiten bezogen werden. Weichen die Erzeugungsmengen der Produktionsstufen voneinander ab, muss die Kalkulation als mehrstufige Divisionskalkulation durchgeführt werden. Zwischen den Produktionsstufen bilden sich dann Zwischenlager von unterschiedlicher Höhe.

Die Äquivalenzziffernkalkulation kann als spezielle Form der Divisionskalkulation bei Mehrproduktfertigung angesehen werden. Dieses Kalkulationsverfahren basiert auf der Annahme, dass die Kosten der Erzeugung verschiedener Produkte in einem proportionalen Verhältnis zueinander stehen. Es ist daher anwendbar, sofern die verschiedenen Leistungsarten einen hohen Grad innerer Verwandtschaft in ihrer Kostengestaltung aufweisen. Vielfach sind diese Bedingungen bei der Herstellung weniger Sorten wie etwa bei der Bierherstellung, in Blechwalzwerken, Ziegeleien, Webereien, Druckereien und dergleichen erfüllt. Das wichtigste Problem der Äquivalenzziffernrechnung bildet die Bestimmung der Äquivalenzziffern. Es müssen Bezugsgrößen gefunden werden, zu denen sich die zu verteilenden Kosten der Produkte proportional verhalten. Nach diesen Bezugsgrößen lassen sich die Äquivalenzziffern festlegen. Die Erfassung unterschiedlicher Kostenverursachung aufgrund von Abweichungen zwischen Produktions- und Absatzmengen sowie aufgrund von nicht synchroner (mehrstufiger) Produktion können wiederum mit der mehrstufigen Äquivalenzziffernrechnung berücksichtigt werden. Dabei werden Äquivalenzziffern für die einzelnen Bereiche (Kostenstellen) entwickelt und die dort anfallenden Kosten separat kalkuliert. Da die Divisions- bzw. Äquivalenzziffernkalkulationen einen relativ homogenen und simplen Unternehmensprozess unterstellen, erscheinen sie für Medienunternehmen ungeeignet.

Die Zuschlagskalkulationen: Ausgehend von der Trennung in Einzel- und Gemeinkosten können die Einzelkosten den betrieblichen Leistungen direkt zugerechnet werden. Die Gemeinkosten lassen sich dagegen nur mit Hilfe von Kalkulationssätzen zurechnen. Voraussetzung für die meisten Verfahren der Zuschlagskalkulation ist die Verwendung des BAB, in dem die Kalkulationssätze errechnet werden. Grundsätzlich werden zwei Varianten unterschieden, die summarische und die differenzierende Zuschlagskalkulation. Das Grundschema einer differenzierenden Zuschlagskalkulation ergibt sich wie folgt:

```
    Materialeinzelkosten
+   Materialgemeinkosten
=   Materialkosten

    Fertigungseinzelkosten (Fertigungslohn)
+   Fertigungsgemeinkosten
+   Sondereinzelkosten der Fertigung
=   Fertigungskosten

    Materialkosten
+   Fertigungskosten
=   Herstellkosten
```

Herstellkosten
+ Verwaltungsgemeinkosten
+ Vertriebsgemeinkosten
+ Sondereinzelkosten des Vertriebs
= Selbstkosten

Die Zuschlagskalkulation erfordert eine Trennung der Kosten in Einzel- und Gemeinkosten. Die Einzelkosten werden den Kostenträgern direkt zugerechnet. Die Gemeinkosten werden indirekt zugerechnet; das geschieht durch die Auswahl geeigneter Maßgrößen der Kostenverursachung (Bezugsgrößen) und durch die Ermittlung von Zuschlagssätzen (Kalkulationssätzen). Dabei muss zwischen der unabhängigen Variable „Bezugsgröße" und der abhängigen Variable „Gemeinkosten" Proportionalität bestehen. Durch Verwendung von Kalkulationssätzen der Form:

$$\text{Kalkulationssatz} = \frac{\text{Gemeinkosten}}{\text{Bezugsgröße}}$$

ist es möglich, den Einfluss eines einzelnen Kostenträgers auf die Höhe der Gemeinkosten zu messen und die vom einzelnen Kostenträger verursachten Kosten unter Berücksichtigung der Einzelkosten sowie der in Anspruch genommenen Bezugsgrößeneinheiten wie folgt zu bestimmen:

Selbstkosten = Einzelkosten + Kalkulationssatz • Bezugsgrößeneinheiten.

Für die Betriebszuschlagskalkulationen ist charakteristisch, dass für ihre Anwendung lediglich die Trennung der Kosten in Einzel- und Gemeinkosten, nicht jedoch das Vorhandensein einer Kostenstellenrechnung notwendig ist. Bei der kumulativen Betriebszuschlagskalkulation wird lediglich ein Zuschlagssatz für die Summe der Gemeinkosten ermittelt, indem die Gemeinkostensumme ohne weitere Differenzierung lediglich einer Bezugsgröße, in der Regel der Summe der Einzelkosten oder bestimmten Einzelkostenarten, gegenübergestellt wird. Eine Verfeinerung erfährt die Betriebszuschlagskalkulation in der Form der elektiven Betriebszuschlagskalkulation durch eine erste Aufteilung der Gemeinkosten z.B. in Material-, Produktions-, Verwaltungs- und Vertriebsgemeinkosten. Das bedeutet einen ersten Schritt in Richtung Kostenstellenrechnung. Die Gemeinkosten werden in den gebildeten Bereichen summarisch als Gesamtzuschlag auf die Kostenträger verrechnet. So werden in der Regel die Materialgemeinkosten auf die Materialeinzelkosten, die Summe der Fertigungsgemeinkosten auf den Fertigungslohn und die Verwaltungs- und Vertriebsgemeinkosten auf die Herstellkosten der Produktions- bzw. Absatzleistung bezogen. Eine Differenzierung der Produktionsgemeinkosten nach Kostenstellen muss wegen des Fehlens einer Kostenstellenrechnung unterbleiben.

Die differenzierende Zuschlagskalkulation setzt das Vorhandensein einer Kostenstellenrechnung voraus. Dadurch ergibt sich die Möglichkeit, für die einzelnen Kostenstellen eigene Gemeinkostenzuschlagssätze zu ermitteln, was zu einer erhöhten Kalkulationsgenauigkeit führt. In der kumulativen Kostenstellenzuschlagskalkulation werden die Gemeinkosten denjenigen Kostenstellen zugeordnet, in denen sie angefallen sind. Zur Verrechnung der Gemeinkosten auf die Kostenträger wird *je* Kostenstelle *ein* Gesamtzuschlag (kumulative Rechnung) gebildet, was für jede Kostenstelle die Ermittlung einer geeigneten Bezugsgröße erfordert. Differenzierte Kosten und Bezugsgrößenanalysen in den einzelnen Kostenstellen werden nicht durchgeführt. Die größte Kalkulationsgenauigkeit erreicht man bei mehrstufigen Produktionsprozessen mit heterogener Kostenverursachung in den einzelnen Kostenstellen durch Anwendung der so genannten Bezugsgrößenkalkulation (elektive Kostenstellenzuschlagskalkulation). Der Tatsache, dass sich nicht alle Kosten einer Kostenstelle proportional zu nur einer Bezugsgröße verhalten, wird dadurch Rechnung getragen, dass in *einer* Kostenstelle *mehrere* Bezugsgrößen und demnach mehrere Zuschlags bzw. Verrechnungssätze für die Weiterverrechnung ganz bestimmter Kostenarten oder Gruppen von Kostenarten gebildet werden.

7 Kurzfristige Erfolgsrechnung

Im Rahmen des Jahresabschlusses (Bilanz, Gewinn- und Verlustrechnung und Anhang) wird der Erfolg eines Unternehmens erstens für einen verhältnismäßig langen Zeitabschnitt (ein Geschäftsjahr) und zweitens in sehr undifferenzierter Weise ermittelt. Damit man diesen pauschalen Jahreserfolg berechnen kann, braucht man Zahlen der Finanzbuchhaltung, insbesondere Aufwendungen und Erträge, sowie eine Inventur. Um das laufende Betriebsgeschehen eines Unternehmens wirkungsvoll und rational steuern zu können, ist diese Form der Erfolgsermittlung ungeeignet. Man braucht eine Erfolgsrechnung, die sich erstens auf kürzere Zeitabschnitte (Quartale, Monate oder sogar Wochen) bezieht und die außerdem die Quellen des Erfolges differenziert sichtbar macht.

Es gibt zwei methodische Grundformen der kurzfristigen Erfolgsrechnung, die als *Gesamtkosten- bzw. als Umsatzkostenverfahren* bezeichnet werden. Kennzeichnend für das Gesamtkostenverfahren (GKV) ist, wie der Name sagt, die Gegenüberstellung der gesamten Kosten und Erlöse, korrigiert um die Bestandsveränderungen. Das Betriebsergebnis wird somit folgendermaßen ermittelt:

```
    Umsatzerlöse
+   Bestandszunahmen an fertigen und unfertigen Erzeugnissen
−   Bestandsabnahmen an fertigen und unfertigen Erzeugnissen
−   Gesamtkosten (nach Kostenarten gegliedert)
=   Betriebserfolg
```

Beim Gesamtkostenverfahren werden die nach Kostenarten erfassten Gesamtkosten einer Periode dem Periodenumsatz gegenübergestellt. Zusätzlich müssen die Bestandsveränderungen an Halb- und Fertigerzeugnissen berücksichtigt werden. Prinzipiell kann das Gesamtkostenverfahren als Vor- oder Nachrechnung durchgeführt werden. Da beim Gesamtkostenverfahren die Gesamtkosten einer Abrechnungsperiode nicht auf Kostenträger verteilt werden, liefert es keine Informationen für die Kosten- und die Erfolgsanalyse der einzelnen Produktarten oder Produktgruppen. Man kann nicht erkennen, in welchem Umfang die verschiedenen Produkte zur Erzielung des Periodenerfolgs beitragen. Deshalb ist die Aussagefähigkeit des Gesamtkostenverfahrens in Medienunternehmen, die mehr als ein Produkt (Produktart) erstellen, gering.

Das Umsatzkostenverfahren (UKV) beschreibt entsprechend seinem Namen eine andere Vorgehensweise zur Ermittlung des kurzfristigen Erfolgs. Hierbei werden den Erlösen die Kosten der umgesetzten Produkte gegenübergestellt. Ein bedeutender Vorteil des Umsatzkostenverfahrens gegenüber dem Gesamtkostenverfahren liegt in seinem kostenträgerorientierten Aufbau. Werden im Gesamtkostenverfahren die Erlöse und Bestandsveränderungen nach Produktarten (Kostenträgern) und die Kosten nach Kostenarten gegliedert, so werden im Umsatzkostenverfahren sowohl die Erlöse als auch die Kosten nach Kostenträgern gruppiert einander gegenübergestellt, so dass der Erfolgsbeitrag jeder Kostenträgerart als Erfolgsquelle sichtbar wird. Auf Vollkostenbasis wird das Betriebsergebnis nach dem Umsatzkostenverfahren folgendermaßen ermittelt:

      Umsatzerlöse (nach Produkten gegliedert)
−   volle Selbstkosten der umgesetzten Produkte
=   Betriebserfolg

Das Umsatzkostenverfahren stellt stets eine *Absatzerfolgsrechnung* dar. Der Betriebserfolg wird nach diesem Verfahren als Differenz zwischen den Erlösen und den Selbstkosten der umgesetzten Produkte ermittelt. Im Gegensatz zum Gesamtkostenverfahren müssen beim Umsatzkostenverfahren für alle abgesetzten Produkte, und nicht nur für Bestandsänderungen, die Kosten je Produkteinheit bestimmt werden. Demnach gehen hier die Ergebnisse der Kostenträgerstückrechnung in vollem Umfang in die Kostenträgerzeitrechnung ein. Das Umsatzkostenverfahren kann ebenfalls als Vor- oder Nachrechnung angewendet werden.

Gegenüber dem Gesamtkostenverfahren weist es einen weiteren Vorteil dadurch auf, dass sich nicht nur ein globaler Periodenerfolg, sondern Erfolgsgrößen für die einzelnen Produktarten bzw. -gruppen ergeben. Damit werden Informationen für Entscheidungen über das Produktionsprogramm und eine produktorientierte Erfolgsanalyse zur Verfügung gestellt. Die Verwendbarkeit dieser Informationen für Entscheidungsprobleme ist jedoch nicht unabhängig davon, ob die Erfolgsrechnung mit Voll- oder Teilkosten durchgeführt wird. Letztendlich wäre ein Verfahren der kurzfristigen Erfolgsrechnung wünschenswert, was unter Trennung der variablen und fixen Kosten den Beitrag (Deckungsbeitrag) einzelner Produkte oder Produktarten zum Unternehmenserfolg darstellen könnte.

      Umsatzerlöse (nach Produkten gegliedert)
−   variable Selbstkosten der umgesetzten Produkte
=   Deckungsbeitrag
−   Fixkosten der Periode
=   Betriebserfolg

Die Ermittlung von Deckungsbeiträgen und der Aufbau teilkostenorientierter Verfahren sind aber in Kostenrechnungssystemen auf Vollkostenbasis nicht möglich.

8 Direct Costing

Grundlegend für die Systeme der Teilkostenrechnung (Direct Costing) ist die Trennung der Gesamtkosten in *variable* und *fixe Kosten*. Die Veränderlichkeit der Kostenhöhe bei Variation einer Kosteneinflussgröße (Beschäftigung) bildet das Merkmal zur Unterscheidung von fixen und variablen Kosten.

Die Auflösung der Kosten bildet das zentrale Problem der Kostenartenrechnung. Durch die *Kostenauflösung* sollen die Kosten nach ihrem Verhalten in Abhängigkeit von der Beschäftigung in verschiedene Kostenkategorien aufgeteilt werden. Da die Einzelkosten proportionale Kosten darstellen, ergibt sich das Problem der Kostenauflösung im Wesentlichen bei den Gemeinkosten. Ihre Zerlegung wird gewöhnlich für jede Kostenart einer Kostenstelle vorgenommen. Ist dies unzweckmäßig oder nicht möglich, nimmt man die Auflösung des gesamten Kostenbetrages einer Kostenart bzw. in extremen Fällen die Auflösung der Gesamtkosten eines Betriebes vor.

Auf die gebildeten Kostenstellen werden die Gemeinkosten zugerechnet, die in jeder Kostenstelle entstehen. Die Einzelkosten sind den Kostenträgern direkt zurechenbar, so dass sie in der Regel den Kostenstellen nicht zugerechnet werden. Die Gemeinkosten werden nach Möglichkeit als Kostenstellenkosten am Ort ihrer Entstehung erfasst und durch Kostenauflösung in ihre fixen und variablen Bestandteile zerlegt. Charakteristisch für das Direct Costing ist, dass auf die Kostenträger lediglich der variable Kostenbestandteil verrechnet wird. Das geschieht entsprechend über die Berechnung von Zuschlagssätzen der Kostenstellen. Damit dient die Kostenstellenrechnung der Verteilung der variablen Gemeinkosten auf die Kostenträger. Sie bildet zugleich die Basis für die Bestandsbewertung zu variablen Kosten.

Die Kalkulation stellt im Rahmen des Direct Costing die Höhe der variablen Kosten fest, die auf eine Kostenträgereinheit entfallen. Zur Bestimmung der variablen Stückkosten sind grundsätzlich alle Verfahren der Kalkulation verwendbar. Der formale Aufbau der Kalkulationsverfahren ändert sich durch die Rechnung nur mit variablen Kosten nicht. Es ergeben sich nur inhaltlich Unterschiede, weil im Direct Costing keine Fixkostenproportionalisierung vorgenommen wird.

Ausgangspunkt der Rechnungen des einstufigen Direct Costing sind die Periodenerlöse eines Unternehmens, die sich als Produkte aus Absatzmengen und Preisen ergeben. Von den Erlösen werden die variablen Kosten als Summe oder differenziert nach Kostenarten abgezogen. Diese variablen Kosten, die sich aus den proportionalen Einzelkosten und den proportionalen Gemeinkosten zusammensetzen, sind zuvor in einer auf Teilkostenbasis durchgeführten Kostenträgerrechnung ermittelt worden. Die Differenz zwischen dem Erlös und variablen Kosten bezeichnet man als *Deckungsbeitrag*; er trägt zur Deckung der Fixkosten und zur Gewinnerzielung bei. In Mehrproduktunternehmen ist es üblich, die Deckungsbeiträge nicht global, sondern getrennt nach Produkten auszuweisen. Bis zu diesem Punkt sind die Fixkosten nicht in die Rechnungen des Direct Costing eingegangen. Sie tauchen erst in der Betriebserfolgsrechnung auf, wo vom Deckungsbeitrag die fixen Kosten abgezogen werden. Als Resultat erhält man den positiven oder negativen Betriebserfolg (Unternehmensgewinn).

Beim einfachen Direct Costing werden die Fixkosten als einheitlicher Block von der Summe aller Deckungsbeiträge abgezogen. Die mehrstufige Fixkostendeckungsrechnung ist gekennzeichnet durch eine möglichst weitgehende Aufspaltung des gesamten Fixkostenblockes in verschiedene Fixkostenblöcke, die verursachungsgemäß, soweit das möglich ist, aus den Deckungsbeiträgen der einzelnen Erzeugnisse oder Erzeugnisgruppen gedeckt werden sollen. Nur der nicht zurechenbare Fixkostenrest, Fixkosten des gesamten Unternehmens, die in keinem Zusammenhang mit irgendeinem Erzeugnis oder einer Erzeugnisgruppe anfallen, muss dann von den noch nicht verteilten Deckungsbeiträgen sämtlicher Erzeugnisse getragen werden. Erst diese stufenweise Verteilung der Deckungsbeiträge vermittelt einen wirklichen Eindruck von dem Grad der Fixkostendeckung durch die einzelnen Erzeugnisarten und Erzeugnisgruppen.

9 Plankostenrechnung

Neben der primären Aufgabe der Kostenkontrolle erfüllt die Plankostenrechnung auch die Anforderungen, die an ein Kostenrechnungssystem in Hinsicht auf die Kalkulation und Erfolgsermittlung gestellt werden. Mit ihrer Hilfe können Angebotskalkulationen ebenso wie beispielsweise eine in die Zukunft gerichtete Erfolgsermittlung vorgenommen werden.

Die Hauptformen der Plankostenrechnung lassen sich wie folgt darstellen:

- starre Plankostenrechnung (immer auf Vollkostenbasis),
- flexible Plankostenrechnung auf Vollkostenbasis und
- flexible Plankostenrechnung auf Grenzkostenbasis (Grenzplankostenrechnung).

Plankosten sind dabei Kosten, bei denen die Mengen und Preise der für eine Ausbringung (Beschäftigung) benötigten Produktionsfaktoren geplante Größen sind. Ihre Festlegung erfolgt im Voraus unter Loslösung von Vergangenheitswerten aufgrund betriebswirtschaftlicher und technischer Aspekte auf der Basis eines angestrebten Betriebsablaufes. *Sollkosten* sind die planmäßigen Kostenvorgaben für die jeweilige Istbeschäftigung (einer Kostenstelle). Sie ergeben sich durch Umrechnung der Plankosten auf die Istbeschäftigung. Die Sollkosten sind gleich den Plankosten, wenn die nachträglich festgestellte Istbeschäftigung gleich der im Voraus festgelegten Planbeschäftigung ist.

Die Planungsperiode ist in der Regel ein Jahr. Für alle Kostenstellen wird die Planbeschäftigung festgelegt, die durch Bezugsgrößen ausgedrückt wird. Er werden die benötigten Produktionsfaktoren, die Planpreise und die Planmengen festgelegt. Man plant dabei die Einzelkosten pro Kostenträger und die Gemeinkosten pro Kostenstelle. Mit den geplanten Einzelkosten, den Plankalkulationssätzen für die Gemeinkosten und den entsprechenden Bezugsgrößen pro Leistungseinheit lassen sich die Plankalkulationen erstellen. Die Kostenkontrolle erfolgt in der Plankostenrechnung in der Regel monatlich (Abrechnungsperiode). Die Istkosten werden erfasst und stets kostenstellenweise kontrolliert. Man vergleicht für jede Kostenart die Sollkosten mit den über Preisabweichungsermittlungen bereinigten Istkosten. Das Ergebnis sind die Verbrauchsabweichungen als Maßstab der Wirtschaftlichkeit.

Die *starre Plankostenrechnung* ist immer eine Rechnung auf Vollkostenbasis. Die Plankosten werden nur für einen Beschäftigungsgrad ermittelt. Da Beschäftigungsschwankungen somit keine Auswirkungen auf die Plankosten haben, braucht keine Unterscheidung in fixe und variable Kosten vorgenommen werden. Es erfolgt keine periodische Umrechnung der Plankosten auf die Istbeschäftigung, des Weiteren wird von einer Starrheit aller anderen Einflussgrößen ausgegangen. Dies ist zum Zweck der Kostenkontrolle ungünstig. Für die Kalkulation dividiert man die Plankosten durch die Planbeschäftigung und erhält den Plankalkulationssatz der Kostenstelle. Mit der jeweiligen Istbeschäftigung multipliziert ergibt dann der Kalkulationssatz die jeweils auf die Kostenträgermenge verrechnete Kostensumme, die man „verrechnete Plankosten" nennt. Der Vorteil der starren Plankostenrechnung ist ihre schnelle und einfache Handhabung.

In der *flexiblen Plankostenrechnung* ermittelt man, nach Kostenarten differenziert, für jede Kostenstelle nicht nur die Plankosten für einen Beschäftigungsgrad, sondern auch die Sollkosten für alle anderen Beschäftigungsgrade. Es wird eine flexible Anpassung der Kostenvorgaben an die jeweilige Istbeschäftigung einer Abrechnungsperiode ermöglicht. In der flexiblen Plankostenrechnung auf Vollkostenbasis rechnet man in der Kostenstellenrechnung mit anderen Kosten als in der Kostenträgerrechnung. In der Kostenstellenrechnung werden zum Zweck der Kostenkontrolle die Plankosten in fixe und variable Bestandteile aufgespalten. In der Kostenträgerrechnung wird zum Zweck der Kalkulation weiterhin mit verrechneten (vollen) Plankosten wie in der starren Plankostenrechnung gearbeitet. Der Vorteil der flexiblen Plankostenrechnung auf Vollkostenbasis liegt in der leistungsfähigeren Kostenkontrolle. Dagegen löst sie das Fixkostenproblem nicht.

Die flexible Plankostenrechnung auf Teilkostenbasis, auch *Grenzplankostenrechnung* genannt, arbeitet in der Kostenstellenrechnung wie die flexible Plankostenrechnung auf Vollkostenbasis. In der Kostenträgerrechnung wird dagegen mit Plankalkulationssätzen gearbeitet, die nur die variablen Plankosten pro Einheit der Bezugsgröße enthalten. Die Fixkosten bucht man en bloc in das Betriebsergebnis. Damit stimmen die berücksichtigten Plankosten, wenn man den Fixkostenblock hinzunimmt, mit den vollen Sollkosten überein. Die auf die Kostenträger verrechneten Plankosten enthalten jedoch keine Fixkosten, und daher stimmen die (variablen) Sollkosten und die verrechneten (variablen) Plankosten überein.

10 Prozesskostenrechnung

Zur Lösung des Gemeinkostenproblems ist seit ca. 1985 vom amerikanischen Raum ausgehend ein neuer Kostenrechnungsansatz vorgeschlagen worden, der als Activity Accounting, *Activity Based Costing*, oder Cost Driver Accounting bekannt wurde. In Deutschland hat dieser Ansatz unter der Bezeichnung *Prozesskostenrechnung* eine mittlerweile bemerkenswerte Verbreitung gefunden. Die Prozesskostenrechnung ist dabei im wesentlichen eine Vollkostenrechnung und basiert auf der Kritik an der Gemeinkostenverteilung der traditionellen Vollkostenrechnungssysteme, insbesondere der traditionellen Kostenstellenrechnung und der Zuschlagskalkulation. Die Einführung der Prozesskostenrechnung in der deutschen Unternehmenspraxis hat bislang nicht an Aktualität verloren. Allerdings war der Ausgangspunkt die Problematik der Gemeinkostenkalkulation in der Kostenträgerstückrechnung; die Aspekte einer aussagefähigen Kostenkontrolle wurden bislang nicht sehr stark in der Vordergrund gerückt. Auf der einen Seite gibt es mit der flexiblen Plankostenrechnung hier schon weit entwickelte Systeme. Andererseits ist die flexible Plankostenrechnung gerade in indirekten Fertigungs-, Verwaltungs- oder Logistikbereichen oft nicht aussagefähig, da keine kontrolladäquaten Bezugsgrößen oder Kostenfunktionen ermittelt werden können.

Auch der weiter steigende Anteil der Fixkosten macht eine hauptsächlich auf der Basis der Kontrolle der variablen Kosten basierende Kostenkontrolle zweifelhaft.

Grundlegend für die Prozesskostenrechnung ist die Annahme, dass Produkte Kosten verursachen, indem sie Aktivitäten (Prozesse) im Unternehmen beanspruchen. Damit wird der generelle Unterschied zum Verursachungsprinzip der traditionellen Kostenrechnungssysteme deutlich. Zur Implementierung der Prozesskostenrechnung sind unterschiedliche Schritte notwendig. Zuerst muss ein Projektteam bestimmt und der Untersuchungsbereich definiert werden. Ein Kernpunkt ist die Prozessanalyse, in der alle im Untersuchungsbereich anfallenden Prozesse ermittelt werden. Danach erfolgt die Festlegung der Cost Driver als Maßgrößen der Prozesse, die Planung der Prozessmengen und Prozesskosten sowie die Bildung von Prozesskostensätzen. Ausgehend von diesen Tätigkeiten kann dann eine prozessorientierte Kostenkontrolle implementiert werden. Die Prozesskostenrechnung wird insbesondere für gemeinkostenintensive Dienstleistungsunternehmen empfohlen, bei denen gerade das Problem hoher, fixkostenintensiver Gemeinkostenblöcke zur Nichtanwendbarkeit des Direct Costing führt.

11 Projektkostenrechnung

Unter einem Projekt wird allgemein eine *einmalige, komplexe, zeitliche befristete Aufgabe* verstanden. Die Einmaligkeit von Projekten bedingt auch immer eine gewisse Neuartigkeit, die sich in Betrachtungen zum jeweiligen Projektrisiko niederschlagen. Ob und in welcher Intensität die Kriterien der Komplexität, Neuartigkeit und des Risikos ausgeprägt sind, hängt im Wesentlichen von der jeweiligen Projektart ab. So werden sich z.B. unter marktbestimmten Projekten der Filmproduktion oder der Softwareproduktion größere Ähnlichkeiten feststellen lassen, als zwischen unternehmensinternen Projekten wie z.B. Organisations- und IT-Projekten. Bei marktbestimmten Projekten ist das Projektergebnis zugleich Produkt und somit ein marktbestimmter Kostenträger. Dabei können Projekte durch die Unterteilung in verschiedenen Phasen der Durchführung determiniert werden. In der Vorphase besteht die kostenrechnerische Aufgabe in der Kostenplanung und Angebotskalkulation, während in der Durchführungsphase die Kostenkontrolle an Aktualität gewinnt. Ein Schlusspunkt wird mit der Nachkalkulation gesetzt, die neben der abschließenden Dokumentation auch Erfahrungs- bzw. Lerneffekte auslösen soll.

Die geplanten Projektkosten bestehen aus den für die einzelnen Arbeitspakete geplanten Einsatzmengen und ihrer Bewertung durch entsprechende Planpreise. Die Planmengen und Planpreise beziehen sich auf das jeweilige Arbeitsergebnis der einzelnen Units bzw. auf die Erreichung der dort gesetzten Meilensteine. Die gesamten Plankosten des Projektes setzen sich somit aus der Summe der Plankosten der einzelnen Units zuzüglich etwaiger gesamtprojektbezogener Plankosten zusammen. Im Zusammenhang mit der zeitlichen Projektstrukturplanung ist es dann möglich, durch die Kumulation der einzelnen Plankostenbeträge bzw. Budgets die Struktur der Plankosten in Abhängigkeit von der Projektdauer anzugeben.

Die Projektkontrolle bezweckt wie alle Kontrollen die Erreichung der in der vorangegangenen Planung festgelegten Ziele. Sämtliche Kosten, die dem Projekt einwandfrei zugerechnet werden können, sind Projekteinzelkosten. Das Problem der generellen Kostenzurechnung auf Projekte spiegelt sich in den Kosten wieder, die als Projektgemeinkosten meist einen Werteverzehr des Projektes darstellen, der durch die Nutzung gesamtbetriebsbezogener Kapazitäten ausgelöst wird. Eine entsprechend klar abgegrenzte Projektorganisation trägt dazu bei, dass möglichst viele Kosten als Projekteinzelkosten angesehen werden können. Die Definition der Projekte als Zurechnungsobjekte bzw. Kostenstellen sind deshalb sinnvoll, gelangen aber an ihre Grenzen, wenn es zu Überschneidungen zwischen verschiedenen Projekten kommt. Da sich Projekte in der Regel über einen längeren Zeitraum erstrecken, stellt sich das Problem der Periodenabgrenzung. Da die Zeiträume unterschiedlich lang sein können und ein Gleichlauf zwischen der Zeit und der Projektrealisierung meist nicht gegeben ist, spielt neben der periodischen Kostenerfassung und -kontrolle die vollständige, verursachungsgerechte und aperiodische Erfassung der Kosten eine weitere Rolle.

Die einfachste Möglichkeit der Kostenkontrolle ist der Vergleich der angefallenen Istkosten mit den zu diesem Zeitpunkt geplanten Kosten (Budget). Dabei kann diese Form auf kalenderzeitbezogene Kontrollabschnitte angewendet werden; es erübrigt sich dann entsprechend die Messung der Ist-Beschäftigung. Im Rahmen dieser einfachen, isolierten Budgetanalyse müssen von den Istkosten z.B. die Preisabweichungen abgespalten werden, also die Kostenbestimmungsfaktoren, die der Projektverantwortliche nicht zu verantworten hat. Dies geschieht wie in der flexiblen Plankostenrechnung durch die Bewertung der Istverbrauchsmengen mit den Planpreisen. Auf der anderen Seite sind die Plankosten zu revidieren, falls es z.B. durch Kundenwünsche zu Änderungen des Projektoutputs kommt. Als Ergebnis erhält man *Budgetkosten*. Dieser Begriff ist insofern zutreffend, als dass sich Budgets meist auf gleiche Zeitabstände beziehen.

Inhalt der eigentlichen Kostendurchsprache mit den Verantwortlichen sind somit die Budgetabweichungen. Diese sind je nach der gewünschten Gliederungstiefe für das gesamte Projekt oder auch einzelne Arbeitspakete zu ermitteln. Der gravierende Nachteil ist jedoch die Verwendung von kalenderzeitbezogenen Zeitpunkten als Kontrollzeitpunkte. Eine positive Budgetabweichung kann darin begründet sein, dass der Projektfortschritt wesentlich weiter realisiert wurde als in den Plankosten angenommen oder auch nicht. Aufgrund der mangelhaften Interpretierbarkeit der periodischen Budgetabweichungen erscheint auch eine Ableitung von *Kostenprognosen* auf Grundlage dieser Informationen als nicht unproblematisch.

Weiterführende Literatur

Coenenberg, Adolf G. (1992): Kostenrechnung und Kostenanalyse, Landsberg am Lech
Cooper, Robin (1992): Activity-Based Costing, In: Männel, Wolfgang (Hrsg.): Handbuch Kostenrechnung, Wiesbaden, 360–383
Franz, Klaus-Peter (1990): Die Prozesskostenrechnung, In: Ahlert, Dieter/Franz, Klaus-Peter/Göppl, Herrmann: Finanz- und Rechnungswesen als Führungsinstrument, Wiesbaden, 109–135
Haberstock, Lothar (1982): Kostenrechnung II. (Grenz-)Plankostenrechnung, 4. Auflage, Wiesbaden
Horváth, Peter/Mayer, Reinhold (2003): Prozesskostenrechnung – Konzeption und Entwicklungen, In: Kostenrechnungspraxis Sonderheft 2/93, 15–28
Kilger, Wolfgang (1988): Flexible Plankostenrechnung und Deckungsbeitragsrechnung, 9. Auflage, Wiesbaden
Krystek, Ulrich/Zur, Eberhard (1992): Projektcontrolling – Frühaufklärung von projektbezogenen Chancen und Bedrohungen, In: Controlling, 6/1992, 304–311

Miller, Jeffrey G./Vollmann, Thomas E. (1985): The hidden factory, In: Harvard Business Review, Vol. 63, 142–150
Peters Sönke/Brühl Rolf/Stelling, Johannes (2002): Betriebswirtschaftslehre, 11. Auflage, München/Wien
Raps, Alfons/Reinhardt, Dieter (1993): Projekt-Controlling im System der Grenzplankostenrechnung, in: Kostenrechnungspraxis, 4/93, 223–232
Schmalenbach, Eugen (1963): Kostenrechnung und Preispolitik, 8. Auflage, Köln/Opladen
Siepert, Hans-Martin (1992): Projektcontrolling im Großanlagenbau, In: Männel, Wolfgang (Hrsg.): Handbuch Kostenrechnung, Wiesbaden, 995–1007
Stelling, Johannes (2002): Internes Rechnungswesen und Controlling, Intensivkurs zur Kosten- und Erfolgsrechnung, 3. Auflage, Essen
Stelling, Johannes (2003): Kostenmanagement und Controlling, München/Wien
Vormbaum, Herbert/Rautenberg, Hans Günter (1985): Kostenrechnung III für Studium und Praxis Plankostenrechnung, Baden-Baden/Bad Homburg

Besteuerung

Bernhard Riedl

1 Einführung

Seit Jahren wird in der Bundesrepublik Deutschland versucht, das Steuerrecht zu vereinfachen, zu modernisieren und zu harmonisieren. Nicht nur der steuerliche Laie gewinnt jedoch, wenn er sich z.B. an der Erstellung seiner Einkommensteuererklärung versucht, den Eindruck, dass im Lauf der Jahre genau das Gegenteil erreicht wurde.

Ob die Äußerungen von Politikern zu künftigen echten Reformen, wie sie von Steuerrechtswissenschaftlern mehrfach vorgeschlagen wurden[1] auch umgesetzt werden, erscheint mir unter Berücksichtigung bisheriger Erfahrungen zumindest fraglich.

Aktuelle – insgesamt noch nicht besonders weitreichende – Bestrebungen des Gesetzgebers in diesem Zusammenhang sind das am 28.11.2003 vom Bundesrat verabschiedete Steueränderungsgesetz 2003 und der im Vermittlungsausschuss gefundene „Weihnachtskompromiss" vom 14./15. Dezember 2003 zur Steuerentlastung 2004 (u.a. Gewerbesteuerreformgesetz, Haushaltsbegleitgesetz 2004, Steuervergünstigungsabbaugesetz „ Korb II", Koch-Steinbrück-Vorschläge zum Subventionsabbau nach der „Rasenmähermethode"). Die dadurch entstandenen Gesetzesänderungen sind im Folgenden eingearbeitet, so dass sich der Rechtsstand zum 01.01.2004 darstellt.

Unabhängig davon sollte man sich im Klaren sein, dass die ausschließliche Minimierung der persönlichen Steuerlast sehr wahrscheinlich nur zu einem suboptimalen Verhalten führt. Theoretisch lässt sich das nachvollziehen, wenn man den Aufbau einer Gewinn- und Verlustrechnung nach § 275 Abs. 2 bzw. Abs. 3 HGB betrachtet: Der Gewinn einer Periode wird nicht nur von den Bestandteilen „Steuern vom Einkommen und Ertrag" und „sonstige Steuern", sondern von einer größeren Zahl von Ertrags- und Aufwandspositionen beeinflusst, die sich konfliktreich zur Verringerung des Steueraufwandes verhalten können.

Offenkundig wird dieses Problem auch an einem empirischen Beispiel: Ein deutscher Automobilhersteller (A-AG) konnte sich zwar aufgrund seiner fehlgeschlagenen Investition bei einem ausländischen Fahrzeugproduzenten für einige Jahre den deutschen Ertragsteuern entziehen, das eingesetzte Kapital war aber zum Großteil verloren. Bei Anlage dieses Kapitals, z.B. als risikoloses Festgeld, wäre der Gewinn der A-AG trotz Steuerzahlungen deutlich höher ausgefallen.

Die Erfolgsaussichten einer Geldanlage im privaten Bereich sollten unter Berücksichtigung der persönlichen Risikoneigung ebenfalls mit Hilfe von Investitionsrechenverfahren überprüft werden: So verringert beispielsweise die Beteiligung als Kommanditist an einem Filmfonds durch die steuerliche Berücksichtigung von Anlaufverlusten (falls kein Verlustzuweisungsmodell i.S. des § 2b EStG vorliegt und beschränkt durch § 15a EStG) die Höhe der zu entrichtenden Einkommensteuer; erweisen sich die produzierten Filme jedoch als Flop, kann sich leicht ein Totalverlust der Einlage ergeben.

---

[1] z.B. Kirchhof 2003, Rose 2003, Vorwold 2003 und in einer Synopse Pinne 2003

Für den Investor würde dieser „worst case" trotz Steuerersparnis bei einem (Grenz-) Steuersatz von weniger als 100 % *immer* eine Vermögenseinbuße bedeuten (Hinweis: der maximale Grenz-Einkommensteuersatz – definiert als Steuersatz mit dem eine marginale Einkommensänderung belastet ist – liegt gemäß § 32a Abs. 1 S. 2 EStG für den Veranlagungszeitraum (VZ) 2004 bei 45 %, ab dem VZ 2005 bei 42 %).

2 Aufgaben der betrieblichen Steuerlehre

Die betriebliche Steuerlehre hat die Aufgabe, alle Probleme, die für Betriebe (hier aufgefasst als Unternehmen und private Haushalte) durch den Zwang zur Zahlung von Steuern entstehen, zu untersuchen, zu erklären und Entscheidungsspielräume aufzuzeigen[1].

Damit besteht die *erste Hauptaufgabe* darin zu analysieren, wie betriebliche Größen und Abläufe durch die Besteuerung beeinflusst werden und welche Entscheidungen zur Minimierung der steuerlichen Belastung zu treffen sind. Konkret geht es dabei z.B. um Fragen der steuerlich zweckmäßigsten Rechtsform, des steuerlich günstigsten – ggf. auch ausländischen – Standortes oder des legalen Ausnützens von bilanziellen Bewertungsspielräumen.

Dies erfolgt einerseits im Rahmen der so genannten *Steuerwirkungslehre:* Sie untersucht die Wirkung der Besteuerung auf betriebliche Größen wie Produktionsfaktoren, Rechtsform, Unternehmenszusammenschlüsse, Standort und Hauptfunktionen wie Beschaffung, Produktion, Absatz, Investition und Finanzierung. Andererseits will die *Steuergestaltungslehre* durch Steuerplanung und Steuerpolitik die zieloptimalen Entscheidungsalternativen entwickeln[2]. So ist leicht nachvollziehbar, dass ein neuzugründender Betrieb *bei sonst gleichen Voraussetzungen* den nationalen Standort mit dem geringsten Hebesatz wählen wird, weil dadurch die niedrigste Gewerbesteuerbelastung anfällt.

Zur umfassenden Beurteilung der Vorteilhaftigkeit von Gestaltungsmaßnahmen ist im Rahmen der Steuerplanung die Berücksichtigung von Steuerzahlungen unterschiedlicher Steuerarten (wie z.B. Grundsteuer, Gewerbesteuer, Einkommensteuer) erforderlich[3].

Die Ermittlung dieser Steuerzahlungen kann sehr vereinfacht – und dadurch eher fehleranfällig auf einer Schätzung basieren; möglich ist auch eine Veranlagungssimulation, bei der für potentielle Gestaltungsmöglichkeiten fiktive Veranlagungen für jede Steuerart durchgeführt und zu einer Gesamtwirkung addiert werden. Jedoch erst bei der dritten Alternative, der mathematischen Erfassung von Steuerwirkungen (in Form einer Teilsteuerrechnung oder auf Gesamtbelastungsformeln aufbauenden Steuerbelastungsvergleichen) lassen sich die gegenseitigen Wechselwirkungen der Veränderung von steuerlichen Bemessungsgrundlagen als Folge von Steuergestaltungsmaßnahmen erkennen.

Als *zweite Hauptaufgabe* wird die Analyse des Einflusses der Besteuerung auf das betriebliche Rechnungswesen – insbesondere durch steuerrechtliche Buchführungs-, Bilanzierungs- und Bewertungsvorschriften – aufgefasst. In diesem Zusammenhang ist zu klären, wie das Rechnungswesen ausgestaltet werden muss, um es zur Ermittlung und Gestaltung von Steuerbemessungsgrundlagen (z.B. Gewinn, Gewerbeertrag, Umsatz etc.) und zur

---

[1] vgl. z.B. Wöhe/Bieg 1995, 1–4
[2] vgl. ausführlich z.B. Schneeloch 1994, Jacobs 1998
[3] vgl. zusammenfassend Stobbe 2003, 245 - 252

Berechnung und Einbehaltung von Steuern (z.B. Lohn- und Kirchensteuer, Kapitalertragsteuer für Anteilseigner) verwenden zu können.

Die *dritte Hauptaufgabe* betrifft die Auslegung und kritische Prüfung des bestehenden oder geplanten Steuerrechts (z.B. ob nicht der Grundsatz der Gleichmäßigkeit der Besteuerung verletzt wird), sowie die Ausarbeitung entsprechender Reformvorschläge zur Gestaltung der Steuergesetze.

Als *vierte Hauptaufgabe* wird die empirische Überprüfung der auf entscheidungslogischem Wege gefundenen Ergebnisse gesehen[4].

Aus den skizzierten Aufgabenstellungen der Steuerlehre wird m.E. mehr als deutlich, dass vor dem Treffen steuerpolitischer Entscheidungen zwingend die Beschäftigung mit dem *Steuerrecht* erfolgt sein muss, was im Folgenden angesichts des komplexen bundesdeutschen Steuerrechts nur anhand exemplarischer Vorgänge versucht werden kann.

Mein Ziel im Rahmen dieser Einführung ist, dass der Leser einen Überblick über wesentliche Bereiche des Steuerrechts gewinnt und sich ggf. in weiterführende Literatur einzuarbeiten in der Lage ist. Deshalb musste ich im Zweifel auf steuerliche Details verzichten; trotzdem – oder gerade aus diesem Grund – bleibt das Lesen der angegebenen Paragrafen erforderlich.

3 Grundlagen und Grundbegriffe

3.1 Überblick über das bundesdeutsche Steuersystem

In der Bundesrepublik existieren derzeit ca. 40 bis 60 (je nach zu Rate gezogener Quelle) verschiedene Steuerarten, die für 2002 zu Steuereinnahmen von 441,7 Milliarden Euro führten[5]. Mit weitem Abstand trugen Umsatzsteuer (138,2 Mrd. Euro) und Lohnsteuer (132,2 Mrd. Euro) als besondere Erhebungsform der Einkommensteuer (vgl. § 38 Abs. 1 EStG) zum Steueraufkommen bei.

Ein beträchtlicher Teil der Steuerarten besitzt nur untergeordnete Bedeutung; diese werden deshalb auch als *Bagatellsteuern* bezeichnet. Dabei erscheint bisweilen fraglich, ob die zur Einhebung erforderlichen Verwaltungskosten nicht deren Aufkommen übersteigen (z.B. die Kinosteuer mit rund 7 Mio. Euro oder die Jagd- und Fischereisteuer mit rund 25 Mio. Euro).

Der Begriff „*Steuern*" wird in § 3 Abs. 1 AO definiert als „Geldleistungen, die nicht eine Gegenleistung für eine besondere Leistung darstellen und von einem öffentlich-rechtlichen Gemeinwesen zur Erzielung von Einnahmen allen auferlegt werden, bei denen der Tatbestand zutrifft, an den das Gesetz die Leistungspflicht knüpft". Dadurch wird offensichtlich, dass nur juristische Personen des *öffentlichen Rechts* durch einen *hoheitlichen* Akt Steuern bei Erfüllung der genannten Voraussetzungen vom Bürger als „Opfer" (*keine Gegenleistung*) erheben dürfen.

Steuern sind zwar die *wichtigste*, aber *nicht die einzige Einnahmequelle* der öffentlichen Hand. Sie kann *Einnahmen aus wirtschaftlicher Betätigung* (z.B. Dividenden aus der Beteiligung des Bundes an der Telekom AG) oder aus der *Anlage oder Veräußerung von Vermögen* erzielen. Daneben stehen Möglichkeiten zur Erhebung von *Beiträgen* (unabhän-

---

[4] vgl. z.B. Schneeloch 2003, 1–3
[5] vgl. NWB 32/2003, 2437

gig von der Inanspruchnahme einer Leistung, z.B. für die Rentenversicherung) und von *Gebühren* (für eine tatsächlich erbrachte oder noch zu erbringende Leistung, z.B. für das Ausstellen eines Reisepasses) offen.

Weitere Möglichkeiten ergeben sich aus der *Erhebung von steuerlichen Nebenleistungen*, die in § 3 Abs. 4 AO aufgezählt sind. Diese unterscheiden sich durch ihren Primärzweck von den Steuern, da sie Steuerpflichtige zu einem bestimmten *Tun* oder *Unterlassen* bewegen sollen. So *kann* z.B. die nicht rechtzeitige Abgabe der Einkommensteuererklärung gem. § 152 AO durch Festsetzung eines Verspätungszuschlages geahndet werden.

Steuerpflichtiger ist nach § 33 Abs. 1 AO nicht nur derjenige, der eine Steuer schuldet, sondern beispielsweise auch der, der eine Steuererklärung abzugeben oder Bücher und Aufzeichnungen zu führen hat.

Neben dem *fiskalischen Zweck* der Besteuerung (Beschaffung der Mittel zum Bestreiten der Staatsausgaben) verfolgt der Staat – selten wirklich erfolgreich – durch steuerliche Maßnahmen auch andere Ziele. Diese sind insbesondere die *Wirtschaftsförderung* (z.B. Ankurbeln von Investitionen in den neuen Bundesländern durch das Investitionszulagengesetz und das Fördergebietsgesetz) oder die *Gesundheitsprävention* (auch unter diesem Aspekt könnte z.B. die Anhebung der Tabaksteuer ab 01.03.2004 um weitere 1,2 Cent pro Zigarette gesehen werden).

3.2 Systematisierung der Steuerarten

Die zahlreichen Einzelsteuern werden häufig nach den folgenden – durchaus nicht immer einleuchtenden – Kriterien gegliedert[6].

Nach der *Hauptbemessungsgrundlage* ergibt sich die Unterteilung in *Ertragsteuern* (Gewinn bzw. Verlust eines Unternehmens oder das Einkommen einer natürlichen Person, also z.B. Einkommen-, Körperschaft- und Gewerbesteuer), in *Substanzsteuern* (ein bestimmter Vermögensbestand wird – unabhängig von der Erzielung eines Gewinnes – besteuert, z.B. Grundsteuer auf Betriebsgrundstücke) und in *Verkehrsteuern* (an Vorgänge des Rechts- oder Wirtschaftsverkehrs anknüpfend, z.B. an den Verkauf von Waren (Umsatzsteuer) oder von Grundstücken (Grunderwerbsteuer)).

Nach dem *Besteuerungstatbestand* differenziert man in *Besitzsteuern* (die an Vermögen, z.B. Grundsteuer oder an den Ertrag aus dem Vermögen anknüpfen, z.B. Körperschaftsteuer), *Verkehrsteuern* (wie oben), *Verbrauchsteuern* (die Bemessungsgrundlage bemisst sich nach dem Verbrauch von Gegenständen, z.B. Tabaksteuer) und *Zölle* (die z.B. bei der Einfuhr aus einem nicht der EU angehörigen Staat in das Inland erhoben werden).

Weiterhin existiert die Unterscheidung in *direkte* Steuern (die die Steuerschuld entrichtende Person ist durch die Steuer *wirtschaftlich belastet*, z.B. bei der Einkommensteuer) und *indirekte* Steuern (der wirtschaftlich Belastete ist durch *Überwälzung* der Steuer eine andere Person als der Steuerzahler, z.B. bei der Umsatz- oder Mineralölsteuer).

Personensteuern erfassen die Leistungsfähigkeit natürlicher (durch die Einkommensteuer) und juristischer (durch die Körperschaftsteuer) Personen. Im Gegensatz dazu lasten *Sachsteuern* auf einem Objekt, werden in Form der so genannten Realsteuern in § 3 Abs. 2 AO aufgezählt (Grundsteuer und Gewerbesteuer) und sind bei der Gewinnermittlung *absetzbare Betriebsausgaben*.

---

[6] z.B. ausführlicher Grefe 2002, 30 ff.

Schließlich ist nach dem Kriterium der *Steuerhoheit* die Einteilung in *Bundes-, Landes-, Gemeinschafts-* und *Gemeindesteuern* möglich. Die Steuerhoheit betrifft das *Gesetzgebungsrecht* (Art. 105 GG), das Recht, die *Steuern zu verwalten* (Art. 108 GG) und das *Recht auf das Steueraufkommen* (Art. 106 GG). Allein dem Bund steht beispielsweise danach das Aufkommen aus den Zöllen zu, den Ländern gehören die eingenommenen Erbschaftsteuern, beide gemeinsam teilen sich z.B. das Aufkommen aus der Körperschaftsteuer. Die Kommunen erhalten das Aufkommen aus der Grundsteuer und Gewerbesteuer (verringert um eine Umlage an Bund und Länder) sowie Anteile an der Einkommen- und Umsatzsteuer.

3.3 Rechtsquellen der Besteuerung

Wichtigste Rechtsquellen sind die *Gesetze*, die für alle Bürger, Behörden und Gerichte verbindliche Regelungen enthalten. Eine Besteuerung ohne gesetzliche Grundlage ist rechtswidrig[7]. Gesetz ist nach § 4 AO jede Rechtsnorm.

Einfache Steuergesetze im *formellen Sinn* sind in einem durch das Grundgesetz vorgeschriebenen Verfahren zustande gekommen (z.B. EStG, UStG). Dabei hat das Grundgesetz als Verfassungsgesetz *Vorrang* vor einfachen Gesetzen. Im Zweifel hat das Bundesverfassungsgericht über die Verfassungskonformität steuerrechtlicher Regelungen zu entscheiden.

Eine Sonderstellung nimmt die Abgabenordnung als *allgemeines Steuergesetz* (neben dem Bewertungsgesetz) ein. Sie stellt die gemeinsame Grundlage für die Verwaltung aller Steuern dar. In der AO ist das zusammengefasst, was der Gesetzgeber für alle Steuerarten gleichartig geregelt haben wollte. Vor allem sind dies Regeln des Verfahrensrechtes (z.B. ob man für sich ein Konto auf einen erdichteten Namen eröffnen darf; § 154 AO verbietet das).

Bestimmungen, die nur für einzelne Steuern gelten, finden sich in den Einzelsteuergesetzen (z.B. die Entstehung der Umsatzsteuer in § 13 UStG).

Daneben zählen zu den Gesetzen im *materiellen Sinn* auch die von der Exekutive (Bundesregierung, Bundesminister) aufgrund einer gesetzlichen Ermächtigung erlassenen *Rechtsverordnungen* (z.B. Einkommensteuerdurchführungsverordnung).

Völkerrechtliche Verträge (z.B. Abkommen mit anderen Staaten zur Vermeidung der Doppel-Besteuerung im In- und Ausland) gehen bei erfolgter Umsetzung in nationales Recht gemäß § 2 AO den Steuergesetzen vor. *Verfahren vor dem europäischen Gerichtshof* dienen zur Klärung, inwieweit nationale Vorschriften gegen höherrangiges Gemeinschaftsrecht der Europäischen Union verstoßen. So hat z.B. der EuGH entschieden, dass ein Unternehmer Vorsteuern für die Herstellung von als Wohnräumen genutzten Gebäudeteilen abziehen darf, wenn er in dem übrigen Gebäudeteil seine steuerpflichtige Tätigkeit verrichtet[8]. Dadurch erzielt er trotz Umsatzversteuerung der Wohnungsnutzung einen enormen Liquiditätsvorteil.

Durch *Verwaltungsanweisungen* regeln *übergeordnete Behörden* Fragen der Gesetzesanwendung. Ihnen kommt rechtlich der Charakter von *Dienstanweisungen ohne Gesetzescharakter* zu. Damit *binden* sie nur die Finanzverwaltung, um eine gleichmäßige Gesetzesanwendung zu erreichen, *nicht* jedoch den Steuerbürger (er kann dadurch aber deren vor-

---

[7] vgl. Tipke/Lang 2002, 124 ff.
[8] vgl. dazu Birkenfeld 2003

aussichtliche Handlungsweise bei seiner Steuerplanung berücksichtigen) oder Gerichte. So hat die Bundesregierung mit Zustimmung des Bundesrates zu fast allen wichtigen Steuergesetzen regelmäßig aktualisierte *Steuerrichtlinien* erlassen (z.B. Einkommensteuerrichtlinien 2003). Daneben veröffentlicht das Bundesfinanzministerium bundesweit geltende *Erlasse* oder *Schreiben* zu einzelnen Problemen.

Für den Medienbereich existiert z.B. ein so genannter „Medienerlass" (BMF vom 23.02.2001, BStBl. I 2001, 175), der mit Schreiben des BMF vom 05.08.2003 (BStBl. 2003 I; 406) zur Frage *verschärft* wurde, unter welchen Voraussetzungen ein Film- und Fernsehfonds – und seine Gesellschafter – noch Hersteller der Produktionen sind. Nur in diesem Fall greift das Aktivierungsverbot des § 5 Abs. 2 EStG, was *sofort abziehbare Betriebsausgaben* zur Folge hat. Dadurch werden *hohe Verlustzuweisungen* für die Gesellschafter und bei Verrechnung mit ihren Überschüssen aus anderen Aktivitäten *Steuerersparnisse* ermöglicht[9].

Neben dem BMF geben auch die Länderfinanzminister Schreiben heraus, ebenso die Oberfinanzdirektionen so genannte *Verfügungen* für nachrangigere Problembereiche.

Die steuerliche *Rechtsprechung* basiert überwiegend auf *Urteilen* der in zwei Instanzen aufgebauten Finanzgerichtsbarkeit (erst Länderfinanzgerichte, dann Bundesfinanzhof).

Ein typischer Fall zeigt auf, wie es zu finanzgerichtlichen Entscheidungen kommt:

Das zuständige Finanzamt lehnt in seinem Steuerbescheid die Herstellereigenschaft des Filmfonds Media-Top GmbH & Co KG (im Folgenden als Media-Top abgekürzt) mit Sitz in Berlin unter Berufung auf entsprechende Passagen im „Medienerlass" ab. Der die Media-Top vertretende Steuerberater legt dagegen form- und fristgerecht gem. § 348 ff. AO *Einspruch* beim Finanzamt ein. Diesem *außergerichtlichen Rechtsbehelf* wird vom Finanzamt nicht stattgegeben. Damit bleibt Media-Top nur noch die Möglichkeit der *Klage* auf Änderung des Steuerbescheides gem. § 40 FGO (Anfechtungsklage). Gibt sich das Finanzamt oder Media-Top mit dem Urteil des Finanzgerichtes nicht zufrieden und ist die *Revision* gem. § 115 FGO zum BFH *zugelassen*, entscheidet dieser unter Berücksichtigung von § 118 f. FGO.

Falls Media-Top obsiegt, gilt die *Bindung* der Finanzverwaltung gem. § 110 Abs. 1 FGO *nur für diesen entschiedenen Einzelfall*. Üblicherweise wendet die Finanzverwaltung jedoch Entscheidungen des BFH sofort nach Bekanntwerden (z.B. durch Veröffentlichung im Bundessteuerblatt) auf gleichgelagerte Fälle an, so dass sich ein anderer Fonds darauf berufen kann (falls nicht vom BMF ein so genannter Nichtanwendungserlass erging, dass das Urteil über den entschiedenen Einzelfall hinaus nicht anzuwenden sei).

Schließlich existiert noch als Rechtsquelle im weiteren Sinn das *Schrifttum* (v.a. Kommentare und Fachzeitschriften), das der Lösung komplexerer Fälle dient und durch kritische Stellungnahmen zu Änderungen der Gesetzgebung und Rechtsprechung beitragen kann.

---

[9] vgl. z.B. Radau/Dümichen 2003, 2261–2267, Zacher 2003, 1861–1866

4 Einkommensteuer

Der Einkommensteuer unterliegen nur natürliche Personen (= Menschen). Personengesellschaften stellen keine eigenständigen Steuersubjekte der ESt dar; statt dessen werden die von der Gesellschaft erzielten Einkünfte im Rahmen einer *einheitlichen und gesonderten Gewinnfeststellung* (§§ 179, 180 Abs. 1 Nr. 2a AO) den Gesellschaftern zugerechnet und von diesen versteuert.

Nach dem im Einkommensteuerrecht derzeit dominierenden *Leistungsfähigkeitsprinzips* sollen alle natürlichen Personen entsprechend ihrer wirtschaftlichen Leistungsfähigkeit ein vergleichbares Opfer bringen müssen, was durch einen ansteigenden Steuertarif zum Ausdruck kommt (vgl. § 32a Abs. 1 EStG).

Veranlagungszeitraum der ESt ist das Kalenderjahr (§ 25 Abs. 1 EStG). Wegen des gewährten *Grundfreibetrages* fällt Einkommensteuer erst ab einem zu versteuernden Einkommen von mehr als 7.664,- Euro an.

Hat ein lediger Steuerpflichtiger im VZ 04 nur Einkünfte aus *einem* nichtselbständig ausgeübten Arbeitsverhältnis bezogen, ist er nicht verpflichtet, eine Einkommensteuererklärung abzugeben. Aufgrund der vom Arbeitgeber einbehaltenen Lohnsteuer kann eine *Einzelveranlagung* nach § 46 Abs. 2 Nr. 1 EStG unterbleiben. Will er jedoch z.B. seine Fahrtkosten zur Arbeitsstätte mit 30 Cent je Entfernungskilometer (§ 9 Abs. 1 S. 3 Nr. 4 EStG) steuerlich geltend machen, hat dies im Rahmen einer Einkommensteuererklärung zu erfolgen, die bis *spätestens* 31.12.06 beim Finanzamt eingegangen sein muss (§ 46 Abs. 1 Nr. 8 S. 2 EStG).

Für Ehegatten (nicht jedoch eingetragene Lebenspartnerschaften), die die Voraussetzungen erfüllen (§ 26 EStG), besteht neben der *getrennten Veranlagung* (§ 26a EStG) und der *besonderen Veranlagung* für den VZ der Eheschließung (§ 26c EStG) die Möglichkeit der *Zusammenveranlagung* nach § 26b EStG, die *typischerweise* durch Minderung der Progressionswirkung des derzeitigen Einkommensteuertarifes zu einer *Steuerersparnis* führt (§ 32a Abs. 1 ff. EStG).

4.1 Arten der persönlichen Steuerpflicht

Natürliche Personen mit Wohnsitz oder gewöhnlichem Aufenthalt (vgl. dazu § 8 f. AO) im Gebiet der Bundesrepublik Deutschland unterliegen der *unbeschränkten Einkommensteuerpflicht* gem. § 1 Abs. 1 S. 1 EStG. Ohne Belang sind Nationalität, Religion, Alter etc. Eine Ausnahme hiervon macht § 1 Abs. 2 EStG, indem er im Ausland beschäftigte deutsche Staatsangehörige, die aus einer inländischen Kasse Arbeitslohn beziehen (z.B. Diplomaten), und u.U. ihre Angehörige trotz *fehlenden* inländischen Wohnsitzes oder gewöhnlichen Aufenthaltes der *erweiterten unbeschränkten Steuerpflicht* unterwirft. Diese bietet auch Vorteile (z.B. beim Abzug von Sonderausgaben).

Derartige Begünstigungen können auf Antrag auch im Rahmen der *fiktiv unbeschränkten Steuerpflicht* (§§ 1 Abs. 3, 1a EStG) anwendbar sein (die Voraussetzungen erfüllen hier überwiegend Grenzpendler mit Arbeitsplatz im Inland und täglicher Rückkehr an den ausländischen Wohnort).

Beim Vorliegen einer der Formen der unbeschränkten Steuerpflicht unterliegt als Konsequenz das *gesamte Welteinkommen* – also auch aus ausländischen Einkunftsquellen – der deutschen Einkommensbesteuerung. Dadurch könnte es zu einer *Doppelbesteuerung* kommen, wenn z.B. für den in Deutschland unbeschränkt Steuerpflichtigen D nicht nur der deutsche Fiskus, sondern auch Frankreich die Einkünfte aus einer in Cannes vermieteten Villa im selben Zeitraum mit einer gleichartigen Steuer belasten will.

Zur Vermeidung der Doppelbesteuerung kann einer der beteiligten Staaten selbst seine Steueransprüche beschränken oder zurücknehmen. Diese *unilateralen Maßnahmen* finden sich für Deutschland in § 34c EStG (bzw. für Körperschaften in § 26 KStG): Liegt *kein Doppelbesteuerungsabkommen* vor oder wird dadurch die Doppelbesteuerung *nicht beseitigt*, kann bei Vorliegen der Voraussetzungen die erhobene ausländische Steuer auf die deutsche Einkommensteuer *angerechnet* bzw. *auf Antrag* bei der Ermittlung der Einkünfte *abgezogen* werden. In Ausnahmefällen besteht auch die Möglichkeit, die auf die ausländischen Einkünfte entfallende deutsche Einkommensteuer zu *erlassen oder pauschal festzusetzen*.

Durch zwischenstaatliche Vereinbarungen (vgl. die Zusammenstellung im BMF-Schreiben vom 18.04.2001, BStBl. 2001 I, 286), insbesondere durch *bilaterale* DBA, wird versucht, die Doppelbesteuerung umfassender zu vermeiden[10]. Die neueren DBA orientieren sich am OECD-Musterabkommen. Danach werden entweder die Steuern des Quellenstaates (= Ort der Einkünfteerzielung) im *Ansässigkeitsstaat angerechnet* oder die ausländischen Einkünfte im Ansässigkeitsstaat von der *Besteuerung freigestellt*. Bei dieser zweiten Methode behält sich der Wohnsitzstaat i.d.R. aber vor, die ausländischen Einkünfte bei der Berechnung des Steuersatzes mit einzubeziehen (vgl. die Regelung in § 32b EStG).

Beschränkte Einkommensteuerpflicht *besteht für die natürlichen Personen, die im Inland weder Wohnsitz noch gewöhnlichen Aufenthalt haben*, wenn sie *inländische Einkünfte aus dem in § 49 EStG abschließend aufgezählten Katalog erzielen*.

Beispiel: Der bekannte Fußballer F mit Lebensmittelpunkt in Österreich tritt gelegentlich in Deutschland gegen Honorar in Showveranstaltungen auf. Beurteilen Sie die Steuerpflicht.

Lösung: Unbeschränkte Steuerpflicht nach § 1 Abs. 1 EStG scheidet für F mangels Wohnsitz oder gewöhnlichen Aufenthaltes in Deutschland aus. F ist aber beschränkt steuerpflichtig nach § 1 Abs. 4 EStG, da er in § 49 Abs. 1 Nr. 2d EStG aufgeführte inländische Einkünfte erzielt.

Schließlich existiert noch eine *erweitert beschränkte Steuerpflicht* gem. § 2 Außensteuergesetz: Erfasst werden deutsche Staatsangehörige, die ihren Wohnsitz/gewöhnlichen Aufenthalt in ein *Niedrigsteuerland* („Steueroase") verlegen, jedoch im Inland weiterhin *wesentliche wirtschaftliche Interessen* aufweisen. Für diesen Personenkreis wird die beschränkte Steuerpflicht auf *sämtliche inländischen Einkünfte* ausgedehnt und ein *erhöhter Steuersatz* nach § 2 Abs. 5 AStG angewendet. Einzelheiten dazu regelt das Anwendungsschreiben des BMF vom 2.12.1994 (BStBl. 1995 I, Sondernummer 1), welches ohne zusätzliche Anlagen bereits 74 Seiten umfasst[11].

---

[10] z.B. Kluge 2000, 645 ff.
[11] in synoptischer Form vgl. Pelka/Rohde 2002, 748 f.

4.2 Sachliche Steuerpflicht

Im Gegensatz zur persönlichen Steuerpflicht (*wer* soll besteuert werden) ist bei der sachlichen Steuerpflicht zu klären, *was* besteuert werden soll. Dies sind in einer *abschließenden* Aufzählung die *sieben* in § 2 Abs. 1 EStG genannten Einkunftsarten, wobei der Terminus „Einkünfte" als Saldo von Einnahmen und damit in wirtschaftlichem Zusammenhang stehenden Ausgaben zu verstehen ist.

Nicht unter die aufgezählten Einkunftsarten fallende Vermögensmehrungen sind *nicht steuerbar* im Sinne des EStG. Die an letzter Stelle aufgeführten „sonstigen Einkünfte" stellen *keinen Auffangtatbestand* für nicht unter die ersten sechs Einkunftsarten subsumierbare Vorgänge dar, sondern umfassen nur die in § 22 EStG definierten Einkünfte.

Demnach nicht steuerbar im Sinne des EStG wäre eine Erbschaft (es sollte aber ein Blick in das Erbschaftsteuergesetz hinsichtlich einer Steuerbarkeit nach dieser Norm erfolgen). Auch wenn Tätigkeiten langfristig keine Überschüsse erwarten lassen, scheidet ihre Berücksichtigung als so genannte „Liebhaberei" aus.

Selbst wenn die Steuerbarkeit von Einnahmen vorliegt, bedeutet dies noch nicht die einkommensteuerliche Erfassung, da die §§ 3, 3b EStG eine Reihe von *Steuerbefreiungen* enthalten.

Beispiel: Der Angestellte A bekommt anlässlich seiner Eheschließung von seinem Arbeitgeber Media-GmbH eine Zuwendung in Höhe von 500,- Euro. Muss A die 500,- Euro versteuern?

Lösung: Die 500,- Euro sind als Einkünfte aus nichtselbständiger Arbeit (§ 19 EStG) steuerbar. Davon bleiben jedoch 315,- Euro als *Freibetrag* nach § 3 Nr. 15 EStG steuerfrei. Nur der *darüber hinausgehende* Betrag von 185,- Euro ist von A zu versteuern.

In unmittelbarem wirtschaftlichen Zusammenhang mit *steuerfreien Einnahmen* stehende Ausgaben unterliegen dem *Abzugsverbot* nach § 3c Abs. 1 EStG.

Die Zuordnung zu einer der sieben Einkunftsarten hat auch große Bedeutung für die Gewährung von *Freibeträgen*: Nur für Zinsen, die im Rahmen der Einkünfte aus Kapitalvermögen anfallen, gibt es einen Sparerfreibetrag nach § 20 Abs. 4 EStG bis zur Höhe von 1.370,- Euro, nicht jedoch für z.B. im Rahmen gewerblicher Einkünfte erhaltene Zinsen. Der Steuerpflichtige kann die Zuordnung natürlich nicht seinen Wünschen entsprechend gestalten, sondern hat die gesetzlichen Vorgaben (in diesem Beispiel § 20 Abs. 3 EStG) zu beachten.

Die notwendigen Angaben zu den einzelnen Einkunftsarten hat der Steuerpflichtige in Anlagen zur Einkommensteuererklärung zu machen (z.B. in der Anlage KAP für Einkünfte aus Kapitalvermögen), was derzeit bereits fast vollständig auf elektronischem Wege mit dem Verfahren „ELSTER" erfolgen kann.

Verpflichtend geregelt hat der Gesetzgeber in § 2 Abs. 2 Nr. 1 EStG auch, dass die Einkünfte aus Land- und Forstwirtschaft (§§ 13–14a EStG), aus Gewerbebetrieb (§§ 15–17 EStG) und aus selbständiger Arbeit (§ 18 EStG) als *Gewinn* ermittelt werden (errechnet als Differenz zwischen Betriebseinnahmen und abzugsfähigen Betriebsausgaben i.S. § 4 Abs. 4, 5 EStG; vgl. dazu im Einzelnen weiter unten).

Handelsrechtlich entsprechen diese Begriffe den aus der Buchhaltung bekannten „Erträgen" und „Aufwendungen".

Für die Einkünfte aus nichtselbständiger Arbeit (§ 19 EStG), aus Kapitalvermögen (§ 20 EStG), aus Vermietung und Verpachtung (§ 21 EStG) und die sonstigen Einkünfte

(§§ 22 f. EStG) ist der *Überschuss der Einnahmen* (§ 8 Abs.1 EStG) über die entstandenen Werbungskosten (§ 9 EStG) zu berechnen.

Soweit ein Steuerpflichtiger nicht höhere Werbungskosten nachweisen kann, hat das Finanzamt von Amts wegen die in § 9a EStG vorgesehenen *Pauschbeträge* anzusetzen. Der wichtigste ist der Arbeitnehmer-Pauschbetrag in Höhe von 920,- Euro. Geht A z.B. zu Fuß zur Arbeit und hat keine weiteren beruflich veranlassten Ausgaben, steht ihm dennoch dieser Betrag als Abzugsposten zu.

Ein Steuerpflichtiger kann innerhalb *derselben Einkunftsart* Einkünfte aus *verschiedenen Quellen* erzielen. So kann die vermietete Immobilie in Dresden einen Überschuss und die vermietete Wohnung in Berlin einen Verlust aufweisen, was für jede Immobilie in einer eigenen Anlage V erfasst und dann miteinander verrechnet wird (dies wird auch als *horizontaler Verlustausgleich* bezeichnet).

Für die o.g. *Überschusseinkunftsarten* gilt grundsätzlich (d.h. abgesehen von den Ausnahmen, wie z.B. § 11 Abs. 1 S. 2 f., Abs. 2 S. 2 EStG) das zahlungsorientierte *Zufluss-/Abflussprinzip*: Von den im Kalenderjahr in Form von Geld oder geldwerten Leistungen zugeflossenen Einnahmen werden die im Kalenderjahr entstandenen Ausgaben (in Form der Werbungskosten) subtrahiert und ergeben den positiven oder negativen *Überschuss* (so die Definition in § 2 Abs. 2 Nr. 2 EStG).

4.3 Überblick über die einzelnen Einkunftsarten

Gemeinsame und *kumulative* Voraussetzungen der *drei Gewinneinkunftsarten* (obwohl in § 15 Abs. 2 EStG nur zur Definition des Gewerbebetriebs verwendet) sind folgende Merkmale:

- *Selbständigkeit* (Handeln auf eigene Rechnung und Gefahr, keine Weisungsgebundenheit),
- *Nachhaltigkeit* (Tätigkeit mit Wiederholungsabsicht),
- *Gewinnerzielungsabsicht* (also keine „Liebhaberei"),
- *Beteiligung am allgemeinen wirtschaftlichen Verkehr* (die Leistungen werden der Allgemeinheit angeboten).
- Außerdem müssen die Grenzen einer bloßen *Verwaltung eigenen Vermögens* überschritten sein (vgl. R 134, R 137, H 134a–c EStR).

Einkünfte aus Land- und Forstwirtschaft[12] werden im Rahmen der planmäßigen Nutzung der natürlichen Kräfte des Bodens zur Erzeugung von Pflanzen und Tieren sowie aus der Verwertung der dadurch selbstgewonnenen Erzeugnisse erzielt (vgl. R 135 Abs. 1 EStR). Ein Landwirt kann *steuerlich zum gewerblichen Unternehmer* mutieren, wenn der Viehbestand je Hektar die in § 13 Abs. 1 Nr. 1 S. 2 ff. EStG genannten Grenzen überschreitet oder z.B. eine Gärtnerei zu viel fremde Erzeugnisse zukauft (vgl. R 135 Abs. 2 ff. EStR).

Wichtigster Bestandteil der *Einkünfte aus selbständiger Arbeit* sind die aus freiberuflicher Tätigkeit erzielten Überschüsse (§ 18 Abs. 1 Nr. 1 EStG). Diese können einerseits aus *selbständig* ausgeübten *wissenschaftlichen, künstlerischen, schriftstellerischen, unterrichtenden* oder *erzieherischen* Aktivitäten bestehen (vgl. H 136 EStR).

---

[12] vgl. ausführlich z.B. Bornhofen 2002, 45 ff.

Die zweite Gruppe betrifft die aufgezählten *klassisch freiberuflich tätigen Berufsgruppen* wie z.B. Architekten, Notare, Rechtsanwälte etc. und ähnliche Berufe. Will ein Autodidakt freiberufliche Einkünfte erzielen, muss er die einem entsprechenden Studienabschluss gleichwertigen Kenntnisse nachweisen, was nur selten gelingt. Kann der Angehörige eines freien Berufes *nicht* mehr den Nachweis der *leitenden und eigenverantwortlichen* Tätigkeit erbringen, ist eine *gewerbliche Tätigkeit* anzunehmen. Ein Gewerbe liegt z.B. vor, wenn sich ein Architekt vorwiegend mit der Beschaffung von Aufträgen befasst und die fachliche Arbeit durch Mitarbeiter ausführen lässt.

Einkünfte aus Gewerbebetrieb *umfassen die in* Gewerbebetrieben erzielten Gewinne. *Dies sind insbesondere Einkünfte aus* gewerblichen Einzelunternehmen *(z.B. der selbständige Zimmermann, § 15 Abs. 1 S. 1 Nr. 1 EStG), und aus* gewerblich tätigen *(§ 15 Abs. 1 Nr. 2 EStG) oder* gewerblich geprägten Mitunternehmerschaften *(§ 15 Abs. 3 Nr. 2 EStG). Demnach erzielt z.B. der Komplementär der gewerblich tätigen Filmproduktions-KG, der Unternehmerrisiko und -initiative trägt, gewerbliche Einkünfte (vgl. H 138 EStR). Zu den Einkünften aus Gewerbebetrieb gehören auch* Gewinne aus Betriebsveräußerungen *bei einem maximalen Freibetrag von 45.000,- Euro (§ 16 EStG) und aus der* Veräußerung von Anteilen an Kapitalgesellschaften *mit maximal 9.060,- Euro Freibetrag (§ 17 EStG).*

Einkünfte aus nichtselbständiger Arbeit fallen bei weisungsgebundenen Arbeitnehmern an, die nur ihre Arbeitskraft schulden und kein unternehmerisches Risiko tragen (§ 1 LStDV). Arbeitnehmer sind damit Personen, die aus einer laufenden oder früheren Beschäftigung im öffentlichen oder privaten Dienst Arbeitslohn i.S. des § 2 LStDV beziehen. Erfasst werden also auch Betriebsrenten und Beamtenpensionen (für die nach § 19 Abs. 2 EStG ein maximaler Versorgungsfreibetrag von 3.072,- Euro im VZ zusteht), nicht aber Renten aus einer gesetzlichen oder privaten Rentenversicherung. Ebenso als Arbeitslohn zu versteuern sind *geldwerte Leistungen,* z.B. das tägliche – kostenlos vom Arbeitgeber erhaltene – Mittagessen mit dem so genannten Sachbezugswert nach der SachBezV (R 31 Abs. 7 LStR).

Die *Einkünfte aus Vermietung und Verpachtung* sind in § 21 EStG abschließend geregelt. Der bedeutendste Anwendungsbereich ist die Vermietung oder Verpachtung von *unbeweglichem* Vermögen (§ 21 Abs. 1 S. 1 Nr. 1 EStG). Die Vermietung z.B. eines PKW fällt also nicht darunter, sondern wird von § 22 Nr. 3 EStG erfasst, sofern nicht nach § 21 Abs. 3 EStG die Zurechnung bei einer anderen Einkunftsart zu erfolgen hat. Falls die *Wohnungsmiete weniger als 56 % der ortsüblichen Miete beträgt*, ist die Nutzungsüberlassung in einen *entgeltlichen* und einen *unentgeltlichen* Teil zu zerlegen. Dies hat zur Folge, dass die entstandenen Aufwendungen *nur mit dem auf die entgeltliche Überlassung entfallenden Anteil* als Werbungskosten abgezogen werden können.

Unter die *Einkünfte aus Kapitalvermögen* fallen alle *Einnahmen aus Geldvermögen*, soweit sie nicht bei den Gewinneinkunftsarten oder Einkünften aus Vermietung und Verpachtung zu erfassen sind. Dies sind insbesondere Zinsen aller Art (§ 20 Abs. 1 Nr. 5–7 EStG und Gewinnausschüttungen (Dividenden) aus der Beteiligung an Kapitalgesellschaften (§ 20 Abs. 1 Nr. 1 EStG). Seit dem grundsätzlich ab VZ 2001 erfolgten Übergang (zu Ausnahmen vgl. BMF vom 06.11.2003, BStBl. 2003, I, 575) auf das so genannte *Halbeinkünfteverfahren*[13] kann der Anteilseigner die von der Kapitalgesellschaft für den ausgeschütteten Gewinn entrichtete Körperschaftsteuer nicht mehr auf seine persönliche Ertragsteuerschuld anrechnen. Eine natürliche Person muss aber im Gegenzug nur noch die

---

[13] vgl. dazu ausführlich Christoffel 2003

Hälfte der erhaltenen Dividenden versteuern – bei gleichzeitiger *Kürzung* des Werbungskostenabzugs auf 50 % (§ 3 Nr. 40 S. 1d, S. 2, § 3c Abs. 2 EStG).

In voller Höhe erhalten bleibt ihm jedoch der Sparerfreibetrag (1.370,- Euro gem. § 20 Abs. 4 EStG) und der Werbungskostenpauschbetrag (51,- Euro gem. § 9a S. 1 Nr. 2 EStG). Bis zu dieser Höhe (1.421,- Euro) kann ein Freistellungsauftrag bei Kreditinstituten abgegeben werden, um den Abzug von Kapitalertragsteuer bzw. Zinsabschlag (§ 43a Abs. 1 Nr. 1, 3 EStG) zu vermeiden. Zinsen würden somit bis 1.421,- Euro, Dividenden bis 2.842,- Euro steuerfrei ausgezahlt werden können.

Die *sonstigen Einkünfte* betreffen nur die in § 22 EStG *abschließend* aufgezählten Sachverhalte. Hierunter fallen insbesondere als wiederkehrende Bezüge *Renten* aus der gesetzlichen Rentenversicherung mit ihrem Ertragsanteil (§ 22 Nr. 1 EStG) und Einkünfte aus *privaten Veräußerungsgeschäften* (§§ 22 Nr. 2, 23 EStG). Letztere erfassen z.B. Gewinne aus Aktienspekulationen, bei denen zwischen Anschaffung und Veräußerung *nicht mehr als ein Jahr* liegt; wegen Anwendbarkeit des Halbeinkünfteverfahrens ist dieser aber nur zur *Hälfte* zu versteuern (§ 23 Abs. 1 S. 1 Nr. 2, § 3 Nr. 40 S. 1j, § 3c Abs. 2 EStG). Die „Spekulationsgewinne" bleiben bis 511,99 Euro im Kalenderjahr steuerfrei (*Freigrenze*), ab 512,- Euro sind sie in voller Höhe zu versteuern (§ 23 Abs. 3 S. 6 EStG).

4.4 Summe der Einkünfte, Gesamtbetrag der Einkünfte, Einkommen, zu versteuerndes Einkommen, tarifliche und festzusetzende Einkommensteuer

Durch das EStG (§ 2 Abs. 3 bis 7) und R 3 EStR wird genau vorgegeben, wie und in welcher Reihenfolge das Finanzamt die festzusetzende Einkommensteuer für ein Kalenderjahr zu berechnen hat.

Zunächst sind die bereits ermittelten Einkünfte (aus den betroffenen Einkunftsarten) zu addieren und ergeben die *Summe der Einkünfte* (§ 2 Abs. 3 EStG).

Bezieht ein Steuerpflichtiger im VZ sowohl positive als auch negative Einkünfte ist ab VZ 2004 wieder ein unbeschränkter Verlustausgleich möglich, sofern nicht das Gesetz aufgrund spezieller Bestimmungen eine Einschränkung vorsieht (z.B. §§ 2a, 2b, 15 Abs. 4, 15a EStG). Eine Verschärfung ist bei der Nutzung steuerlicher Verlustvorträge aus vergangenen VZ eingetreten (§ 10d EStG): Über den Sockelbetrag von 1 Mio. Euro hinausgehende Verluste können nur bis 60 % des 1 Mio. Euro übersteigenden Gesamtbetrags der Einkünfte abgezogen werden.

Die Summe der Einkünfte ist bei Erfüllung der Voraussetzungen um einen Altersentlastungsbetrag nach § 24a EStG, einen Entlastungsbetrag für Alleinerziehende (§ 24b EStG) und den Freibetrag für Land- und Forstwirte (§ 13 Abs. 3 EStG) zu vermindern, wodurch sich der *Gesamtbetrag der Einkünfte* ergibt. Kommen diese Kürzungen nicht in Betracht, entspricht die Summe der Einkünfte dem Gesamtbetrag der Einkünfte.

Falls in einem VZ entstandene und in diesem nicht ausgleichsfähige Verluste (weil die Summe der negativen Einkünfte die der positiven Einkünfte übersteigt) vorliegen, ist ein Verlustrücktrag nach den Bestimmungen des § 10d EStG bis 511.500,- Euro in den unmittelbar vorangegangenen VZ auf Wunsch des Steuerpflichtigen möglich. Die Kürzung erfolgt dort vom Gesamtbetrag der Einkünfte, vorrangig vor den abziehbaren *Sonderausgaben* und *außergewöhnlichen Belastungen,* so dass sich anschließend das *Einkommen* (§ 2 Abs. 4 EStG) ergibt.

Diese zwei letztgenannten Ausgabenarten fallen eigentlich unter den Typus der nach § 12 EStG nicht abzugsfähigen *Ausgaben für die private Lebensführung*. Der Gesetzgeber möchte jedoch bestimmte Ausgaben des Steuerpflichtigen von der Einkommensteuer freistellen und nur das disponible Einkommen der Steuer unterwerfen.

Deshalb sind bestimmte als *Sonderausgaben* bezeichnete oder darunter subsumierte Aufwendungen, die weder Betriebsausgaben noch Werbungskosten sein dürfen, abzugsfähig (§§ 10–10i EStG). Diese können unbeschränkt (z.B. Steuerberatungskosten, § 10 Abs. 1 Nr. 6 EStG) oder nur in begrenztem Umfang (z.B. Vorsorgeaufwendungen, § 10 Abs. 1 Nr. 2 EStG) berücksichtigungsfähig sein.

Aufwendungen, die dem Steuerpflichtigen *zwangsläufig* und in einem *größeren Umfang* als der Mehrzahl der Steuerpflichtigen gleicher Einkommensverhältnisse, gleicher Vermögensverhältnisse und gleichen Familienstandes erwachsen, sind als *außergewöhnliche Belastungen* (§ 33 Abs. 1 EStG) abziehbar. Die typisierten (betragsmäßig begrenzten) Belastungen (§ 33a bis c EStG) haben Vorrang vor den allgemeinen außergewöhnlichen Belastungen des § 33 EStG). Letztere sind zwar der Höhe nach nicht begrenzt (z.B. Scheidungskosten), jedoch ist eine Kürzung um die von der Höhe des Gesamtbetrags der Einkünfte, des Familienstandes und der Zahl der Kinder beeinflusste *zumutbare Belastung* vorzunehmen (§ 33 Abs. 3 EStG).

Vom Einkommen erfolgt ein Abzug von Kinder- und Betreuungsfreibeträgen (§ 32 Abs. 6 EStG) an Stelle des Kindergeldes, wenn sie eine höhere steuerliche Freistellung als das Kindergeld bewirken („Günstigerprüfung" nach § 31 EStG); ggf. wird noch ein Härteausgleich nach § 46 Abs. 3 EStG, § 70 EStDV vorgenommen.

Der jetzt verbleibende Betrag heißt *zu versteuerndes Einkommen* (§ 2 Abs. 5 EStG) und bildet die Bemessungsgrundlage für die *tarifliche Einkommensteuer*, die sich aufgrund der anzuwendenden Vorschriften ergibt (§§ 32a Abs. 1 und 5, 50 Abs. 3, 32b, 34, 34b EStG).

Die tarifliche Einkommensteuer wird um anrechenbare ausländische Steuern und Steuerermäßigungen (z.B. Gewerbesteueranrechnung nach § 35 Abs. 1 Nr. 1 EStG) vermindert und ggf. erhöht (z.B. um Kindergeld, soweit das Einkommen um die Freibeträge nach § 32 Abs. 6 EStG gemindert wurde), was zur *festzusetzenden Einkommensteuer* führt (§ 2 Abs. 6 EStG).

Nach Anrechnung bereits geleisteter Vorauszahlungen (Lohnsteuer, Kapitalertragsteuer, Einkommensteuer) ergibt sich eine *Abschlusszahlung* oder *Erstattung*.

4.5 Methoden der Gewinnermittlung

Neben der Ermittlung des Gewinns aus Land- und Forstwirtschaft nach *Durchschnittssätzen* (§ 13a EStG), der Gewinnermittlung bei Handelsschiffen im internationalen Verkehr (*Tonnagebesteuerung*, § 5a EStG) und der *Schätzung durch das Finanzamt* (§ 162 AO) besteht die Möglichkeit, den Gewinn durch eine *Einnahmenüberschussrechnung* (§ 4 Abs. 3 EStG) oder durch *Betriebsvermögensvergleich* (§ 4 Abs. 1 oder § 5 EStG) zu berechnen[14].

---

[14] vgl. ausführlich Dommermuth et al. 2003, 130 ff. und Sicherer 2002, 101 ff.

4.5.1 Einnahmenüberschussrechnung

Diese *vereinfachte Form der Gewinnermittlung* als *Überschuss der Betriebseinnahmen über die Betriebsausgaben* dürfen nur solche Steuerpflichtige wählen, die nicht aufgrund gesetzlicher Vorschriften zur Buchführung verpflichtet sind und dies auch nicht freiwillig praktizieren (§ 4 Abs. 3 S. 1 EStG). Dies sind in erster Linie die Steuerpflichtigen, die *Einkünfte aus selbständiger Arbeit* erzielen, da für sie keine Buchführungspflicht nach Handels- oder Steuerrecht besteht.

Ab VZ 2004 hat zur besseren Überprüfungs- und Vergleichbarkeit diese Überschussrechnung nach amtlich vorgeschriebenem Vordruck zu erfolgen (vgl. §§ 60 Abs. 4, 84 Abs. 3c EStDV, BMF vom 17.10.2003 in: BStBl. 2003 I, 502).

Zu den Anwendern gehören auch „kleine" Gewerbetreibende i.S. des § 1 Abs. 2 HGB, die die in § 141 AO gezogenen Grenzen (Umsatz im Kalenderjahr höchstens 350.000,- Euro oder ein Gewinn von höchstens 30.000,- Euro) nicht überschreiten. Letzte Gruppe ist die der Land- und Forstwirte, die nicht aufgrund § 3 HGB oder § 141 AO buchführungspflichtig ist, nicht freiwillig Bücher führt und ihren Gewinn nicht nach § 13a EStG errechnet.

Die Überschussrechnung stellt eine Ist-Rechnung nach dem Zu- und Abflussprinzip des § 11 EStG dar; sie erfordert keine Inventur und keine Kassenführung; der Steuerpflichtige muss jedoch seine Betriebseinnahmen und -ausgaben belegen können. Da in der doppelten Buchführung Aufwendungen und Erträge, bei der Rechnung nach § 4 Abs. 3 EStG betriebliche Einnahmen und Ausgaben gegenübergestellt werden, weichen die Jahresergebnisse i.d.R. voneinander ab. Über die Laufzeit des Unternehmens soll jedoch der erzielte Totalgewinn identisch sein. Dem steht derzeit noch die Rechtsprechung entgegen, weil dem Überschussrechner bislang kein *gewillkürtes Betriebsvermögen* zugestanden wird. Er darf nur *notwendiges Betriebsvermögen* zum Ansatz bringen, so dass sich zwangsläufig eine Divergenz ergibt.

Diese Begriffe sind steuerlich folgendermaßen definiert (vgl. R 13 EStR): Das Vermögen eines Steuerpflichtigen gliedert sich in a) *notwendiges Betriebsvermögen* (Wirtschaftsgüter, die ausschließlich und unmittelbar für eigenbetriebliche Zwecke des Steuerpflichtigen genutzt werden oder dazu bestimmt sind), b) *gewillkürtes Betriebsvermögen* (Wirtschaftsgüter, die in einem gewissen objektiven Zusammenhang mit dem Betrieb stehen und ihn zu fördern bestimmt und geeignet sind) und c) *notwendiges Privatvermögen*.

Falls es sich bei den Wirtschaftsgütern nicht um Grundstücke oder Grundstücksteile handelt, liegt notwendiges BV bei einer betrieblichen Nutzung von mehr als 50 % vor. Gewillkürtes BV ist möglich bei einer betrieblichen Nutzung zwischen 10 % und 50 % und notwendiges Privatvermögen ergibt sich dann bei privater Nutzung von mehr als 90 %.

Im Rahmen einer Einnahmenüberschussrechnung kann deshalb z.B. der PKW eines selbständigen Arztes, den er nur zu 50 % beruflich nutzt, *nicht* dem Betriebsvermögen zugeordnet werden.

Das Zufluss-/Abflussprinzip wird bei der Überschussrechnung mehrfach durchbrochen. So gehören z.B. durchlaufende Posten nicht zu den Betriebseinnahmen oder -ausgaben (§ 4 Abs. 3 S. 2 EStG). Auch müssen bei abnutzbaren Wirtschaftsgütern, die nicht geringwertig i.S. des § 6 Abs. 2 EStG sind, die Anschaffungs-/Herstellungskosten auf die Nutzungsdauer verteilt werden (§ 4 Abs. 3 S. 3, § 7 EStG), Ausgaben zur Tilgung betrieblicher Darlehen stellen keine Betriebsausgaben dar etc.

4.5.2 Betriebsvermögensvergleich

Der steuerliche Gewinn einer Periode ergibt sich als Betriebsvermögen am Ende des Wirtschaftsjahres abzüglich dem Betriebsvermögen am Schluss des vorangegangenen Wirtschaftsjahres, erhöht um den Wert der Entnahmen und nicht abziehbaren Betriebsausgaben und verringert um den Wert der Einlagen sowie der steuerfreien Einnahmen.

Bei der *Gewinnermittlung nach § 4 Abs. 1 EStG* (für nach § 141 Abs. 1 AO buchführungspflichtige Land- und Forstwirte und freiwillig Bücher führende Land- und Forstwirte und Selbständige) *müssen nur steuerrechtliche Vorschriften* beachtet werden.

Nach Handelsrecht buchführungspflichtige Kaufleute (z.B. Kapitalgesellschaften gem. § 6 Abs. 1 HGB i.V.m. § 13 Abs. 3 GmbHG, § 3 Abs. 1 AktG) haben über § 140 AO, Gewerbetreibende nach Überschreiten der Grenzen des § 141 Abs. 1 AO *zwingend* ihren Gewinn nach § 5 EStG zu ermitteln.

Für beide Verfahren des Betriebsvermögensvergleiches (§ 4 Abs. 1, § 5 EStG) ist der Gewinn auf Basis einer Buchführung zu ermitteln (R 12 Abs. 5 EStR). Bei der Methode nach § 5 Abs. 1 S. 1 EStG sind jedoch die *handelsrechtlichen Grundsätze ordnungsmäßiger Buchführung* (§ 238 ff. HGB) zu beachten (*Maßgeblichkeitsprinzip*).

Dadurch wird die *Steuerbilanz aus der Handelsbilanz abgeleitet*, sofern nicht zwingende steuerliche Vorschriften dieses Prinzip durchbrechen[15]. Bestehen steuerliche Bilanzierungs- oder Bewertungswahlrechte, dürfen diese nur dann ausgeübt werden, wenn in der Handelsbilanz identisch verfahren wurde (*umgekehrte Maßgeblichkeit nach § 5 Abs. 1 S. 2 EStG,* um eine weitgehende Übereinstimmung zwischen handels- und steuerrechtlicher Gewinnermittlung zu erreichen): Schreibt z.B. die Media-GmbH eine Kamera in der Handelsbilanz linear ab, muss dann auch steuerlich zwingend (trotz des Wahlrechtes zur degressiven Abschreibung nach § 7 Abs. 2 EStG) die Absetzung für Abnutzung linear erfolgen.

Hinsichtlich der *Bilanzierung dem Grunde nach* stellen sich die durch die Rechtsprechung fixierten Ausprägungen des Maßgeblichkeitsprinzips wie folgt dar:

- Ein handelsrechtliches Aktivierungsgebot (Aktivierungspflicht) führt auch steuerrechtlich zu einem Aktivierungsgebot.
- Ein handelsrechtliches Aktivierungsverbot gilt auch in der Steuerbilanz.
- Ein handelsrechtliches Aktivierungswahlrecht führt zu einer steuerrechtlichen Aktivierungspflicht.
- Was handelrechtlich passiviert werden muss, ist auch in der Steuerbilanz zu passivieren.
- Ein handelsrechtliches Passivierungsverbot gilt auch in der Steuerbilanz.
- Ein handelsrechtliches Passivierungswahlrecht ergibt ein steuerliches Passivierungsverbot.

Das Maßgeblichkeitsprinzip wurde in den letzten Jahren stark verwässert. So sind steuerlich keine Drohverlustrückstellungen mehr zulässig (§ 5 Abs. 4a EStG).

Die steuerlichen Einschränkungen gelten auch für die *Bilanzierung der Höhe nach:* Über den steuerlichen Bewertungsvorbehalt des § 5 Abs. 6 EStG wurde z.B. ein Wertaufholungsgebot für Anlage- und Umlaufvermögen verpflichtend, soweit der Steuerpflichtige

---

[15] vgl. z.B. Heinen 2003, 58–67, Bitz et al. 2000, 304 ff.

nicht entsprechende Nachweise für einen niedrigeren Teilwert erbringen kann (§ 6 Abs. 1 Nr. 1 f. EStG sowie die analoge Anwendung bei den Verbindlichkeiten über § 6 Abs. 1 Nr. 3 EStG). Teilwertabschreibungen sind zudem nur noch bei einer voraussichtlich *dauernden Wertminderung* zulässig (vgl. zu den umfassenderen Möglichkeiten im Handelsrecht § 253 HGB).

Unterschiedliche Wertansätze gelten auch für die Abschreibung eines erworbenen Geschäfts- oder Firmenwerts nach § 255 Abs. 4 HGB und nach § 7 Abs. 1 S. 3 EStG) sowie für die Herstellungskosten nach Handelsrecht (§ 255 Abs. 2, 3 HGB) und nach den steuerrechtlichen Vorgaben in R 33 EStR[16].

5 Körperschaftsteuer

5.1 Steuerpflicht

Die Körperschaftsteuer kann als Einkommensteuer der in § 1 Abs. 1 KStG abschließend genannten Kapitalgesellschaften und sonstigen Körperschaften aufgefasst werden.

Eine Stadt beispielsweise ist zwar eine Gebietskörperschaft des öffentlichen Rechts, aber nur mit ihren *Betrieben gewerblicher Art* (§ 1 Abs. 1 Nr. 6, § 4 KStG) aus Gründen der *Wettbewerbsneutralität* mit der privaten Wirtschaft körperschaftsteuerpflichtig. Eine *KG* kann mangels Aufzählung *nie* körperschaftsteuerpflichtig sein. Steuerpflichtig ist aber die die Geschäfte der Media-Top GmbH & Co KG führende Komplementär-GmbH.

Über § 8 Abs. 1 KStG (vgl. im Einzelnen A 27 Abs. 1 KStR) werden auch zahlreiche Vorschriften des EStG für anwendbar erklärt, sofern sie nicht speziell auf natürliche Personen zugeschnitten sind (wie z.B. Sonderausgaben oder außergewöhnliche Belastungen).

Wie sie bereits aus den Regelungen zur Einkommensteuer ableiten konnten, besteht *unbeschränkte – persönliche – Körperschaftsteuerpflicht* für sämtliche Einkünfte (§ 1 Abs. 2 KStG) *nur* für solche Rechtsgebilde, die ihre *Geschäftsleitung oder Sitz* (§ 10 f. AO) im *Inland* haben[17].

Die *beschränkte Steuerpflicht* erstreckt sich auf *inländische Einkünfte* (i.S. des § 49 EStG) *ausländischer Körperschaften* (§ 2 Nr. 1 KStG) und gilt zudem für nicht unbeschränkt steuerpflichtige Körperschaften mit den inländischen Einkünften, von denen ein Steuerabzug vorzunehmen ist (§ 2 Nr. 2 KStG). Erhält die Stadt Dresden z.B. eine Dividendenzahlung für ihre Beteiligung an der Medien-AG, ist ihre *Steuerschuld* gem. § 32 Abs. 1 Nr. 2 KStG durch den Kapitalertragsteuerabzug *abgegolten*.

Der Gesetzgeber hat in § 5 KStG für eine Vielzahl von Körperschaften *Befreiungen von der Körperschaftsteuer* ausgesprochen. Dies trifft z.B. auf einen Verein zu, der als gemeinnützig anerkannt ist (§ 5 Abs. 1 Nr. 9 KStG), soweit er *nicht einen wirtschaftlichen Geschäftsbetrieb* unterhält (und dieser nicht als Zweckbetrieb anerkannt ist, §§ 14, 64 f. AO).

Beispiel: Die Media-GmbH zahlt an den gem. § 52 AO aufgrund der Förderung der Altenhilfe als gemeinnützig anerkannten Verein AHIL 10.000,- Euro für die Aufnahme ihres Logos in Vereinsnachrichten *ohne Hervorhebung des Sponsors*. AHIL ist ertragsteuerlich *nur vermögensverwaltend* tätig, also *steuerbefreit* (umsatzsteuerlich kommt der er-

---

[16] vgl. z.B. Meyer 1998, 108 f.
[17] vgl. z.B. Wittkowski/Wittkowski 1998, 201 ff.

mäßigte Steuersatz zum Tragen, § 12 Abs. 2 Nr. 8a UStG). Um AHIL weiter zu unterstützen, übereignet ihm die Media-GmbH ein Fahrzeug mit ihrem *Werbeaufdruck* und der Verpflichtung, es *werbewirksam abzustellen* und *Kontakte mit potentiellen Kunden* des Sponsors herzustellen. In diesem Fall führt die Werbeleistung bei AHIL zu einem *wirtschaftlichen Geschäftsbetrieb*, der Körperschaftsteuerpflicht und der Umsatzsteuer mit dem Regelsteuersatz entstehen lässt[18].

Die Zahlungen der Media-GmbH sind in beiden Fällen als *Betriebsausgaben* und nicht als Spenden oder Geschenke zu qualifizieren, da die Media-GmbH öffentlichkeitswirksam auf sich aufmerksam machen und daraus wirtschaftliche Vorteile ziehen will.

5.2 Die Ermittlung des zu versteuernden Einkommens

Die Körperschaftsteuer bemisst sich nach dem zu versteuernden Einkommen (§ 7 Abs. 1 KStG). Diese Bemessungsgrundlage wird mit dem Steuersatz von 25 % (für den VZ 2003: 26,5 %) multipliziert (§ 23 Abs. 1 KStG). Auf die damit festzusetzende Körperschaftsteuer werden geleistete Vorauszahlungen (Körperschaftsteuer, Kapitalertragsteuer) und u.U. ausländische Steuern angerechnet (§ 31 Abs. 1 KStG), so dass sich die Abschlusszahlung oder Erstattung ergibt, die jeweils in der Handels- und Steuerbilanz als Rückstellung bzw. sonstige Forderung zu erfassen wären.

Das zu versteuernde Einkommen ist bei Kapitalgesellschaften identisch mit dem Einkommen (§ 7 Abs. 2 KStG). Der Verein AHIL würde für seinen wirtschaftlichen Geschäftsbetrieb jedoch gem. § 24 KStG einen *Freibetrag bis maximal 3.835,- Euro* erhalten.

Veranlagungszeitraum für die Körperschaftsteuer ist das *Kalenderjahr* (§ 7 Abs. 3 S. 1 KStG).

Für Kapitalgesellschaften und sonstige kraft Rechtsform zur Buchführung verpflichtete Körperschaften werden die theoretisch möglichen sieben Einkunftsarten auf eine *einzige*, nämlich *gewerbliche Einkünfte* reduziert (§ 8 Abs. 2 KStG).

Ausgangspunkt zur Ermittlung des zvE ist das Ergebnis lt. Handelsbilanz. Dieses ist unter Anwendung der bilanzsteuerrechtlichen Vorschriften (insbesondere § 5 Abs. 2 bis 6 EStG) auf das *Ergebnis lt. Steuerbilanz zu korrigieren*.

Hat die Media-GmbH z.B. in ihrer Handelsbilanz eine Rückstellung nach § 249 Abs. 1 S. 1 HGB für einen drohenden Verlust aus einem abgeschlossenen aber noch nicht fertiggestellten Werbespot *zwingend* gebildet, muss aufgrund der Sondervorschrift des § 5 Abs. 4a EStG diese Rückstellung in der *Steuerbilanz* (oder über eine der Körperschaftsteuererklärung beigefügten Erläuterung gem. § 60 Abs. 2 EStDV) *rückgängig* gemacht werden.

Außerhalb der Bilanz (dies erfolgt durch Angaben in der Anlage A zur Körperschaftsteuererklärung) sind i.d.R. *weitere Korrekturen* vorzunehmen.

Hat die Media-GmbH z.B. ihre Geschäftsfreunde im Geschäftsjahr mit insgesamt 1.000,- Euro netto bewirtet, sind gem. § 4 Abs. 5 Nr. 2 EStG dem Ergebnis lt. Steuerbilanz 300,- Euro hinzuzurechnen. Das KStG nennt in § 10 *weitere nichtabziehbare Aufwendungen*, so dass nach dessen Nr. 2 auch die auf die 300,- Euro entfallenden Vorsteuern (48,- Euro) gewinnerhöhend berücksichtigt werden müssen.

---

[18] vgl. ausführlicher zum Sponsoring, BMF vom 18.02.1998, BStBl. I, 212 und OFD Hannover vom 11.2.2003 – S 7100 – 427 – StO 351/S 7100 – 915 – StH 446

Zu *neutralisieren* sind außerdem erfolgswirksame Vorgänge, die auf dem *Verhältnis zwischen Gesellschaft und Gesellschaftern* beruhen. Dies sind zum einen *verdeckte Gewinnausschüttungen* (§ 8 Abs. 3 S. 2 KStG, A 31 KStR). Hat z.B. der Hauptgesellschafter H der Media-GmbH dieser ein Darlehen über 100.000,- Euro zu einem Zinssatz von 10 % gewährt, obwohl marktüblich 8 % bezahlt wurden, liegt auf ein Jahr bezogen eine vGA in Höhe von 2.000,- Euro vor. Das *steuerlich* um diesen Betrag zu niedrige Ergebnis ist durch die *Hinzurechnung* zu korrigieren.

Die *verdeckten Einlagen* (A 36a KStR) sind ergebnismindernd zu berücksichtigen. Verzichtet H wegen der schlechten Liquiditätslage der Media-GmbH auf die Rückzahlung seines Darlehens wird diese i.d.R. den Verzicht als sonstigen Ertrag vereinnahmen. Steuerrechtlich liegt jedoch gem. § 8 Abs. 1 KStG i.V.m. § 4 Abs. 1 EStG eine erfolgsneutrale Einlage vor, so dass das steuerlich zu hohe Ergebnis um 100.000,- Euro zu vermindern ist.

Zu erfassen sind auch die *Auswirkungen des Halbeinkünfteverfahrens* (§ 8b KStG). Veräußert die Media-GmbH z.B. ihre Beteiligung an der Z-AG mit einem Gewinn von 10.000,- Euro wird dieser in der Buchführung gewinnerhöhend gebucht. Nach § 8b Abs. 2 KStG ist der Veräußerungsgewinn jedoch von der Körperschaftsteuer freigestellt und deshalb *steuerlich* unter Berücksichtigung des pauschalen Betriebsausgabenabzugsverbots gem. § 8b Abs. 3 KStG wieder zu kürzen.

Schließlich können weitere *steuerfreie Erträge*, die zunächst im *Steuerbilanzergebnis enthalten* sind, bei der Ermittlung des zu versteuernden Einkommens *abgezogen* werden (z.B. ausländische Erträge, die aufgrund eines DBA in Deutschland steuerfrei sind, oder Investitionszulagen gem. § 9 InvZulG 1999).

Beispiel: Die Media-GmbH hat als *Betrieb der Markt- und Meinungsforschung* eine Investitionszulage in Höhe von 5.000,- Euro erhalten und als *sonstigen Ertrag* gebucht. Aufgrund der gewährten *Steuerfreiheit* kann dieser Betrag bei der Ermittlung des zu versteuernden Einkommens *abgezogen* werden.

Ergibt sich unter Berücksichtigung aller Zu- und Abrechnungen ein *negatives zu versteuerndes Einkommen*, ist unter Berücksichtigung der Grenzen des § 10d EStG ein *Verlustrücktrag* in den unmittelbar vorangegangenen VZ möglich. Vorgetragene Verluste können bis zu *einer Million Euro* mit dem laufenden Gesamtbetrag der Einkünfte *verrechnet* werden. Über diesen Sockelbetrag hinausgehende Verluste können nur *bis zu 60 %* des 1 Mio. Euro übersteigenden Gesamtbetrags der Einkünfte abgezogen werden, so dass sich eine *Mindeststeuer* ergibt.

6 Gewerbesteuer

Die Gemeinden sind ab 2004 nicht nur berechtigt sondern *verpflichtet*, eine Gewerbesteuer zu erheben (§§ 1, 16 Abs. 4 GewStG), um mit diesen Einnahmen die von Gewerbebetrieben hervorgerufen *finanziellen Lasten zu kompensieren*.

6.1 Steuerobjekt, Steuerschuldner, Entstehung

Der Gewerbesteuer unterliegt jeder im *Inland* unterhaltene *Gewerbebetrieb* (§ 2 Abs. 1, § 35a GewStG). Darunter fallen die in *§ 15 Abs. 2 EStG definierten Unternehmen*, die *Ge-*

werbebetriebe kraft Rechtsform (wie z.B. jede GmbH, § 2 Abs. 2 GewStG) und die *Gewerbebetriebe kraft wirtschaftlichen Geschäftsbetriebes* (wie z.B. die o.g. Werbeaktivitäten des Vereins AHIL, § 2 Abs. 3 GewStG). Die ursprünglich im GewStRefG beabsichtigte Einbeziehung der freien Berufe wurde *nicht umgesetzt*.

Wie im EStG und KStG finden sich auch im GewStG (§ 3) *Steuerbefreiungen*: So ist der Verein AHIL für seinen *gemeinnützigen Tätigkeitsbereich* nach § 3 Nr. 6 GewStG von der Gewerbesteuer *befreit*.

Steuerschuldner ist nach § 5 Abs. 1 Nr. 1 GewStG der *Unternehmer, für dessen Rechnung* das Gewerbe betrieben wird (bei einer KG wäre dies die Gesellschaft und nicht die Mitunternehmer wie bei der ESt).

Die Gewerbesteuer ist eine *Jahressteuer* und entsteht mit Ablauf des Kalenderjahres (§§ 18, 14 GewStG).

6.2 Bemessungsgrundlage der Gewerbesteuer

Der *Gewerbeertrag* stellt nach § 6 GewStG die Bemessungsgrundlage dar. Dies ist der nach den Vorschriften des EStG und KStG zu ermittelnde *Gewinn aus Gewerbebetrieb* (§ 7 GewStG), *erhöht* um die in § 8 GewStG und *vermindert* um die in § 9 GewStG bezeichneten Beträge. Der Gewinn aus Gewerbebetrieb entspricht bei einer Kapitalgesellschaft ihrem körperschaftssteuerlichen Einkommen, ggf. zuzüglich eines bei der Einkommensermittlung vorgenommenen Verlustabzugs (A 40 Abs. 1 GewStR).

Die *Hinzurechnungen* und *Kürzungen* sollen die von den persönlichen Verhältnissen und der Finanzierungsform losgelöste „*objektive Ertragskraft*" besteuern, was aber mitunter willkürlich erscheint. So werden *Zinsaufwendungen* für langfristige Darlehen nur zur *Hälfte* dem Gewinn aus Gewerbebetrieb *hinzugerechnet*. Dennoch kann dann der Fall eintreten, dass aus einem *negativen körperschaftssteuerlichen Einkommen* der Media-GmbH bei hohem Fremdfinanzierungsanteil ein *positiver Gewerbeertrag* entsteht. Die Entrichtung von Gewerbesteuer wäre dann nur zu vermeiden, wenn aus Vorjahren noch ein Gewerbeverlust (§ 10a GewStG) existierte, der den maßgebenden Gewerbeertrag bis zu einem Betrag von 1 Mio. Euro, einen darüber hinausgehenden verbleibenden positiven Gewerbeertrag nur bis zu 60 % reduzieren kann.

Ein verbleibender *positiver Gewerbeertrag* ist auf volle Hundert Euro nach unten *abzurunden*. *Natürliche Personen* und *Personengesellschaften* erhalten einen *Freibetrag* von 24.500,- Euro, höchstens jedoch in Höhe des abgerundeten Gewerbeertrags (außerdem erfolgt nach § 35 EStG für diesen Personenkreis die Ermäßigung der Einkommensteuerschuld um den 1,8-fachen Gewerbesteuermessbetrag); Kapitalgesellschaften erhalten *keinen* Freibetrag!

Durch Multiplikation dieses Gewerbeertrages mit der *Steuermesszahl* ergibt sich der *Steuermessbetrag*. Die Steuermesszahl für Kapitalgesellschaften beträgt für Kapitalgesellschaften 5 %, bei Einzelunternehmern und Personengesellschaften ist sie von 1 % bis maximal 5 % gestaffelt (§ 11 Abs. 2 GewStG).

Hat z.B. die Media-GmbH einen maßgebenden Gewerbeertrag nach § 10 GewStG von 22.220,- Euro und einen festgestellten Gewerbeverlust von 10.000,- Euro ergibt sich ein Messbetrag von 610,- Euro (22.220,- Euro–10.000,- Euro = 12.220,- Euro; dies ergibt abgerundet 12.200,- Euro; x 5.v.H. = 610,- Euro).

Durch *Multiplikation des Messbetrages* mit dem von der Gemeinde bestimmten *Hebesatz* (falls dies nicht erfolgt ist, liegt er gem. § 16 Abs. 4 GewStG bei 200 %) ergibt sich die *Gewerbesteuer*. Bei dem Mindesthebesatz würde sie mit den obigen Daten für die Media-GmbH 1.220,- Euro betragen.

Da die Gewerbesteuer *keine* Personensteuer und damit *als Betriebsausgabe abziehbar ist*, mindert sie ihre *eigene Bemessungsgrundlage*.

Zur Berechnung der *effektiven Gewerbesteuer* existiert eine exakte *Divisor-Methode*. Für eine Kapitalgesellschaft lautet die Formel:

$$\text{effektive GewSt} = \frac{\text{Gewerbesteuer vor Abzug der Gewerbesteuer als Betriebsausgabe}}{1 + 0{,}05 * \text{Hebesatz}}$$

Von der Finanzverwaltung zugelassen ist auch ein *Näherungsverfahren* („*5/6-Methode*" gem. R 20 Abs. 2 S. 2 EStR). Hier wird der ohne Berücksichtigung der Abzugsfähigkeit als Betriebsausgabe errechnete Betrag der Gewerbesteuer mit 5/6 multipliziert.

Für die Media-GmbH beträgt der effektive Gewerbesteueraufwand nach der exakten Methode für das obige Beispiel rund 1.109,- Euro, nach der 5/6-Methode ergeben sich rund 1.017,- Euro.

Es zeigt sich, dass die exakte Berechnung der Media-GmbH einen höheren Ansatz (gilt bei Hebesätzen unter 400 %) für die in der Handels- und Steuerbilanz zu bildende *Gewerbesteuerrückstellung* erlaubt. Diese ergibt sich aus dem errechneten *effektiven Gewerbesteueraufwand abzüglich* der geleisteten *Vorauszahlungen* (§ 20 GewStG).

Übersteigen die Vorauszahlungen die errechnete Gewerbesteuer, wäre in der Bilanz eine sonstige Forderung einzustellen.

7 Umsatzsteuer

7.1 System der Umsatzbesteuerung

Auf *jeder Stufe des Güter- und Dienstleistungsverkehrs* soll nach dem Willen des Gesetzgebers der *Mehrwert* (als Differenz zwischen dem Verkaufspreis der Ware oder Dienstleistung und den Einkaufspreisen der dafür erforderlichen Güter oder Dienstleistungen) *besteuert* werden, unabhängig davon, ob der Kunde ein Unternehmer oder ein Endverbraucher ist. Obwohl die – steuerbaren und steuerpflichtigen *Umsätze* – vollständig der *Umsatzsteuer* unterliegen, wird dies erreicht, weil der Unternehmer die ihm von anderen Unternehmern in Rechnung gestellte Umsatzsteuer grundsätzlich *als Vorsteuer* abziehen kann. Zur *Verminderung seiner Umsatzsteuerzahllast* darf er sie also gegenüber dem Finanzamt geltend machen (die *Eintragung* der Umsätze, Umsatzsteuer- und Vorsteuerbeträge erfolgt *durch den Steuerpflichtigen* in Formularen für Voranmeldungen und/oder einer Jahreserklärung). Damit ist die *Kumulativwirkung beseitigt* und definitiv nur der *Endverbraucher* mit Umsatzsteuer *belastet*.

Diese Ausgestaltung wird als *Allphasen-Netto-Umsatzsteuersystem mit Vorsteuerabzug* bezeichnet. Die Umsatzsteuer ist in den Mitgliedsstaaten der EU entsprechend der Sechsten EWG-Richtlinie harmonisiert.

7.2 Steuerbare Umsätze

§ 1 Abs. 1 UStG regelt abschließend die *drei umsatzsteuerbaren Tatbestände*:

7.2.1 Einfuhr von Gegenständen aus dem Drittlandsgebiet in das Inland (§ 1 Abs. 1 Nr. 4 UStG).

Beispiel: Media-Top kauft eine spezielle Kamera in Japan zur Filmproduktion in Deutschland. Schuldner der Einfuhrumsatzsteuer ist nach den vertraglichen Bestimmungen Media-Top. Liegt ein umsatzsteuerbarer Vorgang vor?
Lösung: Es liegt ein steuerbarer Umsatz vor, da Japan Drittland ist (§ 1 Abs. 2a S. 3 UStG), die Kamera einen Gegenstand darstellt (A 24 Abs. 1 S. 2 UStR, § 90 BGB) und nach Deutschland (Inland gem. § 1 Abs. 2 S. 1 UStG) eingeführt wird. Die Einfuhrumsatzsteuer wird von der Zollverwaltung erhoben.

7.2.2 Innergemeinschaftlicher Erwerb im Inland gegen Entgelt (§ 1 Abs. 1 Nr. 5 i.V.m. § 1a UStG).

Beispiel: Media-Top (Jahresumsatz: 2 Mio. Euro) kauft eine spezielle Kamera in Österreich direkt vom Hersteller zur Filmproduktion in Deutschland.
Lösung: Es liegt ein *steuerbarer Umsatz* durch Media-Top vor, da Österreich Gemeinschaftsgebiet ist (§ 1 Abs. 2a S. 1 UStG), die Kamera einen Gegenstand darstellt und sich am Ende der Beförderung/Versendung in Deutschland (Inland gem. § 1 Abs. 2 S. 1 UStG) befindet (§ 1a Abs. 1 Nr. 1, § 3d UStG), es sich bei Media-Top offensichtlich um einen Unternehmer handelt (Begründung siehe weiter unten), der die Kamera für sein Unternehmen erwirbt (§ 1a Abs. 1 Nr. 2a UStG), Media-Top kein atypischer Unternehmer i.S. des § 1a Abs. 3 UStG ist und der österreichische Hersteller die Voraussetzungen des § 1a Abs. 1 Nr. 3a UStG erfüllt.
Hinweis: Kauft die Privatperson M einen neuen PKW in einem EU-Mitgliedsstaat, geht der Gesetzgeber immer von einem innergemeinschaftlichen Erwerb aus (§ 1b UStG), so dass M eine Steueranmeldung durchzuführen hat (§§ 16 Abs. 5a, 18 Abs. 5a UStG).
Falls jetzt beim Leser die Befürchtung aufkommt, dass beim innergemeinschaftlichen Erwerb zweimal Umsatzsteuer zu entrichten wäre, ist diese unbegründet: Der ausländische Unternehmer erbringt steuerfreie Umsätze und stellt deshalb dem deutschen Abnehmer keine Umsatzsteuer in Rechnung.
Der wohl häufigste umsatzsteuerbare Tatbestand ist:

7.2.3 Lieferungen bzw. alternativ sonstige Leistungen, die ein Unternehmer im Inland gegen Entgelt im Rahmen seines Unternehmens ausführt (§ 1 Abs. 1 Nr. 1 UStG).

Diese im Gesetz aufgezählten Voraussetzungen müssen *kumulativ* erfüllt sein, um zu einem steuerbaren Tatbestand zu gelangen. Deshalb müssen die einzelnen Tatbestandsmerkmale abgegrenzt werden:

Unternehmer ist nach § 2 Abs. 1 S. 1 und 3 UStG ein Rechtsgebilde (z.B. natürliche Personen, Personenvereinigungen, Kapitalgesellschaften), das eine *gewerbliche oder berufliche* Tätigkeit (es reicht die Absicht zur Erzielung von Einnahmen) *nachhaltig* (Wiederholung einer Tätigkeit) und *selbständig* (keine Weisungsempfänger, keine Organgesellschaft, § 2 Abs. 2 UStG) ausübt. In der Praxis ergeben sich vielfältige Abgrenzungsprobleme, die der Klärung durch die Rechtsprechung bedurften.

Beispiel: Besitzt die natürliche Person M als Geschäftsführer der TV-GmbH umsatzsteuerlich die Unternehmereigenschaft, wenn er durch den Anstellungsvertrag weisungsgebunden ist?

Lösung: Nein, da M nichtselbständig tätig ist (§ 19 EStG, A 17 UStR, BMF vom 13.12.2002, BStBl. I 2003, 68).

Beispiel: Besitzt die Media-Top umsatzsteuerlich die Unternehmereigenschaft, wenn sie aus der Filmproduktion und -verwertung langjährige Verluste erzielt?

Lösung: Ja, da alle notwendigen Voraussetzungen erfüllt sind. Gewinne sind umsatzsteuerlich nicht erforderlich, nur Einnahmen. Es gibt im Gegensatz zum Ertragsteuerrecht umsatzsteuerlich keine „Liebhaberei".

Lieferungen sind nach § 3 Abs. 1 UStG Leistungen, durch die ein *Unternehmer* im *eigenen Namen* (z.B. durch Kaufvertrag) einem *Abnehmer* (jedes Rechtsgebilde, das nicht der Unternehmer selbst ist) über einen *Gegenstand* (Sachen i.S. § 90 BGB und wie körperliche Gegenstände behandelte Wirtschaftsgüter, z.B. ein Firmenwert) die *Verfügungsmacht* verschafft. Letztere kann durch Übertragung des Eigentums aber auch ohne Übertragung (z.B. bei Verkauf unter Eigentumsvorbehalt) erfolgen.

Unter die *sonstigen Leistungen* fallen gem. § 3 Abs. 9 UStG alle *Leistungen, die keine Lieferungen* sind. Dies ist z.B. der Fall, wenn Media-Top einem Fernsehsender erlaubt, für eine bestimmte Zeit die von ihr produzierten Filme auszustrahlen (vgl. A 25 Abs. 2 Nr. 8 UStR). Unentgeltliche Nutzungsentnahmen (Eigenverbrauch) werden durch § 3 Abs. 9a UStG erfasst.

Gegen Entgelt *erfolgt die Leistung des Unternehmers, wenn ihr eine* Gegenleistung *gegenübersteht (meist erfolgt diese in Zahlungsmitteln, denkbar ist aber auch ein Tausch oder tauschähnlicher Umsatz i.S. § 3 Abs. 12 UStG). Dieser Leistungsaustausch muss gewollt sein und erfordert einen* wechselseitigen *ursächlichen* Zusammenhang *zwischen Leistung und Gegenleistung (die Leistung wird um der Gegenleistung willen erbracht und umgekehrt).*

Beispiel: Media-Top erhält für einen von ihr produzierten Film einen mit 50.000,- Euro dotierten Preis der Staatsregierung als Anerkennung für die Förderung des Dokumentarfilmwesens. Stellt das Preisgeld ein Entgelt dar?

Lösung: Es handelt sich um einen echten, nicht umsatzsteuerbaren Zuschuss, weil die Zahlung nicht aufgrund eines Leistungsaustauschverhältnisses erfolgte (vgl. auch A 150 Abs. 7 UStR).

Beispiel: Die Media-Top überlässt jedem ihrer Mitarbeiter kostenlos eine unter Abzug von Vorsteuer angeschaffte Videokamera als Weihnachtsgeschenk. Liegt eine entgeltliche Lieferung vor?

Lösung: Nach § 1 Abs. 1 Nr. 1 UStG ist die Frage zunächst mit nein zu beantworten. Dabei konnte es der Gesetzgeber aber nicht belassen, da sonst der Endverbraucher nicht mit Umsatzsteuer belastet wäre: Es kommt § 3 Abs. 1b Nr. 2 UStG zum Tragen, der die *unentgeltliche Zuwendung* an das Personal einer *Lieferung gegen Entgelt* gleichstellt.

Im Rahmen des Unternehmens ist die Leistung bei für das Unternehmen *typischen Geschäften* aber auch Hilfsgeschäften erfolgt (ein solches liegt z.B. vor, wenn Media-Top eine gebrauchte Kamera veräußert, vgl. A 20 Abs. 2 UStR).

Problematisch gestaltet sich in den meisten Fällen nur die Bestimmung des *Ortes der Lieferung oder sonstigen Leistung.* Dieser muss als letzte Voraussetzung für einen steuerbaren Umsatz nach § 1 Abs. 1 Nr. 1 UStG im *Inland* liegen.

Bei Beförderungs- oder Versendungslieferungen ist der *Ort der Lieferung* gem. § 3 Abs. 6 UStG grundsätzlich dort, wo der Lieferer, Abnehmer oder ein von diesem beauftragter Dritter mit der *Beförderung oder Versendung* an den Abnehmer oder in dessen Auftrag an einen Dritten *beginnt.* Kauft z.B. eine Schweizer Privatperson Media-Top die gebrauchte Kamera ab und wird diese vom Kunden in die Schweiz befördert, liegt der Ort der Lieferung im Inland (Berlin).

Wird der Gegenstand der Lieferung *nicht bewegt*, liegt der *Ort der Lieferung* dort, wo sich der Gegenstand zum Zeitpunkt der Verschaffung der Verfügungsmacht befindet (§ 3 Abs. 7 UStG). Lässt sich Media-Top z.B. von einem schwedischen Unternehmer in Berlin ein schlüsselfertiges Filmstudio errichten (was eine Werklieferung i.S. des § 3 Abs. 4 S. 2 UStG bedeutet), stellt Berlin den Ort der Lieferung dar.

Der *Ort der sonstigen Leistung* ist grundsätzlich dort, wo der *Unternehmer* sein *Unternehmen betreibt* (§ 3a Abs. 1 UStG). Für Media-Top wäre das zunächst Berlin.

Die Zahl der in § 3a Abs. 2, 3, § 3b und § 3f UStG geregelten Ausnahmen erfordert genaues Lesen: Erstellt z.B. Media-Top eine Web-Site und übermittelt diese per Internet einem österreichischen Filmanbieter, liegt der Ort in Österreich (§ 3a Abs. 3 S. 1 UStG, da dies eine in Abs. 4 Nr. 14 genannte sonstige Leistung darstellt und der Empfänger sein Unternehmen in Österreich betreibt). Was ist die Konsequenz? – Die elektronische Übermittlung der Web-Site ist in Deutschland nicht umsatzsteuerbar.

7.3 Steuerbefreiungen und Verzicht auf die Steuerbefreiung

Wurde ein Umsatz als steuerbar beurteilt, bedeutet das noch nicht den Anfall von Umsatzsteuer, da eine Vielzahl von *Steuerbefreiungen* über die §§ 4, 4b, 5 und 26 Abs. 5 UStG gewährt wird und damit *keine Steuerpflicht* besteht.

Umsatzsteuerbarkeit ist eine notwendige, aber noch keine hinreichende Voraussetzung zum Auslösen der Umsatzsteuerpflicht.

Für die Steuerbefreiungen existieren mehrere Gründe: Aus volkswirtschaftlichen und systematischen Gesichtspunkten (Vermeidung einer Umsatzsteuerdoppelbelastung) erfolgt, ist z.B. die Befreiung von Ausfuhrlieferungen (§ 4 Nr. 1a i.V.m. § 6 UStG), die durch Ausfuhrnachweise nachprüfbar dokumentiert sein müssen (§§ 8–13, 17 UStDV). Die von Media-Top an den Schweizer Privatmann veräußerte Kamera stellt zwar einen steuerbaren, aber nach § 4 Nr. 1a i.V.m. § 6 Abs. 1 Nr. 2, Abs. 2 UStG steuerbefreiten Umsatz dar.

Aus sozialen Gründen besteht z.B. Steuerbefreiung für die längerfristige Vermietung von Wohnungen (§ 4 Nr. 12 a UStG).

Wird ein Gegenstand zur Ausführung eines *steuerfreien Umsatzes* verwendet, besteht grundsätzlich *keine Berechtigung zum Vorsteuerabzug* (§ 15 Abs. 2 u. 3 UStG).

Für die in § 9 Abs. 1 UStG aufgeführten Umsätze kann der Unternehmer auf die *Steuerbefreiung verzichten* (und damit den liquiditätsverbessernden Vorsteuerabzug erhalten), wenn der Umsatz an einen *anderen Unternehmer für dessen Unternehmen* erfolgt. Bei Vermietungen muss der Leistungsempfänger das Grundstück aber ausnahmslos für Umsätze verwenden, die den Vorsteuerabzug nicht ausschließen (§ 9 Abs. 2 UStG): Also kann z.B. ein Vermieter bei Praxisräumen eines Arztes keine Umsatzsteuer in Rechnung stellen, sofern nicht für Altfälle § 27 Abs. 2 UStG zum Tragen kommt.

Vermietet aber z.B. ein Unternehmer neugebaute *Büroräume* an Media-Top mit *Option* zur Umsatzsteuer, kann er zulässigerweise aus seinen Baukosten die ihm in Rechnung gestellte Umsatzsteuer als *Vorsteuer abziehen*. Media-Top wiederum zieht die ihr in Rechnung gestellte USt als Vorsteuer ab, so dass sie nur die Netto-Miete als Aufwand zu tragen hat.

7.4 Steuersätze

Der Regelsteuersatz für steuerpflichtige Umsätze beträgt seit 01.04.1998 16 % der Bemessungsgrundlage (§ 12 Abs. 1 UStG). Bei Vorliegen einer Bemessungsgrundlage inklusive 16 % USt ist die Umsatzsteuer mit 16/116 bzw. 13,79 % herauszurechnen.

Der ermäßigte Steuersatz beläuft sich gem. § 12 Abs. 2 UStG auf 7 %; bei einer Bemessungsgrundlage inklusive USt ist die Steuer mit 7/107 oder 6,54 % zu ermitteln.

Mit 7 % wird z.B. Leitungswasser besteuert, es sei denn, es gelangt als in Flaschen abgefülltes Tafelwasser zum Verkauf (vgl. Nr. 34 der Anlage zum UStG, § 12 Abs. 2 Nr. 1 UStG).

Für die Überlassung von Urheberrechten hat Media-Top ebenfalls den reduzierten Steuersatz anzuwenden (§ 12 Abs. 2 Nr. 7c UStG).

7.5 Bemessungsgrundlagen und Änderung der Bemessungsgrundlagen

Bemessungsgrundlage für *Leistungen und innergemeinschaftliche Erwerbe* ist das *Entgelt*, also der Betrag, den der Leistungsempfänger aufwendet, um die Leistung zu erhalten, jedoch abzüglich der Umsatzsteuer (§ 10 Abs. 1 S. 1, 2 UStG). Beim *Tausch* oder einem tauschähnlichen Umsatz entspricht das Entgelt dem *Wert der Gegenleistung* (§ 10 Abs. 2 S. 2 UStG).

Die Bemessungsgrundlage für die Einfuhr (Zollwert) bestimmt § 11 UStG.

Für unentgeltliche Wertabgaben (Eigenverbrauch) ist die Bemessungsgrundlage in § 10 Abs. 4 geregelt.

Die von Media-Top jedem Mitarbeiter geschenkte Videokamera unterliegt der so genannten *Mindestbemessungsgrundlage* nach § 10 Abs. 5 Nr. 2 UStG.

Beispiel: Der Einkaufspreis aller verschenkten Videokameras zuzüglich Nebenkosten am 30.11. habe 11.600,- Euro brutto betragen. An Weihnachten wären die Kameras für 9.280,- Euro einschließlich USt zu erwerben gewesen. Wie hoch ist die Bemessungsgrundlage?

Lösung: Der Netto-Einkaufspreis an Weihnachten (Zeitpunkt des Umsatzes) gilt als Mindestbemessungsgrundlage (§ 10 Abs. 5 Nr. 2 i.V.m. § 10 Abs. 4 S. 1 Nr. 1 UStG); das sind nach Herausrechnen der Umsatzsteuer 8.000,- Euro.

Zahlungsabzüge des Leistungsempfängers wie Skonti, Rabatte, Gutschriften mindern das Entgelt. Erfolgen diese Abzüge in einem späteren Besteuerungszeitraum, ist § 17 UStG zu beachten.

Beispiel: Media-Top hat im Besteuerungszeitraum 01 eine Forderung an die Z-GmbH über netto 100.000,- Euro versteuert. In 02 stellt sich die Insolvenz der Z-GmbH und die komplette Uneinbringlichkeit der Forderung heraus. Wie ändert sich die Bemessungsgrundlage?

Lösung: Media-Top berichtigt im Besteuerungszeitraum 02 die Bemessungsgrundlage von 100.000,- Euro auf 0,- Euro (vgl. § 17 Abs. 2 Nr. 1, Abs. 1 S. 3 UStG).

7.6 Vorsteuerabzug

Zum *Vorsteuerabzug* nach § 15 Abs. 1 Nr. 1 bis 5 UStG ist *nur ein Unternehmer* berechtigt. Die zwingenden *Voraussetzungen* nach § 15 Abs. 1 Nr. 1 UStG sind:
Die in Rechnung gestellte Umsatzsteuer muss USt nach dem deutschen UStG sein. Der Rechnungsaussteller muss Unternehmer (§ 2 UStG) sein. Lässt sich ein Nichtunternehmer überreden, eine Rechnung mit Umsatzsteuer auszustellen, schuldet er diese nach § 14c Abs. 2 UStG, der Rechnungsempfänger erhält aber dennoch keinen Vorsteuerabzug. Die Rechnung muss ordnungsgemäß i.S. der § 14, 14 a UStG sein: Abgesehen von Kleinbetragsrechnungen und Fahrausweisen gem. §§ 33, 34 UStDV sind z.B. zwingend der Nettobetrag und gesondert die Umsatzsteuer auszuweisen sowie die fortlaufende und nur einmal vergebene Rechnungsnummer, ferner die vom Finanzamt erteilte Steuernummer oder Umsatzsteueridentifikationsnummer anzugeben[19].

Fehlt nur einer dieser *Pflichtbestandteile*, *entfällt* der Vorsteuerabzug. Ausgeschlossen ist der Vorsteuerabzug auch für die in § 15 Abs. 2 UStG aufgeführten Umsätze. So kann z.B. ein Arzt die ihm für einen Notfallkoffer in Rechnung gestellte Umsatzsteuer nicht als Vorsteuer abziehen.

7.7 Besteuerungsverfahren

Nach § 18 Abs. 1 bis 2a UStG hat der Unternehmer grundsätzlich eine *Voranmeldung* (Formular USt 1A) bis zum 10. Tag nach Ablauf jedes Voranmeldungszeitraumes abzugeben, in der er seine Steuererstattung oder Zahllast (die Fälligkeit besteht zum gleichen Termin!; es besteht aber eine *Schonfrist von 3 Tagen* unter den Voraussetzungen des § 240 Abs. 3 AO) als Differenz zwischen Umsatzsteuer und Vorsteuer selbst berechnet. Unter bestimmten Voraussetzungen erhält er eine so genannte Dauerfristverlängerung um einen Monat (§ 18 Abs. 6 UStG, §§ 46–48 UStDV).

Voranmeldungszeitraum ist nach § 18 Abs. 2, 2a UStG grundsätzlich das *Kalendervierteljahr*, er kann jedoch auch auf den Kalendermonat verkürzt werden. Lag die Umsatzsteuer für das vergangene Kalenderjahr nicht übers 512,- Euro, kann das Finanzamt eine Befreiung von der Pflicht zur Abgabe der Voranmeldungen erteilen. Unter Berücksichtigung der geleisteten Vorauszahlungen ist vom Unternehmer eine Umsatzsteuerjahreserklärung zu erstellen (§ 18 Abs. 3 UStG). Ergibt sich danach eine Schuld gegenüber dem Fi-

---

[19] vgl. dazu im einzelnen BMF vom 19.12.2003, IV B7 S7300-75/03

nanzamt, muss er diese innerhalb eines Monats nach Eingang der Steueranmeldung *ohne Aufforderung* begleichen (§ 18 Abs. 4 S. 1 UStG), um Säumniszuschläge nach § 240 AO zu vermeiden.

Es ist jetzt zu klären, welche Umsätze der Unternehmer in die Voranmeldungen bzw. Jahreserklärungen aufnehmen muss: das sind die, für die Umsatzsteuer im Anmeldungszeitraum entstanden ist (§ 16 Abs. 1, § 18 Abs. 1 S. 2 UStG). Im Regelfall bedeutet das, dass die Steuer mit Ablauf des Voranmeldungszeitraumes *entsteht*, in dem die *Leistung ausgeführt* wurde (§ 13 Abs. 1 Nr. 1 Buchstabe a S. 1–3 UStG). Bei dieser auch als *Sollversteuerung* bezeichneten Vorgabe spielt es keine Rolle, ob bereits eine Rechnung erstellt oder das Geld vereinnahmt wurde.

Eine Erleichterung gilt für alle Freiberufler, nicht buchführungspflichtige Unternehmer oder solche mit einem Vorjahresumsatz von höchstens 125.000,- Euro (neue Bundesländer: 500.000,- Euro beschränkt bis 31.12.2004): Auf Antrag kann ihnen das Finanzamt gestatten, die Steuer nach *vereinnahmten Entgelten* (*Istversteuerung*) zu berechnen (§ 20 UStG). Das bedeutet – liquiditätsschonend – für sie, dass die Umsatzsteuer erst mit Ablauf des Voranmeldungszeitraumes entsteht, in dem der Unternehmer seine Leistung *bezahlt* bekommt (§ 13 Abs. 1 Nr. 1 Buchstabe b UStG).

Von der auf dieser Basis errechneten Umsatzsteuer können die Vorsteuerbeträge abgezogen werden, für die im jeweiligen Voranmeldungszeitraum bzw. Kalenderjahr die Voraussetzungen für den Abzug vorlagen (§ 18 Abs. 1 S. 2, § 16 Abs. 2 UStG).

Beispiel: Media-Top mit einem konstanten Jahresumsatz von 2 Mio. Euro hat überflüssiges Equipment im Voranmeldungszeitraum Januar zum Nettopreis von 10.000,- Euro veräußert. Im März erhält sie den vereinbarten Betrag überwiesen. Im Januar hat sie neue Ausstattung zu Nettokosten von 20.000,- Euro mit Rechnung erworben und erhalten, die Schuld wegen ihres leeren Bankkontos aber erst im April beglichen. Welche Beträge sind in die Januar-Voranmeldung aufzunehmen?

Lösung: Media-Top muss nach vereinbarten Entgelten versteuern, also ist der Verkauf des Equipments schon für Januar zu erfassen (USt = 1.600,- Euro). Die Vorsteuer aus der neuen Ausstattung gehört ebenfalls in die Januar-Voranmeldung, so dass sich eine *Erstattung* in Höhe von 1.600,- Euro ergibt.

7.8 Besteuerung der Kleinunternehmer

§ 19 Abs. 1 UStG betrifft die Unternehmer, deren Umsatz (ohne Veräußerung von Anlagevermögen und in Abs. 3 aufgeführte steuerfreie Umsätze) im vorangegangenen Jahr 17.500,- Euro nicht überstiegen hat und im laufenden Kalenderjahr voraussichtlich 50.000,- Euro nicht übertreffen wird (dabei handelt es sich gem. A 246 Abs. 2 UStR um Beträge inklusive Umsatzsteuer). Von diesen Kleinunternehmern wird keine Umsatzsteuer erhoben, andererseits steht ihnen auch kein Vorsteuerabzug zu (§ 19 Abs. 1 S. 4 UStG). Sowohl für die Kleinunternehmer als auch die Finanzämter ergeben sich durch die nicht zu erstellenden/bearbeitenden Umsatzsteuererklärungen enorme Zeiteinsparungen.

Der Übergang zur Regelbesteuerung (jedoch mit einer mindestens fünfjährigen Bindung) kann gegenüber dem Finanzamt nach § 19 Abs. 2 UStG erklärt werden und ist für die Unternehmer vorteilhaft, die Rechnungen mit Vorsteuerausweis erhalten und deren Abnehmer zum Vorsteuerabzug berechtigt, also durch die Umsatzsteuer nicht zusätzlich belastet sind.

Wer jetzt noch weitere kleine Umsatzsteuerprobleme lösen möchte, sei verwiesen auf Kudert[20].

Abkürzungsverzeichnis

A:	Abschnitt	GewStG:	Gewerbesteuergesetz
Abs.:	Absatz	GewStRefG:	Gewerbesteuerreformgesetz
AfA:	Absetzung für Abnutzung	H:	Hinweis
AktG:	Aktiengesetz	HGB:	Handelsgesetzbuch
AO:	Abgabenordnung	InvZulG:	Investitionszulagengesetz
Art.:	Artikel	i.S.:	im Sinn
AStG:	Außensteuergesetz	i.V.m.:	in Verbindung mit
BGB:	Bürgerliches Gesetzbuch	KG:	Kommanditgesellschaft
BMF:	Bundesministerium der Finanzen	KSt:	Körperschaftsteuer
BStBl.:	Bundessteuerblatt	KStG:	Körperschaftsteuergesetz
BV:	Betriebsvermögen	LStDV:	Lohnsteuerdurchführungsverordnung
DBA:	Doppelbesteuerungsabkommen		
EU:	Europäische Union	LStR:	Lohnsteuerrichtlinien
EuGH:	Europäischer Gerichtshof	lt.:	laut
ESt:	Einkommensteuer	R:	Richtlinie
EStDV:	Einkommensteuerdurchführungsverordnung	S.:	Satz
		SachBezV:	Sachbezugsverordnung
EStG:	Einkommensteuergesetz	UStG:	Umsatzsteuergesetz
EStR:	Einkommensteuerrichtlinien	UStR:	Umsatzsteuerrichtlinien
FGO:	Finanzgerichtsordnung	vGA:	verdeckte Gewinnausschüttung
gem.:	gemäß		
GG:	Grundgesetz	v.H.:	von Hundert
GmbH:	Gesellschaft mit beschränkter Haftung	VZ:	Veranlagungszeitraum
		zvE:	zu versteuerndes Einkommen

Literaturverzeichnis

Birkenfeld, Wolfram (2003): Vorsteuerabzug als „Eigenheimzulage" für Unternehmer?: Auswirkungen und Anwendungsgrenzen des EuGH-Urt. v. 8.5.2003–Rs. C-269/00, Seeling, in: NWB, Heft 51/2003, S. 4057–4070

Bitz, Michael/Schneeloch, Dieter/Wittstock, Wilfried (2000): Der Jahresabschluss, München

Bornhofen, Manfred (2002): Steuerlehre 2, Veranlagung 2001, Wiesbaden

Christoffel, Hans Günter (2003): Halbeinkünfteverfahren, In: Themenlexikon Haufe Steuer Office 12/2003

---

[20] Kudert 2001, 128–150

Dommermuth, Thomas/Huber-Jahn, Ingrid/Stobbe, Thomas u.a. (2003): Betriebliche Steuern, Band 2: Ertragsteuern, Stuttgart
Grefe, Cord (2002): Unternehmenssteuern, Ludwigshafen
Heinen, Franz (2003): Maßgeblichkeit der Handelsbilanz für die Steuerbilanz, In: bilanz & buchhaltung 2/2003, S. 58–67
Jacobs, Otto H. (1998): Unternehmensbesteuerung und Rechtsform, München
Kirchhof, Paul (2003): Das EStGB – ein Vorschlag zur Reform des Ertragsteuerrechts, in: DStR - Beihefter 5 zu Heft 37/2003
Kluge, Volker (2000): Das Internationale Steuerrecht, München
Kudert, Stephan (2001): Steuerrecht leicht gemacht, Berlin
Meyer, Claus (1998): Bilanzierung nach Handels- und Steuerrecht, Herne/Berlin
NWB, Nr. 32/2003, 04.08.2003, Steuerspirale 2002, S. 2437
Pelka, Jürgen/Rohde, Wolf-G. (2002): Einkommensteuer, In: Beck´sches Steuerberaterhandbuch 2002/2003, S. 747–789
Pinne, Jürgen (2003): Steuerkonzepte auf dem Prüfstand, In: Consultant 12/2003, S. 22–27
Radau, Hans/Dümichen, Tim (2003): Die neuen Vorschriften des Medienerlasses zur Herstellereigenschaft von Film- und Fernsehfonds, In: Betriebs-Berater, S. 2261–2267
Rose, Manfred (2003) (Hrsg.), Reform der Einkommensbesteuerung in Deutschland: Konzept, Auswirkungen und Rechtsgrundlagen der Einfachsteuer des Heidelberger Steuerkreises, Heidelberg
Schneeloch, Dieter (2003): Besteuerung und betriebliche Steuerpolitik, Band 1: Besteuerung, München
Schneeloch, Dieter (1994): Besteuerung und betriebliche Steuerpolitik, Band 2: Betriebliche Steuerpolitik, München
Sicherer, Klaus von (2002): Einkommensteuer, München/Wien
Stobbe, Thomas (2003): Steuern kompakt, Sternenfels
Tipke, Klaus/Lang, Joachim (2002): Steuerrecht, Köln
Vorwold, Gerhard (2003): Ablösung der Einkommen- und Körperschaftsteuer?: das Modell der sog. flat tax, In: Die Wirtschaftsprüfung, S. 803–814
Wittkowski, Klaus/Wittkowski, Marion (1998): Lehrbuch der Besteuerung der Gesellschaften, Herne/Berlin
Wöhe, Günter/Bieg, Hartmut (1995): Grundzüge der betriebswirtschaftlichen Steuerlehre, München
Zacher, Thomas (2003): Von Mitunternehmern, Mitherstellern und anderen Kommanditisten – Zur Neufassung des Medienerlasses, In: DStR, S. 1861–1866

Unternehmensgründung

Marc Sander

1 Ausgangssituation

1.1 Aus Sicht der Hochschule

In den neunziger Jahren des letzten Jahrhunderts gab es in Deutschland, erstmals wieder seit dem Ende des Wirtschaftswunders in den fünfziger und sechziger Jahren, eine enorme Zahl von Unternehmensgründungen. Junge Unternehmen wurden gegründet und sogleich an die Börse befördert; aus einfachen Existenzgründern wurden über Nacht Vorstände einer börsennotierten AG. In Deutschland sollte das Silicon Valley Europas entstehen. Es gab eine Stimmung wie zu Goldgräberzeiten in Nordamerika. Man sprach allgemein nur noch vom Gründungs-Hype. Wer etwas auf sich hielt, versuchte ein eigenes Unternehmen zu gründen oder wenigstens bei der Gründung eines Unternehmens von Anfang an dabei zu sein.

Der Fokus der Gründungsaktivitäten lag bei Unternehmen der sogenannten *New Economy*. Dazu zählten vor allem die IT- und Softwarebranche, die Biotechnologie, die Life-Science und der Medienbereich. Hinzu kam in der Wirtschaft eine zeitgleich zu beobachtende Entwicklung hin zu mehr Outsourcing von periphären Geschäftsaktivitäten. Darunter sind all die Aktivitäten eines Unternehmens zu verstehen, die nicht originär mit seinem Kerngeschäft zu tun haben. Im Medienbereich ist dies beispielsweise die Zulieferung von Beiträgen für Printmedien, TV oder Hörfunk durch rechtlich und wirtschaftlich selbständige Unternehmen.

Die Folge war, dass Absolventen immer öfter nicht mehr von den bekannten öffentlich-rechtlichen oder privaten Medienunternehmen angestellt wurden, sondern als junge Akademiker von der Hochschulbank direkt in die Selbständigkeit „entlassen" wurden.

Die Hochschulen sahen sich plötzlich mit der Anforderung ihrer Studenten konfrontiert, auf diese Entwicklung vorzubereiten. In dieser Situation entstand erst die Idee und später die konkrete Realisierung, einen Studiengang zu konzipieren, der neben den fachlich wichtigen Inhalten aus dem Medienbereich auch ökonomische Grundlagen und insbesondere auch Rüstzeug für eine mögliche Unternehmensgründung nach dem Abschluss liefert. In diesem Verständnis wurde das Lehrprojekt *Unternehmensgründung* in den Studiengang Medienmanagement integriert.

1.2 Aus Sicht der Studenten

In derselben Zeit wie oben beschrieben erschien die Zukunft für die Abgänger von Medienstudiengängen mehr als rosig. Studenten hörten von allen Seiten über die Erfolgsstorys im Mediengeschäft. Neue Sender für TV oder Hörfunk schossen wie Pilze aus dem Boden. Der Weg zum Erfolg konnte nur über das eigene Unternehmen führen.

Der Schlüssel zum beruflichen Erfolg waren die Worte Start-Up-Wettbewerb und Stock-Option-Programm.

Bei der Lektüre der Teilnahmebedingungen der unterschiedlichen Existenzgründungswettbewerbe wurde allerdings schnell klar, dass es Begriffe wie Businessplan, Geschäftsmodell und Wertschöpfungskette oder Marketing, Finanzierung und Investition gab, mit denen ein Student, der nicht in Wirtschaftswissenschaften eingeschrieben war, nicht viel anfangen konnte.

Abhilfe konnte da nur durch die eigene Hochschule geschaffen werden. So wurde die Hochschule von den Studenten aufgefordert, das Know-How, das zur Schließung dieser Wissenslücke in der Praxis beiträgt, in den Studienplan zu integrieren.

In der Folge entstanden Angebote wie die Gründung von hochschuleigenen Unternehmen zur Förderung der beruflichen Praxisbezüge, aber auch Veranstaltungen wie das Lehrprojekt Unternehmensgründung, um den Einstieg in eine berufliche Selbständigkeit nach Ende des Studium zu erleichtern.

Die folgenden Ausführungen dienen der inhaltlichen Darstellung der beiden Veranstaltungen des Lehrprojekts Unternehmensgründung. Es wird dabei in den Teil „Gründung eines Unternehmens", der die Phase bis zur Gründung des Unternehmens umfasst und den Teil „Betrieb eines Unternehmens", der die Phase nach erfolgter Gründung zum Inhalt hat, unterteilt. Die Veranstaltungen werden regelmäßig im dritten und siebten Semester an der Hochschule Mittweida durchgeführt. Abschließend werden konkrete Hilfestellungen für Gründer in Form von interessanten Internetseiten und einem Überblick über die Literatur zum Thema Unternehmensgründung gegeben.

2 Gründung eines Unternehmens

2.1 Grundlagen einer Unternehmensgründung

2.1.1 Anforderungen an Existenzgründer

Die erfolgreiche Gründung eines neuen Unternehmens ist an eine ganze Reihe von Voraussetzungen, die nicht nur formaler Natur sind, geknüpft.

Der Existenzgründer muss nicht nur ein Experte auf seinem Fachgebiet sein, sondern er muss auch eine Reihe von persönlichen und sozialen Anforderungen erfüllen. Man kann diese Anforderungen nach den Kriterien Information, Organisation, Qualifikation, Finanzierung und Markt einteilen.

Beim Thema *Information* ist der Existenzgründer aufgefordert sich Details über das formale Management einer Unternehmensgründung zu besorgen. Dabei sollte er über öffentlich zugängliche Quellen auf vorhandenes Know-How zugreifen. Zu nennen sind dabei insbesondere die Industrie- und Handelskammern (IHK), die Handwerkskammern (HWK), Banken oder Sparkassen, das Bundesministerium für Wirtschaft (BMWi), Steuerberater, Rechtsanwälte, Berufsgenossenschaften oder externe Gründungsberater.

Die *Organisation* eines Gründungsprozesses ist ein wichtiger Baustein auf dem Weg zum eigenen Unternehmen. Hier geht es um die Fragestellung nach der Gründungsidee, d.h. was ist die Kernidee des Gründungsvorhaben. Weiter ist abzuklären, in welcher Rechtsform ein Unternehmen gegründet werden soll (Kapitalgesellschaft oder Personengesellschaft).

Abzuklären ist auch, ob es sinnvoll ist mit anderen Unternehmen intern, d.h. durch die Aufnahme von Partnern ins eigene Unternehmen oder extern, d.h. durch die Zusammenarbeit mit anderen Firmen, zu kooperieren. Schließlich muss ein Realisationsplan für die gesamte Gründungsphase erstellt werden, auf dem die wichtigen Meilensteine definiert werden.

Die persönliche *Qualifikation* ist für die erfolgreiche Existenzgründung von entscheidender Bedeutung. Der Gründer muss sich hierbei selbst prüfen, ob er fachlich, persönlich und beruflich in der Lage ist, ein Unternehmen zu gründen und dauerhaft zu führen.

Fachlich bedeutet, ob er über die notwendigen theoretischen Grundlagen in seinem Fachgebiet verfügt. Dazu zählen Diplome von Hochschulen genauso wie Berufsabschlüsse, erworbene Zusatzqualifikationen oder der Besitz von Spezialwissen.

Im persönlichen Bereich ist für den Gründer wichtig zu wissen, ob er über die nötige Initiative und Risikobereitschaft sowie über Durchhaltewille und Überzeugungskraft verfügt, die einen erfolgreichen Unternehmer auszeichnen. Auch eine Abstimmung mit Ehepartner und Kindern ist sinnvoll, um die Familie von Anfang an in das Vorhaben zu integrieren.

Beruflich ist durch den Gründer abzuklären, ob er in seinem Markt bereits über Beziehungen oder andere Netzwerke verfügt, um eine genügende Anzahl von Aufträgen für die Startphase zu erhalten.

Die *Finanzierung* stellt für die meisten Gründer eine schwierige Hürde dar, gilt es doch unbeteiligte Dritte vom zukünftigen Erfolg des neuen Unternehmens zu überzeugen.

An dieser Stelle ist die Vorlage und Erläuterung eines gut strukturierten Businessplans mit einem ausgearbeiteten Finanz- und Investitionsplan unerlässlich. Nur, wenn die potentiellen Geldgeber vom Projekt an sich überzeugt sind, werden sie auch eigene finanzielle Mittel zur Verfügung stellen. Als Geldgeber kommen insbesondere Banken, Sparkassen, Kreditanstalt für Wiederaufbau (KfW), Venture Capitalists oder andere Kapitalsammelstellen sowie besondere Förderprogramme von Bund, Land oder EU in Frage.

Die Kategorie *Markt* stellt dem Gründer die Frage nach dem für sein Produkt oder seine Dienstleistung relevanten Zielmarkt und seiner relevanten Zielgruppe. Hier gilt es zunächst über die Analyse von eigenen oder fremden Marktzahlen das eigene Marktpotenzial zu beziffern. Der Gründer muss sich darüber Gedanken machen, wie er sich in seinem Markt bekannt macht und wie er sich von bereits vorhandenen Mitbewerbern absetzen kann. Schließlich muss er für sein Vorhaben einen geeigneten Absatz- und Vertriebsplan aufstellen.

Die Aufzählung der oben dargestellten Kategorien kann nicht abschließend sein. Sie soll dem potenziellen Gründer jedoch eine Hilfe bieten, ein Gefühl für die Anforderungen an eine erfolgreiche Unternehmensgründung zu bekommen.

2.1.2 Scheitern von Existenzgründern

Bereits zum Zeitpunkt vor der juristischen Unternehmensgründung beschäftigt sich ein umsichtiger Unternehmer mit der Fragestellung nach dem möglichen Scheitern einer Existenzgründung in der Praxis. Ziel muss sein, dass ein junger Unternehmer eine gewisse Sensibilität für bestimmte Bruchstellen erhält und individuelle Schlüsse zur Vermeidung des Scheiterns der eigenen Unternehmensgründung zu ziehen lernt.

Statistiken werden schon über viele Jahre darüber geführt, was die entscheidenden Größenordnungen für das Scheitern von neu gegründeten Unternehmen sind. Die Analyse der Ergebnisse kommt interessanterweise regelmäßig zu einem ähnlichen Ergebnis.

Der wichtigste Grund für das Scheitern von Existenzgründungen ist die nicht ausreichende *Finanzierung* des Gründungsvorhabens. Zu oft werden die Kosten zu niedrig und die finanziellen Puffer zu klein angesetzt. So kann bereits eine Verzögerung bei der Akquisition des ersten Auftrages dazu führen, dass die finanziellen Mittel, insbesondere die Liquidität, erschöpft sind.

Der zweitwichtigste Grund ist die *mangelnde Information* über die Vielschichtigkeit einer Unternehmensgründung. Dies erscheint sehr erstaunlich, da gerade in dieser Kategorie viele Informationen frei am Markt zu erhalten sind. Leider werden in der Gründungspraxis allzu oft die formalen Abläufe, die Behördengänge, das Know-How zur Erstellung eines Businessplans als Nebensächlichkeiten abgetan und unterschätzt. Am Ende bricht dann über den Gründer die Vielzahl der zu beachtenden scheinbaren Kleinigkeiten herein und die Gründung scheitert.

Der drittwichtigste Grund ist die eigene *Selbstüberschätzung* von Gründern, d.h. die mangelhafte Qualifikation für die Gründung. Dies bezieht sich nicht nur auf fachliche sondern auch auf die bereits erwähnte persönliche und berufliche Qualifikation.

Als weitere Gründe für das Scheitern von Existenzgründern sind in Reihenfolge der Gewichtung die Kategorien Planungsmängel, familiäre Probleme, Überschätzung der Betriebsleistung und äußere Einflüsse zu nennen.

2.2 Der Businessplan als Instrument der Unternehmensgründung

Der Businessplan als Instrument der Unternehmensgründung ist heute allgemein von allen am Gründungsprozess beteiligten Kreisen als das wichtigste Kommunikationsinstrument des Gründers anerkannt. Er wird von potenziellen privaten wie öffentlichen Geldgebern genauso anerkannt, wie er regelmäßig als Bewertungsmaßstab in verschiedenen Gründungswettbewerben Verwendung findet.

Seine äußere Form, d.h. die Länge von etwa 30 Seiten DIN A4 (ohne Anhänge), aber auch die inhaltliche Gliederung des Businessplans sind inzwischen zu einem Standard geworden.

Die folgenden Ausführungen behandeln die einzelnen Kapitel des Businessplans in der üblichen chronologischen Reihenfolge.

2.2.1 Executive Summary

Die Aufgabe des Executive Summary ist die komprimierte Darstellung aller für das Gründungsvorhaben relevanten Faktoren auf nicht mehr als einer Seite im Businessplan.

Sie dient der kurzen Information für den schnellen Leser und entscheidet maßgeblich darüber, ob die weiteren ausführlichen Teile des Businessplans überhaupt gelesen werden. Das Executive Summary hat für potenzielle Investoren somit eine Filterfunktion, um potenziell profitable Investments von potenziell nicht lukrativen Engagements zu trennen. Dies erfolgt immer nach subjektiven Kriterien und kann kein abschließenden Urteil über die Marktfähigkeit des Gründungsvorhaben sein.

Im Rahmen des Executive Summary werden die Geschäftsidee, der Nutzen für die Kunden und die relevanten Märkte beschrieben. Ebenso geht man auf die Kompetenz des Managements, den Investitionsbedarf sowie die Renditeaussichten jeweils kurz ein. Die sich daran anschließenden ausführlichen Darstellungen in den einzelnen Kapiteln des Businessplans enthalten im Kern keine neuen Aussagen mehr, sondern unterfüttern die Fakten aus der Executive Summary mit Informationen, Erläuterungen und wichtigen Details.

Es ist klar, dass es für motivierte Gründer sehr schwierig ist, ihre Ideen und Gedanken in klare Worte und kurze Sätze zu fassen. Doch es ist die Mühe wert, denn durch die komprimierte, sachliche und strukturierte Darstellung kann man zeigen, dass man sein Geschäft versteht. Daher sollte die Zusammenfassung in nicht länger als fünf Minuten von einem Interessenten gelesen und verstanden werden können.

Der formulierte Text muss sich auf dem schmalen Grad zwischen zu technikverliebt und zu verkaufsorientiert bewegen. Es macht keinen Sinn so zu formulieren, dass der mögliche Investor einen für einen Freak hält, der nicht an den Markt sondern nur an die technischen Möglichkeiten denkt oder man als Dampfplauderer abgestempelt wird. Man sollte besonders beim Executive Summary versuchen unternehmerisch zu formulieren, d.h. eine klare eindeutige Sprache, kurze Sätze, Vor- und Nachteile abwägend und insgesamt strukturiert.

Hilfreich für die Erstellung der Executive Summary ist als praktische Übung der sogenannte Fahrstuhltest. Man stellt sich vor, dass man einen Termin mit einem möglichen Investor hat. Dieser residiert in einem Hochhaus und man muss mit dem Fahrstuhl vom Erdgeschoss in den 20. Stock fahren. Im fünften Stock steigt jemand zu, der in den 15. Stock des Hochhauses fährt. Zur Unterbrechung der Stille wird man, scheinbar zufällig, nach dem eigenen Anliegen im Haus gefragt und muss nun in der Lage sein auf der kurzen Strecke von zehn Stockwerken die eigene Gründungsidee zu erläutern.

Ist man dazu nicht in der Lage, so wird es schwer im nachfolgenden Gespräch die potenziellen Investoren für das eigene Gründungsprojekt zu begeistern; denn der Gesprächspartner aus dem Fahrstuhl war, wie sich herausstellt, ein Mitglied des Investorengremiums und die Fahrt die erste Prüfung für den Gründer.

2.2.2 Geschäftsidee (Produkt- oder Dienstleistungsidee)

Ohne Idee kein Geschäft! Mit dem Finden der Idee für das Gründungsvorhaben ist der kreative Prozess aber noch lange nicht abgeschlossen. An dieser Stelle beginnt die Arbeit, denn nun gilt es, aus dem anfänglichen Geistesblitz eine innovative Geschäftsidee zu machen. Den Aufwand dieses Prozesses unterschätzen viele Gründer. Die Entwicklung der Geschäftsidee zu einem ausgereiften Produkt (oder einer Dienstleistung), das eine Aussicht auf Markterfolg und Finanzierung hat, kann ein langer steiniger Weg sein.

Am Anfang steht die Plausibilitätsprüfung der Geschäftsidee, d.h. der Gründer fragt sich, ob es für das neue Produkt überhaupt Kunden gibt, ob sich die Idee technisch umsetzen lässt und ob die Idee wirklich innovativ ist. In dieser Phase ist es wichtig, für Anregungen und Kritik offen zu sein. Man sollte die Diskussion mit Freunden, Bekannten oder Kollegen suchen, um seine Geschäftsidee von emotional unbeteiligten, aber wohlgesonnenen Dritten überprüfen zu lassen. Die Erfahrung zeigt, je intensiver und breiter man die eigenen Gedanken abstützt, um so klarer lassen sich der Nutzen der Idee und die Marktchancen beschreiben.

Um Investoren als Partner für ein zukünftiges Geschäft zu finden, muss man die Geschäftsidee prägnant und präzise schildern, den Kundennutzen aufzeigen können und einen Überblick über den aktuellen Entwicklungsstand des Produktes geben.

Sinn und Zweck eines innovativen Produktes ist die Lösung eines am Markt vorhandenen Problems. Wichtig ist daher nicht nur die Lösung, nämlich das neue Produkt zu schildern, sondern auch auf das zu lösende Problem einzugehen, um für Laien nachvollziehbar, die Erfolgsaussichten aufzuzeigen. Ebenso wichtig ist, darauf hinzuweisen, wodurch sich das neue Produkt von bereits existierenden Lösungen unterscheidet, um die Überlegenheit der neuen Produktlösung darzustellen.

Der Schlüssel zum Markterfolg sind zufriedene Kunden, nicht tolle neue Produkte oder Dienstleistungen. Daher ist es ganz entscheidend, dass ein Gründer sich immer den konkreten Kundennutzen vor Augen hält und ihn im Rahmen dieses Kapitels auch klar und verständlich formuliert. Dies macht für Dritte deutlich, dass der junge Unternehmer in der Lage ist, sein Geschäft und seine Geschäftsidee aus der Sicht des Marktes zu betrachten. Eine Sichtweise, die für potenzielle Investoren die entscheidende Größenordnung ist.

Besonders knifflig ist dies, wenn bereits am Markt vergleichbare Produkte oder Dienstleistungen existieren, also ein Wettbewerb um die Gunst der Kunden zu erwarten ist. Diese Situation muss kein Nachteil für den Gründer sein, da sie objektiv belegt, dass für die Geschäftsidee des neuen Unternehmens tatsächlich ein Markt, d.h. eine konkrete Nachfrage besteht. Bei einer solchen Marktlage ist es daher umso wichtiger überzeugend zu begründen, welchen zusätzlichen Nutzen oder auch welche zusätzliche Kosteneinsparung die Kunden durch die Nutzung des neuen Produktes haben werden. Eine abwägende Betrachtung der Vor- und Nachteile des eigenen Produktes dient dem Gründer wiederum der eigenen Überprüfung und Absicherung. Wichtig ist, die Darstellung des Produktes bzw. der Dienstleistung so anschaulich wie möglich zu machen. Der Einsatz von technischen Beschreibungen, Skizzen, Plänen oder Fotos zeigt, dass der Gründer den Herausforderungen gewachsen ist. Für die detaillierte Darstellung können auch Patente oder Gutachten zur Dokumentation des Entwicklungsstandes beigefügt werden.

Sollte die Entwicklung des Produktes noch nicht abgeschlossen sein, so muss man darstellen, in welchen Schritten die noch offenen Fragen und Probleme gelöst werden sollen. Dies sollte sowohl in zeitlicher Hinsicht als auch in finanzieller Hinsicht dargestellt werden, damit potenzielle Geldgeber sich ein Bild über die nötigen Vorlaufzeiten und Entwicklungskosten bis zur Marktreife machen können.

Abschließend sollte bei der Beschreibung des neuen Produktes auch auf den möglichen Schutz vor Nachbau bzw. vor Nachahmung eingegangen werden, da die Erreichung einer Marktposition nur über die Durchsetzung und Erhaltung von Alleinstellungsmerkmalen möglich sein wird. In der Betriebswirtschaft spricht man hier auch vom USP, der Unique Selling Proposition, des neuen Produktes.

2.2.3 Unternehmerteam

In den bisherigen Ausführungen wurde immer von dem Gründer oder jungen Unternehmer gesprochen, was den Schluss nahe legen könnte, dass bei einem Gründungsvorhaben jeweils nur eine Person als Gründer des Unternehmens agieren würde. Diese Annahme ist nicht zutreffend, sie ist für die Praxis sogar als eine suboptimale Konstellation zu bezeichnen.

Der Aufbau einer Firma ist eine Herausforderung, die eine ganze Reihe von Fähigkeiten erfordert. Es ist sehr unwahrscheinlich, dass sich alle dafür nötigen Talente in nur einer Person vereinen. Daher ist der Regelfall bei der Gründung einer Unternehmung die Bildung eines Teams von Gründern bzw. Unternehmern. Der Grundgedanke des Unternehmerteams ist dabei sehr einfach und deutlich. Die Lösung von komplexen Aufgaben ist prinzipiell wahrscheinlicher durch eine Gruppe von Menschen möglich, als durch nur eine einzelne Person. Ein Team kann seine Lösungen gemeinsam und im Dialog erarbeiten, um zu den richtigen Entscheidungen und Ergebnissen zu kommen.

Wichtige Voraussetzung für ein erfolgreiches Unternehmerteam ist dabei die komplementäre, d.h. sich ergänzende Besetzung des Teams, da während des Gründungprozesses eine Vielzahl von sehr unterschiedlichen Aufgaben zu lösen sind. Die Bandbreite umfasst kaufmännische Fragestellungen wie Finanzierung, Marketing und Organisation genauso, wie Problemlösungen, die technisches oder/und naturwissenschaftliches Spezialwissen für die Weiterentwicklung der Geschäftsidee zu einem marktreifen Produkt erfordern.

Sind die Qualifikationen der Gründer zu homogen, beispielsweise ein Team, dass jeweils nur aus Wirtschaftswissenschaftlern, Technikern oder Naturwissenschaftlern besteht, so steigt die Wahrscheinlichkeit, dass durch Unwissen im Gründungsprozess falsche Weichenstellungen erfolgen oder kritische Entscheidungen getroffen werden. Das gesamte Gründungsvorhaben wird dadurch möglicherweise in Gefahr gebracht und fehlendes Fachwissen muss zu einem späteren Zeitpunkt teuer und über externe Dritte zugekauft werden.

In diesem an sich logischen und scheinbar einfachen Sachverhalt stecken in der Praxis allerdings eine ganz Reihe von ernstzunehmenden Problemen für die Gründer. Es stellen sich die Fragen wie man ein Team von Menschen findet, welche Qualifikationen zu vereinigen sind und welche Anzahl an Personen die optimale Größe für das Team ist.

Die Gruppengröße hängt davon ab, ob ein kleines oder ein größeres Unternehmen gegründet werden soll. Es ist klar, dass für ein insgesamt fünf Personen umfassendes kleines Unternehmen keine Geschäftsleitung durch vier Personen erforderlich ist, während ein Gründungsvorhaben, dass mit 20 Personen startet ganz andere Anforderungen an die Größe des Unternehmerteams stellt. Die in der Praxis bewährten Gruppengrößen bewegen sich in der Bandbreite zwischen zwei Personen (bei kleineren Unternehmen) und etwa vier bis fünf Personen (bei größeren Unternehmensgründungen).

Die Qualifikationen sollten sich aus wirtschaftlichen, technischen oder/und naturwissenschaftlichen und praxiserfahrenen Kompetenzen rekrutieren. Eventuelle Doppelbesetzungen einer Fachkompetenz richten sich individuell nach den im Gründungsprojekt besonderen Anforderungen.

Am schwierigsten stellt sich in der Praxis das Finden der zueinander passenden Personen dar. In diesem Zusammenhang spielen die Qualifikationen auf fachlicher Seite nur eine untergeordnete Rolle. Im Fokus stehen die soziale Kompetenz der einzelnen Menschen und ihre Teamfähigkeit. Dies lässt sich nur ungenügend durch objektive Kriterien bestimmen, sondern bedarf immer einer Phase des persönlichen Kennenlernens. Entscheidend ist, ob die Chemie zwischen den Personen stimmt und eine konstruktive Zusammenarbeit für möglich gehalten wird. Die Wege, um geeignete Partner für ein Gründungsvorhaben zu finden sind sehr individuell. Man kann bei der Suche auf den Freundes-, Bekannten- oder Familienkreis zurückgreifen, man kann Anzeigen schalten, Gründermessen besuchen oder im Internet auf geeignete Portale zugreifen. Ein aus der Praxis bekanntes Patentrezept für die Teambildung gibt es nicht. Risiko und Chance liegen an dieser Stelle dicht beieinander.

2.2.4 Marketing

Eine elementare Bedeutung bei der Erstellung des Businessplans hat die Planung des Marketing für das neu zu gründende Unternehmen. Die Planung sollte daher sehr strukturiert in konsequent aufeinander abgestimmten Einzelschritten erfolgen.

Zunächst muss die Markt- und Wettbewerbssituation analysiert werden. Dabei werden der Gesamtmarkt, die Branche und die Stärken und Schwächen des Wettbewerbes betrachtet.

Zur Unterstützung der eigenen Analyse kann man auf Veröffentlichungen von Marktforschungsinstituten, Untersuchungen von IHK's, Daten des Statistischen Bundesamtes, Informationen des Bundesministeriums für Wirtschaft (BMWi), allgemeine Wirtschaftdaten der Wirtschaftsforschungsinstitute oder Material von Kreditinstituten zurückgreifen.

Das Abgrenzen der Branche und die Beschreibung von Entwicklungen und Trends in der Branche sind wichtig, um einen Eindruck über die wirtschaftlichen Chancen des Gründungsvorhabens zu bekommen. Bei der Ermittlung des Gesamtmarktes des Unternehmens ist es wichtig, quantifizierbare Größen zu ermitteln, d.h. Werte für das Marktvolumen in Euro, die absetzbaren Stückzahlen und den erzielbaren Gesamtumsatz zu ermitteln. Im Rahmen der Wettbewerbsanalyse beschäftigt sich der Gründer mit seiner konkreten Marktsituation und versucht über den Vergleich des neuen Produktes mit den bereits im Markt befindlichen Produkten die Stärken und Schwächen zu ermitteln. Dabei ist es sinnvoll die Analyse mit gleichen Parametern bei eigenen und fremden Produkten durchzuführen. Als einzelne Größen können dabei die Preisgestaltung, der Absatz, das Wachstum, der Marktanteil, die Kostenposition, der Kundendienst, die Produktlinien oder die Vertriebskanäle herangezogen werden.

Im zweiten Schritt wird der relevante Zielmarkt für die eigenen Produkte bestimmt. Dabei segmentiert man den Markt in die Gruppen von Kunden, für die das neue Produkt den größten Nutzen stiften kann, d.h. deren Bedürfnisse durch das neue Produkt am besten abgedeckt werden. Die Definition des Zielmarktes erfolgt durch eine Segmentierung des Gesamtmarktes, d.h. die Festlegung von Gruppen von Kunden, die sich in bezug auf ein oder mehrere Segmentierungsmerkmale ähnlich sind. Die Merkmale werden an den Eigenschaften des Produktes und der damit verbundenen Bedürfnisbefriedigung der Kunden orientiert. Es ist wichtig mehrere Gruppen von Kunden zu identifizieren, um die Erfolgschancen für den Absatz zu erhöhen. Die verschiedenen Kundengruppen ergeben sich beispielsweise aus unterschiedlichem Käuferverhalten, unterschiedlichem Kundennutzen, unterschiedlichen Regionen oder unterschiedlicher Verwendung des Produktes. In jedem Segment muss wiederum die Anzahl der Kunden, d.h. das Marktpotenzial bestimmbar sein. Für jedes Segment sollte ein spezifisches Produkt- und Serviceangebot verfügbar sein, d.h.

in der Segmentierung müssen sich für jedes Segment Bearbeitungshinweise und Erfolgsfaktoren definieren lassen. Auch sollte eine zu detaillierte Segmentierung vermieden werden, da sonst die Gefahr droht, dass das Unternehmen mit der gleichzeitigen Verfolgung einer Vielzahl von segmentspezifischen Absatzstrategien überfordert ist.

Schließlich muss eine Marketingstrategie festgelegt werden, d.h. der Gründer entwickelt konkrete Maßnahmen, wie die potentiellen Kunden angesprochen und erreicht werden sollen. Bei der Festlegung der Marketingstrategie muss für die einzelnen Marktsegmente festgelegt werden, wie die anvisierten Ziele Umsatz, Absatzmenge und Marktanteil erreicht werden sollen. Die Darstellung der Maßnahmen und Strategien kann nach der Methode der „4P" erfolgen. Die einzelnen P's stehen dabei für Product (Produktgestaltung), Price (Preisgestaltung), Place (Absatzkonzept) und Promotion (Absatzförderung).

In der Produktgestaltung ist es wichtig, die aus der Geschäftsidee entwickelten Eigenschaften des Produktes so zu kombinieren, dass für die einzelnen Marktsegmente ein optimale Produktgestaltung gelingt. Es ist zu überprüfen, welche Produktdifferenzierungen noch für den Markt erforderlich sind und welche weiteren Möglichkeiten der Produktgestaltung sinnvoll sind.

Der Preis, der für ein Produkt erzielbar ist, sollte aus dem Nutzen des Angebotes für den Kunden abgeleitet werden. Die Preisgestaltung erfolgt also nicht nur aus den Herstellungskosten, sondern richtet sich nach den möglicherweise unterschiedlichen Marktbedingungen in verschiedenen Marktsegmenten. Die Kernidee dieser nutzenbasierten Preisfindung ist, dass Spielräume nach oben entdeckt und ausgenutzt werden sollen. Es ist jedoch immer zu prüfen, ob mit den erzielbaren Preisen auch kostendeckend gearbeitet werden kann. Ist dies nicht der Fall, ist zu überprüfen, ob dieses Marktsegment überhaupt bedient werden sollte. Dem Grunde nach kann man die Preisgestaltung anhand zweier Strategien durchführen. Einmal bietet sich die Penetrationsstrategie an, d.h. mit niedrigen Preisen zu versuchen, rasch einen Marktanteil zu erringen. Zweitens kann man sich einer konsequenten Abschöpfungsstrategie bedienen, d.h. es werden nur die Marktsegmente beliefert, die die höchsten Erträge (bzw. Deckungsbeiträge) liefern.

Bei der Gestaltung des Absatzkonzeptes sollte der Gründer den Verkaufsprozess darstellen, auf die einzelnen Vertriebskanäle eingehen und die Kosten mit berücksichtigen. Als Vertriebskanäle kommen der Großhandel, der Einzelhandel, Franchisesysteme, Handelsvertreter oder eigene Verkaufsstellen in Frage. Beim Verkaufprozess muss dargestellt werden, ob man einen eigenen oder einen unabhängigen externen Vertrieb aufbauen möchte.

Im Rahmen der Absatzförderung sind die Maßnahmen zu bestimmen, mit denen der potenzielle Kunde auf das Produkt aufmerksam gemacht werden soll. Dabei sollte bedacht werden, welche Medien grundsätzlich geeignet sind, die relevanten Informationen über das Produkt zum Kunden zu transportieren. Da die Abschätzung des richtigen Mediums in der Praxis sehr schwierig ist, bietet es sich an, im Verlauf der Einführungskampagne eine Abfolge von verschiedenen Werbemitteln einzusetzen. So kann beispielsweise klassische Anzeigenwerbung geeignet sein, um zunächst über Antwortkarten eine große Anzahl von Kundenadressen zu erhalten, während die eigentliche Verkaufsarbeit durch persönliche Außendienstbesuche sichergestellt wird. Bei der Planung der Absatzförderung sollten die verschiedensten Maßnahmen und ihre Kombinationen unter dem Aspekt der Sicherstellung eines hohen Wiedererkennungswert beim Kunden betrachtet werden.

2.2.5 Geschäftssystem und Organisation

Mit der Beschreibung des Geschäftssystems richten die Gründer den Blick nach innen, d.h. auf das eigene Unternehmen. Das Geschäftssystem des Unternehmens beschreibt die Aktivitäten der Firma, die zur Bereitstellung und Auslieferung eines Endproduktes oder einer Dienstleistung an einen Kunden notwendig sind. Zur besseren inhaltlichen Übersichtlichkeit werden die einzelnen Prozesse in funktionale Blöcke zusammengefasst.

Das typische Geschäftssystem eines Produktions- und/oder Dienstleistungsunternehmens besteht aus den Prozessen Forschung und Entwicklung, Marketing/Vertrieb und Service. Dieses Grundmodell für ein Geschäftssystem wird auch als generisches Geschäftssystem bezeichnet. Diese Aufteilung kann helfen, aus dem Grundmodell im Rahmen der Erstellung des Businessplans für das neu zu gründende Unternehmen ein spezifisches Geschäftssystem abzuleiten.

Bei der Gestaltung des eigenen Geschäftssystems ist die jeweilige Branche von großer Bedeutung. So unterscheidet sich das Geschäftssystem eines Automobilzulieferers deutlich von dem eines Reiseveranstalters oder von einem Unternehmen das Software herstellt.

Je nach Branche und prozessualem Fokus, ist es sinnvoll, die einzelnen Funktionsblöcke in Einzelschritte zu zerlegen. So ist beispielsweise der Funktionsblock „Produktion" eines Automobilzulieferers in Teilprozesse wie Beschaffung, Rohmaterialbearbeitung, Teilherstellung und Montage zerlegbar. Für die Gestaltung eines Geschäftssystems gibt es keine allgemeingültigen Regeln oder Standards. Zwingend ist lediglich ein logischer Aufbau, der alle Bereiche der Geschäftsprozesse abdeckt und sicherstellt, dass sämtliche Arbeitsschritte kostengünstig und koordiniert ablaufen können. Bei der Unterteilung einzelner Funktionsblöcke ist zu beachten, dass das Geschäftssystem nicht zu komplex und feingliedrig wird.

Eine Kernfrage bei der Gestaltung des Geschäftsystems ist die Frage, auf welche Tätigkeiten sich das Unternehmen konzentrieren soll. Nicht alle Aufgaben, die im Rahmen der Geschäftstätigkeit anfallen, sind wirtschaftlich sinnvoll vom eigenen Unternehmen selbst auszuführen. Es ist wichtig herauszuarbeiten wo die Kernkompetenzen des Unternehmens liegen, um.

In diesem Zusammenhang spielt der Aufbau von Partnerschaften ein wichtige Rolle. Durch die richtige Partnerschaft kann das eigene Unternehmen von der Stärke einer etablierten Firma profitieren und sich auf den Auf- und Ausbau der eigenen Stärken konzentrieren.

Damit ein Geschäftssystem funktionieren kann, muss auch geregelt werden, was es zusammenhält. In der Organisation werden diese Regeln und Strukturen gelegt. Bei der Gründung eines Unternehmens ist es zweckmäßig, eine einfache Organisation mit wenigen Stufen zu etablieren. Fürs erste reicht es, dass die Zuständigkeiten und Verantwortlichkeiten klar geregelt werden. Als Stufen der Organisation sind ausreichend: Geschäftsleiter, Bereichsleiter, Mitarbeiter. Eine weitergehende Differenzierung ergibt sich in der Folge automatisch aus der Geschäfttätigkeit. Wichtig ist für den Start ein flexibles und anpassungsfähiges System.

Auch die Formulierung der Werte und Normen des Unternehmens, die so genannten weichen Faktoren, müssen von Beginn an beschrieben werden. Dazu gehören Vorstellungen über das Vergütungssystem genauso wie die Definition von Meilensteinen und Umsatz- und Ertragszielen. Auf diese Weise entwickelt der Gründer frühzeitig eine System von eigenen Vorstellungs- und Handlungsmustern, die das Verhalten der Organisation an sich, wie auch das Verhalten der Mitarbeiter beeinflussen. Daraus ergibt sich im Laufe der Zeit die individuelle Unternehmenskultur

2.2.6 Realisierungsplan

Im Zentrum der Realisierungsplanung des Gründungsvorhabens steht die Meilensteinplanung. Darunter ist zu verstehen, dass man, wie bei einem strukturierten Projektmanagement, wichtige Teilabschnitte des Gründungsvorhabens identifiziert und mit einer zeitlichen Fälligkeit versieht. Daraus ergibt sich beispielsweise für ein Jahr gesehen, die chronologische und parallele Planung über den Ablauf der Gründung. Die Darstellung sollte dabei aus Gründen der Übersichtlichkeit in einem Jahres- oder Mehrjahreschart erfolgen.

Eine realistische Planung ist für Gründer eines Unternehmens, insbesondere, wenn sie zum ersten Mal ein Unternehmen gründen, keine einfache Sache. Trotzdem ist dieser Abschnitt wichtig, da mögliche Geldgeber für ihre Planung eines Investments ein ganz konkretes Gefühl bekommen, wie groß die Erfolgschancen des Gründungsvorhabens sind und welche Zeiträume bis zum geplanten wirtschaftlichen Erfolg vergehen werden. Als Hilfestellung in der Praxis können sich Gründer an folgenden vier Schritte orientieren:

Zunächst ist es wichtig die Aufgaben und Prozesse in inhaltlich und zeitlich abgrenzbare Pakete aufzuteilen. Als Größenordnung sollte man pro Jahr maximal von zehn Paketen ausgehen. Mit jeden einzelnen Paket muss ein konkretes Ziel verbunden werden.

Begleitend ist es wichtig, sich mit externen Experten darüber abzustimmen, ob die definierten Pakete vom Umfang und der zeitlichen Dimensionierung her realistisch zu erreichen sind. So wird verhindert, dass man den Realisierungsplan entweder in zu feingliedrigen oder in unrealistisch umfangreichen Teilabschnitten festlegt.

Drittens werden in der Realisierungsplanung wichtige Prioritäten festgelegt. Dabei ist der so genannte kritische Pfad im Gründungsprozess zu identifizieren. Die Gesamtplanung besteht aus einer Vielzahl von Ereignissen und Aufgaben, die teilweise parallel verlaufen und miteinander verknüpft sind. Dabei können bestimmte Ereignisse oder Aufgaben den ganzen Gründungsprozess gefährden. Diese sind zu erkennen und mit der höchsten Priorität für die Realisierung zu versehen. Die weiteren Prioritäten ergeben sich dann nach dem Prinzip der abnehmenden Relevanz.

Schließlich ist es wichtig, durch die Realisierungsplanung vorhandene oder möglicherweise auftretende Risiken zu minimieren. Dabei ist es sinnvoll risikominimierende Tätigkeiten, wie z.B. Marktforschung und -analyse an den Beginn des Gründungsprozesses zu stellen. So kann man sich doppelte oder unnötige Arbeit ersparen, da Risiken frühzeitig erkannt werden.

Handeln die Gründer nach den dargestellten Prinzipien und sind die Abläufe plausibel, so können sie davon ausgehen, dass potenzielle Investoren bei der Investitionsentscheidung eine positive Grundhaltung zu dem Gründungsvorhaben haben. Die Ernsthaftigkeit und die Zielorientierung des Gründungsteams stehen für die Investoren außer Frage.

2.2.7 Risiken

Jedes Unternehmen ist mit Risiken verbunden. Die Augen davor zu verschließen ist zwecklos. Ganz im Gegenteil. Bei der Erstellung eines Businessplans gilt, dass potenziellen Geldgebern durch die Betrachtung von Risiken im Businessplan gezeigt wird, wie durchdacht die Geschäftsidee und des Gründungsvorhabens sind. Der Sinn einer ehrlichen und vollständigen Risikobetrachtung ist es, Vertrauen zu schaffen.

Risiken können niemals vollständig eliminiert werden. Beispielsweise könnte ein Partner des Gründungsteams aufgeben oder ein technisches Problem stört den geplanten Ablauf. Denkbar sind auch Risiken wie: der größte Kunde geht in die Insolvenz, der Vertrieb funktioniert nicht wie geplant oder das angemeldete Patent wird abgelehnt, da schon ein sehr ähnliches Produkt patentiert ist.

Um sich als in Gründung befindliches Unternehmen vor dem Schrecken unkalkulierter Risiken zu schützen bzw. die Eintrittswahrscheinlichkeit von Risiken zu minimieren, sollte den Risiken im Businessplan des Gründungsvorhabens ein eigenes Kapitel gewidmet werden.

Als praktisches Instrument zur Analyse und Evaluation von Risiken dient dabei die Sensitivitätsanalyse. Im Kern der Sensitivitätsanalyse werden drei konkrete Szenarien der Unternehmensentwicklung während der Gründungsphase durchgespielt. Man spricht dabei von den Szenarien „Normal Case", „Best Case" und „Worst Case".

Für die einzelnen Szenarien schafft man sich eine Matrix mit Risiken, in der, abhängig von unterschiedlichen Bereichen, auf konkrete kritische Situationen eingegangen wird und die möglichen Folgen des Eintritts beleuchtet werden.

Für den Bereich Finanzen können beispielsweise die Risiken „höhere Ausgaben", „spätere Einnahmen" oder „niedrigere Preismarge" definiert werden. Die Reihe lässt sich beliebig lange fortführen. Die gleiche Vorgehensweise wählt man nun für unterschiedliche Bereiche wie Personal, Produkt, Vertrieb, Wettbewerb usw. Auf diese Weise erhält man sehr schnell ein ganze Reihe von Problemkreisen und eine Vielzahl von konkreten Risiken, die man nun unter verschiedenen Blickwinkeln betrachten und analysieren kann.

Unter dem „Normal Case" versteht man dabei den wahrscheinlichsten Fall des Ablaufs der Unternehmensgründung. Der Gründungsprozess verläuft so, wie die Planungen im Businessplan es vorsehen. Es treten weder positive noch negative Überraschungen ein, die eine Plankorrektur zur Folge haben.

Der „Best Case" ist der für den Gründer günstigste Verlauf des Gründungsvorhabens. In diesem Fall lassen sich alle Chancen, die in der Geschäftsidee gesehen werden, verwirklichen und die Rahmenbedingungen für das neue Unternehmen entwickeln sich durchweg positiv. Die im Businessplan gesteckten Ziele werden sogar teilweise übertroffen.

Im Gegensatz dazu stellt der „Worst Case" für die Gründer den schlimmsten aller möglichen Fälle dar. Kurz gesagt: die angenommenen Risiken und ungünstigen Bedingungen treten (fast) alle ein. Die im Businessplan gesteckten Ziele der Gründer werden durchweg verfehlt.

Die oben aufgeführten Szenarien werden im Businessplan kurz beschrieben. Entscheidend ist, die wesentlichen Hauptrisiken herauszuarbeiten und die vom Gründerteam geplanten Gegenmaßnahmen zu beschreiben. Durch eine klare und plausible Risikobetrachtung entsteht für den externen Betrachter ein gedanklicher Spielraum, eine Bandbreite von

Bruchstellen, die die Qualität der Gründungsplanung und das Investitionsrisiko besser abschätzbar machen.

2.2.8 Finanzierung

Das Kapitel Finanzierung ist für Gründer immer ein sehr heikles Thema, denn im Bereich Finanzierung gilt es Schwarz auf Weiß die Zahlen für das Gründungsvorhaben festzulegen. Zunächst müssen die Gründer überprüfen, welche Eigenmittel sie aus eigener Kraft aufbringen können. Dabei sind primär persönliches Vermögen, Unterstützung durch die Familie oder Darlehen aus Quellen, die im persönlichen Bekannten- oder Freundeskreis liegen gemeint. Dies können Barmittel, Bürgschaften, Sachwerte oder andere im Geschäftsbetrieb einsetzbare Güter sein. In den allermeisten Fällen kann im Ergebnis das Unternehmerteam die für den Aufbau und das Wachstum des Unternehmens benötigten finanziellen Mittel nur zu einem Bruchteil aufbringen. Die erfolgreiche Suche nach Investoren wird daher zur überlebenswichtigen Aufgabe für das Gründungsvorhaben.

Um festzustellen, wie hoch der Fremdfinanzierungsbedarf ist, müssen die Gründer eine Finanzplanung ihres Gründungsprojekts durchführen. Dabei wird unterschieden zwischen einer taggenauen, einer monatlichen und einer auf das Jahr bezogenen Finanzplanung. Da für die Ermittlung des gesamten Kapitalbedarfs in der Phase der Unternehmensgründung die Planung nur eines Geschäftjahres nicht ausreicht, wird die Planung für die ersten drei Jahre der Geschäftstätigkeit aufgestellt. Die Summe des gesamten Kapitalbedarfs minus der vorhandenen Eigenmittel ergibt den Betrag, der über Investoren fremd zu finanzieren ist. Auf den Umfang der Finanzplanung wird ausführlich im Kapitel 3.3.5 Finanzplanung eingegangen.

Als Quellen für die Deckung des Fremdkapitalbedarfs kommen Kreditinstitute, öffentliche Fördermittel, regionale Wirtschaftsförderungsgesellschaften, Wirtschaftsministerien auf Bundes- und Landesebene sowie privates Risikokapital, in der Regel Venture Capital, in Frage. In der Praxis ergibt sich dabei regelmäßig eine gemischte Kapitalstruktur aus verschiedenen Quellen. Wichtig für Gründer ist dabei, zu beachten wie eine Kapitalstruktur aufgebaut sein muss, damit sie auch für Investoren attraktiv und rentabel bleibt.

Der Anteil des Eigenkapital (Eigenmittel) am gesamten Kapitalvolumen sollte dabei in einem Korridor von 15 % bis 30 % liegen. Die möglicherweise über Venture Capital Gesellschaften akquirierten Gelder werden in der Regel dem Anteil des Eigenkapitals zugerechnet.

Dies wird mit einem Eigenkapitalhilfe-Programm des Bundes oder der Länder ergänzt, wobei dessen Anteil bei maximal 25 % des Gesamtfinanzierungsbedarfs liegen darf.

Einen wichtigen weiteren Anteil haben besondere öffentliche Förderprogramme für die Gründung und den Kauf von Unternehmen, deren Anteil bei maximal 50 des förderfähigen Gesamtfinanzierungsbedarfs liegen darf. Dabei handelt es sich in der Regel um die *European Recovery Programs* (ERP) des Bundes, die über die KfW abgewickelt werden. Da diese öffentlichen Mittel nur über den Umweg einer Bank oder Sparkasse beantragt werden dürfen, bedarf es noch einer Hausbank für das Unternehmen. Deren Anteil an der Finanzierung des benötigten Kapitals sollte bei maximal 25 % liegen.

Gründer müssen auch bedenken, dass öffentliche Fördermittel nur *vor* der Gründung des Unternehmens zu beantragen sind. Die Gründer müssen deshalb bei der Planung der

Finanzierung strikt darauf achten, dass Miet- oder Gesellschafterverträge erst nach Beantragung der öffentlichen Mittel geschlossen werden. Je nach gültigem Zinsniveau kann es sonst sein, dass auf attraktive und günstige Darlehen der öffentlichen Hand nicht zugegriffen werden kann und die Finanzierung nur über private Finanzierungsquellen läuft.

3 Betrieb eines Unternehmens

3.1 Gründungsmanagement

Gründungsmanagement ist kein einzelner Vorgang, sondern beschreibt ein Bündel von Aktivitäten, die ein erfolgreicher Gründer bzw. ein erfolgreiches Gründerteam durchführt, um den gesamten Gründungsprozess des Unternehmens erfolgreich zu gestalten. Das Gründungsmanagement beginnt im Prinzip in dem Moment, in dem man sich erstmalig mit der Gründung eines Unternehmens beschäftigt. Es endet irgendwann im Zeitraum von drei bis fünf Jahren nach Aufnahme der aktiven Geschäftstätigkeit des Unternehmens, wenn das Unternehmen funktioniert und sich im Markt etabliert hat.

Gründungsmanagement beginnt damit, dass die Gründer sich Gedanken darüber machen, ob sie den persönlichen Anforderungen gerecht werden können und wollen. Es geht um ganz persönliche Inhalte wie Fitness, Risikobereitschaft oder Initiative und Kontaktfreudigkeit. Die kritische Selbsteinschätzung dient einer ersten Prüfung. Auch muss der Gründer sich fragen, was denn seine Motivation für die Selbständigkeit ist. Orientiert man sich an vorhandenen Marktlücken oder ist es primär der Traum vom materiellen Wohlstand, bei dem man den steinigen Weg zum Erfolg oft nicht sieht. Daneben sollten sich die Gründer auch Gedanken über schon vorhandene Berufs-, Branchen- sowie Vertriebserfahrungen machen. Wichtig ist weiterhin eine Analyse des Komplex der eigenen und der Ausbildung der möglicherweise vorhandenen Teamkollegen. Im Fokus steht dabei, ob für die angestrebte Tätigkeit ausreichend theoretisches Fundament vorhanden ist.

Hat man diese Selbstanalyse durchgeführt und auch von dritter Seite kritisch durchleuchten lassen, hat man eine Einschätzung zu der wichtigen Frage: *Bin ich ein Unternehmer?*

Nach der Selbstanalyse beginnt nun der formale Abschnitt auf dem Weg zum eigenen Unternehmen. Die Gründer brauchen Informationen darüber, welche Schritte zu tun sind, um ein Unternehmen zu gründen. Es beginnt damit, dass aus der Geschäftsidee eine Produktidee entwickelt werden muss und auf allen wichtigen unternehmerischen Tätigkeitsfeldern wie Marketing, Vertrieb, Personal, Organisation oder Finanzen eine Strategie entwickelt werden muss. Um diese vielfältigen Anforderungen zu bewältigen sollten die Gründer ihr erstes gemeinsames Projekt starten: die Erarbeitung eines Geschäfts- oder Businessplans.

Bei der Erarbeitung werden persönliches Know-How, Marktanforderungen, Produkt bzw. Dienstleistung, Organisation des Unternehmens, Personalentwicklung, Vertriebssysteme und finanzieller Bedarf ausführlich analysiert, dargestellt und für Dritte dokumentiert.

Parallel müssen sich die Gründer den formalen Modalitäten wie Wahl der Rechtsform, Aufbringung von finanziellen Eigenmitteln, Gänge zu Finanz- und Gewerbeamt, Gestaltung eines Gesellschaftervertrages, Wahl der Hausbank oder Abschluss von Versicherungen stellen. Am Ende muss die Entscheidung über den Standort des Unternehmens getroffen werden. Daran anschließend werden die geschäftlichen Aktivitäten der ersten Jahre nach der Gründung geplant, d.h. die Gründer entwickeln die notwendigen laufenden Planungen zu Produkt, Marketing, Vertrieb, Personal und Finanzen für das Unternehmen.

Um den oben geschilderten Prozess der Gründung eines neuen Unternehmens in der Praxis bewältigen zu können, werden die Studenten mit einem System von Checklisten zum Gründungsmanagement an die Strukturierung und schrittweise Lösung der einzelnen Teilprobleme herangeführt. Ein zentraler Teil der Veranstaltung zum Betrieb eines Unternehmens ist das aktive Arbeiten am Thema Gründung in einem Gründerteam und die Bewältigung der anspruchsvollen Aufgabe der Gründung eines Unternehmens.

3.2 Problemkreise im Gründungsprozess

Nach der juristischen Gründung des Unternehmens beginnt für das Gründerteam nun die eigentliche Arbeit. Die Studenten werden daher schrittweise an die unternehmerischen Problemkreise im Gründungsprozess herangeführt. Der Gründungsprozess ist dabei ein Zeitraum, der sich nicht nur auf das erste Jahr nach Gründung beschränkt, sondern zwischen drei und fünf Jahre umfasst. Erst nach fünf Jahren aktiver Geschäftstätigkeit gilt ein Unternehmen nicht mehr als Neugründung.

Zu diesen Problemkreisen gehören schwerpunktmäßig die Geschäftsfelder Produkt, Marketing, Vertrieb, Organisation, Personal und Finanzen.

Im Bereich *Produkt* muss aus dem bisherigen Projekt, d.h. der gedanklichen Orientierung auf nur einen Kunden, nun ein Produkt werden, das für eine oder mehrere Zielgruppen passend ist. Dafür muss die Produktidee auf marktliche Anforderungen hin überprüft werden und es müssen Prozesse für die Entwicklung und die Optimierung der Produkte geschaffen werden.

Im *Marketing* gilt der Fokus der Erstellung eines Marketingplans, um alle Maßnahmen und Budgets für die Marktbearbeitung festzulegen. Dabei kommen interne und externe Analysen zum Einsatz, werden Stärken und Schwächen sowie Chancen und Risiken am Markt analysiert und schließlich die Marketingstrategie mit definierten Zielen entwickelt.

Im Bereich *Vertrieb* muss festgelegt werden, mit welchen Vertriebskapazitäten und auf welchen Vertriebskanälen die Produkte in den Markt gebracht werden sollen. Es müssen Abwägungen zu werkseigenem oder werksungebundenem Vertrieb getroffen und über die Wahl unterschiedlicher Vertriebskanäle und deren Bearbeitung diskutiert werden.

Die *Organisation* und das *Personal* müssen an die wachsenden Anforderungen durch die Aufnahme der Geschäftstätigkeit angepasst werden. Hierbei hängen die Planungen einer geeigneten Organisationsstruktur eng mit der Planung der Personalkapazitäten zusammen.

Schließlich muss die *finanzielle Dimension* des Gründungsprojektes durch die begleitende Ausarbeitung und Anpassung einer Finanzplanung dokumentiert werden.

Die Gründer haben in der Phase nach der Gründung des Unternehmens die höchst komplexe Aufgabe die oben beschriebenen, teilweise gegenläufigen Anforderungen, zu lösen. Dies wird ihnen nur mit einem hohen Maß an Strukturiertheit und Disziplin gelingen. Um diesen Erfolgsweg beschreiten zu können werden im folgenden wichtige Steuerungsinstrumente vorgestellt.

3.3 Steuerungsinstrumente für die Praxis

Aus den weiter oben geschilderten Problemkreisen ergibt sich die Anforderung nach analytischen und systematischen Steuerungsinstrumenten für die Praxis, um Fehlentscheidungen und Fehlentwicklungen im Gründungsprozess vorzubeugen. Die Aufgabe der einzelnen Planungsansätze liegt dabei nicht nur in der Planung des jeweiligen Geschäftsfelds, sondern auch darin, für die anderen Teilplanungen Daten und Erkenntnisse zu liefern, um den Unternehmensprozess insgesamt positiv zu gestalten. Ein Unternehmen ist ein soziales Gebilde, dessen Prozesse ausschließlich interdependent ablaufen. Daher stehen für die Phase des Betriebs des Unternehmens die konzeptionellen Tätigkeiten für die Studenten im Vordergrund. Es soll einerseits eine Sensibilität für mögliche Bruchstellen geschaffen werden, andererseits aber auch praktisch eingeübt werden, wie man diesen komplexen und dynamischen Anforderungen entgegentreten kann.

3.3.1 Produktplanung

Die laufende Produktplanung beginnt damit, dass die Geschäftsidee und die daraus abgeleiteten Produkte bzw. Dienstleistungen kurz beschrieben werden. Auf Basis dieser Beschreibung werden dann grobe Aussagen zum Marktpotenzial gemacht. Die Detailarbeit auf diesem Gebiet wird in der Marketingplanung durchgeführt. In der Praxis finden hier Kommunikationsprozesse statt, die einen Datentransfer ermöglichen.

In der Produktplanung wird auch eine Akzeptanzprüfung durchgeführt, um herauszufinden, welche Schwachstellen bzw. neuen Anforderungen für die Akzeptanz durch die Zielgruppe bestehen. Nach dieser Analyse werden die Aktivitäten beschrieben, die der Entwicklung bzw. Weiterentwicklung des Produktes oder der Dienstleistung dienen. Prämissen sind die Maximierung des Nutzens für die Kunden, die Optimierung in der Bearbeitung der bekannten Marktsegmente sowie die Erschließung neuer Zielgruppen. In den Vorgang eingearbeitet werden eine grobe Terminplanung für die notwendigen Entwicklungen zur Marktreife und der abgeschätzte Aufwand in bezug auf personelle und finanzielle Ressourcen.

3.3.2 Marketingplanung

Die Marketingplanung legt in strukturierten und aufeinander abgestimmten Einzelschritten die Marktbearbeitung des Unternehmens fest. Dabei wird zunächst das Marktprofil definiert, d.h. es wird nach den Kriterien Produkt, Geographie, Kunden und Endverbraucher der relevante Markt bzw. das relevante Marktsegment festgelegt. Dazu gehört auch die Ermittlung des gesamten Marktpotenzials anhand interner oder/und externer Marktforschungsdaten. Für die Marktbearbeitung ist wichtig, die Marktumgebung genau zu analysieren, also zu ermitteln, welche wirtschaftlichen, technologischen, politischen, sozialen und ökologischen Rahmenbedingungen für das unternehmerische Handeln bestehen.

Eine weitere Analyse beschäftigt sich mit den Auftraggebern des Unternehmens, also den Firmen, für die Zuliefertätigkeiten ausgeführt werden. Dabei ist die Auftraggeberstruktur, deren Bedürfnisse und Probleme, deren Verhalten sowie deren Absatzattraktivität von

Bedeutung. Analog werden die Kundengruppen des Unternehmens untersucht, d.h. die Spezifikationen für die einzelnen Kundengruppen werden nach soziodemographischer Situation, Bedürfnissen und Problemen sowie Käuferverhalten spezifiziert.

Wichtiger Baustein in einer Marketingplanung sind die Analysen der allgemeinen Wettbewerbssituation sowie der spezifischen Situation des Schlüsselwettbewerbers. Für die Analyse der allgemeinen Wettbewerbssituation ist die Betrachtung von Produkten, Preisen, Handelssystemen am Markt inklusive deren Bewertung von Bedeutung. Die Analyse des Schlüsselwettbewerbers erfolgt spezifisch an den Charakteristika seiner Produkte, Preise, Margen etc. sowie durch die Erstellung eines Profils der Stärken und Schwächen des Wettbewerbers.

Auch in der Marketingplanung hat das Controlling vorangegangener Perioden die Bedeutung, Schlüsse für neue oder zu intensivierende Maßnahmen abzuleiten. Bewertet werden dabei einerseits die Ergebnisse des Marktes, d.h. Marktanteile, Geschäftsvolumen, Durchschnittspreise usw. und andererseits die durchgeführten Aktivitäten auf dem Markt, beispielsweise Zahlungsziele, Markenimage, Verkaufsförderung, Produktpotfolio etc.

Dieser Punkt entfällt bei neuen Unternehmen im ersten Jahr aufgrund fehlender Daten.

Aus den bisher ermittelten Daten und Fakten lässt sich nun eine Beurteilung der eigenen Fähigkeiten ableiten. Dazu werden die Punkte Marketing-Mix, Beschaffung, Forschung und Entwicklung, Produktion, sowie Kommunikation und Information in einer Matrix einzeln bewertet. Aus dem Gesamtbild lässt sich ein Profil über die Stärken und Schwächen des eigenen Unternehmens und ein Profil über die Chancen und Risiken am Markt ableiten.

Sind diese analytischen Tätigkeiten abgeschlossen, so werden für das Unternehmen und für einzelne Zielmärkte die Ergebnisse zusammengefasst und eine Marketingstrategie entwickelt.

Daraus lassen sich für das Marketing die quantitativen Ziele in Stückzahl und anvisiertem Jahresumsatz ableiten. Diese Ziele werden in der Regel pro Quartal festgelegt, um eine unterjährige Steuerung durch das Controlling von Marketing und Vertrieb zu gewährleisten. Es werden aber nicht nur Mengenziele, sondern auch qualitative Ziele im Marketingplan definiert. Darunter fallen Maßnahmen, die den Kontakt zu Herstellern, Handel und Verbrauchern betreffen wie z.B. Förderung des Markenimages, verkürzte Lieferzeiten oder regelmäßige Koordinationstreffen mit Herstellern.

Aus den einzelnen Elementen des Marketingplan lässt sich an dieser Stelle eine konkrete Planung der einzelnen Aktivitäten für Verkauf und Marketing erstellen. Dabei werden die einzelnen Maßnahmen inhaltlich und zeitlich genau festgelegt.

Am Ende der Erstellung des Marketingplans steht die Festsetzung bzw. die Erarbeitung des Vorschlags für das Marketingbudget. Anhand der festgelegten Maßnahmen werden einzelne Budgets für Reiseausgaben, Promotion, Werbung, Marktforschung, Training und Personal erstellt. Die Gesamtbudgets werden der Finanzplanung zur Verfügung gestellt und zeitgleich der Geschäftsleitung zur Genehmigung vorgelegt.

Für die Erstellung eines strukturierten Marketingplans gibt es in der Praxis eine ganze Reihe von Checklisten, die die Bearbeitung vereinfachen helfen. Die Unterlagen (Checklisten) für die Veranstaltung an der Hochschule und die praxisbezogene Bearbeitung durch die Studenten stellen sich diesem Anspruch.

3.3.3 Vertriebsplanung

Die laufende Vertriebsplanung hat primär die verkäuferischen Aspekte der laufenden Geschäftstätigkeit zum Inhalt. Zunächst werden in der Vertriebsplanung die Zielgruppen bzw. Kundengruppen beschrieben, um ein Bild der Abnehmer des Unternehmens als Basis für den Verkauf darzustellen. Darauf aufbauend wird festgelegt, ob der Vertrieb der Produkte bzw. Dienstleistungen an die Kunden direkt, d.h. mit einer eigenen Vertriebsmannschaft und eigenen Vertriebsstellen oder indirekt, d.h. über die Fremdvergabe der vertrieblichen Aktivitäten, durchgeführt werden soll. Denkbar ist auch eine Mischung aus direktem und indirektem Vertrieb, wenn man beispielsweise an den Verkauf der Produkte über den Großhandel denkt, der die Produkte wiederum an den Einzelhandel weiterverkauft. Gegebenenfalls ist für verschiedene Kundengruppen eine jeweils individuelle Verkaufstrategie festzulegen, d.h. in einem weiteren Schritt muss die Vertriebsplanung die nach Zielgruppen differenzierten Aktivitäten zum Verkauf der Produkte konkret festlegen, begründen und verbindlich beschreiben.

Ein wichtiger Aspekt der Vertriebsplanung ist das Vertriebs-Controlling, d.h. die Überwachung der unterjährigen Entwicklungen im Vertrieb. Ziele, die sich ein Unternehmen im Vertrieb steckt sind nur dann erreichbar, wenn im laufenden Geschäftsjahr ein Status quo regelmäßig ermittelt und mit den Planzahlen verglichen werden kann. Im Vertriebs-Controlling werden daher die Zielerreichungsgrade bezogen auf einzelne Produkte und Kundengruppen beobachtet, mögliche Marktentwicklungen und -veränderungen erfasst und die Daten aus der laufenden Analyse des Wettbewerbs verarbeitet. Sollten sich zwischen Soll- und Ist-Werten gravierende Unterschiede ergeben, so sind Veränderungen der ursprünglichen Planungen in einer laufenden Vertriebsperiode mit der Geschäftsleitung abzustimmen.

Die Vertriebsplanung muss als Zuarbeiter für die Personalplanung auch die notwendigen personellen Ressourcen für den Vertrieb definieren und weiteren personellen Bedarf signalisieren.

3.3.4 Personalplanung

Die Personalplanung dient einerseits der Planung der aktuellen und zukünftigen Personalkapazitäten, andererseits auch der Planung der dafür erforderlichen finanziellen Budgets. Die Personalkosten sind ein erheblicher Teil der Gesamtkosten eines Unternehmens und daher hinsichtlich der wirtschaftlichen Leistungsfähigkeit gravierend. Um die Wirtschaftlichkeit zu gewährleisten, müssen die Personalkosten in der Personalplanung für die ersten Jahre nach der Gründung integriert werden.

Es ist frühzeitig zu planen, wann welche Arbeitsplätze zu schaffen und zu besetzen sind. Neben der individuellen Festsetzung der Lohn- und Gehalthöhen sind in die Personalkosten für Löhne und Gehälter zwingend die Lohnnebenkosten einzuplanen. Die Lohnnebenkosten setzen sich zusammen aus:

- tarifbedingten Steigerungsbeträgen,
- voraussichtlich anfallenden Überstundenvergütungen,
- voraussichtlich anfallenden Zulagen für Wochenend- bzw. Nachtarbeit,

- eventueller Kosten für Erfolgsbeteiligung,
- gesetzliche bzw. tarifliche Personalzusatzkosten wie Sozialversicherungsbeiträge, Beiträge für Berufsgenossenschaften, Kosten für Ausfallzeiten, Urlaubs- und Weihnachtgelder sowie vermögenswirksame Leistungen sowie
- betriebliche Personalzusatzkosten wie Fahrtkostenzuschüsse oder Altersversorgung.

Zusätzlich können noch Kosten für die Personalbeschaffung, -auswahl und Fortbildung anfallen, die bei der Personalplanung zu berücksichtigen sind.

3.3.5 Finanzplanung

Die Finanzplanung, die, wie alle anderen Teilplanungen auch, für einen Zeitraum von drei Jahren durchgeführt wird, gliedert sich in verschiedene Unterplanungen. Dazu gehören die Investitionsplanung, die Liquiditätsplanung, die Gewinn- und Verlustrechnung sowie die Erstellung der Planbilanzen. Die Zusammenführung der einzelnen Teilplanungen im Finanzierungsbereich ergibt schließlich als Ganzes die Finanzplanung für die Gründungsphase des Unternehmens.

In der Investitionsplanung werden die zu tätigenden Investitionen, Abschreibungen und Restbuchwerte periodisch dargestellt. Es gehen dabei in die Investitionsplanung alle Güter ein, die aus geschäftlichen Gründen angeschafft und für mindestens zwei Jahre im Unternehmen nutzbar sind. Dazu gehören beispielsweise Gebäude, Maschinen, Fahrzeuge, Computer und Software. Entscheidend sind die Anschaffungskosten, die Anschaffungszeitpunkte und die Nutzungsdauer. Die Nutzungsdauer kann je nach Gegenstand variieren. Für Gebäude wird eine Nutzungsdauer von 25 Jahren unterstellt, für Maschinen und Büroeinrichtung etwa zehn Jahre, bei PKW und Spezialwerkzeugen geht man von fünf Jahren aus während EDV-Anlagen bei zwei bis vier Jahren Nutzungsdauer angesiedelt sind.

Je nach Länge der Nutzungsdauer und dem gewähltem Abschreibungsverfahren ergeben sich die Abschreibungssätze für die einzelnen Güter und somit die Werte für den Bilanzansatz.

Um Zahlungsunfähigkeit zu vermeiden, die die Insolvenz und damit das Ende des Unternehmens bedeuten würde, erstellt man eine separate Liquiditätsplanung. Die Liquiditätsplanung muss sicherstellen, dass das Unternehmen zu jedem Zeitpunkt seinen eingegangenen wirtschaftlichen Verpflichtungen in vollem Umfang nachkommen kann. Das Prinzip ist dabei einfach, denn es gilt: das Unternehmen bleibt solange liquide, wie die Summe der Einzahlungen größer ist als die Summe der Auszahlungen. Im Zweifel gilt der Grundsatz: *Liquidität kommt vor Rentabilität!* Zur Sicherstellung der Zahlungsfähigkeit muss bei der Finanzplanung daher mit Sicherheitsreserven kalkuliert werden. Beispielsweise sollte das Volumen von Kontokorrentlinien bei der Hausbank so hoch gewählt werden, dass noch ein Teil des Kreditrahmens für kurzfristige, unerwartete Zahlungsabflüsse vorgesehen ist.

Die konkrete Planung der Liquidität erfolgt dabei für jeweils zwölf Monate und berücksichtigt die gesamten Einzahlungen sowie die gegenüberstehenden Auszahlungen in der Jahresperiode. Insbesondere sind bei der Planung Zahlungsziele, tatsächliche Zahlungseingänge, saisonale Schwankungen, Urlaubszeiten und Posten die nur einmal pro Quartal oder jährlich anfallen zu berücksichtigen. Auch hier gilt: der Einbau von zeitlichen Puffern bei den Ein- zw. Auszahlungen sorgt für eine entspannte Liquiditätslage.

In der Planung der Gewinn- und Verlustrechnung werden die Umsätze, die Aufwendungen und die Ergebnisse geplant. Teilweise werden dafür Zahlen aus den vorangegangen Teilplanungen in die Gewinn- und Verlustrechnung übernommen.

Unter Umsatz werden alle Einnahmen aus Verkauf, Vermietung oder Verpachtung der eigenen Produkte oder Dienstleistungen im Rahmen der gewöhnlichen Geschäftstätigkeit zur Erfüllung des Betriebszwecks verstanden. Zu beachten ist, dass Erlösschmälerungen wie Skonti, Rabatte, Boni oder Nachlässe aus Gewährleistung von den Umsätzen abzusetzen sind.

Die Aufwendungen werden von den Umsatzerlösen abgezogen. Bei den Aufwendungen handelt es sich um alle ertragswirksamen Ausgaben des Unternehmens. Hierunter fallen z.B. die Personalkosten, die Investitionskosten, und die laufenden Betriebsausgaben. Am Ende werden von dem Zwischenergebnis noch die Zinsen für Darlehen abgesetzt.

In der Ergebnisplanung, auch Erfolgsplanung genannt, wird eine Vorschau auf den zu erwartenden Jahresüberschuss bzw. den Jahresfehlbetrag gewagt. Der Jahresüberschuss bzw. -fehlbetrag ist dabei die Differenz aller Erträge und Aufwendungen einer Geschäftsperiode.

Schließlich wird aus den gewonnen Daten je eine Planbilanz für die ersten drei Jahre erstellt. In der Planbilanz wird die Art und Höhe des Vermögens auf der Aktivseite ausgewiesen, die Herkunft des Vermögens auf der Passivseite. Das bedeutet, dass auf der Aktivseite das Anlage- und Umlaufvermögen aufgeführt wird während auf der Passivseite das Eigen- und Fremdkapital steht. Die Werte für die einzelnen Kategorien werden aus den vorangegangenen Teilplanungen (Investitionsplanung, Personalplanung sowie Liquiditätsplanung) und der Gewinn- und Verlustrechnung zusammengefasst.

Nach Fertigstellung des Zahlenwerkes für die ersten Jahre nach Gründung des Unternehmens kann das Gründerteam den weiteren Finanzierungsrunden mit Kreditinstituten oder Venture Capital Gesellschaften gelassener, aber nicht minder aufmerksam entgegensehen. Nun gilt es die gesteckten Ziele und Planungen dem potenziellen Geldgeber immer wieder neu zu verkaufen. Insbesondere bei zweiten oder dritten Finanzierungsrunden müssen Abweichungen von ursprünglichen Planungen gut und plausibel begründet werden.

Gründer von Unternehmen müssen schnell erkennen, dass Unternehmer sein eine dauerhafte Herausforderung im Wettstreit der Dynamik von wirtschaftlicher Veränderung und der eigenen Fähigkeit damit umzugehen ist.

3.4 Einstiegshilfen für Unternehmensgründer

Aufgabe der Veranstaltungen an der Hochschule Mittweida ist die Unterstützung der Studenten für eine mögliche Unternehmensgründung nach Ende des Studiums. Viele grundlegenden Informationen werden an der Hochschule in den dort abgehaltenen Veranstaltungen vermittelt. Diese können nicht erschöpfend sein und müssen genug Raum dafür lassen, dass die Studenten durch eigene Initiative an spezielle Informationen zum Thema Gründung kommen. Es hat sich in der Gründungsforschung immer wieder gezeigt, dass Gründungsvorhaben an zu schlechter oder veralteten Informationen scheitern. Um dies für Leser dieses Buches zu vermeiden, wird an dieser Stelle als konkrete Unterstützung auf weiterführende Informationsquellen verwiesen.

3.4.1 Internetadressen zum Thema Gründung

Eine Fülle von aktuellen Informationen ist heute frei verfügbar für jedermann im Internet abrufbar. Weiterer Vorteil dieser Informationsquelle ist, dass die Informationen auf einem aktuellen Niveau sind und den gültigen Stand des Wissens für Gründer darstellen.

Um einen Einstieg in das Thema zu erleichtern sei an dieser Stelle der folgende Überblick über das Spektrum wichtiger Angebote im Internet gegeben:

- Betriebswirtschaftliches Institut für empirische Gründungs- u. Organisationsforschung e.V., http://www.bifego.de
- Bundesministerium für Wirtschaft BMWi, http://www.bmwi.de
- Bundesverband Deutscher Kapitalbeteiligungsgesellschaften e.V., http://www.bvk-ev.de
- Business Funding Directory, http://www.businessfinance.com
- Deutscher Industrie- und Handelstag, http://www.diht.de
- Deutsches Patentamt, http://www.dpma.de
- KfW Kreditanstalt für Wiederaufbau, http://www.kfw.de
- Existenzgründerinstitut Berlin e.V., http://existenzgruender-institut.de
- European Venture Capital Association, http://www.evca.com
- Förderkreis für Gründerforschung e.V., http://www.fgf-ev.de
- Initiative zur Förderung von Unternehmensgründungen, http://www.gruenderzeit.de
- Investitionsbank Berlin, http://www.investitionsbank.de
- Statistisches Bundesamt, http://www.destatis.de
- UnternehmerTUM GmbH., http://www.unternehmertum.de
- Venture Capital Resource Library, http://vfinance.com

3.4.2 Weiterführende Literatur zum Thema Gründung

Analog der Beschaffung von Informationen und Wissen über elektronische Medien gibt es eine unüberschaubare Zahl von Büchern, die sich vertiefend mit dem Thema Unternehmensgründung auseinandersetzen. Um in diesem Bereich einen Überblick über aktuelle und grundsätzliche Literatur zum Thema Gründung zu erhalten, folgt an dieser Stelle ein querschnittsartiger Überblick über die einschlägige Literatur:

Arnold, Jürgen (1999): Existenzgründung – Von der Idee zum Erfolg, Würzburg
Collrepp, Friedrich von (1999): Handbuch Existenzgründung: Für die ersten Schritte in die dauerhaft erfolgreiche Selbständigkeit, Stuttgart
Dieterle, Willi/Winckler, Eike (2000): Gründungsplanung und Gründungsfinanzierung, München
Egger, Uwe-Peter./Gronemeier, Peter (1999): Existenzgründung, Wiesbaden
Hebig, Michael (1999), Existenzgründungsberatung: steuerliche, rechtliche und wirtschaftliche Gestaltungshinweise zur Unternehmensgründung, Bielefeld
Herz, Peter (1999), Profi-Handbuch für Existenzgründer. Fähigkeiten - Finanzierung - Recht – Steuern, Regensburg
Hofmann, Manfred (1996): Existenzgründung. Ein praktischer Ratgeber für alle, die sich selbstständig machen wollen, Heidelberg
Käppeler, Franz/Sanft, Erhard (1998): Leitfaden für Existenzgründer, Berlin
Kirschbaum, Günter/Naujoks, Wilfried (2000), Erfolgreich in die berufliche Selbständigkeit, Freiburg im Breisgau
Kirst, Uwe (1996): Selbständig mit Erfolg: Unternehmensgründung und -führung in der Praxis, München

Klandt, Heinz/Finke-Schürmann, Tanja (2000): Existenzgründung für Hochschulabsolventen, Frankfurt/Main

Klandt, Heinz (2003), Gründungsmanagement: Der integrierte Unternehmensplan, München/Wien

Kroll, Harry (1998): Existenzgründung – Existenzsicherung: Erfolg als Unternehmer, Hannover

Kußmaul, Heinz (2003): Betriebswirtschaftslehre für Existenzgründer: Grundlagen mit Fallbeispielen und Fragen der Existenzgründerpraxis, München

Rasner, Carsten/Füser, Karsten/Faix, Werner G. (1999): Das Existenzgründer- Buch. Von der Geschäftsidee zum sicheren Geschäftserfolg, Landsberg/Lech

Rödel, Stefan/Gesmann, Klaus/Wittemer, Bernhard (2002): Existenzgründung: Finanzierung und öffentliche Fördermittel, Frankfurt am Main

Siepe, Werner (1998): Existenzgründung mit Erfolg – Rundum informiert und abgesichert, Düsseldorf

Tegethoff, Alfons (1999): Existenzgründung jetzt! – Von der Idee zum Erfolg, Regensburg

Weimerskirch, Pierre (2000): Finanzierungsdesign bei Venture-Capital-Verträgen, Wiesbaden

Westphal, Susanne (1998), Die erfolgreiche Existenzgründung, Insider Tipps für alle, die sich selbständig machen wollen, Frankfurt am Main/New York

Wolf, Karl-Heinz (1997), Existenzgründung und Existenzsicherung, Bonn/Berlin

Die Existenzgründung – von der GbR zur Aktiengesellschaft

Herbert Graus

Selbständiges Unternehmertum ist gelebte Freiheit.

Vorbemerkung

Der Autor dieses Beitrages kann kein Patentrezept für den persönlichen Erfolg eines selbständigen Unternehmers präsentieren. Wer immer ein solches Rezept verspricht, vor dem sollte man sich hüten.

Die folgenden Empfehlungen und Ratschläge sind die Summe aus 26jähriger Erfahrung mit meinem Partner Erich J. Lejeune eine ursprüngliche Wohnküchenfirma zu einem weltweit agierenden Konzern auf- und ausgebaut haben. Was hier an Basisvoraussetzungen für die Gründung eines Medien- bzw. Kommunikationsunternehmen genannt wird, lässt sich im Prinzip auch auf jede andere Firmenneugründung übertragen.

Kein Erfolg gleicht dem anderen. Aber es gibt eine Reihe von Eigenschaften und Grundregeln, deren Vorhandensein und Beachtung maßgeblich über Erfolg oder Misserfolg entscheiden – gleichgültig in welcher Branche.

1 Persönliches Anforderungsprofil

Nicht alle Menschen sind für alle Tätigkeiten gleichermaßen geeignet. Diese Binsenweisheit gilt für das selbständige Unternehmertum wie für jeden anderen Beruf.

Die meisten Misserfolge entstehen dadurch, dass Menschen ihre eigenen Begabungen falsch einschätzen.

Über Erfolg oder Scheitern einer unternehmerischen Existenz entscheidet die Fähigkeit, kühne Ideen mit den notwendigen handwerklichen Erfordernissen in Einklang zu bringen und konsequent umzusetzen. Mit den Ideen verhält es sich wie mit dem Talent eines Sportlers oder Musikers: Sie machen etwa 20 Prozent des Erfolges aus. 80 Prozent dagegen bestehen aus Willen, Fleiß und Disziplin.

1.1 Fantasie und visionäres Denken

Was den Visionär vom Träumer und Utopisten unterscheidet ist die Fähigkeit, mit Hilfe der Fantasie eine konkrete Vorstellung zu entwickeln, die zwar weit über das Heute hinaus reicht, aber dabei die Wirklichkeit nicht aus dem Auge verliert. Ein in diesem Sinne visionäres Denken ist für einen Unternehmer unverzichtbar. Die Vision ist mehr als eine Geschäftsidee. Sie ist gleichsam der Masterplan allen unternehmerischen Denkens und Handelns und gleichzeitig der Leitstern, der die Richtung weist und die Ziellinie erleuchtet.

Ein Unternehmer ohne Visionen wird immer wieder an der Sinnhaftigkeit seines Handelns zweifeln. Eine Vision lässt solche Zweifel erst gar nicht aufkommen.

Denn alles, was man denkt, kann man auch verwirklichen!

1.2 Zielorientierung

Jede Vision wird sich allerdings im Nirgendwo auflösen, wenn ihr nicht feste Korsettstangen in Form konkreter Ziele einzogen werden, die Zug um Zug die einzelnen Etappen der Wegstrecke abstecken.

Zielorientiertes Denken ist demnach die handwerkliche Seite der Vision.

Ziele sollten nicht nur im Kopf herumgetragen, sondern schriftlich niedergelegt werden. Allein das Aufschreiben der Ziele zwingt zum Ordnen der Gedanken und der Festlegung von Prioritäten. Dies wiederum ist die Voraussetzung um zu verhindern, sich in der Beliebigkeit der Ziele zu verirren. Es ist wesentlich, sich immer daran zu erinnern, dass der kürzeste Weg zwischen zwei Punkten die gerade Linie ist. Das Denken sollte also stets geradlinig in einer Richtung erfolgen.

Es empfiehlt sich, langfristige Ziele in kurz- und mittelfristige Ziele zu unterteilen und jeden Zielabschnitt mit einem klaren Zeitplan zu versehen. Ein neues Ziel sollte erst dann ins Auge gefasst werden, wenn die anderen erreicht sind.

Wichtig: Gerade am Beginn der Unternehmerkarriere die ersten Ziele nicht zu weit setzen und die eigenen Möglichkeiten nicht überschätzen. Die Gefahr ist sonst groß, bereits durch den ersten Misserfolg, der unweigerlich einmal kommen wird, hinter den Ausgangspunkt zurückgeworfen zu werden.

1.3 Strategisches Denken

Viele Führungskräfte halten sich für Strategen, sind aber in Wahrheit nur Taktiker. Zwischen Taktik und Strategie besteht ein gewaltiger Unterschied. Taktik bedeutet, auf eine gegebene Situation mit Geschick zum eigenen Vorteil zu reagieren. Über eine Strategie verfügt aber nur, wer in der Lage ist, nicht nur sein eigenes Handeln langfristig zu planen, sondern dabei auch die möglichen Handlungen seines Konkurrenten oder Wettbewerbers mit ins Kalkül zu ziehen. Jeder Schachspieler weiß, dass er umso erfolgreicher ist, je mehr Züge seines Gegners er im Voraus berechnen kann.

Auch bei der unternehmerischen Tätigkeit ist für Sieg oder Niederlage oftmals ausschlaggebend, wer den entscheidenden Schritt mehr vorausgedacht hat.

1.4 Führungswille und Delegationsfähigkeit

Je stärker die Firma wächst, desto mehr sind die Führungsfähigkeiten des Unternehmers gefordert. Nachdem niemand alles allein machen kann, kommt es entscheidend darauf an, die richtigen Mitarbeiter an der richtigen Stelle einzusetzen, ihnen Ziele vorzugeben und über ihre Einhaltung zu wachen. Führung heißt Verantwortung zu übernehmen, für sich und andere. Dazu gehört auch, Mitarbeitern Freiräume für selbständiges Handeln zu übertragen.

Viele Unternehmer schöpfen das Leistungspotenzial ihrer Mitarbeiter bei weitem nicht aus, weil sie nicht in der Lage sind, Verantwortung zu delegieren. Eine solche Führungsschwäche hat fatale Folgen. Einerseits beschäftigt sich der Unternehmer mit vielen Tätigkeiten, die ihm die Zeit für seine eigentlich wichtigen Aufgaben nehmen. Der Mitarbeiter seinerseits fühlt sich in seiner Leistungsfähigkeit- und -bereitschaft unterfordert und nicht ernst genommen. Der Leidtragende ist in beiden Fällen das Unternehmen.

Andererseits: Auch wenn in den Unternehmen die Hierarchien immer flacher werden und gerade in jungen Firmen Teamwork groß geschrieben wird, ohne Führung geht es nicht. Einer muss der Boss sein und sagen, wo es lang gehen soll.

Verantwortung delegieren heißt also nicht, Verantwortung abzuschieben, sondern sie so zu verteilen, dass die Aufgaben optimal erledigt werden.

1.5 Beharrlichkeit und Ausdauer

Wie im sonstigen Leben auch, fällt einem auch als Unternehmer der Erfolg nicht in den Schoß. Um seine Ziele zu erreichen, bedarf es neben dem festen Willen auch der Bereitschaft zum Bohren dicker Bretter. Die wenigsten Dinge lassen sich im ersten Anlauf erreichen.

Bereits bei der Zielsetzung sollte klar sein, welche Anstrengungen zu ihrer Erlangung investiert werden müssen. Wer von der Richtigkeit seiner Ziele überzeugt ist, lässt sich durch nichts und niemanden davon abbringen und wird auch durch Gegenwind und Rückschläge nicht entmutigt.

Eine erfolgreiche Unternehmerkarriere ist kein Hundertmeter-Lauf, sondern eine Marathonstrecke. Über Sieg oder Niederlage entscheidet nicht das Anfangstempo sondern die Ausdauer.

1.6 Durchsetzungsvermögen, Überzeugungskraft, Konfliktfähigkeit

Der Unternehmer ist jeden Tag dem rauen Klima des Wettbewerbs ausgesetzt. Daher sind auch die besten Ideen nichts wert, wenn es nicht gelingt, sie auch durchzusetzen.

Durchsetzungsvermögen ist das Ergebnis aus Selbstbewusstsein, Leistung und dem festen Willen, das für richtig Erkannte auch zum Ziel zu führen. Entscheidend dafür sind nicht in erster Linie kraftvolle Ellenbogen, sondern persönliche Kompetenz und überzeugende Argumente.

Einem rhetorisch geschulten Verkäufer wird es gelingen, einen Kunden zum Kauf eines Produktes zu überreden. Aber wenn er ihn nicht wirklich überzeugt hat, wird dies vermutlich das letzte Geschäft mit diesem Kunden gewesen sein. Auch wenn Überzeugungen auf bestem Wissen und Gewissen beruhen, so sind sie doch immer subjektive Gewissheiten und nicht letztgültige Wahrheiten. Die Überzeugungskraft ist deshalb umso größer, wie sie die Bereitschaft einschließt, sich selbst von einleuchtenden Argumenten überzeugen zu lassen. Wer stets nur zwei Meinungen kennt, die eigene und die falsche, ist nicht überzeugend, sondern borniert und wird deshalb auch niemanden überzeugen.

Mit seiner Umwelt und seinen Mitmenschen in Harmonie leben zu wollen, ist zwar eine sympathische Eigenschaft, aber als Erfolgsregel untauglich.

Auch im best geführten Unternehmen sind unterschiedliche Meinungen und Interessen, aus denen Konflikte entstehen, natürlich und unvermeidlich. Zu handfesten Krisen führen solche Konflikte dann, wenn sie aus Bequemlichkeit oder falschem Harmoniebedürfnis nicht offen angesprochen und diskutiert werden. Konflikte, die unter dem Teppich gehalten werden, binden nicht nur Energien, sondern können auch eine beträchtliche Sprengkraft entwickeln.

Konfliktfähig zu sein heißt sich der Frage zu stellen, warum die Sichtweise des anderen nicht mit der eigenen übereinstimmt. Sind es sachliche Gründe oder persönlich anders gelagerte Interessen? Für das Ansprechen der Konflikte und die Diskussion um mögliche Lösungen sollte sich der Unternehmer ausreichend Zeit nehmen. Manche Konflikte entstehen aus mangelnder Kommunikation und lassen sich dadurch als Missverständnisse auflösen.

Wer Führungsverantwortung trägt hat allerdings auch die Verpflichtung, von ihm als notwendig erkannte Maßnahmen und Entscheidungen, wenn anders nicht möglich, auch im Konflikt durchzusetzen. Dabei kann es immer nur einen Maßstab geben: Das Gesamtwohl des Unternehmens, dem sich letztlich die Interessen einzelner, auch die des Unternehmers unterzuordnen haben.

1.7 Kompromissbereitschaft

Konfliktfähigkeit und Kompromissbereitschaft schließen sich nicht gegenseitig aus, sondern sind zwei Seiten der gleichen Medaille.

Weder im Privatleben noch im Unternehmen ist ein gedeihlicher Umgang miteinander möglich, wenn jeder versucht zu jeder Zeit seinen Standpunkt mit der Brechstange durchzusetzen.

Kompromisse, also gegenseitige Zugeständnisse, sind keineswegs immer als solches „faul". In vielen Fällen kann ein Geben und Nehmen für den Gesamterfolg nützlicher sein, als das Recht behalten wollen um jeden Preis. Kompromisse zu schließen bedeutet nicht, die eigene Überzeugung aufzugeben. Im Gegenteil: Um einen tragfähigen Kompromiss zu erzielen, ist ein eigener klarer Standpunkt unerlässlich, von dem man sich auf andere zu bewegt. Dadurch unterscheidet sich ein kompromissbereiter Mensch von einem „Kompromissler", der schnell seinen eigenen Standpunkt aufgibt, weil er sich entweder seiner Sache nicht sicher ist, oder die Bequemlichkeit der fruchtbaren Auseinandersetzung vorzieht.

Ein verantwortungsbewusster Unternehmer sollte jedoch keinen Kompromiss schließen, von dem er mit Blick auf den Erfolg des Unternehmens insgesamt nicht überzeugt ist.

1.8 Kritikfähigkeit

Kritik in seiner ursprünglichen Bedeutung ist ein wertneutraler Begriff und steht für Beurteilung, Begutachtung und Bewertung.

Es liegt in der Natur der Verschiedenheit der Menschen, dass sie Dinge und Sachverhalten unterschiedlich beurteilen. Ohne eine solche ständige kritische Bewertung dessen, was ein Unternehmer und seine Mitarbeiter leisten, käme jede Firma zum Stillstand. Kritik sollte deshalb kein Ausnahmezustand, sondern selbstverständlicher Bestandteil einer jeden

Unternehmenskultur sein. Dies gelingt umso leichter, wenn allgemein das Bewusstsein vorhanden ist, dass Kritik gleichbedeutend ist mit Interesse, das Ausbleiben von Kritik als dementsprechend Desinteresse und Gleichgültigkeit bedeutet. Ein solch verstandene und praktizierte Kritikfähigkeit ist keine Einbahnstraße und unterliegt keinen Hierarchien.

Wer mit seiner Kritik um der Sache willen Erfolg haben will, sollte sie immer so anbringen, wie er auch selbst angesprochen werden möchte.

1.9 Organisationsfähigkeit

Die beste Organisation ist die, die man nicht spürt. Je mehr Zeit sich der Unternehmer in der Gründungsphase für die Organisation und die Koordinierung der Geschäftsabläufe nimmt, desto weniger braucht er sich später darum zu kümmern.

Im Gegensatz zu vielen öffentlichen Verwaltungen ist die Organisation in einem Unternehmen nicht Selbstzweck und Nachweis für die Unentbehrlichkeit der dort Beschäftigten, sondern dient allein dazu, die routinemäßigen Abläufe in so geordnete Bahnen zu lenken, dass sie möglichst wenig Zeit in Anspruch nehmen.

Wer nicht gelernt hat, sich einer Organisation in diesem Sinne zu bedienen, wird von ihr beherrscht und hat damit sein eigentliches Unternehmensziel aus den Augen verloren.

1.10 Neugier

Neugier hat bei uns allgemein einen schlechten Ruf. Die meisten Menschen verbinden damit die Vorstellung von Indiskretion und Schnüffelei.

Dabei ist die Neugier eine der wichtigsten Antriebsfedern menschlichen Denkens und Handelns und die Voraussetzung für jedwede Innovation. Wer nicht mehr im Wortsinne gierig ist auf Neues, der hat mit seinem Leben abgeschlossen.

Ein Unternehmer muss daher nicht nur stets neugierig sein, sondern vor allem auch neugierig machen: auf sein Produkt.

1.11 Ehrgeiz und Fleiß

Auch der Ehrgeiz zählt bei uns nicht zu den besonders angesehenen Eigenschaften. Meistens kommt er in der Verbindung her, dass jemand vom Ehrgeiz zerfressen sei. Dabei ist Ehrgeiz nichts anderes als der in Energie umgesetzte Wille zur Erreichung von Zielen. So wie sportlicher Erfolg ohne entsprechenden Ehrgeiz nicht möglich ist, so kommt auch der Unternehmer ohne ihn nicht aus. Gesunder Ehrgeiz verkehrt sich allerdings dann ins Gegenteil, wenn er sich nur noch auf die Person beschränkt und nicht mehr auf die Sache.

Aber weder Begabung noch Ehrgeiz alleine führen zum Erfolg, wenn nicht auch der nötige Fleiß hinzu kommt.

Von dem spanischen Philosophen Baltasar Gracián y Morales stammt die Erkenntnis: „Mit dem Fleiß bringt ein mittelmäßiger Kopf es weiter als ein überlegener ohne denselben."[1]

---

[1] http://wissen.acont.de/zitate/zusammenfassung/20144.html, 1. Februar 2006

Fleiß bedeutet ganz einfach, solange nicht zu ruhen, bis die zu erledigende Arbeit getan ist. Für jeden erfolgreichen Unternehmer eine Selbstverständlichkeit.

1.12 Flexibilität, Mobilität

Keine Sonntagsrede von Politikern oder Verbandsfunktionären, in der nicht mit Blick auf die sich rasant verändernden Wettbewerbsbedingungen mehr Flexibilität und Mobilität gefordert wird. Doch oftmals sind es die Unternehmer, die den Ansprüchen, die sie an ihre Mitarbeiter stellen, selbst nicht genügen.

Wenn Unternehmen in Schwierigkeiten geraten, weil sie nicht schnell und flexibel genug auf neue Anforderungen des Marktes reagiert haben, dann ist dafür die Führung verantwortlich, nicht die Mitarbeiter.

Flexibilität findet im Kopf statt. Jeder Unternehmer sollte sich deshalb diesen immer ein Stück so weit freihalten, dass er rechtzeitig erkennt, wenn sich die Marktsituation oder das Kundenverhalten ändert und darauf neue Antworten gegeben werden müssen.

Gewiss können die modernen Kommunikationsmittel heute so manche Reise ersetzten. Doch in vielen Fällen gibt es zum persönlichen Kontakt keine gleichwertige Alternative.

Ein erfolgreicher Unternehmer wird sich selbst stets so organisieren, dass er binnen kürzester Zeit überall dorthin aufbrechen kann, wo es zum Wohl des Unternehmens erforderlich ist.

1.13 Mut, Zivilcourage

Wer sich zu einer Existenzgründung entschlossen hat, hat bereits jenen Mut bewiesen, der für einen Unternehmer zwingend notwendig ist. Ohne Mut zum – kalkulierbaren – Risiko gibt es in der Selbständigkeit keinen Erfolg. Mut bedeutet, nicht frei zu sein von Ängsten und Zweifeln, sondern die Entschlossenheit diese zu überwinden.

Zum richtig verstandenen Mut gehört allerdings auch eine realistische Einschätzung der eigenen Fähigkeiten und Möglichkeiten. Wer diese bei seinen Entscheidungen außer acht lässt, handelt nicht mutig sondern leichtsinnig. Mutige Unternehmer haben wir zuwenig, leichtsinnige leider zuviel.

Ein Unternehmer ist sein eigener Herr. Er hat also überhaupt keinen Grund, mit seiner Meinung hinterm Berg zu halten. Er sollte aber auch von seinen Mitarbeitern die Zivilcourage fordern, ihm ihre Meinung offen ins Gesicht zu sagen. Aus Feigheit oder Bequemlichkeit zu schweigen, wo ein klares Wort notwendig wäre, hat schon so manches Unternehmen in die Krise geführt.

1.14 Zuverlässigkeit

Keine noch so detaillierte Vereinbarung schafft soviel Vertrauen und Sicherheit wie die „Handschlag-Qualität". Sie sollte daher ein Charakteristikum einer jeden unternehmerischen Persönlichkeit sein.

Wenn Geschäftspartner und Mitarbeiter bei einem Unternehmer die Gewissheit haben, dass Reden und Handeln übereinstimmen, dass nichts versprochen wird, was möglicherweise nicht gehalten werden kann, aber das zuverlässig gehalten wird, was versprochen wurde, dann hat dieser Unternehmer ein Vertrauenskapital angesammelt, das mehr Zinsen trägt als jede Geldanlage.

1.15 Toleranz

Niemand sollte sich selbst zum Maßstab aller Dinge machen. Je mehr jemand von sich selbst überzeugt ist, desto leichter wird es ihm fallen, auch andere Meinungen und Verhaltensweisen als gleichberechtigt zu respektieren und zu akzeptieren.

Nur wo diese den gemeinsamen Erfolg gefährden, muss die Toleranz des Unternehmers ein Ende haben.

1.16 Selbstverantwortung

In unserem seit Jahrzehnten gewachsenen Wohltaten- und Versorgungsstaat ist der Begriff der Selbstverantwortung zu einer verschütteten Tugend geworden. Mittlerweile beginnt auch dem letzten zu dämmern, dass diese Vollkasko-Mentalität, in deren Folge nahezu jedes individuelle Lebensrisiko auf den Staat und die Gesellschaft abgewälzt wurde, eben diesen Staat und seine Sozialsysteme an den Rand des Ruins gebracht hat.

Die Forderung, dass die Menschen mehr Verantwortung für sich selbst übernehmen sollen, wird von manchen als sozialer Kahlschlag, ja geradezu als Anschlag auf die Menschenwürde diffamiert. Aus solchen Reaktionen wird deutlich, welch hohen Grad von Verstaatlichung und Vergesellschaftung wir mittlerweile erreicht haben. Und dies nicht durch ein System, das uns von außen oder oben aufgezwungen wurde, wie sich das die sozialistischen Ideologen vor Jahrzehnten erträumt haben, sondern das wir uns aus Bequemlichkeit und Trägheit selbst geschaffen haben.

Wir haben uns unsere Freiheit schlicht abkaufen lassen.

Diese Mentalität, andere für sich sorgen zu lassen, hat auch vor dem wirtschaftlichen Leben nicht halt gemacht. Viele Jahre lang ging die Selbständigenquote kontinuierlich zurück.

Jeder Existenzgründer setzt persönlich ein wichtiges Zeichen dafür, dass diese Mentalität endlich gebrochen wird.

Der Grad der persönlichen Freiheit bemisst sich an der Größe der Selbstverantwortung und nicht an der Höhe der Stütze.

1.17 Selbstvertrauen, Selbstmotivation, Selbstdisziplin

Die Gewissheit, den eigenen Begabungen und Fähigkeiten vertrauen zu können, ist die Grundlage für jenes Selbstbewusstsein, ohne das kein erfolgreicher Unternehmer auskommt. Selbstvertrauen und Selbstbewusstsein machen im besten Sinne unternehmenslustig.

Ein solcher Unternehmer braucht niemanden, der ihn von außen motiviert. Sein Freude an Leistung und Erfolg ist so groß, dass er seinerseits andere begeistern und mitreißen kann. Schließlich ist dieser Unternehmer auch diszipliniert genug, um seinen Erfolg nicht durch mangelnden Fleiß, Unpünktlichkeit oder Unzuverlässigkeit aufs Spiel zu setzen.

1.18 Kommunikationsfähigkeit, Medienkompetenz

Der Begriff der Kommunikationsgesellschaft wird vor allem mit den neuen Techniken in Verbindung gebracht. Doch die Kommunikationsfähigkeit ist eine sehr persönliche Begabung. Auch der perfekte Umgang mit Telefon, Anrufbeantworter, Fax, Handy, Internet und E-Mail sagt noch nichts über das Geschick aus, Informationen aufzunehmen, sie zu verarbeiten und weiter zu vermitteln.

Kommunikationsfähigkeit besteht in erster Linie aus Offenheit und Aufnahmebereitschaft gegenüber Menschen und Informationen. Erfolgreich kommunizieren heißt erst zuhören und dann reden.

Die modernen Kommunikationstechniken sind dann ein Segen, wenn sie eine dienende Funktion behalten und nicht eine Herrschaft über die erlangen, die sich ihr bedienen. So nützlich beispielsweise das Handy in vielfacher Hinsicht ist, es kann auch zu einer Art elektronischer Fessel werden, die persönliche Freiräume einengt. Auch in einer globalisierten Welt muss nicht jeder zu jedem Zeitpunkt für jedermann unmittelbar erreichbar sein.

Ein erfolgreicher Kommunikator überlegt sehr genau, in welcher Situation ein Fax, eine E-Mail oder eine SMS geeignet ist, wann es besser ist einen Brief zu schreiben, was durch einen Anruf erledigt werden kann oder wo ein persönliches Gespräch den größten Erfolg verspricht. Schwierige Probleme sollten immer face to face besprochen werden.

Bei der Fülle der Informationen, die heute vor allem über Führungskräfte herein prasseln, kommt es immer mehr darauf an, das wesentliche vom weniger wichtigen oder unwichtigem zu unterscheiden.

Der Satz, die Menschen seien immer mehr over-newsed aber under-informed beschreibt das Problem ziemlich präzise.

Für einen Unternehmer ist Medienkompetenz besonders wichtig. Ihm steht für die Mediennutzung nur ein beschränkter Zeitraum zur Verfügung, den es optimal zu nutzen gilt. So paradox es klingen mag, der Unternehmer sollte sich nicht bemühen, in kürzester Zeit so viele Informationen wie nur möglich zusammen zu raffen. Medienkompetenz ist vor allem eine Frage der Qualität und nicht der Quantität. Also mehr Informationen und weniger Infos.

1.19 Lernbereitschaft und Weiterbildung

Fähigkeit und Bereitschaft zum lebenslangen Lernen ist heute eine Selbstverständlichkeit. Noch nie hat sich das verfügbare Wissen in so kurzer Zeit x-fach multipliziert.

Natürlich muss ein Unternehmer auf seinem Fachgebiet immer auf dem neuesten Stand sein. Aber er sollte auch über seine Spezialkenntnisse hinaus auf den Gebieten Politik, Kultur, Sport und Gesellschaft über ein solides Allgemeinwissen verfügen.

Zur Erweiterung des persönlichen Horizontes ist es manchmal sinnvoller, statt eines abendlichen Geschäftsessens ins Kino, Theater, Konzert oder in eine Ausstellung zu gehen.

Zur Weiterbildung gehört auch die Reflektion. Dazu eignen sich vor allem längere Spaziergänge oder Wanderungen.

Wie die meisten Politiker neigen auch vielbeschäftigte Unternehmer oftmals dazu, sich nicht mehr ausreichend Zeit zum gründlichen Nachdenken über die Fragen und Probleme zu nehmen, auf die sie täglich scheinbar mühelos Antworten geben.

1.20 Sozialkompetenz

Die Autorität eines Unternehmers hängt neben seiner fachlichen Kompetenz auch davon ab, ob er von seinen Mitarbeitern und Geschäftspartnern als Person akzeptiert wird. Sozialkompetenz vereinigt all jene Charaktertugenden, die über die Qualität zwischenmenschlichen Zusammenlebens entscheiden: Höflichkeit, Zuverlässigkeit, Hilfsbereitschaft und „Compassion" (was mit dem deutschen Wort Mitfühlsamkeit nur unzulänglich beschrieben ist.)

Sozialkompetenz heißt auch, Mitarbeiter nicht als Kostenstellen mit zwei Ohren, sondern als Menschen zu betrachten und entsprechend mit ihnen umzugehen.

1.21 Gemeinwohlorientierung und unternehmerisches Ethos

Ein Unternehmen ist keine karitative Einrichtung, sondern zielt auf die Erwirtschaftung von Erträgen. Im Gegensatz zu noch immer zu hörenden Klassenkampfparolen ist das Gewinnstreben des Unternehmers nicht Beleg von Ausbeutung und persönlicher Raffgier, sondern die wichtigste Aufgabe, die die Wirtschaft in einer freien Gesellschaft zu erfüllen hat. Nur florierende Unternehmen können investieren und Arbeits- und Ausbildungsplätze schaffen.

Von dem dramatischen Ansehens- und Vertrauensverlust, den die Eliten in Deutschland in den letzten Jahren erlitten haben, sind neben den Politikern die Unternehmer und Manager am stärksten betroffen. – Auch hier haben eine kleine Zahl fauler Äpfel den ganzen Baum unansehnlich gemacht. Dass immer weniger Menschen den Unternehmern glauben, dass diese neben dem wirtschaftlichen Erfolg auch das Gemeinwohl vor Augen haben, gibt Anlass zu großer Besorgnis.

Deshalb ist es wichtig, dass sich jeder einzelne Unternehmer in die öffentlichen politischen und gesellschaftlichen Debatten einbringt und an seinem eigenen Beispiel überzeugend deutlich macht, dass sein wirtschaftlicher Erfolg und der seiner Mitarbeiter auch einen entscheidenden Beitrag für das Land insgesamt darstellt.

1.22 Vorbildfunktion

Eine der am weitesten verbreiteten Klagen unserer Zeit lautet, dass es zuwenig Vorbilder gebe, an denen sich vor allem junge Menschen orientieren können.

Diesem Defizit könnte am besten dadurch abgeholfen werden, dass sich mehr Menschen entschließen, durch die Glaubwürdigkeit ihres Reden und Handelns selbst Vorbild zu werden. Es muss nicht immer das große nationale Vorbild sein. Jeder kann auch als einzelner einen wichtigen Beitrag in seinem Unternehmen, in der Familie oder dem Freundes- und Bekanntenkreis leisten.

Die kürzeste Beschreibung vorbildlichen Verhaltens hat der große deutsche Philosoph Immanuel Kant in seinem berühmten „Kategorischen Imperativ" geliefert:

„Handele so, dass die Maxime Deines Willens jederzeit zugleich als Prinzip einer allgemeinen Gesetzgebung dienen könnte."

In schlichtes Deutsch übersetzt: Handele so, wie Du selbst behandelt werden möchtest.

2 Zehn Fehler, die Sie unbedingt vermeiden sollten

Ein Fahrschüler, der bei der Prüfung durchgefallen ist, wird meist zwei Gründe für sein Scheitern verantwortlich machen:

- Die Strecke enthielt zu viele unvorhersehbare Schwierigkeiten.
- Der Fahrlehrer war schuld.

Tatsache ist jedoch: Sie haben sich mit den Streckenregeln vorher nicht ausreichend vertraut gemacht und deshalb musste Ihnen der Fahrlehrer die Erlaubnis zum Weiterfahren verweigern.

Wie der durchgefallene Fahrschüler hat auch der gescheiterte Unternehmer schnell zwei Gründe bei der Hand:

- Schlechte Konjunktur- und Marktverhältnisse.
- Fehlendes Geld.

Doch die Wahrheit ist: Sie haben gegen Regeln des Marktes und der Unternehmensführung verstoßen und deshalb verweigern Ihnen die Banken weitere Mittel.

Ich will Sie im folgenden mit den *10 wichtigsten Fehlerursachen* vertraut machen, denn bekannte Gefahren sind meist auch gebannte Gefahren.

2.1 Kein marktfähiges Produkt

Ein marktfähiges Produkt, ob Ware oder Dienstleistung, ist die unabdingbare Voraussetzung für jedweden unternehmerischen Erfolg.

Marktfähig bedeutet, dass sich mit den Verkaufserlösen die wesentlichen Unternehmenskosten und die Aufwendungen für die private Lebensführung decken lassen.

Dieser Grundsatz gilt für ein High-Tech-Produkt ebenso wie für einen Handwerksbetrieb, einen Finanzdienstleister oder einen Kiosk.

Gerade die Entwicklung am Neuen Markt hat gezeigt, dass auch Millioneninvestitionen in Marketing und Werbung den Absatz eines nicht marktfähigen Produktes nicht steigern können.

Wenn Sie also am Beginn Ihrer unternehmerischen Tätigkeit Ihren potentiellen Investoren Ihre Produktidee vorstellen, dann werben Sie nicht in erster Linie mit einem Business-Plan. Viel entscheidender ist der überzeugende Nachweis, dass es für dieses Produkt auch einen Markt, sprich ein zahlenmäßig messbares Kundenbedürfnis, gibt. Machen Sie sich auch rechtzeitig Gedanken, wie Ihr Produkt stetig weiterentwickelt und längerfristig gegenüber Mitbewerbern wettbewerbsfähig erhalten werden kann.

Fazit: Die genialste Idee und das innovativste Produkt ist nichts wert, wenn es keinen Kunden findet. Also erst den Markt prüfen und dann investieren!

2.2 Zu hohe Privatentnahmen

Viele Unternehmer glauben, sie hätten wie ihre Mitarbeiter Anspruch auf ein festes Gehalt. Das ist ein Irrtum. Der Unternehmer erhält nur das, was nach Abzug aller Kosten übrig bleibt. Und das ist gerade in der Anfangsphase oftmals weniger als in einem abhängigen Beschäftigungsverhältnis, ja vielleicht sogar weniger als das, was manche Mitarbeiter verdienen.

Da mag die Versuchung nahe liegen, Einnahmen aus dem Unternehmen für private Zwecke zu verwenden. Die Banken werden sich solange großzügig zeigen, wie ihnen entweder Ihr Firmengebäude oder Ihr privates Eigenheim als Sicherheit dient. Wenn Sie Pech haben, ist am Ende beides weg. Und Sie wissen ja: Die Schirmfunktion von Banken gibt es nur bei Sonnenschein. Wenn es regnet, wird der Schirm zugeklappt.

Fazit: Trennen Sie vom ersten Tag Ihrer Unternehmertätigkeit strikt Firmenaufwendungen und Privatausgaben. Führen Sie getrennte Konten und Kreditkarten. Geben Sie privat nie mehr aus, als das Unternehmen an Gewinnen abwirft.

2.3 Zu viele Mitarbeiter

Nicht nur an Stammtischen, sondern auch in politischen Versammlungen, sogar in den Parlamenten ist es Mode geworden, Unternehmern vorzuhalten, sie würden Mitarbeiter entlassen, um ihre Gewinne zu erhalten, wenn nicht gar zu steigern.

Solche Parolen zeugen von völliger Ahnungslosigkeit hinsichtlich des Insolvenzrechts. Dort gibt es, wenn es um die Rettung eines Unternehmens geht, keinen Bonus für geschaffene oder erhaltende Arbeitsplätze. Gerade in neu gegründeten Firmen und kleinen und mittleren Betrieben werden oftmals Arbeitsplätze auch durch den Einsatz privater Mittel der Unternehmer gehalten.

Mit Fug und Recht lässt sich feststellen, dass durch rechtzeitigen Personalabbau viele Betriebe und damit auch Arbeitsplätze hätten gesichert werden können. Vielfach wären zu einem frühen Zeitpunkt auch noch Gelder für Abfindungen zur Verfügung gestanden.

Mitarbeiter zu entlassen gehört sicherlich zu den unerfreulichsten Maßnahmen, die ein Unternehmer zu treffen hat. Aber wenn es die betriebliche Situation unumgänglich macht, dann führt jedes Hinausschieben solcher Entscheidungen nur zu einer weiteren Verschlimmerung der Lage und gefährdet womöglich den Bestand des ganzes Unternehmens.

Fazit: Haben Sie möglichst immer mehr Arbeit als Köpfe. Lagern Sie die Tätigkeiten und Dienstleistungen aus, die nicht zwingend im Unternehmen ausgeführt werden müssen.

Nutzen Sie die Möglichkeiten des sich trotz aller Widerstände langsam lockernden Arbeitsrechts wie mehrfach befristete Arbeitsverträge, sowie die Angebote von Teilzeitfirmen und Personal-Service-Agenturen.

2.4 Forderungsausfälle

Viele Unternehmer betrachten Forderungsausfälle als unvermeidlichen Preis für ihre Wachstumsstrategie. Tatsächlich jedoch sind die allermeisten Forderungsausfälle das Ergebnis der immer gleichen sträflichen Unterlassungen.

- Es wurden nicht genügend Informationen über den Kunden eingeholt.
- Warnende Hinweise wurden nicht beachtet bzw. in den Wind geschlagen.
- Es wurden – vor allem bei Neukunden – keine Abschlagszahlungen vereinbart.
- Trotz Zahlungsrückständen wurde weiter geliefert.
- Den offenkundigen Ausreden des Kunden wurde Glauben geschenkt.
- Bei risikoreichen Großgeschäften wurde keine Forderungsversicherung abgeschlossen.

Ein Kreditversicherer wirbt mit der prägnanten Botschaft: „Es ist zehnmal einfacher, Umsatz zu machen, als sein Geld zu erhalten." Wenn Sie sich diesen Satz stets vor Augen halten, werden Sie sich bei Auftragsannahmen sehr intensiv mit der Bonität des Kunden beschäftigen. Verzichten Sie im Zweifelsfalle lieber auf einen Auftrag, als das Risiko eines Forderungsausfalles einzugehen.

Gerade in einer Krise neigen viele Unternehmen dazu, in jedem Auftrag auch mit noch zu minimaler Marge einen rettenden Strohhalm zu sehen. In Wahrheit treibt sie jeder Forderungsausfall schneller der Pleite entgegen.

Fazit: Der beste Auftrag ist der schlechteste Auftrag, den Sie nicht annehmen!

2.5 Hohe Schulden

Viele Unternehmensgründer werden bereits durch die Förderkredite geradezu zum Schulden machen erzogen. Früher stellte sich ein Existenzgründer die Frage: Was brauche ich unbedingt und wie kann ich es bezahlen? Heute überlegt er: Wie viele Fördermittel kann ich bekommen und wie gebe ich sie aus? Vielen Unternehmen wird zu spät bewusst, dass die günstigen Zinsen weit weniger wiegen als die Höhe der zurück zu zahlenden Kredite.

Diese lang laufenden Verträge werden vor allem dann zu einem zu einem großen Problem, wenn Fehlentscheidungen kurzfristig korrigiert werden müssen. Hinzu kommen jene Kosten wie Miete, Kfz- und EDV-Leasing, denen keinerlei Einnahmen gegenüberstehen.

Auch der Steuerersparnisdrang führt häufig zu unnötig hohen Betriebsschulden.

In Krisenzeiten drücken dann auf der einen Seite die Schulden, während auf der anderen Seite mangels Steuerzahlungen die Vorteile von Abschreibungen und Zinsersparnissen entfallen. Nur wenigen Schuldnern gelingt es, in den Kreis derer vorzudringen, für die gilt: Kleine Schulden – meine Sorgen, Große Schulden – anderer Leute Sorgen.

Fazit: Nehmen Sie nie mehr Geld auf, als Sie unbedingt brauchen. Lieber langsames Wachstum als schnelle Pleite!

2.6 Bequemlichkeit und hoher Komfort

Manche Jungunternehmer entwickeln schon in der Startphase einen ausgeprägten Hang zu Bequemlichkeit und Komfort. Die Garage oder Wohnküche als Keimzelle für Gründergeist und Innovation erscheint ihnen unzeitgemäß bzw. ihrer Idee nicht repräsentativ genug. So werden gleich zu Beginn teure Räumlichkeiten mit lang laufenden Verträgen angemietet und mit exklusivem Design ausgestattet.

Nicht wenige Unternehmerkarrieren sind gescheitert, bevor sie eigentlich richtig begonnen haben, weil mehr in die Fassade als in die Substanz investiert wurde. Andere ließen sich von ersten Erfolgen blenden und expandierten ohne sicheres Fundament zu schnell. Die Warnung, wonach der Bau eines neuen Verwaltungsgebäudes oft „der Anfang vom Ende" ist, nicht beachtet zu haben, ist schon vielen zum Verhängnis geworden.

Zu einer besonderen Geldvernichtungsmaschine ist heutzutage vielfach der EDV-Bereich geworden, wo der jeweils letzte Stand der Modernität oftmals mehr zählt als die Effektivität und die Wartungskosten höher sind als der tatsächliche Nutzen.

Natürlich ist es bequemer und komfortabler, alle Tätigkeitsbereiche eines Unternehmens in Sicht- und Rufnähe zu haben, statt sie über das zwingend Notwendige hinaus auszugliedern. Aber der Preis dafür ist in vielen Fällen unvertretbar hoch.

Fazit: Es zählt das Sein, nicht der Schein. Unternehmen gedeihen in Hütten und verderben in Palästen

2.7 Fehleinschätzung von Anfangsverlusten

Der Glaube, Anfangsverluste seien gleichsam die zwingende Voraussetzung für spätere Gewinne, hat zahlreiche Unternehmer Kopf und Kragen gekostet. Der Neue Markt hat sich als regelrechte Hinrichtungsmaschine für diesen Irrglauben entpuppt.

Mit den Anfangsverlusten verhält es sich wie mit den Schulden und Forderungsausfällen: Es sind allesamt Drogen, die Ihnen den Weg zum vermeintlichen Heil verheißen und Sie in Wahrheit in den Abgrund führen.

Fazit: Denken Sie vom ersten Tag Ihrer Unternehmenstätigkeit nur an Gewinne! Gewinn ist nicht alles, aber ohne Gewinn ist alles nichts!

2.8 Fixierung auf Umsatzdenken

Umsatz zu machen ist zunächst nichts anderes als Geld zu wechseln. Doch ein Unternehmensziel kann nicht darin bestehen, einen 500 € Schein gegen fünf 100 € Scheine einzutauschen, sondern für die 500 € soviel wie möglich mehr zu erhalten.

Unternehmensziel ist Gewinn, nicht Umsatz! Auch in dieser Beziehung ist der Neue Markt wieder ein abschreckendes Beispiel. Allzu lange wurden einzelne Großaufträge oder spektakuläre Übernahmen oder Beteiligungen mit einem Kursfeuerwerk honoriert. Die

Anleger starrten auf die explodierenden Umsatzzahlen wie das Kaninchen auf die Schlange. Dieser verengte Blickwinkel hat die Sicht auf die entscheidenden Fragen verstellt: Ist der Großauftrag ein einmaliges Ereignis oder werden ihm weitere folgen? Hat das Unternehmen die personellen und sachlichen Kapazitäten, solche Aufträge ordnungsgemäß abzuwickeln? Können die erworbenen Firmen und Beteiligungen in das Unternehmen und seine Abläufe integriert werden? Steht der bezahlte Preis in einem angemessenen Verhältnis zur erwarteten Profitabilität? Wurde mit dem Preis ein tatsächlicher Wertzuwachs erworben oder wurde für Zukunftshoffnungen (good will-Falle) bezahlt?

Wenn steigende Umsatzzahlen nicht mit ebenfalls steigenden Erträgen einhergehen, müssen alle Alarmglocken schrillen. Sonst ist es nur eine Frage der Zeit, wann die Kosten die stagnierenden Erträge überschreiten und das Unternehmen in ernsthafte Gefahr gerät.

Auch bei Veräußerungen schlagen hohe Umsätze als solche längst nicht mehr positiv zu Buche.

Fazit: Wer immer Ja sagt, wird hohe Umsätze erzielen. Ein häufigeres Nein dagegen erhöht die Erträge.

2.9 Fehlende Reservenbildung

Auch der weitsichtigste Unternehmer kann nicht alle Entwicklungen des Marktes voraussehen, aber er kann die Risiken in seine Kalkulation einbeziehen und damit entsprechend begrenzen.

Das geschieht vor allem dadurch, dass unnötige Risiken vermieden werden. Das Finanzamt hat noch kein Unternehmen in die Ruin getrieben, sofern es seine Steuern fristgerecht bezahlt und mögliche Nachzahlungen entsprechend in Rechnung gestellt hat.

Gleiches gilt für die Beziehungen zu den Banken, wenn Raten- und Zinszahlungen pünktlich erfolgen, bzw. über sich möglicherweise abzeichnende Schwierigkeiten rechtzeitig informiert wurde.

Auch in den positiven Phasen des Geschäftsverlaufs empfiehlt es sich, Eventualpläne für den Fall bei der Hand zu haben, dass eine negative Entwicklung z.B. einen Personalabbau notwendig macht. Wenn Sie vorher wissen, was hier an Kosten für einen Sozialplan oder Abfindungen auf Sie zukommt, können Sie auch die entsprechenden Reserven bilden.

Fazit: Glauben Sie an das Gute und seien Sie auf das Schlechte gefasst! Spare in der Zeit, dann hast Du in der Not!

2.10 Vertrauen auf andere

Natürlich sollen Sie Ihren Mitarbeitern, Ihren Kunden und Lieferanten Vertrauen entgegenbringen. In einer Atmosphäre ständigen Misstrauens können sich Motivation, Phantasie und Kreativität nicht entfalten, und davon ist schließlich auch Ihr Erfolg entscheidend abhängig.

Trotzdem sollten Sie sich zu jedem Zeitpunkt der Tatsache bewusst sein, dass letztlich Sie die alleinige Verantwortung für Ihr Unternehmen tragen. Diese Verantwortung kann Ihnen niemand abnehmen und die dürfen Sie sich auch von niemandem abnehmen lassen. Diese Einsicht hat zur Folge, dass Sie es sein müssen, der immer einen Schritt weiter denkt als alle anderen. Sie müssen als erster merken, wenn am Konjunkturhimmel oder an den

Märkten Wolken aufziehen und die entsprechenden Vorkehrungen treffen, um das Unternehmen auch durch schwierige Gewässer zu steuern. Sie sind nicht nur für die Entscheidungen verantwortlich, die Sie getroffen haben, sondern genauso für jene, die Sie nicht getroffen haben. Sie müssen nicht mit jedem Detail aller Abläufe ständig vertraut sein, aber immer in der Lage sein, die Linien zu erkennen, denen diese Abläufe folgen. Sie müssen einen geraden Weg von einem krummen unterscheiden können.

Ihre Verantwortung und Führungsqualität beweist sich vor allem daran, dass Sie in jedem Bereich und zu jeder Zeit die richtigen Fragen stellen und die Richtigkeit oder Unrichtigkeit der Antwort beurteilen können. Ein Mitarbeiter oder Kunde, der weiß, dass er Sie nicht hinter das Licht führen kann, wird es erst gar nicht versuchen.

Als Unternehmer Verantwortung zu tragen ist auch ein Privileg. Aber noch mehr ist es Verpflichtung.

Fazit: Wo Lenin Recht hatte, hatte er recht: „Vertrauen ist gut, Kontrolle besser."

Sprechen Sie mit Pleitiers. Sie werden Ihnen von A bis Z alle Ursachen für ihr Scheitern benennen. Die wesentliche Ursache werden sie jedoch unerwähnt lassen: Sich selbst!

3 Fünf Leitlinien für Existenzgründer

3.1 Machen – das Gesetz des Handelns

„Man müsste mal", „Es wäre auch einmal wichtig, dass wir …" „… dass wir was?". Diese Erfolgsverhinderungsfloskeln sollten Sie vom ersten Tag Ihrer Existenzgründung an ad acta legen. Wenn etwas für Ihr Unternehmen von Bedeutung ist, dann machen Sie es!

Die erste Spielregel können wir auch das Postulat des Handelns nennen. Nichts ist in Zukunft wichtiger für Sie, als all die Sachen in Angriff zu nehmen, die für Ihr Unternehmen von entscheidender Bedeutung sind und die Sie tatsächlich voranbringen. Es gilt, erfolgsträchtige Aufgaben von Beschäftigungstherapien zu trennen. Sagen Sie sich also immer: „Bis zum soundsovielten werde ich dies und das erreicht haben." Das bringt Sie weiter! Notieren Sie die Existenzgründer-Aktionen auf einem simplen Blatt Papier. Gerade zu Beginn werden Sie eine Fülle von Aufgaben zu erledigen haben. Gehen Sie gezielt vor:

- Aktion festhalten!
- Aktionen priorisieren!
- Aktionen terminieren!
- Machen! Machen! Machen!

Mit dem „Existenzgründer-Aktionsplan" können Sie die wichtigsten Aufgaben für die nächsten Wochen und Monate festhalten. Es klingt simpel, es ist simpel und verhindert die unzähligen „Man müsste …"

Damit Sie sich nicht verzetteln und den Überblick verlieren, empfiehlt es sich, für die einzelnen Aufgabenbereiche der Existenzgründung differenzierte Aktionspläne zu erarbeiten. Untergliedern Sie zum Beispiel nach folgenden Kriterien:

- Aktionsplan Geschäftsidee
- Aktionsplan Marktanalyse/Marketing
- Aktionsplan Zukunftskonzept/Vision

- Aktionsplan Organisation
- Aktionsplan Finanzen
- Aktionsplan Gründung
- Aktionsplan Tagesgeschäft (fasst die „kleinen" Aufgaben zusammen, die es täglich zu erledigen gibt)

3.1.1 Machen heißt: Abschied vom Lamentieren

Natürlich wird es schwere Zeiten geben, natürlich stagniert hin und wieder der Umsatz, bleiben die Kunden aus, und Sie werden auch feststellen, dass nicht alle Konkurrenten schlafen. Aber Lamentieren und Wehklagen hilft Ihnen keinen Schritt weiter – Im Gegenteil: Es lähmt Sie nur.

3.1.2 Machen heißt: Nur die entscheidenden Dinge in Angriff nehmen

Konzentrieren Sie sich nur auf die Projekte, die Sie auch wirklich weiterbringen. Wenn Sie zum Beispiel Produzent sind, gibt es eigentlich nur zwei Dinge, die Sie perfekt beherrschen müssen: kostengünstig produzieren und gewinnträchtig vermarkten.

Ihre Aufgabe kann es deshalb nicht sein, sich mit der Optimierung Ihrer Steuersituation, der Wartung Ihrer Software, der dilettantischen Gestaltung von Briefpapier oder dem Studium der Rechtswissenschaften zur Absicherung Ihrer (von keinem Kunden unterschriebenen) Verträge zu beschäftigen. Für diese Fragen gibt es Berater und Spezialisten!

3.2 Nur der Kunde zählt

Erfolgreiche Existenzgründer leben nur für ihren Markt – agieren nur für ihre Kunden. Es gibt während der Existenzgründung viel für Sie zu tun, aber: Nichts ist so wichtig, wie zufriedene Kundenbeziehungen aufzubauen und neue Kunden zu gewinnen. Sie leben vom Geld Ihres Kunden! Totale Kunden –und Marktorientierung ist deshalb die zweite entscheidende Regel für Ihren Start. Alles Denken und Handeln muss sich um Ihre Kunden und um die optimale Bedienung ihrer Wünsche und Bedürfnisse drehen.

Werden Sie zum Kümmerer und Betreuer Ihrer Kunden, der immer etwas mehr leistet und mehr bietet als die Konkurrenz. Es zählt nicht, was Sie können, sondern nur das, was Ihre Kunden wollen!

Totale Marktorientierung heißt auch, die Konkurrenten mit ihren Stärken und Schwächen kennen!

Sie müssen alles daran setzen, Branchenkenner Nummer 1 zu werden! Nur so können Sie anbieten, was kein anderer hat – unterscheiden Sie sich! Informieren Sie sich über Preise, Leistungen, Konditionen Ihrer Konkurrenz! Totale Kundenorientierung verlangt auch von Ihnen, ein persönliches Verhältnis zu Ihren Kunden zu entwickeln. Wer auf den Kunden als Menschen mit all seinen Stärken, Vorurteilen und Schwächen eingeht, kann bei weitem intensivere Beziehungen aufbauen als der, der nur das Geschäftliche in den Mittelpunkt stellt.

Gerade durch einen exzellenten Service, der Service in seiner Verbindung von Dienen und Leisten versteht (!), finden Sie sehr schnell einen Schlüssel zum Menschen. Auf diese Weise sind Sie in der Lage, langfristige, vertrauensvolle Kundenbeziehungen aufzubauen. Denn gerade in der Kundenbindung liegt der Schlüssel zu profitablen Geschäften. Untersuchungen haben gezeigt, dass es 5- bis 8mal teurer ist, einen neuen Kunden zu akquirieren, als einen bestehenden Kunden zu binden.

Liefern Sie Qualität. Entscheidend sind Schnelligkeit, Zuverlässigkeit, Innovationskraft, Spezialisierung, umfassende Beratung und Betreuung und Freundlichkeit. Kein Kunde will Probleme kaufen.

Gerade der Punkt maximale Kundenzufriedenheit und -begeisterung ist mir ein wichtiges Anliegen. Im täglichen Umgang mit Unternehmen stelle ich immer wieder fest, dass der König Kunde zum Störfaktor Nr. 1 degradiert worden ist, dass er nicht mehr Sinn und Zweck der Arbeit ist, sondern nur noch lästiges Beiwerk. Machen Sie es besser, und heben Sie sich durch gelebte Kundenorientierung vom Wettbewerber ab. Machen Sie sich die drei nachfolgenden Grundsätze zu eigen:

- Kundenwünsche haben Vorrang vor allen anderen Tätigkeiten!
- Kunden werden ehrlich, höflich und als Partner behandelt!
- Kunden werden positiv überrascht!

Bieten Sie immer etwas mehr, als Ihre Geschäftspartner erwarten, und Sie erzeugen mehr als Kundenzufriedenheit: nämlich Kundenbegeisterung.

Es sind oftmals die Kleinigkeiten des freundlichen Umgangs, des Auftretens und der Selbstdarstellung, die in der Hektik des Alltagsgeschäfts sehr schnell untergehen. So sollten Sie etwa die Geburtstage Ihrer Kunden kennen und auch Ihre Interessen und Hobbys. Solche „Wellness-Faktoren" unterscheiden exzellente von mittelmäßigen Unternehmen.

Ein wirklich kundenorientiertes Unternehmen lebt diese selbstverständlichen Kleinigkeiten ganz bewusst und hat sie fest in der Unternehmenskultur verankert.

Menschen kaufen von Menschen!

Die Kunst des Verkaufes entscheidet.

„Das beste Produkt haben wir mit Sicherheit. Aber die Kunden kaufen den Ramsch der Konkurrenz. Das kann doch nicht wahr sein!", empören sich viele Unternehmer. Zu Unrecht! Denn das Verkaufen und die Selbstdarstellung gehören mindestens genauso zur erfolgreichen Existenzgründung wie das Entwickeln und Produzieren von Spitzenprodukten. Dabei steigt die Notwendigkeit eines guten Verkaufs mit der Austauschbarkeit der Produkte. Wer einmalige Produkte besitzt, die einem förmlich aus der Hand gerissen werden, braucht weniger Verkaufstalent als der, der Versicherungen, Computer oder andere 08/15-Ware an den Mann oder die Frau bringen möchte. Doch an diesem verkäuferischen Talent scheitern viele Existenzgründer. Der Produktspezialist und Tüftler ist allzu häufig nicht in der Lage, das Produkt zu verkaufen und Kundenbeziehungen zu entwickeln.

3.3 Abhängigkeit? Nein danke!

Selbständigkeit bedeutet, sein eigener Herr zu sein. Nicht als bevormundeter Angestellter seinen Arbeitstag gestalten, sondern als freier Unternehmer. Die einzige Abhängigkeit, die Sie als Selbständiger kennen, ist die Abhängigkeit vom Markt und von Ihren Kunden.

Warum aber versuchen so viele Existenzgründer – fast zwanghaft – diese Selbständigkeit und Freiheit schnellstmöglich aufzugeben, um dem Gnadentum einer Bank zu verfallen? Statt sich nach alternativen Finanzierungsformen umzuschauen, statt klein und bescheiden zu starten, wird als erste Amtshandlung der Kontakt zur Bank statt zum Kunden gesucht.

Aus vier Gründen rate ich deshalb auch von der einseitigen Kreditfinanzierung ab:

- Banken und Behörden bremsen unternehmerische Energie und Risikobereitschaft, so dass Sie bei Ihrem Start sehr schnell in eine ängstlich, unnötige Skepsis verfallen. Schon Karl Marx war bekannt, dass in unserem System die Macht den Kapitalisten gehört. Mit Fremdkapital sind Sie also machtlos, und die Bank ist mächtig. Mit der segensreichen Kreditfinanzierung können Sie keinen Hahn mehr zudrehen, und die Bank, die „Mutter der Geldhähne", hat plötzlich Mitspracherecht in Ihrem Haus.
- Viele Existenzgründer verfallen in eine gefährliche Sicherheit. Ist einmal das (fremde) Geld auf dem Konto, fängt das fröhliche Prassen an, und eine trügerische Sicherheit macht sich breit. „Was kostet die Welt?", sprach der Unternehmer und meldete Konkurs an. Statt klein und bescheiden zu starten, wird das Büro – ohne Notwendigkeit – prestigeträchtig eingerichtet. Dagegen ist eine gewisse Geldknappheit ein idealer Motor, um neue Kunden zu akquirieren und aktiv zu werden. Viele erfolgreiche Unternehmer haben mit bestätigt, dass die Knappheit der ersten Tage die Grundlage für ihr Engagement und ihren Erfolg waren. Gleichzeitig möchte ich an dieser Stelle auch vor sogenannten öffentlichen Fördermitteln warnen. In der Regel sind auch dies nur Kredite mit etwas günstigeren Konditionen – aber nicht immer mit den günstigsten. Es gibt alternative Finanzierungsformen. Ich bestreite nicht, dass für viele Existenzgründungen Fremdkapital als Anschubfinanzierung unabdingbar ist. Aber prüfen Sie genau!
- Langsam zu wachsen ist allemal besser als schnell zu schrumpfen.
- Ihre Überzeugung und Ihr Engagement sind wichtiger als Kredite!

3.4 Auf das Wesentliche konzentrieren

Wer hat Zeit für Perfektionismus? – Starten Sie in Ihre Selbständigkeit mit dem Blick für das Wesentliche! ... und das sind Ihre Kunden!

Immer wieder ist zu beobachten, dass sich viele Existenzgründer auf irgendwelchen „Nebenkriegsschauplätzen" verzetteln. Statt sich auf die zwei wertschöpfenden Tätigkeiten (Leisten und Vermarkten) zu konzentrieren, beschäftigt man sich mit Steuerstreitigkeiten, Computerwartung und der fröhlichen Planung von Eventualgewinnen. (Eine Haltung, die nach der Krediterteilung durch die Bank eher zunimmt als abnimmt.)

Dafür haben Sie aber keine Zeit! Machen Sie die Dinge, auf die es ankommt und gestalten Sie die Organisation so einfach wie möglich. Geben Sie den Steuerkram und alle

Abrechnungen an Ihren Steuerberater, statten Sie sich mit einem einfachen Computer aus, mit dem Sie auf Anhieb und ohne monatelange Einweisung arbeiten können. Winken Sie ab, wenn Ihnen jemand die modernste und umfassendste Lösung für Ihre Organisation anbieten will. Sie werden feststellen, dass Sie gar keine Zeit haben, um die Möglichkeiten der neuen Software, der aufwendigen Geräte und Anlagen auszunutzen. Planen Sie einmal – sauber, aber richtig.

Fazit: Während der Startphase haben Sie keine Zeit für Perfektionismus bei den internen Nebensächlichkeiten. Diese müssen einfach und effizient sein. Auf den Umgang und die Darstellung nach außen kommt es an. Die müssen einfach perfekt sein.

In diesem Zusammenhang lässt sich immer wieder die erste „Existenzgründer-Kapitulation" feststellen. Da startet man mit viel Elan und Ehrgeiz; die ersten Kundentermine verlaufen zufriedenstellend. Doch nach den ersten Rückschlägen verlagert sich das Engagement auf die gefährlichen Nebenkriegsschauplätze. Man streitet tagelang mit dem Finanzamt, ob dieser oder jener Pfennigbetrag abgesetzt werden kann, oder man versucht sich als Spezialist für Netzwerkprogrammierung. Ach ja, und die Ablage könnte nach vier Wochen auch mal wieder auf Vordermann gebracht werden. Nur einen Kunden aus Fleisch und Blut hat man seit Wochen nicht mehr gesehen.

Mein Tipp daher: Setzen Sie Ihre Energie richtig ein. Wenn Sie das Phänomen der „fehlgeleiteten Energien" irgendwann während Ihrer Startphase bemerken, dann halten Sie sich an folgenden Ratschlag: Sie werden sich erst dann um Nebensächlichkeiten kümmern, wenn es Ihnen gelungen ist, mindestens fünf Termine mit Kunden zu vereinbaren. Damit wird Ihr Blick wieder auf das Wesentliche gelenkt: den Markt.

3.5 Den Blick nur noch nach vorne richten

Hingabe und Besessenheit zeichnen die Erfolgsunternehmer aus. Gehen Sie deshalb auch mit Ihren ganzen Energie in diesen neuen, im wahrsten Sinne des Wortes existentiellen Lebensabschnitt. Sehen Sie die Dinge, die da auf Sie zukommen, positiv und als Herausforderung. Sie werden sich mit Ihrem Schritt in die Selbständigkeit verändern und zu einer Unternehmerpersönlichkeit reifen.

Lassen Sie sich nicht von Dritten in Angst und Schrecken versetzen, weil diese Personen vom Hörensagen wissen, dass Existenzgründungen mit Risiko verbunden sind. Was ist heute ohne Risiko? Vielleicht der Arbeitsplatz bei Daimler-Chrysler, IBM, der Deutschen Bank oder Siemens? Die Zahl der Unternehmensneugründungen ist deutlich höher wie die Zahl der Pleiten.

Natürlich werden große Belastungen auf Sie zukommen. Sie werden bis spät in die Nacht hinein arbeiten und von einigen Freizeitbeschäftigungen Abschied nehmen. Allerdings werden Sie dabei auch feststellen, dass Sie diese selbständige und selbstbestimmte Arbeit mehr ausfüllt als jede andere Tätigkeit. Es macht einfach Spaß, frei zu sein!

Machen Sie sich aber nicht selbständig, wenn Sie nicht zu 100 % von Ihrer Idee, von Ihren Produkten und Ihrer Kompetenz überzeugt sind, wenn Sie merken, dass Sie nur mit mittelmäßigen Angeboten auf den Markt kommen. Wenn Sie zweifeln, werden auch Ihre Kunden nicht an Sie glauben.

Unser Land und unsere Wirtschaft brauchen innovative und flexible Unternehmen. Das Land, weil die Großunternehmen keine neuen Arbeitsplätze schaffen, und die Wirtschaft, weil immer mehr Unternehmen Leistungen von außen einkaufen. Noch nie waren die Voraussetzungen besser als heute.

Sie werden gewinnen, wenn Sie das, was Sie in die Hand nehmen, mit der Kraft der Überzeugung machen. Mit Hingabe und Besessenheit machen Sie fehlendes Kapital wett. Eigentlich brauchen Sie nur eines: Den Willen, die Nummer 1 zu werden!

4 Fünf Schritte zur Existenzgründung

Wir komme jetzt zum praktischen Teil, den ich Ihnen anhand von wiederum fünf Schritten darstellen will.

4.1 Schritt 1: Die Geschäftsidee entwickeln und darstellen

Ihre Geschäftsidee muss Antwort auf die folgenden Fragen geben:

- Was sind die innovativen Elemente der Idee?
- Worin liegt ihre Unverwechselbarkeit? Ist sie eventuelle patentrechtlich geschützt?
- Wer ist der potentielle Kunde für das Produkt?
- Warum soll der Kunde das Produkt kaufen? Welches Bedürfnis wird befriedigt?
- Inwiefern ist das Produkt besser als vergleichbare Angebote?
- Wo liegen die Wettbewerbsvorteile des neu zu gründenden Unternehmens im Vergleich zu potentiellen Wettbewerbern?
- Wie soll das Produkt vertrieben werden?
- Wie hoch sind die Kosten und welche Preise lassen sich mit dem Produkt erzielen?

Für alle Antworten gilt die Vorgabe des Philosophen Karl Popper: „Wer's nicht einfach und klar sagen kann, der soll schweigen und weiterarbeiten, bis er's klar sagen kann."

Die Geschäftsidee richtet sich an den Investor. Sie ist kein Werbeprospekt für ein „geniales" Produkt und keine technische Beschreibung, sondern ein Entscheidungsdokument, das drei Aspekte in den Vordergrund stellt:

- Problem gelöst?
  Was ist der Kundennutzen, welches Problem wird gelöst? Der Schlüssel zum Markt sind zufriedene Kunden, nicht großartige Produkte. Kunden kaufen sich mit ihrem hart verdienten Geld die Befriedigung eines Bedürfnisses, die Lösung eines Problems – Essen und Trinken, die Erleichterung einer Arbeit, Wohlbefinden, Selbstwertgefühl usw. Erstes Prinzip einer erfolgreichen Geschäftsidee ist somit, dass sie klar darstellt, welches Bedürfnis in welcher Form (Produkt, Dienstleistung) befriedigt werden soll. Marketing-Praktiker sprechen von der „Unique Selling Proposition".
- Produkt
  Was ist der Markt? Eine Geschäftsidee hat nur dann einen wirtschaftlichen Wert, wenn sie sich in einem „Markt" durchsetzt. Zweites Prinzip einer erfolgreichen Geschäftsidee ist somit, dass sie aufzeigt, wie groß der Markt für die angebotene Leistung insgesamt ist, für welche Zielgruppe(n) sie bestimmt ist und inwiefern sie sich von der Konkurrenz abhebt.

- Geld
  Wie ist damit Geld zu verdienen? Ein Geschäft muss sich längerfristig rentieren. Drittes Prinzip einer erfolgreichen Geschäftsidee ist somit, dass sie aufzeigt, wieviel Geld damit zu verdienen ist und wie (Ertragsmechanik).

4.2 Schritt 2: Die Marktanalyse

Ihre Idee kommt auf den Prüfstand. Sie müssen wissen, was Sie unbedingt wissen müssen. Sie müssen wissen, woher Sie Ihr Wissen bekommen: Die direkte Marktforschung.
Gliedern Sie Ihre Marktanalyse in die folgenden Punkte:

- *Der Informationsbedarf*
  Was muss ich von meinen Kunden wissen?
  Wie definiere ich meine Zielgruppe?
  Was muss ich über die Akzeptanz meiner Geschäftsidee wissen?
  Was muss ich von meinen Konkurrenten wissen?
  Was muss ich über meinen Standort wissen?
  Was muss ich von meinem Markt wissen?
- *Die Informationsquellen*
  Woher bekomme ich Marktdaten?
  Welche Datenbanken, Marktforschungsberichte, Informationsquellen stehen zur Verfügung?
- *Die Kundenanalyse*
  Wie erfahre ich von meinem Kunden, ob meine Geschäftsidee bei ihm ankommt?
- *Die Konkurrenzanalyse*
  Wie führe ich eine Konkurrenzanalyse durch?
  Welche Konsequenzen ziehe ich aus der Analyse der Konkurrenten für mein Unternehmen?
- *Die Standortanalyse*
  Nach welchen Kriterien kann ich einen Standort beurteilen?
  Wie objektiviere ich die Standortwahl?
- *Die Gesamtanalyse*
  Wie kann ich die langfristige Attraktivität meines Zielmarktes bewerten?
- *Die Konsequenzen*
  Welche Konsequenzen ziehe ich aus der Marktanalyse?

4.3 Schritt 3: Die Vision als Zukunftskonzept

Die Elemente des Zukunftskonzepts

Die Vision – das Morgen in einem Satz: Hasso Plattner, Mitbegründer von SAP, hat die Bedeutung eines übergeordneten Leitbildes für das erfolgreichste deutsche Softwarehaus so zusammengefasst: „Wir hatten eine Vision und hielten daran fest! So wurden wir erfolgreich und konnten auch schwere Zeiten durchstehen." Die Vision wird der Motor und die

Verpflichtung für Ihr unternehmerisches Handeln sein. Mit der Beschreibung des „Unternehmerischen Morgens" haben Sie schon den ersten Schritt zur Formulierung Ihrer Vision gemacht.

Die Ziele – die Herausforderungen des Unternehmers: Sie werden keine Zeit haben, um sich mit aufwendigen Zielsystemen zu Beginn Ihrer Existenzgründung auseinandersetzen. Deshalb werde ich Ihnen empfehlen, mit einer überschaubaren Anzahl an Zielgrößen zu arbeiten. Diese sollten Sie dann aber auch kritisch hinterfragen und kontrollieren. Sie werden sehr schnell feststellen, dass Sie als freier Unternehmer auch ein einsamer Unternehmer sind. Niemand gibt Ihnen Hinweise und Tipps, niemand sagt Ihnen, was zu tun ist, und niemand treibt Sie an. Niemand! Deshalb müssen Sie von Ihrer Eigenmotivation und der Kraft Ihrer Überzeugung leben. Die Ziele des Existenzgründers übernehmen dabei eine enorm wichtige Funktion. Sie sind der Motor für Ihr Handeln, Ihre Herausforderung und sie ersetzen somit den Chef im Unternehmen.

Die Strategie – das „Wie" der Zielerreichung: Strategische Unternehmensführung ist kein Privileg der Großen. Verstehen Sie die Strategie als ideale Reiseplanung, um Ihre Ziele zu erreichen. Ich will Ihnen zeigen, welche strategischen Optionen Sie haben und wie Sie Ihre Energie dort einsetzen, wo Sie die größten Effekte erzielen.

Die Erfolgsfaktoren – die Gründe für Erfolg: Für Ihren Erfolg sind eine Reihe von Faktoren verantwortlich. Ich will Ihnen mit der „Existenzgründer-Erfolgsanalyse" zeigen, wie Sie im Rahmen Ihrer strategischen Planung diese Faktoren herausarbeiten und sich somit auf das Wesentliche konzentrieren.

Die Aktionsplanung – das „Was, Warum, Bis wann": Mit dem Beginn Ihrer Existenzgründung werden Sie von Ihren Aktionsplänen regiert. Hier halten Sie fest, was mit welcher Zielsetzung bis wann erledigt werden muss. Neben den Aktionen des Alltagsgeschäfts werden Sie über die Erfolgsfaktorenanalyse eine Reihe von Maßnahmen ableiten, die direkt fixiert und umgesetzt werden müssen.

Die Unternehmensgrundsätze – der Verhaltenskodex des Unternehmers: Nach welchen Prinzipien und Grundsätzen gehe ich mit meinen Kunden, Mitarbeitern und Partnern um? Diese Regeln sollten Sie in prägnanten Unternehmensgrundsätzen festhalten.

„Viele sind hartnäckig in bezug auf den eingeschlagenen Weg, wenige in bezug auf das Ziel"[2] Friedrich Nietzsche.

4.4 Schritt 4: Wissen und Handeln

4.4.1 Welche Rechtsform wählen?

Das *Einzelunternehmen* ist auch heute noch die am weitesten verbreitete Rechtsform. Ihr wesentlicher Vorzug liegt in der Unabhängigkeit und damit einem Höchstmaß an Selbständigkeit. Der Inhaber handelt im Innen- und Außenverhältnis ausschließlich eigenverantwortlich.

Betrachtet man die Seite der Formalitäten in der Gründungsphase eines Unternehmens, dann ist die Einzelunternehmung sicherlich die einfachste und überschaubarste Rechtsform. Es bedarf keinerlei vertraglicher Vereinbarungen. Die Gründungsmodalitäten beschränken sich auf die Gewerbeanmeldung und gegebenenfalls die Handwerksrolleneintragung.

---
[2] http://de.wikiquote.org/wiki/Weg, 10. Februar 2006

Nachteile: Unbeschränkte Haftung mit Privatvermögen und in der Regel hohe Arbeitsbelastung.

Die *Gesellschaft bürgerlichen Rechts (GbR)*. Die GbR ist unter allen Gesellschaften die einfachste und am besten überschaubare Gesellschaftsform. Sie wird auch BGB-Gesellschaft genannt. Die GbR ist eine auf Vertrag beruhende Personenvereinigung ohne Rechtsfähigkeit zur Förderung eines von den Gesellschaftern gemeinsam verfolgten Zwecks. Sie wird formlos begründet. Diese Rechtsform wird z.B. im Zusammenhang mit der einmaligen oder der sich wiederholenden, fallweisen Durchführung von Großaufträgen durch eine Mehrzahl von Unternehmen gewählt.

Die *Offene Handelsgesellschaft (OHG)*. Sie ist eine Verbindung von mindestens zwei Personen (die Vollkaufleute sind) zum Betrieb einer Handelsgesellschaft, bei der sämtliche Gesellschafter unbeschränkt haften. Auch die OHG ist – wie die GbR – eine Personengesellschaft ohne eigene Rechtspersönlichkeit.

Die *Kommanditgesellschaft (KG)*. Bei dieser Unternehmensform wird unterschieden zwischen dem Komplementär, der persönlich unbeschränkt wie ein OHG-Gesellschafter haftet und der auch die Geschäfte führt, und dem Kommanditisten, der sich nur finanziell an der Gesellschaft beteiligt und nur bis zur Höhe seiner Einlage haftet.

Die KG ist bei Neugründungen mittelständischer Betriebe deshalb besonders beliebt, weil sie Gesellschafter zulässt, die nicht nur von der Geschäftsführung ausgeschlossen sind, sondern auch von der vollen Haftung. Das ist gegenüber der OHG von besonderem Vorteil, denn derjenige, der nicht voll verantwortlich mitarbeitet, will auch nicht sein gesamtes Vermögen riskieren. Bevorzugt wird die KG bei der Gründung von Familienunternehmen.

Die *Stille Gesellschaft*. Eine Sonderform, die sowohl bei einer Einzelunternehmung, wie auch bei Personen- und Kapitalgesellschaften vorkommt. Die Stille Gesellschaft ermöglicht es Kapitalgebern (ähnlich der KG), in ein Unternehmen Geld einzubringen. Sie erhalten als Gegenleistung eine Gewinnbeteiligung, können aber keinen Einfluss auf die Geschäftsführung ausüben. Der „Stille Gesellschafter" ist somit Mitunternehmer, der dem Unternehmen lediglich Kapital beisteuert, aber nicht nach außen auftritt. Die Stille Gesellschaft wird im Handelsrecht wie die Rechtsform behandelt, in der das Unternehmen nach außen in Erscheinung tritt.

Die *Gesellschaft mit beschränkter Haftung (GmbH)*. Die GmbH ist die einfachste Form der Kapitalgesellschaft und eine eigene Rechtspersönlichkeit. Durch die Trennung von Gesellschaftern (als Kapitalgeber) und Geschäftsführern ist z.B. bei fehlender Qualifikation oder Konzession der Geldgeber die Einsetzung fremder qualifizierter Geschäftsführer möglich.

Das Mindestkapital einer GmbH beträgt 25.000 €. Es sind Geld- und Sacheinlagen möglich. Auf jede Stammeinlage muss ein Viertel, insgesamt aber mindestens 12.500 € vor Eintragung eingezahlt werden. Die GmbH entsteht durch Eintragung ins Handelsregister. Notwendige Organe der GmbH sind die Gesellschafterversammlung und der oder die Geschäftsführer. Bei GmbHs mit mehr als 500 Arbeitnehmern kommt noch ein Aufsichtsrat hinzu, der zu einem Drittel aus Arbeitnehmervertretern besteht. Bei mehr als 2.000 Arbeitnehmern besteht der Aufsichtsrat zur Hälfte aus Arbeitnehmervertretern.

Die *GmbH & Co. KG*. In der Praxis ist die KG oftmals eine GmbH & Co. KG. Dabei übernimmt die GmbH die Rolle des persönlich haftenden Komplementärs. Diese Kombination von Personen- und Kapitalgesellschaft bietet die Möglichkeit, die Vorteile der Kapitalgesellschaft (Haftungsbegrenzung) und der Personengesellschaft (Freibeträge, steuerliche Vorteile) zu kombinieren.

Die *Aktiengesellschaft (AG)*. Für eine Existenzgründung ist eine klassische Aktiengesellschaft nur selten in Betracht zu ziehen und auch nicht zu empfehlen.

Die *Kommanditgesellschaft auf Aktien (KgaA)*. Auch sie kommt für Existenzgründer in aller Regel nicht in Frage. Gleiches gilt auch für Genossenschaften, auf die deshalb hier auch nicht näher eingegangen wird.

4.4.2 Alles über Steuern

Als Unternehmensgründer bzw. Unternehmer werden für Sie die folgenden Steuerarten relevant:

- Einkommenssteuer
- Körperschaftssteuer (Einkommenssteuer der Körperschaften = AG und GmbH)
- Gewerbeertragssteuer (gewinnunabhängig)
- Gewerbekapitalsteuer (abhängig von der Höhe des Betriebsvermögens)
- Grundsteuer
- Umsatzsteuer = Mehrwertsteuer

4.4.3 Alles über Versicherungen und Vorsorge

Mit diesen Versicherungsarten sollen Sie sich vertraut machen:

- Risikovorsorge
- Absicherung nicht kalkulierbarer Risiken

Als Absicherung:

- Betriebsunterbrechungsversicherung
- Haftpflichtversicherung
- Rechtsschutzversicherung
- Unfall-, Krankenversicherung
- Renten-, Lebensversicherung

4.4.4 Alles, war rechtens ist

Als Unternehmer sind Sie mit einer breiten Palette von Gesetzen und Rechtsvorschriften konfrontiert. Von besonderer Bedeutung sind dabei:

- Bürgerliches Recht
- Handelsrecht
- Gesellschaftsrecht

- Schutzrecht (Gewerblicher Schutz, Wettbewerbsrecht, Datenschutzrecht, Umweltschutzrecht)
- Arbeitsrecht
- Berufsbildungsgesetz
- Schwerbehindertengesetz
- Sozialrecht
- Verfahrensrecht
- Steuerrecht

4.4.5 Finanzen planen und kontrollieren

Bei der Verwirklichung Ihrer Existenzgründung ist Geld zwar nicht alles, aber ohne Geld ist alles nichts. Denn die Schlüsselfrage gerade bei der Gründung eines auf Wachstum ausgerichteten Unternehmens ist die Finanzierung. Professionelle Investoren fördern nur Projekte, denen ein schlüssiger und überzeugender Businessplan zugrunde liegt. Dieser Businessplan sollte u.a. auf folgende Fragen Antworten geben:

- Wer sind die Mitglieder Ihres Unternehmerteams und was zeichnet sie aus? (Ausbildung, Berufserfahrung, nachweisbare Erfolge, Ruf in der Branche)
- Welche Erfahrungen und Fähigkeiten, die für die Umsetzung Ihrer Geschäftsidee und den Aufbau des Unternehmens von Bedeutung sind, besitzt das Team?
- Welche Erfahrungen und Fähigkeiten fehlen dem Team? Wie und durch wen wird das Team ergänzt?
- Was ist die Motivation der einzelnen Teammitglieder?

4.4.6 Finanzmanagement

Die nachstehenden Stichpunkte sind entscheidend für ein erfolgreiches Finanzmanagement.

- Die Bank auf meiner Seite
  - Was muss ich beim Umgang mit Banken beachten?
  - Wie viele Bankverbindungen brauche ich?
- Investitions- und Finanzplanung
  - Wie viel Geld steht zur Verfügung?
  - Wie viel Geld brauche ich?
- Gewinn- und Umsatzschätzungen
  - Wie viel Gewinn und Umsatz kann ich machen?
  - Wie kann ich Gewinn und Umsatz abschätzen?
  - Was bedeutet der „Cash-Flow" für mein Unternehmen?
- Unternehmensfinanzierung
  - Welche Fehler kann ich bei der Finanzierung machen?
  - Wie kann ich Finanzierungsfehler vermeiden?
  - Was muss ich beim Kreditgespräch beachten?
  - Welche Kreditsicherheiten gibt es?

- Welche öffentlichen Fördermittel gibt es, und wie komme ich an diese Mittel?
- Wie berechne ich meine monatlichen Belastungen?
- Wie sichere ich Kredite?
- Wie finanziere ich krisenfest?
- Wie stärke ich meine Eigenkapitalbasis?
- Wann bin ich schuldenfrei?
- Das Geld reicht nicht! Was nun?
  - Wie plane ich meine Liquidität?
  - Wie verbessere ich meine Liquidität?

4.5 Schritt 5: Die Gründung

Die offizielle Gründung ihres Unternehmens ist zwar nur ein formaler Akt. Dennoch sollten Sie ihn zum Anlass nehmen, sich noch einmal folgendes vor Augen zu führen:

Sie haben eine tolle Geschäftsidee, die Sie durch eine Marktanalyse untersucht haben und die von potentiellen Kunden für gut befunden wurde. Sie wissen, wohin Sie mit Ihrem Unternehmen wollen und welche Erfolgsfaktoren eine wichtige Rolle spielen. Die finanzielle Seite ist durchleuchtet und steht auf sicheren Füßen. Was kann da noch passieren? Nichts! Vergessen Sie allerdings nicht, die folgenden Anmeldungen durchzuführen:

- bei der Krankenkasse (Mitarbeiter)
- bei der Berufsgenossenschaft (Unfallversicherung)
- bei der Ortsbehörde (Geschäftsbetrieb)
- beim Gewerbeaufsichtsamt (Arbeitsschutzüberwachung)
- beim Finanzamt (Steuernummer)
- bei der Industrie- und Handels- (Pflichtmitgliedschaft) bzw. Handwerkskammer
- beim Arbeitsamt (Betriebsnummer)
- bei der Post (Anschrift, Postfach, Telefon usw.)
- bei der Telekom (Telefon, Telefax, Internet)

Alle Hinweise, Tipps, Anregungen und Ratschläge sind die technischen Instrumente, die Ihnen helfen sollen, Ihre Visionen und Ideen in die Wirklichkeit umzusetzen. Der entscheidende Erfolgsfaktor aber bleibt der Glaube an Sie selbst, die Zuversicht und der feste Wille, das zu erreichen, was Sie sich vorgenommen haben.

Weiterführende Literatur

von Collrepp, Friedrich (1999): Existenzgründung – Für die ersten Schritte in die dauerhaft erfolgreiche Selbstständigkeit, Stuttgart
Lippert, Werner (2002): Praxis Handbuch Existenzgründung, München
Rasner, Carsten,/Füser, Karsten/Faix, Werner G. (1997): Das Existenzgründer-Buch – Von der Geschäftsidee zum sicheren Geschäftserfolg, Landsberg/Lech

Unternehmensführung

Alfred-Joachim Hermanni

1 Medienmanagement

In Deutschland wurde bis in die 80er Jahre hinein der Begriff „Unternehmens- und Betriebsführung" mit Management gleichgesetzt und angelehnt an vorherrschende Definitionen aus der Betriebswirtschaftslehre, die daraus *sachbezogene* Aufgaben auf Leitungs- und Verwaltungsebene ableiteten. Später kam eine weitere, ergänzende Aufgabe hinzu, die *personenbezogen* ausgerichtet ist und auch mit „Führung von Menschen" identifiziert wird.

Bereits in den 70er Jahren fordern Steinmann, Böhm und Picot[1] als weitere Komponente hohe ethische Standards von der Unternehmensführung, sehen aber darin keine hinreichende Bedingung zur Ordnung der Machtausübung in der Wirtschaft[2].

Nach den Vorstellungen internationaler Spitzenmanager sind bestimmte Kerntätigkeiten für die Ausübung einer Unternehmensführung zwingend erforderlich[3]. Dazu zählen:

- Berufliche Aufgabe der Unternehmensführung ist es, Kunden, Mitarbeitern, Geldgebern und der Gesellschaft zu dienen und deren widerstreitende Interessen zum Ausgleich zu bringen.
- Die Unternehmensführung muss dem Kunden dienen. Sie muss die Bedürfnisse der Kunden bestmöglich befriedigen.
- Die Dienstleistung der Unternehmensführung gegenüber Kunden, Mitarbeitern, Geldgebern und der Gesellschaft ist nur möglich, wenn die Existenz des Unternehmens langfristig gesichert ist.

Zunehmend hängt der Erfolg eines Unternehmensführers auch davon ab, auf welche *Ressourcen* er zurückgreifen kann und wie er diese zum richtigen Zeitpunkt einsetzt. Die Wissenschaft spricht hierbei von der Ausschöpfung unternehmensinterner Erfolgspotentiale[4]. Unter diese einzigartigen Ressourcen können fallen:

- *Immaterielle Vermögenswerte* wie Urheberrechte, Markenrechte, Patente – so genannte Schutzrechte.
- *Mediale Nutzungsrechte*, also persönliche geistige Werke der Kunst, Literatur und Wissenschaft, die durch das Urheberrecht geschützt sind. Hierbei ist es erforderlich, dass der Urheber seine Rechte auf ein Medienunternehmen zur Verwertung überträgt (z.B. schließt ein Buchautor mit einem Verlag einen Nutzungsvertrag ab).
- *Qualitätsstandards*, die ein Unternehmen pflegt. Durch die Einsetzung und Überwachung der Standards existiert eine gleich bleibende Qualität, die dem Kunden zugute

---

[1] Steinmann u.a. 1973, Böhm 1977 und Picot 1977/1999
[2] Vgl. Staehle 1987, 362
[3] Vgl. ‚Das Davoser Manifest', „European Management Forum" 1973, 9f
[4] Vgl. Habann 2001, 107; Wernerfelt 1984, Rasche 1994 u.a.

kommt und die einen Wert darstellt. Nehmen Sie als Beispiel die „ARD-Tagesschau", die durch einen hohen Qualitätslevel ihre Spitzenposition unter den Nachrichtensendungen bis heute beibehalten hat.
- Die *fachliche Kompetenz einzelner Personen*, die nicht imitierbar sind. Bezogen auf die Medienbranche denken Sie bitte an diverse Leitartikler der bundesweit erscheinenden Tageszeitungen, an prominente Sprecher einzelner Hörfunksender oder an die populären Moderatoren des Fernsehens.

Eine Analyse des Begriffs „*Medienunternehmung*" ist allerdings aus soziologischer Sicht noch nicht abgeschlossen, sie wurde bisher eher vernachlässigt[1]. Siegert[2] registriert schließlich, dass drei Prinzipale eine Medienunternehmung beeinflussen:

- das Publikum,
- die werbetreibende Wirtschaft und
- der Kapitaleigner.

Wenn von Unternehmensführung gesprochen wird, fällt dieser Begriff häufig im Zusammenhang mit einer *Strategieumsetzung*, wobei damit gemeint ist, dass der Leader Leitlinien, Ziele und Strategien entwickeln soll, die in konkrete, operative Handlungsanweisungen münden. Unbestritten ist heute, dass eine Medienunternehmung eine aktive Rolle im Markt einnimmt und dass diese Rolle im Zusammenhang des globalen Strukturwechsels von Medienökonomie, Kultur und Gesellschaft zu betrachten ist.

Im Prinzip ist eine Unternehmung nur dann existent, wenn sie die Produktionsziele selber setzt und selbst über die zu deren Verwirklichung einzusetzenden Mittel entscheidet[3]. Einem Unternehmen vorzustehen bedeutet Verantwortung zu übernehmen, und zwar nach außen wie nach innen. Im Außenverhältnis gegenüber den Kunden, Subunternehmern und freien Mitarbeitern; im Innenverhältnis gegenüber den Gesellschaftern/Geldgebern und festen Mitarbeitern. An Unternehmensführer aus der Medienbranche werden heutzutage folgende *Anforderungen* gestellt:

- Abgeschlossenes Studium (z.B. Medienmanagement, BWL, Jura);
- Juristisches Verständnis, um Gesetzestexte untersuchen zu können;
- Kaufmännische Grundkenntnisse für betriebs- und volkswirtschaftliche Zusammenhänge (insbesondere in den Bereichen Finanz- und Kostenmanagement zum zweckdienlichen Einsatz der Budgetmittel einschließlich des Controllings);
- Analytische und organisatorische Fähigkeiten, Unternehmen zu managen (insbesondere langfristige strategische Planung und Steuerung von Entwicklungsprozessen);
- Ein Unternehmen mit dem Ziel führen zu können, Gewinne zu erzielen (von der „Informationsverarbeitung" bis zur „Prozesssteuerung");
- Künstlerische und/oder technische Fertigkeiten bei der Herstellung von Audio-/Video-/Print-/Multimedia-Produkten;
- Fähigkeit, Personal zu führen (ausgeprägte Teamfähigkeit);
- Sicherheit im Umgang mit Produkten und Marken (Marketinggrundkenntnisse);

---

[1] Vgl. Heinrich 1999
[2] Siegert 2001
[3] Linde 1988, 89

- Fremdsprachenkenntnisse (mindestens Englisch);
- Souveränes und verbindliches Auftreten, um Beratungsleistungen für den Kunden einschließlich Kundenpotential- und Zielgruppenanalyse erbringen zu können (Stichwort „Beziehungspflege").

Nach dieser Funktionsbeschreibung bleibt aus aktuellem Anlass festzuhalten, dass gerade in wirtschaftlich schwierigen Zeiten Führung ein besonders verantwortungsbewusstes ökonomisches und personelles Handeln fordert, um im Interesse eines Unternehmens eine Dienstleistung effizient herzustellen und am Markt gewinnbringend zu verkaufen. Unternehmer wissen: In letzter Konsequenz sind sie gegenüber den Kunden für die Produkte verantwortlich – und *haften ganz allein* für deren Herstellung. Welches Ziel Sie als Medienunternehmer auch ansteuern, immer sollte die künstlerische und technische Qualität des Produktes Ihr Handeln bestimmen. Nur ein wirklich gutes Produkt zu einem fairen Preis überzeugt.

Was die *personelle Seite* anbelangt, handeln Sie als Unternehmer nach drei Grundsätzen:

Grundsatz I:
„Personaleinsatz bedeutet zugleich Personalverantwortung!" Dieser Satz will ausdrücken: Sie haben eine Fürsorgepflicht gegenüber den Mitarbeitern. Diese beginnt mit der Vertragsunterzeichnung und endet z.B. nach Produktionsschluss mit der ordnungsgemäßen Gagenabrechnung einschließlich aller Lohnnebenkosten wie Sozialabgaben, die Sie als Arbeitgeber zu leisten haben. Führen Sie sich immer vor Augen, dass Sie selber der Mitarbeiter sein könnten, und legen Sie gerechte Maßstäbe im Umgang mit den Kollegen an.

Grundsatz II:
„Stellen Sie nur so viele Mitarbeiter ein, wie Sie wirklich für eine Produktion benötigen!" Legen Sie zunächst anhand einer Personalbedarfsermittlung fest, wie der Bedarf an Personal qualitativ (berufliche Kriterien/fachliche Kompetenz) und quantitativ (Anzahl der Personen) auszusehen hat. Im zweiten Schritt engagieren Sie das Personal nach Auswahlkriterien wie Ausbildungszeugnisse, Referenzen und persönliches Auftreten beim Interview. Jeder unnötige Mitarbeiter belastet das Teamwork, jeder fehlende Mitarbeiter ebenso. Denken Sie bei Ihren Planungen an die Vorkalkulation und an die Produktionsarbeiten, die zu erledigen sind. Ein Mitarbeiter zuviel verursacht unnötige Lohnkosten und kann den Gewinn gefährden. Er kann auch ein Team behindern, weil die Arbeit auf zu viele Schultern verteilt wird, die sich allein schon organisatorisch um einen Kopf mehr abstimmen müssen. Ein fehlender Mitarbeiter kann ein Team schnell an seine Leistungsgrenzen führen, worauf es aus seiner Routine ausbrechen muss, um die Produktion zu gewährleisten. Dadurch entstehen Fehler und Pannen, und es kann zu Produktionsverzögerungen kommen, die enorme Kosten verursachen.

Grundsatz III:
„Gute Verträge ersparen unnötigen Ärger und Missverständnisse". Egal, ob Sie zum ersten oder zum wiederholten Mal einen Vertrag ausarbeiten, fragen Sie Ihren Anwalt, ob Sie ein neues Recht vertraglich aufnehmen müssen. Gerade unser Medienrecht verändert sich sehr schnell, weil insbesondere ständig neue technische Übertragungswege geschaffen

werden. Insgesamt gilt bei allen Vertragsgestaltungen: Regeln Sie vertraglich so viel wie nötig, aber lassen Sie sich noch einen Handlungsspielraum.

Und noch etwas ist zu protokollieren, das bei theoretischen Abhandlungen zum Thema „Unternehmensführung" meist übersehen wird: Eine der wichtigsten Voraussetzungen für eine perfekte Geschäftsbeziehung zum Kunden ist, diese Tätigkeit mit Begeisterung auszuüben. Verkaufen Sie dem eigenen Team den möglichen Auftrag als eine Chance für die Zukunft, als eine Herausforderung, Profil zu zeigen. Connor, einer der weltweit bekanntesten Verkaufs- und Kommunikationstrainer, spricht von einem Selbstlernprozess, der zum Erfolg führt. Die richtige Einstellung ist nach seinen Worten der zentrale Erfolgsfaktor zu mehr Unabhängigkeit und Sicherheit: *„Ihre Fähigkeit, den Kunden zu beeinflussen, hängt direkt davon ab, ob Sie sich selbst beeinflussen können. Die Begeisterung des Kunden hängt davon ab, wie begeistert Sie selbst von Ihrem Produkt sind."*[4]

2   Controlling/cash flow

In jeder Phase einer Produktion soll die Kontrolle (das so genannte Controlling, ein im Innenverhältnis eines Unternehmens durchzuführender Prozess) dazu beitragen, die Plan- oder Solldaten mit den Ist-Daten zu vergleichen und gegebenenfalls Korrekturmaßnahmen durchzuführen. Ferner wird erwartet, dass durch das Controlling die Zukunft eines Unternehmens gesichert wird.

Laut Staehle[5] geht der Controllinggedanke auf die Zeit der industriellen Revolution in den USA zurück, als im Zuge zunehmender Kapitalkonzentration und Fixkostenbelastung ab 1880 einem „Comptroller" die finanzwirtschaftliche Überwachung der Unternehmung übertragen wurde[6]. Horváth[7] versteht Controlling als „ergebniszielorientiertes Koordinationssubsystem der Führung", und Reichmann[8] sieht es als „die zielbezogene Unterstützung von Führungsaufgaben", die „zur Verbesserung der Entscheidungsqualität auf allen Führungsstufen der Unternehmen" beiträgt. Bezogen auf den Rundfunk hat Gläser[9] die Aufgaben „Integration und Konsensbildung", „Aufklärung und bessere Information" und „Versachlichung der Konflikthandhabung" hervorgehoben.

In der betrieblichen Praxis nehmen heute bei den meisten Unternehmen im Zuge des Controllings das Rechnungswesen, die Planung und das Berichtwesen den größten Stellenwert ein. Nach der Maierschen Zielsetzung[10] kann ein solche Kontrolle nur erfolgen, wenn in der Planungsphase die Ziele nach Inhalt, Ausmaß und zeitlichem Bezug bestimmt wurden. Im Falle von Soll/Ist-Abweichungen sind mögliche Ursachen zu suchen.

Köcher[11] ist zuzustimmen, dass keine umfassende Konzeption eines „Controllings für Medienunternehmen" möglich ist, sondern lediglich für ein „Beispiel-Medium". Zu verschieden sind die Wertschöpfungsketten, die Finanzierungsformen, Distributionswege und

---

[4] Connor 1998, 22
[5] Staehle 1987, 37
[6] Vgl. auch Serfling 1983, 18 ff
[7] Horváth 1996, 138
[8] Reichmann 1995, 12
[9] Gläser 1990, 324 ff
[10] Maier 2001, 90
[11] Köcher 2002, 199

Nachfragestrukturen der Ausprägungen des Sammelbegriffes „Medienunternehmen". Soweit es sich allerdings um einzelne, in sich abgeschlossene Medienprojekte handelt, ist eine systematische Herangehensweise möglich. Spätestens nach Abschluss einer Produktion müssen Informationen über das betriebliche Geschehen gesammelt werden, um daraus für zukünftige Aufträge die richtigen Schlüsse zu ziehen. Wir stellen sozusagen einen Soll-Ist-Vergleich an zwischen ursprünglicher Planung und dem Ergebnis. Alle Positionen, aber auch die Mitarbeiter kommen zur Sprache, denn die Kontrolle bildet den Ausgangspunkt für neue Herausforderungen.

Eine *Controlling-Checkliste* sollte sich von ihrem Anspruch her insbesondere mit den Themen „Arbeitsabläufe", „Finanzen", „Personal", „Vertragsrecht" und „Marketing" beschäftigen. Ergänzen Sie die nachstehende Checkliste je nach Medienprojekt durch detaillierte Fragestellungen und führen Sie im Zuge der Auswertung Korrekturmaßnahmen durch, wo es gilt, Abhilfe zu schaffen. Steuern und regeln Sie laufende Projekte und ziehen Sie aus den Erkenntnissen Schlüsse für zukünftige Vorhaben.

Checkliste zur Ergebniskontrolle (Beispiele für erste, zentrale Fragen)

- Welche managementorientierten Arbeitsabläufe können optimiert werden (prozessual, personell, strukturell)?
- Wurden die Zeitabläufe eingehalten und die Produktionsvorgaben erfüllt? Wenn nein, warum nicht?
- Welche finanziellen Positionen wurden unter- oder überschritten, und warum?
- Ist der Kunde seinen finanziellen Ratenverpflichtungen pünktlich nachgekommen?
- Benötigte das Unternehmen Zwischenkredite zur Finanzierung des Projektes?
- Sind personelle Ausfälle, also Mitarbeiter, die ihren Aufgaben nicht nachgekommen sind, zu beklagen?
- Haben sich Mitarbeiter durch Kompetenz und Fleiß für anspruchsvollere Aufgaben empfohlen?
- Müssen Vertragsmuster aktualisiert werden?
- Kann das Produkt anderen Kunden als Muster für ein Neugeschäft präsentiert werden? Wenn ja, welche Marketingmaßnahmen müssen ergriffen werden?
- Müssen einzelne Fehlleistungen gegenüber dem Kunden oder den Subunternehmen korrigiert werden?
- Wie kann ein Kontakt zu dem Kunden intensiviert werden, um einen Anschlussauftrag zu erhalten?

Nicht nur in der ökonomischen Theorie sichert der Geldfluss – der so genannte *„cash flow"* – das Finanzierungssystem eines Unternehmens. Es sind schon etliche Unternehmen daran erstickt, dass der Kunde verspätet oder überhaupt nicht gezahlt hat, und mussten als bittere Konsequenz daraus Insolvenz für die eigene Firma anmelden. Welche Schlüsse sind aus dieser Aussage zu ziehen?

1. Legen Sie in den Verträgen Ratenzahlungen fest. Den Prozentsatz für die einzelnen Raten sollten Sie wohlüberlegt unter dem Gesichtspunkt fixieren, dass es theoretisch niemals zu Liquiditätsproblemen kommen kann. Bei hohen Beträgen empfehle ich drei

Raten: Bei Vertragsabschluss, zum Beginn der Produktionsarbeiten und nach Abnahme der Produktion!
2. Stoppen Sie eine Produktion, wenn der Kunde nicht pünktlich zahlt. Mahnen Sie ihn jedoch zuvor einmal ab, und wenn die Vertragssumme immer noch nicht fließt, brechen Sie die Produktion endgültig ab. Im Zweifel ist es Ihr Geld, das ab sofort ausgegeben wird.

3 Internationale Medienwirtschaft

3.1 Historie

Die seit dem 17. Jahrhundert entstandenen *Zeitungs- und Zeitschriftenverlage* sowie der Handel mit *Büchern* sind privatwirtschaftlich organisiert. Auch die im 19. Jahrhundert gegründeten international engagierten *Nachrichtenagenturen* wie Wolff (Deutschland), Havas (Frankreich) und Reuters (Großbritannien) betrieben ihre Geschäfte rein kommerziell. Im Gegensatz hierzu finanzierte sich der *Hörfunk* (die erste Funkübertragung von Sprache und Musik gelang 1906) über einen langen Zeitraum rein öffentlich-rechtlich, bis in einzelnen Ländern das duale Rundfunksystem eingeführt wurde (Deutschland startete erst 1984 das duale Rundfunksystem). Einzig in den USA konnten CBS und NBS Werbeeinnahmen bereits ab 1934 verbuchen und waren damit kommerziell tätig. Grundsätzlich gilt: In Ländern mit nicht-parlamentarischer Grundordnung ist der Rundfunk (Fernsehen und Hörfunk) überwiegend als staatliche Einrichtung organisiert, in demokratischen Ländern hat sich ein Nebeneinander von öffentlich-rechtlichem und privatem Rundfunk herausgebildet.

Nach Ende des Zweiten Weltkrieges setzte sich das *Fernsehen* als neues Massenmedium durch (die ARD-Anstalten verbreiteten ab 1952 das Deutsche Fernsehen); über Jahrzehnte hinweg existierte ein öffentlich-rechtliches Monopol in den europäischen Ländern. Weltweit gesehen spricht man von drei *globalen Medienmärkten*, die seit dem Zweiten Weltkrieg bestehen und weitgehend von US-Unternehmen dominiert werden: der Film- und Buchmarkt sowie die Musikbranche.

3.2 Internationalisierung

Aus der Sicht des Medienmanagements hat die Frage nach den Gründen für eine Ausdehnung einer Geschäftstätigkeit auf internationale Ebene eine herausragende Bedeutung. Nach Macharzina[12] ergeben sich im Internationalisierungsprozess für Unternehmen sowohl

- Zusatzkosten durch Grenzüberschreitung als auch
- Zusatznutzen durch ausgleichende, oligopolistische oder monopolistische komparative Vorteile.

Dabei wird ein Unternehmer nur dann eine Erweiterung seiner Geschäfte auf ausländische Märkte anstreben, wenn zumindest langfristig der Zusatznutzen die Zusatzkosten über-

---
[12] Macharzina 1982

steigt. Apfelthaler[13] nennt einige Beispiele für *Zusatzkosten*: direkte Kosten der Auslandsmarktforschung, der internen Potenzialanalyse, der Qualifizierung von notwendigen Personalressourcen, der Produktanpassung, der Marktbearbeitung, der zur Steuerung von Auslandsaktivitäten notwendigen Ressourcen ... *Zusatznutzen* kann entstehen in rein monetären Kategorien durch direkte Rückflüsse aus dem Auslandsgeschäft, im Erwerb von neuem und innovativem Know-how in Produktion, Management und Vertrieb, im Schaffen von Zugang zu ausländischen Distributionskanälen (Anmerkung: z.B. zur Reichweitenmaximierung), zu finanziellen Ressourcen oder öffentlichen Förderungen[14].

Auf zwei weitere Facetten des internationalen Wettbewerbs macht Porter[15] aufmerksam:

- Kostenführerschaft oder
- Differenzierung.

Kostenführerschaft meint, dass ein Unternehmen in der Lage sein muss, seine Herstellungskosten innerhalb der Wertschöpfungskette derart zu senken, dass ihm dadurch ein Wettbewerbsvorteil entsteht. Eine Alternative wäre laut Porter eine *Differenzierung* gegenüber den Mitbewerbern hinsichtlich der angebotenen Qualität oder durch einen Zusatznutzen des angebotenen Produktes. Aufgrund einer qualitätsvoll ausgerichteten Produktpolitik können einem Unternehmen allein schon dadurch Marktvorteile entstehen, dass es sich von den Mitbewerbern unterscheidet.

Meissner[16] skizziert ein Stufenmodell, wie Unternehmen ihr Kapital im Ausland üblicherweise investieren. Im ersten Schritt werden Produkte lediglich im Zuge eines *Exportgeschäftes* vertrieben, um Erfahrungen auf dem neuen Markt zu sammeln. Danach entscheidet das Unternehmen, welche weiteren Investitionen vorgenommen werden sollen. Zur Auswahl stehen eine *Lizenzvergabe* (die Berechtigung zur Be- und Ausnutzung fremder Rechte), ein *Joint-Venture* (zwischenbetriebliche Kooperation zur Realisierung einmaliger Vorhaben oder eines gemeinsam betriebenen Unternehmens) oder eine *Direktinvestition* (langfristige Kapitalanlage, höchster Kapitalfluss).

3.3 Europäische Union

Die Europäische Union (EU) verkörpert seit Anfang der 90er Jahre den größten Markt der Welt, gemessen an Bevölkerungszahl, Bruttoinlandsprodukt und Bruttoanlageinvestitionen. Eine der bedeutenden Wachstumsbranchen der EU ist nach wie vor der Mediensektor, gerade wenn man an den bevorstehenden Beitritt der Länder aus Ost- und Südosteuropa denkt. Hier bieten sich für die strategischen Unternehmensplaner der Medienunternehmen ungeahnte Möglichkeiten der Expansion, auch wenn kein einheitlicher Kommunikationsraum (z.B. mit einer gemeinsamen Sprache und allgemein gebräuchlichen Informations- und Unterhaltungsstandards) besteht.

---

[13] Apfelthaler 2000, 201
[14] Vgl. für den Bereich der Medienunternehmung die Untersuchung von Hoskins/McFadyen 1993 zu internationalen Joint-Ventures
[15] Porter 1985
[16] Meissner 1993, 1874

Frühzeitig haben die westlichen Medienunternehmen Mittel- und Osteuropa als lukrative Märkte erkannt, wobei in den Printmärkten die Westeuropäer die Hauptrolle spielen, während der Rundfunkmarkt von US-Konzernen dominiert wird (z.B. Viacom, Walt Disney, AOL Time Warner, Liberty Media). Nach einer Studie der „Europäischen Journalisten Föderation" (EJF) kommen die Hauptinvestoren in den Pressemärkten aus Deutschland, Skandinavien und der Schweiz. Erleichtert wurden diese Unternehmenswechsel durch zwei Faktoren:

- Für nationale Wettbewerbsregelungen gab es in den früheren kommunistischen Ländern keinen Bedarf; vielerorts sind staatliche Monopole durch kommerzielle ersetzt worden.
- Bereits mit geringen Investitionen konnten westliche Unternehmen die Presse-Marktführerschaft in kleineren Beitrittsländern wie Estland, Lettland oder Rumänien übernehmen. Eine Ausnahme bildet lediglich das bevölkerungsstärkste Beitrittsland, Polen. Hier herrscht ein hartnäckiger Wettbewerb unter den Investoren, denn schließlich geht es allein im Printmarkt um die Kaufkraft von circa 40 Millionen Verbrauchern.

Zusammenfassend gilt, dass Medienprodukte eine intensive nationale, teilweise regionale Nachfrage erfahren und nicht wie gängige Industrieprodukte europaweit gehandelt werden können. Eine Sonderstellung nehmen lediglich Spielfilme, Musiksendungen und Wirtschaftszeitungen ein, die grenzüberschreitend Bedürfnisse bei ihren Zielgruppen wecken.

Bezogen auf die *europäische audiovisuelle Medienlandschaft* dürften im Jahre 2003 rund 800 Programme mit nationalem Sendebereich ausstrahlen, wobei immer mehr Programme auch über Landesgrenzen hinweg per Satellit verbreitet werden (19 von 33 Millionen EU-Haushalten verfügen über digitalen Satellitenempfang). Der Umsatz des Fernseh- und Hörfunksektors belief sich EU-weit im Jahr 2000 auf circa 62 Milliarden Euro. Rückblickend hat die von der Europäischen Kommission im Jahre 1989 verabschiedete Richtlinie „Fernsehen ohne Grenzen" diese Entwicklung eingeleitet und gefördert. Im Jahre 2003 hat die für Bildung und Kultur zuständige Kommissarin Reding ein aktuelles Arbeitsprogramm vorgestellt, das die EU-Richtlinie überprüfen und dabei die gegenwärtigen wirtschaftlichen und technologischen Entwicklungen berücksichtigen soll. „Die gemeinschaftliche Politik im audiovisuellen Bereich verfolgt eine doppelte Zielsetzung: zum einen die des Binnenmarktes und des audiovisuellen Marktes, denn es geht darum, die freie Verbreitung der Programme in der Gemeinschaft zu gewährleisten und die europäische audiovisuelle Branche zu stärken; zum anderen eine kulturelle und soziale Zielsetzung, denn es geht auch darum, bestimmte allgemeine Interessen zu schützen – im Sinne der Bürger oder verschiedener sozialer Gruppen."[17]

Ernüchternd in diesem Kontext sind jedoch die Finanzdaten, die nicht von einer starken audiovisuellen europäischen Branche im internationalen Rechtehandel ausgehen. Das EU-Handelsdefizit mit den Vereinigten Staaten auf dem Markt der Senderechte betrug im Jahr 2000 4 Milliarden Dollar und für den gesamten audiovisuellen Sektor 8 Milliarden Dollar.

Dramatische Auswirkungen hat die EU-Erweiterungspolitik für den *Filmstandort Deutschland*, denn deutsche Produktionsunternehmen können im aggressiven internationa-

---

[17] Reding 2003

len Preiswettbewerb kaum noch erfolgreich bestehen. Aufgrund geringerer Personalkosten werden immer häufiger große Filmproduktionen in Tschechien, Bulgarien, Litauen und Polen realisiert (daneben sind Marokko und Südafrika längst als preiswerte internationale Standortalternativen eingeführt). Im Gegensatz zu Deutschland versteht es besonders Frankreich, seiner heimischen Filmindustrie standortfördernde Regelungen im Rahmen der EU-Binnenmarktpolitik zu gewähren; so ist die französische Filmförderung in hohem Maß an eine Mittelverwendung innerhalb des Landes geknüpft.

Betrachten wir die Lage der Medien in Europa nach nationalen Aspekten, dann wird eine fortschreitende Konzentrationsmacht innerhalb einzelner Mitgliedsländer festgestellt. Ein gutes Beispiel hierfür sind die durch die romanischen Sprachen miteinander verbundenen Märkte Frankreich, Spanien und Italien. In Frankreich expandierte der Zeitungsverlag „Le Monde" zu einem gigantischen Medienunternehmen, so dass die Mitbewerber um ihre Zukunft fürchten. Demgegenüber haben sich in spanische Unternehmen insbesondere italienische Verlage eingekauft, die die Kontrolle der Gesellschaften anstreben oder bereits innehaben [z.B. der Mailänder Verlag „Rizzoli Corriere della Sera" bei dem Verlag „Unedisa", der die zweitgrößte spanische Zeitung „El Mundo" herausgibt.] Der Berlusconi-Sender „Telecinco" liegt in Spanien bereits auf dem dritten Platz im Ranking. Besonders deutlich fällt die Machtkonzentration in Italien aus: Gegenwärtig sind drei Fernsehkanäle [z.B. „Mediaset"] und mehrere Tageszeitungen [die u.a. über den Großverlag „Mondadori" herausgegeben werden] im Besitz der Berlusconi-Familie. Diese Machtfülle drückt sich auch in den Werbeeinnahmen aus, wobei davon allein die Berlusconi-Sender circa zwei Drittel kassieren.

3.4 Die Wirtschaftskrise und ihre Folgen für die Medienunternehmen

Die heutigen Probleme der Medienindustrie sind zum Teil hausgemacht und waren damit voraussehbar. Nehmen wir hierfür als Beispiel den deutschen Fernsehmarkt, der ab Mitte der 80er Jahre von der Selbsteinschätzung ausging, dass er langfristig ein Wirtschaftssektor mit unbegrenztem Wachstum sein würde und relativ autark von anderen Industriezweigen. Diese Selbstüberschätzung führte vielerorts zu leichtsinnigen Investitionen etwa in New economy-Unternehmen, zu Geschäftsabschlüssen, die maßlos übertreuert waren (z.B. beim TV-Sport-Rechtekauf von Fußball- oder Formel 1-Übertragungen) oder zum starren Festhalten an Spartensendern wider betriebswirtschaftliche Vernunft (z.B. Bezahlfernsehen „Premiere"). Die natürlichen ökonomischen Folgen: Konzerne wie „Kirch", diverse Kabelnetzbetreiber und renommierte Postproduktionsstätten (z.B. „Taunus Film", „Das Werk") mussten Insolvenz anmelden und rigorose Sparmaßnahmen wurden in nahezu allen Medienunternehmen ergriffen.

Hinzu kam, dass die Werbeeinnahmen im Mediensektor einbrachen (insbesondere auch im Zeitungsmarkt). Spätestens zur Jahreswende 2002 hatten wichtige Werbekunden wie die Branchen Energieversorgung, Finanzen, Spezialversender und Telekommunikation ihre Werbeschaltungen gravierend reduziert und damit zum Rückgang des Werbemarktes erheblich beigetragen. Laut Nielsen Media Research ist der Werbemarkt 2002 mit insgesamt rund 16,4 Milliarden Euro um 4,4 Prozent auf das Niveau von 1999 geschrumpft; im ersten Quartal 2003 lag der Bruttowerbeumsatz in den klassischen Medien bei 3,9 Milliarden Euro. Damit fiel der Werbeaufwand für das erste Quartal 2003 um 3,7 Prozent geringer aus als im Vorjahr und bestätigte die rückläufige negative Investitionsentwicklung. Die Fernsehwirtschaft hat traditionell die höchsten Werbeumsätze, gefolgt von den Printmedien (im ersten Quartal 2003 lagen die Zeitungen vor den Publikumszeitschriften). Auf den Rängen folgen danach Radiowerbung, Plakatwerbung und Fachzeitschriften. Auffällig ist, dass im Berichtszeitraum die Massenmedien (inklusive Eigenwerbung) 7,5 Prozent mehr in Werbung investierten als im Vergleichzeitraum 2002 und dass auf der anderen Seite die Automobilbranche ihre Werbeinvestitionen um 3,7 Prozent reduziert hat. Welche Schlüsse sind aus den Fehleinschätzungen der Vergangenheit zu ziehen?

1. Zukünftig kommt es generell darauf an, mehr Sachkompetenz und Ordnungsdenken als Risikobereitschaft walten zu lassen. Die herzustellenden Produkte müssen wieder stärker nach Regeln und Prozessen gesteuert werden.
2. Zweitens müssen sich die Unternehmen auf ihre Kernkompetenzen zurückbesinnen, auf ihre klassischen Standards, die sie stark gemacht haben. Sie müssen sich dabei ernsthaft und präventiv der Frage stellen, inwieweit ihre Produkte und Informationen den Erwartungen der Zielgruppe entsprechen, denn die Konsumenten werden immer kritischer.
3. Drittens wird eine neue Generation von Unternehmensmanagern benötigt, die sowohl über journalistisch-kreative wie ökonomische Kenntnisse verfügen, damit die Programmherstellung nicht mehr isoliert von den Programmerlösen betrachtet wird. Schächter, dem Intendanten des Zweiten Deutschen Fernsehens, ist zuzustimmen, der eine erweiterte Definition des Medien-Managements einfordert: „Die neuen Stars der Zukunft aber müssen Medienmanager sein, die ökonomische wie publizistische Fähigkeiten noch stärker miteinander verbinden."[18]

Wir stehen im 21. Jahrhundert weltweit in einem globalen Spannungsfeld zwischen Unternehmen, Kunden und Wettbewerbern. Traditionelle Grenzen einschließlich Sprachbarrieren brechen immer mehr weg, es entstehen andersartige Marktstrukturen, weitere Medienkonzentrationen, weshalb wir uns neu orientieren müssen. Diese Öffnungsoffensive birgt Chancen wie auch Risiken, die nur durch eine strategische Unternehmensplanung gemeistert werden können.

4 Programming

Das klassische Programming steuert durch generell ablaufende Vorgaben einen Herstellungsprozess, um die dabei entstehenden Kosten innerhalb eines Unternehmens oder einer Produktion so gering wie möglich zu halten.

Kiefer[19] und Seufert[20] sehen die Debatte über Medienwettbewerb und Medienkonzentration letztlich als eine Erörterung über „die Endproduktion von Medieninhalten", also die Ebene des „Programming", des Zusammenbaus publizistischer Inputs und der Gestaltung des Medien-Objekts als Angebot für den Rezipientenmarkt.

---

[18] epd medien, Nr. 42/2003, 4
[19] Kiefer 2001, 91
[20] Seufert 1997, 261

Nach Heinrich ist das Programming aber nur beschränkt möglich bei journalistischen Produktionen[21], wobei ich ergänzend darunter alle Medienproduktionen ansiedeln will, da auch hier stets ein geistiger Urheber hinter einem Produkt steht, der nicht zwangsläufig ein Journalist sein muss (denken wir z.B. an Autoren, Fotografen und Grafiker). Heinrich bietet alternativ zum Programming ablaufsteuernde Vorgaben an:

- die Vorgabe allgemeiner Verfahrensrichtlinien, die den Lösungsweg für die Aufgabe einschränken und das Ergebnis eingrenzen;
- die Vereinheitlichung der Qualifikation durch einheitliche Ausbildung und
- eine Wertorientierung, also eine Programmierung des Verhaltens durch Werte, die in der Unternehmung entwickelt und gepflegt werden.

Andere Autoren verweisen darauf, dass aus ökonomischer Sicht die notwendigerweise kreativitätsfreundlichen Strukturen von Medienorganisationen mithin in dem Maß etabliert sind, wie es der Sachzwang der Effizienz zulässt. In der Tat steht die Medienbranche hierbei vor einem Dilemma: Einerseits will die Führung eines Unternehmens – etwa ein Verleger oder die Geschäftsführung eines Fernsehsenders – klare Strukturen und ein effektives Kosten-/Nutzenverhältnis anwenden. Andererseits ist der Unternehmensführung bewusst, dass durch eine Anhäufung organisatorischer und wirtschaftlicher Vorgaben der Leistungsfähigkeit und der Kreativität einzelner Mitarbeiter starre Grenzen gesetzt werden und damit dem Unternehmensergebnis geschadet wird. Denn: Nur abseits des Mainstreams entstehen Werke, die eine erhöhte Aufmerksamkeit bei den Zielgruppen wecken, die letztlich die Zukunft des Unternehmens sichern!

Die Medienbranche und übrigens auch die Werbeagenturen haben die richtigen Schlüsse aus der beschriebenen Zwangslage gezogen und lassen ein relativ selbständiges Handeln der Mitarbeiter zu. Folglich werden hinsichtlich eines Programmings nur wichtigste Vorgaben gesetzt:

- Die Unternehmen werden durch Rahmen- und/oder Programmrichtlinien gelenkt.
- Die organisatorischen Zwänge werden durch exakte Mengen- und Zeitvorgaben gesteuert (z.B.: „Die Redaktion benötigt bis heute 18:00 Uhr einen Beitrag zum Thema ‚Jobkiller Schwarzarbeit' in einer Länge von 5'30 Minuten").
- Allgemein gehaltene ethische Normen werden von allen Mitarbeitern akzeptiert (z.B. die des „Deutschen Presserates"); teilweise werden diese ergänzt durch einen hausinternen Verhaltenskodex.
- Gestalterische Produktionsvorgaben, wie etwa bei Zeitungen/Zeitschriften oder im Fernsehen üblich, finden Anwendung (z.B.: „Bei der Abmoderation nennt der Reporter seinen Namen und den Sender, für den er berichtet." Oder: „Unsere Zeitung hängt jede Titelgeschichte an einem Einzelschicksal auf, der Einstieg umfasst mindestens sechs Zeilen").

---

[21] Vgl. Heinrich 1999, 164

5 Preisfindung

In einem Markt hat alles seinen Preis oder, wie Samuelson/Nordhaus[22] es formulieren, „den Wert der Ware, ausgedrückt in Geld. Die Preise stellen jene Bedingungen dar, zu welchen die Haushalte und Unternehmen bereit sind, bestimmte Waren auszutauschen."

Ökonomisch betrachtet bestimmen drei Akteure ein wirtschaftliches Geschehen und damit einen Preisfindungsprozess:

- Unternehmen/Produzenten, die Güter oder Dienstleistungen herstellen.
- Konsumenten/Haushalte, die die Güter oder Dienstleistungen käuflich erwerben und verbrauchen (bei werbefinanzierten Medien kommt ein weiterer Akteur hinzu: die werbetreibende Wirtschaft).
- Der Staat, der die Rahmenbedingungen etwa durch eine Steuerpolitik festsetzt und die Einhaltung dieser Bedingungen überwacht.

Paulsen[23] spricht von einem *ökonomischen Kreislaufmodell*, in welchem Haushalte und Unternehmen auf Produktmärkten aufeinandertreffen, wobei Preise gebildet und Beziehungen in Form von Angebot und Lieferungen ausgetauscht werden. Dazu eine grundsätzliche Anmerkung: Der Unternehmensbereich Medien gilt als risikoreich, weil hohe Fixkosten in Form von Vorlaufkosten bestehen, durchweg Innovationen von den Konsumenten gefordert werden und der Wert immaterieller Medienprodukte schwer einzuschätzen ist. Niemand kennt beispielsweise die Nachfrage von morgen für Buchprodukte oder Drehbücher für Filme. Ein Qualitätsanspruch des Konsumenten lässt sich nur hinsichtlich der technischen Eigenschaften eines Produktes ableiten (z.B. wird ein durchschnittlicher Fernsehzuschauer keinen Film mehr in analoger Darstellungsweise akzeptieren, sondern ein digitales Format erwarten).

Insgesamt finden drei Arten der Preisfindung Anwendung[24]:

- kostenorientierte Preisfindung,
- nachfrageorientierte Preisfindung,
- konkurrenzorientierte Preisfindung.

Eine *kostenorientierte Preisfindung* setzt sich vorrangig aus den Kosten für die Herstellung eines Produktes zusammen, wobei die Preisuntergrenze mindestens die Herstellungskosten abdecken sollte. Angenommen, die Produktion eines Hörfunkspots würde € 3.000,- für Studiomiete, Sprecher, Musik und Rechte (z.B. für Text) inklusive Auftragsakquisition und -abwicklung kosten, dann sollten Sie den Spot an den Werbekunden mit minimal € 3.000,- zzgl. Gewinn/Handlungskosten (Anmerkung: 15% sind ein gängiger Betrag) verkaufen.

Im Gegensatz dazu richtet sich eine *nachfrageorientierte Preisfindung* primär nach dem Zusammenhang zwischen Angebot und Nachfrage. Je größer die Nachfrage ist, desto höher kann der Preis des Angebotes ausfallen. Umgekehrt ist es sehr selten der Fall, dass infolge einer sinkenden Nachfrage der Preis reduziert wird. Es ist wahrscheinlicher, dass dann das Produkt vom Markt genommen oder mit kostenlosen Zusatzleistungen angeboten

---

[22] Samuelson/Nordhaus 1998, 51
[23] Paulsen 1966, 66
[24] Vgl. Breyer-Mayländer 2003, Kotler/Blimerl 2001, Meffert 2000 u.a.

wird. Hierzu ein Beispiel: Die Autoindustrie, die in Teilen Umsatzeinbußen zu verzeichnen hat, bietet den Käufern eine Finanzierung eines neuen Fahrzeuges über die Hausbank des Autounternehmens zu einem sehr günstigen Zinssatz an oder verschenkt wertvolle Benzingutscheine beim Kauf eines Fahrzeuges.

Bei einer *konkurrenzorientierten Preisfindung* müssen die vergleichbaren Produkte der Mitbewerber berücksichtigt werden. Dabei gilt das Prinzip: Je interessierter Zielgruppen an einem speziellen Produkt sind, desto höher kann der Preis angesetzt werden. Bezogen auf die werbetreibende Wirtschaft wäre z.B. der Idealfall, dass eine TV-Sendung derart populär und exklusiv vom Format ist, dass der Sender hohe Schaltgebühren verlangen kann, da eine kaufkräftige, konsumorientierte Zielgruppe angesprochen wird (ein Beispiel: die prämierte US-Actionserie „24", die im September 2003 bei RTL II lief). Wird dagegen ein vergleichbares Produkt von mehreren Wettbewerbern angeboten, entstehen häufig Preisschlachten um die Zielgruppen (Beispiele: Billigangebote bei Flugpreisen oder in Supermärkten).

Der Anbieter von Leistungen bei der *Werbevermarktung* ist, so Breyer-Mayländer[25], allerdings nicht frei hinsichtlich der Entscheidung des Modus der Preisfindung. Zudem spielt auf dem Medienmarkt bei teilweise werbefinanzierten Objekten die Mischfinanzierung aus Copypreis und Werbeeinnahmen eine wichtige Rolle. Auf den Rundfunkmärkten gibt es zudem Höchstgrenzen für die Einbindung von Werbung.

Wenn Zeitungsverlage ihre Publikationen dem Markt anbieten, gehen sie stets von einer *Mischfinanzierung* bei der Preisfindung aus: Vertriebserlöse aus dem Verkauf der Publikation und Einnahmen aus dem Verkauf von Anzeigenraum. Bei einer Refinanzierung lediglich aus Vertriebserlösen würden die Verlage „rote Zahlen" schreiben. Um ein weiteres Beispiel für eine Mischfinanzierung zu nennen: Kopien von Produktionen sind grundsätzlich marktfähig, und damit kann auf einem handelsüblichen Vertriebsweg eine Refinanzierung der Herstellungskosten erfolgen. Das Risiko, am Markt zu scheitern, wird prinzipiell gemindert, unabhängig davon, ob hierbei Kopien von Filmen über einen Videoverleih oder von Fotos über Bildagenturen vertrieben werden. Ausgenommen davon sind „minderwertige" Produktionen, die sich nicht verkaufen lassen und deren Herstellungspreise die Erlöse überschreiten.

5.1 Wirtschaftlichkeitsprinzip

Im Vordergrund unseres Denkens muss stets das „Wirtschaftlichkeitsprinzip" – das so genannte ökonomische Prinzip – stehen. Laut Schumann/Hess[26] „fordert es, so zu handeln, dass ein bestmögliches Verhältnis zwischen Güterverbrauch (Output) und Güterentstehung (Input) erreicht wird." Anders ausgedrückt: Die Preise sollten den Produzenten in die Lage versetzen, die für die Produktion eingesetzten Ressourcen mit Gewinn zu veräußern.

Dazu stellt Beck[27] fest: Ein Unternehmer muss Gewinne erwirtschaften; deswegen sind Kosten und Erlöse seine zentralen Größen, auf die er achten muss. Unterstellen wir einmal weiter, dass er den Marktpreis seiner Produktion nicht beeinflussen kann. Damit sind seine Erlöse durch den Preis definiert. Entscheidend für ihn ist, dass der Preis, also der Erlös pro Stück, über den Kosten pro Stück, also den Stückkosten, liegt. Der Preis ist auch

---

[25] Breyer-Mayländer 2003, 192
[26] Schumann/Hess 2002, 3
[27] Beck 2002, 33 ff

immer Indikator für die Wertschätzung eines Produktes. So gibt der Kunde spätestens an der Ladenkasse bekannt, ob er bereit ist, das Produkt zu dem Preis zu erwerben. Nicht umsonst führen die Handelskonzerne längerfristige Marktuntersuchungen durch, um Produktpreise maximal auszureizen.

Ein kluger Unternehmer wird bei steigenden Preisen versuchen, seine Produktkapazitäten zu erhöhen, denn diese Entscheidung führt zu steigendem Angebot, wodurch höhere Gewinne zu erwarten sind. Bei sinkenden Preisen wird er die Produktion einstellen, wenn die Kosten unter dem zur Kostendeckung erforderlichen Preis liegen. Wir alle kennen diese Situation aus der Automobilbranche: Je nach Nachfrage fahren die Hersteller zusätzliche Schichten, reduzieren diese oder stellen die Produktion bestimmter Fahrzeugtypen ein.

Gerade in Zeiten, wo Kosteneffizienz und Return on Investment (Rendite) eine herausragende Rolle bei Kunden wie Aktionären spielen, muss das Preis-/Leistungsverhältnis absolut stimmen.

5.2 Neugeschäft und Preisfindung

Im konkreten Fall will ein Jungunternehmer aus der Filmbranche ein neues Geschäft abschließen. Wie geht er vor, um einen Preis zu bilden?

Als Produzent ist er gefordert, dem Markt ein Angebot zu unterbreiten. Das Angebot unterbreitet er direkt einem Fernsehsender, indirekt aber einer Hauptzielgruppe wie etwa einem jüngeren Publikum zwischen 12 und 16 Jahren, das z.B. Action-Komödien mit jüngeren Kultstars aus den Vorabendserien schätzen könnte. Wenn Vereinbarungen zwischen Geschäftspartnern geschlossen werden, bestehen diese häufig aus einzelnen Bausteinen. Im Allgemeinen wollen wir aber als Unternehmen nicht nur eine erste *Beratungsleistung* gegenüber dem Kunden erbringen (z.B. ein Exposé zu einer TV-Serie verkaufen), sondern auch seine Medienauftritte/Produkte *gestalten* (z.B. eine TV-Serie herstellen*)* und vielleicht sogar weitere Dienste *vermitteln* (z.B. Merchandising zur TV-Serie). Kurz: Wir wollen möglichst einen Full Service leisten.

Als Einstieg zu diesem Paket dient die Beratung, „eine Zurverfügungstellung von Fachwissen gegen vereinbartes Honorar." Das Ziel eines Erstkontaktes sollte deshalb sein, dass das Unternehmen einen Beratungsauftrag vom Kunden bekommt (z.B. einen Vorvertrag oder Drehbuchvertrag) und von ihm gebrieft wird – also eine kurz gefasste Gestaltungsanweisung für die gesamte Arbeit erhält.

Während meiner Vorlesungen bin ich von den Studenten gefragt worden, ob man bereits während des ersten Gesprächstermins darauf drängen sollte, einen Beratungsauftrag zu erhalten. Vom Grundsatz her rate ich dringend dazu, dem Kunden zu verdeutlichen, dass die Leistungen nach einer ersten gegenseitigen Information honoriert werden müssen. Wann der ideale Zeitpunkt ist, dieses Thema anzuschneiden, hängt vom Gesprächsverlauf ab. Normalerweise funktioniert ein erster gegenseitiger Informationsaustausch wie folgt: Der Produzent oder der Kunde spricht über die geplanten Dienstleistungen und/oder das zu betreuende Produkt. Sie stellen Ihr Unternehmen einschließlich Leistungen vor und danach erste konkrete Fragen zu den geplanten Dienstleistungen und/oder das zu betreuende Produkt. Betriebswirtschaftlich gesehen handelt es sich um den Prozess eines Geschäftsplanes (Business Plans), bezogen auf ein Einzelgeschäft.

Bei der Preisfindung ist meistens der Ansatz hilfreich, einem potentiellen Kunden Hintergrundinformationen über sein Produkt und seine Aufgabenstellung zu entlocken. Welcher Kunde ist nicht stolz auf seine Leistungen und will darüber mit anderen reden, um als Person anerkannt zu werden! Zwischen den Zeilen erfahren Sie häufig, was ihm Ihre Leistungen wert sein könnten oder was er bereits in der Vergangenheit für vergleichbare Leistungen gezahlt hat. Angenommen, der Kunde möchte eine TV-Serie (als Auftragsproduktion) herstellen lassen. Dann würde der Kunde bei einem ersten Briefing Ihnen mündlich oder schriftlich selbst ein kurzes Exposé vortragen (alternativ erläutert er, welcher Film eines Mitbewerbers ihm gefallen hat). Im Weiteren würde er über die zu zeigenden Produkte sprechen und einige Eckdaten wie Zahl der Darsteller, Motive etc. und den Termin präsentieren, wann der Film fertiggestellt sein soll. Aufgrund der Daten sollten Sie in der Lage sein, eine Vorkalkulation erstellen zu können.

Jedes Geschäft ist ein Neugeschäft und bedarf deshalb eines engagierten Auftrittes. Denn jeden Kunden, den Sie einmal gewonnen haben, werden Sie auch einmal wieder verlieren. Sei es dadurch, dass Ihr Ansprechpartner aus dem Unternehmen ausscheidet, die Chemie zwischen Ihnen nicht mehr stimmt, er mit Ihren Leistungen nicht mehr zufrieden ist oder diese in seinen Augen marktwirtschaftlich überteuert sind. Eine für beide Seiten zufriedenstellende Preisfindung und die Qualität Ihres Auftrittes beim Kunden entscheidet darüber, ob Sie einen Auftrag erhalten, denn vieles hat der Kunde schon unzählige Male gedacht und gehört. Und vergessen Sie nicht: Neugeschäft findet im Wettbewerb statt, weil Ihre Mitbewerber ebenfalls ante portas stehen.

6 Produktzyklen

Medienunternehmen sind bekanntlich definiert als wirtschaftliche Einheiten, die produzieren und ihre Produkte absetzen. Dabei haben die ineinandergreifenden Produktionsabläufe ein gemeinsames Ziel: einen Output zu erzielen. Den Output sollen Haushalte käuflich erwerben. Haushalte sind wirtschaftliche Einheiten, die nicht für den Medienmarkt produzieren, sondern einzig konsumieren.

In der deutschsprachigen medienwissenschaftlichen Literatur überwiegt die These, dass keine anerkannte Theorie der Medienproduktion existiert, sondern nur Fragmente von Produktionsempfehlungen. Hierzu zählen z.B. Redaktionsvereinbarungen und Programmrichtlinien, die bei Print, Hörfunk, Film und Fernsehen sowie bei Multimedia Anwendung finden, wobei es sich um vornehmlich pragmatische Orientierungsstränge handelt. Zweifelsohne lassen sich Medienproduktionen nicht betriebswirtschaftlich steuern wie Herstellungsprozesse etwa in der Fahrzeug- oder Getränkeindustrie, wo die Produkte sozusagen per Fließband automatisch-standardisiert ablaufen. Rein rationale Kriterien würden der Medienbranche keinen kreativen Gestaltungsraum lassen.

Bei einem periodisch ablaufenden Geschehen lassen sich laut Kiefer[28] drei relevante *Produktionsebenen* unterscheiden:

- Die Produktions- oder Inputebene, also die Beschaffung und Herstellung immaterieller Werke.

---
[28] Kiefer 2001, 190

- Die publizistische Ebene als Produktionsebene zweiter Stufe, die vor allem den Zusammenbau der First Copy zum Kuppelprodukt umfasst.
- Die Distributionsebene als der Absatz bzw. die Ausstrahlung von Medienprodukten.

Den Zusammenhalt zwischen den drei Produktionsebenen muss der Unternehmer/Produzent als Akteur herstellen, der von der Entwicklung einer Produktidee bis einschließlich zum Verkauf des Produktes verantwortlich zeichnet. Der Akteur bestimmt entscheidend die Dynamik des Gesamtprozesses.

Bei einer Medienproduktion wird unterschieden zwischen einem *immateriellem Gut* (dem Werk, das durch geistige-kreative Arbeit zustande kommt) und dem *materiellem Gut* (dem Endprodukt). Prosi[29] vergleicht das Endprodukt mit einem materiellen Werkstück, einer Kopie. Um den Unterschied deutlich zu machen: Ein Schriftsteller schreibt ein immaterielles Gut, das fertige, gedruckte Buchexemplar ist ein materielles Werkstück. Drehbuchautoren, Regisseure und Schauspieler erbringen geistige, künstlerische Leistungen, während der fertige Film – das Masterband – das Werkstück verkörpert.

Maier[30] hat den Versuch unternommen eine Theorie der Medienproduktion zu entwickeln. So bezeichnet er als Produktion die Kombination von Produktionsfaktoren mit dem Ziel einer betrieblichen Leistungserstellung einschließlich solcher Funktionen wie z.B. Beschaffung, Transport, Lagerhaltung, Fertigung und Kontrolle. Weiterhin stellt er Zusammenhänge her zwischen dem *Verzehr von Produktionsfaktormengen (Input)* und *den diesen Verzehr verursachenden Größen (Output)*. Der Verzehr von Produktionsfaktoren bei der Herstellung von Zeitungen und Zeitschriften konkretisiert sich beispielsweise im Einsatz von Arbeitszeit für die Beschaffung und Erstellung von Texten, Bildern und Grafiken, im Verbrauch von Papier, Farben und dergleichen sowie in der Abnutzung von Maschinen und Gebäuden. Den Output bilden die fertigen Zeitungen und Zeitschriften.

Um einen Produktlebenszyklus überhaupt aufstellen zu können, ist die Kenntnis der Umsatzentwicklung eines jeden Produktes über die Zeit eine zwingende Voraussetzung. Nur auf diesem Wege lassen sich, rein theoretisch gesehen, Planungslücken eines Produktes rechtzeitig schließen. In der Praxis allerdings zeigt dieses Konzept Schwächen, da man nie genau weiß, in welcher Phase der Umsatzentwicklung sich das Produkt befindet und wie lange es noch vermarktbar ist[31]. Zwei Vorteile sieht allerdings Staehle bei dem Lebenszykluskonzept:

- Der Manager wird angeleitet, in unterschiedlichen Entwicklungsphasen eines Produktes bzw. Marktes auch einen unterschiedlichen Mix an Marketinginstrumenten einzusetzen (Produkt-, Distributions-, Kommunikations- und Konditionspolitik).
- Dem Management wird anschaulich klar, dass bei unverändertem Produktionsprogramm der Gesamtumsatz der Unternehmung langfristig gegen Null tendiert und folglich neue Produkt/Markt-Felder entwickelt bzw. erschlossen werden müssen, sofern die Unternehmung ihr Umsatzniveau halten oder ausbauen möchte.

Ergänzend hierzu liefert das Konzept natürlich Angaben zu den Marktanteilen eines Produktes, dessen Stärken und Schwächen. Auch kann der Unternehmer durch geplante Inno-

---

[29] Prosi 1971
[30] Maier 2001, 21 ff
[31] Vgl. Staehle 1987, 378

vationen oder durch eine aktuelle Preisgestaltung – etwa Senkung des Verkaufspreises – dem Produkt eine längere Überlebenschance geben. Eine positive Wertschöpfung aus einem Produkt kann im günstigen Fall auf zweierlei Art und Weise zustande kommen:

- Durch eine *vertikale Integration*, wobei die aufeinander folgenden Produktionsstufen innerhalb eines Unternehmen zusammengefasst sind. Ein Beispiel wäre der Kirch-Konzern, der Filmproduktion, Filmverleih und Filmabspiel in *ein* Unternehmen eingebunden hatte. Oder der Bertelsmann-Konzern, der Bücher in seinen Verlagen herstellt, über eigene Kanäle vertreibt (z.B. durch „Der Club") und über externe Abnehmer wie den Buchhandel verkauft.
- Durch eine *Diversifikation*, wobei unter Berücksichtigung der Produktions- und Absatzstruktur neue Produkte auf neuen Märkten eingeführt werden. Damit soll die Zukunft eines Unternehmens gesichert werden. Im Fernsehbereich ist diese Aufgabenteilung von RTL und ProSiebenSat.1 her bekannt: Die Muttergesellschaften produzieren die Formate und gehen damit zunächst exklusiv auf Sendung (zumeist in die Erst- und Zweitausstrahlung), während die Töchter wie RTL II und Kabel 1 zu einem späteren Zeitpunkt die Wiederholungssendungen ausstrahlen.

Medieninhalte sind in der Regel kurzlebige Produkte und ihre Aussagen schnell überholt. Umso wichtiger ist es, dass der Produktionszeitraum zwischen dem Verfassen des Inhalts (seinem Neuwert) und seiner Publizierung so kurz wie produktionstechnisch möglich ist. Alte, inzwischen bekannte oder von einer Entwicklung bereits überholte Inhalte lassen sich üblicherweise nicht verkaufen und belasten eine Refinanzierung der Herstellungskosten und damit den Kreislauf regelmäßig wiederkehrender Ereignisse – sprich: der Produktzyklen.

Heinrich moniert in einer Besprechung des Buches „Medienwirtschaft und Gesellschaft I"[32], dass neue Erkenntnisse über die Besonderheiten der Medienproduktion nicht entwickelt werden. Dennoch will ich bei allen Vorbehalten den Versuch wagen, Handlungsempfehlungen in Form von Fragestellungen auszusprechen, um einen Grundstock für eine betriebswirtschaftlich-organisatorisch ausgerichtete Vorgehensweise zu legen. Bei einem Vergleich zwischen den Mediengattungen fällt nämlich auf, dass disziplinübergreifend produktionsorientierte Gemeinsamkeiten vorhanden sind. Die Resultate habe ich in einer Checkliste – Leitfaden „Medienwirtschaft" genannt – zusammengefasst.[33] Innerhalb der Checkliste wird zwischen drei Phasen – Produktionsebenen - unterschieden:

- Prä-Produktionsphase (Vorbereitung/Inputebene)
- Produktionsphase (Realisation/Outputebene) und
- Post-Produktionsphase (Nachbereitung/Distribution/Positionierung)

---

[32] Karmasin/Knoche/Winter, 2002
[33] Hermanni 2004

7 Leitfaden „Medienwirtschaft"

7.1 Prä-Produktionsphase

Eigendarstellung des Produktionsunternehmens

- Wie *präsentiert* sich das Unternehmen (unternehmerische Vision/Geschäftskonzept, personelle Struktur des Teams, finanzielle Ausstattung, Unternehmenskultur)?
- Einsatz von *Werbemitteln* (z.B. Showreel/Broschüren/Anzeigen/Website)

Kundengewinnung durch Beratungsleistungen

- Wie wird die *Qualität des Auftrittes* vorbereitet? (U.a. psychologische Strategie des Verhandelns/Argumente des Überzeugens; Präsentation von Unterlagen; Ausarbeitung einer Frageliste für den Kunden hinsichtlich Projekt, Zielgruppe, Budget, Zeitfenster; Körpersprache/Performance usw.)
- Erkenntnisse der *Marktforschung* bei Erstpräsentation nutzen
- *Unternehmensinformationen* über Kunden einholen (Größe, Umsatz, Zahl der Mitarbeiter, Geschichte des Unternehmens, Corporate Identity/Design, Marktposition, Mitbewerber, geplante Innovationen)
- Welche Leistungen sind zusätzlich bei einem *Erstkontakt* erforderlich? (U.a. Name und Verantwortungsbereich des Ansprechpartners klären, Antworten/Nutzen für die Anbahnung einer möglichen Geschäftsbeziehung vorbereiten)
- Unterlagen und Muster bestehender *Kommunikationsmaßnahmen* besorgen

Teamwork innerhalb des Produktionsunternehmens

- Sind wir (unser Unternehmen) von dem *herzustellenden Produkt* begeistert? Wenn nicht, Überzeugungsarbeit leisten!
- Auf welche Weise sollen (im Auftrag) oder wollen (auf eigenes Risiko) wir *eine Marke/ein Produkt kommunizieren* ? (Z.B. nach „AIDA"-Marketing-Formel, „Internet-Flussdiagramm", „Positionierungs-Pyramide", eigenem Kriterien-Katalog.)
- Steht die *Vorkalkulation*?
- Wie sieht der *Produktionszeitplan* aus (timetable)?
- Wie sichern wir die *Refinanzierung des Produktes*?
- Welche *Wertschöpfungsketten* (kommerzielle Vermarktungsstrategien wie Sponsoring, Produkt-Placement, Licensing, Merchandising) können im Zuge eines Programmvertriebes genutzt werden?
- Müssen wir den *Markt analysieren*, weil wir auf eigenes unternehmerisches Risiko handeln? (Z.B. nach demographischen, geographischen und verhaltensbezogenen quantitativen und qualitativen Kriterien.) Haben wir einen Wettbewerbsvorteil? Wie vermeiden wir Streuverluste?
- Wie sehen die *künstlerischen Vorstellungen* unserer Kreativen hinsichtlich des herzustellenden Produktes aus? (Wurde z.B. ein Exposé oder Konzept erstellt?)

- Welchen *Umfang von Leistungen* bieten wir dem Kunden an? (Z.B. einen Full Service.)
- Welche *ökonomischen Anliegen* hat mein Unternehmen, wenn das Produkt hergestellt wird? (Stimmt der Preis bezüglich Kostendruck und Wettbewerb im Zuge der Angebotserstellung?)
- Kann die *interne Kernmannschaft* die Aufgabe lösen und steht sie zeitlich zur Verfügung?
- Stellen wir *externe Mitarbeiter* ein? (Qualifikation hinsichtlich beruflicher Kriterien und fachlicher Kompetenz, Gagen, Verträge.)
- Mieten wir *externe Technik und Leistungen von Subunternehmen* an? (Geschäftsgrundlagen und Lieferbedingungen, Verträge.)
- Wie beschaffen wir *zusätzliche Informationen*? (Etwa aus dem Internet, aus der Literatur, über Umfragen?)
- Müssen zusätzliche *Versicherungen* abgeschlossen werden (z.B. Bild-, Ton- und Datenträger, Haftpflicht- und Feuerhaftung, Equipment/Geräte)?
- *Reise- und Transportlogistik*: Müssen Reisen (Routenplan, Flüge, Fahrzeuge, Hotels etc.) geplant und gebucht werden?
- Liegen die *Verträge* mit externen Subunternehmen und freien Mitarbeitern vor?
- Sind vor dem Produktionsstart *alle Planungen abgeschlossen* (Analyse) und die Aufgaben innerhalb des Unternehmens eindeutig verteilt worden (Disposition)?

Kundenbeziehung

- Wurde mit dem Kunden mindestens ein *Beratungsvertrag* (gegen Honorar) abgeschlossen?
- Fand ein ausführliches *Briefing* mit dem Kunden hinsichtlich der zu erbringenden Leistungen statt (z.B. Thema und Inhalt, Zielgruppendefinition, vom Kunden gewünschte Kernbotschaft/Zielsetzung, Umfang der Produktion, Höhe des Budgets)? Wurden die Inhalte des Briefings schriftlich festgehalten?
- Liegen alle *Rechte* vor, um das Produkt herzustellen?
- Wie sieht der *Geschäftsplan* (Vorkalkulation und endgültiger Business-Plan) für das Projekt/Produkt aus?
- Wurde eine erste *Teilrechnung* an den Kunden gestellt?

7.2 Produktionsphase

- Sind die *Arbeitsbereiche „on job"* (Kontrolle der Managementaufgaben)?
- Wird der *Zeitplan* eingehalten?
- Stimmt die *Qualität* mit unserer Produktionszusage überein (Prinzip „Klasse statt Masse")?
- Liegen die internen und externen *Fixkosten* im Rahmen?
- Hält sich der Kunde an die *Finanzierungsvereinbarungen* (Ratenzahlungen), und funktioniert der „cash flow" bei unserem Unternehmen?

- Müssen wir *akquirieren* (z.B. Anzeigen- und Vertriebsmarketing), weil wir auf eigenes Risiko produzieren?
- Halten wir einen *kontinuierlichen Kontakt* zu dem Kunden? (Fühlt er sich gut betreut?)
- Ist eine *Zwischenabnahme des Produktes* durch den Kunden sinnvoll?

7.3 Post-Produktionsphase

- Laufen die *Nachbearbeitungsmaßnahmen* wie geplant (Text, Bild, Sprache, Sound, Kopien)?
- *Projekt-Controlling* (Ergebniskontrolle hinsichtlich Produktionsvorgaben, Budget/Refinanzierung, Mitarbeiterleistungen, Vertragsmuster.)
- Wurde das *Produkt vom Kunden abgenommen* und damit z.B. für eine Vervielfältigung freigegeben?
- Wurden die *Daten archiviert* (Daten-Backup auf Speichermedium)?
- *Marketing in eigenem Interesse*: Kann das Projekt potentiellen Kunden präsentiert werden (auch gegenüber Agenturen/Sender/Verlagen)? Sollte darüber ein Artikel z.B. in einer Fachzeitschrift untergebracht werden oder wird eine Pressemitteilung herausgegeben?
- *Kundenzufriedenheit*: Abschlussgespräch mit dem Kunden führen und Bilanz ziehen (kritisches Gespräch mit konkreten Angaben). Wurde Zielsetzung erreicht (z.B. Steigerung des Bekanntheitsgrades, Response von Multiplikatoren, Absatzzahlen)?
- *Servicedenken* aktiv gestalten: Wie wird der Kontakt für Folgeaufträge zum Kunden gehalten?
- Können *managementorientierte Arbeitsabläufe* zukünftig optimiert werden (prozessual, personell, strukturell)?
- *Erfolgsstrategien*: Wie sehen die Grundlagen künftiger Erfolge unseres Unternehmens aus? (Kann unser Unternehmen auch in Zeiten der Rezession wachsen? Worin liegt unsere Stärke? Können wir Kosten z.B. durch Leasing senken?)

Literaturverzeichnis

Apfelthaler, Gerhard (2000): Internationales Management in: Karmasin, Matthias und Winter, Carsten (Hrsg.), Grundlagen des Medienmanagements, UTB 8203 für Wissenschaft, München
Beck, Hanno (2002): Medienökonomie-Print, Fernsehen und Multimedia, Berlin
Böhm, Hans-Hermann (1977): Deckungsbeitragsrechnung, Grenzpreisrechnung und Optimierung, München
Breyer-Mayländer, Thomas (2003): Handbuch der Medienbetriebslehre, München
Connor, Tim (1998): Was Sie zum Spitzenverkäufer macht. Das Selbstlernprogramm. Frankfurt am Main
Das Davoser Manifest, „European Management Forum" 1973, 9f
epd medien, Nr. 4, 18.1.2003, Frankfurt am Main
epd medien, Nr. 42, 31.5.2003, Frankfurt am Main
Gläser, Martin (1990): Controlling im öffentlich-rechtlichen Rundfunk – ein Wolf im Schafspelz?, In: Weber, J./Tylkowski, O. (Hrsg.), Controlling in öffentlichen Institutionen: Konzepte – Instrumente – Entwicklungen, Stuttgart, 324ff.

Habann, Frank (2001): Resource-based-view der Unternehmung. In: Karmarsin, Matthias/Knoche, Manfred/Winter, Carsten (Hrsg.): Medienwirtschaft und Gesellschaft I., Münster
Heinrich, Jürgen (1999): Medienökonomie Band 1: Mediensystem, Zeitung und Zeitschrift, Anzeigenblatt und Band 2: Hörfunk und Fernsehen, Opladen/Wiesbaden
Hermanni, Alfred-Joachim (2004): Medienmanagement. Grundlagen und Praxis für Film, Hörfunk, Internet, Multimedia und Print, Beck-Wirtschaftsberater im dtv, München, 2006
Horváth, Péter (1996): Controlling, 6. Aufl., München
Hoskins, Colin/MacFadyen, Stuart/Finn, Adam (1997): Global televison and film an introduction to the economics of the business, Clarendon Press, Oxford
Karmarsin, Matthias (2001/2002): „Medienwirtschaft und Gesellschaft" (2 Bände), Münster
Karmasin, Matthias/Winter, Carsten (Hrsg.) (2002): Grundlagen des Medienmanagements, München
Kiefer, Marie Luise (2001): Medienökonomik: Einführung in eine ökonomische Theorie der Medien, München
Knoche, Manfred/Siegert, Gabriele (1999): Strukturwandel der Medienwirtschaft im Zeitalter digitaler Kommunikation, München
Köcher, Annette (2000): Medienmanagement als Kostenmanagement und Controlling. In: Karmasin, Matthias/Winter, Carsten (Hrsg.): Grundlagen des Medienmanagements, München
Kotler, Philip/Bliemel, Friedhelm (2001): Marketing-Management. Analyse, Planung und Verwirklichung, Stuttgart
Linde, Robert (1988): Einführung in die Mikroökonomie, 2. Aufl., Stuttgart
Macharzina, Klaus (1982): Theorie der internationalen Unternehmenstätigkeit – Kritik und Ansätze einer integrativen Modellbildung. In: Lück, Wolfgang/Trommsdorf, W.: Internationalisierung der Unternehmung als Problem der Betriebswirtschaftslehre, Berlin
Maier, Matthias (2001): Bausteine zu einer Theorie der Medienproduktion. In: Karmarsin, Matthias/Knoche, Manfred/Winter, Carsten (Hrsg.): Medienwirtschaft und Gesellschaft I., Münster
Meffert, Hartwig (2000): Marketing: Grundlagen marktorientierter Unternehmensführung, Wiesbaden
Meissner, Hans G. (1993): Internationales Marketing, In: Wittmann, Waldemar (Hrsg.): Handwörterbuch der Betriebswirtschaft, Band 2, 5. Aufl., Stuttgart
Nielsen Media Research, 10.04.2003, Pressemeldung, Hamburg
Paulsen, Andreas (1966): Allgemeine Volkswirtschaftlehre, Band 1: Grundlegung Wirtschaftskreislauf, Berlin
Rasche, Christoph (1994): Wettbewerbsvorteile durch Kernkompetenzen. Ein ressourcen-orientierter Ansatz, Wiesbaden
Reding, Viviane: Vortrag eines Arbeitsprogramms zur EU-Richtlinie, 13.01.2003, Hans-Bredow-Institut/Hamburg
Reichmann, Thomas (1995): Controlling mit Kennzahlen und Managementberichten, 4. Aufl., München
Picot, Arnold/Freudenberg, Heino/Gaßner, Winfried (1999): Management von Reorganisationen, Maßschneidern als Konzept für den Wandel, Wiesbaden
Porter, Michael E. (1985): Competitive Advantage – Creating and Sustaining Superior Performance New York
Samuelson, Paul A./Nordhaus, William D. (1998): Volkswirtschaftslehre, Übersetzung der 15. Aufl., Wien/Frankfurt a.M., Originalausgabe: Economics, New York, 1995)
Schumann, Matthias/Hess, Thomas (2002): Grundfragen der Medienwirtschaft – eine betriebswirtschaftliche Einführung, Berlin
Seufert, Wolfgang (1997): Medienübergreifende Unternehmenskonzentration – Mittel zur Kostensenkung oder zur Erhöhung von Marktmacht?, In: Schatz, Heribert (Hrsg.): Machtkonzentration in der Multimediagesellschaft?, Opladen/Wiesbaden
Siegert, Gabriele (2001): Medienmarken-Management. Relevanz, Spezifika und Implikationen einer medienökonomischen Profilierungsstrategie, München
Staehle, Wolfgang H. (1987): Management, 3. Auflage, München

Steinmann, Horst/Chur, Wolfgang/Kentner, Rolf (1973): Fallstudie zur Unternehmenspolitik, dargestellt am Beispiel Photo Porst, Nürnberg

Wernerfelt, B. (1984): A Resource-Based View of the Firm. In: Strategic Management Journal, 5 (1984), 171-180

2
Marketing

Marketing – ein integrierter Ansatz

Klaus Vollert

Die Meinungen, was unter Marketing zu verstehen ist, sind in der Tat nicht einheitlich. Der ehemalige Vorstandsvorsitzende der Bertelsmann AG, Dr. Middelhoff, bezeichnete Marketing als die Königsdisziplin der Betriebswirtschaftslehre. Implizit weist er damit auf die ebenso triviale wie auch wahre Tatsache hin, dass erst die Akzeptanz einer Leistung auf dem Markt, die sich im Profit-Bereich in deren Kauf niederschlägt, den Unternehmenserfolg herbeiführt. Vielfach wird der Begriff des Marketing mit Werbung verbunden. Andere verstehen unter Marketing den Verkauf. Diese Ansichten sind nicht falsch, sie decken jedoch das, was Marketing ausmacht, in keinem Falle ab. Der folgende Beitrag soll klären, was unter Marketing heute verstanden wird und zeigt die breiten Facetten des Marketing und seine Konsequenzen auf. Er setzt sich auch mit kritischen Meinungen zum Marketing auseinander.

1 Grundlagen des Marketing

1.1 Einordnung des Marketing in die Wirtschaftswissenschaften

Ausgangspunkt aller Überlegungen der Wirtschaftswissenschaften sind prinzipiell unendliche Bedürfnisse des Menschen[1], zu deren Befriedigung ihm nicht genügend Mittel zur Verfügung stehen. Diese Diskrepanz wird als *Knappheit* bezeichnet[2]. Knappheit i.d.S. hat nichts mit physischer Seltenheit zu tun, sondern bezieht sich immer auf die individuelle Situation des Individuums[3]. Die Minderung dieser Knappheit[4] zwingt zur Arbeitsteilung[5] und lässt dadurch Märkte entstehen, auf denen Anbieter und Nachfrager substitutiver Güter zusammentreffen[6] und in Austauschbeziehungen treten. Märkte sind Bezugs- und Zielobjekte des Marketing[7]. Marketing hat das Ziel, Märkte zu bearbeiten und Austauschbeziehungen zu gestalten. Gleichzeitig setzen Märkte Rahmenbedingungen für das Anbieterverhalten. Dies zeigt sich bei der Entwicklung und Interpretation des Marketing, wobei die Unterscheidung in Käufer- und Verkäufermärkte hier Bedeutung erlangt.

---

[1] vgl. Thommen/Achleitner 2001, 31 f unterscheiden Existenz-, Grund- und Luxusbedürfnisse
[2] vgl. Fehl/Oberender 2002, 1
[3] vgl. Oberender/Fleischmann 2003, 5
[4] Oberender/Fleischmann 2003, 7 sprechen vom „Management des Mangels"
[5] vgl. Fehl/Oberender 2002, 1
[6] vgl. Backhaus 1999, 204 f
[7] vgl. Homburg/Krohmer 2003, 2

1.2 Entwicklung und Interpretation des Marketing

Abbildung 1: Leistungen als Ausgangspunkt der Vermarktung

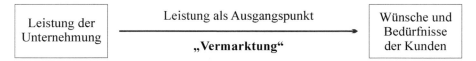

Verkäufermärkte sind durch einen Nachfrageüberhang gekennzeichnet, d.h. die Nachfrage ist größer als das Angebot. In einer solchen Situation, wie sie auf vielen Märkten bis Mitte des 20. Jahrhunderts zu beobachten war (man denke an die Verhältnisse nach den beiden Weltkriegen), besitzt Marketing insbesondere die Funktion der Distribution und des Verkaufs. Der Begriff der *Vermarktung* der erstellten Unternehmensleistung (vgl. Abb.1) umreißt das Marketingverständnis in dieser Umweltkonstellation in geeigneter Weise.

Abbildung 2: Wünsche und Bedürfnisse als Ausgangspunkt des Marketing

Der Beginn moderner Marketinginterpretationen in den 60er Jahre des vergangenen Jahrhunderts ist mit dem Übergang von Verkäufer- in *Käufermärkte*, auf denen das Angebot größer ist als die Nachfrage, also ein Angebotsüberhang besteht, verbunden (die Fress- oder Reisewelle mögen entsprechende Assoziationen wecken). Der Absatz wird zum Engpassfaktor und zwingt Anbieter dazu, sich an spezifischen Bedürfnissen der Nachfrager zu orientieren, um ökonomisch erfolgreich zu sein. Wünsche und Bedürfnisse der Kunden bilden den Ausgangspunkt der Unternehmensaktivitäten (vgl. Abb. 2).

Hierauf aufbauend entstand ein managementorientiertes Verständnis des Marketing. Noch relativ operativ ausgerichtet, entwickelte sich der Marketingmix mit den 4Ps (Product, Price, Promotion, Place) und ihrer Abstimmung, der in den 70er Jahren durch die Ausarbeitung handelsbezogener Marketinginstrumente (vertikales Marketing) in Folge einer steigenden Nachfragemacht des Handels ergänzt wurde[1]. Der Erkenntnis folgend, dass der erfolgreiche Einsatz der Marketinginstrumente einer entsprechenden unternehmensinternen Umsetzung bedarf („Structur follows strategy") gewannen Aspekte der Marketingimplementierung an Bedeutung. Dabei stand zunächst der Aufbau von Marketingabteilungen im Vordergrund, die gleichberechtigt neben anderen Abteilungen des Unternehmens agieren. Zunehmender Wettbewerb auch aufgrund einer wachsenden Internationalisierung und dynamische Umweltveränderungen zwingen heute zu einem strategischen Marketing und zu einer Orientierung *aller Unternehmensteile* an Kunden und Märkten.

---

[1] vgl. Meffert 2000, 5

Ein solches integriertes Marketing, das einer entsprechenden organisatorischen Umsetzung bedarf, muss als Management komparativer Konkurrenzvorteile (KKVs) verstanden werden.[2]

1.3 Marketing als Management komparativer Konkurrenzvorteile

Steht der Nachfrager einer Angebotsvielfalt gegenüber, wird er das Angebot wählen, das aus seiner subjektiven Betrachtung am besten geeignet ist, seine spezifischen Bedürfnisse zu erfüllen. Es ist nun Aufgabe des Marketing, eine aus der subjektiven Sicht des Kunden im Vergleich zur Konkurrenz überlegene Leistung zur Bedürfnisbefriedigung nach dem ökonomischen Prinzip anzubieten[3] (*„in den Augen der Kunden besser als die Konkurrenz"*). Marketing ist somit *Management von KKVs*[4].

Ein KKV (synonym werden die Begriffe Kundenvorteil, Effektivitätsvorteil oder USP = Unique Selling Proposition genutzt) bezieht sich immer auf ein dem Kunden wichtiges Merkmal des Angebots. Es muss vom Kunden wahrgenommen werden, (relativ) dauerhaft sein (d.h. es darf von der Konkurrenz nicht schnell imitierbar sein) und ökonomisch sinnvoll realisiert werden können (d.h. es müssen auf dem Markt auskömmliche Preise erzielt werden).

Es kann sich bei einem KKV um einen *Preisvorteil* oder einen *Nutzenvorteil* gegenüber der Konkurrenz handeln, den die Unternehmung ihren Kunden bietet. Kosten- und Nutzenvorteile können sich auf die *Leistung* selbst, aber auch auf die *Transaktion* der Leistung beziehen. (vgl. Tab. 1).

Tabelle 1: Komparative Konkurrenzvorteile

	Nutzen	**Preis**
Leistung	Gebrauchsnutzen Zusatznutzen	Leistungsentgelt Kosten der Leistungsnutzung
Transaktion	Einkaufserlebnis Konsumerfahrung	Informationskosten Verhandlungskosten Vertragskosten

Marketing, verstanden als Management von KKVs, unterstützt sowohl eine Vertiefung (Deepening) als auch eine als auch eine Ausweitung (Broadening) des Marketing[5].

Im Rahmen des *Deepening* werden zum einen Konzepte der Marketingethik verstärkt diskutiert. Stichworte wie „Human Concept of Marketing", „gesellschaftsorientiertes Marketing" oder „Ökomarketing" sind Beleg dieser Entwicklung. Wenn der Kunde bei seiner subjektiven Beurteilung verschiedener Angebote ethische Aspekte berücksichtigt, wird der Anbieter KKVs besitzen, der diesbezügliche Anforderungen am besten erfüllt.

---

[2] vgl. Backhaus 1999, 8
[3] vgl. Simon 1988, 4
[4] vgl. Backhaus 1999, 8
[5] vgl. Meffert 1994, 7 f

Zum anderen wird seit geraumer Zeit die Bedeutung von Geschäftsbeziehungen (im Gegensatz zur Einzeltransaktion) im Marketing herausgestellt. Unter dem Stichwort Relationship-Marketing werden sämtliche Maßnahmen der Analyse, Planung, Durchführung und Kontrolle, die der Initiierung, Stabilisierung, Intensivierung und Wiederaufnahme von Geschäftsbeziehungen zu den Anspruchsgruppen des Unternehmens mit dem Ziel der gegenseitigen Nutzensteigerung diskutiert[6]. Geschäftsbeziehungen stellen eine Folge von verschiedenen und hoch interdependenten Transaktionen zwischen unternehmensinternen und/oder -externen Zielgruppen im Zeitablauf dar[7], die nicht zufällig sind[8], sondern aufeinander aufbauen. Teil des Beziehungsmarketing ist das *Customer Relationship Marketing (CRM)*, das Beziehungen der Unternehmung zum Kunden betrachtet[9]. Noch enger beschäftigt sich das Retention Marketing[10] nur mit hoch rentablen Kundenbeziehungen[11].

Grundgedanke der Auseinandersetzung mit dem CRM ist die (auch empirisch abgesicherte) Erkenntnis[12], dass in vielen Fällen nur eine langfristige Kundenbeziehung (und nicht eine Einzeltransaktion) durch Erlössteigerungen und Kostensenkungen zum ökonomischen Erfolg führt[13]. Es ist deshalb notwendig existierende Kundenbeziehungen zu pflegen und die Neuakquisition von Kunden nur als ersten Schritt eines Kundenbindungsprozesses zu betrachten[14]. Die Philosophie des Managements von KKVs muss auf das Management der Geschäftsbeziehungen übertragen werden[15]. Der Kunde muss subjektiv überzeugt sein, dass die (langfristige) Bindung an eine Unternehmung für ihn mit größeren Vorteilen verbunden ist als die Beziehung mit Konkurrenten bzw. ein autonomes Wechselverhalten. Dies setzt den Aufbau von Vertrauen voraus[16]. Vorteile für den Kunden können u.a. durch die Reduktion des Risikos von Fehlentscheidungen aufgrund positiver Erfahrungen mit der Qualität des Unternehmens sowie Zeit- und Kosteneinsparung, die sich ergeben, weil nicht bei jeder Transaktionsentscheidung alle Beschaffungsalternativen zu überprüfen sind, entstehen[17].

Ein *Broadening* des Marketing versucht den Marketinggedanken auf den nichtkommerziellen öffentlichen und sozialen Bereich (Museen, Sozialdienste und selbst die Kirche) sowie für die Vermittlung von Ideen, Meinungen und Normen (Anti-AIDS-Kampagne) zu nutzen[18]. Der Erfolg wird auch in diesem Fall davon abhängen, inwiefern die Adressaten von den Vorteilen gegenüber anderen Alternativen überzeugt werden können.

---

[6] vgl. Bruhn 2001b, 9, ähnlich Diller 2001, 163 f
[7] vgl. ähnlich Tomczak 1994, 196
[8] vgl. Plinke 1997, 23
[9] andere Autoren wie z.B. Plinke 1997 bezeichnen nur den Aufbau und die Pflege zum Kunden als Beziehungsmarketing
[10] vgl. Oggenfuss 1992
[11] vg. Meffert 1998 b, 119
[12] vgl. Reichheld/Sasser 1998, 140 ff
[13] vgl. Bruhn 2001b, 3 f
[14] vgl. Backhaus 1997, 22
[15] vgl. Tomczak 1994, 196
[16] vgl. Meffert 2000, 26
[17] vgl. Backhaus 1997, 23 ff
[18] vgl. Meffert 1994, 7 f; Nieschlag/Dichtl/Hörschgen 1997, 25 f

2 Dimensionen des Marketing

Marketing als Management von KKVs muss dreidimensional verstanden werden: Es ist zugleich Philosophie, Methode und Instrument[19].

Abbildung 3: Dimensionen des Marketing

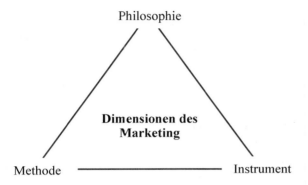

2.1 Marketing als Philosophie

Es ist offensichtlich, dass KKVs nicht von einer Marketingabteilung aufgebaut und erhalten werden können. Vielmehr ist dies Aufgabe aller Unternehmensbereiche.

So ist für die technische Qualität der Produkte insbesondere die F&E- sowie die Produktionsabteilung verantwortlich. Nicht der Marketingabteilung obliegt es, die Voraussetzung günstiger Finanzierungsalternativen für den Kunden zu schaffen, sondern der Finanzabteilung, usw.

Dies setzt die Markt- und Kundenorientierung des gesamten Unternehmens voraus. Der Begriff der Kundenorientierung ist nicht einheitlich definiert. Bruhn unterscheidet eine informationsorientierte, kultur- und philosophieorientierte sowie eine leistungs- und interaktionsorientierte Interpretation der Kundenorientierung.[20] Die *informationsorientierte Interpretation* macht Kundenorientierung am Grad des Vorhandenseins kundenbezogener Informationen fest. Nach *der kultur- und philosophieorientierten Interpretation* manifestiert sich Kundenorientierung in einer bestehenden Unternehmenskultur, die das Meinungsgefüge und das Verhalten der Mitarbeiter kundenorientiert prägt. Beide Interpretationsformen fokussieren auf innerbetriebliche Aspekte. Demgegenüber nimmt die *leistungs- und interaktionsorientierte Interpretation* der Kundenorientierung eine nach außen gerichtete kundenbezogene Perspektive ein[21]. Kundenorientierung manifestiert sich danach in einem kundenbezogenen Leistungsangebot und einem kundenbezogenen Interaktionsverhalten.

---

[19] vgl. Vollert 1999, 9 ff
[20] vgl. Bruhn 1999, 7 ff
[21] Homburg 1998 spricht in diesem Zusammenhang von Kundennähe

Man kann Kundenorientierung insofern als die umfassende, kontinuierliche Ermittlung und Analyse von Kundenerwartungen sowie deren interne und externe Umsetzung in unternehmerische Leistungen sowie Interaktionen mit dem Ziel, KKVs aufzubauen und zu erhalten um langfristig stabile, und ökonomisch vorteilhafte Kundenbeziehungen zu etablieren, definieren.[22]

Kundenorientierung ist ein Teil (wenn auch der wichtigste) der Marktorientierung des Unternehmens. Die Marktorientierung beinhaltet über die Kundenorientierung hinaus die Berücksichtigung sämtliche Marktteilnehmer, die mit dem Unternehmen in Kontakt treten bzw. die Unternehmenspolitik beeinflussen können[23]. Dies sind Anspruchsgruppen wie Mitarbeiter, Lieferanten, Banken, Konkurrenten usw.[24]. Zum Aufbau und Erhalt von KKVs stellte Porter neben den Kunden den Einfluss der aktuellen und potentiellen Konkurrenten, der Anbieter von Substitutionsgütern sowie der Lieferanten heraus[25] (vgl. Abb.4).

Abbildung 4: Triebkräfte des Wettbewerbs und ihre Determinanten[26]

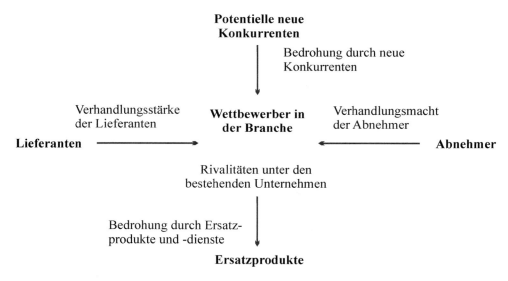

Obgleich in zahlreichen Studien ein signifikanter Zusammenhang von Kunden- bzw. Marktorientierung und dem Erfolg des Unternehmens nachgewiesen werden konnte[27] zeigen sich in der Praxis zahlreiche Barrieren bei der Umsetzung einer Markt-/Kundenorientierung.[28] Es handelt sich insbesondere um *inhaltlich konzeptionelle Barrieren,* aber auch um *organisatorisch strukturelle* und *personell kulturelle Barrieren,* die durch eine geeignete Implementierung (vgl. Kap. 2.2.) beseitigt werden müssen.

---

[22] vgl. Bruhn 1999 10, derselbe 2002, 20 ff
[23] vgl. Plinke 1992, 836
[24] vgl. Müller-Stevens/Lechner 2001, 22
[25] vgl. Porter 1992a, 25 ff sowie zur theoretischen Begründung ihrer Bedeutung Vollert 1991, 24 ff
[26] Porter 1992b, 26
[27] vgl. zu einem Überblick Bruhn 2002, 22
[28] vgl. Plinke, 1996, 49 ff

2.2 Marketing als Methode

Um KKVs (durch Aktivitäten des gesamten Unternehmens) aufzubauen und zu erhalten bedarf es eines mehrstufigen Managementprozesses, bei dem der gesamte Problemkomplex in einzelnen Teile zerlegt wird, was seine Durchdringung erleichtert[29]. In der Literatur hat sich dabei durchgesetzt, vier Phasen des Managementprozesses zu unterscheiden:

4. die Explorations- und Analysephase,
5. die Planungsphase,
6. die Steuerungsphase sowie
7. die Kontrollphase.[30]

In der *Explorationsphase* wird der Status und die Entwicklung der globalen (technologischen, physikalisch-ökologischen, soziodemographischen, ökonomischen und politisch-rechtlichen) Umwelt[31] und der Aufgabenumwelt analysiert. Die Aufgabenumwelt wird dazu weiter in den Markt, strategische Gruppen (Anbietern mit gleichen oder ähnlichen Strategien), strategische Geschäftsfelder (autonome Planungseinheiten, für die sich ein eigenständiges strategische Planung lohnt) sowie die unternehmensinterne Umwelt (Ressourcen, Kompetenzen und Aktivitäten) unterteilt[32]. Auf der Basis von Daten, die mit Methoden der Marktforschung[33] (inklusive vor allem qualitativer Prognosen wie Expertenbefragungen, der Delphi-Methode und der Szenariotechnik) erhoben wurden, bilden die SWOT-Analyse sowie die Portfolioanalyse wichtige Analyse- und Prognoseinstrumente dieser Phase. Man greift dabei auch auf die Erfolgsfaktorenforschung (z.B. Ergebnisse des PIMS Projekts) zurück[34].

Die *SWOT-Analyse* versucht Chancen und Risiken, die sich aus der externen Umweltentwicklung ergeben[35] ebenso zu erfassen wie Stärken und Schwächen, die unternehmensintern im Vergleich zur Konkurrenz bestehen[36].

Diese Ergebnisse finden u.a. Eingang in die *Portfolio-Analyse*. Mit ihr werden strategische Geschäftsfelder (SGF) bezüglich der Marktattraktivität und der Wettbewerbsposition in einem zweidimensionalen Raum positioniert. Ziel ist es, ein hinsichtlich Ertrags- und Risikoaspekten sowie verfügbaren Ressourcen ausgewogenes Mix von SGF zu bearbeiten[37].

Die *Planungsphase* umschließt die Ziel-, Strategie- und Maßnahmenplanung. Das Zielsystem der Unternehmung[38] besteht aus den übergeordneten Zielen der Unternehmung (Zielrahmen) sowie ihren Handlungszielen. Übergeordnete Ziele beinhalten die "Business Mission" (Unternehmenszweck, der auf grundsätzliche Problemlösungsmöglichkeiten abstellen sollte)[39] sowie die Management- und die Unternehmensphilosophie[40]: Sie werden

---

[29] vgl. Gälweiler 1985, 237
[30] vgl. Trux/Müller/Kirsch 1984, 15 ff
[31] vgl. Köhler/Böhler 1984, 98
[32] vgl. Vollert 1999, 41 ff
[33] vgl. u.a. Böhler 1992, Berekoven/Eckert/Ellenrieder 2001
[34] vgl. Vollert 1999, 393 ff
[35] vgl. Köhler/Böhler 1984, 100
[36] vgl. Benkenstein 2002, 37 ff
[37] vgl. Kreikebaum 1981 71f, Abell/Hammond 1979, 174
[38] vgl. Vollert 1999, 114 ff
[39] vgl. Levitt 1960, 53

häufig in so genannten Unternehmensleitbildern schriftlich fixiert[41]: Aus ihnen leiten sich dann die hierarchisch strukturierten Handlungsziele der Unternehmung ab. Diese beziehen sich auf die Oberziele der Unternehmung (aufgeteilt z.B. in Markt-, Ertrags-, Leistungs- und gemeinwohlorientierte Ziele), die psychographischen und ökonomischen Marketingziele als Funktionsbereichsziele neben anderen (Produktionsziele, Finanzziele etc.), die Positionierungsziele und die Instrumentalziele. Von entscheidender Bedeutung für das Marketing sind die aus den Marketingzielen abgeleiteten Positionierungsziele. Der Begriff der Positionierung beschreibt den Aufbau und die Pflege eines klaren Vorstellungsbildes eines Positionierungsobjekts in den Köpfen der Konsumenten[42], das realisiert werden soll. Die Vorstellungen können sich auf sachorientierte oder auf emotionale (Positionierungs-)Eigenschaften beziehen.[43]

Mit der Planung von Strategien wird der zukünftige Handlungsrahmen der Unternehmung zur Realisation ihrer Ziele festgelegt. Im Detail bestimmen Strategien, vor dem Hintergrund der Umwelt und der Ziele der Unternehmung, ihre zukünftigen Betätigungsfelder der Unternehmung, in denen sie KKVs schaffen und erhalten möchte, ihre Prioritäten in den Betätigungsfeldern, die globale Allokation von Ressourcen, die Steuerungsgrößen für die planbare Zukunft und deren (gewünschte) Entwicklung sowie die Aktionsprogramme.

Aufgrund der Komplexität ist es üblich[44] Unternehmensstrategien, Geschäftsfeldstrategien und Marktteilnehmerstrategien zu unterscheiden (vgl. Tab.2).

Tabelle 2: Strategiesystematik

Gesamtunternehmens-strategien	SGF-Strategien	Marktteilnehmer-strategien
• Marktfeldstrategien • Marktareal-strategien	• Marktstimulierungs-strategien • Timingstrategien	• Kundenbezogene Strategien • Konkurrenzbezogene Strategien • Absatzmittlerbezogene Strategien • Gesellschaftsbezogene Strategien

Gesamtunternehmensstrategien legen fest, in welchen strategischen Geschäftsfeldern sich ein Unternehmen zukünftig betätigen möchte (Marktfeldstrategien) und welches geografische Gebiet dabei berücksichtigt werden soll (Arealstrategien). Grob können nationale und übernationale Arealstrategien unterschieden werden.

Geschäftsfeldstrategien umfassen zum einen Marktstimulierungsstrategien (Welche KKVs sollten aufgebaut werden?). Nach Porter können die Strategie der Differenzierung (Qualitätsführerschaft) sowie die Strategie der Kostenführerschaft realisiert werden[45]. Die

---

[40] vgl. Ulrich/Fluri 1992, 49 ff; Bleicher 1992, 23
[41] vgl. Bleicher 1992
[42] vgl. Esch/Levermann 1995, 8 ff, Köhler 2001, 45
[43] vgl. Vollert 2002, 14
[44] vgl. Meffert, 1994, 122 ff
[45] vgl. Porter 1992a, 62 ff

"Strategie zwischen den Stühlen" ist unbedingt zu vermeiden. Zum anderen müssen Timingstrategien, die sich mit allen Zeitaspekten des Aufbaus und Erhalts von KKVs beschäftigen, festgelegt werden. Diese beziehen sich auf den Zeitpunkt des Marktein- und Marktaustritt, den richtigen Zeitpunkt zur Realisation von Marketingaktivitäten sowie der Dauer von Marketingprozessen.

Bezüglich der *Marktteilnehmerstrategien* werden kunden-, konkurrenz-, absatzmittler- und gesellschaftsgruppenbezogene Strategien formuliert, die festlegen, wie KKVs zu realisieren sind. Die Strategien der einzelnen Ebenen sind aufeinander abzustimmen.

Aus den Strategien sind Maßnahmen für alle Teilbereiche der Unternehmung abzuleiten, die sicherstellen, dass die Strategien umgesetzt werden. Als Bezugsrahmen der Planung von Aktivitäten kann die so genannte Wertekette Porters dienen[46]. Die Unternehmenstätigkeit wird hier in *primäre und sekundäre Aktivitäten* unterteilt. Primäre Aktivitäten beziehen sich auf den Leistungsprozess (Beschaffung, Produktion, Absatz) der Unternehmung. Mit sekundären Aktivitäten wird der Leistungsprozess gesteuert und unterstützt (vgl. Abb. 5). Jede Aktivität lässt sich in eine Reihe unterschiedlicher (Sub-)Aktivitäten unterteilen, die sich je nach Branche und Unternehmensstrategie unterscheiden[47], also jeweils spezifisch festgelegt werden müssen.

Abbildung 5: Wertekette von Porter[48]

Sekundäre Aktivitäten

Unternehmensinfrastruktur	
Personalwirtschaft	
Technologieentwicklung	**KKV**
Beschaffung	
Eingangslogistig | Produktion | Marketing/Vertrieb | Ausgangslogistik | Kundendienst	

Primäre Aktivitäten

Um die geplanten Ziele und die daraus festgelegten Strategien und Maßnahmen zu realisieren, bedarf es einer entsprechenden *Implementierung*. Man versteht unter dem Begriff der Implementierung die Verwirklichung von Lösungen, die in konzeptioneller Form vorhanden sind und durch Umsetzung zu konkretem Handeln führen[49]. Zu klären ist, was im Einzelnen in der Unternehmung implementiert werden muss (Implementierungsgegenstand) sowie die Vorgehensweise der Implementierung (Implementierungsprozess). Die Implementierung ist deshalb besonders wichtig, weil mangelndes Implementierungsverständnis fast immer zu Problemen führt; eine gute Implementierungsfähigkeit kann demgegenüber z.T. selbst eine unangemessene strategische Marketingplanung ausgleichen.

---

[46] vgl. Porter 1992b, 62
[47] vgl. Porter 1992b, 66 f
[48] Porter 1992b, 62
[49] vgl. Hilker 1993, 3

Zur Implementierung des Marketing als Management von KKVs können eine strukturorientierte und eine verhaltensorientierte Betrachtungsebene unterschieden werden[50]. Mit der strukturorientierten Betrachtungsebene sind die unterschiedlichen Managementsysteme wie Planungs-, Kontroll- und Informationssysteme sowie die Organisationsstruktur und Personalstruktur angesprochen[51]. Die verhaltensorientierte Betrachtungsebene schließt die Unternehmens-Umweltebene (Strategie), die Gesamtunternehmensebene (Unternehmenskultur), die Gruppenebene (funktionsübergreifende Zusammenarbeit) und die Individualebene (Fähigkeiten und Verhalten) ein.

Die *Kontrollphase* hat die Aufgabe, Fehlentwicklungen des Planungs- und Implementierungsprozesses zu identifizieren und deren Ursachen zu ermitteln. Dies kann gleichzeitig den Start einer „neuen Runde" des Managementprozesses auslösen.

2.3 Marketing als Mittel

Marketing als Mittel sieht Marketing als Funktion neben anderen betrieblichen Teilbereichen und bezieht sich auf den Einsatz der Marketinginstrumente. Marketinginstrumente können als Bündel sich ähnlicher Aktionsparameter verstanden werden, mit denen ein Unternehmen auf dem Markt agiert und reagiert, um die gesetzten Ziele und Strategien zu realisieren[52]. Meist werden mit der Leistungs- (Produkt- und Dienstleistungspolitik), der Distributions-, der Kommunikations- und der Preis- und Konditionenpolitik vier Marketinginstrumenten unterschieden.

Die *Leistungspolitik* umfasst alle Entscheidungstatbestände, die sich auf die Absatzleistung des Unternehmens beziehen[53]. Entscheidungstatbestände sind u.a. die Planung des Produktprogramms, die Kreation neuer Leistungen, die Leistungsmodifikation und -elimination, die Markierung (inklusive der Namensgebung), die Verpackung und Serviceleistungen[54].

Distributionspolitik soll als die Planung, Durchsetzung und Kontrolle aller betrieblichen Aktivitäten zur Übermittlung und Rückholung betrieblicher Leistungen zu bzw. von nachgelagerten Vertriebsstufen unter Überbrückung von Raum und Zeit verstanden werden[55]. Entscheidungstatbestände: Entscheidungen beziehen sich u.a. auf die Gestaltung der Absatzwege und den Einsatz des Außendienstes[56], was auch als *akquisitorische Distribution* bezeichnet wird. Die *logistische Distribution* regelt die Beziehungen, die notwendig sind, um Raum und Zeit durch Transport und Lagerhaltung der betrieblichen Leistungen zu überwinden, sowie den damit einhergehenden Informationsfluss zu bewältigen. Die Aufgaben im System beziehen sich auf die Gestaltung der Logistiksysteme. Man spricht auch von der logistischen Distribution.

Kommunikationspolitik wird als die systematische und geplante Übermittlung von ausgewählten Informationen und Bedeutungsinhalten zum Zweck der Steuerung von Meinungen und Einstellungen, Erwartungen und Verhaltensweisen bestimmter Adressaten

---

[50] vgl. Hilker 1993, 15; Backhaus/Hilker 1994, 250
[51] vgl. auch Bruhn 2002, 87 ff
[52] vgl. Becker 2001, 487
[53] vgl. Sabel 1971, 47
[54] vgl. Bruhn 2001a, 31
[55] vgl. auch Ahlert 1996, 8 ff, Bruhn 2001a, 249, Specht 1992, 293 f
[56] vgl. Becker 2001, 527

gemäß der spezifischen Ziele der Unternehmung mittels dazu bewusst ausgewählter Kommunikationsmaßnahmen definiert[57]. Entscheidungen der Kommunikationspolitik beziehen sich auf die Mediawerbung, das Direkt-Marketing, das Sponsoring und die Multimedia-Kommunikation, die Promotions (Verkaufsförderung), die Public Relations, den persönlichen Verkauf, Messen und Ausstellungen, das Event-Marketing sowie die Mitarbeiterkommunikation. Unter der Preispolitik wird die Gesamtheit aller absatzpolitischen Maßnahmen zur Bestimmung und Durchsetzung eines bestimmten Preis-Leistungs-Verhältnisses verstanden[58].

Die *Konditionenpolitik* regelt die Bedingungen, unter denen Leistungen am Markt angeboten werden. Im einzelnen werden bei der Preis- und Konditionenpolitik Entscheidungen zur Preishöhe, den Rabatten, Boni und Skonti, Liefer- und Zahlungsbedingen getroffen.

Die *qualitative, quantitative* und *zeitliche Koordination* der innerhalb und zwischen Marketinginstrumente wird als Marketing-Mix bezeichnet[59]. Es geht um die Frage, welche Instrumente in welcher Ausgestaltung und Intensität zu welchem Zeitpunkt einzusetzen sind, um die Marketingziele bestmöglich zu erreichen. Z.B. wird eine niedrige Leistungsqualität i.d.R. nur zu einem niedrigen Preis über den Discounter verkauft werden können. In der Werbung dürfen keine Aussagen getroffen werden, die den Schluss auf eine hohe Qualität zulassen.

2.4 Umfassende Marketingdefinition

Abbildung 6: Integriertes Marketing in der Praxis[60]

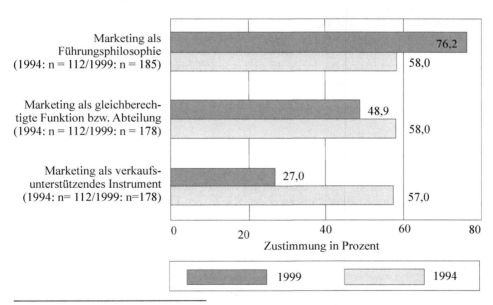

---
[57] vgl. ähnlich Bruhn 1997, 1; Schmalen 1992, 15
[58] vgl. ähnlich Diller 2000, 27 ff
[59] vgl. Kaas 1992, 682; ähnlich Kotler/Bliemel 1999, 138
[60] Meffert 2000, 7

Begreift man Marketing in den beschriebenen drei Dimensionen so lässt es sich definieren als der auf Analysen aufbauenden Prozess der Planung, Implementierung und Kontrolle (Marketing als Prozess) aller internen und externen Unternehmensaktivitäten zum Aufbau von KKV (Marketing als Philosophie) mit dem Einsatz der Marketinginstrumente (Marketing als Instrument).

Auch die Praxis setzt sich ein solches integriertes Marketingverständnis immer mehr durch (vgl. Abb. 6).

3 Kundenzufriedenheit und Kundenbindung als Konsequenzen des Marketing

Der Aufbau und Erhalt von KKVs durch Marketing in den drei Dimensionen führt letztlich zu Kundenzufriedenheit und (unter bestimmten Bedingungen) zu Kundenbindung.

Kundenzufriedenheit ist das Ergebnis eines komplexen, physischen Vergleichsprozesses[61] zwischen den Erwartungen eines Nachfragers und seiner subjektiven Beurteilung der tatsächlich erhaltenen Leistung[62]. Als bekanntestes Modell der Kundenzufriedenheit gilt der *Confirmation/Disconfirmation-Ansatz (C/D-Paradigma)*[63]. Das Ausmaß der Zufriedenheit bzw. Unzufriedenheit wird durch den Vergleich der erwarteten und der subjektiv wahrgenommenen Leistung bestimmt[64].

Die Kundenzufriedenheit gewinnt durch ihren Einfluss auf die *emotionale Kundenbindung* eine Rolle. Danach kauft der zufriedene Kunde bei entsprechenden Kundenbindungspotential der Leistung[65] und entsprechender Konstellation intervenierender Variablen[66] die Leistung wieder, fragt andere Leistungen des Unternehmens nach (Cross Buying) und empfiehlt das Unternehmen und seine Leistungen weiter. Die dadurch bedingte Mengenausdehnung führt ebenso zu Erlössteigerungen wie die immer wieder berichtete Tatsache, dass gebundene Kunden weniger preissensibel reagieren und eher bereit sind, auch einen höheren Preis zu akzeptieren[67]. Zudem ist zu berücksichtigen, dass die mit der Kundenbindung einhergehende Nachfrageausweitung die Realisation von Erfahrungskurven- und Kostendegressionseffekten zulässt und weiterhin gebundene Kunden zu niedrigeren Transaktionskosten bearbeitet werden können (vgl. Kap. 1.3).

4 Kritik am Marketing

Marketing sah und sieht sich immer wieder der Kritik aus Wissenschaft, Praxis und Gesellschaft ausgesetzt[68]. Nicht immer lässt sich diese mit dem Argument der Unwissenheit (und teilweise der Ignoranz) der Kritiker zurückweisen, wie in den Fällen, in denen Marketing als Propaganda interpretiert, die Frage aufgeworfen: „Wollt ihr ein Volk von Verkäufern sein?" oder nur die Absatzfunktion des Marketing herausgestellt wird.

---

[61] vgl. Homburg/Rudolph 1995, 31 und die dort zitierte Literatur
[62] vgl. Kaas/Runow 1984, 452 sowie zu ähnlichen Definitionen Scharnbacher/Kiefer 1996, 5,
[63] vgl. zu anderen Modellen Homburg/Rudolph 1995, 31 ff
[64] vgl. Töpfer 1996, 33
[65] vgl. Jeschke 1995, 187
[66] vgl. Homburg/Giering/Hentschel 1998, 99
[67] vgl. Reichheld/Sasser 1998, 40
[68] vgl. Meffert 1994, 7 f

Schwerer wiegen Vorwürfe der Bedarfslenkungs-Obsoleszens, wonach in einer (vermeintlichen) Überflussgesellschaft die Suche und Identifikation von unbefriedigten Bedürfnissen sinnlos wäre und zudem der Staat gesetzgeberisch eingreifen müsse, damit die Interessen der Nachfrager gewahrt würden (Reglementierungsdefizit des Marketing), was eigentlich Aufgabe des Marketing sei. Neben der Tatsache, dass auch heute noch vielfache Knappheiten im ökonomischen Sinne bestehen, muss das Menschenbild aufgedeckt werden, das hinter dieser Kritik steht. Es ist das einer omnipotenten Instanz (oft der Kritiker selbst oder der Staat bzw. Organisationen), die weiß, was für den einzelnen richtig und gut ist und dies auch durchzusetzen vermag. Ein solches Menschenbild ist mit einer freiheitlich-demokratischen Grundordnung nicht vereinbar. Diese legt das Menschenbild des mündigen Bürgers zugrunde. „Der mündige Bürger ist grundsätzlich in der Lage, seine Interessen zu artikulieren, sie zur Geltung zu bringen und sie auf der Basis eigenverantwortlicher Entscheidungen zu verwirklichen."[69] Dies schließt grundsätzlich ein, dass nur der einzelne Konsument weiß, ob und welche (neuen) Bedürfnisse er hat und wie er diese befriedigt. Jede vermeintlich omnipotente Instanz, die der Auffassung ist, die Bedürfnisse der Menschen seien (hinreichend gut) befriedigt, muss sich den Vorwurf der Anmaßung von Wissen gefallen lassen. Der mündige Bürger bedarf auch nicht des besonderen Schutzes des Staates. „Das bedeutet nicht, dass der mündige Bürger allwissend ist oder stets perfekte Entscheidungen trifft. Ganz im Gegenteil: Auch der mündige Bürger kann sich irren, Fehlentscheidungen treffen und dabei die Verwirklichung seiner Ziele verfehlen. Jedoch ist er sich dieser Möglichkeit seines Scheiterns bewusst und in der Lage, seine Handlungsmöglichkeiten als Risiko und Chance zugleich zu akzeptieren. Er ist daher in der Lage besser zu artikulieren als dies jede übergeordnete Einheit (Staat, Organisationen) könnte."[70] Welche grotesken Auswüchse gerade staatliche Eingriffe unter dem Deckmantel des Verbraucherschutzes angenommen haben, verdeutlichen häufig genug Regelungen wie die Festlegung der notwendigen Krümmung einer Banane.

Marketing ist solange legitimiert, wie ein dadurch entstehendes Angebot die Akzeptanz des mündigen Bürgers findet.

Den Vorwurf, dass Marketing die Interessen der Kunden in den Vordergrund und die anderer Anspruchsgruppen vernachlässigen würde, muss entgegengehalten werden, dass die Marketingphilosophie durch ihre Marktorientierung sehr wohl die Anliegen verschiedener Anspruchsgruppen berücksichtigt. Zudem sei angemerkt, dass erst der Erfolg beim Kunden die Unternehmung in die Lage versetzt, die Interessen anderer Anspruchsgruppen zu erfüllen.

Weitere Kritik inhaltlicher Art erfährt Marketing, wenn auf ein Strategieversagen des Marketing in einer dynamischen Umwelt und Implementierungslücken ebenso hingewiesen wird, wie auf den rezeptologisch mechanistischen Einsatz der Marketinginstrumente (Technokratie-Vorwurf). Nicht zuletzt wird kritisiert, dass die marktbezogene Vernetzung der verschiedenen Teilbereiche nicht gelingt (Koordinationsdefizit). Richtig ist, dass die Integration des Informationsaspektes, insbesondere in die strategische Marketingplanung, bislang unzureichend gelungen ist.[71] Weder wurden von Seiten des strategischen Marketing der Informationsbedarf exakt definiert, noch wurde die Marketingforschung hinreichend in die strategische Marketingplanung integriert. Hier ist eine umfängliche und inhaltliche

---

[69] Oberender/Fleischmann 2002, 108.
[70] Oberender/Fleischmann 2002, 108
[71] vgl. Weber 1996, 7; Köhler 1993, 59

Ausweitung der Marketingforschung unumgänglich[72]. Dies führt neben anderen Gründen auch dazu, dass der Dynamisierung von Strategien bislang zu wenig Aufmerksamkeit geschenkt wurde. Wie wenige aktuelle Studien zeigen[73], bedürfen Strategiewechsel insbesondere der internen Fähigkeiten und Fertigkeiten zum organisatorischen Lernen. Meffert stellt hier ein institutionalisiertes Innovationsmanagement, die Verankerung des internen Unternehmertums und die kontinuierliche Initiierung von Veränderungsprozessen heraus[74]. Dies zeigt deutlich die Bedeutung der Marketingimplementierung, die lange Zeit tatsächlich vernachlässigt wurde, heute jedoch durchaus intensiv in der Wissenschaft diskutiert wird[75]. Den Technokratie-Vorwurf kann und muss Marketing durch sozialtechnische Innovationen begegnen. Bislang ist der Innovationsbegriff zu sehr an Produkte und Prozesse gebunden. Auch neue Wege der Distribution und Kommunikation ebenso wie bei der Preis- und Konditionengestaltung sind sinnvoll und notwendig, um KKVs zu realisieren.

Der Vorwurf der Theorielosigkeit und des Dominanzstrebens des Marketing lässt sich bei einem Marketing, verstanden als Management von KKVs nicht aufrecht erhalten. Ein Management der komparativen Konkurrenzvorteile baut auf der Theorie des dynamischen Wettbewerbs auf und ist damit theoretisch untermauert[76]. Es nimmt alle Unternehmensteile in die Pflicht, ohne eine Dominanz des Absatzbereiches zu fordern. Letzterer ergibt sich im Sinne Erich Gutenbergs, wenn der Absatz zum Engpass wird, was heute auf vielen Märkten der Fall ist.

Man kann zusammenfassend feststellen, dass Marketing verstanden als Management von KKVs mit seinen drei Dimensionen den Erfolg des Unternehmens maßgeblich beeinflusst. Wie jede andere Wissenschaftsdisziplin (gerade im Bereich der Realwissenschaften) muss Marketing immer wieder Forschungsdefizite erkennen und diese beseitigen.

Literaturverzeichnis

Abell, Derek F./Hammond, John S. (1979): Strategic Market Planning: Problems and Analytical Approaches, Englewood Cliffs (N.J.)

Ahlert, Dieter (1996): Distributionspolitik. Das Management des Absatzkanals, 3. Aufl., Stuttgart

Backhaus, Klaus (1997): Relationship Marketing – Ein neues Paradigma im Marketing? In: Bruhn, Manfred/Steffenhagen, Hartwig (Hrsg): Marktorientierte Unternehmensführung. Reflexion – Denkanstöße – Perspektiven, Wiesbaden, 19–35

Backhaus, Klaus (1999): Industriegütermarketing, 6.Aufl., München

Backhaus, Klaus/Hilker, Jörg (1994): Marketingimplementierung in Unternehmen der Investitionsgüterindustrie, In: Bruhn, Manfred/Meffert, Hartwig/Wehrle, Friedrich (Hrsg.): Marktorientierte Unternehmensführung im Umbruch. Effizienz und Flexibilität als Herausforderungen des Marketing, Stuttgart, 241–264

Becker, Jochen (2001): Marketing-Konzeption. Grundlagen des strategischen und operativen Marketing-Managements, 7. Aufl., München

Benkenstein, Martin (2002): Strategisches Marketing. Ein wettbewerbsorientierter Ansatz, 2. Aufl., Stuttgart

---

[72] vgl. Vollert 1999, 367 ff
[73] vgl. Backhaus 1999, 277 und die dort zitierten Studien
[74] vgl. Meffert 2000, 314f
[75] vgl. im deutschsprachigen Raum z.B. Hilker 1993, Homburg 1995, Bruhn 2002
[76] vgl. Heus 1980, 681; Fehl 1983, 76; Oberender 1987, 10 ff

Berekoven, Ludwig/Eckert, Werner/Ellenrieder, Peter (2001): Marktforschung. Methodische Grundlagen und praktische Anwendungen, 9. Aufl., Wiesbaden
Bleicher, Knut (1992): Leitbilder. Orientierungsrahmen für eine integrative Management-Philosophie, Stuttgart
Böhler, Heymo (1992): Marktforschung, 2. Aufl., Stuttgart u.a.
Bruhn, Manfred (1997): Kommunikationspolitik, München
Bruhn, Manfred (1999): Kundenorientierung. Bausteine eines exzellenten Unternehmens, München
Bruhn, Manfred (2001a): Marketing. Grundlagen für Studium und Praxis, 5. Aufl., Wiesbaden
Bruhn, Manfred (2001b): Relationship Marketing. Das Management von Kundenbeziehungen, München
Bruhn, Manfred (2002): Integrierte Kundenorientierung. Implementierung einer kundenorientierten Unternehmensführung, Wiesbaden
Diller, Hermann (2000): Preispolitik, 3. Aufl., Stuttgart/Berlin/Köln
Diller, Hermann (2001): Beziehung smarketing, In: Diller, Hermann (Hrsg.): Vahlens Großes Marketinglexikon, 2. Aufl., München, 163–171
Esch, Franz-Rudolf/ Levermann, Thomas (1995): Positionierung als Grundlage des strategischen Kundenmanagements, In: Thexis, Vol. 12, H. 3, 8–16
Fehl, Ulrich (1983): Die Theorie dissipativer Strukturen als Ansatzpunkt für die Analyse von Innovationsproblemen in alternativen Wirtschaftsordnungen, In: Schüller, Alfred/Leipold, Helmut/ Hamel, Hannelore (Hrsg.): Innovationsprobleme in Ost und West, Stuttgart u.a., 65–89
Fehl, Ulrich/Oberender, Peter (2002): Grundlagen der Mikroökonomie. Eine Einführung in die Produktions-, Nachfrage- und Markttheorie, 8. Aufl., München
Gälweiler, Aloys (1985): Strategische Unternehmensplanung in der Praxis – unter besonderer Berücksichtigung der Verwertbarkeit strategischer Analyseinstrumente, In: Raffée, Hans/Wiedmann, Klaus-Peter (Hrsg.): Strategisches Marketing, Stuttgart, 228–242
Heuss, Ernst (1980): Wettbewerb, In: Handwörterbuch der Wirtschaftswissenschaften, Band 8, Stuttgart u.a., 679ff
Hilker, Jörg (1993): Marketingimplementierung. Grundlagen und Umsetzung am Beispiel ostdeutscher Unternehmen, Wiesbaden
Homburg, Christian (1995): Optimierung der Kundenzufriedenheit durch Total Quality Management, In: Simon, Herman/Homburg, Christian (Hrsg.): Kundenzufriedenheit, Konzepte – Methoden – Erfahrungen, Wiesbaden, 229–240
Homburg, Christian (1998): Kundennähe von Industriegüterunternehmen, 2. Aufl. Wiesbaden
Homburg, Christian/Giering, Annette/Hentschel, Frederike (1998): Der Zusammenhang zwischen Kundenzufriedenheit und Kundenbindung, In: Bruhn, Manfred/Homburg, Christian (Hrsg). Handbuch Kundenbindungsmanagement, Grundlagen – Konzepte – Erfahrungen, Wiesbaden, 81–112
Homburg, Christian/Krohmer, Harley (2003): Marketingmanagmt, Wiesbaden
Homburg, Christian/Rudolph, Bernd (1995): Theoretische Perspektiven zur Kundenzufriedenheit, In: Simon, Herman/Homburg, Christian (Hrsg.): Kundenzufriedenheit, Konzepte – Methoden – Erfahrungen, Wiesbaden, 29–49
Jeschke, Kurt (1995): Nachkaufmarketing: Kundenzufriedenheit und Kundenbindung auf Konsumgütermärkten, Frankfurt/Main u.a.
Kaas, Klaus Peter (1992): Marketing und Neue Institutionenlehre, Arbeitspapier Nr.1 aus dem Forschungsprojekt Marketing und ökonomische Theorie, Frankfurt/Main
Kaas, Klaus Peter/Runow, Heribert (1984): Wie befriedigend sind die Ergebnisse der Forschung zur Verbraucherzufriedenheit?, In: Die Betriebswirtschaft, 44. Jg., Nr. 3, 451–460
Köhler, Richard (1993): Beiträge zum Marketing-Management, Planung, Organisation, Controlling, 3. Aufl., Stuttgart
Köhler, Richard (2001): Erfolgreiche Markenpositionierung angesichts zunehmender Zersplitterung von Zielgruppen, In: Köhler, Richard/ Majer, Wolfgang/Wiezorek, Heinz (Hrsg.): Erfolgsfaktor Marke. Neue Strategien des Markenmanagements, München, 45–61

Köhler, Richard/Böhler, Heymo (1984): Strategische Marketing-Planung. Kursbestimmung bei ungewisser Zukunft, In: asw, 27.Jg., H.3,93–103
Kotler, Phillip/Bliemel, Friedhelm (1999): Marketing-Management. Analyse, Planung, Umsetzung und Steuerung, 9. Aufl., Stuttgart
Kreikebaum, Hartmut (1981): Strategische Unternehmensplanung, Stuttgart u.a.
Levitt, Theodor (1960): Marketing Myopia, In: HBR, Vol.38,45–56
Meffert, Hartwig (1994): Marktorientierte Unternehmensführung im Umbruch – Entwicklungsperspektiven des Marketing in Wissenschaft und Praxis, In: Bruhn, Manfred/Meffert, Hartwig/Wehrle, Friedrich (Hrsg): Marktorientierte Unternehmensführung im Umbruch. Effizienz und Flexibilität als Herausforderungen des Marketing, Stuttgart, 3–39
Meffert, Hartwig (1998): Kundenbindung als Element moderner Wettbewerbsstrategien, In: Bruhn, Manfred/Homburg, Christian (Hrsg.): Handbuch Kundenbindungsmanagement. Grundlagen – Konzepte –Erfahrungen, Wiesbaden, 115–133
Meffert, Hartwig (2000): Marketing. Grundlagen der Absatzpolitik, 9. Aufl., Wiesbaden
Müller-Stewens, Günter/Lechner, Christoph (2001): Strategisches Management. Wie strategische Initiativen zum Wandel führen, Stuttgart
Nieschlag, Robert/Dichtl, Erwin/Hörschgen, Hans (1997): Marketing, 18. Aufl., Berlin
Oberender, Peter (1987): Marktwirtschaft und Innovation; Grenzen und Möglichkeiten staatlicher Innovationsförderung, In: Kantzenbach, Erhard/Oberender, Peter u.a. (Hrsg.): Beiträge zur Innovationspolitik, Berlin, 9–26
Oberender, Peter/Fleischmann, Jochen (2002): Gesundheitspolitik in der sozialen Marktwirtschaft, Analyse der Schwachstellen und Perspektiven einer Reform, Stuttgart
Oberender, Peter/Fleischmann, Jochen (2003): Einführung in die Mikroökonomik, Bayreuth
Oggenfuss,Christoph W. (1992): Retention Marketing, In: Thexis, 9. Jg., Nr. 6, 24–28
Plinke, Wulff (1992): Ausprägungen der Marktorientierung im Investitionsgüter-Marketing, In: Zeitschrift für bbetriebswirtschaftliche Forschung, 44. Jg. , Nr.9, 830–846
Plinke, Wulff (1996): Kundenorientierung als Voraussetzung der Customer Integration, In: Kleinaltenkamp, Michael/Ließ, Sabine/ Jacob, Frank (Hrsg.): Customer Integration. Von der Kundenorientierung zur Kundenintegration, Wiesbaden, 41–56
Plinke, Wulff (1997):Grundlagen des Geschäftsbeziehungsmanagements, In: Kleinaltenkamp, Michael/Plinke, Wulff (Hrsg.): Geschäftsbeziehungsmanagement, Berlin u.a., 1–62
Porter, Michael (1992a): Wettbewerbsstrategie (Competitive Strategy), 7.Aufl., Frankfurt/Main
Porter, Michael (1992b): Wettbewerbsvorteile (Competitive Advantage). Spitzenleistungen erreichen und behaupten, Frankfurt/Main
Reichheld, Frederick F./Sasser, Earl W. (1998): Zero-Migration: Dienstleister im Sog der Qualitätsrevolution, In: Bruhn, Manfred/Homburg, Christian (Hrsg). Handbuch Kundenbindungsmanagement, Grundlagen –Konzepte – Erfahrungen, Wiesbaden, 135–150
Sabel, Hermann (1971): Produktpolitik in absatzwirtschaftlicher Sicht. Grundlagen und Entscheidungsmodelle, Wiesbaden
Scharnbacher, Kurt/Kiefer, Guido (1996): Kundenzufriedenheit. Analyse, Meßbarkeit, Zertifizierung, 3. Aufl., Oldenburg
Schmalen, Helmut (1992): Kommunikationspolitik, 2. Aufl., Stuttgart u.a.
Simon, Herman (1988): Management strategischer Wettbewerbsvorteile, In: Simon, Herman (Hrsg.): Wettbewerbsvorteile und Wettbewerbsfähigkeit, Stuttgart,1–17
Specht, Günter (1992): Distributionsmanagement, 2. Aufl., Stuttgart
Thommen, Jean-Paul/Achleitner, A.nn-Kristin (2001): Allgemeine Betriebswirtschaftslehre. Umfassende Einführung aus managementorientierter Sicht, 3. Aufl., Wiesbaden
Tomczak, Torsten (1994): Relationship – Marketing – Grundzüge eines Modells zum Management von Kundenbeziehungen, In: Tomczak, T./Belz, Chr. (Hrsg.): Kundennähe realisieren, St. Gallen, 193–215
Töpfer, Armin (1996): Kundenzufriedenheit messen und steigern, 2. Aufl., Neuwied

Trux, Walter/Müller-Stewens, Günter/Kirsch, Werner (1984): Strategisches Management, In: Trux, Walter/Müller-Stewens, Günter/Kirsch, Werner (Hrsg.): Das Management strategischer Programme, München,1–36

Ulrich, Peter/Fluri, Edgar (1992): Management, Eine konzentrierte Einführung, 6.Aufl., Bern/Stuttgart 1992

Vollert, Klaus (1991): EG-Pharmamarkt '92, Bayreuth

Vollert, Klaus (1999): Grundlagen des strategischen Marketing, 2. Aufl., Bayreuth

Vollert, Klaus (2002): Internationalisierung und differenzierte Positionierung einer Marke. Ein Widerspruch, In: Thexis, 19. Jg. , H. 4., 14–17

Weber, Günter (1996): Strategische Marktforschung, München/Wien

Medienmarketing – Markenbildung am Beispiel des MDR

Eric Markuse

1 Warum macht ein öffentlich-rechtlicher Sender überhaupt Marketing?

1.1 Das duale Rundfunksystem in Deutschland als Wettbewerb

Seit dem so genannten „medienpolitischen Urknall", dem Start des Kabelprojekts in Ludwigshafen im Januar 1984, wetteifern öffentlich-rechtlicher und privater Rundfunk um die Gunst von Zuschauern und Werbekunden auf *einem* Medienmarkt. Innerhalb weniger Jahre hat sich das Rundfunksystem radikal verändert. Die Einführung von kommerziellem Rundfunk hat nicht ein vorhandenes System ergänzt, sondern ein neues geschaffen. Aus einem begrenzten Angebotsmedium ist ein fast beliebiges Nachfragemedium geworden. Während in der Anfangszeit des dualen Rundfunksystems ein bundesdeutscher Durchschnittshaushalt dreieinhalb Fernsehprogramme empfing, waren es 1997 bereits 33[1]. Tatsache ist heute: Deutschland hat das größte Angebot von frei empfangbaren Fernsehsendern in Europa. So versuchten im Jahr 2001 auf den unterschiedlichen Ausspielkanälen bundesweit und regional 20 öffentlich-rechtliche, rund 220 private sowie zahlreiche zusätzliche Fernsehprogramme, die aus dem Ausland einstrahlen, sich auf dem deutschen TV-Markt zu behaupten. Zur gleichen Zeit warben in Deutschland 297 Radiosender, davon 61 öffentlich-rechtliche, um die Gunst der Hörerinnen und Hörer[2].

In diesem Wettbewerb unterliegen öffentlich-rechtliche und privatwirtschaftliche Programme gemeinsamen Rahmenbedingungen. In der Präambel des „Staatsvertrag[s] über den Rundfunk im vereinten Deutschland" (Fassung vom 01.01.1992) heißt es dazu: „Öffentlich-rechtlicher und privater Rundfunk sind der freien individuellen und öffentlichen Meinungsbildung sowie der Meinungsvielfalt verpflichtet. Beide Rundfunksysteme müssen in der Lage sein, den Anforderungen des nationalen und internationalen Wettbewerbs zu entsprechen." Dieser Staatsvertrag definiert dabei ebenso wie diverse Rundfunkurteile des Bundesverfassungsgerichts unterschiedliche Aufgaben für die beiden Bestandteile des dualen Rundfunksystems, so grundlegend im 6. Rundfunkurteil des BVG vom 06.10.1992: „Die Funktion des öffentlich-rechtlichen Rundfunks wie aller Rundfunkveranstalter ... wird vom Sinn der Rundfunkfreiheit bestimmt, freie individuelle Meinungsbildung zu ermöglichen. Wegen der herausragenden kommunikativen Bedeutung des Rundfunks kann diese nur in dem Maße gelingen, wie der Rundfunk seinerseits frei, umfassend und wahrheitsgemäß informiert. Er muss deswegen ein Programm anbieten, in dem nicht allein gegenständliche Breite aller Programmsparten, sondern auch gleichgewichtige Vielfalt der in der Gesellschaft anzutreffenden Meinungen gewährleistet ist. Im dualen System eines Nebeneinanders von öffentlich-rechtlichem und privatem Rundfunk ... gewährleistet der private Rundfunk schon aufgrund seiner Finanzierungsweise nicht, dass diese Anforderungen

---

[1] Hall 1997, 22
[2] dpa-Medien 48/2002

in vollem Maße erfüllt werden. Das ist verfassungsrechtlich nur hinnehmbar, wenn einerseits die Ungleichgewichtigkeiten im privaten Rundfunk keinen erheblichen Umfang annehmen, andererseits jedenfalls der öffentlich-rechtliche Rundfunk den verfassungsrechtlichen Vorgaben uneingeschränkt genügt und die Grundversorgung der Bevölkerung mit Rundfunk aufrecht erhält." Für die Sicherstellung dieser Grundversorgung benennt das Bundesverfassungsgericht drei wesentliche Voraussetzungen:

- Neben einer flächendeckenden Verbreitung muss es einen umfassenden Programmstandart geben, der alle wesentlichen gesellschaftlichen, kulturellen und politischen Strömungen berücksichtigt.
- Durch entsprechende organisatorische und verfahrensrechtliche Vorkehrungen muss eine gleichgewichtige Meinungsvielfalt gewährleistet werden. Mit anderen Worten: Privatwirtschaftlichen Anbietern kommt im Verhältnis zum Grundversorgungsauftrag des öffentlich-rechtlichen Rundfunks nur die Aufgabe einer Zusatzversorgung zu.
- Gleichzeitig werden an die gebührenfinanzierten öffentlich-rechtlichen Programme höhere Anforderungen gestellt: Sie müssen nicht nur eine Minimal- oder Mindestversorgung, sondern nach Umfang, Qualität und Reichweite eine Vollversorgung der Bevölkerung gewährleisten[1]. Als Anstalten des öffentlichen Rechts haben sie einen am Gemeinwohl orientierten Programmauftrag zu erfüllen, der bei länderübergreifenden Anstalten wie dem MDR in Staatsverträgen festgelegt ist. So hat „der MDR [hat] in seinen Sendungen einen objektiven und umfassenden Überblick über das internationale, nationale und länderbezogene Geschehen in allen wesentlichen Lebensbereichen zu geben. Sein Programm soll der Information und Bildung sowie der Beratung und Unterhaltung dienen und hat dem kulturellen Auftrag des Rundfunks zu entsprechen. Er dient der freien individuellen und öffentlichen Meinungsbildung." (§ 6 Staatsvertrag über den Mitteldeutschen Rundfunk (MDR) vom 30.05.1991).

Kurzum: Würden die öffentlich-rechtlichen Anstalten die Grundversorgung und diesen Programmauftrag, wie hier am Beispiel des MDR aufgezeigt, nicht erfüllen, wäre der privatwirtschaftliche Rundfunk mit seinen programmlichen Defiziten unzulässig.

1.2 Was ist uns das öffentlich-rechtliche Programmangebot wert?

Den unterschiedlichen Aufgabenstellungen von öffentlich-rechtlichen und privaten Anbietern entsprechen auch deren unterschiedliche Finanzierungsarten: Mischfinanzierung aus Rundfunkgebühren und Werbung zur Sicherstellung der Grundversorgung auf der einen Seite, Werbefinanzierung für die Zusatzversorgung andererseits.

Das duale Rundfunksystem ist somit von vornherein nicht als gleichwertiger Wettbewerb angelegt. Dem öffentlich-rechtlichen Rundfunk kommt vielmehr eine Basisfunktion zu, die weder durch marktwirtschaftlichen Wettbewerb noch durch politische Einflussnahme gefährdet werden darf[2].

Das Bundesverfassungsgericht hat deshalb 1994 die Mischfinanzierung aus Gebühren und Werbung noch einmal nachdrücklich bestätigt, da seiner Ansicht nach andere Finanzie-

---
[1] Hall 1997, 31
[2] Hall 1997, 39

rungsquellen neben der Gebührenfinanzierung sogar die Unabhängigkeit des öffentlich-rechtlichen Rundfunks stärken können.

Die „Kommission zur Ermittlung des Finanzbedarfs der Rundfunkanstalten" (KEF) prüft den angemeldeten Bedarf und legt daraufhin die Höhe der Rundfunkgebühren für die nächste Gebührenperiode, derzeit für vier Jahre, fest. Jeder Gebührenerhöhung müssen alle Länderparlamente zustimmen. Dabei leistet die KEF mit ihrer Gebührenfestlegung keineswegs eine Entscheidungshilfe für die Landesgesetzgeber, sondern legt vielmehr die Grundlage für die Gebührenfestsetzung. Aufgabe der Länder ist es, den Vorschlag der KEF auf seine Sozialverträglichkeit hin zu überprüfen, d.h. die Länder sind an die KEF-Entscheidung weitestgehend gebunden und können nicht beliebig abweichen. Denn das Bundesverfassungsgericht hat 1994 auch eindeutig festgestellt, dass die Gebührenfestsetzung nicht zu Zwecken der Programmlenkung oder der Medienpolitik benutzt werden darf. Die Rundfunkgebühr stellt kein Nutzungsentgelt für Programm oder Verbreitungsweg dar, sondern sie ist als Teilnahmegebühr von den denjenigen zu zahlen, die ein Empfangsgerät bereithalten.

Diese oftmals als „Zwangsgebühr" titulierte Haupteinnahmequelle der öffentlich-rechtlichen Anstalten sichert deren Funktionsfähigkeit und gibt ihnen die Freiheit und Unabhängigkeit zur Erfüllung ihres Grundversorgungsauftrages. Dies wäre durch eine überwiegende Werbefinanzierung nicht möglich.

Dass trotzdem Einnahmen durch Werbung gesetzlich erlaubt sind, ermöglicht den öffentlich-rechtlichen Rundfunkanstalten eine Teilfinanzierung der erfahrungsgemäß jährlich auf dem Medienmarkt steigenden Kosten für Produktion, Übertragungsrechte und Personal. So betrug für den MDR der Anteil der Einnahmen aus Werbung im Jahr 2002 knapp fünf Prozent. Aus Sicht der werbetreibenden Industrie bietet Werbung in öffentlich-rechtlichen Programmen die Möglichkeit, positive Wechselwirkungen zwischen Produkt- und Werbeträgerimage zu nutzen: Öffentlich-rechtliche Programme genießen hohe Glaubwürdigkeit und Akzeptanz beim Verbraucher. Ohne Werbung in den reichweitenstarken Programmen von ARD und ZDF wären große Teile der Verbraucher von markt- und entscheidungsrelevanten Informationen abgeschnitten, zumal die private Konkurrenz sich fast ausschließlich auf die 14–49-Jährigen als werberelevante Zielgruppe fokussiert. Die Durchsetzung eines schon des Öfteren geforderten Werbeverbots in öffentlich-rechtlichen Programmangeboten würde dann eine, auf Grund der demographischen Entwicklung, immer größer werdende Anzahl von Verbrauchern von eben jenen Informationen ausschließen. Es geht dabei nicht um grenzenlose Werbung, zumal seit 1963 bereits gesetzlich festgelegt ist, dass ARD und ZDF höchstens 20 Minuten Werbung pro Werktag zu festgelegten Zeiten und nicht nach 20 Uhr ausstrahlen dürfen. Die Entscheidung aber, ob die Verbraucher Werbung sehen wollen, treffen Sie heute als Fernsehzuschauer jedoch selber – mit Ihrer Fernbedienung.

Nach wie vor werden die Angebotsschwerpunkte von ARD und ZDF mit ihren informationsorientierten Inhalten von den Gebührenzahler in Deutschland gut angenommen. Im Jahr 2001 dominierten in den öffentlich-rechtlichen Fernsehprogrammen die Nachrichtenangebote und Morgenmagazine mit einer Mischform aus Politik und Unterhaltung, außerdem Einzelbeiträge und monothematische TV-Formate mit Inhalten zu Politik, Wirtschaft, Zeitgeschichte, Kultur, Tierwelt, Natur, Freizeit und Sport[3]. Auch wenn es von Anfang an höhere Marktanteile für kommerzielle Fernsehsender in den neuen Bundesländern gibt, so wird dieser im Vergleich zu den alten Bundesländern geringere Nutzungsanteil für die

---

[3] Krüger 2002, 529

beiden öffentlich-rechtlichen Anbieter ARD/Das Erste und ZDF hier durch eine stärkere Nutzung beispielsweise des *MDR Fernsehen* ausgeglichen[4]. Dabei sind die täglichen Einschaltquoten und die halbjährlich ermittelten Reichweitenzahlen der Media-Analyse Radio für die öffentlich-rechtlichen Programmangebote nicht der alleinige Gradmesser für Erfolg. Der Vorwurf an den öffentlich-rechtlichen Rundfunk, mit seinen Angeboten zunehmend stärker auf die „Quote zu schielen" ist zum Teil berechtigt, besitzt aber schon aus Gründen seiner Verpflichtung zur Grundversorgung ein „natürliches" Korrektiv. Schließlich gibt es auch viele Programmangebote, die eine kleine, aber treue Zuschauer- und Hörerschaft haben und nicht gleich abgesetzt werden, obwohl auch hier oft hohe Produktionskosten anfallen. Aber eine Währung, wie eben die Quote, funktioniert nur dann, wenn sie als Maßstab für alle Marktteilnehmer zugelassen, akzeptiert und gleichberechtigt verwendet wird. Sei es nun als Reichweitenargument in Richtung Werbewirtschaft oder eben auch in Richtung Gebührenzahler. Legitimität für Rundfunkgebühren erwächst eben auch durch signalisiertes Interesse der Nutzer, die Quoten sind daher als ein Gradmesser für die Akzeptanz beim gebührzahlenden Nutzer zweifelsohne zulässig und notwendig.

2   Der MDR als Medienmarke in Mitteldeutschland

Der Wettbewerb um die Akzeptanz bei Zuschauern und Hörern wird sich für die Programme des MDR, insbesondere für das *MDR Fernsehen*, durch die rasante Veränderung der nationalen und internationalen Rahmenbedingungen weiter verschärfen. Die Digitalisierung der Fernsehverbreitung führt zu einer Vielzahl zusätzlicher Programme, mit denen international operierende, private Medienkonzerne auf dem deutschen Markt Fuß fassen wollen. Die öffentlich-rechtlichen Rundfunkanbieter müssen deshalb der Tendenz zur Abnahme des öffentlichen Bewusstseins für den gesetzlich festgelegten Sonderstatus des öffentlich-rechtlichen Rundfunks aufgrund der bevorstehenden Angebotsvervielfältigung entgegenwirken. Die Digitalisierung der Hörfunkverbreitung wird voraussichtlich schleppender verlaufen als die Umstellung auf digitale Verbreitung im Fernsehen, ihre Folgen werden erst nach 2006 erkennbar wirksam. Gleichwohl bleibt der mitteldeutsche Radiomarkt aufgrund der Konkurrenzsituation mit seiner vergleichsweise hohen Anzahl von Angeboten einer der schwierigsten in Deutschland.

Die wachsende Programmvielfalt auf dem Fernsehmarkt sowie eine zunehmende Nutzung des Internets und die Etablierung zusätzlicher mobiler Dienste haben Auswirkungen auf das Nutzerverhalten der jungen Generation, aber auch auf ältere Hörer und Zuschauer. Stärker als in der Vergangenheit erwarten Mediennutzer ein auf die Erfüllung ihrer individuell gelagerten Informations-, Unterhaltungs- und Bildungsinteressen zugeschnittenes Medienangebot.

Chancen in dieser skizzierten Wettbewerbssituation bietet dabei die Konzentration auf die Region. Die Menschen in Mitteldeutschland sehen sich immer mehr mit globalen Perspektiven und Herausforderungen konfrontiert und ab 2005 voraussichtlich in die Mitte einer erweiterten EU gestellt. Im Gegenzug orientieren sie sich zunehmend an der überschaubaren Region, zu der eine emotionale Bindung besteht. Eine konsequente Positionierung des MDR als Programmanbieter für den mitteldeutschen Raum und die Regionen in Mitteldeutschland ist damit die beste Voraussetzung für die erfolgreiche Behauptung im

---

[4] Frey-Vor/Gerhard/Mende 2002, 67

Wettbewerb. Der MDR will deshalb für die Zuschauer und Zuhörer im Sendegebiet ein vertrauter Orientierungspunkt bleiben und zur Herausbildung einer mitteldeutschen Identität beitragen. Dabei werden sich die aktuellen demographischen Entwicklungen in Teilen des Sendegebietes (Abwanderung, Alterung) voraussichtlich fortsetzen. Das bedeutet vor allem für die imageprägenden MDR-1-Hörfunkprogramme und das *MDR Fernsehen* eine besondere Herausforderung. Es gilt einerseits, die tendenziell wachsende Gruppe der älteren Nutzer zu halten. Daneben müssen andererseits einem veränderten Nutzerverhalten Rechnung getragen und zur Zukunftssicherung jüngere Nutzergruppen erschlossen werden.

Um diese hochgesteckten Ziele zu erreichen, bedarf es auch geeigneter interner und externer Kommunikationsmaßnahmen, um die Qualität und den Erfolg der acht MDR-Hörfunkprogramme und des *MDR Fernsehens* als TV-Vollprogramm sowie das kulturelle und soziale Engagement des Unternehmens MDR in seinem Sendegebiet aber auch darüber hinaus im öffentlichen Bewusstsein zu verankern. Und: Es bedarf auch eines eigenen Markenverständnisses. Denn nur wer sich klar als Markenprodukt mit Wiedererkennungswert etabliert hat, kann nach übereinstimmender Meinung der Branche künftig auf den digitalen Plattformen via Antenne, Kabel und Satellit bestehen. Deshalb werden komfortable Positionen für den digitalen Medienmarkt jetzt erlangt, zumal bei einem absehbar sich weiter verschärfenden Wettbewerb eine Positionierung in Zukunft immer schwieriger wird.

2.1 Was ist überhaupt eine „Marke"?

Ein stetig wachsendes Überangebot von Waren und Dienstleistungen, heftige Preiskämpfe sowie immer schnellere Entwicklungs- und Produktzyklen haben die Ansprüche an den Markt und seine Teilnehmer drastisch erhöht. Die Erkenntnis, dass sich nur die fünf besten Vertreter einer Sparte im Gedächtnis der Verbraucher verankern, erzeugt permanenten Druck bei denen, die sich auf dem Markt behaupten wollen. Allein in Deutschland bemühen sich über 60.000 Marken um das Interesse eines überforderten Konsumenten[5]. Aber was ist das überhaupt, eine Marke?

In der marketingwissenschaftlichen Literatur finden sich die unterschiedlichsten Interpretationen zum Begriff der „Marke" und ihrem Verständnis als auch zur Art und Weise, wie Marken erfolgreich geführt werden sollten. Es ist ein heterogenes, ja manchmal diffuses Bild. Marken werden beispielsweise als Personen, als Beziehung, als Mythos und Religion, als Wertesystem, als Logo oder als Herkunftszeichen aufgefasst[6]. Der Begriff „Marke" ist heutzutage überall präsent. Allgemein könnte das Wesen einer Marke beschrieben werden als ein auf einer Ware angebrachtes Zeichen, um dieses bewusst und individuell zu kennzeichnen.[7] Geht man noch einen Schritt weiter, so ist eine Marke ein Name, eine Bezeichnung, ein Zeichen, ein Symbol, ein Design oder eine Kombination dieser Elemente, die zur Identifikation der Güter oder Dienstleistungen eines Anbieters und damit zu ihrer Differenzierung von jenen der Konkurrenten dienen[8]. Im Hinblick auf den Verbraucher liegen die zentralen Aufgaben einer Marke in einer Orientierungsfunktion oder auch einer Entscheidungshilfe, denn auf Grund der zunehmenden objektiven wie subjektiven Aus-

---

[5] Baumewerd 2002, 14
[6] Meffert/Burmann/Koers 2002, 13
[7] Becker 1998, 38
[8] Kotler 1989, 379

tauschbarkeit von Produkten bedeutet ein Alleinstellungsmerkmal (USP – Unique Selling Proposition) lediglich ein Vorsprung auf Zeit. „Durch die Reizüberflutung entsteht eine Orientierungslosigkeit in der Gesellschaft. Starke Marken, die dynamisch geführt werden, ohne dass sie ihr Profil verlieren, geben den Menschen die Sicherheit, nach der sie heutzutage suchen."[9]

Eine öffentlich-rechtliche Landesrundfunkanstalt wie der MDR, der sich einem verschärften Wettbewerb auf dem Medienmarkt stellen muss, kann sich daher einem solchen Verständnis nicht entziehen. Auch Medien sind Markenartikel, wenn sie mindestens die Kriterien nach gleichbleibender, hoher Qualität, einem hohen Bekanntheitsgrad und einer Überallerhältlichkeit erfüllen[10].

Für die Marke „MDR" treffen diese Kriterien nachweisbar zu: Seit 1998 ist das *MDR Fernsehen* das reichenweitenstärkste TV-Programm aller ARD-Landesrundfunkanstalten im jeweiligen Sendegebiet. Fast jeder verbindet den MDR in Mitteldeutschland mit Fernsehen und/oder Radio. Das Unternehmen hat hier einen Bekanntheitsgrad von nahezu 100 Prozent[11] und seine Programme sind über Antenne, Satellit und Kabel überall im Sendegebiet empfangbar. Dabei gelten für die Medienmarke „MDR" grundsätzlich die gleichen Gesetze der Markenführung wie für andere Marken auch:

- klares einheitliches Erscheinungsbild nach außen und innen,
- hohe Qualität über einen langen Zeitraum,
- Sorgfalt in der Produktpolitik und
- regelmäßige Anpassung an die Kundenwünsche

– letzteres allerdings stets mit Blick auf den zu erfüllenden Programmauftrag.

Bei der Markenbildung spielt das visuelle Erscheinungsbild eine wesentliche Rolle. Das Corporate Design transportiert dabei die Markenpersönlichkeit oder das, wofür nach dem Willen des Unternehmens die Marke steht: eine umfangreiche, aber unverwechselbare Identität. Je klarer, eindeutiger und leicht verständlich diese Identität nach innen und außen getragen wird, desto stärker ist deren Wirkung beim Kunden. Dabei wird dieses prägnante Erscheinungsbild im Wesentlichen durch präzise stilistische Vorgaben für alle Gestaltungselemente wie zum Beispiel Schriften, Farben, Gestaltungsraster, Logos, Bilderwelten, Außenwerbung und Onlineauftritt getragen. Ein sich wandelndes Wettbewerbsumfeld erfordert zwangsläufig aber auch eine stetige Weiterentwicklung des Erscheinungsbildes, ohne aber den Charakter und die Persönlichkeit einer Marke aufzugeben, deren Identität sich sehr oft erst aus genauer Kenntnis ihrer Geschichte, ihrer Biografie ergibt[12]. Markenführung ist daher auch immer eine Gradwanderung, eine Suche nach dem richtigen Verhältnis zwischen gewisser Beständigkeit und Aktualität.

Vor diesem Hintergrund hat auch der MDR im Jahr 2003 sein eigenes Corporate Design behutsam überarbeitet. Wenn gleich der dabei eingeführte Begriff „Trinität" nicht wirklich einem Lehrbuch für Designer entstammt, so beschreibt er aber am besten Philosophie und Symbolik dieses modernisierten Erscheinungsbildes. Und dies nicht ohne Grund: Die drei Bundesländer Sachsen, Sachsen-Anhalt und Thüringen bilden die medienpoliti-

---

[9] Bruhn 1994, 22
[10] Wickmann 1996, 360
[11] MDR-IPS 2002
[12] Brandmeyer 2002, 168f.

sche, rechtliche und territoriale Grundlage für den MDR. Deshalb avanciert die Zahl „Drei" auch in ihren unterschiedlichsten Ausprägungen zur neuen Konstanten: Die neuen dreigeteilten Programmlogos des MDR spiegeln dieses Strukturprinzip auch visuell wider. Darüber hinaus wurden drei Linien ins Design eingeführt, die als Geraden für seriöse Informationen stehen und als geschwungene Linien Emotionen ausdrücken. Jede Linie steht dabei zugleich für ein Bundesland, eine Mentalität, eine Identität.

Abbildung 1: Beispiel für ein Imagemotiv des MDR Fernsehen

Und im Wissen um die hohe Akzeptanz bei Zuschauern und Hörern in Mitteldeutschland: Die bisherigen in ihrer Schreibweise unverwechselbaren drei Buchstaben „mdr" sind als Markenkern auch weiterhin zentraler Bestandteil des Dachmarkenlogos. Mit der Übernahme des Siegels der ARD-Markenwelt, der kleinen Eins im Kreis, bekennt sich der MDR auch deutlich sichtbar zur ARD, die zeitgleich ebenfalls im Sinne gezielter Markenführung ihr Erscheinungsbild aktualisiert hat.

Abbildung 2: Das modernisierte Dachmarkenlogo des MDR

Zugleich ist das modernisierte Corporate Design des MDR auch Ausdruck einer eigenen Dachmarkenstrategie, bei der alle einzelnen Programmangebote zu einer Dachmarke zusammengefasst werden. Denn so wie eine Marke und ihre Produkte untrennbar miteinander

verbunden sind, so ist ebenfalls eine Sender- oder Medienmarke ohne ihre Programme undenkbar. Allerdings können auch Programme und Sendungen Markencharakter entwickeln und dann als einzelne Programmmarken in Erscheinung treten. Wichtig ist in diesem Zusammenhang, dass ein Imagetransfer von Dach- und Programmmarken stattfindet. Was das im Einzelnen bedeutet, soll exemplarisch für einige MDR-Programme dargestellt werden.

2.2 Das regionale Vollprogramm MDR Fernsehen

Vor dem Hintergrund des durch den MDR zu erfüllenden öffentlich-rechtlichen Funktionsauftrags kommt dem MDR Fernsehen eine besondere Bedeutung zu. Als ein von Beginn an regional konzipiertes Fernsehvollprogramm muss sich daher in seinen Sendungen und Formaten genau dieser Grundversorgung von Information, Bildung, Beratung, Unterhaltung und Kultur für die Bevölkerung in Mitteldeutschland wiederfinden. Für die Kommunikationsverantwortlichen des MDR, speziell für die des Programmmarketings, bedeutet dies eine besondere Herausforderung und Aufgabe: Während sich private Mitbewerber wie zum Beispiel *Kabel 1* mit dem Claim „Die besten Filme aller Zeiten" als der Spielfilmsender auf dem Markt positionieren können, gestaltet sich dies für ein heterogenes Programm wie das *MDR Fernsehen* mit einer daraus zwangsläufig resultierenden heterogenen Zuschauerschaft etwas schwieriger. Auch wenn die regionale Verankerung für dieses Fernsehprogramm ein gewisses Alleinstellungsmerkmal darstellt, sind Dachmarkenkampagnen hierbei wenig zielführend. Denn aus den genannten Gründen ist es hier überaus schwierig, einen übergreifenden Claim zu finden, der eben dieses gesamte Genrespektrum von Information über Unterhaltung bis hin zur Kultur abdeckt, zumal die Zuschauer eher bewusst einzelne Sendungen sehen und nicht etwa wie oftmals im Hörfunk ihrer Welle ganz die Treue halten. Zu diesem Ergebnis kamen unter anderem die Kommunikationschefs der ARD im Rahmen eines intensiven Benchmarkingprozesses. Dabei wurde in einem permanenten Erfahrungsaustausch ein jeweils klar abgegrenztes vergleichbares Programmangebot innerhalb aller Landesrundfunkanstalten der ARD auf der Basis von Fragebogenerhebungen analysiert. Diese Ergebnisse wurden in Synopsen zusammengefasst und können nun zur Entscheidungsfindung bei geplanten Kommunikationsmaßnahmen herangezogen werden (siehe Abbildung 3).

Das Programmmarketing des MDR realisiert gerade auch deshalb für sein Fernsehvollprogramm Kommunikationsmaßnahmen, die sich im ARD-Vergleich als sinnvoll herausgestellt haben: Um bei potentiellen Zuschauern einen hohen Wiedererkennungswert zu erzielen, setzt der MDR daher künftig in der Werbung verstärkt auf „Gesichter" des *MDR Fernsehens*. Diese Personalisierung in Verbindung mit einer bewussten Auswahl von genreprägenden Formaten für Werbemotive, wie zum Beispiel die Hauptnachrichtensendung „MDR aktuell" für den Bereich Information, das „Riverboat" als Flaggschiff der Unterhaltungsangebote und das Magazin „artour" im Kulturbereich, eröffnet dem Programmmarketing des MDR neue Möglichkeiten und bietet zudem die Chance, die zuvor genannten Nachteile bei der Marktpositionierung zu kompensieren.

Abbildung 3: Benchmarking für Kommunikationsmaßnahmen in Hörfunk und Fernsehen der ARD-Landesrundfunkanstalten und ihrer Partnerprogramme

Genre = Top3/Genre		Kino-/Plakatwerbung		Anzeigenwerbung		Verkehrsmittelwerbung		Promotion		Veranstaltungen	
		Medium/Top 5	Mittelwert	Medium/Top 5	Mittelwert	Medium/Top 5	Mittelwert	Medium/Top 5	Mittelwert	Medium/Top 5	Mittelwert
Junge Wellen	1.	Kinospots	1,2	Stadtmagazine	2,2	Nachtbus/Diskobus	2,3	Promo-Teams	1,5	Parties	1,6
	2.	Großflächen	2,1	Publikumszeitschriften	2,7	Haltestellen	2,4	Give-aways	1,8	Presentings	1,7
	3.	City Lights	2,2	Tageszeitungen	4,8	U-Bahn/S-Bahn	2,9	Infomobilstände	2,1	Großevents	2,2
	4.	Blow-ups	2,7			Trambahn	3,1			Wettbewerbe	2,8
	5.	Megascreens	2,9			Bus	3,1			Roadshows	2,8
Aktuelle Infos	1.	City Lights	1,8	Tageszeitungen	2,2	Haltestellen	1,8	Infomobilstände	1,7	Großevents	1,8
	2.	Großflächen	2,2	Stadtmagazine	2,4	Scheibenplakatierung	2,3	Promo-Teams	2,3	Presentings	2,2
	3.	Infoscreens	2,3	Publikumszeitschriften	3,0	U-Bahn/S-Bahn	3,0	Give-aways	2,6	Tag der offenen Tür	2,2
	4.	Megascreens	2,3			Trambahn	3,3			Wettbewerbe	2,7
	5.	Megascreens	3,0			Bus	3,5			Parties	3,3
Wortprogramme	1.	Infoscreens	2,5	Tageszeitungen	1,7	Haltestellen	2,5	Infomobilstände	2,7	Fachmessen	2,0
	2.	City Lights	2,7	Publikumszeitschriften	2,1	Bus	2,8	Give-aways	3,0	Tag der offenen Tür	3,5
	3.	Großflächen	2,9	Stadtmagazine	2,7	U-Bahn/S-Bahn	2,9	Promo-Teams	3,2	Studiofeste	3,8
	4.	Blow-ups	3,0			Trambahn	3,0			Wettbewerbe	3,8
	5.	Megascreens	3,2			Scheibenplakatierung	3,0			Großevents	4,0
Melodiewellen	1.	Großflächen	1,5	Tageszeitungen	1,7	Scheibenplakatierung	2,5	Give-aways	1,6	Special-Events	1,4
	2.	City Lights	2,2	Publikumszeitschriften	3,8	Bus	2,8	Promo-Teams	2,1	Studiofeste	1,6
	3.	Blow-ups	3,2	Stadtmagazine	5,0	Trambahn	2,8	Programmhefte	2,4	Feste mit Sendungsbezug	1,7
	4.	Megascreens	3,4			U-Bahn/S-Bahn	2,8	Infomobilstände	2,4	Tanzpartes	1,8
	5.	Infoscreens	4,1			Haltestellen	3,1			Sport-/Freizeitevents	1,9
HF-Kulturwellen	1.	Großflächen	1,8	Tageszeitungen	1,4	Haltestellen	2,1	Programmhefte	1,2	Festivals	1,3
	2.	Großflächen	2,7	Fachpublika	1,7	Trambahn	2,6	Promo-Teams	1,7	Wettbewerbe	1,4
	3.	Kinospots	3,5	Publikumszeitschriften	2,5	U-Bahn/S-Bahn	2,8	Give-aways	2,1	Events (Museumsnächte)	1,5
	4.	Megascreens	3,6			Scheibenplakatierung	3,3	Infomobilstände	2,7	Presentings	1,5
	5.	Blow-ups	4,0			Bus	3,3			Studiofeste	1,7
Dritte FS-programme	1.	Großflächen	1,8	Tageszeitungen	2,0	Haltestellen	2,7	Infomobilstände	2,5	Studiofeste	1,3
	2.	City Lights	1,9	Programmzeitschriften	2,1	Bus	2,8	Give-aways	2,6	Special-Events	1,4
	3.	Infoscreens	2,6	Stadtmagazine	2,7	Trambahn	2,8	Promo-Teams	2,9	Feste mit Sendungsbezug	2,0
	4.	Megascreens	2,9	Publikumszeitschriften	2,7	U-Bahn/S-Bahn	3,0			Sportevents	2,4
	5.	Blow-ups	3,0			Bus	3,0			Wettbewerbe	2,4
FS-Kulturprogramme	1.	Großflächen	2,0	Publikumszeitschriften	1,3	Haltestellen	3,0	Programmhefte	2,0	Events (Museumsnächte)	1,5
	2.	Großflächen	2,0	Tageszeitungen	1,5	Trambahn	3,0	Give-aways	2,2	Wettbewerbe	1,7
	3.	Kinospots	2,3	Fachpublika	1,7	Bus	3,0	Promo-Teams	2,3	Festivals	1,8
	4.	Infoscreens	3,0			Scheibenplakatierung	3,3	Infomobilstände	2,5	Feste mit Sendungsbezug	2,0
	5.	Megascreens	3,0			U-Bahn/S-Bahn	4,0			Presentings	2,0

Abbildung 4: Plakatmotiv für das Kulturmagazin „artour" im Rahmen der Kampagne 2003 für das MDR Fernsehen

Diese Profilierung von Programmmarken dient zugleich noch einem weiteren wichtigen übergeordneten Kommunikationsziel: der Verstärkung des bereits vorhandenen positiven Imagetransfers auf die Dachmarke MDR. Wie Untersuchungen belegen, wird das *MDR Fernsehen* als Vollprogramm von seinen Zuschauern vor allem als regional orientierter, aktueller Nachrichten- und Informationssender sowie als Unterhaltungs- und Ratgebersender wahrgenommen. In ihren Einschätzungen gilt er dabei als informativ, glaubwürdig und seriös, zugleich aber auch als unterhaltsam[13]. Diese sehr positiven Images prägen in einem erheblichen Maße auch die Wahrnehmung des Gesamtunternehmens MDR, so dass hier nachweisbar ein Imagetransfer auf die Dachmarke stattfindet.

Starke Programmmarken sind somit Voraussetzung für Wiedererkennung, Zuschauerbindung und positives Image. Der MDR setzt deshalb bewusst auf bestehende Programmmarken im MDR Fernsehen, die seinen öffentlich-rechtlichen Auftrag exponiert transportieren, und wird dazu auch künftig weitere geeignete Einzelprodukte zu neuen Programmmarken aufbauen. Um dabei den Erfordernissen der Dachmarke MDR Rechnung zu tragen, erfolgt dies durch eine kontinuierliche Markenpflege im Sinne gezielter Markenführung und behutsamer Markenaktualisierung. Gleiches gilt auch im Hörfunkbereich, für die MDR 1-Landesprogramme in den drei Staatsvertragsländern.

2.3 Die MDR 1-Hörfunkprogramme

Die Bewertungen der einzelnen Hörfunksender *MDR 1 Radio Sachsen-Anhalt*, *MDR 1 Radio Thüringen* und *MDR 1 Radio Sachsen* durch Hörerinnen und Hörer aus Mitteldeutschland sind fast identisch mit den Befragungsergebnissen zum *MDR Fernsehen* (MDR-IPS 2002). Auch wenn dies nicht sonderlich überrascht, bilden die Nutzergruppen

---

[13] MDR-IPS 2002

der MDR-Angebote doch eine sehr große Schnittmenge, und so haben diese Befunde unmittelbare Auswirkungen auf die Art und die Inhalte der Kommunikation. Denn diese generelle Bewertung aller Hörfunkprogramme macht auch deutlich, dass die MDR 1-Landesprogramme, ebenso wie das *MDR Fernsehen*, imageprägend für die Dachmarke MDR sind.

Darüber hinaus besitzen diese so genannten „Melodiewellen" durch ihre großen Reichweiten und vielfältigen Programmangebote einen hohen Bindungsfaktor bei ihrer Zuhörerschaft, deren Altersdurchschnitt im MDR-Sendegebiet bei rund 60 Jahren liegt. Ohne geeignete Maßnahmen im Programm, die durch Marketing flankiert werden, droht also bei diesen Angeboten perspektivisch die Gefahr einer Überalterung und damit verbunden ein mögliches Legitimationsdefizit für die Finanzierung öffentlich-rechtlicher Programmangebote. Es gilt also auch hier, altersmäßig Anschluss an die Mitte zu halten, ohne ältere Stammhörer zu verlieren.

Dieses Ziel stellt sowohl für die Programmmacher als auch für die Marketingverantwortlichen eine Gradwanderung dar:

- Welche programmlichen Veränderungen sind dafür notwendig?
- Welche Veränderungen werden von den Stammhörern überhaupt akzeptiert?
- Was erwarten Hörerinnen und Hörer ab 45 Jahre generell von einem Hörfunkprogramm?
- Wofür stehen eigentlich die drei MDR-Landesprogramme?
- Welche Werbemaßnahmen sind am besten geeignet, diese stattfindenden Veränderungen im Programm zielgruppengerecht zu kommunizieren?

Diese kleine Auswahl an Fragestellungen soll aufzeigen, wie komplex und vielschichtig ein solches Vorhaben zur Verjüngung von massenattraktiven Hörfunkprogrammen wie der MDR-1-Wellen ist. Und trotzdem hat sich der MDR für diesen Schritt entschieden.

Erste Ansätze zu Programmreformen gab es bereits schon vor den Ergebnissen der MDR Image- und Profilstudie des Jahres 2002. Trotz unterschiedlicher Hörfunkmärkte (Anzahl der Radioprogramme, Frequenzausstattungen etc.) in den drei Staatsvertragsländern haben sich die MDR-1-Landesprogramme seit 1992 zu fast identischen Profilen entwickelt: Sie sind in ihrem jeweiligen Sendegebiet ein unterhaltendes, informatives, regionalbezogenes Radioprogramm, das in seiner Musikfarbe als einziges bewusst dem deutschen und internationalem Schlager umfangreich Gehör verschafft. Neben der Informationsvielfalt, vom Weltgeschehen bis in die Region hinein, ist gerade diese Musikauswahl das Alleinstellungsmerkmal aller drei Landesprogramme. Zwangsläufig wurden daher in diesen beiden Bereichen auch die ersten programmlichen Veränderungen vorgenommen. Die Informationskompetenz wurde durch neue Sendungen, inhaltlichen Veränderungen bei etablierten Formaten und den Ausbau der Regionalstudios erhöht. Gleichzeitig wurden umfangreiche Hörertests zur gespielten Musik durchgeführt und im Ergebnis dessen sukzessive mehr englischsprachige Oldies in die Musikauswahl übernommen. Die Programmverantwortlichen haben dabei jedoch nicht aus den Augen verloren, warum diese Programme gehört werden und vor allem wer diese Programme hört.

Daher zunächst zur Frage: Warum hört man Schlagermusik?

Schlager im Allgemeinen, deutsche im Speziellen, bieten zum einen unterhaltsame Entspannung, oftmals aber auch Antworten auf ganz persönliche Fragen. Denn Schlagertexte erzählen von Alltäglichem wie Liebe, Herzschmerz, Heimweh oder dem Wunsch, das Leben zu genießen. Schlager wird konsumiert als Unterhaltungs- und Partymusik, als Begleitmusik im Supermarkt, bei der Hausarbeit oder langen Autofahrten, als Lebenshilfe und Trostspender in Alltags- und Krisensituationen und auch als Ausdruck der Begeisterung für einen bestimmten Star[14]. Und wer gern Schlager hört, mag meistens auch Oldies, Evergreens, Tanz-, Volks- und Blasmusik. Die Anzahl der Schlagerliebhaber ist dabei überproportional in der Altersgruppe ab 40 Jahre und steigt mit zunehmendem Alter weiter an[15].

In Kenntnis dieser Antworten fällt der Brückenschlag zur Beschreibung der MDR 1-Stammhörer nicht besonders schwer, exemplarisch hier für die Hörer von *MDR 1 Radio Sachsen-Anhalt*: In Sachsen-Anhalt sind 32 Prozent der Stammhörer jünger als 49, 36 Prozent sind zwischen 50 und 64 und das restliche knappe Drittel über 65 Jahre alt. Fast 60 Prozent sind Frauen. Über ein Drittel wohnt in kleinen Ortschaften unter 5.000 Einwohnern. 46 Prozent sind Rentner, 35 Prozent berufstätig (einfache Angestellte / Facharbeiter). Das Haushaltsnettoeinkommen ist niedrig bis durchschnittlich. Ihre Lieblingsfreizeitbeschäftigungen sind Rätsellösen und Kartenspielen. Sie schauen auch viel und gerne Fernsehen, z.B. Nachrichten, Heimatfilme, Krimis und Regionales. Sie schalten oft das Radio an und mögen Schlager.

Und wer sind die potentiellen jüngeren Hörer?

Diese Zielgruppe ist ca. 45 Jahre alt, mag ebenfalls Schlager – und unterscheidet sich von den Älteren im Wesentlichen durch ihr Alter: Sie steht einfach noch mehr im Leben. Diese Hörer sind größtenteils berufstätig, fahren mehr Auto, gehen mehr aus. Hausbau, größere Anschaffungen, Mode und Modernes sind wichtige Themen. Fernsehen wird weniger konsumiert, Radio hören sie ungefähr genauso oft wie die Älteren.

Diese Beschreibung beider Hörergruppen nach soziodemographischen Faktoren (Alter, Einkommen, Berufsstand), Mediennutzungs- und Freizeitverhalten stellen die klassischen Elemente einer Zielgruppenanalyse anhand von Zahlen und Prozenten dar. Diese Daten sind valide, aber blutleer. Mitentscheidend für den Erfolg oder eben auch Misserfolg von Kommunikationsmaßnahmen ist es daher, diese Beschreibung um qualitative Komponente zu erweitern und Antworten zu geben auf die Fragen:

- Wie tickt unsere Zielgruppe?
- Wie lebt sie?
- Was bewegt sie?

Dabei ist es meist sehr hilfreich, fiktive Charaktere zu entwickeln, um deren Motivationen zu verdeutlichen, wie zum Beispiel Herta, Gerald, Angela und Uwe.

---

[14] vgl. hierzu http://www.3sat.de, http://www.arte.de
[15] AWA 2001

MDR 1-Stammhörer „Herta und Gerald"

Herta, 59 und Gerald, 61, wohnen in Quedlinburg. Sie sind seit über 30 Jahren verheiratet und haben zwei erwachsene Söhne, Kai-Uwe, 35, und Dietrich, 33. Bis Mitte letzten Jahres war Gerald Lehrer für Mathematik und Physik. Jetzt ist er Rentner. Herta ist ausgebildete Krankenschwester und arbeitet halbtags in der Altenpflege.

Herta und Gerald sind ausgesprochene Frühaufsteher. Gerald nimmt oft Frühstücksstullen mit in die Gartendatsche und kocht sich dort in Ruhe seinen Kaffee. Dann schaltet er das Radio ein, löst Kreuzworträtsel oder liest ausführlich in der Zeitung. Er liest gerne, und dazu hat er ja nun viel Zeit. Immer donnerstags schnappt sich Gerald seine Klarinette und macht sich auf zur Probe des Quedlinburger Blasmusikanten-Vereins. Abends schauen Herta und Gerald gerne Günther Jauch und seine Show „Wer wird Millionär?" Dann raten die beiden um die Wette. Außer wenn ein Film mit Senta Berger im anderen Programm läuft. Die sieht doch Herta so gerne und auch die Liebesgeschichten von Rosamunde Pilcher am Sonntagabend. Auch wenn sie immer behauptet, sie schaut sie sich nur wegen der schönen Landschaften an.

Die beiden Söhne haben nun selbst Familie. Die Enkelkinder kommen oft zu ihren Großeltern. Jede Gelegenheit wird dazu genutzt, gemeinsam zu feiern, aber auch sich gegenseitig zu helfen. Zu den Nachbarn in der Gartenkolonie haben Herta und Gerald ein besonderes Verhältnis. Man feiert die Geburtstage zusammen, alle kennen sich schon sehr lange und sind füreinander da.

Gerald und Herta gehen gerne auf Entdeckungsreise. In den letzten Jahren haben sie viele deutsche Städte besucht. Die glanzvolle Architektur von München gefällt ihnen besonders gut. Da waren sie schon zwei Mal.

Potentielle Hörer von MDR 1 „Angela und Uwe"

Angela, 42, und Uwe, 45 Jahre alt, leben mit ihren beiden Töchtern Paula, 14 und Madlen, 17 in Dodendorf bei Magdeburg. Ihr Eigenheim haben sie in den letzten Jahren mit der Hilfe von Freunden und Nachbarn komplett saniert.

Uwe hatte zu DDR-Zeiten eine führende Position in der LPG. Heute arbeitet er bei einem Steinmetz in Welsleben. Das hat Uwe zwar nicht gelernt, aber das Geld stimmt und die Arbeitszeiten sind geregelt. Da bleibt Uwe viel Zeit für seine Leidenschaft, die Landwirtschaft. Obst und Gemüse gibt's fast nur aus dem Eigenanbau.

Angela ist eigentlich Facharbeiterin für Drucktechnik. Heute arbeitet sie als Sekretärin in einem Getränkefachhandel in Magdeburg und macht nebenbei auch noch die Buchführung. Mittags geht sie immer zum Essen zu ihren Eltern, ebenso wie die beiden Töchter Paula und Madlen, die in Magdeburg aufs Gymnasium gehen. Eine gute Ausbildung liegt den Eltern sehr am Herzen.

Samstags fährt die ganze Familie mit dem Toyota Kombi zum Großeinkauf zu Kaufland. Im Auto gibt es dann immer die Diskussion mit den Mädchen, weil Angela JUMP einfach zu hektisch ist. Sie hört ganz gerne Michelle. Die hat so eine schöne Stimme und sieht auch gut aus. Und dabei hat Michelle auch zwei Kinder und so viele private Probleme.

Uwe macht sich nicht so viel aus Musik. Aber in der Werkstatt läuft das Radio immer nebenher. In der Freizeit gehen die beiden tanzen oder verbringen die Abende mit Freunden im Garten.

Im Urlaub fährt die ganze Familie nach Österreich oder mal an den Balaton oder ans Meer nach Spanien. Oder sie machen einfach Urlaub auf Balkonien in den eigenen vier Wänden. Da gibt es immer was zu tun.

Zu Geburtstagen und anderen Anlässen reist oft die komplette Verwandtschaft an. Da gibt es dann von Oma den guten Entenbraten, und Uwe fuchtelt die ganze Zeit mit der Videokamera herum.

Was wollen wir überhaupt erreichen?

Aus dieser erweiterten Zielgruppenbeschreibung, die für alle drei MDR 1-Hörfunkprogramme ohne weiteres übertragbar ist, kann das kommunikative Ziel abgeleitet werden. Vor dem Hintergrund der bereits dargestellten Notwendigkeit zur Verjüngung sollen diese Programme deshalb so positioniert werden, dass sie für die erweiterte jüngere Zielgruppe ebenso attraktiv werden, wie für die derzeitigen Stammhörer. Durch diese werblichen Maßnahmen sollen daher insbesondere jene Hörer angesprochen werden, die sich noch nicht auf einen Lieblingssender festgelegt haben oder die bisher nur sporadisch Radio hören.

Zur Gruppe dieser so genannter „unentschiedener Wechselhörer" gehören ca. ein Drittel aller Radiohörer. Für die drei MDR 1-Hörfunkprogramme, die bereits fest als die Schlager- und Heimatsender in ihrem jeweiligen Sendegebiet und damit als regionale Programmmarken etabliert sind, stellt dies ein beachtliches Potential dar. Gerade in Zeiten, in den gegenläufige Trends zu beobachten sind, wie einerseits eine zunehmende Anonymisierung in vielen Lebensbereichen, andererseits eine stärkere Hinwendung und Orientierung auf den direkt erfahrbaren persönlichen Lebensraum, bietet eine solch vorhandene Markenpositionierung eine interessante kommunikative Chance:

Mit „Heimat" verbindet jeder Mensch bestimmte Vorstellungen. Manche empfinden das Thema „Heimat" sicher als alt, verstaubt und unzeitgemäß. Andere denken an die eigenen vier Wände, wieder andere an Volksmusik oder an Mutters Apfelkuchen. Heimat lässt sich also nicht auf den Brocken, den Rennsteig und Volksmusik reduzieren. Heimat bedeutet viel mehr: Interesse zu haben an dem, was in der Region vor sich geht. Und vor allem birgt der Begriff „Heimat" Gefühle in sich, die jeder Mensch kennt: Geborgenheit, Vertrautheit und Identifikation.

Insofern liegt hier für einen Kommunikationsverantwortlichen, dessen Hörfunkprogramm als „Heimatsender" bereits erfolgreich auf einem regionalen Markt positioniert ist, eine echte Chance, durch geeignete Maßnahmen diese Programmmarke weiterzuentwickeln – das Thema „Heimat" so aufzuladen, dass es nicht nur für Hörer jenseits der Sechzig, sondern auch für jüngere Zielgruppen interessant und aktuell wird.

Diese umfangreichen Überlegungen mündeten letztendlich in eine Werbekampagne, die die begonnenen Programmreformen in allen drei MDR 1-Hörfunkwellen kommunikativ unterstützen sollten. Unter der Überschrift „Das Leben ist schön." wurden dazu Großflächenplakate entwickelt, da dieses Werbemedium im ARD-weiten Benchmarking unter anderem auch als besonders geeignet für „Melodiewellen" mit großen Zielgruppen angesehen wurde. Als kreative Leitidee galt dabei:

Abbildung 5: Beispiel für Entwurf und realisiertes Motiv in der Plakatkampagne 2003 für die MDR 1-Landesprogramme

Diese MDR-Landesprogramme sind nicht nur der richtige Sender für alle, die gute Musik, abwechslungsreiches Programm und ihre Heimat mögen, sondern sie sind auch genau das Richtige für alle, die zufrieden sind und das auch bleiben wollen. Bei all dem Ärger auf dieser Welt ist eine kleine Insel der Zufriedenheit genau das Richtige. Und wer im Leben weiß, worauf es ankommt, den haut auch so schnell nichts um, schon gar nicht mit dem richtigen Radiosender an seiner Seite. Deshalb war die Kernbotschaft dieser Kommunikationsmaßnahme: „Bleiben Sie glücklich."

Der oben abgedruckte Vergleich zeigt, wie diese Idee gestalterisch umgesetzt wurde: vom ersten Entwurf, einem so genannten „Scribble" als Vorlage für ein Fotoshooting, bis hin zum endgültigen Layout eines von drei realisierten Plakatmotiven.

Die Plakatierung dieser Motive begann im Herbst 2002 und wurde bis zum Frühjahr des darauffolgenden Jahres fortgesetzt. In den drei Bundesländern Sachsen-Anhalt, Thüringen und Sachsen wurden dazu insgesamt 2.325 Großflächenstandorte, CityLightBoards (beleuchtete Standorte) und LKW-Flächen (TruckBoards) gebucht. Zeitgleich starteten die jeweiligen Hörfunkprogramme eine On-Air-Promotion, um diese Werbebotschaft auch im Programm über zum Beispiel diverse Gewinnspiele ihrer Hörerschaft zu vermitteln. Zweifelsohne braucht es Zeit, die Hörerinnen und Hörer an eine veränderte Positionierung einer Programmmarke zu gewöhnen. Eine viermonatige Kampagne reicht da nicht aus. Deshalb wurde diese Kommunikationsidee weiterentwickelt und ein Jahr später im gleichen Zeitraum, mit dem gleichen Werbemedium, aber mit neuen Motiven fortgesetzt. Und die Ergebnisse der halbjährlich durchgeführten Media-Analyse Radio (MA Radio) deuten daraufhin, dass sich erste positive Veränderungen ergeben. So gewannen die drei MDR 1-Hörfunkprogramme bei der MA 2003 Radio II im Vergleich zu den Ergebnissen von 2002 – und damit vor dieser Kampagne – insgesamt 76.000 neue Hörerinnen und Hörer hinzu, wobei hier die Zuwächse bei den mittleren Altersgruppen überproportional waren (Hörer gestern, Montag bis Freitag). Der Trend ist somit positiv. Der MDR ist mit den eingeleiteten Maßnahmen offenbar auf dem richtigen Weg.

2.4 Das Hörfunkprogramm MDR INFO – Hören, was passiert

Im Gegensatz zum *MDR Fernsehen* und den MDR 1-Hörfunkwellen besitzt das Nachrichtenradio *MDR Info* ein abgrenzbares Programmprofil: Als werbefreies All-News-Format bringt es rund um die Uhr Nachrichten, Berichte und Reportagen zu Politik, Wirtschaft, Gesellschaft, Sport und bietet im Internet ein weltweites Live-Streaming an. Die regionale Kompetenz erhält das Programm durch eigene Korrespondenten in den Landeshauptstädten. Fakten und Hintergründe werden schnell und seriös aufgearbeitet, wodurch das Programm sowohl für gesellschaftliche Multiplikatoren als auch für die am Zeitgeschehen interessierten Hörer attraktiv ist. Diese so genannten „Infowellen" als reine Wortprogramme bzw. als Sender mit einem hohen Wortanteil werden damit in besonderer Weise dem Bildungs- und Informationsauftrag der öffentlich-rechtlichen Landesrundfunkanstalten gerecht. Allerdings verfügen sie in den jeweiligen Sendegebieten nur über geringe Marktanteile, die meist zwischen 1,5 und 4 Prozent liegen.

Aus den genannten Gründen besitzt das Hörfunkprogramm *MDR Info* für die Unternehmenskommunikation des MDR eine besondere Bedeutung. Zu dem Problem aber, die vergleichsweise kleine Zielgruppe mit geeigneten Maßnahmen zu erreichen, kommt ein weiteres hinzu: Auch wenn mit dem Begriff „Nachrichten" der Programminhalt zutreffend beschrieben werden kann, so hat auch diese Infowelle auf Grund ihrer heterogenen Informationsblöcke ein schwer zu kommunizierendes Programmprofil. Zudem verfügt *MDR Info* in Mitteldeutschland über keine flächendeckende UKW-Verbreitung.

Trotzdem ist es notwendig, auch diese Programmmarke zu pflegen und geeignete Kommunikationsmaßnahmen durchzuführen, da sich das Problem einer Überalterung der Zuhörerschaft auch hier perspektivisch stellt. Deshalb entschied sich der MDR zur Durchführung einer eigenständigen Plakatkampagne, die die begonnen Programmreformen werblich unterstützen sollte und zwei Ziele verfolgte:

- Zum einen sollte hierdurch die Informationskompetenz des MDR exemplarisch herausgestellt und weiter gestärkt werden.
- Zum anderen sollte der Bekanntheitsgrad dieses in Mitteldeutschland einzigen Nachrichtenradios bei potentiellen Hörern erhöht werden, um in absehbarer Zeit einen Marktanteil von dauerhaft drei bis vier Prozent zu erreichen.

Die Ausgangssituation dafür ist gut: 3,7 Prozent der Erwachsenen ab 14 Jahre im MDR-Sendegebiet hören an durchschnittlichen Werktagen (Montag bis Freitag) bereits das Programm von *MDR Info*, das sind rund 300.000 Hörer. Damit hat diese Infowelle aber ihr Hörerpotential noch nicht ausgeschöpft, denn weitere rund 18 Prozent der Menschen ab 14 Jahren haben dieses Programm auch einmal innerhalb der letzten 14 Tage gehört (MA 2003 Radio II). Und diese rund 1,5 Millionen Hörer gilt es für den MDR als Stammhörer für sein Nachrichtenradio zu gewinnen und wenn möglich auch zu binden. Doch wie kommuniziert man auf Plakaten zielgruppengerecht ein Programmprofil, das wie bereits erwähnt in erster Linie doch aus recht heterogenen Informationsblöcken besteht?

Die Schlagworte „Emotionalität" und „Reduktion" wurden deshalb zur kreativen Leitidee der Kampagnenmotive für *MDR Info*. Die Bildsprache der Plakate sollte besonders potentielle Hörer emotional ansprechen, ihr Interesse am Programm wecken und sie im Idealfall zum Einschalten animieren. Bei der Formulierung von derartigen Zielvorstellungen müssen die Verantwortlichen aber stets die zu erzielende Wirkung solcher Marketingmaßnahmen realistisch einschätzen können. Denn auch für ein Hörfunkprogramm gilt die Regel: Wenn das beworbene Produkt inhaltlich nicht hält, was die Werbung verspricht, wird die Werbebotschaft auf Dauer unglaubwürdig und die beworbene Marke nachhaltig beschädigt. Deshalb wurden zur Bewerbung von *MDR Info* Motive ausgewählt, die mit Programmschwerpunkten dieses Senders korrespondieren: Politik, Wirtschaft und Sport.

Mit der Einführung des neuen Claims „Hören, was passiert", der mit Beginn der Kampagne im Herbst 2003 zeitgleich sowohl Eingang in das Programm als auch in die werblichen Kommunikation fand, sollte darüber hinaus bei den Hörern zusätzlich Aufmerksamkeit erzeugt werden. Ein solcher Claim ist mittlerweile für die Wiedererkennbarkeit und Positionierung von Programmmarken unerlässlich. Gerade deshalb haben die Verantwortlichen zuvor verschiedene Claims bei Hörern getestet, um herauszufinden, ob diese beispielsweise zum Programm von *MDR Info* passen und ob sie die Motivation der Hörer zum Einschalten erhöhen. Es wird sich noch zeigen, ob die Verantwortlichen hier die richtige Wahl getroffen haben.

Abbildung 6: Motiv aus der Plakatkampagne 2003 für MDR Info

Aber auch der Zeitpunkt für den Start dieser Kampagne war bewusst gewählt, denn zum ersten Mal präsentierte der MDR mit diesen Plakaten sein modernisiertes Erscheinungsbild einer breiten Öffentlichkeit. Insofern übernahm diese Maßnahme zugleich auch eine „Trailerfunktion" für die neuausgerichtete Kommunikationsstrategie des gesamten Unternehmens. Die hierbei bestehende Möglichkeit eines wechselseitigen Imagetransfers von Programm- und Dachmarke war deshalb auch eines der zentralen Entscheidungskriterien für die Durchführung dieser Werbemaßnahme, belegt diese Hörfunkprogramm doch zweifelsfrei die vorhandene öffentlich-rechtliche Informationskompetenz des MDR.

3 Schlussbemerkung

Das übertragungstechnische Zusammenwachsen von Hörfunk, Fernsehen/Video/DVD, Telefon und Datenübermittlung via Internet bringt einen technologischen Entwicklungsschub mit sich, dessen Umfang und Qualität jetzt nur schwer vorherzusagen sind. Es zeichnen sich damit ganz neue Strukturen für das duale Rundfunksystem in Deutschland ab. Wenngleich dessen zukünftige Ausgestaltung primär die ordnungspolitische Aufgabe des Gesetzgebers darstellt, kann sich aber der MDR als öffentlich-rechtliche Landesrundfunkanstalt und als Marktteilnehmer den damit verbunden Fragen nach dem eigenen Selbstverständnis nicht entziehen. Um weiterhin den Auftrag zur Grundversorgung erfüllen zu können, bedarf es neben der Weiterentwicklung von Programminhalten auch einem ausgeprägterem Verständnis, sich als eigenständige „Marke" zu begreifen. Dies schließt die Notwendigkeit einer gezielten Markenführung und -pflege ein, wofür der MDR die Grundlagen mit seinem überarbeiteten Corporate Design geschaffen hat. Bei der Umsetzung der damit verbundenen Dachmarkenstrategie stehen die Kommunikationsverantwortlichen erst am Anfang. Denn selbst die beste Kampagne für eine Programmmarke kann zwar ihr Profil unterstützend bewerben, darf aber nicht das zentrale Werbemittel sein, um sowohl diese Marke als auch die Dachmarke „MDR" zu positionieren. Wirkliche Kraft erhält eine Marke „MDR" erst, wenn alle Sparten der internen und externen Kommunikation eine Sprache sprechen.

Literaturverzeichnis

Allensbacher Markt- und Werbeträger-Analyse (AWA) (2001), Allensbach am Bodensee
Baumewerd (2002), Georg, Markenwelten gestalten, In: Direkt Marketing 10/2002
Becker, M. (1998), 100 Prozent Red, Yellow & Blue, In: Horizont (20.08.1998)
Brandmeyer, Klaus (2002): Achtung Marke, Hamburg
Bruhn, Manfred (Hrsg.) (1994): Handbuch Markenartikel, Band 1, Stuttgart
dpa-Medien 48/2002, Hamburg
Frey-Vor, Gerlinde/Gerhard, Heinz/Mende, Annette (2002): Daten der Mediennutzung in Ost- und Westdeutschland, In: Media Perspektiven 2/2002
Hall, Peter Christian (1997): Rundfunk in der Bundesrepublik Deutschland, In: Was Sie über Rundfunk wissen sollten: Materialien zum Verständnis eines Mediums, hrsg. im Auftrag von ARD und ZDF, Berlin
Kotler, Phillip (1989): **Marketing-Management, Stuttgart**
Krüger, Udo Michael (2002): Inhaltsprofile öffentlich-rechtlicher und privater Hauptprogramme im Vergleich, In: Media Perspektiven 10/2002, Frankfurt am Main
Meffert, Heribert/Burmann, Christoph/Koers, Martin (2002): Stellenwert und Gegenstand des Markenmanagement, In: Meffert, Heribert/Burmann, Christoph/Koers, Martin (Hrsg.): Markenmanagement – Grundfragen der identitätsorientierten Markenführung, Wiesbaden
MDR Image- und Profilstudie (MDR-IPS), MDR (Hrsg.) (2002), Leipzig
Wickmann, W. (1996), Markenkommunikation und Medienwirtschaft, in: Markenartikel 8/1996

Crossmedia

Daniel Vogelsberg

„One Brand – all Media"[1]

1 Begriffsdefinition

Der Begriff Crossmedia gehört zu jenen schillernden Modebegriffen, die plötzlich auftauchen und inflationär gebraucht werden, aber nicht einheitlich verstanden werden. Selbst in der Fachliteratur herrscht eine geradezu babylonische Begriffsverwirrung: Konvergenz, Crossmedia-Publishing, Bi- und Trimedialität sind nur einige der Begriffe, mit der Crossmedialität im Journalismus umschrieben wird. Ökonomen definieren Crossmedia-Strategien als „Diversifikationsentscheidungen von Medienunternehmen, die als Zielbranchen andere Medienteilmärkte fokussieren, also crossmediär sind."[2]

Werbetreibende verstehen dagegen unter Crossmedia ein Angebot von Werbekombinationen durch Medienunternehmen, Stichwort Mediamix. Darunter fällt auch die so genannte Crosspromotion, also Werbung in einem Medium für ein Angebot in einem anderen Medium. Im folgenden Text sollen alle diese Teilbetrachtungen aber in eine ganzheitliche Sicht von Crossmedia münden. Crossmedia soll als publizistische und wirtschaftliche Vernetzung verschiedener Medien innerhalb einer Redaktion verstanden werden.

1.1 Was ist „Crossmedialität" im Journalismus?

In der Vergangenheit beschränkten sich Redaktionen nur auf ein einziges Medium, um ihre Beiträge zu verbreiten. Mittlerweile nutzen sie im zunehmenden Maße mehrere Medien. „Im klassischen Informationsjournalismus wird von Ereignissen und Themen ausgegangen, die medienspezifisch aufbereitet werden; dagegen geht es im crossmedialen Journalismus darum, Bedürfnisse von Zielgruppen losgelöst von Mediengrenzen zu bedienen"[3]

Nicht das einzelne Medium interessiert, sondern ein gesamter Wertschöpfungsprozess über mehrere Medien hinweg. Medienketten übermitteln journalistische Inhalte zum Publikum.[4] In großen Medienhäusern wird eine Nachricht parallel für mehrere Mediengattungen aufbereitet und auf unterschiedlichen Plattformen veröffentlicht. Das einzelne Medium selbst wird dabei mehr und mehr auf seine technische Vermittlerrolle reduziert: „In der heutigen Zeit steht die schnelle Distribution von Inhalten im Vordergrund, das einzelne

---

[1] Mit diesem Slogan wirbt die Financial Times Deutschland (FTD), denn sie will mehr sein, als nur eine Zeitung: die FTD verbreitet ihre Nachrichten auch über Internet, Handy, PDA und Radio. Damit ist die FTD ein gutes Beispiel für eine neue Form des Journalismus, die als cross-medial bezeichnet wird.
[2] Sjurts 2002, 5
[3] Spachmann 2001, 33 f.
[4] vgl. Mast 2003, 4

Medium als kognitives Sinnobjekt rückt in Zeiten vorherrschender Reizüberflutung zunehmend in den Hintergrund."[1]

Crossmedialität ist eine Vernetzung unterschiedlicher Medientypen, deren Angebote durch gemeinsame Markenidentität und Querverweise verknüpft sind. Damit werden Rezipienten an eine Marke gebunden und von einem Medium zu einem anderen Medium gelenkt. Radio, Fernsehen, Tageszeitung und Internet sollen nicht in gegenseitige Konkurrenz zu einander treten, sondern durch Zusammenarbeit Synergiepotenziale freisetzen. Mit Crossmedia sind also komplementäre Angebote verschiedener Medienbereiche gemeint, die meist unter einem gemeinsamen Namen firmieren.[2]

1.2 Varianten von Crossmedia-Strategien

Crossmedia-Strategien sind also eine Form der Diversifikation von Medienunternehmen. Es gibt verschiedene Arten der Diversifikation, je nach dem, an welcher Position Ausgangs- und Zielbranche in der Wertschöpfungskette stehen. „Eine Diversifikation, die die gleiche Wertschöpfungsstufe fokussiert, wird als horizontal, eine Diversifikation, die auf eine vor- oder nachgelagerte Wertschöpfungsstufe gerichtet ist, wird als vertikal bezeichnet."[3]

Um das Crossmediapotenzial von Diversifikationen zu bewerten, muss der Verwandtschaftsgrad von Ressourcen, Technologie und Risiko untersucht werden. Hier kann zwischen drei grundlegenden Formen von Diversifikationsvarianten für Medienunternehmen differenziert werden.[4]

Abbildung 1: Diversifikationsvarianten von Medienunternehmen

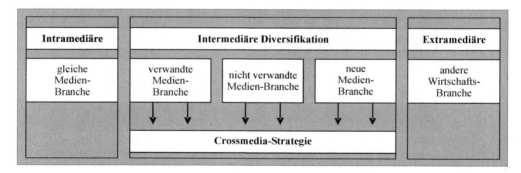

Intramediäre Diversifikation: Das Medienunternehmen wird in einer vor- oder nachgelagerten Branche der brancheneigenen Wertschöpfungskette aktiv. Die Kriterien für eine crossmediale Strategie sind damit nicht erfüllt.

Intermediäre Diversifikation: Dabei tritt das Medienunternehmen in eine andere Medienteilbranche ein. Folglich handelt es sich um eine Crossmedia-Strategie. Beispiele: Ein

---

[1] Würtenberger/Oetker 2003, 254
[2] vgl. Neuberger 2003
[3] Sjurts 2002, 5
[4] vgl. Sjurts 2002, 5

Zeitungsverlag wird im Zeitschriftenbereich tätig (*verwandt intermediäre* Diversifikation), ein Rundfunkunternehmen engagiert sich im Printbereich (nicht *verwandte intermediäre* Diversifikation) oder eine Fernsehnachrichtensendung erstellt ein Internet-Angebot (*konvergenzgetriebene intermediäre* Diversifikation).

Extramediäre Diversifikation: Sie bezeichnet die Aktivität von Medienunternehmen fernab von Medien- und Konvergenzbranchen. So beteiligte sich zum Beispiel die Verlagsgruppe Milchstraße an *Fit for Fun-Restaurants*. Auch hier kann nicht von einer Crossmedia-Strategie im engeren Sinn gesprochen werden.

1.2.1 Entwicklung von Crossmedia-Strategien in Deutschland

Bis 1984 waren Crossmedia-Strategien auf dem deutschen Medienmarkt kaum von Bedeutung. Nur wenige Verlage wie Axel Springer engagierten sich auch über das Hauptgeschäftsfeld hinaus und waren sowohl mit Zeitungen als auch mit Zeitschriften am Markt. Dem öffentlich-rechtlichen Rundfunk waren Diversifikationen aufgrund des regulierten Marktes nicht möglich.

Zwischen 1984 und 1990 wuchs mit der Zulassung privater Radio- und Fernsehsender die Bedeutung von Crossmedia-Strategien. Printmedien sahen ihre Werbemärkte durch Substitutionskonkurrenz der privaten Rundfunkanbieter bedroht. Deshalb beteiligten sich die Verlage regional und überregional an Radio- und Fernsehsendern oder gründeten eigene. Die Verleger wollten auf den neuen konkurrierenden Werbemärkten selbst präsent sein. So entstand *SAT.1* als Verlegerfernsehen und auch an *RTL* beteiligten sich der Verlag der *Frankfurter Allgemeinen Zeitung (FAZ)*, die *Westdeutsche Allgemeine Zeitung (WAZ)* und der *Burda Verlag*.

In den 90er Jahren beteiligten sich diverse Verlagshäuser an ostdeutschen Zeitungen oder gründeten neue Titel für diesen Markt. Durch den wachsenden Erfolg des Privat-Fernsehens und seine steigende technische Reichweite bauten die Printhäuser ihre Senderbeteilungen aus. Außerdem entwickelten sich Ansätze echter crossmedialer Strategien, indem die Verlagshäuser Ableger erfolgreicher Printtitel im TV-Markt etablierten. So startete zum Beispiel *Gruner + Jahr* bei *RTL* die Sendung *stern TV* und die *Spiegel-Gruppe* schickte das *Spiegel TV Magazin* ins Rennen. Die Verlage wurden zum Content-Lieferanten für Fernsehsender.

Seit dem Ende der 90er Jahre konzentrieren sich die Diversifikationsstrategien der Print- und Rundfunkunternehmen auf die neuen elektronischen Medien. Insbesondere durch Internet und Mobilkommunikation erwuchs den klassischen Medien eine neue Substitutionskonkurrenz. Digitalisierung und steigende technische Konvergenz machen es den Unternehmen einfacher, Inhalte für neue Ausspielkanäle anzubieten. Anfänglich handelte es sich dabei um eine 1:1-Übertragung des Angebots aus dem angestammten Medienbereich.[5] Mittlerweile gelangen integrierte Medien-Konzerne zu einer ganzheitlichen Sicht ihres Angebotes und produzieren Inhalte zunehmend eingebettet in ein medienübergreifendes Marken- und Zielgruppenkonzept. Um eine finanzielle Mehrfachbelastung bei der Contentgenerierung für mehrere Medien zu vermeiden, werden neue Redaktionsstrukturen nötig.

---

[5] vgl. Sjurts 2002, 7–12

1.3 Crossmedia-Redaktionen in der Praxis

Mit dem Start der Internetära Mitte der 90er Jahre machte bei US-amerikanischen Medienkonzernen das Schlagwort „Convergence" die Runde. Seit dem gingen immer mehr Zeitungsverlage – auch außerhalb der USA – Crossmedia-Kooperationen mit Fernsehsendern ein. Die Folge: auch die Redaktionen selbst wurden umstrukturiert. Multimedia-Redaktionen sollen nun Content für möglichst viele verschiedene Medien produzieren – eine Idee, die mittlerweile auch bei vielen deutschen Medienunternehmen zu einer langfristigen Wirtschaftsstrategie herangereift ist.

1.3.1 One Brand – All Media: die Financial Times Deutschland (FTD)

Nach dem zweiten Weltkrieg gab es in Deutschland nur zwei Neugründungen auf dem überregionalen Tageszeitungsmarkt – 1979 kam die linksalternative *taz* heraus, 2000 startete die *Financial Times Deutschland*. Die FTD verfolgte von Anfang an ein neuartiges Ziel: one brand – all media.[6] Seit ihrer Gründung werden alle Aktivitäten der Redaktion nach einem Leitsatz ausgerichtet: „Einer wichtigen Nachricht ist es egal, auf welchem Wege sie zum Leser kommt."[7]

In der FTD bereitet daher eine Redaktion die Nachrichten für alle Kanäle auf; sie beliefert nicht nur die eigentliche Zeitung, sondern fungiert als Informationsdienst für verschiedenste Verlags-Medien. Dazu gehören der Internetauftritt http://www.ftd.de, Radiobeiträge, eine Kompaktausgabe für Kunden der Deutschen Bahn, verschiedene Ticker für Laufbänder in öffentlichen Räumen sowie PDA- und SMS-Infodienste. Jeder neu entwickelte technische Kanal soll mit Informationen bedienen werden[8], dabei spielt es keine Rolle, aus welcher Teil-Redaktion die Nachrichten stammen. Entscheidend ist, dass die Redakteure sie für alle Medien nutzen und aufbereiten können.[9]

Allerdings geriet die FTD mit ihrem crossmedialen „Vollversorgungsanspruch" kurz nach dem Start an ihre organisatorischen Grenzen. Die dezentrale Steuerung des Nachrichtenflusses scheiterte früh. Ebenso hinderlich waren gleichberechtigte Chefredakteure und Nachrichtenchefs für unterschiedliche Medien. Eine Unterteilung von Redaktions-Gruppen in Print und Online hatte zwar den Vorteil, dass Eigenidentität und Zugehörigkeitsgefühl der Journalisten gestärkt wurde, aber „im Ergebnis hat die Dezentralisierung der Nachrichtenaufsicht zu Doppelarbeiten, Abstimmungsschwierigkeiten, mangelnder Ausnutzung von Synergie und Divergenz der journalistischen Kulturen geführt."[10]

Seit dem gibt es an der Spitze der Organisation einen zentralen Nachrichtenchef, der für die Verteilung der Inhalte aus allen Kanälen verantwortlich ist. So entsteht aus den einzelnen Medien ein Gesamtpaket, mit dessen Hilfe sich der Leser im Idealfall über den ganzen Tag verteilt an allen Orten informieren kann. Die redaktionelle Verknüpfung der Inhalte erfolgt im hamburgischen Newsroom der FTD. Hier arbeiten die Redakteure aller Medien gemeinsam in Fachressorts. Online-Redakteure, die z.B. zum Ressort Unternehmen

---

[6] vgl. Berger 2002, 154
[7] Keese 2003, 102
[8] vgl. Keese 2003, 102 f.
[9] Berger 2002, 155
[10] Keese 2003, 107

gehören, schreiben hauptsächlich fürs Netz, veröffentlichen aber auch in der Print-Ausgabe und umgekehrt. Alle drei bis fünf Jahre müssen die Redakteure ihr Medium und ihr Ressort verlassen. Die Jobrotation soll helfen, einen frischen Blick auch auf andere Themen zu bewahren und vermeidet zu enge Loyalitätsbeziehungen zu den jeweiligen Protagonisten des Berichtszweiges. Mittlerweile hat auch die britische Financial Times die Trennung zwischen Print und elektronischen Medien aufgehoben und arbeitet ganz nach dem deutschen Modell der Vollintegration unter einheitlicher Leitung.[11]

1.3.2 Das WDR-Studio in Bielefeld: bimedial und publikumsnah

Hörfunk-, Fernseh- und Internetaktivitäten finden bei öffentlich-rechtlichen Rundfunkanstalten unter einem gemeinsamen Dach statt. ARD und ZDF stellen eine journalistische Marke dar, die bei der Bevölkerung etabliert ist und an die bestimmte Ansprüche gestellt werden. Öffentlich-rechtliche Rundfunkanstalten besitzen deshalb die Chance, Vorreiter in Sachen Crossmedia zu sein.

Ein solcher Vorreiter ist das *Studio Bielefeld* des *Westdeutschen Rundfunks* (WDR). Bereits seit 1984 produzieren die Journalisten im Haus bimedial und machen damit schon 20 Jahre lang das, was WDR-Intendant Fritz Pleitgen 2004 als Marschroute für den gesamten WDR ausgegeben hat: „Die Regionalberichterstattung wird gestärkt. Die Studios in den Regionen werden Schrittmacher für bi- und trimediales Arbeiten."[12]

Etwa 150 Mitarbeiter versorgen aus dem Studio Bielefeld die Region Ostwestfalen-Lippe mit Nachrichten und arbeiten dabei größtenteils für zwei Medien gleichzeitig: für Radio und Fernsehen. „Wir verstehen Bimedialität als eine Redaktionskultur, an die man sich immer wieder gegenseitig erinnert. Es ist ein wirklich großer Schritt nach vorne: wenn wir mehr voneinander wissen, wenn wir um die jeweiligen Schwächen und Stärken des anderen Mediums wissen und wenn wir uns entsprechend verhalten, sprich vernetzen"[13], sagt Studioleiter Michael Thamm. Grundvoraussetzung für die Mitarbeit im Sender ist, dass alle Redaktionsmitglieder sowohl Fernseh- als auch Radioberichte produzieren können. Eine strikte Trennung zwischen beiden Bereichen gibt es nicht, weder räumlich noch organisatorisch. Die Journalisten sind in gemeinsamen Räumen untergebracht, allenfalls Glastüren werden einmal geschlossen, wenn im Produktionsstress die nötige Ruhe zum Texten fehlt. Die Mitarbeiter bleiben in Sichtkontakt – kurze Wege gewährleisten schnelle Absprachen. Eine große Tafel in der Mitte des Newsrooms informiert darüber, welcher Redakteur gerade an welcher Geschichte für welches Medium arbeitet. Auch mit den acht anderen NRW-Funkhäusern und der Redaktion der *Aktuellen Stunde* stimmt sich das Studio Bielefeld eng ab. Doppelbesetzungen von Terminen und Geschichten bleiben nur die explizite Ausnahme. Redaktionskonferenzen finden in großer Runde statt, die Planer von Hörfunk und Fernsehen entscheiden gemeinsam und in enger Abstimmung, was produziert und gesendet wird. Noch in der Frühkonferenz wird geklärt, welcher Mitarbeiter die Geschichte recherchiert und für welche Medien er sie aufbereitet. Bei etwa 30 bis 40 Prozent der Geschichten wird bereits bei Planungsbeginn ausgeschlossen, dass nur *ein* Redakteur Radio *und* Fernsehen gleichzeitig bedient. Das verlangt nach einem CvD, der von vorne herein

---

[11] vgl. Keese 2003, 107 – 114
[12] vgl. Hoff/Keinhorst 2004
[13] zit. n. Vogelsberg 2005, 42

einschätzen kann, was möglich ist und was nicht. Ein geplatzter Beitrag wegen eines überforderten Redakteurs hätte auch Folgen für angeschlossene Redaktionen, die auf den Beitrag warten. Studioleiter Thamm:

> „In der Regel können semiaktuelle Themen, die erst am Nachmittag oder am nächsten Tag auf den Sender gebracht werden, auf jeden Fall bimedial mit nur einem Redakteur realisiert werden. … Bei Geschichten allerdings, bei denen der Bedarf der angeschlossenen WDR-Redaktionen riesig ist und die Aktualitätswünsche groß sind, werde ich den Teufel tun und nur einen Kollegen damit betrauen."[14]

In solchen Situationen werden im Studio Bielefeld Rechercheteams gebildet. Sie sammeln Informationen, um die Kollegen vor Ort zu entlasten. Die bimediale Ausrichtung der recherchierenden Redakteure hilft beim Teamworking unter Extrembedingungen: die Kollegen wissen um die Bedürfnisse und spezifischen Eigenheiten beider Medien und können so die Reporter an der Nachrichtenfront optimal unterstützen. Neben der Möglichkeit, mit einem Redakteur Informationen für zwei Medien aufzubereiten, bedeutet Bimedialität im WDR-Studio vor allem Jobrotation. „So bleibt niemand in seiner medienspezifischen Nische, sondern guckt über den Tellerrand hinaus", beschreibt Michael Thamm die Vorteile. Mitarbeiter tauschen im steten Rhythmus ihre Tätigkeit innerhalb der Funktionsdienste CvD, Planer, Tagesredakteur und Reporter und wechseln dabei auch das Medium.

Bei den Mitarbeitern kommt die Jobrotation gut an. *Kerstin Peeterß* zum Beispiel arbeitete bislang im Studio Münster als Fernsehredakteurin. Seit einem Jahr ist sie in Bielefeld angestellt und produziert hier zusätzlich auch Beiträge für den Hörfunk. Sie beobachtet mehr Einsatzbereitschaft durch den Themen- und Ideenaustausch zwischen Radio und Fernsehen: „Die Jobrotation sorgt dafür, dass Kreativität nicht verloren geht. Nichts wäre schlimmer, als wenn gute Ideen durch schlechte Kommunikation oder Eigenbrödler im Sender verloren gingen"[15]

Neben den Mitarbeitern profitieren auch die Zuschauer von der bimedialen Ausrichtung des Senders. Durch die Rotation der Funktionsdienste bleiben Stimmen und Gesichter frisch. Am Schirm sorgen die unterschiedlichen journalistischen Handschriften für mehr Abwechslung innerhalb des Programms. Allerdings sind auch die Anforderungen im WDR Studio Bielefeld höher als in monomedialen Redaktionen. Kerstin Peeterß: „Bi- und Trimedialität funktioniert nur, wenn der Redakteur seine Fähigkeiten und seine zur Verfügung stehende Zeit gesund einschätzen und planen kann"[16]

Ihr aktueller Funktionsdienst ist konsequent bimedial: bis 14:30 Uhr schreibt und spricht sie die Kurznachrichten für *WDR 2 regional*, danach kümmert sie sich um die Nachrichtenfilme (NiF) für das Fernsehmagazin *Lokalzeit OWL aktuell* um 18:05 und 19:30 Uhr. Sie jongliert regelrecht mit beiden Medien; oft „zieht" sie sich O-Töne aus dem Fernsehmaterial für ihre Radionachricht oder schneidet auf Grundlage der Radiomeldung eine NiF zusammen. Der Wechsel zwischen TV und Hörfunk sorge für stilistische Vielfalt beim Texten, so Kerstin Peeterß.

Die Trimedialität steht noch in den Startlöchern. Bislang kümmert sich ein Redakteur nur nebenbei um den Internetauftritt von http://www.studio-bielefeld.de, stellt Video- und

---

[14] zit. n. Vogelsberg 2005, 43
[15] zit. n. Vogelsberg 2005, 44
[16] zit. n. Vogelsberg 2005, 44

Audiostreams vergangener Beiträge ein, aktualisiert die Rezept-Ecke, lädt Programmankündigungen ins Netz.

„Wir könnten aber viel mehr leisten", untermauert Studioleiter Thamm den Anspruch, das Internet über die reine Programmbegleitung hinaus als dritte publizistische Schiene des Studios zu etablieren. Schon jetzt tummeln sich in der Redaktion auch die Internetjournalisten von http://www.wdr.de, wie *Michael Rinke*. Wdr.de besitzt eine eigenständige publizistische Redaktion, die exklusive Geschichten oder multimediale Dossiers liefert. In der Praxis sieht das meist so aus, dass Rinke mit einem Bielefelder Kollegen auf Dreh fährt, dessen Videomaterial nutzt und mit eigenen Recherchen die Geschichte für das Netz aufbereitet. Manchmal arbeitet er auch als Radio- oder Fernsehredakteur für das Bielefelder Studio, dann fallen seine Internetgeschichten nebenbei ab.

1.4 Ökonomische Aspekte von Crossmedia-Konzepten

> „Die Medienhäuser werden künftig nicht mehr medienspezifisch agieren, sondern medienneutral. Sie konzentrieren sich in Zukunft auf die Erzeugung von Content, der sowohl über Print-Produkt, Web, mobil als auch über TV und Radio erhältlich sein wird."[17]

1.4.1 Kostenersparnis durch Multimedia

Wirtschaftliche Rahmenbedingungen bestimmen in nicht unerheblichem Maß die redaktionelle Arbeit. Redaktionen verlieren an Autonomie und sind in übergeordnete Vorgänge des Unternehmens, wie die Suche nach einer multimedialen Strategie, eingebunden. Denn neben technischen sind es vor allem ökonomische Entwicklungen, die Veränderungen erzwingen. Der Wettbewerb auf dem Medienmarkt ist härter geworden.

Synergiepotenziale von Crossmedia-Redaktionen

Synergieeffekte entstehen, wenn bei der Zusammenfassung mehrerer Leistungen ein höheres Endergebnis resultiert, als die Summe der Einzelleistungen hervorbringen würde.[18] Publizistische Kooperationen, zum Beispiel zwischen Internet und Tageszeitung oder Fernsehen und Radio, finden oft innerhalb eines Medienkonzerns statt. Meist stehen ökonomische Motive dahinter: die Sorge vor einer Verdrängung durch andere Medien oder das Ausnutzen von Verbundvorteilen. Verbundvorteile entstehen, wenn Inhalte mehrfach verwertet werden oder die gleiche Infrastruktur von Redaktion, Produktion, Verwaltung und Marketing für verschiedene Projekte genutzt wird.[19]

Um Synergieeffekte crossmedialer Produktionsweisen einschätzen zu können, muss die Art und Weise der Mehrfachverwertung von Content und die spezifische Wertschöpfungskette von Medienprodukten betrachtet werden. Eine Mehrfachverwertung von Inhalten kann in drei Stufen erfolgen:

---

[17] aus einer Studie von Cap Gemini Ernst & Young, zit. n. Mast/Spachmann 2003, 15
[18] Englert 2002, 201
[19] vgl. Neuberger 2003

1. Vorhandene Inhalte werden anderen Verwendungszwecken zugeführt. Der Medientyp wechselt dabei nicht. Ein Beispiel für diese Art der Mehrfachverwertung ist der Spielfilm: zuerst erscheint er im Kino, dann im Pay-TV, später auf DVD und zu guter letzt im Free-TV. Ziel dieser Verwertungskette ist es, mehrfache Gewinne über unterschiedliche Verteilwege zu erwirtschaften.
2. Die nächste Stufe der Verwertung ist die Produktdifferenzierung. Dabei sind die Inhalte nicht mehr fest an ein Trägermedium gebunden, sondern werden in verschiedene, kundenorientierte Versionen aufbereitet, um verschiedene Absatzmärkte oder Zielgruppen zu bedienen. So kann beispielsweise eine Fernsehnachricht in abgewandelter Form als SMS und als Kurzmeldung im Internet erscheinen.
3. In der letzten Stufe werden Marken-Namen als Qualitätsmerkmal des angebotenen Contents etabliert, um positive Markentransfereffekte auszunutzen. Inhalte werden im Kontext des jeweiligen Mediums neu arrangiert. Das Print-Magazin *Der Spiegel* zum Beispiel unterhält sehr erfolgreiche TV- und Internet-Ableger mit teilweise eigenständigen, aber untereinander vernetzten Redaktionen.

Theoretisch kann die Mehrfachverwertung von Content also zu einer Fixkostendegression führen. Doch in der Praxis ist es schwierig, Synergien zu nutzen, weil die Struktur traditioneller Medienunternehmen stark an die herkömmlicher Medienformate angelehnt ist und deren Wertschöpfungsketten hoch spezialisiert sind.[20] Die Produktionsprozesse der einzelnen Mediensegmente sind in weiten Teilen getrennt und voneinander unabhängig. Das führt zu hohen segmentspezifischen Kosten.[21] Synergien crossmedialer Arbeitsweise sind also abhängig von:

- der Stufe im Wertschöpfungsprozess,
- der Anzahl der Zielmedien, auf die die Inhalte verteilt werden,
- der Anzahl der Marken, die sich die Inhalte teilen,
- der Komplexität der jeweiligen (medienspezifischen) Produktionsprozesse.

Die Erstellung der Inhalte bildet nur einen Teil der gesamten Wertschöpfungskette. So muss es aus wirtschaftlicher Sicht nicht unbedingt sinnvoll sein, ein Fernsehformat zum Beispiel aus einem Printtitel abzuleiten, auch wenn die für die Zeitschrift recherchierten und erstellten Inhalte bereits existieren. Denn die wesentlich höheren Kosten für die Produktion von bewegten Bildern könnten diesem Schritt entgegenstehen. Die in Abbildung 2 dargestellte prototypische Wertschöpfungskette macht deutlich, dass auch in anderen Stufen Synergien möglich sind. Beim Transfer eines Printtitels ins Fernsehen beispielsweise ist vor allem der Markenwert ausschlaggebend. Eine Mehrfachverwertung kann daher auf zwei Ebenen stattfinden: auf Markenebene und auf Plattformebene. Der Markentransfer auf ein neues Produkt geht meist auch mit einem Transfer auf eine andere Plattform einher.[22]

---

[20] vgl. Vizjak 2001, 12 f.
[21] vgl. Vizjak 2001, 15
[22] Würtenberger/Oetker 2003, 256 f.

Abbildung 2: Prototyp einer Wertschöpfungskette in der Medienindustrie

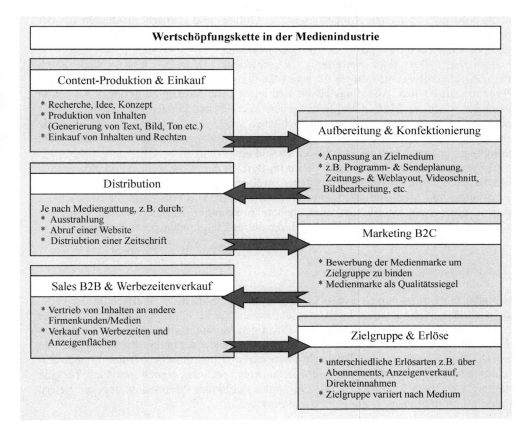

Content-Produktion und Einkauf: Produktionskosten können auf verschiedene hauseigene Marken aufgeteilt werden. Ebenso die Kosten von Rechte- und Lizenzerwerb. Größere Synergien entstehen, wenn Inhalte auf verschiedenen Medien-Plattformen genutzt werden. In der Phase der Recherche und Generierung kann auf Strukturen bestehender Redaktionen anderer Medien zurückgegriffen werden. Recherche-, Verwaltungs- und Archivierungsarbeiten können so zusammengefasst werden. Online-Sites verwenden zum Beispiel oft Nebenprodukte von TV-Sendern: die Bilder des Fernsehbeitrags werden für die Programmbewerbung, die Beitrags-Texte für die Hintergrundstory im Netz verwendet. Auch im Radio können Töne vom Fernsehen genutzt werden.

Aufbereitung und Konfektionierung: Wird Content von verschiedenen Marken oder sogar über verschiedene Plattformen genutzt, ist eine Anpassungen an die Identität der Programmmarke nötig. Inhalte müssen nachbearbeitet werden. Diese Anpassung ist oft so aufwändig wie die Produktion der Inhalte selbst, sodass sich wenig Synergiepotenzial nutzen lässt.

Distribution: Synergien ergeben sich hier nur bei der Verbreitung verschiedener Marken mit gleichem Mediengrundtyp. So benötigt man zur Ausstrahlung verschiedener Fernsehsender nur ein Sendezentrum. Im Bereich der Verteilung von Inhalten über verschiedene Plattformen bleiben die Synergiepotenziale deshalb gering. Beim Onlineauftritt einer TV-Sendung hilft zwar der enge Kontakt zwischen Online- und Fernsehredakteuren bei der Erstellung der Inhalte, doch die Anpassung an das Zielmedium erfolgt größtenteils nur durch Spezialisten und nicht durch „Universalredakteure".

Marketing: Bei der Bewerbung verschiedener Marken lassen sich kaum Synergieeffekte realisieren, weil sie oft eigenständig positioniert sind und unterschiedliche Zielgruppen ansprechen. Allerdings lassen sich hauseigene Marken zu geringen Kosten in anderen Bereichen der Medienfamilie bewerben. Werbezeiten können zur Crosspromotion inhouse weitergegeben werden. Trotzdem bleiben die Synergieeffekte gering, weil die Werbemittel medienspezifisch neu produziert werden müssen: ein Radiospot kann nicht ohne weiteres im Fernsehen abgespielt werden und umgekehrt.

Werbezeitenverkauf & Sales B2B: Wird im Bereich der Werbezeitenvermarktung eine gemeinsame Organisation genutzt, entstehen größere Synergieeffekte. Der Werbekunde kann losgelöst von Mediengrenzen angesprochen werden, was wiederum die Möglichkeit erschließt, plattformübergreifende Paketangebote zu schnüren: Kunden können durch unterschiedliche Positionierungen ein breit differenziertes Zielgruppenspektrum ansprechen.

1.4.2 Crossmedia als Erfolgsgarant

Crossmedia führt nicht nur zu Synergien in bestimmten Stufen der Wertschöpfungskette, sondern stärkt auch die Position von Unternehmen am Markt. Fernseh- und Hörfunksender nutzen das Internet, um die Nachteile ihres flüchtigen Mediums auszugleichen.[23] Im crossmedialen Verbund bemühen sich die Anbieter, die Potenziale der unterschiedlichen Medien technisch, ökonomisch und publizistisch auszunutzen: Elektronische Medien können nur mit einer geringen Aufmerksamkeit ihrer Konsumenten rechnen, eignen sich kaum für eine Vertiefung von Themen, erreichen aber ein großes Publikum. Printmedien dagegen liefern Hintergrundinformationen, Kommentare und Service.[24]

Medien im Konkurrenzkampf um das Zeitbudget ihrer Kunden

„Wenn man den Medienwettbewerb mit einem Spiel vergleicht, nimmt die Zahl der Mitspieler ständig zu, der zu gewinnende Einsatz aber bleibt in etwa gleich, wohingegen das Risiko, Geld zu verlieren, steigt."[25]

Die Digitalisierung macht es Medienunternehmen einfacher, in Märkte und Teilmärkte abseits der angestammten Plattform einzutreten. Dadurch entsteht ein Verdrängungswettbewerb, den einige Verlage und Sender gewinnen wollen, indem sie neu entstandene Märkte frühzeitig mit eigenen Angeboten besetzen, noch bevor Substitutionskonkurrenten auftreten. In der Folge ist die Anzahl der Medienangebote in den letzten 25 Jahren erheblich

---

[23] vgl. Spachmann 2001, 35
[24] vgl. Neuberger 2003
[25] Mast/Spachmann 2003, 27

gewachsen, doch das Medienzeitbudget der Menschen hat sich zwischen 1980 und 2000 von 309 auf 502 Minuten im Vergleich nur moderat gesteigert.[26]

> „Setzt man diese Vervielfachung des Angebots in Relation zu dem Anstieg der Mediennutzung um 62 Prozent, wird ersichtlich, dass die Ausweitung des Angebots nicht mit der Ausweitung des Medienkonsums parallel einhergeht. Zwar reagierte der Medienkonsument mit einer gestiegenen Nutzung, die Nachfrageerhöhung liegt jedoch weit hinter der Angebotserhöhung. Folge ist eine gestiegene inter- und intramediale Konkurrenz bei gleichzeitiger Fragmentierung der Nutzerschaft."[27]

Damit steigt der wirtschaftliche Druck auf die einzelnen Anbieter. Das erweiterte Medienangebot sowie die stärkere Individualisierung und Differenzierung der Mediennutzungsmuster müssen jedoch nicht zwangsläufig dazu führen, dass bereits etablierte Medien an Reichweite verlieren und ihre Anteile am Markt einbüßen. Hier helfen synchronisierte, crossmediale Verbundformate der Marktanteilserosion entgegenzuwirken, indem sie unter einem einzigen Markendach ein attraktives Informationskomplettangebot anbieten. In einer Studie der Universität Hannover[28] wurden knapp 4.400 Personen befragt, die sowohl das Fernsehen als auch das Internet genutzt hatten, um „Big Brother" (BB) zu verfolgen. Das Ergebnis: beide BB-Angebote wurden parallel genutzt. Wer viel im fernsah, surfte auch häufig auf der Website. Fast die Hälfte der Befragten (46 %) nutzte TV und Internet in zeitlich gleichem Umfang. Teilweise wurde beide Medien sogar simultan genutzt. Statt einer Verdrängung des einen Mediums durch das andere gab es also eine gegenseitige Verstärkung der Nutzung. Damit wurde die von Medienwissenschaftlern bereits als überholt eingestufte „The-more-the-more"-Regel bestätigt, nach der die Nutzung eines Mediums auch die Nutzung eines anderen Mediums fördert.[29] Zwischen TV und Internet hatten sich bei Big Brother Komplementäreffekte eingestellt: beide Medien befriedigten das gleiche Bedürfnis, aber über unterschiedliche Funktionen.

> „Die bimediale Strategie des Formates Big Brother bedeutet für den Rezipienten eine umfassendere Befriedigung seiner Interessen, als dies mit einem Angebot möglich wäre. Trotz funktionaler Substituierbarkeit der Angebote wurden beide häufig und regelmäßig genutzt und die von den Produzenten kommunizierten Mehrwerte offenbar auch als solche wahrgenommen. Die systematisch bimediale Strategie von Big Brother kann demnach auch als Modell für ähnliche Fernsehformate dienen."[30]

Nur die Tageszeitungen haben von dem enormen Anstieg der Mediennutzungszeit in den letzten Jahrzehnten nicht profitiert. Ihr Anteil liegt seit 20 Jahren etwa bei einer halben Stunde Lektüre pro Tag. Das Internet ist daher gerade für die Presse zu einem ernsthaften Konkurrenten um das Zeitbudget des Publikums und die Werbebudgets der Wirtschaft geworden.

---

[26] vgl. Spachmann 2001, 32
[27] Ridder/Engel 2001, 105
[28] vgl. Trepte/Baumann/Borges 2000, 550–561
[29] vgl. Neuberger 2003
[30] Trepte/Baumann/Borges 2000, 561

Bessere Zielgruppenansprache durch genauere Formatierung

Neue Medien führen zu einem veränderten Nutzungsverhalten: das Publikum reagiert zunehmend flexibler und ungebundener, Mediengrenzen lösen sich auf, die Wirksamkeit der klassischen Massenwerbung verflüchtigt sich. ZDF-Intendant Markus Schächter bringt es so auf den Punkt: „Alle derzeit bestehenden sowie künftig hinzutretenden ... Mediennutzungsformen konkurrieren daher untereinander um die Aufmerksamkeit, das Zeitbudget und die finanziellen Möglichkeiten der Nutzer"[31]

Im Kampf um die Aufmerksamkeit verschärft sich die Gefahr, „weggezappt" zu werden, Werbekunden verlangen immer öfter crossmediale Gesamtpakete, die eine Vermarktung auf multiplen Plattformen ermöglichen. Wer sich an ein großes Publikum wenden will, muss sein Angebot über die wichtigsten Verteilwege zugänglich machen und den neuen Nutzungsmöglichkeiten stets anpassen. Doch durch die zunehmende Anzahl an Verteilwegen zersplittert die einst homogene Zielgruppe. Das Problem: die Werbewirtschaft kann ihre Konsumbotschaft nicht mehr zielgenau an ein großes Publikum richten. Statt über ein einziges Massenmedium verteilen sich die Medienkonsumenten nun auf verschiedene Teilmärkte. Hier kann eine Crossmedia-Strategie helfen, die über die verschiedenen Ausspielkanäle fragmentierte Zielgruppe wieder „einzusammeln".

Abbildung 3: Crossmedia aus Unternehmersicht[32]

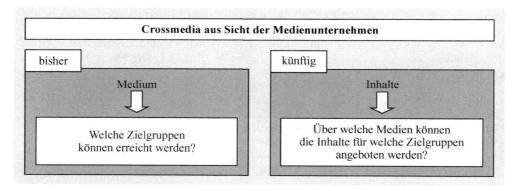

Medienkunden wählen aus einer immer breiter werdenden Palette aus – entsprechend ihrer zeitlichen und individuellen Nutzungsgewohnheiten. Diesen crossmedialen Audience-Flow gilt es also auf die *eigene* journalistische Produktpalette zu lenken.[33]

Nur mit einer konsequenten Formatierung[34] können Inhalte exakt auf Zielgruppen zugeschnitten werden. Vorraussetzung dafür ist, dass auch die Werbestrategie inhaltlich an

---

[31] zit. n. Hall 2004, 270
[32] Mast/Spachmann 2003, 32
[33] vgl. Müller-Kalthoff 2002, 25
[34] Formatierung ist ein Redaktionskonzept, das inhaltliche (z.B. Thema des Beitrags), zeitliche (Länge, Ausstrahlungszeitpunkt), technische (technische Umsetzung/Gestaltung) und ökonomische (Produktionskosten) Faktoren integriert mit dem Ziel einer exakten Anpassung journalistischer Produkte auf die Zielgruppe.

die Crossmedia-Strategie anknüpft.[35] Es gibt also einen engen Zusammenhang zwischen Crossmedia-Publishing und Crossmedia-Marketing. Beide Teilaspekte müssen zu einer wertsteigernden Gesamtkonzeption werden.[36]

Der Wert der Marke

> „Die Marke ist in diesem Mediendschungel immer noch der Leuchtturm, an dem sich der Konsument im Endeffekt orientieren wird."*[37]*

Crossmediale Angebote firmieren oft unter dem gleichen Markennamen und bilden so eine Markenfamilie. Besitzt eine Medienmarke ein starkes Image, ist sie von großem Wert. Informationen sind Erfahrungs- und Vertrauensgüter, deren Wert und Güte vom Konsument vorab nur schwer einschätzbar sind. Der Kunde weiß oft erst nachher, wofür er sein Geld ausgegeben hat. Und selbst dann ist der Wahrheitsgehalt der gekauften Informationen nur schwer nachprüfbar. Ein etablierter und vertrauenswürdiger Markenname ist daher eine Art Leistungsversprechen. Genießt ein Medium großes Publikumsvertrauen, kann man davon ausgehen, dass mit der Übertragung seines Namens auf andere Medien auch seine Glaubwürdigkeit transferiert wird. Die Kunden haben in Punkto Informationsqualität und Verlässlichkeit die gleichen Erwartungen an das – unter dem gleichen Markendach – neu eingeführte Medium.[38] Außerdem erhöht ein starkes Markenimage die Wiedererkennung und trägt zur Kundenbindung bei, in Zeiten fragmentierter und wechselhafter Zielgruppen ein wichtiger Faktor.[39]

Die Marken-Übertragung auf ein anderes Medium gelingt allerdings nicht immer. Die Liste der gescheiterten Transfers der letzten Jahre ist lang. Zu diesen Flops gehören die Zeitschrift zur Comedy-Show *TV total* und zum TV-Wirtschaftsmagazin *Telebörse* sowie die Fernsehsendungen *Max TV* und *Brigitte TV*. Für *Brigitte TV* (NDR, Gruner + Jahr) kam 1998 nach nur neun Monaten das Aus. Hier gelang es offenbar nicht, die Qualität der etablierten Frauenzeitschrift fernsehgerecht umzusetzen. Ganz anders verhielt es sich beim Pro7-Magazin *BIZZ*. Hier war das Printformat schon vor der Sendung da, und dennoch überlebte nur das TV-Team.[40] Diese gescheiterten Markentransfers machen die Gratwanderung deutlich, auf die sich Unternehmen dabei einlassen: Einerseits müssen sie ihr Angebot den Erwartungen und Möglichkeiten eines anderen Mediums anpassen, andererseits dürfen sie nicht die Identität des Ursprungsmediums aufgeben.[41]

---

[35] vgl. Würtenberger/Oetker 2003, 258
[36] vgl. Müller-Kalthoff 2002, 25
[37] Bahlmann 2002, 20
[38] vgl. Neuberger 2003
[39] vgl. Würtenberger/Oetker 2003, 257
[40] vgl. Vermes 2002, 18 ff.
[41] vgl. Neuberger 2003

1.5 Publizistische Aspekte von Crossmedia-Konzepten

„Der Mehrmedienkompetenz im Journalismus gehört die Zukunft. Man muss nicht gleich von Multimedialität sprechen und Journalisten zum Alleskönner machen, aber Journalisten müssen mehr als nur ein Medium beherrschen oder beurteilen können."[42]

1.5.1 Ein Berufsbild im Wandel: Journalisten im Crossmedia-Zeitalter

Crossmedia-Strategien verlangen nach neuen Arbeitsabläufen in den Redaktionen. Inhalte müssen medienübergreifend erstellt, bearbeitet und verteilt werden können. Das stellt nicht nur hohe Anforderungen an die Organisation, sondern auch an die Qualifikation von Journalisten: Fernsehreporter schreiben für Zeitung und Web und Zeitungsreporter gehen vor die Kamera. Plötzlich benötigen sie Fertigkeiten in mehreren Medien, die heute viele Journalisten nicht vorweisen können, weil lange Zeit nur medienspezifische Ausbildungswege existierten. Angesichts der crossmedialen Neuausrichtung muss nun auch die journalistische Ausbildung überdacht werden.

Wie kann der Nachwuchs auf die crossmediale Zukunft vorbereitet werden? Lehrkräfte informieren sich durch Besuche in Zeitungen, deren Redaktionen bereits multimedial arbeiten, wie der *Orlando Sentinel* oder dem *Chicago Tribune*.[43] In den USA werden Journalistik-Fakultäten umstrukturiert, in Deutschland bieten Akademien, wie die *Deutsche Hörfunkakademie (DHA)*[44] in Dortmund, Aus- und Weiterbildungsprogramme für Crossmedia-Journalisten an. Auch die öffentlich-rechtlichen Sendeanstalten Deutschlands haben ihre Volontärsschulungen schon vor geraumer Zeit bi- bzw. trimedial organisiert.

Nur noch Generalisten?

Journalistische Arbeit wird künftig nicht mehr an ein spezielles Medium gebunden sein, dessen Charakter bislang Berufsverständnis und Redaktionsorganisation prägte. Im Mittelpunkt steht die Frage, wie Inhalte losgelöst von einem spezifischen Medium zum Rezipienten vermittelt werden können und wie sie sich vermarkten lassen.[45] Wird der Journalist der Zukunft also Crossmedia-Generalist sein? Manch Multimedia-Pionier wagt diese Prognose, doch nicht jeder ist überzeugt:

„Die Vorstellung, die wir haben, dass jeder Journalist sich dem jeweiligen Medium anpassen kann, ist vielleicht nicht realistisch. Eigentlich ist ein guter Fernsehjournalist nicht notwendigerweise ein guter Zeitungsjournalist oder umgekehrt. Cross Media erlaubt es Reportern und Redakteuren, das Material, das sie für ihre Geschichten gesammelt haben, auch über eine sekundäre Quelle zu verbreiten, aber es ersetzt nicht die Vorstellung eines Mediengrundtyps für jeden Journalisten"[46]

---

[42] Mast/Spachmann 2003, 34
[43] vgl. Ritchie 2002, 69
[44] vgl. http://www.hoerfunkakademie.de/ausbildung/crossmediainfo.html, 1. Juni 2005
[45] vgl. Spachmann 2001, 40
[46] zit. n. Ritchie 2002, 69

erklärt Charles Kravetz, Vizepräsident der *New England Cable News*.

Grundsätzlich gilt: Kompetenzen in mehr als einem Bereich zu besitzen, wird wichtiger. Allerdings hält es auch der Medienwissenschaftler Klaus Spachmann für unwahrscheinlich, dass Journalisten in Zukunft mit allen Medien gleichermaßen gut umgehen müssen. Wichtiger als bisher werden die multimediale Teamfähigkeit der Redakteure und die Bedeutung von Schnittstellen zwischen den einzelnen Medien.[47] Auch die US-amerikanische Zeitung *Tampa Tribune*[48] in Florida hat viel Erfahrung in Sachen Medienkonvergenz gesammelt. Nach fünf positiven Jahren in einem Multimedia-Newsdesk weiß Gil Thelen, geschäftsführender Redakteur, wie abwegig die Idee vom Journalisten als „eierlegende Wollmilchsau" ist: „Von jedem, der bei einer Fernsehstation durch die Tür marschiert, wird verlangt, dass er eine Story für das Fernsehen, das Web und die Zeitung schreibt, während er noch dazu auf einem Einrad sitzt und mit Orangen jongliert."[49]

Bei der *DHA*, die seit 2003 eine dreizehnmonatige Ausbildung zum Crossmedia-Journalisten anbietet, glaubt man, dass sich Generalisierung und Spezialisierung im Journalismus nicht unbedingt gegenseitig ausschließen werden. „In kleinen Medien, lokalen Radio- oder Fernsehstationen, die mit relativ wenig Menpower arbeiten, wird der Autor sicherlich alle drei Medien zugleich bedienen müssen, sowohl mit Bild, Ton, Grafik, etc.", sagt Dr. Hans Paukens, Direktor an der *DHA*. In größeren Redaktionen aber bekomme die Spezialisierung wieder mehr Platz. Innerhalb von Multimedia-Teams würden Inhalte zur Weiterverarbeitung an Fachleute für das jeweilige Medium übergeben. Schnittstellen sorgten dabei für die richtige Zusammenarbeit.

Technisierung von Redaktionsarbeit: Videojournalismus

Mit der crossmedialen Arbeitsweise nimmt auch die Anzahl der technischen Tätigkeiten zu, die Redakteure im journalistischen Alltag übernehmen müssen. Der Hörfunk hat diese Entwicklung zum größten Teil bereits hinter sich: Reporter bedienen Aufnahmegeräte und schneiden ihre Beiträge selbst, Moderatoren arbeiten als so genannte Selbstfahrer und bedienen Mischpult und Redaktionssystem während der laufenden Sendung ohne die Hilfe eines Technikers. Auf Seiten der Hardware werden Kameras und Schnittgeräte kleiner, handhabbarer und vielseitiger. Auch Universitäten haben diesen Trend erkannt. Die *Hochschule Mittweida* bietet den Studiengang *Medientechnik* mit dem Ziel an, Generalisten auszubilden, die den redaktionellen und technischen Anforderungen an die Journalisten von morgen genügen.[50]

Von dieser zunehmenden Technisierung sind in den letzten Jahren besonders die Journalisten beim Fernsehen betroffen. Der Videojournalist, kurz VeeJay (VJ), ist Redakteur, Cutter und Kameramann in einer Person. „Er ist in der Lage, einen kompletten Beitrag vollständig in eigener Regie herzustellen: er recherchiert, dreht, schneidet, schreibt und spricht den Text"[51].

---

[47] vgl. Spachmann 201. 40
[48] vgl. Ritchie 2002, 69
[49] zit. n. Meier 2002, 5
[50] vgl. http://www.htwm.de/medien
[51] Belz/Haller/Sellheim 1999, 93

Die Anfänge des Videojournalismus reichen zurück in die 1960er Jahre der US-Fernsehberichterstattung.[52] 20 Jahre später schaffte es das Berufsbild nach Deutschland. Seine Einführung bei den privaten wie öffentlich-rechtlichen Fernsehsendern geht hauptsächlich auf ökonomische Überlegungen zurück: „Entweder es gibt intelligente Innovation, die uns die Kosten senkt, oder wir killen Programme"[53], sagt Jan Metzger, Projektleiter beim *Hessischen Rundfunk (HR)* für die Digitalisierung im Fernsehen. Der HR experimentierte seit Anfang 2001[54] mit der neuen Form des Videojournalismus. Mittlerweile gehören die VeeJays fest zum Berichterstattungsreportior der Hessen dazu. Auch die Volontärsschulung wurde um entsprechende Kurse erweitert. Mit Erfolg: Die Produktionskosten sanken seit der Einführung der Videoreporter um 12 Prozent.[55] Während das übliche Dreier-Team von Kameramann, Tonassistent und Autor am Tag rund 2.000 Euro kostet, reduziert sich die Summe für Honorar und Technik beim Videojournalisten auf etwa ein Viertel.[56] Auch die private Konkurrenz setzt auf die Zusammenführung von Redaktion und Technik. Das regionale Fernsehprogramm *RTL-Nord* entsteht zum größten Teil bei *AZ Media* in Hamburg: 17 VeeJays und nur sechs Techniker sorgen hier für etwa 50 Stunden Fernsehen pro Monat.[57]

Wolf-Dieter Jacobi, bis Dezember 2005 Leiter des Fernsehbereiches im *MDR Landesfunkhaus Sachsen,* führte im Frühjahr 2004 den Videojournalismus in die Berichterstattungspalette des Regionalmagazins *SachsenSpiegel* ein. Jacobi sieht die „kleine Kamera"[58] als Erweiterung der traditionellen Arbeitsweise, nicht aber als deren Ersatz an: „Wir können damit Geschichten realisieren, die noch näher am Protagonisten sind und die man sonst nicht wagen würde, weil die finanziellen Risiken bei der Produktion mit einem kompletten Team zu hoch sind."

Auch Bernd Kliebhan, Leiter des Videojournalisten-Projekts beim Hessischen Rundfunk, sieht nicht die Aktualität als Hauptargument für die Beschäftigung von Kamerareportern: „Momentan ist Video-Journalismus nicht die schnellste Produktionsform. Die VJs sind sehr flexibel, aber nicht unbedingt schneller … Für hochaktuelle Berichterstattung müssen mehrere Personen zeitgleich an einem Thema arbeiten"[59]

Crossmediale Arbeitsweise und die Verdichtung von technischen Tätigkeiten im Redakteursalltag entwickeln sich parallel und unterstützen sich gegenseitig. Denn nur kleine, leicht bedienbare und flexible Geräte machen eine Multimediaproduktion aus einer Hand erst möglich. Die modernen DV-Kameras der Videojournalisten sind universell einsetzbar. Ihre Bilder können für TV und Web verwendet werden, die Töne ebenso für das Radio. Das nötige technische Fachwissen bleibt überschaubar. Je weniger Aufmerksamkeit ein Journa-

---

[52] vgl. Packer 1998, 39
[53] zit. n. Hinse 2004
[54] Im Frühjahr 2001 startete der HR das Projekt „Videoreporter", um zweimal in der Woche Bilder aus entlegenen Winkeln des Berichtsgebietes in die Nachrichtenblöcke des Senders zu holen. (vgl. Frowein 2002, 42 ff.; Meuren 2003, 32;). Es folgte das Projekt „Videojournalisten" (vgl. Kliebhan 2004, 22–23). Im September 2004 arbeiten bereits 42 Videojournalisten beim HR. Mehr als 840 Beiträge seien zwischen Oktober 2003 und Juni 2004 ausgestrahlt worden. (vgl. Hessischer Rundfunk 2004).
[55] vgl. Hinse 2004
[56] vgl. Foraci 2004, 21
[57] vgl. Frowein 2004, 30
[58] Die Werkzeuge von VeeJays in In- und Ausland sind so genannte „Prosumer Camcorder" mit drei separaten Bildwandlerchips (je einen für die drei Grundfarben Rot, Grün, Blau). Die knapp zwei Kilo schweren Geräte zeichnen auf Bänder im Format *miniDV* auf.
[59] zit. n. Samlowski 2004, 15

list der Bedienung seiner Werkzeuge widmen muss, umso mehr kann er sich auf die publizistische Realisierung seiner Geschichte konzentrieren. Metzger bringt es so auf den Punkt:

> „Zuerst und vor allem braucht es deswegen gute Reporter: Gespür für ein Thema und seine Umsetzung, ein guter Blick für Protagonisten, Offenheit und Genauigkeit bei der Recherche, gute Bilder zu sehen und dann natürlich auch aufs Band zu bringen, nachher im Schnitt die Fähigkeit, eine Geschichte so zu erzählen, dass sie das Publikum fesselt. Das hat mehr mit journalistischem Handwerk und Persönlichkeit zu tun als mit Technik"[60]

Das Selbstverständnis von Crossmedia-Redakteuren

Nach einer Umfrage der Medienwissenschaftler Mast und Spachmann wünscht sich jeder dritte Chefredakteur Journalisten, die für mehrere Medien parallel tätig sein können.[61] Doch wollen das auch die Journalisten? „*Ja*", sagt Dr. Hans Paukens von der *DHA* in Dortmund. Die Bereitschaft der Journalisten steige, sich in diesem Bereich fortzubilden. Aus Gesprächen mit Kursteilnehmern werde deutlich, dass immer mehr freiberufliche Journalisten ihre Arbeiten sowohl für Radio und Fernsehen als auch für Print und Online gleichzeitig anbieten. Der wirtschaftliche Druck lastet auf den Freelancern genau so wie auf den großen Medienunternehmern. Beide reagieren mit einer Ausweitung ihres journalistischen Produktangebotes, um das wirtschaftliche Risiko zu mindern. Auch in den Nachbarländern nimmt die crossmediale Produktion bei den festen und freien Redakteuren zu. Fast 50 Prozent der Journalisten in Österreich publizieren mindestens bimedial, so eine Studie zur Trimedialität in Europa.[62]

Die Journalisten werden damit zum Manager von Terminen und Inhalten, offerieren dabei dem Rezipienten immer mehr als eine Informationsmöglichkeit.[63] Journalisten müssen Qualifikationen für mehrere Medien aufweisen, crossmediale Zusammenhänge denken und herstellen, auch mit Technik umgehen können. Organisations- und Koordinierungsaufgaben werden zunehmen. In der Praxis wird der Redaktionsalltag dadurch komplexer, es bleibt weniger Zeit für sorgfältige Recherche.

Für manche Journalisten sorgt der Wechsel in eine crossmedial arbeitende Redaktion für erhebliche Probleme. Zeitungsredakteure renommierter Blätter haben aufgrund ihrer beruflichen Sozialisation Schwierigkeiten mit dem oberflächlichen Medium Fernsehen.[64] Hinzu kommen in den meisten Fällen noch unterschiedliche Redaktionskulturen und –routinen, z.B. zwischen Print und Online, deren zeitliche Abläufe und Gewohnheiten integriert werden müssen.[65]

---

[60] zit. n. Nowara 2003, 52 f.
[61] vgl. Mast/Spachmann 2003, 23
[62] vgl. http://www.pr-journal.de/redaktion/medien
/fast-50-prozent-der-journalisten-publizieren-bereits-bimedial.html, Zugriff am 1. Juni 2005
[63] vgl. Spachmann 2001, 40 f.
[64] vgl. Anschlag 1999, 3–8
[65] vgl. Mast/Spachmann 2003, 35

1.5.2 Redaktionsmanagement unter crossmedialen Bedingungen

Die Verantwortung für das journalistische Produkt und seine Vermarktung verschmelzen immer mehr.[66] In der Folge nimmt auch das ökonomische Denken in den Redaktionen einen größeren Stellenwert ein:

Abbildung 4: Crossmedia aus der Sicht des Journalismus[67]

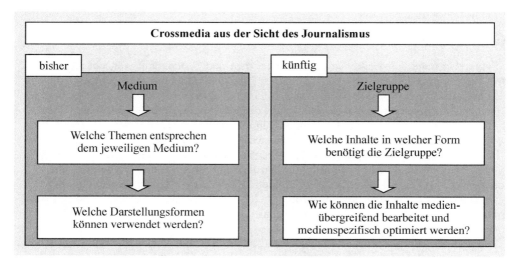

Dieser Perspektivenwechsel innerhalb der Redaktionen beinhaltet auch eine Abkehr von bisherigen Arbeitsroutinen.

Multimediale Teamarbeit: Crossmedia-Redaktionen organisieren

Die beste Möglichkeit, eine Redaktion für mehrere Medien zu organisieren, sieht der Journalistik-Professor Klaus Meier[68] in der multimedialen Teamarbeit. Er setzt trotz universeller Ausrichtung der Redaktionen auf Spezialisten für die jeweiligen Teilmedien, die themenbezogen in einem NewsRoom zusammensitzen. Eine solche Organisation hat entscheidende Vorteile: Interviews müssen nicht länger mehrfach geführt werden, wichtige Dokumente müssen nur einmal für die Redaktion besorgt werden, Doppelrecherchen entfallen.[69]

Jobrotation, wie bei der FTD, sorgt für mehr Verständnis für die Anforderungen der anderen Medien und fördert somit die optimale crossmediale Vernetzung der Inhalte. Die Mediengrundtypen der Journalisten sollen jedoch innerhalb der Redaktion erhalten bleiben.

---

[66] vgl Spachmann 2001, 34
[67] Mast/Spachmann 2003, 33
[68] http://www.klaus-meier.net, 1. Juni 2005
[69] vgl. Meier 2002, 5

Durch die permanente räumliche Zusammenarbeit kann in informellen Gesprächen gut abgesprochen werden, welche Themen crossmedial behandelt werden sollen:

- Schwerpunktthemen, die für die nächsten Tage bereits einen festen Platz in TV oder Print haben, werden zum Beispiel online eher knapp behandelt oder nur angekündigt.
- Hochaktuelle, brisante Themen müssen online ausführlicher präsentiert werden, um den Zeitvorteil des Internets auszunutzen. In der Zeitungs- oder Radio-/Fernsehversion am nächsten Tag werden dann ergänzende Hintergrundinformationen, Kommentare und Einordnungen angeboten.
- Themen mit hohem Service-Charakter eignen sich besser für das Internet. Sie bekommen darum auf der Website eine langfristige Plattform, während in anderen Medien auf sie hingewiesen wird.

Die Redakteure müssen ein zunehmend stärkeres, gegenseitiges Verständnis für andere Medienwelten entwickeln. Die Grundlage dafür muss jedoch organisatorisch gelegt werden. Wichtigste Position nimmt dabei der Nachrichtenchef ein, der auch tagesaktuell entscheiden muss, was crossmedial von nur einem einzigen Redakteur leistbar ist und welche Aufgabe nur von einem Team gemeistert werden kann. Den unterschiedlichen redaktionellen Workflow der einzelnen Medien parallel in einer Redaktion aufrecht zu erhalten, stellt eine Herausforderung für die Redaktionsmanager dar: Zeitungsredaktionen orientieren sich traditionell an der Nachrichtenlage des Tages, die Redakteure arbeiten auf den Andruck am späten Abend hin. Online-Redakteure müssen mit der Nachrichtenlage des Augenblicks arbeiten. Sie aktualisieren ihre Seiten permanent und schreiben auch bereits veröffentlichte Berichte immer wieder um, wenn etwas Neues passiert.[70]

Planung von Themenkarrieren unter crossmedialen Bedingungen

Crossmedia bietet und verlangt nach neuen Möglichkeiten, Themen entlang der Mediennutzungszeit zu planen und umzusetzen. So können die aktuellen Fakten eines Ereignisses beispielsweise morgens im Radio gesendet werden, während die Hintergründe dazu und individualisierte Service-Informationen zur Mittagspause im Web veröffentlicht werden. Abends kann das Thema noch einmal vertiefend in einem TV-Feature oder einer Radio-Talkrunde aufbereitet werden. Das hat weit reichende Folgen für die redaktionelle Arbeit, weil Themenzusammenhänge und Redaktionskonzepte bislang nur medienspezifisch betrachtet wurden.[71] Nun steht im Vordergrund wann, wo und wie die Information veröffentlicht wird. Dabei besteht die Gefahr, dass sich die Crossmedia-Redaktion ausschließlich auf mehrmedial verwertbare Themen einengt. So ist die Reihenfolge der Themen, die die MDR Recherche-Redaktion *Content* im Landesfunkhaus Thüringen bearbeitet, klar priorisiert: zuerst werden Geschichten recherchiert, die sich in Radio, Fernsehen *und* Internet verwenden lassen, später dann die Storys, die nur für ein Medium geeignet sind.[72] Das kann durchaus zu einem einseitigen Themen-Mix führen. Ausgehend von den Überlegungen zum

---

[70] vgl. Meier 2002, 6 f.
[71] vgl. Spachmann 2001, 40
[72] Vgl. Cario 2002, 74

Redaktionsmanagement stellt Abbildung 5 dar, wie ein crossmedialer Produktionsablauf aussehen könnte:

Abbildung 5: Produktions- und Entscheidungsprozesse in Crossmedia-Redaktionen

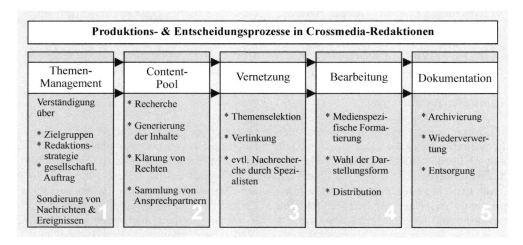

In der Stufe des *Themenmanagements*, werden Inhalte geplant und beschafft für die nachfolgende Mehrfachverwertung in verschiedenen Medien. Zusätzlich wird der thematische Mix eines journalistischen Produkts von der Redaktionsstrategie und dem publizistischen Konzept gesteuert.

In der zweiten Stufe crossmedialer Produktion wird ein *Content-Pool* gebildet. Auf dieser Ebene werden Inhalte bereitgestellt, verwaltet und verteilt. Zusätzlich zum Artikel oder Beitrag werden noch Kontext- und Zusatzinformationen eingeben, z.B. Ansprechpartner, Zusammenfassungen, und Informationen über die Rechtesituation. Inhalte im Pool müssen verwaltet werden und auch von anderen Personen fehlerfrei weiterbearbeitet werden können.

In der *dritten Stufe* werden die Inhalte zur Veröffentlichung in den einzelnen Medien ausgewählt, die Veröffentlichung eingetaktet, die zeitlichen Abläufe der Produktion synchronisiert und die Medien untereinander vernetzt.

Darauf folgt in *Stufe 4* die medienspezifische Bearbeitung und schließlich in *Stufe 5* die Dokumentation des Inhaltes für spätere Verwendungen.[73]

1.6 Wann Crossmedia funktioniert – ein Kriterienkatalog

Aus den Erfahrungen bereits etablierter Crossmedia-Redaktionen und den Erkenntnissen über ihre ökonomischen und publizistischen Besonderheiten lassen sich zehn Faktoren für eine erfolgreich funktionierende Crossmedia-Redaktion ableiten:

---

[73] vgl. Mast/Spachmann 2003 34 ff.

1. Strategie
   Crossmedia ist eine Richtungsentscheidung des Managements, deswegen ist ein Top-Down-Managementansatz nötig. Es muss das Ziel sein, eine journalistische Wertschöpfungskette zu etablieren, die den Konsumenten umfassend informiert, egal über welches Medium. Entscheidend ist, dass die Redakteure Inhalte für alle Medien nutzen und aufbereiten können.
2. Unternehmens- und Arbeitskultur
   Dazu müssen zunächst die Organisationskulturen der verschiedenen Medien einander angenähert werden. Die „Wir-gegen-sie"-Mentalität gilt es zu überwinden, um die Identifikation mit der eignen Marke und dem crossmedialem Produkt zu stärken. Unterschiedliche Produktionszyklen der Medien könnten dabei eine Hürde sein.
3. Strukturen
   Neue technische und redaktionelle Strukturen sorgen dafür, dass verschiedene Mediensegmente frühzeitig in den Aufbau einer crossmedialen Story eingebunden werden. Voraussetzungen dafür sind ein gemeinsamer Newsroom mit Multimedia-Desk und die physische Nähe der Journalisten aller Medien. Separate Gebäude sind ein logistisches Hindernis. Ein einziger, zentraler Ansprechpartner übernimmt die Multimedia-Koordination; Dezentralisierung im Bereich der Entscheidungsträger und Doppelstrukturen müssen abgeschafft werden.
4. Technik und Personal
   Es muss Technik angeschafft werden, die Inhalte leicht in andere Medien konvertieren kann. Außerdem wichtig: ein Redaktionssystem, dass alle Plattformen eines Unternehmens integriert, und genügend Personal, sonst drohen negative Imagetransfers, wenn z.B. eine überforderte Onlineredaktion journalistische Fehlleistungen produziert.
5. Qualität
   Crossmedia darf nicht als Kostensenkungsprogramm verstanden werden, sondern als Investition in die publizistische Qualität. Überfordert Redakteure produzieren schlechten Journalismus: das Werbumfeld wird unattraktiv, Werbekunden springen ab, die Kosteneinsparungen führen zu noch größeren Finanzlöchern.
6. Chefredaktion
   Auch die redaktionellen Entscheidungsträger müssen über multimediale Qualifikationen verfügen. Ihre wichtigste Aufgabe: Entscheidungen zu treffen, wann mehrmediales Arbeiten machbar und sinnvoll ist und wann nicht. Als Schnittstelle zum Management sorgen sie außerdem für die Integration von Marketingstrategien.
7. Teamarbeit
   Die Bereitschaft der Redakteure zur Zusammenarbeit und Vernetzung muss wachsen und zum Redaktionsgeist werden. Nur mit einer themenorientierten Mischung von Medienspezialisten und Generalisten lassen sich crossmediale Themenkarrieren planen und realisieren.
8. Lernbereitschaft
   Da Crossmedia nur funktioniert, wenn alle Redakteure wissen, wie die anderen Medien funktionieren, ist ein ständiges Lernen voneinander und durch ständige Weiterbildung nötig.

9. Jobrotation
Jobrotation fördert das Verständnis für die Anforderungen der anderen Medien. Sie sorgt für Kreativität und Ideenreichtum, weil gute Ideen zum Allgemeingut werden und nicht zwischen Ressort- und Mediengrenzen verpuffen.
10. Kommunikation nach Innen und Außen
Die Crossmedia-Strategie muss konsequent und immer wieder innerhalb der Organisation kommuniziert werden. Gemeinsame Redaktionskonferenzen sind unabdingbar. Medienübergreifende Angebote für Werbekunden und Crosspromotion sind wichtige Teile der Kommunikation nach Außen.

Literaturverzeichnis

Anschlag, Dieter (1999): Der zweite Weg. Print goes TV: Ein ökonomisches und publizistisches Risiko. In: Funkkorrespondenz Nr. 34, 27.08.1999

Bahlmann, Arnold (2002): Eine Branche im Wandel. In: Eberspächer, Jörg (Hrsg.): Die Zukunft der Printmedien. Heidelberg

Berger, Peter (2002): Das Crossmedia-Konzept der FTD – Chancen und Risiken für Journalisten und Kaufleute. In: Rolke, Lothar/Wollf, Volker (Hrsg.): Der Kampf um die Öffentlichkeit. Wie das Internet die Macht zwischen Medien, Unternehmen und Verbrauchern neu verteilt. Neuwied/Kriftel

Belz, Christopher/Haller, Michael/Sellheim, Armin (1999): Berufsbilder im Journalismus. Von den alten zu den neuen Medien, Konstanz, 1999

Cario, Ingmar (2002): Wühlarbeit. In: message 3/2002

Englert, Marcus (2002): Cross-Media Branding – die mediale Markenfamilie führen. In: Müller-Kalthoff, Björn (Hrsg.): Cross-Media-Management: Content-Strategien erfolgreich umsetzen, Berlin

Foraci, Franco (2004): Selbst ist das Team. Der New Yorker Michael Rosenblum krempelt mit seinem Training für Videojournalisten Fernsehsender in aller Welt um, In: CUT 6+7/2004

Frowein, Andreas (2002): Projekt Bi. In: CUT 12/2001+1/2002

Frowein, Andreas (2004): Das VeeJay-Zentrum. AZ Media setzt im Hamburger Sendezentrum voll auf Videojounalisten – und damit auf minimalsten Personalaufwand, In: CUT 10+11/2004

Hall, Peter Christian (Hrsg.) (2004): Die Krise des Medienmarktes. Geld – Strukturen – Standards, Mainz

Hessischer Rundfunk (2004): Hessischer Rundfunk setzt auf Videojournalisten, im Internet unter: http://www.hr-online.de/website/fernsehen/sendungen/index.jsp?rubrik=7972&key=standard_document_2278094, Zugriff am 01.12.2004

Hinse, Werner (2004): Grenzen zwischen Technik und Redaktion fallen. Journalistentag NRW – Forum 3, im Internet unter: http://www.djv-nrw.de/seiten/journal/jtfo3.htm, Zugriff am 26.02.2005

http.//www.hoerfunkakademie.de/ausbildung/crossmediainfo.html, Zugriff am 01.06.2005

Hoff, Hans/Keinhorst, Willi (2004): „Der WDR ist der Kit des Landes", Intendant Fritz Pleitgen spricht über Sparmaßnahmen, Zukunftspläne und über seinen Pulsfrequenzmesser, In: Welt Am Sonntag, 08.08.2004

http.//www.htwm.de/medien, Zugriff am 01.06.2005

Keese, Christoph (2003): Führung und Entwicklung von überregionalen Tageszeitungen: Das Beispiel Financial Times Deutschland, In: Wirtz, Bernd W. (Hrsg.): Handbuch Medien- und Multimediamanagement, Wiesbaden

http://www.klaus-meier.net, Zugriff am 01.06.2005

Kliebhan, Bernd (2004): Werkzeug für VeeJays. Der Leiter des VeeJay-Projekts beim Hessischen Rundfunk über das Equipment von „Videoreportern" und „Videojournalisten", In: CUT 6+7/2004

Mast, Claudia/Spachmann, Klaus (2003): Krise der Zeitungen: Wohin steuert der Journalismus? Ergebnisse einer Umfrage unter Chefredakteuren und Schlussfolgerungen, Stuttgart

Mast, Claudia (2003): Journalismus im Internet-Zeitalter: Content-Lieferant oder mehr? In: journalist 2/2003

Meier, Klaus (2002): Die Neuerfindung der Redaktion. Wie Teams traditionelle Grenzen sprengen. Festvortrag zur Verleihung der Zertifikate an die Absolventen des X. Jahrgangs des Österreichischen Journalisten-Kollegs auf der Festung Hohensalzburg vom 21.06.2002, im Internet unter: http://www.kfj.at/pdf/neueredaktionen.pdf, Zugriff am 01.12.2004

Meuren, Daniel (2003): Geschichten aus dem Odenwald. In: journalist, Nr. 2/2003

Neuberger, Christoph (2003): Crossmedialität im Journalismus, im Internet unter: http://www.ifa.de/dialoge/dchina_vortrag.htm, Zugriff am 15.01.2005

Nowara, Thomas (2003): Von DV- zum Videojournalisten. In: Medien Bulletin, Nr. 9/2003

Müller-Kalthoff, Björn (Hrsg.) (2002): Cross-Media-Management: Content-Strategien erfolgreich umsetzen, Berlin/Heidelberg

Packer, Lynn (1998): Schreiben, drehen, schneiden. Die US-Norm für digitale TV-Berichterstattung. Bearbeitet für das deutsche Fernsehen, Berlin

Ridder, Christa-Maria/Engel, Bernhard (2001): Massenkommunikation 2000: Images und Funktionen der Massenmedien im Vergleich. Ergebnisse der 8. Welle der ARD/ZDF-Langzeitstudie zur Mediennutzung und -bewertung. In: Media Perspektiven 3/2001

Ritchie, Joe (2002): Zauberwort „Convergence", In: Message 4/2002

Samlowski, Wolfgang (2004): Video-Journalist – vier Berufe in einem. Pilotprojekt im Hessischen Rundfunk nicht ohne Auswirkungen auf Berufsbilder, In: Menschen machen Medien, Nr. 6/7 Juni/Juli 2004

Sjurts, Insa (2002b): Cross-Media Strategien in der deutschen Medienbranche, In: Müller-Kalthoff, Björn (Hrsg.): Cross-Media-Management: Content-Strategien erfolgreich umsetzen, Berlin

Spachmann, Klaus (2001): Crossmedial und zielgruppenspezifisch? Anforderungen an den Journalismus im digitalen Zeitalter, In: forum medienethik: Journalismus heute – nur Content-Management?, München

Trepte, Sabine/Baumann, Eva/Borges, Kai (2000): „Big Brother": Unterschiedliche Nutzungsmotive des Fernseh- und Webangebots? Ergebnisse einer Studie zu Substitutions- und Komplementärbeziehungen der Fernseh und Onlinenutzung, In: Media Perspektiven 12/2000

Vermes, Timur (2002): TV ohne BIZZ, In: Insight 9/02.

Vizjak, Andrej/Ringlstetter, Max (Hrsg.) (2001): Medienmanagement: Content gewinnbringend nutzen. Trends, Business-Modelle, Erfolgsfaktoren, Wiesbaden

Vogelsberg, Daniel (2005): Crossmedia-Redaktionen: ökonomische und publizistische Aspekte von crossmedialem Journalismus, Mittweida

Würtenberger, Peter/Oetker, Marie (2003): Die multimediale Erweiterung von Printmarken und neue Wertschöpfungssteigerungen, In: Wirtz, Bernd W. (Hrsg.): Handbuch Medien- und Multimediamanagement, Wiesbaden

Crosspromotion

Werner Dieste

1 ORF-Gesetz – Verbot der Crosspromotion

In Österreich ist es dem ORF (Österreichischer Rundfunk) verboten, in eigenen Programmen für eigene Programme zu werben, also Crosspromotion zu betreiben. Dieses Verbot der Bewerbung eigener Programme durch den ORF ist in § 13 Abs 1 des ORF-Gesetzes festgeschrieben und wurde im Oktober 2003 durch ein Urteil des österreichischen Verfassungs-Gerichtshof bestätigt. Dieses Verbot stelle eine geeignete Maßnahme zum Schutz der privaten Mitbewerber dar und sei nicht verfassungswidrig, urteilen die Richter. Der ORF nehme als ehemals langjähriger Monopolist nach wie vor eine marktbeherrschende Stellung ein. Ein grundsätzliches Verbot der Bewerbung eigener Programme sei geeignet, die Ausnutzung dieser Marktposition auszuschließen. Das Verbot ist nach Ansicht der Richter nicht überschießend, da es lediglich die Bewerbung der Rundfunk- und Fernsehprogramme des ORF durch das jeweils andere Medium untersage, nicht aber die als neutralen Hinweis gestaltete „reine Information". Auch der Umstand, dass im Ausland niedergelassene Rundfunkveranstalter keiner vergleichbaren Werbebeschränkung unterliegen, brachte die Richter zu keinem anderen Ergebnis. Die Begründung: Jene Fälle, in denen ausländische Rundfunkunternehmer am österreichischen Markt sowohl beim Radio als auch beim Fernsehen eine dem ORF vergleichbar starke Position einnehmen, seien derzeit vernachlässigbar und mit den Anwendungsfällen des § 13 Abs 9 ORF-Gesetz nicht vergleichbar.

2 Deutschland – Crosspromotion in allen Programmen

In Deutschland ist (bis jetzt) noch niemand auf die Idee gekommen, den öffentlich-rechtlichen Programmen Crosspromotion zu verbieten. Vielleicht liegt es auch daran, dass gerade im privatwirtschaftlich organisierten Hörfunk und Fernsehen Crosspromotion sehr gezielt und erfolgreich eingesetzt wird, zum Beispiel bei der Bewerbung der so genannten Fernsehereignisse wie „Die Sturmflut" oder „Die Luftbrücke" im Jahr 2006.

Das ZDF hat beim dem Zweiteiler „Dresden" erfolgreich eine Bewerbung des Fernsehfilmes geschafft: Im Kino liefen Werbespots und in Zeitungen wurden Anzeigen geschaltet. Die Crosspromotion innerhalb des Hauses funktionierte: Es wurde von den Dreharbeiten berichtet, die Schauspieler wurden vorgestellt, historische Aufnahmen der Bombennacht und Dokumentationen des Infernos wurden ausgestrahlt und Regisseur und Hauptdarsteller traten am Vorabend der Ausstrahlung in der Samstagabendshow „Wetten, dass …" mit Thomas Gottschalk auf.

Auch die ARD ist sehr geeignet für Crosspromotion, verfügt sie doch neben dem Ersten Deutschen Fernsehen und den Dritten der Landesprogramme auch über verschiedene Hörfunkprogramme mit unterschiedlichen Zielgruppen. Gerade bei der Bewerbung der Sportschau mit der 1. Bundesliga, der Harald-Schmidt-Show oder auch den Formaten „Marienhof", „Verbotene Liebe" oder „Braut wider Willen" funktioniert die Bewerbung der Fernsehsendungen durch die Hörfunkprogramme gut. Wie groß die Bedeutung und der Einfluss der Crosspromotion in der Bundesrepublik eingeschätzt werden, wurde im Herbst 2005 bei der Diskussion um den geplanten Kauf der ProSiebenSat1 AG durch den Springer Verlag deutlich.

3   Übernahmestreit – Springer opfert Crosspromotion

Die Zusammenführung der ehemaligen Kirchsenderkette bestehend aus SAT 1, Pro 7, Kabel 1 und N 24 mit dem größten Zeitungshaus Deutschlands (u.a. „Bild", „Welt", „Bild am Sonntag", „Welt am Sonntag", „Hörzu") hätte eine nie da gewesene publizistische Konzentration bedeutet. Insbesondere wurden die crossmediale Kraft und die daraus resultierenden Effekte für die Quoten bzw. die Auflagen thematisiert: Was wäre, wenn die Bild-Zeitung ausschließlich über Daily Soaps, Telenovelas oder Castingshows der zum Konzern gehörenden Sender berichten würde?

Um die Bedenken gegen die Fusion von KEK (Kommission zur Ermittlung der Konzentration im Medienbereich) und Kartellamt zu zerstreuen, bot Springer-Chef Mathias Döpfner auf dem Höhepunkt des Übernahmestreites einen Verzicht auf medienübergreifende Werbung und ein mögliches Format „Bild-TV" an. Er sei bereit, sagte Döpfner in einem Interview der Frankfurter Allgemeinen Zeitung, rechtsverbindlich festzuschreiben, dass ProSiebenSat1 kein „Bild-TV" und keine Crosspromotion betreiben werde. Dieses Angebot nützte jedoch nicht, den Widerstand von KEK und Kartellamt zu brechen – Springer zog wenig später seine Übernahmeabsicht zurück.

Auffallend war, dass gerade in dieser Zeit der Diskussion um die mögliche Fusion die Bild ausführlich und überwiegend positiv über die neue Staffel „Deutschland sucht den Superstar" von RTL berichtete und die Casting Show beim potentiellen Konzernzugang SAT 1, Heidi Klums „Wer wird Deutschlands nächstes Supermodel?", durch kritische Berichte über den Schlankheitswahn der jungen Mädchen begleitete. Vielleicht wollte die Chefredaktion der Bild auf das „Chefredakteursprinzip" im Hause Springer aufmerksam machen (Der Chefredakteur entscheidet über das Blatt, nicht die Lenker des Gesamtkonzerns.) – dennoch war auch diese Berichterstattung ein gutes Beispiel dafür, dass die ausführliche Berichterstattung in Deutschlands auflagenstärkster Tageszeitung den Erfolg eines Fernsehformates sehr befördern kann.

4   Promotion auf zweierlei Wegen

Der Begriff „Crosspromotion" meint also zum einen die Vernetzung von Promotionkampagnen über verschiedene Medien (zum Beispiel die Vernetzung von Fernsehen, Hörfunk und Online oder auch Merchandising); zum anderen wird dieser Begriff auch für redaktionelle Querverweise auf Sendungen oder Beiträge innerhalb eines Senderverbundes oder eines Medienkonzerns verwendet.

Spätestens seit der ersten „Big Brother"-Staffel im Jahr 2000 im deutschen Fernsehen sind die Möglichkeiten von crossmedialer Vermarktung bekannt: Einerseits werden die Inhalte und Personen in unterschiedlichen Medien verwertet, andererseits wird für andere

Medienangebote geworben: Die Zuschauer können per Telefon oder SMS wählen, wer im Container bleiben darf, für „Big Brother"-Süchtige gibt es den 24-Stunden Online-Einblick in das Haus, die rausgewählten Ex-Bewohner treten in diversen Formaten der Senderkette auf, lassen sich als Sänger vermarkten (bis hin zum Deutschen Grand Prix Vorentscheid) und versuchen ihre überraschende Prominenz zu vermarkten. Big Brother wurde auch durch gelungene Crosspromotion zu einem Ereignis, dem sich auch andere Medien nicht entziehen konnten.

Heute ist Crosspromotion in den Medien allgegenwärtig. Kein Radioprogramm verzichtet auf einen Web-Auftritt, keine journalistische Fernsehsendung auf weitere Informationen im Internet oder Videotext. Selbst die Tagesschau praktiziert redaktionelle Crosspromotion, indem sie die von den Politikmagazinen recherchierten News als Nachrichtenmeldung mit Quellenangabe „verkauft".

5   Einer für alle – oder alle für einen?

Obwohl die Vorteile von Crosspromotion in der Rückschau deutlich werden, werden in der Diskussion um die Sinnhaftigkeit von Crosspromotion immer wieder Widerstände der einzelnen Medien deutlich. So galt es lange Jahre in den ARD-Anstalten, die ja über Radio und Fernsehen verfügen, als „gottgegeben", dass die Radioprogramme für das Fernsehen trommeln sollten. Die Radiokollegen bemängelten oft, Crosspromotion sei ein einseitiges Geschäft: „Wir jingeln fürs TV". Auch innerhalb eines Programms gibt es gelegentlich Rivalitäten zwischen den einzelnen Redaktionen, die sich unter Umständen kontraproduktiv auf die Crosspromotion auswirken können. Beispielhaft sind Zitate aus einem „Workshop Crosspromotion" eines elektronischen Medienunternehmens:

- „Es heißt immer: Wir ziehen alle an einem Strang, Aber was ist am Ende? Die Schlinge?"
- „Crosspromotion ist keine Gefälligkeit des einen für den anderen, sondern bringt Nutzen für beide."
- „Erfolgreiche Crosspromotion verlangt Langfristigkeit, Systematik und Seriosität in der Kooperation."
- „Crosspromotion ist in Bezug auf die vorhandenen medialen Möglichkeiten nicht über Ansätze hinausgekommen. Es fehlt an Kontinuität, Verlässlichkeit und Corporate Identity."
- „Es gibt Unternehmensprojekte und es gibt Redaktionsprojekte. Je nachdem sollte Crosspromotion mal zentral, mal bilateral organisiert werden. Crosspromotion beginnt schon bei der Planung eines Projekts."

6   Wettbewerb um Leser, Hörer, Zuschauer und User

Crosspromotion wird für alle Programme immer wichtiger. Durch die Digitalisierung der Programmverbreitung nimmt die Zahl der empfangbaren Radio und Fernsehprogramme stark zu. Außerdem ist die Mediennutzung im Umbruch: Pay-Angebote im Fernsehen, Internet-TV, Handy-TV oder Podcasting verändern die traditionelle Mediennutzung und führen zu einer weiteren Aufteilung des Fernsehmarktes. Im Radio geht die Hördauer seit einiger Zeit zurück – besonders ausgeprägt ist dies in den jüngeren Zielgruppen, die sich ihr Musik- und Wortprogramm offensichtlich zum Teil selbst „downlowden" und so selbst ihr Programmdirektor sind. Auch die Nutzung der Tageszeitungen ist rückläufig – die Konkurrenz der Medien schlägt sich hier besondern bei den jüngeren Lesern nieder, die sich erst spät zum Abonnement einer Regionalzeitung entschließen – wenn überhaupt.

7   Vorteile der Crosspromotion

Verlage, Radiosenderketten wie die RTL-Radios oder die der RegioCast-Gruppe, private und öffentlich-rechtliche Fernsehsender nutzen die crossmediale Vernetzung zunehmend häufiger, weil sie verschiedene Vorteile bietet.

- Mehrfachnutzung der journalistischen Inhalte (Content)
  Sendungen wie Spiegel-TV, Stern-TV, Focus TV oder Super-Illu-TV sind Beispiele für die Mehrfachnutzung von Inhalten. Im investigativen Journalismus ist die Recherche der aufwendigste Punkt im journalistischen Prozess; daher macht es auch ökonomisch Sinn, bereits recherchiertes Material über verschiedene (Ausspiel)-Wege an den Leser, Hörer und Zuschauer zu vertreiben.
  Eine klassische Verwertungskette könnte sein: Das Radio berichtet am Morgen in seiner Primetimesendung von den Ergebnissen einer Untersuchung über die Sicherheit von Autobahntunneln. Die Meldung „Tunnel haben Sicherheitsmängel" läuft stündlich im Frühprogramm, wird vom Web-Auftritt des Radioprogrammes übernommen und verweist auf die Quelle, nämlich das abendliche Landesmagazin im Fernsehen, das an diesem Tag die Rechercheergebnisse als Aufmacher bringen wird. Die gegenseitige Nennung (quasi die „Quellenangabe") bei Meldungen ist die einfachste Form von Crosspromotion.
- Stärkung der Dachmarke
  Neben den Kostenersparnissen, die ein geschicktes Contentmanagement ermöglicht, hat diese Mehrfachnutzung aber auch eine Werbefunktion für die Dachmarke. Wenn ich bei Spiegel-TV einen interessanten Fernsehbeitrag über das Aufmacherthema der aktuellen Ausgabe gesehen habe, so kann mich das am nächsten Tag zum Kauf der für mich so spannenden Ausgabe bewegen. Bei einem öffentlich-rechtlichen Sender wie dem MDR, der neben dem MDR Fernsehen und dem Online-Angebot www.mdr.de über acht Radioprogramme für unterschiedliche Zielgruppen (MDR 1 Landesprogramme, MDR Info, MDR Figaro, MDR Klassik (DAB); MDR Jump und MDR Sputnik) verfügt, kann durch Crosspromotion das gesamte Leistungsspektrum des Hauses MDR deutlich gemacht werden.
  Am Beispiel des „MDR Musiksommers" soll dies deutlich werden: Der „MDR Musiksommer" ist mit knapp 60 Konzerten an 38 Orten mit 44 Spielstätten im Jahr 2006 im Sendegebiet in Thüringen, Sachsen-Anhalt und Sachsen eines der größten klassischen Musikfestivals in den neuen Ländern. Die Konzerte werden allerdings nicht nur vom Kulturprogramm MDR Figaro oder dem DAB-Radio MDR Klassik beworben – alle Programme mit ihren unterschiedlichen Zielgruppen machen auf die Konzerte auf-

merksam, berichten darüber und machen so auch dem Nicht-Klassik-Interessierten bekannt, dass der Sender in seiner Region präsent ist.
- Promotion für Programme
Die Marketingmittel sind oft begrenzt und werden deshalb gezielt für die „Medienereignisse" investiert, deshalb ist Crosspromotion auch für die Programme interessant, die keinen Etat für eigene Marketing-Aktivitäten haben. Die schon erwähnte gegenseitige Nennung bei Nachrichtenmeldungen, der Hinweis im Radio „Die Bilder von der Siegesfeier der Biathleten heute Abend im Landesmagazin …", die Auskopplung eines 1:30-Beitrages aus einer 30-minütigen Reportage und die Sendung dieses Beitrages als Teaser im Vorabend-Programm, die Hinweise im Fernsehen auf die Themen der Morning-Show im Radio – all diese Aktivitäten sind geeignet, die Bekanntheit von Programmmarken zu erhöhen, Einschaltimpulse zu geben und so die Bekanntheit und Reichweite auszubauen.

8 Crosspromotion braucht Koordination

„Crosspromotion funktioniert immer dann, wenn sich Programmmacher kennen und sich vertrauen." – auch ein Zitat eines Redakteurs aus dem schon erwähnten Workshop. Um Crosspromotion systematisch und erfolgreich zu betreiben, müssen die Aktivitäten koordiniert werden und sich die Programmverantwortlichen auf eine „Geschäftsgrundlage" geeinigt haben:

- alle Bereiche (z.B. Radio, Fernsehen, Online) benennen einen Ansprechpartner,
- eine unternehmensweite Koordinierungsrunde der Ansprechpartner sorgt für die notwendige Information über Ereignisse (z.B. Tag der offenen Tür), Programmprojekte (z.B. neue Staffel der „Geschichte Mitteldeutschlands") oder Medienpartnerschaften (z.B: Konzerte, Stadtjubiläen, Einweihung Frauenkirche),
- die Programme entscheiden über Umfang, Form und Art der Crosspromotion (wobei in der Koordinierungsrunde bestimmte Eckwerte festgelegt werden).

9 Crosspromotion als Chance für Produzenten und Nutzer

Kritiker monieren häufig, Crosspromotion bedeute mit Blick auf das mediale Angebot nur „more of the same", ein Widerkäuen, insgesamt eher eine Reduzierung von Inhalten durch Mehrfachnutzung. Dies stimmt nur, wenn man davon ausgeht, dass der Nutzer sämtliche Programmangebote zur Gänze kennt und aus dem Gesamtangebot gezielt auswählt.

In der Realität bleiben dem Nutzer im medialen (Über)-Angebot ohne Crosspromotion viele Angebote völlig unbekannt, während er mit Crosspromotion zumindest von ihnen erfährt und sich z.B. über eine Kurzfassung ihren Inhalt erschließen kann. Erst durch diese Information hat er wirklich eine Wahlmöglichkeit. Gleichzeitig bietet Crosspromotion in Zeiten zunehmender Verknappung von finanziellen und personellen Ressourcen den Produzenten die Chance, gerade hochwertige und teure Inhalte durch Mehrfachverwertung besser zu vermarkten und ökonomischer zu nutzen.

Integrierte Kommunikation
– strategisch in der Öffentlichkeit agieren

Bettina Schuster

1 Was ist Integrierte Kommunikation?

Integrierte Kommunikation ist die Gesamtbetrachtung aller vom Unternehmen ausgehenden Botschaften und deren Ausrichtung auf ein vorher definiertes gemeinsames Ziel. Die Effizienz Integrierter Kommunikation ist – ebenso wie jeder einzelne Kommunikationsauftritt – abhängig von einer klaren Zielvorgabe bei exakter Kenntnis des Marktes sowie der Zielgruppen und deren Einstellungen zum Produkt und dessen Umfeld sowie den sonstigen äußeren, nicht beeinflussbaren Rahmenbedingungen.

Ein Angebot, ob als Produkt oder als Dienstleistung, wird in der zunehmenden Vielfalt der Mitbewerber dann am besten wahrgenommen, wenn es sich einheitlich als in sich schlüssiges, abgestimmtes Ganzes präsentiert. Um nicht nur optisch, sondern auch inhaltlich glaubwürdig wahrgenommen zu werden, muss das Gesamtbild der verschiedenen Kommunikationsinhalte und -formen einerseits den Vorstellungen der Zielgruppen entsprechen und sich andererseits deutlich und positiv vom Auftritt der Mitbewerber abheben.

Die Kommunikation eines Unternehmens muss grundsätzlich dem Anlass, dem gewählten Medium, der Zielgruppe und sonstigen Rahmenbedingungen wie z.B. politischen Vorgaben, gesetzlichen Anforderungen usw. angepasst werden.

Abbildung 1: Definition Integrierter Kommunikation[1]

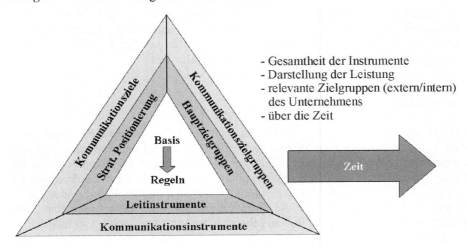

---

[1] envia 2001, vgl. Bruhn/Boenigk 1999

1.1 Verankerung der Kommunikation im Unternehmen

Die angestrebte Interaktion eines Unternehmens mit allen seinen Bezugsgruppen gelingt unter den Bedingungen weltweiter elektronischer Vernetzung und zunehmender Informationsflut nur, wenn Kommunikation als strategische Managementaufgabe verstanden wird.

"[…]Integrierte Kommunikation [darf] nicht nur als philosophisches Konzept verstanden werden […] sondern [sie stellt] vielmehr einen Planungs-, Organisations- und Optimierungsprozess [dar], der von der Unternehmensleitung [geführt, d. A.] werden muss."[1]

Obwohl die Bedeutung der Kommunikation für das Image und die Reputation eines Unternehmens heute unbestritten ist, wird sie als Managementaufgabe nach wie vor unterschätzt. Die wirtschaftlichen Verluste, die in jedem Jahr durch falsche Botschaften, unprofessionelle PR und unzureichende interne Kommunikation entstehen, sind immens. Fusionen renommierter Banken und Unternehmen sind aus eben diesem Grund gescheitert.

Abbildung 2: Bedeutungswandel der Kommunikation

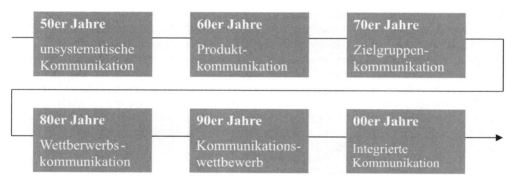

Obwohl sich die Wissenschaft bereits in den 70er Jahren intensiver mit der Wechselwirkung der verschiedenen Kommunikationsinstrumente auseinandersetzt, liegen erst seit den 90er Jahren erste Konzepte zur Integrierten Kommunikation vor. Im 21. Jahrhundert wird sie angesichts der zunehmenden Interaktivität unverzichtbar sein.

1.2 Voraussetzungen

Ein Unternehmen kann im Kommunikationszeitalter seine Marktanteile nur erhalten und ausbauen, wenn es seine Kommunikationsstrategie stringent an den Unternehmenszielen ausrichtet. Dabei geht es um die übergeordnete und ausschlaggebende Sichtweise des Managements. "Integrierte Unternehmenskommunikation ist der Prozess des koordinierten Managements aller Kommunikationsquellen über ein Produkt, einen Service oder ein Unternehmen, um gegenseitig vorteilhafte Beziehungen zwischen dem Unternehmen und seinen Bezugsgruppen aufzubauen und zu pflegen."[2] Nur so ist es auch intern möglich, ein

---

[1] vgl. Kirchner 2001, S. 173.
[2] vgl. Kirchner 2001, S. 36.

hohes Maß an Integration zu erreichen, dies gilt insbesondere bei Fusionen und Unternehmenszusammenschlüssen.

1.3 Anforderungen

Integrierte Kommunikation muss als dynamischer Unternehmensprozess verstanden werden, in dem zwar die Ziele zu einem Zeitpunkt x festgelegt werden, deren Umsetzung aber täglich an neue Erfordernisse angepasst werden muss. Integrierte Kommunikation ist ein kontinuierlicher Prozess mit klaren Zielvorgaben, die nicht in Stop-and-go-Politik, sondern nur mit Vertrauen in die Professionalität der Macher, mit hoher Kreativität und Sensibilität zum Erfolg geführt werden kann. Erfolgreiche Kommunikation ist auch nicht zum Nulltarif zu haben.

Deshalb erfordert Integrierte Kommunikation exakte organisatorische Festlegungen der Kompetenzen und Aufgaben, dabei sind Schnittstellen weitest gehend zu vermeiden. Die Kommunikationsinhalte und -aufgaben müssen bekannt und transparent sein.

Außerdem verlangt Integrierte Kommunikation ein straff organisiertes und funktionierendes Teamwork zwischen allen Bereichen und Struktureinheiten hinsichtlich der zu leistenden dezentralen internen und externen Kommunikationsaufgaben, insbesondere zwischen den Disziplinen PR und Marketing, sofern sie nicht in einer Struktureinheit zusammen gefasst sind.

Besondere Bedeutung gewinnt ein solches Teamwork bei Unternehmen mit dezentralen Unternehmensteilen oder Tochtergesellschaften.

Abbildung 3: Potenzen der Integrierten Kommunikation

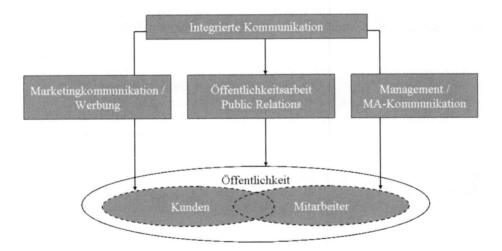

Wir wissen:

- „Mit ARD und ZDF sitzen Sie in der ersten Reihe",
- Radio PSR ist grün-weiß und steht für ein bestimmtes Sendeprofil,
- „Nivea" ist blau und verspricht Hautpflege,
- „Esso" dagegen ist rot und hat nach wie vor den Tiger im Tank.

Diese Bilder und Vorstellungen basieren auf einer Reihe unterschiedlicher, immer wiederkehrender Eindrücke und auf Erfahrungen, die diesen Eindrücken entsprechen. Diese Wirkung wird erzielt durch ein Mindestmaß an übereinstimmender Beurteilung (Konsens) durch die jeweiligen sozialen Bezugsgruppen (nicht nur Kundengruppen). Erst Massenkommunikation verankert eine Marke im öffentlichen Bewusstsein.

Was sollte die Unternehmenskommunikation in Bezug auf die Marke beachten?

Unternehmenskommunikation muss die Marke ins Gespräch bringen, aber darf dabei die journalistische Glaubwürdigkeit der Medien nicht beschädigen. Die PR des Unternehmens muss an den Träumen und Wünschen der Menschen anknüpfen, ohne sich von der realen Lebenswelt der Menschen zu entfernen. Die PR des Unternehmens muss Geschichten erzählen, die die Markenwelt und die Lebenswelt der Menschen glaubwürdig, attraktiv und befruchtend miteinander verschränken.

Die Wirkung Integrierter Kommunikation ist also abhängig von Signalen, die über einen hinreichend langen Zeitraum hinweg häufig genug angeboten werden, so dass sie als zusammengehörend gelernt und von den Zielgruppen positiv bewertet werden. Diese Bewertung muss mit der Summe der Erfahrungen (eigenen), die im Kontakt mit dem Unternehmen gemacht wurden, z.B. der Tonalität in der Geschäftspost, der Freundlichkeit der Mitarbeiter, der Kompetenz der Beratung oder dem Preis, harmonieren.

Wie integrieren wir PR in die Markenführung?

Wir nutzen die realen Neuigkeitswerte der Marke.

- Wir suchen interessante, erklärungsbedürftige Aspekte der Marke: Wert der Produkte, Geschichte, Zusatznutzen, ...
- Wir suchen im Charakter der Marke nach Anknüpfungspunkten für die Generierung von Themen.
- Wir suchen im alltäglichen Nutzungskontext der Marke nach interessanten Geschichten im Leben der Kunden: die Marke wird zum Geschichtenerzähler.

2 Ziele Integrierter Kommunikation

Ziele Integrierter Kommunikation nach innen sind:

- Prozesse und Strukturen transparent und begreifbar zu machen,
- die Erzeugung eines geschlossenen Bildes des gesamten Unternehmens bei allen Mitarbeitern
- die Steigerung von Arbeitszufriedenheit, Motivation und Leistung, d.h. Mitarbeiteridentifikation
- die gemeinsame Umsetzung der Unternehmensziele durch alle Mitarbeiter
- die Nutzung von Synergien und Kostensenkungspotenzialen

Ziel nach außen ist die Profilierung des Unternehmens im Markt durch die Schaffung eines unverwechselbaren, charakteristischen Images, d.h.:

- strukturiertes, stabiles Unternehmensbild,
- identifizierbares, gegenüber der Konkurrenz langfristig unterscheidbares Unternehmensbild sowie
- eine klare Selbstdarstellung

Integrierte Kommunikation leistet einen wesentlichen Beitrag zur Unternehmensidentität (Corporate Identity (CI)) mit den Bestandteilen Unternehmensverhalten (Corporate Behavior (CB)), Unternehmenskultur (Corporate Culture (CC)) und Corporate Design (CD).

Abbildung 4: Ziel Integrierter Unternehmenskommunikation: Corporate Identity[3]

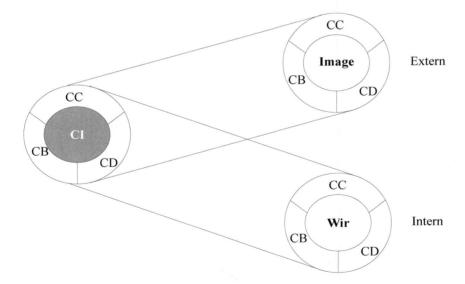

---

[3] envia 2001, vgl. Wiedmann 1996

2.1 Strategische Ziele

Der unternehmerische Erfolg wird ganz entscheidend von der in sich schlüssigen Gesamtheit kommunikativen Handelns und Auftretens bestimmt.

Kommunikation und Imagebildung sind Prozesse, die weit über die klassischen Bereiche von Marketing oder PR hinausgehen. Sie sind in unserer Informationsgesellschaft ebenso wichtig, wie z.B. eine effiziente Produktion oder eine innovative Vertriebsstruktur. Die klare Positionierung im Unternehmen, strategische Planung sowie Erfolgs- und Kostenkontrolle sind unerlässlich. Enorme Kosten (insbesondere in Märkten mit hohem Wettbewerbsdruck) erfordern eine zielorientierte und zentrale Steuerung der Maßnahmen im Rahmen der Integrierten Kommunikation. Dabei müssen die unterschiedlichen Unternehmensbereiche, ebenso wie externe Agenturen, unterstützend tätig sein. Integrierte Kommunikation braucht Fachleute, die die Gesamtheit der kommunikativen Maßnahmen kennen und bewerten können. Sie müssen den strategisch richtigen Mitteleinsatz verantworten, Wechselwirkungen erkennen, beachten und optimieren, Reaktionen des Marktes aufnehmen und ständig nachsteuern.

Kommunikation sollte als Stab direkt an die Unternehmensspitze berichten.

Das alles erfordert klare Organisationsstrukturen und gleichzeitig die Überwindung von egoistischem Spartendenken. Die Voraussetzung dafür wiederum ist eine gelebte intensive und wechselseitige innerbetriebliche Kommunikation. Dies ist eine der tragenden Säulen der Integrierten Kommunikation.

2.2 Kommunikationsziele

Abbildung 5: Aufgabe der Unternehmenskommunikation: Zielgruppen-/Imageanalyse[4]

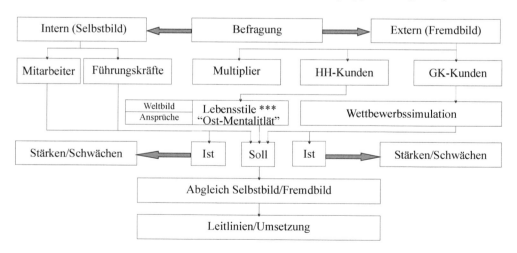

*** nicht nur hinsichtlich der Wechselbereitschaft, sondern auch hinsichtlich der kommunikativen Ansprache, z.B. Tonalität, Sprache, Stil.

[4] Schuster/Küch 2003

Interne und externe Kommunikation haben nur dann Erfolg, wenn der Kommunizierende weiß, welche Position das Unternehmen im Meinungsfeld der Zielgruppe gerade einnimmt und wo es im Vergleich zu anderen Mitbewerbern steht (siehe dazu Abbildung 5). Die Integrierte Kommunikation muss sich daher kontinuierlich externer Messinstrumentarien wie Monitoring/Marktforschung bedienen. Messungen sind aber nur dann sinnvoll, wenn qualitativ und quantitativ klar definierte Kommunikationsziele und Messkriterien bewertbare Messergebnisse zulassen.

Kommunikation kann unendlich viel:

- Einstellungen, Meinungen und Verhalten beeinflussen,
- Kenntnisse vermitteln, motivieren,
- Hemmfaktoren wie z.B. Vorurteile oder Unsicherheiten abbauen,
- Entscheidungen steuern oder bestätigen,
- nach Misserfolgen besänftigen
- die aktive Weitergabe positiver Erfahrungen fördern.

All dies ruft Wirkungen hervor, die messbar sind und die im Lauf der Zeit zu den beabsichtigten Veränderungen führen.

3 Zielgruppenorientierte Kommunikation

Kommunikationsinhalte, -mittel, -aufwand und -qualität bestimmen die Zufriedenheit der Zielgruppen. Diese können in sechs Gruppen gegliedert werden:

Abbildung 6: Das Kommunikations-Dreieck[5]

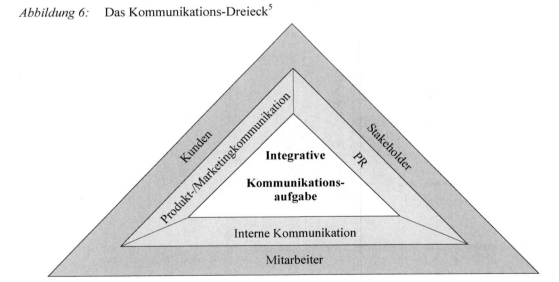

---

[5] envia 2001, vgl. Bruhn/Boenigk 1999

- Kundengruppen (Segmente),
- Anteilseigner,
- Kooperations- und Geschäftspartner,
- Medien,
- Öffentlichkeit/Politik, Multiplikatoren, option leader (Meinungsbildner),
- unternehmensinterne Gruppen: Mitarbeiter, Führungskräfte etc.

Den jeweiligen Gruppen sind verschiedene Inhalte und Instrumente der Kommunikation zuzuordnen (siehe Abbildung 6).

4 Inhalte und Instrumente

Die Inhalte der Kommunikation lassen sich unterteilen in:

- unternehmensorientiert (z.B. Umsatz- und Ergebnisentwicklung, strategische Ausrichtung usw.) und
- umfeldorientiert (z.B. politische Rahmenbedingungen, Branchenentwicklung, Wettbewerb, Umweltgesetzgebung usw.).

Abbildung 7: Funktionale und instrumentelle Perspektive von Marken-PR[6]

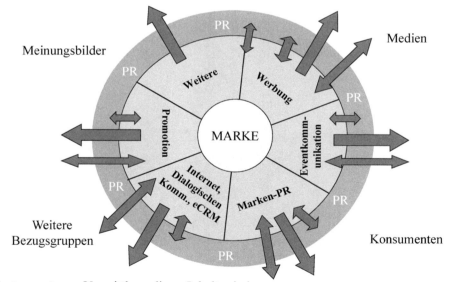

Die Instrumente zur Vermittlung dieser Inhalte sind:

- klassisch (im Sinne von bewährt) oder
- innovativ (Einsatz neuer Kommunikationsformen).

---

[6] envia 2001

Sie dienen als Image- und Informationsträger, aber auch als Marketinginstrumente z.B. für Pressearbeit, Media (TV, Hörfunk, Kino, Anzeigen, Plakate), Internetauftritte, Kunden-Mailings, Kunden-Workshops, Investor Relations, CD-Roms, Sponsoring, Projekte (z.B. Pilotanlagen, Förderprogramme, Aktivitäten im Umweltschutz), Events, Aktionen, Direkte Mitarbeiterkommunikation, Mitarbeiterzeitschrift, Publikationen/Vorträge, Business-to-business-Kommunikation, Personalmarketing usw.

Schon Luther riet, dem Volk aufs Maul zu schauen. Wilhelm Busch formulierte es so: "...sagt es klar und angenehm, was erstens, zweitens, drittens käm"[7]. Wichtig ist: Jede Zielgruppe erhält unsere Botschaften in der ihr verständlichen Sprache. Nur so ist sie bereit, zuzuhören, nur so kann sie sie verstehen und nur so wird sie bereit sein, danach zu handeln und sie weiterzugeben. Das soziale und das soziokulturelle Umfeld müssen berücksichtigt werden.

Gut gewählte und aktuelle Inhalte sind Ausgangspunkte für eine erfolgreiche und zielgruppenorientierte Kommunikationsstrategie und -organisation. Die Früherkennung neuer Kommunikationsinhalte ist ein wichtiger Baustein eines Integrierten Kommunikationskonzeptes. Das frühzeitige Aufgreifen von Themen sichert die Einflussnahme auf die Meinungsbildung und bewahrt das Unternehmen davor, in Rechtfertigungspositionen gedrängt zu werden (Krisenkommunikation). Zur Vermeidung von Defiziten und im Sinne der Glaubwürdigkeit müssen auch kritische Themen angesprochen werden.

Abbildung 8: Instrumentenkasten[8]

Zielgruppen/ Arten der Kommunikation	Mitarbeiter/FK	Markt/Kunden	Öffentlichkeit
tendenziell unpersönlich (Massenkommunikation)	MA-Zeitschrift Aushänge Rundschreiben Berichte Intranet	Kundenzeitschrift Werbung Sponsoring Direct-Mail	Kundenzeitschrift Geschäftsbericht Internet Sponsoring
tendenziell persönlich (Individuakommunikation)	MA-Gespräch Seminare Betriebsversammlung Events Mail/Chatrooms	Messen Beschwerdemanagement Events Telefonkontakt Mail	Pressearbeit Beratungszentrum Vorträge Kongresse Events Mail Lobbiing

Integrativ und vernetzt denken verlangt von uns, die externe Nachrichtenlage bei der Gestaltung interner Kommunikation mit zu berücksichtigen. Führungskräfte und Mitarbeiter informieren sich auch aus der Presse und orientieren sich in der Regel stark an externer Berichterstattung.

---

[7] Busch 1872
[8] enviaM 2002

Es geht um einheitliche Aussagen. Deshalb dürfen keine widersprüchlichen Meldungen nach innen bzw. außen kommuniziert werden. Es ist klug, die externe Presse als Kommunikationspartner in die Vermittlung von Prozess und Zielsetzung einzubinden. Führungskräfte und Mitarbeiter brauchen einen klaren Informationsvorsprung vor den externen Medien. Niemand sollte von wichtigen Veränderungen aus der Presse erfahren. Ein schnelles und wichtiges Instrument ist der Pressespiegel im Intranet, hier sind auch alle selbst verfassten Pressemitteilungen intern vorab veröffentlicht.

Bei der Themensuche sind folgende Einflussgrößen zu beachten:

- politisch-rechtliche (z.B. Einfluss des EU-Rechts, Wettbewerbsproblematik),
- volkswirtschaftliche (z.B. Einkommensentwicklungen, Kaufverhalten),
- technologische (z.B. technischer Fortschritt, Innovationschancen, Forschungsausgaben),
- soziokulturelle (z.B. Parteizugehörigkeit, Religion, Traditionen und Brauchtum, Lebensgewohnheiten, regionale Besonderheiten),
- demografische (z.B. Überalterung der Bevölkerung, Abwanderungen usw.).

Innerhalb dieses Spektrums ergeben sich zahlreiche Ansätze für die Integrierte Kommunikation.

Nicht jedes Instrument ist für jede Zielgruppe geeignet. Nicht jeder Inhalt ist in jeder Gruppe kommunizierbar. Wenn aber Inhalt und Instrument festliegen, ist ein zusätzliches, wichtiges Kriterium zu beachten: die zielgruppengerechte Ansprache.

Abbildung 9: Die drei Vermittlungsebenen erfolgreicher Kommunikation[9]

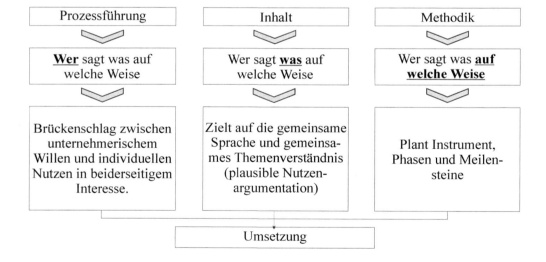

---

[9] enviaM 2002

Auf dem Kommunikationsmodell von Lasswell „*Wer* sagt *wann was* zu *wem* auf *welchem Kanal?*"[10] basierend, stellt Abbildung 9 die drei Vermittlungsebenen erfolgreicher Kommunikation dar.

5 Organisation der Integrierten Kommunikation

Die Kommunikationsmaßnahmen des/der Unternehmens/Institution müssen sich daran messen lassen, welchen Beitrag sie zum Erreichen des übergeordneten Unternehmensziels leisten. Von Integrierter Kommunikation wird erwartet:

- die kommunikative Profilierung des/der Unternehmens/Institution und, damit verbunden,
- ein Wettbewerbsvorteil für den Absatz der Produkte;
- das Auftreten von Synergien und, damit verbunden,
- ein effizienterer Einsatz der für die Kommunikation aufgewendeten Mittel;
- eine Erhöhung der Motivation und der Identifizierung der Mitarbeiter mit dem/der Unternehmen/Institution und, damit verbunden
- eine Steigerung der Produktivität in allen Bereichen.

Entscheidungen im Bereich der Unternehmenskommunikation sind deshalb als strategische Managementaufgabe zu verstehen.

Abbildung 10: Gemeinsame Themen, die Organisation der Kommunikations-Inhalt[11]

a. Projektebene (Information)
Projekte, Besetzung, Aufgaben, Vernetzung, Termine, Ziele, Veränderungen, betriebswirtschaftlicher Nutzen

b. Prozessebene (Verständnis)
Kontext, Prozesstypologie, Befindlichkeiten, Zusammenhänge, Alternativen, Vergleiche, Benchmarks

c. Nutzen- und Werteebene (Identifikation und Mobilisierung)
Individueller Nutzen, Vision, Leitbilder, Wertzusammenhänge, Welterklärung, Sinngebung, Denkmuster

Neue Begriffe, neue Denkmuster, neue Programmatik

In der Organisation der Integrierten Kommunikation muss Richtlinienkompetenz verankert werden, die sowohl Integration als auch Koordination ermöglicht. Gestaltungsparameter sind u.a.:

---

[10] Lasswell 1948
[11] enviaM 2002

- Die jeweiligen Struktureinheiten Öffentlichkeitsarbeit und Marketing arbeiten koordiniert nach einem bestätigten einheitlichen Kommunikationskonzept oder werden in einer Struktureinheit direkt unter der Unternehmensleitung verankert.
- Es ist zu gewährleisten, dass sich alle Einzelmaßnahmen an den einheitlichen Kommunikationszielen orientieren.
- Bei unternehmensübergreifenden Maßnahmen arbeiten die Struktureinheiten als Projektteams eng zusammen. In diesen Fällen wird ein fachlich kompetenter Projektleiter berufen.

6   Erarbeitung eines Kommunikationskonzeptes

Die einzelnen Module eines solchen Konzeptes müssen einerseits den Ist-Zustand der Kommunikation, d.h. vor allem die Schwachstellen, andererseits die Image- und Marketingziele des Unternehmens berücksichtigen. Je nach Handlungsbedarf und Unternehmensstrategie sind Prioritäten zu setzen, z.B.:

- strategisches Rahmenkonzept,
- Beziehungsmarketing, Instrumente der Zielgruppen-Ansprache,
- Früherkennung neuer Themen und Entwicklung neuer Kommunikationsinhalte,
- neue Kommunikationstechniken,
- Kommunikations-Controlling (Beschwerde-Management, Qualitätssicherung),
- kultureller Wandel in Richtung Dienstleistungsmentalität und
- systematische Personalentwicklung.

Zu den einzelnen Bausteinen

Das *Rahmenkonzept* fixiert die Kommunikationsstrategie, dazu gehören die Kommunikationsinhalte, Kommunikationsinstrumente und relevante Zielgruppen.

Im *Beziehungsmarketing* ist die Form der Zielgruppenansprache formuliert, ob persönlich (direkt), schriftlich/telefonisch oder über neue Kommunikationskanäle. Unverzichtbar ist das Anlegen und Pflegen einer Kundendatenbank und die Benennung persönlicher Ansprechpartner.

Bei der *Früherkennung* geht es um das aktive Aufgreifen von Themen der Region/der Zielgruppe und das frühzeitige und richtige Reagieren.

Der Einsatz *neuer Kommunikationstechniken/Kanäle/Medien* verlangt die Erstellung von Kosten-/Nutzen-Analysen, um Streuverluste zu vermeiden.

Im *Kommunikations-Controlling* werden Jahrespläne erstellt, Budgets festgelegt, das Beschwerde-Management angesiedelt und Befragungen initiiert.

In der *Personalentwicklung* geht es um vorbildliche interne Kommunikation, und die dazu erforderlichen Maßnahmen wie Fortbildung, Telefontraining, Verbesserung des Briefstils, Verhandlungs-/Verkaufstraining und den internen Umgang miteinander.

Wenn alle genannten Bausteine nicht nur konzipiert, sondern erfolgreich umgesetzt werden, die Kommunikation zur Chefsache gemacht wurde, alle Kommunikatoren dem

Dienstleistungsgedanken nicht nur das Wort reden, sondern ihn leben, dann vollzieht sich der kultureller Wandel im Unternehmen von selbst.

7 Steuerung und Kontrolle

Steuerung und regelmäßige Erfolgskontrolle in Bezug auf die einzelnen Kommunikationsziele sind unverzichtbar. Sie bieten die Möglichkeit, die Unternehmenskommunikation permanent zu verbessern bzw. Zielabweichungen frühzeitig zu erkennen und ihnen entgegenzuwirken. Dazu bedarf es eines allgemeinen Umdenkens. Kommunikation ist Hol- und Bringschuld. Der Satz: "Das habe ich nicht gewusst," muss der Vergangenheit angehören.

Methoden der Erfolgskontrolle sind:

- Wirkungsanalyse,
- Effizienzanalyse und
- Prozessanalyse.

Abbildung 11: Prozess der Integrierten Kommunikation[12]

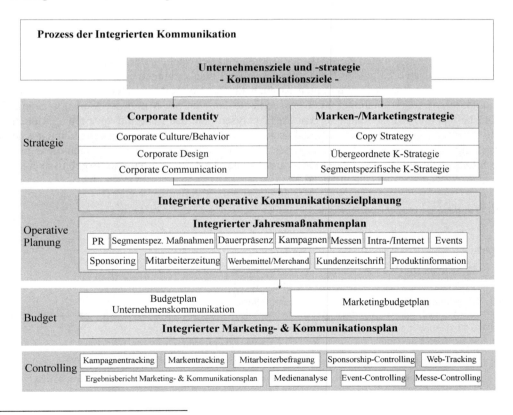

---

[12] Schuster/Kreller 2003

Abbildung 12: Exemplarische Taktung des internen Kommunikations-Prozesses[13]

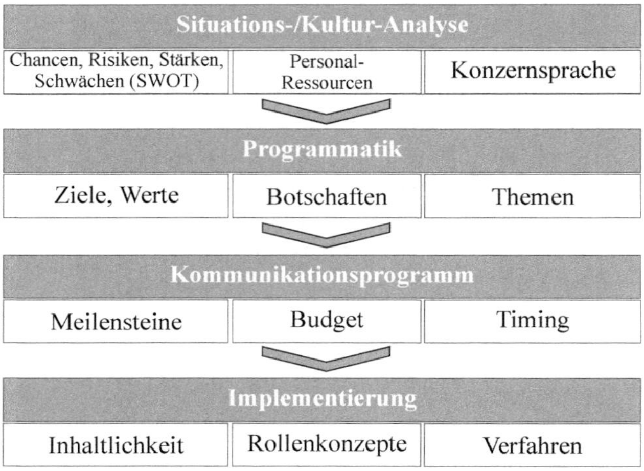

Situations-/Kultur-Analyse		
Chancen, Risiken, Stärken, Schwächen (SWOT)	Personal-Ressourcen	Konzernsprache

Programmatik		
Ziele, Werte	Botschaften	Themen

Kommunikationsprogramm		
Meilensteine	Budget	Timing

Implementierung		
Inhaltlichkeit	Rollenkonzepte	Verfahren

8 Stärken-/Schwächenanalyse

Mit der möglichst genauen Kenntnis der Stärken und Schwächen, der Chancen und Risiken des Unternehmens steigt der Erfolg strategischer Entscheidungen im Unternehmen. Die Analyse solcher Rahmenbedingungen ist auch für die Erarbeitung einer wirksamen Kommunikationsstrategie unabdingbar. Dazu bedient man sich der Mittel der Marktforschung, Mitarbeiter- und Kundenbefragungen, Pressanalysen oder das Echo auf spezielle Aktionen und Aussendungen. Auch Gruppendiskussionen und Management-Workshops können eine tragfähige Basis schaffen. Ausschlaggebend ist, dass sowohl die interne als auch die externe Situation untersucht wird. Hier eine vereinfachte Darstellung möglicher Ergebnisse einer solchen Stärken-/Schwachstellenanalyse:

Abbildung 13: Gegenüberstellung

Stärken	**Schwächen**
• Bekanntheitsgrad	• fehlender strategischer Rahmen
• Finanzkraft	• hierarchisch betonte Führung
• Kundennähe	• zersplitterte Organisation
Chancen	**Risiken**
• neue Technologien	• Wettbewerbsverzerrungen
• neue Geschäftsfelder	• übergeordnete Shareholder-Interessen
• Schnelligkeit neue Märkte	• Demotivation der Mitarbeiter (z.B. durch Personalabbau)

---

[13] envia 2001

Literaturverzeichnis

Bruhn, Manfred/Boenigk, Michael (1999): Integrierte Kommunikation, Wiesbaden
Busch, Wilhelm (1872): Bilder zur Jobsiade – fünftes Kapitel, Heidelberg, http://www.wilhelm-busch-seiten.de/werke/zitate.html, 30. Januar 2006
envia Energie Sachsen Brandenburg AG (Hrsg.) (2001): Integrierte Kommunikation. Marke gestalten – Mitarbeiter motivieren, Chemnitz
envia Mitteldeutsche Energie AG (enviaM) (Hrsg.) (2002): Integrierte Kommunikation > Interne Kommunikation = Mitarbeitermotivation > Unternehmenserfolg, Chemnitz
Kirchner, Karin (1997): Das Management der integrierten Unternehmenskommunikation. Kommunikationskonzepte im Vergleich. In: Renger, Rudi/Siegert, Gabriele (Hrsg.): Kommunikationswelten. Wissenschaftliche Perspektiven zur Medien- und Informationsgesellschaft, Insbruck, 213-242
Lasswell, Harold D. (1948): The structure and function of communication in society, In: Bryson, Lyman (Hrgs.) (1948): The communication of ideas, New York, 37–52.
Schuster, Bettina/Kreller, Peggy (2003): Integrierte Ziele, Instrumente und Prozesse der Kommunikation von enviaM, Power-Point-Präsentation (interne Arbeitsunterlagen der envia Mitteldeutsche Energie AG (enviaM)), Chemnitz, 13. Februar 2003
Schuster, Bettina/Küch, Volkmar: Veränderung kommunizieren, mit Kommunikation verändern – Unternehmenskommunikation in unruhigen Zeiten", Power-Point-Präsentation (interne Arbeitsunterlagen der envia Mitteldeutsche Energie AG (enviaM)), Chemnitz, 13. Mai 2003
Wiedmann, Dr. Klaus-Peter (1996): Management mit Vision und Verantwortung. Wiesbaden

Weiterführende Literatur

Avenarius, Horst (Hrsg.) (1995): Public Relations. Die Grundform der gesellschaftlichen Kommunikation, Darmstadt
Baerns, Barbara (1982): Öffentlichkeitsarbeit und Medien. 1. Öffentlichkeitsarbeit und Journalismus. Normen, Berufsbilder, Tat-Sachen. In: Haedrich, Günther/Barthenheier, Günther D./Kleinert, Horst (Hrsg.): Öffentlichkeitsarbeit. Dialog zwischen Institutionen und Gesellschaft. Ein Handbuch, Berlin/New York, S. 161–173.
Baerns, Barbara (Hrsg.) (1995): PR-Erfolgskontrolle, Messen und Bewerten der Öffentlichkeitsarbeit; Verfahren, Strategien, Beispiele, Frankfurt/Main
Berger, Rudolf/Gärtner, Hans-Dieter/Mathes, Rainer (1989): Unternehmenskommunikation. Grundlagen, Strategien, Instrumente, Frankfurt/Main
Bogner, Franz M. (1990): Das neue PR-Denken. Strategien, Konzepte, Maßnahmen, Fallbeispiele effizienter Öffentlichkeitsarbeit, Wien
Hahne, Anton (1998):Kommunikation in der Organisation. Grundlagen und Analyse – ein kritischer Überblick, Opladen/Wiesbaden
Noll, Nathalie (1996): Gestaltungsperspektiven interner Kommunikation, Wiesbaden
Reinecke, Wolfgang/Eisele, Hans (1991): Taschenbuch Öffentlichkeitsarbeit. Public Relations in der Gesamtkommunikation, Heidelberg
Zerfaß, Ansgar (1996):Unternehmensführung und Öffentlichkeitsarbeit. Grundlegung einer Theorie der Unternehmensführung und Public Relations, Opladen

Herausgeber/Autoren

Herausgeber

Altendorfer, Otto, Dr. phil., Professor für Publizistik und Kommunikationswissenschaften an der Hochschule Mittweida, Vorsitzender des Vorstands AMAK AG, ad@htwm.de

Hilmer, Ludwig, Dr. phil., Professor für Medienlehre und –praxis an der Hochschule Mittweida, h@htwm.de

Verzeichnis der Autoren

Dieste, Werner, Direktor des MDR-Landesfunkhauses Thüringen in Erfurt, Werner.Dieste@mdr.de

Fischer, Regina, Dr. rer. nat., Professorin für Mathematik an der Hochschule Mittweida, rfischer@htwm.de

Graus, Herbert, Unternehmer, Lehrbeauftragter für Unternehmensführung an der Hochschule Mittweida, hgraus@t-online.de

Hermanni, Alfred-Joachim, Dipl.-Medienwirt, Medienunternehmer, euromediafilm@aol.com

Hopp, Helmut, Dr. phil., Professor für Verwaltungsmanagement an der Hochschule für öffentliche Verwaltung und Finanzen Ludwigsburg, hopp@fh-ludwigsburg.de

Markuse, Eric, Leiter HA Kommunikation/Unternehmenssprecher Mitteldeutscher Rundfunk (MDR), eric.markuse@mdr.de

Riedl, Bernhard, Dr. rer. pol., Professor für Rechnungswesen und Steuerlehre an der Hochschule Mittweida, riedl@htwm.de

Sander, Marc, Diplom-Volkswirt, Direktor Coface, Lehrbeauftragter für Gründung und Betrieb eines Medienunternehmens, marc.sander@coface.de

Schuster, Bettina, Direktorin für Unternehmenskommunikation a.D.A., schuster.bettina@gmx.de

Stelling, Johannes, Dr. rer. oec., Professor für Betriebswirtschaftslehre an der Hochschule Mittweida, stelling@htwm.de

Urbatsch, Renè-Claude, Dr. rer. pol., Professor für Finanzwissenschaft an der Hochschule Mittweida, rurbatsc@htwm.de

Vogelsberg, Daniel, Dipl.-Ing. (FH), Journalist, daniel.vogelsberg@mdr.de

Vollert, Klaus, Dr. rer. pol., Professor für Marketing an der Hochschule Mittweida, kvollert@htwm.de

Zintl, Leonhard, Bankvorstand, Lehrbeauftragter für Unternehmensführung an der Hochschule Mittweida, leonhard.zintl@vb-mittweida.de

Herausgeber/Autoren

Herausgeber

Altendorfer, Otto, Dr. phil., Professor für Publizistik und Kommunikationswissenschaften an der Hochschule Mittweida, Vorsitzender des Vorstands AMAK AG, ad@htwm.de

Hilmer, Ludwig, Dr. phil., Professor für Medienlehre und –praxis an der Hochschule Mittweida, h@htwm.de

Verzeichnis der Autoren

Dieste, Werner, Direktor des MDR-Landesfunkhauses Thüringen in Erfurt, Werner.Dieste@mdr.de

Fischer, Regina, Dr. rer. nat., Professorin für Mathematik an der Hochschule Mittweida, rfischer@htwm.de

Graus, Herbert, Unternehmer, Lehrbeauftragter für Unternehmensführung an der Hochschule Mittweida, hgraus@t-online.de

Hermanni, Alfred-Joachim, Dipl.-Medienwirt, Medienunternehmer, euromediafilm@aol.com

Hopp, Helmut, Dr. phil., Professor für Verwaltungsmanagement an der Hochschule für öffentliche Verwaltung und Finanzen Ludwigsburg, hopp@fh-ludwigsburg.de

Markuse, Eric, Leiter HA Kommunikation/Unternehmenssprecher Mitteldeutscher Rundfunk (MDR), eric.markuse@mdr.de

Riedl, Bernhard, Dr. rer. pol., Professor für Rechnungswesen und Steuerlehre an der Hochschule Mittweida, riedl@htwm.de

Sander, Marc, Diplom-Volkswirt, Direktor Coface, Lehrbeauftragter für Gründung und Betrieb eines Medienunternehmens, marc.sander@coface.de

Schuster, Bettina, Direktorin für Unternehmenskommunikation a.D.A., schuster.bettina@gmx.de

Stelling, Johannes, Dr. rer. oec., Professor für Betriebswirtschaftslehre an der Hochschule Mittweida, stelling@htwm.de

Urbatsch, Renè-Claude, Dr. rer. pol., Professor für Finanzwissenschaft an der Hochschule Mittweida, rurbatsc@htwm.de

Vogelsberg, Daniel, Dipl.-Ing. (FH), Journalist, daniel.vogelsberg@mdr.de

Vollert, Klaus, Dr. rer. pol., Professor für Marketing an der Hochschule Mittweida, kvollert@htwm.de

Zintl, Leonhard, Bankvorstand, Lehrbeauftragter für Unternehmensführung an der Hochschule Mittweida, leonhard.zintl@vb-mittweida.de

Lehrbücher/ Allgemeines Programm

Klaus-Dieter Altmeppen /
Matthias Karmasin (Hrsg.)
Medien und Ökonomie
Band 3: Anwendungsfelder der Medienökonomie
2005. ca. 250 S. Br. ca. EUR 19,90
ISBN 3-531-13634-8

Günter Bentele / Romy Fröhlich /
Peter Szyszka (Hrsg.)
Handbuch der Public Relations
Wissenschaftliche Grundlagen
2005. ca. 460 S. Br. ca. EUR 29,90
ISBN 3-531-13755-7

Romy Fröhlich / Gertraud Wutz /
Raphael Rossmann
**Einführung in die sozialwissen-
schaftliche Datenanalyse**
Ein multimediales Selbstlernprogramm
2005. 87 S. mit CD-ROM.
Br. mit CD EUR 19,90
ISBN 3-531-14590-8

Michael Jäckel (Hrsg.)
Mediensoziologie
Anfänge – Forschungsfelder – Herausforderungen
2005. ca. 340 S. Br. ca. EUR 19,90
ISBN 3-531-14483-9

Marcus S. Kleiner /
Jörg-Uwe Nieland (Hrsg.)
**Grundlagentexte zur
sozialwissenschaftlichen
Medienkritik**
2005. ca. 750 S. Br. ca. EUR 36,90
ISBN 3-531-14371-9

Ulrich Sarcinelli
**Politische Kommunikation
in Deutschland**
Zur Politikvermittlung
im demokratischen System
2005. ca. 280 S. Br. ca. EUR 26,90
ISBN 3-531-14370-0

Winfried Schulz
Politische Kommunikation
Theoretische Ansätze und Ergebnisse
empirischer Forschung zur Rolle
der Massenmedien in der Politik
2. Aufl. 2005. ca. 270 S. Br. ca. EUR 24,90
ISBN 3-531-32962-6

Erhältlich im Buchhandel oder beim Verlag.
Änderungen vorbehalten. Stand: Juli 2005.

www.vs-verlag.de

VS VERLAG FÜR SOZIALWISSENSCHAFTEN

Abraham-Lincoln-Straße 46
65189 Wiesbaden
Tel. 0611.7878 - 722
Fax 0611.7878 - 400

PGMO 08/24/2018